Europarechtliche
Rahmenbedingungen
für grenzüberschreitende
Wertpapierhandelssysteme

Europäische Hochschulschriften

Publications Universitaires Européennes
European University Studies

Reihe II
Rechtswissenschaft

Série II Series II
Droit
Law

Bd./Vol. 3078

PETER LANG
Frankfurt am Main · Berlin · Bern · Bruxelles · New York · Oxford · Wien

Andreas Prechtel

Europarechtliche Rahmenbedingungen für grenzüberschreitende Wertpapierhandelssysteme

PETER LANG
Europäischer Verlag der Wissenschaften

Die Deutsche Bibliothek - CIP-Einheitsaufnahme

Prechtel, Andreas:

Europarechtliche Rahmenbedingungen für grenzüberschreitende Wertpapierhandelssysteme / Andreas Prechtel. - Frankfurt am Main ; Berlin ; Bern ; Bruxelles ; New York ; Oxford ; Wien : Lang, 2001
(Europäische Hochschulschriften : Reihe 2, Rechtswissenschaft ; Bd. 3078)
Zugl.: Univ. Bayreuth, Diss., 1999
ISBN 3-631-37621-9

D 703
ISSN 0531-7312
ISBN 3-631-37621-9

Vorwort

Die Finanzmärkte der Welt wachsen in raschem Tempo zusammen. Katalysator hierfür sind u.a. die fortschreitende Technologie, ein geändertes Finanzierungsverhalten der Unternehmen (Securitization) sowie ein verändertes Anlageverhalten der Anleger (höhere Renditeerwartungen und Altersvorsorge mit Risikokapital). Grenzüberschreitendes Tätigwerden der Anleger und Intermediäre einerseits sowie grenzüberschreitendes Tätigwerden der Börsen und grenzüberschreitende Kooperationen von Börsen andererseits sind die Folgen. Aber auch außerhalb des börsenrechtlichen Bereiches sind in den letzten Jahren Wertpapierhandelssysteme entstanden, die den herkömmlichen Wertpapierbörsen Konkurrenz machen. Die Gründung solcher privater Wertpapierhandelssysteme ist nicht zuletzt durch die Internet-Technologie begünstigt, die es ermöglicht, maßgeschneiderte Handelsplattformen für unterschiedliche Kapitalmarktteilnehmergruppen zu schaffen. Damit ist der Wettbewerb dieser Systeme mit den Börsen eröffnet.

All dies findet sowohl auf der Ebene der einzelnen Staaten als auch auf der Ebene der Europäischen Union in einem kapitalmarktrechtlichen Rahmen statt, der das grenzüberschreitende Tätigwerden der Börsen bislang nur unzureichend regelt und auf das Auftreten der privaten ebenfalls grenzüberschreitend tätigen Wertpapierhandelssysteme nicht oder nur unzureichend vorbereitet ist.

Diese Arbeit soll einen Beitrag dazu leisten, die wirtschaftswissenschaftlichen sowie rechtlichen Fragestellungen, die mit dieser Entwicklung aufgeworfen sind, zu beantworten. Der Schwerpunkt liegt dabei auf den europarechtlichen Regelungen der Aufsicht über grenzüberschreitende Wertpapierhandelssysteme, denn während die Wertpapierhandelssysteme heute schon grenzüberschreitend tätig werden, ist eine Aufsicht, die grenzüberschreitende Sachverhalte in diesem Bereich erfassen kann, nur im Ansatz erkennbar. Sie ist aber erforderlich, um das Vertrauen der Anleger und Akteure am Finanzmarkt auf Dauer zu sichern, denn dieses Vertrauen ist die Basis für jede weitere positive Entwicklung der Kapitalmärkte.

Von einigen Änderungen und Ergänzungen abgesehen, hat diese Arbeit im Sommersemester 1999 der Rechts- und Wirtschaftswissenschaftlichen Fakultät der Universität Bayreuth als Dissertation vorgelegen. Mein Dank gilt zunächst Herrn Prof. Dr. Rudolf Streinz, Bayreuth, der die Arbeit mit zahlreichen unverzichtbaren Hinweisen betreut hat, sowie Herrn Prof. Dr. Bernhard Pfister, Bayreuth, der die Zweitkorrektur übernommen und weitere wertvolle Hinweise gegeben hat. Zu danken habe ich auch Herrn Prof. Dr. Rüdiger von Rosen, dem Geschäftsführenden Vorstandsmitglied des Deutschen Aktieninstituts (DAI), für seine Unterstützung und seinen Rat, die ich als Mitarbeiter des DAI während der Erstellung der Arbeit erfahren habe. Nicht zuletzt habe ich meiner Frau Ines für Ihre Hilfe und Geduld zu danken, ohne die die Arbeit nicht möglich gewesen wäre. Ich widme die Arbeit meinen Eltern, Horst und Hilde Prechtel.

Frankfurt am Main, im August 2000 Andreas Prechtel

GLIEDERUNG

ABKÜRZUNGSVERZEICHNIS

ABl.	Amtsblatt der Europäischen Gemeinschaften
Abs.	Absatz
AfP	Archiv für Presserecht
AG	Die Aktiengesellschaft
AGB	Allgemeine Geschäftsbedingungen
AIBD	Association of International Bond Dealers
AIM	Alternative Investment Market
AMEX	American Stock Exchange
Anm. d. A.	Anmerkung des Autors
Art.	Artikel
AöR	Archiv des öffentlichen Recht
BAWe	Bundesaufsichtsamt für den Wertpapierhandel
BB	Betriebs-Berater
BayVBl	Bayerische Verwaltungblätter
BCCI	Bank of Credit and Commerce International
BDW	Betriebs-Gesellschaft Datenverarbeitung für Wertpapiersysteme
BDZ	Börsendatenzentrale
BGBl.	Bundesgesetzblatt
BIZ	Bank für Internationale Zahlungssysteme
BR-Drs.	Bundesrats-Drucksache
BVerfG	Bundesverfassungsgericht
BOSS	Börsen-Order-Service-System
bzw.	beziehungsweise
CAC	Cotation Assistée Continue
CATS	Citibank Automated Trading System
CEDEL	Centre de Livraison de Valeurs Mobilières
CFTC	Commodities Futures Trading Commission
CME	Chicago Mercantile Exchange
CMLR	Common Market Law Reports
COB	Commission des Operations de Bourse
CONSOB	Commissione Nazionale per le Società e la Borsa

dass.	dasselbe
ders.	derselbe
dies.	dieselbe, dieselben
Dok. KOM	Dokumente der Kommission der Europäischen Gemeinschaften
DÖV	Die Öffentliche Verwaltung
DTB	Deutsche Terminbörse
DVBl.	Deutsches Verwaltungsblatt
DWZ	Deutsche Wertpapierdaten Zentrale
EAGV	Vertrag über die Europäische Atomgemeinschaft
EASD	European Association of Securities Dealers
EASDAQ	European Association of Securities Dealers Automated Quotation
ECMI	European Capital Markets Institute
ECU	European Currency Unit
EEA	Einheitliche Europäische Akte
EFTA	European Free Trade Association
EG	Europäische Gemeinschaft
EGKSV	Vertrag zur Gründung der Europäischen Gemeinschaft für Kohle und Stahl
EGV	Vertrag zur Gründung der Europäischen Gemeinschaft
EHS	Elektronisches Handelssystem
ELECTRA	Electronic Trading System
EQOS	Electronic Quote and Order Driven System
EU	Europäische Union
EuGH	Europäischer Gerichtshof
EuGRZ	Europäische Grundrechte-Zeitschrift
EuR	Europarecht (Zeitschrift)
EuZW	Europäische Zeitschrift für Wirtschaftsrecht
EWG	Europäische Wirtschaftsgemeinschaft
EWGV	Vertrag über die Europäische Wirtschaftsgemeinschaft
f.	folgende
ff.	fortfolgende
FAZ	Frankfurter Allgemeine Zeitung
FIBV	Fédération des Bourses des Valeurs
FS	Festschrift

GASP	Gemeinsame Außen- und Sicherheitspolitik
Hrsg.	Herausgeber
HS.	Halbsatz
IAS	International Accounting Standards
IASC	International Accounting Standards Committee
i. d. R.	in der Regel
i. d. S.	in diesem Sinne
insbes.	insbesondere
ISD	Investment Services Directive
i. S. d.	im Sinne des
i. V. m.	in Verbindung mit
IBIS I	Inter-Banken-Informations-System
IBIS II	Integriertes Börsenhandels- und Informationssystem
IOSCO	International Organization of Securites Commissions
ISMA	International Securities Market Association
ISSA	International Society of Securities Administrators
JZ	Juristen-Zeitung
KMU	Kleinere und mittlere Unternehmen
KOM	Kommission der Europäischen Gemeinschaften
KWG	Gesetz über das Kreditwesen
LIFFE	London International Financial Futures and Options Exchange
MATIF	Marché à Terme International de France
MATIS	Makler-Tele-Informations-System
m. E.	meines Erachtens
MIF	Mercato Italiano Futures
MOU	Memorandum of Understanding
m. w. Nw.	mit weiteren Nachweisen
NASD	National Association of Securities Dealers
NASDAQ	National Association of Securities Dealers Automated Quotation
NJW	Neue Juristische Wochenschrift
Nr.	Nummer
NSC	Nouveau Système de Cotation Électronique
NVwZ	Neue Zeitschrift für Verwaltungsrecht
NYMEX	New York Mercantile Exchange

NYSE	New York Stock Exchange
OECD	Organization for Economic Co-operation and Development
OGAW	Organismen für gemeinsame Anlage in Wertpapieren
OM	Option Market
PATS	Partly Assisted Trading System
PC KISS	Kurs-Informations-Service-System
POB	Public Order Book
PTS	Proprietary Trading System
RIW	Recht der Internationalen Wirtschaft
Rn.	Randnummer
Rspr.	Rechtsprechung
S.	Satz; Seite
SEAQ	Stock Exchange Automated Quotation System
SEC	Securities and Exchange Commission
SIM	Società Intermediazione Mobiliare
sog.	sogenannte-/-er/-es
SWAP	Kurzbezeichnung für Devisenaustauschgeschäfte
UA.	Unterabsatz
UNCITRAL	United Nations Conference on International Trade Law
vgl.	vergleiche
Vorbem.	Vorbemerkung
VWD	Vereinigte Wirtschaftsdienste GmbH
WISU	Das Wirtschaftsstudium
WM	Wertpapier-Mitteilungen Teil IV
	Zeitschrift für Wirtschafts- und Bankrecht
WpHG	Wertpapierhandelsgesetz
WWU	Wirtschafts- und Währungsunion
XETRA	Exchange Electronic Trading
z. B.	zum Beispiel
ZBB	Zeitschrift für Bankrecht und Bankwirtschaft
ZEW	Zentrum für Europäische Wirtschaftsforschung
ZfgK	Zeitschrift für die gesamte Kreditwirtschaft
ZStW	Zeitschrift für die gesamte Strafrechtswissenschaft

Einführung und Gang der Untersuchung

I. Einführung

Seit Mitte der achtziger Jahre hat sich in der Entwicklung sowohl des börslichen als auch des außerbörslichen Wertpapierhandels ein wahrer Quantensprung vollzogen. Technische Innovationen, die wachsende Bedeutung institutioneller Anleger[1] sowie weltweite Liberalisierungsbemühungen haben einen erheblichen Anstieg des Volumens des grenzüberschreitenden Wertpapierhandels zur Folge gehabt.[2] Die Entwicklung elektronischer Wertpapierhandelssysteme, die eine standortunabhängige Teilnahme am Wertpapierhandel ermöglichen, verändert seitdem das europäische Börsenwesen und die außerbörslichen Wertpapiermärkte.[3]

Diese sich mit wachsender Geschwindigkeit fortsetzende Entwicklung wirft eine Vielzahl ökonomischer aber auch rechtlicher Fragen auf, deren Klärung noch offen ist. Die Entwicklung elektronischer grenzüberschreitender Handelssysteme für professionelle Kapitalmarktteilnehmer aber auch für Privatanleger, denen über das Internet[4] die direkte Teilnahme ermöglicht wird, erfordert entsprechende Aufsichtsstrukturen, die sich von den bisher für Präsenzbörsen geltenden unterscheiden. Insbesondere erscheint eine weitere Internationalisierung der Aufsicht notwendig.

Auf internationaler (globaler) Ebene gibt es bereits Ansätze zur Harmonisierung der Aufsichtsregelungen für den grenzüberschreitenden Wertpapierhandel. Zudem bietet das Europarecht für den grenzüberschreitenden Wertpapierhandel bereits heute ein umfangreiches Regelungswerk aufsichtsrechtlicher Bestimmungen. Hier soll untersucht werden, welcher rechtliche Rahmen für den grenzüberschreitenden Wertpapierhandel mittels elektronischer Wertpapierhandelssysteme in Europa gilt, ob das geltende europäische Recht bereits hinreichend auf diese Entwicklungen reagiert hat oder ob noch Regelungsbedarf besteht und welche Richtung dabei einzuschlagen ist.

Die Globalisierung der Kapitalmärkte und die Bestrebungen zur Schaffung eines einheitlichen „Europäischen Kapitalmarktes" haben nicht nur ganz neue Betätigungsfelder für die Marktteilnehmer geschaffen, die sich an die „Spielregeln" halten, die ihnen durch na-

---

1 Siehe zum Begriff des institutionellen Anlegers *Büschgen*, Das kleine Börsenlexikon, Stichwort „institutionelle Anleger (Investoren)".

2 *Hawawini/Rajendra*, The Transformation of the European Financial Services Industry: From Fragmentation to Integration, S. 3 f.; *Stenzel*, Außerbörslicher Aktienhandel, S. 15; *OECD*, Financial Market Trends, Feb. 1993, S. 14 ff.

3 Vgl. *Schwark*, Börsen und Wertpapierhandelsmärkte in der EG, WM 1997, S. 293.

tionales und internationales Recht gesetzt sind. Sie bergen auch die Gefahr, daß regelwidriges, rechtswidriges oder gar betrügerisches Verhalten von Marktteilnehmern auf Grund unzureichender internationaler Aufsicht unerkannt und/oder ohne Folgen bleibt. Grenzüberschreitende Wertpapiertransaktionen, die die Zuständigkeitsbereiche mehrerer Staaten und damit auch mehrerer Aufsichtsbehörden betreffen, können dazu führen, daß die Marktteilnehmer sich außerhalb der rechtlichen oder tatsächlichen Reichweite der für die Aufsicht über den Wertpapierhandel zuständigen nationalen Stellen bewegen.[5] Die technische Entwicklung der Wertpapierhandelssysteme führt nicht nur dazu, daß die Abgrenzung zwischen börslichen und außerbörslichen Wertpapierhandelssystemen, die das heutige Recht auf nationaler und auf europäischer Ebene beherrscht, problematisch wird,[6] sondern auch dazu, daß die Anknüpfung für die Frage nach der zuständigen Rechtsordnung schwieriger wird.

Hier kann entweder nur eine Erstreckung der eigenen Regeln und Aufsicht über die eigenen Staatsgrenzen hinaus, eine gemeinsame Rechtsetzung und intensive Zusammenarbeit der Staaten und deren zuständigen Aufsichtsgremien oder -behörden oder aber die Installation einer länderübergreifend zuständigen Aufsichtsstelle mit harmonisierten nationalen Rechten oder gar einem einheitlichen genuinen europäischen Recht Abhilfe schaffen. Eine Gesamtkonzeption für den europäischen Kapitalmarkt scheint es dabei bislang weder bei der zuständigen EG-Kommission noch anderswo zu geben.[7]

Die Elektronisierung des Wertpapierhandels in grenzüberschreitend tätigen Wertpapierhandelssystemen birgt zugleich eine Vielzahl von datenschutzrechtlichen Fragestellungen, insbesondere, wenn nunmehr auch erste Wertpapierhandelssysteme über das weltumspannende Internet aufgebaut werden und auch Privatanleger unmittelbar am Wertpapierhandel teilnehmen können. Im Rahmen dieser Arbeit erfolgt jedoch eine Konzentration auf die kapitalmarktrechtlichen Regelungen und Probleme. Eine umfassende Untersuchung der datenschutzrechtlichen Probleme in Europa tätiger elektronischer Wertpapierhandelssysteme[8], die sinnvollerweise an der technischen Ausgestaltung jedes einzelnen Wertpapierhandelssystems anknüpfen müßte, würde den Rahmen dieser Arbeit sprengen. Gleiches gilt für die verbraucherrechtlichen Probleme, die bei Vertragsschlüssen in elek-

---

4 Ausführlich zum Internet sowie insbesondere zu Finanzdienstleistungen im Internet siehe *Birkelbach*, Cyber Finance - Finanzgeschäfte im Internet, passim.

5 *OECD*, Securities Markets in OECD Countries, S. 9.

6 *Schwark*, Börsen und Wertpapierhandelsmärkte in der EG, WM 1997, S. 293 u. 307.

7 *Schwark*, Börsen und Wertpapierhandelsmärkte in der EG, WM 1997, S. 293 (307).

tronischen Wertpapierhandelssystemen entstehen können[9], die jedoch die Ebene der zivilrechtlichen Ausgestaltung der Beziehungen zwischen den elektronischen Wertpapierhandelssystemen und ihren Teilnehmern sowie zwischen den Teilnehmern betreffen.

II. Gang der Untersuchung

Die Analyse der europarechtlichen Rahmenbedingungen des grenzüberschreitenden Wertpapierhandels mittels elektronischer Wertpapierhandelssysteme ist nicht möglich, ohne zuvor einen Überblick über die rechtstatsächlichen Erscheinungsformen des grenzüberschreitenden Wertpapierhandels in Europa zu gewinnen, die im ersten Teil der Arbeit aufgezeigt werden. Dabei erfolgt eine Unterscheidung nach börslichen und außerbörslichen Wertpapierhandelssystemen auf der Grundlage des geltenden Börsenrechts. Ein Schwerpunkt liegt auf den privaten elektronischen Wertpapierhandelssystemen, die als Neuerung den Wettbewerb der Wertpapierhandelssysteme beleben und besondere rechtliche Probleme aufwerfen. Die Faktoren, die den Wettbewerb der Wertpapierhandelssysteme bestimmen, werden sodann erläutert.

Im zweiten Teil der Arbeit erfolgt eine Erläuterung und Analyse der Bestimmungsfaktoren der Regulierung von Wertpapierhandelssystemen. Neben den gesamtwirtschaftlich ausgerichteten Bestimmungsfaktoren, zu denen insbesondere der Funktionenschutz des Kapitalmarktes gehört, steht der rechtliche Bestimmungsfaktor des Anlegerschutzes im Vordergrund. Dabei wird auf der Grundlage der Einführung eines Börsenzwangs ein Grundkonzept für die Regulierung von Wertpapierhandelssystemen erarbeitet, das eine nach dem Professionalisierungsgrad und Schutzbedürfnis der Teilnehmer an Wertpapierhandelssystemen unterscheidende Regulierung vorsieht. Zudem werden die Wirkungen der nationalen Regulierung auf den internationalen Wettbewerb der Wertpapierhandelssysteme aufgezeigt.

Im dritten Teil der Arbeit erfolgt sodann eine Erläuterung des europäischen primärrechtlichen Rahmens für in Europa grenzüberschreitend tätige Wertpapierhandelssysteme. Hierbei stehen die Kapitalverkehrsfreiheit und der freie Dienstleistungsverkehr sowie ihre möglichen Beschränkungen, die Auswirkungen auf den Wettbewerb der Wertpapierhandelssysteme haben können, im Vordergrund. Die Erläuterung des europarechtlichen Subsidiaritätsprinzips und dessen Wirkungen auf die europäische Regulierung der Wertpa-

---

8 Vgl. grundlegend die Richtlinie 95/46/EG des Europäischen Parlamentes und des Rates vom 24.07.1995 zum Schutz natürlicher Personen bei der Verarbeitung personenbezogener Daten und zum freien Datenverkehr, ABl. Nr. L 281/31 vom 23.11.1996. Siehe hierzu z. B. *Wuermeling*, Datenschutz für die Europäische Informationsgesellschaft, NJW-CoR 1995, S. 111 m. w. Nw.

9 Vgl. hierzu z. B. *Waldenberger*, Grenzen des Verbraucherschutzes beim Abschluß von Verträgen im Internet, BB 1996, S. 2365 m. w. Nw.

pierhandelssysteme bereitet die Grundlage für die Erörterung der Möglichkeiten zur Schaffung einer europäischen Aufsichtsbehörde für den Wertpapierhandel auf Gemeinschaftsebene.

Die bereits existierenden europäischen sekundärrechtlichen Rechtsakte im Bereich des grenzüberschreitenden Wertpapierhandels werden im vierten Teil der Arbeit erläutert und analysiert. Im Vordergrund steht hier die Frage, inwieweit diese bereits nach heutigem Sekundärrecht einer aufsichtsrechtlichen Regelung unterworfen sind, ob diese Regelung in den Wettbewerb der Wertpapierhandelssysteme eingreift und welche ergänzenden Regelungen noch erforderlich erscheinen. Die Erläuterung und Analyse der bestehenden Regelung der internationalen Zusammenarbeit der zuständigen Aufsichtsstellen der Mitgliedstaaten führt sodann zu der im fünften Teil der Arbeit behandelten Frage, ob angesichts des europaweiten Tätigkeitsbereichs der Wertpapierhandelssysteme eine Aufsicht über den grenzüberschreitenden Wertpapierhandel und die Wertpapierhandelssysteme auf Ebene der Europäischen Gemeinschaft angesiedelt werden kann und sollte. Die Pläne zur Errichtung eines beratenden Wertpapierausschusses auf Ebene der Europäischen Gemeinschaft bilden hierfür die Grundlage. Zudem wird der Frage nachgegangen, ob eine europäische Wertpapieraufsichtsbehörde notwendig ist und unter welchen Voraussetzungen sie eingerichtet werden könnte. Abschließend werden die jüngeren Ansätze zur Regulierung und Zusammenarbeit der für den Wertpapierhandel zuständigen Kapitalmarktaufsichtsbehörden unterhalb einer Europäischen Gemeinschaftsbehörde aufgezeigt.

1. Teil: Die Formen des Wertpapierhandels in Europa und der Wettbewerb der Wertpapierhandelssysteme

Wertpapierhandel findet in Europa heute sowohl über börsliche als auch über außerbörsliche Wertpapierhandelssysteme und auch außerhalb organisierter Märkte durch individuell ausgehandelte Geschäfte statt.

I. Der börsliche grenzüberschreitende Wertpapierhandel

Die Abgrenzung zwischen börslichem und außerbörslichem Wertpapierhandel hat anhand des geltenden Börsenbegriffs zu erfolgen. Hierfür liegen sowohl wirtschaftswissenschaftliche Kriterien vor, die universal gelten, als auch rechtliche Kriterien, die vollständig nur auf den einzelnen Mitgliedstaat bezogen sind.[10]

1. Die wirtschaftlichen Merkmale und Funktionen der Börse

Als wichtigste, aber nicht abschließende[11] Merkmale einer Börsenveranstaltung haben sich aus der geschichtlichen Entwicklung[12] und der wirtschaftswissenschaftlichen Analyse[13] ergeben:

---

10 Vgl. zu den rechtlichen Strukturen von EG-Börsen und den Börsenbegriffen die Übersicht bei *Schwark*, Börsen und Wertpapierhandelsmärkte in der EG, WM 1997, S. 293 (294).

11 *Schwark*, Börsengesetz, § 1 Rn. 1, weist noch zum alten Recht vor den Änderungen durch das Zweite Finanzmarktförderungsgesetz darauf hin, daß z. B. für das deutsche Börsengesetz auf eine abschließende Definition der Börse verzichtet wurde, da dies für zu schwierig gehalten wurde und genügend Anhaltspunkte für die Abgrenzung zu anderen Veranstaltungen vorhanden seien. Auch die neu eingefügte Börsendefinition in § 1 Abs. 5 BörsG, wonach Wertpapierbörsen i. S. d. BörsG Börsen sind, an denen Wertpapiere oder Derivate gehandelt werden, ist durch den Rückgriff auf den nicht anderweitig definierten Börsenbegriff wenig hilfreich.

12 Die Ursprünge des börslichen Handels lassen sich heute nicht mehr eindeutig bestimmen. Vgl. zur geschichtlichen Entwicklung der Börsen *Oppermann/Degner/Flöge*, Börsen- und Wertpapiergeschäfte, S. 27; *Hielscher*, in: Obst/Hintner, Geld-, Bank- und Börsenwesen, S. 1128 f. Teilweise werden bereits Ursprünge in der Antike bei den Babyloniern, Ägyptern und Phöniziern gesehen, während die Entstehung der Börsen zumeist auf das 12. Jahrhundert datiert und örtlich in den italienischen Handelsmetropolen jener Zeit lokalisiert wird; vgl. *Gabler's Wirtschaftslexikon*, Stichwort „Börse II. Geschichte"; *Bremer*, Grundzüge des deutschen und ausländischen Börsenrechts, S. 2 f.; *Hielscher*, in: Obst/Hintner, Geld-, Bank- und Börsenwesen, S. 1129. Festzustehen scheint, daß sich der Begriff „Börse" ableitet von den Zusammenkünften der Kaufleute im 14. Jahrhundert auf dem Platz *„ter Beurse"* vor dem Haus der Patrizierfamilie *„van den Beurs"* in Brügge; hierzu *Oppermann/Degner/Flöge*, Börsen- und Wertpapiergeschäfte, S. 28; *Gabler's Wirtschaftslexikon*, Stichwort „Börse II. Geschichte"; sowie ausführlich zur geschichtlichen Entwicklung und speziell zum Handelsplatz Brügge, *Bremer*, Grundzüge des deutschen und ausländischen Börsenrechts, S. 3 ff.; *Hielscher*, in: Obst/Hintner, Geld-, Bank- und Börsenwesen, S. 1130. Im 15. und 16. Jahrhundert übertrug sich dieser Begriff dann auf ähnliche geregelte Märkte in Antwerpen und Amsterdam, um dann als feststehender Begriff für eine bestimmte Art von Handelszusammkünften von Kaufleuten weiterzugelten. Vgl. *Bremer*, Grundzüge des deutschen und ausländischen Börsenrechts, S. 7 ff.; sowie zur Geschichte der heute wichtigsten europäischen Börsen auch *Beer*, Die wichtigsten Börsen Europas, jeweils Teil 1. der Darstellung der Börsen. Die Herausbildung der Börsen für den Wertpapierhandel er-

- der Handel ausschließlich mit vertretbaren (fungiblen) Sachen, insbesondere Wertpapieren, Devisen, Waren,
- standardisierte Vertragsbedingungen für das Zustandekommen und die Abwicklung der Geschäfte,
- der Massenumsatz mit bestimmten Mindesthandelsmengen,
- der Handel ohne sofortige Bezahlung,
- die fast formlose Übertragung der gehandelten Sachen,
- strenge Zulassungregeln zur Teilnahme am Handel,
- die Regelmäßigkeit der Zusammkünfte der Händler zu bestimmten Börsenzeiten und
- die Zusammenkunft und der Abschluß der Geschäfte an einem bestimmten Ort.

Wertpapierbörsen können unter Zugrundelegung dieser Kriterien sowohl Primärmärkte[14] zur erstmaligen Unterbringung von Wertpapieren bei den Anlegern sein, sind i. d. R. aber Sekundärmärkte, also Zirkulationsmärkte[15], auf denen bereits emittierte Wertpapiere weiterverkauft werden. Wertpapieranbieter und -nachfrager werden sich dabei dem Markt zuwenden, der ihnen die größte Rendite für ihren Wertpapierhandel verspricht. Die Rendite wird ihrerseits maßgeblich durch die Transaktionskosten des Handels bestimmt.[16] Gerade in der Verringerung der Transaktionskosten gegenüber einem außerbörslichen

---

folgte erst später; vgl. *Hielscher,* in: Obst/Hintner, Geld-, Bank- und Börsenwesen, S. 1132 f. zur Geschichte und Entwicklung der Warenbörsen und des Warenterminhandels, die hier nicht Gegenstand der Untersuchung sind.
Die berühmtesten, wenn auch nicht ersten Wertpapiere, die an einer Börse gehandelt wurden, waren die Aktien der niederländischen Ost-Indien Compagnien; vgl. *Hielscher,* in: Obst/Hintner, Geld-, Bank- und Börsenwesen, S. 1131; *Bremer,* Grundzüge des deutschen und ausländischen Börsenrechts, S. 7 f. Erst im 18. Jahrhundert mit dem Einsetzen der Industrialisierung und der Verbreitung der Aktiengesellschaft als Gesellschaftsform, die auf eine breite Streuung ihrer Anteile angewiesen war, um die benötigten enormen Kapitalmengen aufbringen zu können, entstanden jedoch die Börsen für den Wertpapierhandel, vgl. *Büschgen,* Das kleine Börsenlexikon, Stichwort „Börse". Im 19. Jahrhundert kam zum Handel mit Aktien auch der Handel mit Industrieobligationen, der sich extrem rasch ausbreitete. Heute werden neben Aktien und Rentenpapieren insbesondere auch Finanzderivate (Optionen und Termingeschäfte) börslich gehandelt. Der Handel mit Finanzderivaten vollzieht sich in der Regel über eigenständige Börsen.

13 Die in der wirtschaftswissenschaftlichen Literatur gegebenen Definitionen der Börse variieren z. T.; vgl. nur *Schmidt*, Wertpapierbörsen, S. 1; *Büschgen*, Das kleine Börsenlexikon, Stichwort „Börse"; *Gabler's Wirtschaftslexikon*, Stichwort „Börse - I. Begriff"; *Oppermann/Degner/Flöge*, Börsen- und Wertpapiergeschäfte, S. 27; *Hintner*, Wertpapierbörsen, S. 11; *Hielscher,* in: Obst/Hintner, Geld-, Bank- und Börsenwesen, S. 1128; sowie *Stenzel*, Außerbörslicher Wertpapierhandel, S. 20 m. w. Nw.; *Picot/Bortenlänger/Röhrl*, Börsen im Wandel, S. 9 f.

14 Siehe zur Primärmarktfunktion auch 2. Teil I. 2. u. 4. a. aa. dieser Arbeit.

15 *Schmidt*, Wertpapierbörsen, S. 5.

16 Zum Effizienzkriterium der Transaktionskosten, *Picot/Bortenlänger/Röhrl*, Börsen im Wandel, S. 18-21; Eine neuere Untersuchung der Transaktionskosten börslicher und außerbörslicher Systeme findet sich bei *Stenzel*, Außerbörslicher Wertpapierhandel, S. 101-124.

Handel kann daher die besondere wirtschaftliche Attraktivität der Börse liegen.[17] Als Funktionen der Börse, die zu einer Verringerung der Transaktionskosten führen können, werden in der Kapitalmarkttheorie im wesentlichen die Massenumschlagsfunktion, die Kursbildungsfunktion und die Liquiditätsfunktion genannt.[18]

a. Massenumschlagsfunktion

Die Börse unterscheidet sich von anderen organisierten Messen und Märkten durch die Ermöglichung und Förderung des massenhaften Umschlags der gehandelten Gegenstände (Wertpapiere im Falle der Wertpapierbörsen) und erhält dadurch ihre besondere Bedeutung für den Kapitalmarkt. Charakteristisches Merkmal der Massenumschlagsfunktion ist die Konzentrationsfunktion der Börse.[19] Erst die Zusammenführung von Angebot und Nachfrage an einem Ort ermöglicht einen größeren, wenn auch nicht vollkommenen, Überblick über den Markt und verringert damit die Kosten der Suche nach entsprechenden Handelspartnern. Gleichzeitig erhöht sich die Wahrscheinlichkeit, einen solchen Handelspartner zu finden und zu einem Geschäftsabschluß zu kommen. Der massenhafte Umsatz von Wertpapieren wird zudem nur durch die Standardisierung der Geschäftsabschlüsse und der Abwicklung der Geschäfte erlaubt. Das Setzen einheitlicher Standards führt zu einer Homogenisierung des Angebots und der Nachfrage, was sich darin ausdrückt, daß nur Angebote und Nachfrage für bestimmte Mindeststückelungen von bestimmten zum Börsenhandel zugelassenen Wertpapieren zulässig sind. Auch dieser Effekt führt zu einer Verringerung der Transaktionskosten, da lediglich eine Einigung über die Stückzahl und den Kurs dieser Wertpapiere erforderlich ist, weitere Modalitäten des Kaufvertrages sowie der Abwicklung aber standardisiert sind. Von Bedeutung für den Massenumsatz ist auch die Vereinheitlichung der Händlerbonität durch strenge Regelungen für die Zulassung der Marktteilnehmer oder durch handelstäglich neu berechnete Sicherheitsleistungen. Da nur solche Teilnehmer zugelassen werden, deren Bonität durch die Sicherheitsleistung gewährleistet ist oder zumindest als sicher gilt, wird den übrigen Marktteilnehmern die Prüfung der Bonität des jeweiligen Vertragspartners erspart, was ebenfalls zu einer Verringerung der Transaktionskosten führt. Nicht zuletzt bewirken auch die Kursberichterstattung der Börse sowie die Publizitätspflichten der an der Börse notierten Unternehmen eine Senkung der Informationskosten für die Marktteilnehmer.

---

17 Vgl. *Birkelbach*, Cyber Finance - Finanzgeschäfte im Internet, S. 111.

18 Vgl. *Schmidt*, Wertpapierbörsen, S. 5 ff.; *Oppermann,/Degner/Flöge*, Börsen- und Wertpapiergeschäfte S. 42-45. Als Effizienzfaktoren des Oberziels der Transaktionskosteneffizienz bezeichnen *Picot/Borten-länger/Röhrl*, Börsen im Wandel, S. 22-32 die Informationseffzienz, die Markttransparenz, die Liquidität, die Konsolidierung des Orderstroms, die Preisstetigkeit und die Integrität, bei denen es sich um anders bezeichnete und tiefer gegliederte Ausprägungen der genannten Börsenfunktionen handelt.

19 *Oppermann/Degner/Flöge*, Börsen- und Wertpapiergeschäfte, S. 43.

b. Kursbildungsfunktion

Die korrekte Kursbildung und Kursfeststellung ist eine weitere Funktion der Börse.[20] Die zumeist nicht selbst an der Börse teilnehmenden und zur Kontrolle der Preisbildung fähigen Käufer und Verkäufer von Wertpapieren, die über an der Börse teilnehmende Intermediäre handeln, sind auf eine korrekte Preisfindung, die das vorliegende Verhältnis von Angebot und Nachfrage nach den gehandelten Gegenständen getreu widerspiegelt, angewiesen.[21] Diesem Ziel dienen sowohl die Bestimmungen über die Feststellung des (amtlichen) Kurses[22] als auch die Aufsichtsregeln über den Handel an der Börse.[23] Das Verfahren der Preisfeststellung kann dabei die Transaktionskosten ebenfalls erheblich beeinflussen.[24]

c. Liquiditätsfunktion

Da Wertpapiere in der Regel mit der Intention erworben werden, sie zu einem späteren Zeitpunkt wieder veräußern zu können, liegt eine wesentliche Funktion der Börse darin, dem Wertpapierinhaber die jederzeitige Liquidierbarkeit seiner Anlagen zu erhalten.[25] Hierfür erforderlich ist die Herbeiführung eines solchen Umfangs des Handels, daß jederzeit ein Absatz der Wertpapiere möglich ist, ohne daß jedoch bestimmte absolute Umsatzvolumina an der einzelnen Börse erreicht werden müßten. Auch der sofortige Verkauf der Wertpapiere verursacht für den Verkäufer der Wertpapiere in Abhängigkeit vom verwandten Handelsprinzip spezifische Kosten, die durch Anforderungen an die Kapitalausstattung von Intermediären, Mindestumlaufanforderungen bei der Zulassung von Wertpapieren oder Zulassung konkurrierender Intermediäre mit entsprechenden zentralen Informationssystemen verringert werden können.[26]

2. Der Börsenbegriff im deutschen Recht

Die genannten wirtschaftswissenschaftlichen Kernmerkmale einer Börse werden auch für die rechtliche Begriffsbestimmung herangezogen. Sie ist notwendig, da an den rechtlichen Börsenbegriff die Entscheidungen über die Genehmigungsfähigkeit und Genehmigungszuständigkeit von Veranstaltungen, die einen organisierten Wertpapierhandel er-

---

20 *Oppermann/Degner/Flöge*, Börsen- und Wertpapiergeschäfte, S. 44.
21 *Oppermann/Degner/Flöge*, Börsen- und Wertpapiergeschäfte, S. 44.
22 Vgl. § 29 Abs. 3 S. 1 BörsG.
23 *Oppermann/Degner/Flöge*, Börsen- und Wertpapiergeschäfte, S. 44.
24 *Schmidt*, Wertpapierbörsen, S. 10 ff.
25 *Oppermann/Degner/Flöge*, Börsen- und Wertpapiergeschäfte, S. 44.
26 Ausführlich zur Theorie der Verringerung der Kosten des sofortigen Abschlusses, *Schmidt*, Wertpapierbörsen, S. 23 ff.

möglichen, anknüpfen wie § 1 Abs. 1 BörsG zeigt[27], und damit zugleich die Ausgestaltung und Intensität der Aufsicht über den Wertpapierhandel determiniert wird.

In Deutschland besteht bis heute keine gesetzliche Legaldefinition einer „Börse"[28], obgleich es hierzu eine Vielzahl von Vorschlägen gab.[29] Ein die genannten wirtschaftswissenschaftlichen Merkmale und die börsenaufsichtsrechtliche Komponente integrierender Börsenbegriff (institutioneller Börsenbegriff)[30] weist darauf hin, daß der Staat zwar die grundsätzlichen Rahmenbedingungen wie das Börsen- und das Aktienrecht liefert, innerhalb derer aber den Börsen eine Selbstverwaltungsfunktion[31] mit dem Recht der näheren Ausgestaltung der Regeln zukommt.[32] Ein wesentliches Merkmal einer Börse sieht der institutionelle Börsenbegriff darin, daß eine direkte Teilnahme der Anleger am Börsenhandel nicht möglich, sondern stets eine Intermediation durch die Börsenmitglieder notwendig sei.[33] Dieser institutionelle Börsenbegriff kann jedoch nicht mehr als zeitgemäß betrachtet werden.[34]

Der Vorzug ist daher einer „materiellen Börsendefiniton"[35] zu geben. Sie stellt klar, daß eine wie auch immer ausgestaltete Markteinrichtung, die materielle Merkmale einer Börse aufweist, erst durch die Genehmigung formell zu einer Börse wird.[36] Hinsichtlich der Frage, welche Merkmale für eine Markteinrichtung vorliegen müssen, die die Genehmigung als formelle Börse erlauben und andererseits auch erfordern und diese Markteinrichtung damit besonderen Regelungen unterwirft, müssen die technischen Entwicklungen und die Veränderungen des Funktionierens des Marktes berücksichtigt werden. Dies

---

27 Vgl. *Schwark*, Börsengesetz, § 1 Rn. 1.

28 Zur wirtschaftswissenschaftlichen Forderung nach einer Börsendefinition und der Geschichte der Börsendefinitionsversuche *Münstermann*, Märkte für Risikokapital, S. 60 f., dort insbes. Fn. 2. Der Art. 1 Abs. 5 BörsG taugt nicht als Börsendefinition. Die vom Wirtschaftsausschuß des Bundesrats bei den Beratungen über das Zweite Finanzmarktförderungsgesetz vorgeschlagene Definition, die jedoch nicht in das Gesetz übernommen wurde, trug ebenfalls nicht zur Erhellung dieses Begriffs bei. Sie definierte Börse als „die organisierte Zusammenführung von Angebot und Nachfrage in börsenmäßig handelbaren Gegenständen mit dem Ziel, Vertragsabschlüsse zwischen zum Handel zugelassenen Personen zu ermöglichen, wenn die bei Geschäftsabschlüssen erzielten Preise veröffentlicht werden.", BR-Drs. 40/1/1989 v. 28.2.1989, S. 2. Der Verweis auf „börsenmäßig" handelbare Gegenstände führte hier zur Zirkeldefinition. Auffallend ist jedoch, daß nicht auf die Verbandsorganisation abgestellt wird, so daß rechtlich auch eine anders organisierte Trägerschaft möglich ist und die Definition ansonsten so weit gefaßt wurde, daß praktisch jeder organisierte Markt hierunter fallen kann.

29 Vgl. nur *Münstermann*, Märkte für Risikokapital, S. 61 f. m. w. Nw.

30 *Picot/Bortenlänger/Röhrl*, Börsen im Wandel, S. 9-11.

31 *Peiseler*, Börsencomputersysteme, S. 26 f.

32 *Picot/Bortenlänger/Röhrl*, Börsen im Wandel, S. 10.

33 *Picot/Bortenlänger/Röhrl*, Börsen im Wandel, S. 10.

34 Zutreffend *Picot/Bortenlänger/Röhrl*, Börsen im Wandel, S. 11.

35 Ausführlich zum Konzept der „materiellen Börsendefinition" *Schwark*, Börsengesetz, § 1 Rn. 4-6.

36 Vgl. *Kümpel*, Bank- und Kapitalmarktrecht, Rn. 17.26.

hat dazu geführt, daß die Ortsgebundenheit durch das Erfordernis eines organisierten Handelssystems, welches die Durchführung der Geschäftsabschlüsse im System selbst ermöglicht[37], abgelöst wurde.[38] Für den Präsenzhandel erfüllt das bisherige Zuruf-System diese Funktion. Für den Computerhandel ist ein automatisches „order-matching", also eine automatische Zusammenführung der Kauf- und Verkaufaufträge sowie ein automatischer Geschäftsschluß, erforderlich, um als Börse eingestuft zu werden.[39]

Die Entwicklung elektronischer Wertpapierhandelssysteme[40], unter denen im folgenden technische Organisationen verstanden werden, mittels derer Wertpapiergeschäftsabschlüsse automatisiert vollzogen werden können und die einen dezentralisierten Handel durch Teilnahme via Computerterminal in den Büros der Teilnehmer ermöglichen, hat die Ortsgebundenheit als notwendiges Merkmal einer Börse für die rechtliche Bestimmung des Börsenbegriffs in Frage gestellt.[41] Die persönliche Anwesenheit der Händler in der Börsenversammlung (auf dem Parkett) ist durch die Nutzung der elektronischen Wertpapierhandelssysteme nicht mehr Voraussetzung, sondern nur noch eine mögliche Erscheinungsform einer Börse.[42] Die Teilnahme der zugelassenen Händler an den elektronischen Wertpapierhandelssystemen hat die gleiche Funktion wie die physische Anwesenheit der Börsenhändler auf dem Parkett. Der Marktüberblick ist durch integrierte Informationfunktionen gewährleistet. Statt an einem physisch existierenden Ort kommt es zur Konzentrierung der Wertpapieraufträge in einem elektronischen System. Dieses ist nach dem heutigen Stand der Technik i. d. R. in einem Zentralrechner lokalisiert, obgleich die Technik auch hier andere Verfahren entwickeln kann. Entscheidendes Kriterium für das Vorliegen einer genehmigungsfähigen und -pflichtigen ortsgebundenen oder elektroni-

---

37 *Kümpel*, Bank- und Kapitalmarktrecht, Rn. 17.32; *Schwark*, Börsengesetz, § 1 Rn. 6; *Claussen*, Bank- und Börsenrecht, S. 407.

38 *Schwark*, Börsengesetz, § 1 Rn. 6; *Claussen*, Bank- und Börsenrecht, S. 407; *Kümpel*, Bank- und Kapitalmarktrecht, Rn. 17.38.

39 *Schwark*, Börsengesetz, § 1 Rn. 6; *Claussen*, Bank- und Börsenrecht, S. 408, weist aber darauf hin, daß es sich durch die Einbeziehung von IBIS in die Frankfurter Wertpapierbörse bei dem System zumindest formal nicht um eine eigenständige Börse handelt.

40 *Schwark*, Börsen und Wertpapierhandelsmärkte in der EG, WM 1997 S. 293 (298) bezeichnet sie als Wertpapierhandelsmärkte, wobei m. E. zu wenig zum Ausdruck kommt, daß es sich nicht um die Ermöglichung der zufälligen Zusammenführung von Wertpapieraufträgen handelt, sondern um die geplante, technisch organisierte und systematische Zusammenführung von Wertpapieraufträgen zu einem Geschäftsschluß.

41 *Hielscher*, in: Obst/Hintner, Geld-, Bank- und Börsenwesen, S. 1128, zählt die örtliche Konzentration noch zu den Börsenbegriffsmerkmalen. Vgl. aber die Diskussion um den Verzicht der physischen Präsenz als notwendiges Merkmal des börsenrechtlichen Börsenbegriffs vor dem Hintergrund der Einführung des IBIS-Systems; dazu *Schwark*, Börsengesetz, § 1 Rn. 3 m. w. Nw.; *Kindermann*, Rechtliche Strukturen der Deutsche Terminbörse, S. 10; *Münstermann*, Märkte für Risikokapital, S. 62; *Kümpel*, Bank- und Kapitalmarktrecht, Rn. 17.55.

42 Ausführlich zur geltenden Rechtslage in Deutschland *Schwark*, Börsengesetz, § 1 Rn. 4-8; *Stenzel*, Außerbörslicher Aktienhandel, S. 21 f.

schen Börse ist dabei die Zentralisierung der Geschäftsabschlüsse.[43] Der Zentralisierungsbegriff ist dabei primär wirtschaftlich zu interpretieren.[44] Ein wie auch immer technisch gestaltetes Wertpapierhandelssystem, das Kauf- und Verkaufaufträge zusammen- und einen Geschäftsschluß herbeiführt, besitzt das wesentliche Merkmal einer Börse. Ob dies in einem Zentralcomputer oder sonstwie geschieht, kann keine Rolle spielen, denn sonst würde der Börsenbegriff allein an die heutigen technischen Möglichkeiten gekoppelt, die sehr schnell überholt sein können, wie gerade die Entwicklung von Wertpapierhandelssystemen im Internet[45] zeigt. Das Recht sollte hier nicht auf den technischen status quo abheben, sondern für technische Entwicklungen offen sein.[46] In Deutschland wurde die Einbeziehung elektronischer Wertpapierhandelssysteme in den Börsenbegriff durch die Einführung des IBIS-II Wertpapierhandelssystems[47] notwendig. In der Börsengesetznovelle von 1989[48] wurde § 7 BörsG geändert, um IBIS in die Frankfurter Wertpa-

---

43 Vgl. *Kümpel*, Bank- und Kapitalmarktrecht, Rn. 17.30 ff.

44 Gegen die von *Kümpel*, Börsengesetznovelle 1989, WM 1989, S. 1313 (1314); *ders.*, Bank- und Kapitalmarktrecht (1. Aufl.), Rn. 14.333, vertretene Auffassung, das Erfordernis der Ortsgebundenheit sei durch das Vorhandensein eines Zentralrechners weiterhin erfüllt, zutreffend *Schwark*, Börsengesetz, § 1 Rn. 4, der verdeutlicht, daß nicht das physische Vorhandensein eines zentralen Ortes, sondern die wirtschaftliche Zentralisierungsfunktion entscheidend ist. Vgl. jetzt auch *Kümpel*, Bank- und Kapitalmarktrecht (2. Aufl.), Rn. 17.55.

45 Vgl. ausführlich 1. Teil II. 4. d. dieser Arbeit.

46 Auch in den übrigen europäischen Staaten, in denen heute bereits elektronische Wertpapierhandelssysteme parallel zu den Parkettbörsen existieren oder diese vollständig ersetzen, werden elektronische Wertpapierhandelsysteme heute als Börsen erfaßt, zumindest wird ihnen die Möglichkeit dazu gewährt. Vgl. *Schwark*, Börsen und Wertpapierhandelsmärkte in der EG, WM 1997, S. 293 (294-299). Zum Börsenbegriff in den USA, in denen sich die Frage der Börseneigenschaft von elektronischen Wertpapierhandelssystemen bereits früher stellte, *Stenzel*, Außerbörslicher Aktienhandel, S. 22 ff. Dort wurde bereits sehr frühzeitig im Jahre 1934 durch die Definition der „Exchange" in § 3 des Securities Exchange Act (SEA) auf die physische Zusammenkunft der Händler an einem bestimmten Ort verzichtet. Andererseits wurden durch § 15 SEA auch Vereinigungen von Wertpapierhändlern einer Genehmigungspflicht unterworfen, um den Handel mit nicht-börsennotierten Wertpapieren einer Regulierung zuführen zu können. Dadurch gelten z. B. für die National Association of Securities Dealers (NASD), die seit 1971 die NASDAQ (NASD Automated Quotation) betreibt, annähernd die gleichen Anforderungen wie für eine von der amerikanischen Börsenaufsichtsbehörde Securities and Exchange Commission (SEC) anerkannte National Securities Exchange. Vgl. hierzu auch *Peiseler*, Börsencomputersysteme, S. 6; sowie ausführlich *Vaupel*, Die aufsichtsrechtliche Behandlung automatisierter Handelssysteme in den USA, RIW 1995, S. 568 ff.; speziell zum Börsenbegriff in Großbritannien *Stenzel*, Außerbörslicher Aktienhandel, S. 24 m. w. Nw.; sowie 1. Teil I. 3. dieser Arbeit.

47 Vgl. zur Funktionsweise des IBIS-II Wertpapierhandelssystems die kurze Erläuterung im 1. Teil I. 4. b. aa. bbb. dieser Arbeit m. w. Nw.

48 Gesetz zur Änderung des Börsengesetzes vom 11. Juli 1989, BGBl. I 1412.

pierbörse integrieren zu können.[49] Seitdem gehören gem. § 7 Abs. 1 S. 2 BörsG auch solche Geschäfte zum Börsenhandel, die durch die Übermittlung von Willenserklärungen durch elektronische Datenübertragung börsenmäßig zustande kommen.[50] Die (Regional-) Börse Bremen hat inzwischen als erste deutsche Börse ihr Parkett bereits geschlossen, so daß an ihr nur noch über das IBIS-Nachfolgesystem Xetra der Deutsche Börse AG elektronisch gehandelt werden kann, da nach Einzug des Xetra-Systems kaum noch Händler auf dem Parkett handelten.[51]Das Xetra-System ist zudem anders als IBIS nur noch in die Frankfurter Wertpapierbörse integriert. Ermöglicht wurde dies durch die Einfügung des § 7a Abs. 1 BörsG durch das Zweite Finanzmarktförderungsgesetz. Danach genügt es für die Teilnahme an einem elektronischen Handelssystem einer Börse, wenn der Teilnehmer an einer anderen Wertpapierbörse zum Handel zugelassen ist, die Börsenordnung dieser Börse dies vorsieht und der Teilnehmer das Regelwerk für das elektronische Handelssystem anerkennt.[52]

Eine weitere Essentiale des „materiellen Börsenbegriffs" ist die Erkenntnis, daß nicht alle Merkmale, die typischerweise bei einer Börse gegeben sind, vorliegen müssen. Vielmehr handelt es sich um eine Entscheidung mit erheblichem Spielraum, die auf das „vorwiegend" und „regelmäßig" abstellt[53], so daß letztlich eine abwägende (aber gerichtlich in vollem Umfang nachprüfbare) Entscheidung, die eine wertende Komponente enthält, zu treffen ist.

So kann der Handel während bestimmter (beschränkter) Börsenzeiten künftig nicht mehr zu den notwendigen Merkmalen einer Börse gehören. Die zu beobachtende Ausweitung der Börsenzeiten[54] bis hin zum Handel „rund-um-die-Uhr"[55] wird durch den Wettbewerb

---

49 *Schwark*, Börsengesetz, § 1 Rn. 4, 8; ausführlich *Kümpel*, Bank- und Kapitalmarktrecht, Rn. 17.59 ff.; *Claussen*, Bank- und Börsenrecht, S. 406 ff. Siehe zur Diskussion über die Zuweisung der Aufsicht über IBIS und nachfolgend XETRA ausschließlich an die hessische Börsenaufsichtsbehörde, obgleich es sich um Wertpapierhandelssysteme handelt, in denen Aufträge aus allen Bundesländern abgewickelt werden, sehr ausführlich *Kümpel*, Bank- und Kapitalmarktrecht, Rn. 18.1 *Kurth*, Überregionalität des deutschen Börsenhandels und die Kompetenzen der Aufsichtsbehörden der Länder, Zeitschrift für das gesamte Kreditwesen, 1998, S. 553 ff.; ff.; ausführlich *Kümpel*, Bank- und Kapitalmarktrecht, Rn. 10.1 ff., sowie zu Reformüberlegungen für eine zentrale deutsche Börsenaufsichtsbehörde *Hopt/Baum*, Börsenrechtsreform: Überlegungen aus vergleichender Perspektive, WM-Sonderbeilage Nr. 4/1997, S. 20.

50 Siehe auch *Kümpel*, Bank- und Kapitalmarktrecht, Rn. 17.40 ff.

51 *O.V.*, Bremer Börse schließt ihr Parkett, Börsen-Zeitung v. 4.11.1999, S. 3.

52 Vgl. ausführlich zu diesem Problemkreis sowie zur Diskussion um eine Integration von Xetra in die noch bestehenden Regionalbörsen, *Kümpel*, Bank- und Börsenrecht, Rn. 17.77 ff.

53 *Schwark*, Börsengesetz, § 1 Rn. 12, der in diesem Zusammenhang auf § 7 Abs. 2 S. 2 BörsG verweist, wonach auch bestimmte Merkmale (hier z. B. das Vorliegen eines nach Art und Umfang kaufmännischen Gewerbebetriebs für die Zulassung zu Warenbörsen) fehlen können.

54 Zu den Börsenzeiten der wichtigsten Börsen siehe *Stenzel*, Außerbörslicher Aktienhandel, S. 21.

der außerbörslichen Wertpapierhandelssysteme, die ihren Teilnehmern neben einem 24-Stunden-Informationsservice auch einen entsprechenden 24-Stunden-Handel ermöglichen[56], erzwungen.[57] Es besteht keinerlei Notwendigkeit mehr, an dem Kriterium beschränkter Börsenzeiten festzuhalten, das noch an dem historisch hergebrachten Präsenzhandel orientiert ist. Das Kriterium hindert bei der technischen Entwicklung des Wertpapierhandels letztlich die Erfassung solcher Wertpapierhandelssysteme, deren Unterwerfung unter die Börsenregelung für notwendig erachtet wird.

Auch eine amtliche Kursfeststellung gehört nach dieser Börsendefinition nicht mehr zu den wesentlichen Börsenmerkmalen.[58] Entscheidender als der amtliche Charakter der Preisfeststellung, der die Korrektheit des Preisfindungsprozesses dokumentieren soll, ist das Vorhandensein eines Preisfindungsmechanismus, der mit oder ohne Einschaltung natürlicher Personen eine korrekte Preisfindung, die die Marktlage widerspiegelt, garantiert.[59] Ein solcher Preisfindungsmechanismus läßt sich bei Beachtung der entsprechenden Parameter aber auch elektronisch sicherstellen. Gerade die elektronische Erfassung der Marktlage und die unbeeinflußte Zusammenführung der Aufträge erübrigt die weitere Dokumentation der Korrektheit des Preisfindungsprozesses durch eine „amtliche" Kursfeststellung.[60]

Für die Beantwortung der Frage, ob ein Wertpapierhandelssystem eine Börse darstellt und damit dem Börsenrecht unterfällt oder nicht, ist auch die Rechtsform des Trägers des

---

55 Die Möglichkeit und zugleich die Notwendigkeit eines Handels „rund-um-die-Uhr" ergibt sich für die professionellen Marktteilnehmer bereits aus den drei Zeitzonen, in denen die wichtigsten Börsenmärkte der Welt (die USA, Europa und Fernost) angesiedelt sind. Vgl. zum weltweiten Wettbewerb der Börsen der EG mit den Börsen und Wertpapierhandelssystemen aus den USA und Fernost auch *Schwark*, Börsen und Wertpapierhandelsmärkte in der EG, WM 1997, S. 293.

56 Siehe z. B. den Hinweis auf das Reuters Devisenhandelssystem „Money Dealing 2002" bei *Picot/Bortenlänger/Röhrl*, Börsen im Wandel, S. 11.

57 *Stenzel*, Außerbörslicher Aktienhandel, S. 20, weist zutreffend daraufhin, daß die Ausdehnung der Börsenzeiten zwar zu einem Liquiditätsverlust führen kann, da Angebot und Nachfrage zeitlich weniger konzentriert werden, andererseits dieser Liquiditätsverlust durch vermehrte Orders auf Grund der Attraktivitätssteigerung der Wertpapierhandelssysteme auch wieder kompensiert werden kann.

58 *Schwark*, Börsengesetz, § 1 Rn. 8 m. w. Nw., *ders.*, Börsen und Wertpapierhandelsmärkte in der EG, WM 1997, S. 293.

59 Vgl. auführlich *Kümpel*, Bank- und Kapitalmarktrecht, Rn. 17.42.

60 *Schwark*, Börsengesetz, § 29 Rn. 5, zu den börsenrechtlichen Gründen, warum von Kursmaklern in IBIS gestellte Preise keine amtlichen Kurse sind.

Wertpapierhandelssystems nicht entscheidend.[61] Inzwischen sind etliche etablierte Börsen von öffentlich-rechtlichen Körperschaften in Aktiengesellschaften umgewandelt worden und unterfallen damit in ihrer Organisationsstruktur dem Privatrecht, wie z. B. auch der Träger der Frankfurter Wertpapierbörse, die Deutsche Börse AG. Die Australian Stock Exchange (ASX) ist inzwischen selbst an die Börse gegangen und entwickelt sich damit zu einem profitorientierten Dienstleistungsunternehmen, das sich auch dem breiten Anlegerpublikum öffnet.[62] Pläne für einen Börsengang der Deutsche Börse AG existieren allerdings auch in Deutschland.[63] Allerdings kollidiert die Öffnung der Börse für das breite Anlegerpublikum zumindest in Deutschland offensichtlich mit dem heute noch vorherrschenden Verständnis von der Börse als Verbandsbetrieb[64], bei dem die Marktteilnehmer zugleich Eigentümer der Infrastruktur der Marktveranstaltung sind.[65] Die bereits entstehenden und noch geplanten privaten Wertpapierhandelssysteme, die heute außerhalb des Börsenrechts stehen, weisen gerade diese Verbandsstruktur und Identität zwischen Marktteilnehmern und Trägern der Marktorganisation nicht mehr auf. Sie werden von Dritten betrieben, die in privatrechtlicher Form die Infrastruktur für den Wertpapierhandel

---

61 Vgl. zu diesem Problemkreis *Schwark*, Börsen und Wertpapierhandelsmärkte in der EG, WM 1997, S. 293 (301 f.); *Claussen/Hoffmann*, Neues zur Rechtsform deutscher Wertpapierbörsen, ZBB 1995, S. 68-72; *Beck*, Die erwerbswirtschaftliche Betätigung Beliehener am Beispiel des Trägers einer Wertpapierbörse, WM 1996, S. 2313 (2314 ff.); *Segna*, Die Rechtsform deutscher Wertpapierbörsen, ZBB 1999, S. 144 (152), der in der Öffnung des Börsenrechts in Richtung privatrechtlich verfaßter Börsen kein unabweisbares rechtspolitisches Bedürfnis besteht, sondern die Auffassung vertritt, daß die Schwächen des deutschen Börsenrechts auch in öffentlich-rechtlicher Organisationsverfassung beseitigt werden können. Siehe auch *Wastl*, Die juristische Organisationsstruktur deutscher Börsen- bzw. Finanzplätze und deren Optimierung, WM 1999, S. 620 ff.

62 Vgl. *o. V.*, Die Wertpapierbörse in Australien plant den Börsengang, FAZ v. 26.11.1996. Von einer Börse, die sich selbst die Aufgabe gestellt hat, andere Unternehmen von der Vorteilhaftigkeit des Börsengangs zu überzeugen, sollte man eigentlich auch nichts anderes erwarten dürfen.

63 Siehe hierzu ausführlich unter 1. Teil IV. 2.b. dieser Arbeit sowie *O.V.*, Deutsche Börse und Eurex müssen Strukturen überdenken, Handelsblatt v. 11.10.1999, S. 39; *O.V.*, Breuer: Eigentümerstruktur der Börse verändern – Bereit, Anteile abzugeben, Börsen-Zeitung v. 30.10.1999, S. 1; *O.V.*, Breuer stellt öffentliche Börsen in Frage, Handelsblatt v. 1.11.1999, S. 42.

64 Zur börslichen Corporate Governance-Struktur der Verbandsorganisation, die als „Club" ausschließlich den gemeinsamen Interessen der Mitglieder zu dienen hat, und zu den Auswirkungen dieser Verbandsorganisation auf die wettbewerbliche Stellung der Börsen im Verhältnis zu außerbörslichen Wertpapierhandelssystemen aus wirtschaftswissenschaftlicher Sicht mit einer differenzierten Betrachtung der Mitgliedergruppen *Picot/Bortenlänger/Röhrl*, Börsen im Wandel, S. 93 ff.; vgl. zur Frage der Trägerschaft und den Corporate Governance-Strukturen von Börsen auch *Claussen*, Bank- und Börsenrecht, S. 284 f.

65 *Picot/Bortenlänger/Röhrl*, Börsen im Wandel, S. 9, die das Merkmal des Verbandsbetriebs zu den Bestandteilen des Börsenbegriffs zählen. Beachtet werden muß, daß die an deutschen Börsen vorgenommene Trennung zwischen dem Träger der Börse, der eigentlichen Börse als Marktplatz sowie den Teilnehmern zwar formal nicht für das Vorliegen eines Verbandsbetriebs spricht, jedoch auch bei den „Vereinsbörsen" oder „Kammerbörsen" letztlich die Mitglieder des Trägers weitgehend identisch sind mit den Marktteilnehmern. Hierzu auch *Claussen*, Bank- und Börsenrecht, S. 284 f; für eine privatrechtliche Börsenorganisation insbesondere auch *Hopt/Baum*, Börsenrechtsreform: Überlegungen aus vergleichender Perspektive, WM-Sonderbeilage Nr. 4/1997, S. 18.

zur Verfügung stellen und diese Dienstleistung mit Profitorientierung betreiben. Wenn hierin noch der wesentliche, wenn nicht gar einzige Unterschied zwischen börslichen und außerbörslichen Wertpapierhandelssystemen gesehen wird[66], muß über die Neudefinition des Börsenbegriffs nachgedacht werden.

Von der Frage der Rechtsform des Trägers der Börse und deren (Nicht-)Beachtlichkeit als Börsenmerkmal ist die Frage der rechtlichen Qualifizierung der Tätigkeit der Börse als öffentlichrechtliche oder privatrechtliche Veranstaltung zu unterscheiden.[67] Folge einer öffentlichrechtlichen Einstufung wäre eine engere staats- und verwaltungsrechtliche Einbindung, die insbesondere Auswirkungen auf den zu wählenden Rechtsweg und die Grundrechtsbindung des Börsenträgers[68] sowie die Anwendbarkeit des Wettbewerbsrechts auf die Börsen[69] hat. Die in Deutschland seit langem geführte Diskussion[70] um die zuweilen sogar als Kernfragen des deutschen Börsenrechts betrachtete[71] Frage, welchem Recht die Börse unterworfen ist, dauert noch immer an.[72] De lege lata dürften die besseren Argumente für eine öffentlichrechtliche Tätigkeit der Börse sprechen.[73] De lege ferenda aber sprechen die Argumente für eine privatrechtliche Einstufung der Börsentätigkeit.[74] Letztlich kann diese Diskussion für die Frage, ob eine Börse vorliegt oder nicht, an dieser Stelle aber dahingestellt bleiben, denn sie setzt bereits voraus, daß ein Wertpapierhandelssystem die Merkmale der „materiellen Börsendefinition“ erfüllt und schließt lediglich mit der nachgeschalteten Frage an, ob es sich um eine öffentlich-rechtliche oder privat-rechtlich ausgestaltete Tätigkeit dieser Börse handelt.

---

66 *Picot/Bortenlänger/Röhrl*, Börsen im Wandel, S. 13.

67 *Claussen*, Bank- und Börsenrecht, S. 285.

68 *Münstermann*, Märkte für Risikokapital, S. 67.

69 Hierzu *von Olenhusen*, Börsen und Kartellrecht, S. 96-139. Vgl. auch den durch das Zweite Finanzmarktförderungsgesetz neu eingefügten § 2a BörsG, der klarstellt, daß auch für die Börse und ihre Dienstleistungen das GWB und die Zuständigkeit der Kartellbehörden gilt, unbeschadet der Aufgabe der Börsenaufsichtsbehörde, darauf hinzuwirken, daß die Vorschriften des GWB eingehalten werden. Zur wettbewerbsrechtlichen Beurteilung der erwerbswirtschaftlichen Tätigkeit einer Börse *Beck*, Die erwerbswirtschaftliche Betätigung Beliehener am Beispiel des Trägers einer Wertpapierbörse, WM 1996, S. 2313-2319.

70 Siehe zu einem Überblick über den Streitstand in diesem nunmehr seit Bestehen des deutschen Börsenrechts währenden Streit *Claussen/Hoffmann*, Neues zur Rechtsform deutscher Wertpapierbörsen, ZBB 1995, S. 68-72; *Schwark*, BörsG, § 1 Rn. 14-19; *von Olenhusen*, Börsen und Kartellrecht, S. 53 ff.; *Münstermann*, Märkte für Risikokapital, S. 67-71 m. w. Nw.

71 *Schwark*, Börsengesetz, § 1 Rn. 14.

72 Siehe *Beck*, Die erwerbswirtschaftliche Betätigung Beliehener am Beispiel des Trägers einer Wertpapierbörse, WM 1996, S. 2313 (2315); siehe mit ausführlicher Darstellung des Streitstandes und beachtlichen Argumente für die öffentlich-rechtliche Einordnung der Börsenorganisation und –tätigkeit auch *Kümpel*, Bank- und Kapitalmarktrecht, Rn. 17.90 ff.

73 *Schwark*, Börsen und Wertpapierhandelsmärkte in der EG, WM 1997, S. 293 (302); *Beck*, Die erwerbswirtschaftliche Betätigung Beliehener am Beispiel des Trägers einer Wertpapierbörse, WM 1996, S. 2313 (2315) jeweils m. w. Nw.

Als Kriterien, die von der für die Genehmigung der Börse zuständigen Behörde bei ihrer Ermessensentscheidung zu berücksichtigen sind, werden schließlich die wirtschaftliche Bedeutung für den Börsenplatz und den Geschäftszweig[75] sowie die Verhinderung von geschäftsschwachen Kummerbörsen genannt.[76] Für den in größerem Umfange stattfindenden Wertpapierhandel wird die Behörde wegen der volkswirtschaftlichen Bedeutung in der Regel zu der Auffassung gelangen müssen, daß eine Börse vorliegt.[77]

Soweit Kümpel[78] für das gesetzliche Genehmigungserfordernis davon ausgeht, daß es allein darauf ankomme, ob das System nach der Absicht des Gesetzgebers der staatlichen Aufsicht und börsenrechtlichen Reglementierung unterworfen sein sollte[79], ist dies zu wenig konkret für eine Entscheidung, die sich an rechtlichen Maßstäben zu orientieren hat. Hier bedarf es konkreter Kriterien und Gründe, wie z. B. zwingender Gründe des Anlegerschutzes, der Systemsicherheit oder der Eignung der Betreiber, die die zuständige Behörde im Rahmen der Ausübung des pflichtgemäßen Ermessens unter Berücksichtigung der individuellen Interessen des Betreibers des Wertpapierhandelssystems und der öffentlichen Interessen zu berücksichtigen hat.[80]

3. Der Börsenbegriff im britischen Recht

Ein Beispiel eines anderen Verständnisses des Börsenbegriffs[81] liefert das britische Recht. Auch hier ist zwar keine ausdrückliche Börsendefinition vorhanden, anders als das deutsche Recht enthält es aber auch kein Verbot mit Erlaubnisvorbehalt für Wertpapierhandelssysteme.[82] Es existiert auch keine zusammenhängende gesetzliche Regelung, die den Status der Börse und deren wesentlichen Vorschriften enthält.[83] Einschlägig ist section 3 des Financial Services Act von 1986, der für alle Personen oder Gesellschaften, die im

---

74 *Claussen/Hoffmann*, Neues zur Rechtsform deutscher Wertpapierbörsen, ZBB 1995, S. 68-72; *Schwark*, Börsen und Wertpapierhandelsmärkte in der EG, WM 1997, S. 293 (302).

75 *Münstermann*, Märkte für Risikokapital, S. 63 m. w. Nw. gebraucht den Begriff der „Repräsentativität des Handels", während *Göppert*, Das Recht der Börsen, S. 17 von der „Erheblichkeit" des Verkehrs spricht, ohne daß hier inhaltliche Unterschiede bestehen.

76 *Schwark*, Börsengesetz, § 1 Rn. 21.

77 *Schwark*, Börsengesetz, § 1 Rn. 13.

78 *Kümpel*, Bank- und Kapitalmarktrecht, Rn. 17.27.

79 Ähnliche Wirkungen dürfte die ältere von *Göppert*, Recht der Börsen, S. 53 vertretene Auffassung haben, wonach dasjenige eine „Börse" ist, was die Aufsichtsbehörde für eine Börse hält. Kritisch hierzu auch *Münstermann*, Märkte für Risikokapital, S. 83 m. w. Nw.

80 Vgl. *Schwark*, BörsG, § 1 Rn. 20.

81 An dieser Stelle sollen nicht die Börsenbegriffe aller Mitgliedstaaten der Europäischen Union detailliert untersucht werden. Siehe hinsichtlich einiger wichtiger europäischer Börsen insbesondere im Hinblick auf die Einbeziehung elektronischer Wertpapierhandelssysteme *Schwark*, Börsen und Wertpapierhandelsmärkte in der EG, WM 1997, S. 293 (295 ff.); *Stenzel*, Außerbörslicher Aktienhandel, S. 26 f. m. w. Nw.

82 *Schwark*, Börsen und Wertpapierhandelsmärkte in der EG, WM 1997, S. 293 (295).

83 *Bäumer*, Das englische Börsenrecht, S. 32.

Investmentbereich tätig werden wollen, eine Genehmigung vorsieht, es sei denn, sie ist von dem Genehmigungsvorbehalt als „exempted person" ausgenommen. Die Oberaufsicht über den gesamten Investmentbereich wird vom Handelsministerium wahrgenommen, das die Aufsicht jedoch weitgehend an das Securities and Investment Board (SIB)[84] weiterdelegiert hat.[85] Börsen gehören zu den „exempted persons", wenn sie vom Handelsministerium anerkannt werden (Recognized Investment Exchange). In der Praxis übernimmt die Anerkennungsaufgaber aber auch die SIB[86] aufgrund einer Delegation seitens des Handelsministeriums. Die Anerkennung erfolgt, wenn sie ihrer Aufgabe, „einen funktionierenden Markt zu gewährleisten", gerecht werden.[87] Hiervon wird ausgegangen, wenn sie alle Aufgaben bewältigt, die die ordnungsgemäße Durchführung des Handels an einer Wertpapierbörse mit sich bringt, also auch die Kontrolle der Händler im Wege der Selbstaufsicht, eine ausreichende finanzielle Ausstattung, um den Markt aufrecht erhalten zu können, die Schaffung von Selbstverwaltungsregelungen, die den Investorenschutzprinzipien des Financial Services Acts entsprechen, und wenn sie die Abwicklung der Geschäfte sicherstellen.[88] Die Organisation der Börse selbst wird nicht vom Staat geregelt oder überwacht. Hierfür ist allein der Börsenvorstand verantwortlich. Von Bedeutung ist auch, daß der Financial Services Act nicht voraussetzt, daß der Handel an einem bestimmten Ort stattfindet, da auch das SEAQ-System 1986 als „recognized investment exchange" zugelassen wurde.[89]

Der britische Financial Services Act zwingt ein Wertpapierhandelssystem aber nicht dazu, sich als „recognized investment exchange" von der SIB anerkennen zu lassen und damit in die Rolle einer Selbstaufsichtsbehörde zu schlüpfen und Anforderungen zu unterliegen, die denen sehr vergleichbar sind, die nunmehr in der Wertpapierdienstleistungsrichtlinie[90] von „geregelten Märkten" verlangt werden.[91] Möglich ist auch, sich durch die SIB wie jeder andere Finanzdienstleister als „anerkannter" Finanzdienstleister einstufen zu lassen und sich damit nur den Verhaltensregeln der SIB oder einer der anerkannten fünf selbst-

---

84 Zur eigentümlichen Stellung des SIB und zum Genehmigungsverfahren vgl. *Bäumer*, Das englische Börsenrecht, S. 166 ff.

85 *Bäumer*, Das englische Börsenrecht, S. 164, 166.

86 Vgl. *Bäumer*, Das englische Börsenrecht, S. 174; *Schwark*, Börsen und Wertpapierhandelsmärkte in der EG, WM 1997, S. 293 (295).

87 *Bäumer*, Das englische Börsenrecht, S. 172 m. w. Nw.; *Schwark*, Börsen und Wertpapierhandelsmärkte in der EG, WM 1997, S. 293 (295).

88 *Bäumer*, Das englische Börsenrecht, S. 174; *Schwark*, Börsen und Wertpapierhandelsmärkte in der EG, WM 1997, S. 293 (295).

89 Vgl. *Stenzel*, Außerbörslicher Aktienhandel, S. 24.

90 Richtlinie 93/22/EWG des Rates vom 10. Mai 1993 über Wertpapierdienstleistungen, ABl. Nr. L 141/27 v. 11.6.1993.

91 Zur Problematik der „geregelten Märkte" siehe ausführlich unter 4. Teil IV. 3. dieser Arbeit; sowie *Schwark*, Börsen und Wertpapierhandelsmärkte in der EG, WM 1997, S. 293 (295).

regulierenden Selbstverwaltungsorganisationen (SROs), die ihrerseits von der SIB überwacht werden, zu unterwerfen.[92]

Auch für ausländische Wertpapierhandelssysteme besteht die Möglichkeit, aber nicht die Pflicht, sich als „recognized investment exchange" wie eine Börse anerkennen zu lassen, womit sie den Status einer „overseas investment exchange" erlangen können, der sehr vorteilhaft ist, da sie damit nicht den Verhaltensregeln der SIB unterliegen und alle getätigten Abschlüsse nicht dem SIB oder den SROs zu melden sind.[93]

Hinsichtlich der übrigen Mitgliedstaaten der EG soll an dieser Stelle keine ausführliche Darstellung aller Börsenbegriffe erfolgen.[94] Dort, wo elektronische Wertpapierhandelssysteme seitens der Börsen eingeführt wurden, knüpft der Börsenbegriff jedoch heute nicht mehr an die historische Präsenzbörse an, sondern ist funktional ausgerichtet auf die Ermöglichung der Zusammenführung von Wertpapieraufträgen unabhängig von einer bestimmten technischen Erscheinungsform.[95] Insoweit gleichen sich die Voraussetzungen, unter denen ein Wertpapierhandelssystem als Börse anerkannt und genehmigt wird, innerhalb der EG an und folgen den Grundsätzen, die für das deutsche Recht mit dem materiellen Börsenbegriff beschrieben wurden.

Eine anerkannte einheitliche europarechtliche Börsendefinition hat sich nicht entwickelt. Der Begriff „Wertpapierbörse" wird allerdings in verschiedenen Rechtsakten der Europäischen Gemeinschaft verwandt, insbesondere in dem im Bereich des Wertpapierhandels ergangenen gemeinschaftlichen Sekundärrecht[96], das in den späten siebziger- und frühen achtziger Jahren entstanden ist und dementsprechend an die damals ausschließlich vorhandenen Präsenzbörsen anknüpfte. Sowohl in der Richtlinie 79/279/EWG[97] als auch in

---

92 *Schwark*, Börsen und Wertpapierhandelsmärkte in der EG, WM 1997, S. 293 (295) m. w. Nw. verweist darauf, daß dies bereits in einer Reihe von Fällen geschehen ist.

93 Vgl. auch die Übersicht in *ISSA*, Handbook, UK 15. *Schwark*, Börsen und Wertpapierhandelsmärkte in der EG, WM 1997, S. 293 (295) m. w. Nw. nennt z. B. die amerikanische NASDAQ und die OM Stockholm AB, ein schwedisches Wertpapierhandelssystem.

94 Vgl. zu den Börsenbegriffen Frankreichs, der Niederlande und Österreichs ausführlich, *Pense/Puttfarken*, Französisches Börsen- und Kapitalmarktrecht, F-9 ff.; *Remien*, Niederländisches Börsenrecht und die internationale Stellung der Amsterdamer Börse, NL-10 ff., *Kalss*, Österreichisches Börsen- und Kapitalmarktrecht, Ö-14 ff. (21 f.) jeweils in *Hopt/Rudolph* (Hrsg), Börsenreform-Gutachten, III. Teil Länderberichte.

95 *Stenzel*, Außerbörslicher Aktienhandel, S. 26 f. m. w. Nw.

96 Siehe hierzu ausführlich unten 4. Teil III. 1. a. bb.

97 Richtlinie des Rates vom 5. März 1979 zur Koordnierung der Bedingungen für die Zulassung von Wertpapieren zur amtlichen Notierung an einer Wertpapierbörse (79/279EWG), ABl. Nr. L 66/21 vom 16.3.1979.

der Richtlinie 80/390/EWG[98], die die Zulassungsbedingungen von Wertpapieren zu einer Wertpapierbörse sowie den dazu erforderlichen Zulassungsprospekt betreffen, wird der Begriff „Wertpapierbörse" zwar gebraucht, aber nicht gemeinschaftsrechtlich definiert. Dies gilt auch für die nachfolgenden Richtlinien der EG, die im Bereich des Wertpapierhandels ergangen sind. Zum Zeitpunkt des Entstehens dieses Sekundärrechts bestanden noch keine grenzüberschreitend tätigen elektronischen Wertpapierhandelssysteme in Europa. Insofern entsprach die Situation auf europäischer Ebene der Situation in den einzelnen Mitgliedstaaten, in denen der institutionelle, an der Präsenzbörse orientierte Börsenbegriff vorherrschte. Die Behandlung und Ausgestaltung von Wertpapierhandelssystemen wurde auf mitgliedstaatlicher Ebene wegen des auf den mitgliedstaatlichen Raum beschränkten unmittelbaren Wirkungskreises als ausschließlich mitgliedstaatliche und nicht vom Gemeinschaftsrecht erfaßte Rechtsmaterie eingestuft. Erst die Wertpapierdienstleistungsrichtlinie 93/22/EWG, die bereits auch die elektronischen grenzüberschreitend tätigen Wertpapierhandelssysteme in ihr Regelwerk einbezieht, jedoch in der Präambel noch ausdrücklich betont, daß die Struktur der geregelten Märkte auch weiterhin dem einzelstaatlichen Recht unterliegen müsse[99], vollzieht durch das Abstellen auf den Begriff des „Marktes" und des „geregelten Marktes" bereits eine Hinwendung zu einem eher „materiellen" „Börsen"-begriff, für den sie in Art. 1 Nr. 13 unter dem Stichwort „geregelter Markt" Mindestanforderungen aufstellt. Der darin enthaltenen Verweis auf die Richtlinie 79/279/EWG zeigt, daß gerade auch die darin genannten Wertpapierbörsen als „geregelte Märkte" erfaßt werden. Einen näheren Hinweis auf eine gemeinschaftsrechtliche Begriffsbestimmung des Begriffs der Wertpapierbörse etwa in Abgrenzung zum Begriff des „geregelten Marktes" liefert aber auch die Wertpapierdienstleistungsrichtlinie, die die Struktur der Märkte dem einzelstaatlichen Recht überläßt, nicht. Eine europarechtliche Begriffsbestimmung des Begriffs der „Wertpapierbörse" existiert damit nicht. Vielmehr obliegt es den Mitgliedstaaten, diesen Begriff nach dem Entwicklungsstand der Technik und der nationalen Kapitalmärkte festzulegen und anzupassen.

4. Die börslichen elektronischen Wertpapierhandelssysteme

Als Dienstleistungsunternehmen, die im Wettbewerb zu anderen Börsen, insbesondere aber im Wettbewerb zum außerbörslichen Handel stehen[100], sind Börsen gezwungen, alle Möglichkeiten zu nutzen, den Handel so zu gestalten, daß die Börse für die Teilnehmer,

---

98 Richtlinie des Rates vom 17. März 1980 zur Koordinierung der Bedingungen für die Erstellung, die Kontrolle und die Verbreitung des Prospekts, der für die Zulassung von Wertpapieren zur amtlichen Notierung an einer Wertpapierbörse zu veröffentlichen ist (80/390/EWG), ABl. Nr. L 100 /1 vom 17.4.1980.

99 Richtlinie 93/22/EWG des Rates vom 10. Mai 1993 über Wertpapierdienstleistungen, ABl. Nr. L 141/27 vom 11.6.1993, insbesondere S. 30.

Emittenten und Anleger attraktiv bleibt und diese nicht auf außerbörsliche Märkte abwandern. Eine Möglichkeit zur Steigerung der börslichen Attraktivität ist die Einführung neuer Börsensegmente[101] und die Gestaltung des Handelsverfahrens. Eine weitere Möglichkeit, einen Teil des außerbörslichen Handels an die Börse zurückzuführen, wurde weltweit darin gesehen, die Börsenzeiten erheblich zu verlängern[102], um so den Marktteilnehmern die Möglichkeit zu geben, ihre Aufträge über einen längeren Zeitraum während des Tages zu lancieren und damit die Notwendigkeit zu verringern, auf den außerbörslichen Markt auszuweichen. Hierbei ist es insbesondere in den achtziger Jahren gelungen, einen Teil des außerbörslichen Handels auf das Parkett zurückzuholen.[103]

Der wesentliche Ansatz zur Steigerung der Wettbewerbsfähigkeit der Börsen im internationalen Wertpapierhandel liegt aber in der elektronischen Unterstützung des Handels an der Präsenzbörse durch Computersysteme[104], in der Integration von elektronischen Handelssystemen in die Börse[105] oder gar im Ersetzen der Parkettbörse durch die elektronischen Handelssysteme.[106] Diese Entwicklung ist aber janusköpfig, da die Technisierung den Teilnehmern auch den erleichterten Zugang zu ausländischen Wertpapierhandelssystemen bietet[107] und hierdurch den Wettbewerb, der vormals zwischen mehreren nationalen (Regional-) Börsen stattfand, auf eine internationale Ebene hebt. Seit 1985 besitzen alle Börsenneugründungen elektronische Handelssysteme.[108] Darüber hinaus arbeiten

---

100 Vgl. *Picot/Bortenlänger/Röhrl*, Börsen im Wandel, S. 13, 106 ff. (152 ff.).

101 Speziell zur Marktsegmentierung des Börsenmarktes *Vollmer*, FS für Lukes, Deregulierung durch Marktsegmentierung - Das Beispiel des Börsenmarktes-, S. 611 ff.; *Hielscher*, in: Obst/Hintner, Geld-, Bank- und Börsenwesen, S. 1171. Neben neuen Marktsegmenten kommt auch die Schaffung sog. „Handelssegmente" in Betracht, wie die Deutsche Börse AG mit ihrem „Neuen Markt" gezeigt hat; vgl. *Deutsche Börse AG*, Neuer Markt, Ideen suchen Kapital - Kapital sucht Ideen, S. 4.

102 Siehe *Stenzel*, Außerbörslicher Aktienhandel, S. 20 f.

103 Vgl. *Kiehling*, Finanzplatz Europa, S. 98; *Stenzel*, Außerbörslicher Aktienhandel, S. 21.

104 Auch im Wettbewerb der Börsen untereinander setzen die Börsen zunehmend auf die Technik, vgl. *von Rosen*, in: Obst/Hintner, Geld-, Bank- und Börsenwesen, S. 1262.

105 Es würde den Rahmen dieser Arbeit sprengen, einen detaillierten vollständigen Überblick über die aktuellen Gestaltungen der Organisation und des Handels sowie über die Regulierung an allen maßgeblichen europäischen Börsen zu geben. Hierzu sei verwiesen auf *ISSA*, Handbook 1994; sowie *Euroclear/IFR*, Handbook of World Stock & Commodity Exchanges 1995.

106 Die jüngste umfassende Untersuchung zum Einfluß von Informationstechnologie auf die Organisation und den Wettbewerb von Wertpapiermärkten findet sich bei *Picot/Bortenlänger/Röhrl*, Börsen im Wandel, die sich allerdings ausschließlich auf die wirtschaftswissenschaftlichen Wirkungen beschränken und Folgerungen für die rechtliche Behandlung der Wertpapierhandelssysteme nur sehr vage andeuten. Siehe hinsichtlich der rechtlichen Folgerungen auch im Hinblick auf das EG-Recht *Schwark*, Börsen und Wertpapierhandelsmärkte in der EG, WM 1997, S. 293 (296 f.).

107 *Von Rosen*, Europapass für Finanztitel und Börsenmitglieder, S. 20.

108 *Franke*, Do Exchanges have an option for the future?, in: Euroclear/IFR, Handbook of World Stock & Commodity Exchanges 1995, S. 1.

aktuell fast alle europäischen Börsen an der Entwicklung von den Parketthandel ergänzenden oder gar ersetzenden elektronischen Wertpapierhandelssystemen.[109]

Die europäischen Wertpapierbörsen haben seit Mitte der achtziger Jahre eine rapide und dramatische Entwicklung durchgemacht.[110] Nachdem über Dekaden die Strukturen und Organisation keine wesentlichen Entwicklungen erfahren haben, begann zu diesem Zeitpunkt unter dem Einfluß des zunehmenden internationalen Wettbewerbs zwischen den europäischen Börsen eine noch heute anhaltende rasante Veränderung aller wesentlichen europäischen Börsenplätze sowohl in technischer, struktureller als auch rechtlicher[111] Hinsicht. Als Auslöser der Entwicklung eines sich verschärfenden Wettbewerbs zwischen den Börsenplätzen können genannt werden[112]:

- die europäische politische und rechtliche Integration, die eine wachsende Mobilität des Kapitals ermöglicht (insbesondere nach dem Wechsel vom Harmonisierungskonzept[113] zum Konzept der gegenseitigen Anerkennung[114]), andererseits aber auch durch den er-

---

109 *Schwark*, Börsen und Wertpapierhandelsmärkte in der EG, WM 1997, S. 293 (296 f.). Vgl. auch die langjährige heftige Diskussion um die Entwicklung und Einführung eines börslichen elektronischen Handelssystems in Deutschland seitens der Deutsche Börse AG, das zunächst als EHS (Elektronisches Handelssystem) bekannte und nunmehr als Exchange Electronic Trading (Xetra) firmierende Handelssystem hat am 28. 11.1997 das ältere IBIS-System abgelöst. Siehe zur Diskussion um Xetra z. B. *o. V.*, Xetra startet am Jahresende, Börsen-Zeitung v. 14.2.1997; *o. V.*, DB AG-Seifert: Xetra läuft nach Plan, VWD v. 14.2.1997; *o. V.*, „Xetra" soll neue Ära einläuten - Deutsche Börse mit neuem Modell auf Europakurs, Handelsblatt v. 27.1.1997; *o. V.*, Durch Xetra ein neues Börsenzeitalter, Börsen-Zeitung v. 14.2.1997; *Hutter*, Exchange Electronic Trading mit und ohne Börsenparkett, VWD v. 14.2.1997; sowie zur Funktion von Xetra *Deutsche Börse AG*, Neues Handelssystem für die FWB Frankfurter Wertpapierbörse, Internet-Seite www.exchange.de/fwb/xetra.

110 Einen Überblick über die Entwicklung der wichtigsten europäischen Börsenplätze gibt *Pagano/Steil*, Equity Trading I: The Evolution of European Trading Systems, in: Steil (Hrsg.), The European Equity Markets, S. 5 ff.

111 Einen Überblick über die rechtlichen Entwicklungen an den wichtigsten europäischen Kapitalmärkten findet sich bei *Scott-Quinn*, EC Securities Markets Regulation, in: Steil (Hrsg.), International financial market regulation, S. 121 (123-130).

112 Vgl. *Hawawini/Rajendra*, The Transformation of the European Financial Services Industry: From Fragmentation to Integration, S. 3 f.; *Stenzel*, Außerbörslicher Aktienhandel, S. 15; *OECD*, Financial Market Trends, Feb. 1993, S. 14 ff.; sowie *Gerke/Rasch*, Europas Wertpapierbörsen im Umbruch - Eine Übersicht über den Strukturwandel im europäischen Börsenwesen, S. 306 (314 f.); *Steil*, Introduction: Effective Public Policy in a World of Footloose Finance, in ders. (Hrsg.), International financial market regulation, S. 2-5; *Pagano/Steil*, Equity Trading I: The Evolution of European Trading Systems, in: Steil (Hrsg.), The European Equity Markets, S. 38-48.

113 Zum Pendeln des europäischen Kapitalmarktrechts zwischen einer Vollvereinheitlichung und der Rechtsannäherung der nationalen Kapitalmarktrechte *Claussen*, Bank- und Börsenrecht, S. 282 f. m. w. Nw.

114 Siehe hierzu ausführlich 4. Teil II. 3. dieser Arbeit.

heblichen Anstieg des grenzüberschreitenden Wertpapierhandels eine weitere Integration erfordert[115],

- die Entwicklung der elektronischen Unterstützung des Präsenzhandel und vollelektronischer Informations- und Handelssysteme, die grenzüberschreitenden Wertpapierhandel schneller, effektiver und kostengünstiger als bislang erlauben,
- die durch die technische Entwicklung ermöglichte wachsende Disintermediation[116],
- die internationale Diversifikation der Portfolios institutioneller Anleger[117], die den grenzüberschreitenden Wertpapierhandel erheblich fördert,
- die zunehmende Verbriefung von Zahlungsverpflichtungen (Securitisierung),
- die Zunahme von Derivativgeschäften (Termin- und Optionsgeschäften),
- die Ausweitung grenzüberschreitender Kapitalströme, die auch durch die wachsende Professionalisierung und nicht zuletzt durch die verbesserten internationalen Abwicklungsmöglichkeiten von Wertpapiergeschäften gefördert wird,
- der „Fall-out“ der Deregulierungsbestrebungen im Bereich der Finanzdienstleistungen in den USA und Japan, die eine erhebliche Anstoßwirkung auf die europäischen Märkte, insbesondere London, entwickelten[118].

Heute stehen allein über fünfzig Wertpapierbörsen, die in ihrer Größe, Bedeutung und in ihrem Entwicklungsstand sehr unterschiedlich sind[119], in den Ländern der EU-Mitgliedstaaten und den Mitgliedsländern der am 4.1.1960 von mehreren europäischen

---

115 *Hawawini/Rajendra*, The Transformation of the European Financial Services Industry: From Fragmentation to Integration, S. 3.

116 Disintermediation ist das Ausschalten bzw. der Wegfall von Mittlern, die in den Geschäftsschluß eingeschaltet sind. Siehe hierzu sowie zur wachsenden Mediatisierung (dem Ersatz menschlicher durch technische Kommunikation) ausführlich *Picot/Bortenlänger/Röhrl*, Börsen im Wandel, S. 33 (34). Vgl. auch *Steil*, Introduction: Effective Public Policy in a World of Footloose Finance, in ders. (Hrsg.), International financial market regulation, S. 3.

117 Siehe zum Interesse gerade institutioneller Anleger am grenzüberschreitenden Wertpapierhandel insbes. *Gerke/Rapp*, Strukturveränderungen im internationalen Börsenwesen, S. 5 f.; *Schwartz/Steil*, Equity Trading III: Institutional Investor Trading Practices and Preferences, in: ders. (Hrsg.), The European Equity Markets, S. 81-105, die in einer weltweiten Umfrage unter den größten institutionellen Investoren deren Wertpapierhandelspraxis und Vorstellungen - allerdings mit einem Focus auf das SEAQ International-System - untersucht haben. Hier spielen insbesondere auch Pensionsfonds eine bedeutende Rolle.

118 *Hawawini/Rajendra*, The Transformation of the European Financial Services Industry: From Fragmentation to Integration, S. 3.

Staaten, die nicht Mitglieder der EWG waren, gegründeten Europäischen Freihandelszone (EFTA) miteinander und mit den außerbörslichen Wertpapierhandelssystemen im Wettbewerb um die Notierung der Wertpapiere und um die Kauf- und Verkaufaufträge der Anleger. Gerade die Erstreckung des europäischen Wirtschaftsraums auf die Staaten der EFTA hat den Markt der europäischen Wertpapierhandelssysteme um zusätzliche Wettbewerber bereichert. Zu den EFTA-Staaten gelten besondere Beziehungen im Rahmen des Europäischen Wirtschaftsraums (EWR), der im Mai 1992 zwischen den Mitgliedstaaten der EG und den EFTA-Staaten begründet wurde, und dessen Ziel es ist, diese Staaten ab 1993 am Binnenmarkt gleichberechtigt zu beteiligen.[120] Die EFTA-Staaten übernehmen ca. 80% des Gemeinschaftsrechts, insbesondere auch die Regelungen über die vier Grundfreiheiten des Gemeinsamen Marktes, das Wettbewerbsrecht[121] und ausdrücklich auch das den Bereich des Wertpapierhandels betreffende Sekundärrecht der Gemeinschaft.

Auf diese Entwicklungen hat in Europa die London Stock Exchange als erste reagiert.[122] Ihre „Big Bang" genannte grundsätzliche Reform wurde zum Vorbild für die meisten anderen europäischen Börsenplätze. Der Funke für den entstehenden Wettbewerb zwischen den Börsen war dabei die Einführung des Londoner Stock Exchange Automated Quotation System (SEAQ)-International, eines computergestützten Wertpapierhandelssystems für die an europäischen Börsen notierten Wertpapiere, an dem über Computerterminals teilgenommen werden kann. SEAQ-International konnte einen beachtlichen Teil des Handels mit europäischen Wertpapieren auf sich konzentrieren und zog diese damit von den Heimatbörsen der Wertpapiere in den übrigen europäischen Staaten ab.[123] Diese waren nunmehr gezwungen, ihre eigenen Strukturen und Organisation zu überdenken, um nicht die großen Aufträge und damit einen Teil ihres Marktes an London zu verlieren. Die Entwicklungen der Börsen und elektronischen Handelssysteme sowohl in Paris, Mailand, Brüssel, Madrid als auch in Zürich, Amsterdam und Frankfurt sowie an den nordischen

---

119 *Gerke/Rasch*, Europas Wertpapierbörsen im Umbruch - Eine Übersicht über den Strukturwandel im europäischen Börsenwesen, ZEW Wirtschaftsanalysen Jg. 1 Nr. 3 S. 306 (307 f.), wobei die Börsenplätze in Osteuropa und die Termin- und Optionsbörsen noch nicht mitgezählt sind. An gleicher Stelle, S. 309 findet sich eine Übersicht über die Anzahl der Börsenplätze, die Kapitalisierung des Aktienmarktes und die Anzahl in- und ausländischer börsennotierter Gesellschaften in Europa mit Stand Ende 1992, die einen Überblick über die Größe der nationalen Aktienmärkte gibt.

120 Siehe zur Begründung des Europäischen Wirtschaftsraums den Überblick bei *Müller-Ibold*, in: Lenz (Hrsg.) , Kommentar zum EGV, Rn. 63 f. zu Art. 133 EGV m. w. Nw.

121 *Müller-Ibold*, in: Lenz (Hrsg.), Kommentar zum EGV, Rn. 64 zu Art. 133 EGV m. w. Nw.

122 Auf die immer noch bestehende „Automatisierungslücke" bei vielen Börsen trotz der von ihnen konstatierten Effizienzvorteile der elektronischen Wertpapierhandelssysteme weisen *Picot/Bortenlänger/Röhrl*, Börsen im Wandel, S. 80 hin.

123 Vgl. *Gerke/Rasch*, Europas Wertpapierbörsen im Umbruch - Eine Übersicht über den Strukturwandel im europäischen Börsenwesen, S. 306 (318).

Börsen sind letztlich auch hierauf zurückzuführen.[124] Die in jüngster Zeit beobachtbare Entwicklung, daß einige der institutionellen Investoren sich wieder verstärkt diesen europäischen Heimatmärkten zuwenden und SEAQ-International nicht mehr entsprechend nutzen[125], zeigt nicht zuletzt den Erfolg dieser Bemühungen. Andererseits wird diese Entwicklung nicht stehen bleiben. Die erreichten Verbesserungen und der standortunabhängige Zugriff auf die Handelssysteme der europäischen Börsen durch europa- und weltweit stationierte Computerterminals hat bereits zu einem verstärkten Wettbewerb zwischen jedem dieser Märkte geführt.

Dabei läßt die Elektronisierung des Börsenhandels zwei unterscheidbare Entwicklungen erkennen: die elektronische Unterstützung des Präsenzhandels und die vollelektronischen Wertpapierhandelssysteme mit automatischer Zusammenführung der Aufträge.[126]

a. Elektronische Unterstützung des Handels an Präsenzbörsen

Zu Beginn der Entwicklung elektronischer Börsenhandelssysteme stand die elektronische Unterstützung des Handels auf dem Börsenparkett durch Informations- und Hilfssysteme für die Preisfindung. Systeme dieser Art finden sich heute an allen maßgeblichen Börsenplätzen der Welt, an denen noch ein Präsenzhandel stattfindet.[127] Die Geschäftsabschlüsse selbst sowie die Kursfeststellung erfolgen zwar unter Zuhilfenahme der elektronischen Systeme, aber nicht vollautomatisch sondern immer noch durch Mitwirken von Maklern als Intermediäre. Die Präsenz an der Börse ist bei diesem Grad der Unterstützung noch nicht entbehrlich. Die weitere Entwicklung von derartigen Unterstützungssystemen wird jedoch die Grenzen zu einem vollelektronischen Handel zunehmend verwischen. Wo die elektronische Unterstützung lediglich dazu dient, die Aufträge an physisch im Börsensaal anwesendes Personal zu übermitteln kann jedoch noch von einer Zusammenkunft der Handeltreibenden als Kennzeichen einer Präsenzbörse gesprochen werden.

---

124 *Gerke/Rasch*, Europas Wertpapierbörsen im Umbruch - Eine Übersicht über den Strukturwandel im europäischen Börsenwesen, S. 306 (319) verweisen z. B. auf das Abwanderungsproblem der Börsen in den Niederlanden, Italien und den nordischen Börsen in Schweden und Norwegen.

125 Vgl. *Pagano/Steil*, Equity Trading I: The Evolution of European Trading Systems, in: ders. (Hrsg.), The European Equity Markets, S. 7 ff., 24 ff. zu den Gründen für das Zurückfallen des Handelsvolumens an SEAQ-International insbesondere in Wertpapieren mit kontinentalen Heimatbörsen.

126 Eine wirtschaftswissenschaftliche Analyse für die unterschiedlich intensive Ausgestaltung von Börsen mit elektronischen Hilfsmitteln sowie der Einflußfaktoren und Hindernisse bei der Umstellung auf vollelektronische Wertpapierhandelssysteme insbesondere auch unter Hinweis auf die Corporate Governance-Strukturen von Wertpapierhandelssystemen findet sich bei *Picot/Bortenlänger/Röhrl*, Börsen im Wandel, S. 82 ff.

127 Eine ausführliche Darstellung des Automatisierungsgrads wichtiger Börsen, Wertpapierhandelssysteme sowie des Telefonhandels findet sich aufgegliedert nach der Informationsphase, der Orderroutingphase, der Preisfeststellungsphase sowie der Abwicklungsphase bei *Picot/Bortenlänger/Röhrl*, Börsen im Wandel, S. 35-39, speziell für die elektronische Unterstützung von Präsenzbörsen S. 41, 63.

Als deutsches Beispiel kann das Börsen-Order-Routing-Systems (BOSS)[128] dienen, das eine weitgehende Computerisierung der Präsenzbörse in Deutschland auf der Basis des klassischen Auktionsprinzips und unter Beibehaltung der Funktion der Makler brachte. Dabei entstand die bisher fehlende elektronische Brücke zwischen den Banken und den Kursmaklern im Börsensaal sowie zum Wertpapierinformationssystem.[129] Im Hinblick auf die Entwicklung vollelektronischer Wertpapierhandelssysteme wie z. B. das Integrierte Börsenhandels- und Informations-System (IBIS)[130] in Deutschland bestand für die Präsenzbörsen ein zunehmender Wettbewerbsdruck, auch ihr Leistungsangebot und ihre Abwicklungseinrichtungen effizienter, sicherer und komfortabler zu gestalten.[131] Während bis dahin die am Börsenhandel beteiligten Kreditinstute zwar den Transport und die Sammlung der Aufträge (Orders) innerhalb ihrer Institute weitgehend computerisiert hatten, endete die Weiterleitung der Aufträge an die Börse in ihren Börsenbüros. Mittels gedruckter oder gar handgeschriebener Orderzettel wurden die Aufträge sodann an den Makler weiterübermittelt. Dieser mußte sie nach Limiten sortieren und manuell in das Orderbuch eintragen. Die anschließend erfolgte Kursermittlung erfolgte ebenfalls weitgehend manuell. Der festgestellte Kurs wiederum mußte per Hand in das Kursanzeigesystem eingegeben werden. Die Daten der abgeschlossenen Geschäfte waren anschließend in das Börsenabwicklungssystem einzustellen. Hinzu kam noch eine evtl. Stornoeingabe und -ausführung sowie Nacharbeiten und die Erstellung von Unterlagen für die Makler, Händler und die Börsenverwaltung.[132]

Im BOSS[133] werden die Orders aus dem Ordersammelbestand der angeschlossenen Banken zunächst direkt in den zentralen Ordersammelbestand beim Börsenrechenzentrum der Deutsche Clearing überspielt. Von hier aus erfolgt eine automatische Überleitung der Orders in das elektronische Skontro[134] des zuständigen Maklers. Bei diesem liegen bis zum Schluß der Orderannahme alle Orders vor, so daß er daraufhin den Kurs mittels eines

---

128 BOSS ist eine Entwicklung der Deutsche Wertpapierdaten-Zentrale GmbH Frankfurt a. M. (DWZ), die aus der Fusion der Börsen-Daten-Zentrale (BDZ) und der Betriebs-Gesellschaft Datenverarbeitung für Wertpapiersysteme (BDW) entstanden ist. Vgl. zur DWZ auch *Büschgen*, Das kleine Börsenlexikon, Stichwort „DWZ".

129 *Arbeitsgemeinschaft der Deutschen Wertpapierbörsen*, Jahresbericht 1990, S. 40, 80; *Peiseler*, Börsencomputersysteme, S. 300.

130 Siehe ausführlich zu IBIS unter 1. Teil I. 4. b. aa. dieser Arbeit.

131 Die elektronische Unterstützung der Präsenzbörse wurde als umso dringender erachtet, je erfolgreicher sich der IBIS-Handel präsentierte. Vgl. *Arbeitsgemeinschaft der Deutschen Wertpapierbörsen*, Jahresbericht 1991, S. 36.

132 Vgl. *Peiseler*, Börsencomputersysteme, S. 299; *Arbeitsgemeinschaft der Deutschen Wertpapierbörsen*, Jahresbericht 1990, S. 40 f.

133 Eine ausführlichere Darstellung des Systems findet sich in den Jahresberichten der *Arbeitsgemeinschaft der Deutschen Wertpapierbörsen* 1990, S. 80 f. und 1991, S. 36; sowie bei *von Rosen*, in: Obst/Hintner, Geld-, Bank- und Börsenwesen, S. 1253.

134 Siehe zum Begriff des Skontros, *Büschgen*, Das kleine Börsenlexikon, Stichwort „Skontro".

Vorschlags des elektronischen Skontros feststellen kann. Das elektronische Skontro errechnet dabei ständig neu eine Spanne aufgrund des aktuellen Skontrobestandes. Der festgestellte Kurs wird anschließend vom Kursanzeigesystem automatisch aus dem elektronischen Skontro übernommen.[135] Zur Verbesserung der Transparenz werden die zum Ausgleich von Angebot und Nachfrage noch fehlenden Beträge angezeigt, um diese zum Ausgleich bringen zu können.[136] Gleichzeitig werden die Geschäftsdaten für die Abwicklung erfaßt. Durch die bereits elektronischen Abwicklungssysteme erhält das Kreditinstitut unmittelbar und elektronisch die Ausführungsbestätigung und kann seinerseits die (i. d. R. ebenfalls elektronische) Geschäftsabwicklung mit ihren Kunden einleiten. Für die Kreditinstitute besteht jedoch kein Benutzungszwang für das System.

Im Hinblick auf den Börsenbegriff und insbesondere § 7 Abs. 1 S. 2 BörsG handelt es sich bei diesem System lediglich um eine technische Verbesserung der Kommunikation zwischen den im Gebäude der Präsenzbörse handelnden Maklern und den auftraggebenden Kreditinstituten außerhalb des Börsengebäudes. Das Telefon und der Orderzettel wurden durch die elektronische Orderübermittlung ersetzt, ohne daß dies auf die Art des Zustandekommens der Geschäftsabschlüsse und das Verfahren der Kursfeststellung Einfluß hat. Tragendes Prinzip bleibt die Kursfeststellung und damit die Zusammenführung von Angebot und Nachfrage durch den Makler. Ein direkter Geschäftsschluß zwischen Anbieter und Nachfrager findet hier nicht statt. Es handelt sich unter Zugrundelegung des „materiellen Börsenbegriffs" rechtlich nicht um ein neben dem Präsenzhandel bestehendes eigenständiges Wertpapierhandelssystem, sondern nur um die technische Fortentwicklung der bestehenden Präsenzbörsen.[137] Gewahrt bleibt dabei auch das Auktionsprinzip der Präsenzbörse.[138]

Seit April 1999 arbeiten die noch einen Präsenzhandel aufrecht erhaltenden deutschen (Regional-) Börsen und die im Präsenzhandel tätigen Makler an der Entwicklung eines neuen gemeinsamen Betriebssystems für den Handel und die Abwicklung von Wertpapie-

---

135 Neben der herkömmlichen Art der Verbreitung von Kursen amtlich gehandelter Wertpapiere durch Veröffentlichung im Kursblatt erfolgt die Kursverbreitung heute auf elektronischen Wegen, auf denen die Informationen in Echtzeit an Medien und Nachrichtenagenturen übermittel werden. An der Frankfurter Wertpapierbörse können die Kurse über das Kurs-Informations-Service-System (PcKISS) direkt vom Maklerskontro in das Informationssystem eingespeist werden und stehen damit in Echtzeit zur Verfügung. Gleichzeitig speist PcKISS die Anzeigetafel im Börsensaal mit Informationen.

136 *Arbeitsgemeinschaft der Deutschen Wertpapierbörsen*, Jahresbericht 1990, S. 41.

137 *Schwark*, Börsengesetz, § 1 Rn. 4, mit einer Abgrenzung dieser Form der Präsenzbörse zu vollelektronischen Wertpapierhandelssystemen, die er als „wirkliche" Computerbörsen bezeichnet, und die nach seiner Auffassung ebenfalls dem allerdings geänderten „materiellen" Börsenbegriff unterfallen; vgl. auch *Kümpel*, Bank- und Kapitalmarktrecht, Rn. 17.31 f.

138 *Arbeitsgemeinschaft der Deutschen Wertpapierbörsen*, Jahresbericht 1990, S. 41 u. 108; *Peiseler*, Börsencomputersysteme, S. 300 u. 309.

ren als Nachfolgesystem zu BOSS.[139] Ziel ist es, damit von der Deutsche Börse AG, die Betreiber von BOSS (BOSS-Cube[140]/Böga) ist und dessen Betrieb bei Einführung der vierten Stufe des Xetra-Systems einstellen könnte, unabhängiger zu werden[141] und zugleich ein auch technisch neueres und leistungsfähigeres System zu schaffen.[142] Sollte BOSS seitens der Deutsche Börse vor der Implementierung eines solchen neuen Systems eingestellt werden, würde dies wohl zugleich das Ende des Parketthandels bedeuten.[143]

b. Vollelektronische börsliche Wertpapierhandelssysteme

Parallel zum Präsenzhandel, zu dessen Unterstützung oder als dessen Ablösung erfolgt an einigen europäischen Börsenplätzen die Implementierung vollelektronischer Wertpapierhandelssysteme.[144] Charakteristisches Merkmal dieser Systeme ist der elektronische Geschäftsschluß[145], also das automatische Zusammenführen der Kauf- und Verkaufsaufträge nach einem festgelegten Handelsverfahren.[146] Die Teilnahme erfolgt standortunabhängig über Computerterminals. Der Handel findet ausschließlich im elektronischen System statt. Ein Vorteil[147] dieser vollelektronischen Systeme ist insbesondere die Möglichkeit, bei entsprechender technischer Ausstattung eine weitaus höhere Zahl von Marktteilnehmern zum Handel gleichzeitig zulassen zu können als dies bei der Präsenzbörse bereits aus Platzgründen der Fall sein kann. Grundsätzlich kann so auch eine höhere Konzentration von Aufträgen in einem System bewirkt werden. Mit der Zahl der Marktteilnehmer steigt auch die Wahrscheinlichkeit, einen entsprechenden Gegenauftrag zu finden. Hierdurch und durch die höhere Transaktionsgeschwindigkeit und Markttransparenz kann eine höhere Marktliquidität und Integrität der Preisfeststellung erreicht werden. Letztlich wird auch die Möglichkeit der Marktüberwachung entscheidend verbessert. Die vollautomatischen Abwicklungsfunktionen durch direkte Übertragung der Handelsdaten in die ebenfalls elektronischen Abwicklungssysteme ist jedoch heute bereits weitgehend auch in der elektronischen Unterstützung des Präsenzhandels gegeben, so daß die elektronischen

---

139 Siehe o.V., Sechs Börsen bauen Routing-System, Börsen-Zeitung v. 8.4.1999, S. 4; o.V., Die Regionalbörsen wollen keinen Krach, aber ein eigenes Handelssystem, Süddeutsche Zeitung v. 8.4.1999, S. 33; o.V., Regionalbörsen gehen eigenen Weg, Handelsblatt v. 7.4.1999, S. 1.

140 Siehe die kurze Beschreibung bei *Kümpel*, Bank- und Kapitalmarktrecht, Rn. 17.61.

141 Siehe o.V., Regionalbörsen gehen eigenen Weg, Handelsblatt v. 7.4.1999, S. 1.

142 O.V., Sechs Börsen bauen Routing-System, Börsen-Zeitung v. 8.4.1999, S. 4.

143 O.V., Parkettbörse steht vor dem Aus, Handelsblatt v. 6.4.1999, S. 1.

144 Auch als Computerhandelssysteme im engeren Sinne bezeichnet, vgl. *Picot/Bortenlänger/Röhrl*, Börsen im Wandel, S. 34.

145 *Picot/Bortenlänger/Röhrl*, Börsen im Wandel, S. 66.

146 *Kümpel*, Bank- und Kapitalmarktrecht, Rn. 17.40.

147 Siehe zu den Effizienzvorteilen elektronischer Wertpapierhandelssysteme ausführlich *Picot/Bortenlänger/Röhrl*, Börsen im Wandel, S. 67 f. m. w. Nw.

Wertpapierhandelssysteme hier keine wesentlichen Effizienzsteigerungen mehr auslösen.[148]

In Deutschland sind im börslichen Bereich derzeit die Systeme der Deutschen Terminbörse bzw. European Exchange (Eurex)[149] und das Exchange Electronic Trading (Xetra)-Handelssystem als vollelektronische börsliche Wertpapierhandelssysteme implementiert. Dort werden wie bei dem Vorgänger des Xetra-Handelssystems, dem Integrierten Börsenhandels- und Informations-System IBIS, nicht nur die Willenserklärungen für Angebot und Nachfrage (Kauf- und Verkaufsaufträge für Wertpapiere) elektronisch übermittelt, sondern die Geschäfte kommen auch elektronisch zustande. Entsprechende Wertpapierhandelssysteme mit unterschiedlichem Leistungs- und Funktionsumfang finden sich auch in anderen europäischen Mitgliedstaaten. Die wesentlichen Funktionen solcher elektronischen Wertpapierhandelssysteme sollen an den Beispielen von IBIS, Xetra und dem DTB bzw. Eurex-System stellvertretend für die in anderen europäischen Mitgliedstaaten existierenden vollelektronischen Wertpapierhandelssysteme[150] kurz erläutert werden, um für die rechtliche Untersuchung der Aufsicht des grenzüberschreitenden Wertpapierhandels eine konkrete Vorstellung der Funktionen dieser elektronischen Wertpapierhandelssysteme zu haben.

aa. Integriertes Börsenhandels- und Informations-System (IBIS)

Das inzwischen vom nachfolgend beschriebenen Xetra-Handelssystem ersetzte IBIS war ein Dienstleistungsangebot der Deutsche Börse AG, das in mehreren Entwicklungsschritten von einem elektronischen Informationssystem zu einem vollelektronischen Wertpapierhandels- und Informationssytem ausgebaut wurde.

aaa. IBIS-I

Am 1.12.1989 wurde das Inter-Banken-Informations-System (IBIS-I)[151] als Dienstleistungsangebot der Deutschen Wertpapierdaten Zentrale (DWZ) zunächst nur als elektronisches Informationssystem implementiert, das die Möglichkeit bot, im außerbörslichen Handel über Computerterminal indikative[152] Geld- und Briefkurse für eine beschränkte

---

148 Siehe zur Automatisierung der Abwicklungsphase *Picot/Bortenlänger/Röhrl*, Börsen im Wandel, S. 73 ff. m. w. Nw.

149 Siehe hierzu ausführlich 1. Teil I. 5. a. cc. ccc. dieser Arbeit.

150 Siehe hierzu z. B. die Länder-Übersichten in *ISSA* (Hrsg.), Handbook 1994, in denen die jeweiligen Handelssysteme der nationalen Börsen und anderer Wertpapierhandelssysteme beschrieben werden.

151 Siehe hierzu ausführlich auch *Kümpel*, Bank- und Kapitalmarktrecht, Rn. 17.59 ff.

152 Bei den gestellten Kursen handelte es sich rechtlich lediglich um unverbindliche Angebote, die als invitatio ad offerendum zu qualifizieren waren. Vgl. *Kümpel*, Inter-Banken-Informations-System (IBIS), WM 90, S. 45 (47).

Anzahl von Aktien und öffentliche Anleihen zu stellen. Die Abschlüsse der Geschäfte hingegen mußten auch weiterhin per Telefon erfolgen. Erst bei so erfolgtem Geschäftsabschluß waren die Benutzer des Systems dazu verpflichtet, die Geschäftsdaten innerhalb von zwei Minuten in das System einzugeben und damit für den Gesamtmarkt zu publizieren. Diese Informationen blieben aber anonym. Gleichzeitig fand eine automatische Abgabe der Geschäftsdaten zur Geschäftsabwicklung statt.[153] Mit einer Handelszeit von 9.00 Uhr bis 17.00 Uhr sollte das System auch die Funktion eines „Underlying-Market" für die DTB wahrnehmen, die die Präsenzbörse aufgrund ihrer kurzen Handelszeit nicht leisten konnte.[154] Gemessen am „materiellen Börsenbegriff" wies IBIS-I in dieser Ausbaustufe noch nicht die Merkmale einer eigenständige Börse oder eines Börsensegments auf. Mangels eigener automatischer Handelsfunktion stellte es lediglich eine technische Fortentwicklung des außerbörslichen Telefonhandels dar.[155]

bbb. IBIS-II

Mit dem Ziel[156] der Rückführung des außerbörslichen Handels an die Börse hatte das Integrierte Börsenhandels- und Informations-System (IBIS-II) als erster vollelektronischer Markt für den Aktien- und Rentenhandel in Deutschland am 5.4.1991 Premiere. Im Gegensatz zu IBIS-I konnte hier neben der die Geschäftsabschlüsse bloß vorbereitenden Informationsverschaffung auch der Geschäftsabschluß selbst mittels einfachen Tastendrucks ohne persönlichen oder telefonischen Kontakt per Computerterminal von den eigenen Büros oder Handelsräumen der Börsenteilnehmer aus erfolgen.[157] Der eigentliche Geschäftsabschluß fand durch ein sog. "Matching" übereinstimmender Kauf- und Verkaufangebote allein im Zentralcomputer statt. Bei den gestellten Kursen handelte es sich um rechtlich verbindliche Kauf- und Verkaufsangebote, bei denen die Kurssteller gegenüber dem Markt aber anonym blieben.[158] Den beteiligten Parteien wurde der Abschluß am

---

153 Vgl. zum Systemaufbau und den Bedingungen des IBIS-I, „Bedingungen für die Teilnahme an IBIS-I", WM 1990, S. 82; *Peiseler*, Börsencomputersysteme, S. 40-42; *Arbeitsgemeinschaft der Deutschen Wertpapierbörsen*, Jahresbericht 1990, S. 78; *Blitz*, IBIS jetzt auch im Rentenhandel, Die Bank 1990, S. 474; *Breuer*, Neue Strukturen für den außerbörslichen Handel, Die Bank 1989, S. 412.

154 Vgl. *Peiseler*, Börsencomputersysteme, S. 39.

155 Vgl. *Schwark*, Börsengesetz, § 1 Rn. 7; *Kümpel*, Bank- und Kapitalmarktrecht, Rn. 17.31.

156 Vgl. zu dem Zielbündel bei der Projektierung des Systems und zur Entwicklungsphase aus IBIS-I heraus *Blitz*, Computerhandel nun auch im Kassamarkt, Die Bank 1991, S. 258 (260).

157 Ausführliche Systemdarstellungen von IBIS-II finden sich z. B. bei *Deutsche Börse AG*, Integriertes Börsenhandels- und Informations-System IBIS; *Arbeitsgemeinschaft der Deutschen Wertpapierbörsen*, Jahresbericht 1991, S. 35 f, 74-76; *Büschgen*, Das kleine Börsenlexikon, Stichwort: „IBIS"; *Blitz*, Computerhandel nun auch im Kassamarkt, Die Bank 1991, S. 258; *Claussen*, Bank- und Börsenrecht, S. 406-408.

158 *Deutsche Börse AG*, Integriertes Börsenhandels- und Informations-System IBIS, S. 11.

Bildschirm unmittelbar angezeigt.[159] Wie auch in IBIS-I wurden die Geschäftsdaten automatisch an die Geschäftsabwicklung weitergegeben.[160] Weitere Garantien für die Erfüllung der Geschäfte waren nicht erforderlich. Börsentäglich wurden für die Teilnehmer, die am Handel teilnahmen, Schlußnoten erstellt, aus denen sie erstmals die Identität der Handelspartner der von ihnen getätigten Geschäftsabschlüsse entnehmen konnten.[161]

Über die an IBIS teilnehmenden Kreditinstitute und Makler[162] konnten insbesondere die institutionellen Anleger, wie Versicherungen und Kapitalanlagegesellschaften, größere Orders in den DAX 100-Werten[163] plazieren.[164] Die Makler nahmen keine Vermittlungstätigkeit wahr, sondern agierten in einer Market-Maker-Funktion (freiwilliges Stellen von Kursen als Eigenhändler)[165]. Als Marktsegment der Frankfurter Wertpapierbörse unterfiel IBIS-II deren Regelwerk, also dem Börsengesetz und der Börsenordnung der Frankfurter Wertpapierbörse und war letztlich auch an allen übrigen deutschen Wertpapierbörsen integriert worden.[166] Da die Kursmakler gemäß § 25 der Börsenordnung die Börsenpreise so festzustellen haben, wie es „der wirklichen Geschäftslage des Verkehrs an der Börse einschließlich des elektronischen Handelssystems entspricht", kam es so zu einer Verzahnung des Präsenzhandels auf dem Parkett mit dem Börsenhandel über die vollelektroni-

---

159 Der Handelsbildschirm des Systems ist in vier Zonen eingeteilt, die jeweils unterschiedliche Unterfunktionen des Systems ermöglichen: die Informations-, die Angebots-, die Eingabe- und die Systemmeldezone; näher *Hielscher*, in Obst/Hintner, Geld-, Bank- und Börsenwesen, S. 1142 f.

160 Auch IBIS-II bietet die Möglichkeit, außerhalb des Systems etwa telefonisch abgeschlossene Geschäfte über die gehandelten Wertpapiere in das System einzugeben. Durch das „Matchen" der Geschäftsdaten dieser bereits geschlossenen Geschäfte kann das System auch weiterhin als reines Abwicklungssystem benutzt werden.

161 *Deutsche Börse AG*, Integriertes Börsenhandels- und Informations-System IBIS, S. 11.

162 Zunächst waren nur die Frankfurter Makler beteiligt, da die Makler anderer Börsenplätze noch der Genehmigung ihrer Aufsichtsbehörden bedurften; vgl. *Müller*, Teurer Tiefflug, Wirtschaftswoche v. 5.4.1991, S. 96 (97). Zur Beteiligung der Regionalbörsen an IBIS vgl. *Kümpel*, Bank- und Kapitalmarktrecht (1. Aufl.), Rn. 14.343-14.352 sowie Bank- und Kapitalmarktrecht, Rn. 17.64 ff. sowie für das Nachfolgesystem Xetra, Rn. 17.77 ff.

163 Die Ausweitung der in IBIS handelbaren Aktien auf die im DAX 100 enthaltenen Werte wurde insbesondere auch im Hinblick auf die ausländischen Teilnehmer vollzogen, vgl. *Deutsche Börse AG*, Geschäftsbericht 1995, S. 13.

164 Als Mindestumsatzmenge wurde zunächst 500 Aktien bzw. bei Renten ein Mindestumsatzwert von 1 Mio. DM festgesetzt. Um eine Steigerung der Liquidität des Marktes zu erreichen, wurden die Mindestabschlußmengen im Aktienhandel für einzelne Aktienwerte bis auf 100 Stück gesenkt. Zu den einzelnen Mindestabschlußmengen *Deutsche Börse AG*, Integriertes Börsenhandels- und Informations-System IBIS, S. 12.

165 Zur Market-Maker-Funktion ausführlich *Peiseler*, Börsencomputersystem, S. 83-90.

166 *Kümpel*, Bank- und Kapitalmarktrecht (1. Aufl.), Rn. 14.338, sowie Bank- und Kapitalmarktrecht, Rn. 17.67.

sche Computerbörse.[167] Soweit die Kurse unter Beteiligung eines Kursmaklers zustande kamen, sollten sie als „amtliche Kurse" gelten[168], was jedoch von Schwark zu recht bestritten wird.[169]

Duch die Ausrichtung auf den Handel mit Standardwerten sowie die Zielgruppe der institutionellen Anleger war es schon kurze Zeit nach der Systemimplementierung gelungen, einen Großteil des bisherigen außerbörslichen Handels in den Standardaktien an die Börse zurückzuholen.[170] Dies um so mehr als auch die übrigen deutschen Börsen[171] das Handelssystem IBIS-II bei sich eingeführt hatten[172] und gerade auch die dort angeschlossenen Kreditinstitute und Makler an den IBIS-Umsätzen überproportional beteiligt waren.[173] IBIS-II verzeichnete als Handelssystem eine stetige Steigerung des Anteils am Gesamthandel an den Börsen.[174]

Rechtlich handelte es sich bei IBIS-II um eine Börse i. S. d. „materiellen Börsenbegriffs", da es wegen der automatischen Zusammenführung der Orders über ein eigenständiges Handelssystem verfügte.[175] Als Marktsegment der Frankfurter Wertpapierbörse besaß es aber keine organisatorische Eigenständigkeit als eigenständige Börse.[176]

---

167 Die Handelszeit reicht von 8.30 Uhr bis 17.00 Uhr, womit IBIS-II seine vorgesehene Funktion als Underlying-Market für die DTB erfüllen kann. Vorher gibt es eine 15-minütige Orientierungsphase, in der nur indikative Quotierungen eingestellt werden können. Um 15.30 Uhr wird ein Buchungsschnitt vorgenommen. Alle Geschäfte bis zu diesem Zeitpunkt werden noch am selben Tag der Börsengeschäftsabwicklung übergeben. Alle in der Zeit von 15.30 Uhr bis 17.00 Uhr geschlossenen Geschäfte werden für den nächsten Tag zur Abwicklung vorgetragen.

168 *Deutsche Börse AG*, Integriertes Börsenhandels- und Informations-System IBIS, S. 6.

169 *Schwark*, BörsG, § 29 Rn. 5, mit dem Argument, daß die Kursmakler bei ihrer Teilnahme im IBIS-System nicht in ihrer neutralen Vermittlerrolle, sondern ausschließlich als Vertragspartei auftraten.

170 *Arbeitsgemeinschaft der Deutschen Wertpapierbörsen*, Jahresbericht 1991, S. 76.

171 Der Börsenplatz Deutschland verfügt zur Zeit noch über acht Wertpapierbörsen und zwar in Berlin, Bremen, Düsseldorf, Frankfurt, Hamburg, Hannover, München und Stuttgart, von denen die Wertpapierbörse Frankfurt jedoch eindeutig die Position einer Leitbörse innehat. Vgl. auch *von Rosen*, in: Obst/Hintner, Geld-, Bank- und Börsenwesen, S. 1257 f.

172 Zur rechtlichen Integration von IBIS in die deutschen Regionalbörsen, *Kümpel*, Bank- und Kapitalmarktrecht (1. Aufl.), Rn. 14.343 ff, sowie Bank- und Kapitalmarktrecht, Rn. 17.67 ff. Die von Kümpel aufgezeigten börsenrechtlichen Folgen, die entstehen, wenn die Mitglieder verschiedener Börsen in IBIS handeln und damit ein außerbörsliches Geschäft schließen, weil ein börsliches Geschäft nur vorläge, wenn die Beteiligten Mitglieder ein und derselben Börse seien, machen deutlich, daß IBIS einer eigenständigen Genehmigung als Börse nach § 1 Abs. 1 BörsG bedurft hätte, wie *Schwark*, BörsG, § 1 Rn. 26 bereits betont.

173 *Von Rosen*, in: Obst/Hintner, Geld-, Bank- und Börsenwesen, S. 1258.

174 Vgl. die detaillierten Angaben in *Deutsche Börse AG*, Jahresbericht der Deutschen Börsen 1994, S. 107; sowie *Deutsche Börse AG*, Fact Book 1995, S. 9, wonach der IBIS-Anteil am Umsatz der in den DAX einbezogenen Aktien von 34,15 % im Jahr 1994 auf 37,69 % im Jahr 1995 anstieg.

175 *Schwark*, Börsengesetz, § 1 Rn. 8, 26; *Peiseler*, Börsencomputersysteme, S. 43; *Münstermann*, Märkte für Risikokapital, S. 65 m. w. Nw.

176 Zur Problematik des Zusammenschlusses zweier Börsen, die unterschiedlichen Regeln folgen, *Schwark*, BörsG, § 1 Rn. 26.

IBIS wurde seit 1995 auch für die Verbreitung im europäischen Ausland vorbereitet, indem die Bildschirminhalte auch in englischer Sprache angeboten wurden.[177] Der Aufbau von sog. „Access Points“ (technischen Knotenpunkten) im Ausland z. B. in London, Paris und Zürich erleichterte den technischen Zugang zum System für die ausländischen Teilnehmer.

bb. Exchange Electronic Trading (Xetra)

Das im ZEUS-Projekt der Deutsche Börse AG entwickelte, zunächst EHS benannte und nun als Xetra (Exchange Electronic Trading)[178] arbeitende elektronische Wertpapierhandelssystem stellt eine vollständige Neuentwicklung eines ordergetriebenen elektronischen Wertpapierhandelssystems für Aktien, Renten und Optionsscheine dar.[179] Es ermöglicht den Wertpapierhandel in den Handelsformen der Auktion und des fortlaufenden Handels nach Preis- und Zeitpriorität. Außerdem stellt es ab einer bestimmten Mindestgröße der Wertpapieraufträge zusätzliche Vermittlungs- und Suchmöglichkeiten zur Verfügung.[180] Hinzu kommt die Ergänzung um ein Betreuerkonzept, bei dem Intermediäre, die für bestimmte Aktien zuständig sind, zusätzliche Liquidität bereitstellen, indem sie auf Anfrage Quotes in das geplante zentrale Orderbuch einstellen. Im Renten- und Optionsscheinhandel können die Emittenten eine ähnliche Funktion wie die Betreuer im Aktienhandel übernehmen. Die Einführung des Systems soll schrittweise erfolgen. Die Zurverfügungstellung der Handelsoberfläche und die Einbeziehung der DAX-Werte in das System ist bereits Ende 1997 erfolgt, während die volle Funktionsfähigkeit für 1999 geplant ist.

Das System verfügt über ein zentrales Orderbuch für jedes Wertpapier, so daß alle Wertpapieraufträge unabhängig vom Standort der Marktteilnehmer zusammengefaßt sind. Damit sollen auch die Regionalbörsen eingebunden werden, so daß die Zersplitterung des Handels, die durch mehrere parallele Orderbücher an den Regionalbörsen heute verursacht wird, beseitigt wird und damit letztlich auch die Präsenzbörsen in Frage gestellt werden. Das zentrale Orderbuch soll transparent sein und allen Marktteilnehmern das Handelsinteresse an einem Wertpapier unter Wahrung der Anonymität des Auftraggebers zeigen. Unter Beibehaltung der börsengesetzlich geregelten Marktsegmente sollen die Wertpapiere mit annähernd gleichen Handelsmerkmalen, insbesondere nach dem Kriterium der Liquidität des Handels und ihres Emissionsvolumens zu besonderen Handelssegmenten zusammengefaßt werden.

---

177 *Deutsche Börse AG*, Geschäftsbericht 1995, S. 13.

178 Siehe auch die Darstellung bei *Kümpel*, Bank- und Kapitalmarktrecht, Rn. 17.70.

179 Siehe zu Xetra ausführlich *Braue/Hille*, Xetra - Elektronisches Handelssystem am Finanzplatz Deutschland, Die Bank 1997, S. 140.

180 *O. V.*, Durch Xetra ein neues Börsenzeitalter, Börsen-Zeitung v. 14.2.1997.

Der Handel gliedert sich in eine Vor-, eine Haupt- und eine Nachhandelsphase, ähnlich wie bei elektronischen Wertpapierhandelssystemen im Ausland. Für den börslichen Wertpapierhandel ist als Handelsform der Auktionshandel sowie der fortlaufende Handel mit Auktionen vorgesehen, während der außerbörsliche Handel über die besonderen Such- und Vermittlungsfunktionen vollzogen werden soll.

Kernelement des Xetra-Konzeptes ist der gleichberechtigte und kostengünstige Zugang aller Marktteilnehmer durch standortunabhängige Verbreitung von Handelsterminals im In- und Ausland, wobei keine Beschränkung auf das europäische Ausland erfolgt.

Xetra hat damit das bisherige IBIS-II abgelöst und wird zugleich früher oder später zu einer Überführung des gesamten Wertpapierhandels in Aktien, Renten und Optionsscheinen vom Parkett in ein elektronisches Wertpapierhandelssystem führen. Das System soll dabei in Wettbewerb zum Parkett treten. Eine juristische Beseitigung des Parketthandels ist hingegen nicht angestrebt.[181]

Die Präsenzbörsen forderten daher mit Unterstützung des Bundesrats vehement die Zurverfügungstellung des Systems zu eigenen Zwecken, die ihnen letztlich auch im Rahmen des Dritten Finanzmarktförderungsgesetzes aus politischen Gründen gewährt wurde.[182]

Die internationale Ausrichtung, die mit dem IBIS-II bereits begonnen hat, wird mit Xetra konsequent weitergeführt und dem Wettbewerb der elektronischen Wertpapierhandelssysteme in Europa ein entscheidender Impuls gegeben.[183] Aber auch über den Zusammenschluß mit Börsen aus verschiedenen Zeitzonen wie z.B. USA oder Asien wurde diskutiert.[184]

Im Oktober 1998 waren mit Beginn der dritten Phase der Entwicklung von Xetra (Release 3) bereits 2000 Aktien aus dem In- und Ausland sowie 350 deutsche Anleihen mit den größten Umsätzen in dem System handelbar. Im Dezember 1998 liefen bereits fast 70% der Börsenumsätze an deutschen Börsen und fast 80% der Umsätze in DAX-Werten über das elektronische System.[185] Privatanleger können seit dem Xetra-Release 3 ihre Aufträge über die Banken direkt an Xetra weiterleiten und in allen Stückzahlen und verschiedenen

---

181 Werner G. Seifert, zitiert nach o. *V.*, Durch Xetra ein neues Börsenzeitalter, Börsen-Zeitung v. 14.2.1997; und *Hutter*, Exchange Electronic Trading mit und ohne Börsenparkett, VWD- Finanz- und Wirtschaftsspiegel v. 14.2.1997.

182 Vgl. zur Vorgeschichte, zum politischen Hintergrund und zur rechtlichen Bewertung der Diskussion um die zwangsweise Ermöglichung des Zugriffs von (Regional-)Börsen auf das elektronische Wertpapierhandelssystem einer anderen Börse (Frankfurter Wertpapierbörse) ausführlich *Köndgen/Mues*, Zwangslizenz für XETRA?, WM 1998, S. 53 ff.

183 Vgl. *Braue/Hille*, Xetra - Elektronisches Handelssystem am Finanzplatz Deutschland, Die Bank 1997, S.140 (145).

184 *Achleitner*, Elektronik erzwingt Kooperation, Handelsblatt v. 3.12.1998, S. 53.

185 *Francioni*, Eine schnelle und zuverlässige Handelsplattform, Handelsblatt v. 3.12.1998, S. 55.

Währungen handeln, wobei die Mindeststückzahl von 1 Aktie nur für die Aktien am Neuen Markt und für ausländische Werte gelten.[186] Für die britischen Titel wurde dabei eine Ausnahme wegen der zu diesem Zeitpunkt laufenden Gespräche mit der Londoner Börse gemacht. Die britischen Aktien sollten ausschließlich über das britische Sets gehandelt werden können.[187] Für die variabel gehandelten deutschen Aktien gilt eine Mindeststückzahl von 100 Stück. Zusätzlich zur Eröffnungs- und Schlußauktion wurde eine untertägige Auktion um die Mittagszeit für die fortlaufend gehandelten Werte eingeführt.[188]

Der an Xetra geübten Kritik, das System sei für wenig liquide Wertpapiere, insbesondere auch für den Handel in Auslandswerten, nicht geeignet, da auch die eingebaute Volatilitätsunterbrechung nicht richtig funktioniere[189], wurde seitens der Deutsche Börse – auch auf Drängen des hessischen Wirtschaftsministeriums als zuständiger Börsenaufsichtsbehörde hin - dadurch begegnet, daß für eine größere Anzahl der einbezogenen Werte der Kurs nur noch einmal täglich im Rahmen einer Auktion festgestellt wird und bei diesen Aktien nur noch limitierte Orders akzeptiert werden.[190]

Die vierte Ausbaustufe von Xetra (Release 4), die ursprünglich für 1999 vorgesehen war, wurde auf Mitte 2000 verschoben. Mit ihr soll der Optionsscheinhandel in das System aufgenommen werden und die den Parketthandel unterstützenden Computersysteme BOSS-Cube und Böga ersetzt werden, was zum Ende des Parketthandels führen und auch das Aus für einige Regionalbörsen bedeuten könnte.[191] Zugleich versuchte die Deutsche Börse AG den Handel von Rentenwertpapieren auf Xetra zu beleben, indem eine spezielle Software, die als Quote-Machine bezeichnet wird und eine automatisierte Bereitstellung von An- und Verkaufskursen im Orderbuch ermöglicht, zur Verfügung gestellte wurde. Zusätzlich wurden Banken gefunden, die sich bereit erklärten, kontinuierlich Quotierungen für deutsche Benchmark-Anleihen zu stellen und damit für Liquidität zu sorgen. [192]

---

186 Vgl. weiterführend die Beschreibung von Xetra-Release 3 bei *Francioni*, Eine schnelle und zuverlässige Handelsplattform, Handelsblatt v. 3.12.1998, S. 55

187 *O.V.*, Xetra ohne britische Aktien – Priorität für Achse mit London, Börsen-Zeitung v. 13.10.1999, S. 1; *O.V.*, Start der dritten Stufe am Xetra-Markt, Neue Zürcher Zeitung –v. 13.10.1999, S. 22; *O.V.*, Börse zündet zweite Stufe, Finanz und Wirtschaft v. 14.10.1999, S. 30.

188 *Steltzner*, Die Vision einer elektronischen Börse in Europa – FAZ-Gespräch mit Reto Francioni, FAZ v. 12.10.1998, S. 17; *O.V.*, Schub für elektronischen Handel, Frankfurter Rundschau v. 12.10.1998, S. 12.

189 *Zeise*, Xetra hat Systemmängel, Börsen-Zeitung v. 4.12.1998, S. 1; *o.V.*, Mit Totenkopf – Die Börse muß ihr Handelssystem XETRA nachbessern. Es funktioniert nicht bei Nebenwerten, Wirtschaftswoche v. 21.1.1999, S. 114.

190 *O.V.*, Handel mit den meisten Xetra-Werten unterliegt neuen Regeln, Süddeutsche Zeitung v. 15.1.1999, S. 25; *O.V.*, Schranken für Xetra-Handel in wenig liquiden Aktien, FAZ v. 15.1.1999, S. 23; *O.V.*, Börse und Aufsicht optimieren Xetra, Börsen-Zeitung v. 15.1.1999, S. 3; *O.V.*, Xetra-Handel wird beschnitten, Handelsblatt v. 15./16.1.1999, S. 21.

191 *O.V.*, Parkettbörse steht vor dem Aus, Handelsblatt v. 6.4.1999, S. 1.

192 Vgl. *O.V.*, Börsen erleichtern Rentenhandel auf Xetra, Börsen-Zeitung v. 8.7.1999, S. 4.

Zudem sollen im Rahmen des Xetra-Release 4 auch die Handelszeiten deutlich ausgeweitet werden, nicht zuletzt um im Wettbewerb mit den außerbörslichen Wertpapierhandelssystemen bestehen zu können.[193]

cc. Eurex (vormals Deutsche Terminbörse (DTB))

Von Januar 1990 an war die Deutsche Terminbörse GmbH[194] als eigener Markt für Börsentermingeschäfte (Options und Futures) mit Sitz in Frankfurt am Main tätig[195] Seit dem 14. September 1998 ist sie Teil der Eurex, der European Exchange, die aus dem Zusammenschluß der DTB mit der schweizerischen Terminbörse SOFFEX (Swiss Options and Financial Futures Exchange) entstanden ist.[196] Die Eurex basiert auf dem seinerzeit von der SOFFEX übernommenen, aber weiterentwickelten integrierten Handels- und Clearingsystem. Sie ist eine vom Land Hessen genehmigte Börse.[197] Die Aufsicht über die Eurex Deutschland wird mithin auch von der zuständigen Landesbehörde des Landes Hessen als Börsenaufsichtsbehörde ausgeübt.[198]. Veranstalter der Eurex ist allerdings neben der Eurex Deutschland auch die Eurex Schweiz mit Sitz in Zürich, die ihrerseits nach schweizer Recht als Börse genehmigt wurde und von den schweizer Behörden beaufsichtigt wird, so daß beide Eurex-Börsen der Aufsicht ihrer jeweiligen Länder unterstehen.[199] Um den gemeinsamen Handel zu ermöglichen, sieht die Eurex-Börsenordnung die Doppelzulassung an beiden Eurex für die Teilnehmer vor. Die Börsenordnung enthält zudem Regelungen für die Marktüberwachung im Ausland ansässiger Börsenteilnehmer, insbesondere ein Verfahren zur Inanspruchnahme der jeweils anderen Börsenorganisation zur Überprüfung von Geschäftsaktivitäten ausländischer Teilnehmer.[200]

Wie die heutige Eurex verwendete bereits die DTB als erste vollcomputerisierte eigenständige Börse der Bundesrepublik[201] ein vollelektronisches Handelssystem, bei dem sich der gesamte Handel über Bildschirme in den Büros der DTB-Mitglieder vollzog. An der DTB waren zwei Teilnehmergruppen zu unterscheiden: die Börsenteilnehmer, die Eigen- und Kundengeschäfte ausführen, und solche, die zusätzlich Market-Maker-Funktionen ausübten, indem sie auf Anfrage für spezielle Basiswerte für alle Optionsserien verbindli-

---

193 *O.V.*, Handel bis 20 Uhr ab April 2000, FAZ v. 22.10.1999, S. 25.

194 Sie gehört seit Januar 1993 als 100%ige Tochter zur Deutsche Börse AG.

195 *Harter/Franke/Hofgrefe/Seger*, Wertpapiere in Theorie und Praxis, S. 110.

196 Ausführlich zur Entstehung und zum Handelssystem der Eurex, Eurex Newsletter Nr. 1/Juli 1998. Siehe zur Eurex auch unter 1. Teil I. 5. a. cc. bbb. dieser Arbeit.

197 Vgl. *Kümpel*, Bank- und Kapitalmarktrecht, Rn. 17.450.

198 Vgl. *Kümpel*, Bank- und Kapitalmarktrecht, Rn. 17.452.

199 *Kümpel*, Bank- und Kapitalmarktrecht, Rn. 17.454.

200 Vgl. *Kümpel*, Bank- und Kapitalmarktrecht, Rn. 17.457.

201 Vgl. *Deutsche Börse AG* (Hrsg.), DTB - Die Deutsche Terminbörse, Kurzportrait, S. 2.

che Quotes stellten.[202] Auf dem Handelsbildschirm waren die zehn besten Angebots- und Nachfragepreise abrufbar. Für einen Wert waren gleichzeitig mehrere Market-Maker zuständig, so daß ein Wettbewerb zwischen ihnen entstehen konnte. Die Aufträge und verbindlichen Geld- und Briefkursstellungen (Quotes) wurden über die Handelsterminals eingegeben und im Zentralcomputer der DTB automatisch zusammengeführt.[203] Dies erfolgte in Abhängigkeit von der Art der Orders (limitiert oder unlimitiert) nach den Kriterien Preis und Eingabezeit, wobei das System auch eine Reihe von Standardkombinationen anbot, die auch im zentralen Orderbuch geführt wurden.[204]

Die DTB verfügte über eine integrierte Clearingstelle, die bei jedem Geschäftsschluß Kontrahent beider Vertragspartner wurde und damit die Erfüllung der Geschäfte garantierte.[205] Die Clearingstelle schützte sich selbst durch das Einfordern von Sicherheitsleistungen[206] von den Clearing-Teilnehmer, bei denen drei Teilnehmergruppen zu unterscheiden waren[207]:

- die General-Clearing-Teilnehmer, die sowohl die eigenen Geschäfte als auch die Geschäfte ihrer Kunden und die Geschäfte der Börsenteilnehmer ohne Clearing-Lizenz ausführen dürfen,
- die Direkt-Clearing-Teilnehmer, die nur zum Clearing eigener Geschäfte und Geschäfte ihrer Kunden berechtigt sind, und
- die Nicht-Clearing-Teilnehmer, die ihre Geschäfte über einen General-Clearing-Teilnehmer abwickeln müssen.

Die DTB ermöglichte damit in gleicher Weise wie bereits IBIS oder nunmehr Xetra den standortunabhängigen Handel.[208] Auch für sie ergab sich die rechtliche Einordnung als Börse i. S. d. „materiellen Börsenbegriffs". Die mit dem Inkrafttreten des geänderten Börsengesetzes am 1.1.1995 neu geschaffene Handelsüberwachungstelle der DTB überwachte den gesamten Handel und die Abwicklung, indem sie sämtliche Handelsdaten und

---

202 *Deutsche Börse AG* (Hrsg.), DTB - Die Deutsche Terminbörse, Teinehmer, S. 8 f.

203 *Harter/Franke/Hofgrefe/Seger*, Wertpapiere in Theorie und Praxis, S. 110.

204 Siehe *Deutsche Börse AG (*Hrsg.), DTB - Die Deutsche Terminbörse, Teilnehmer, S. 14 f.; sowie *Harter/Franke/Hofgrefe/Seger*, Wertpapiere in Theorie und Praxis, S. 124.

205 Vgl. *Deutsche Börse AG* (Hrsg.), DTB - Die Deutsche Terminbörse, Clearing, S. 16; *Harter/Franke/Hofgrefe/Seger*, Wertpapiere in Theorie und Praxis, S. 134.

206 *Deutsche Börse AG* (Hrsg.), DTB - Die Deutsche Terminbörse, Clearing, S. 16; vgl. zu den Margins und ihrer Berechnung *Harter/Franke/Hofgrefe/Seger*, Wertpapiere in Theorie und Praxis, S. 136 f.

207 *Deutsche Börse AG* (Hrsg.), DTB - Die Deutsche Terminbörse, Teilnehmer, S. 9.

208 *Deutsche Börse AG* (Hrsg.), DTB - Die Deutsche Terminbörse, Handel, S. 14.

Daten der Geschäftsabwicklung erfaßte, um Unregelmäßigkeiten im Handel durch Manipulationen oder Fehleingaben sofort aufzudecken und zu ahnden.[209]

Die internationale Anbindung ausländischer Teilnehmer an die DTB, die technisch durch den standortunabhängigen Handel im elektronischen System und rechtlich durch eine vom Hessischen Ministerium für Wirtschaft, Verkehr und Technologie als der zuständigen Aufsichtsbehörde genehmigten Änderung der Börsenordnung ermöglicht wurde, hat dazu geführt, daß bereits vor der Überführung der DTB in die Eurex ein überwiegender Anteil der Teilnehmer ausländischen Ursprungs waren. Durch die Änderung der Börsenordnung war seit Ende 1993 auch Unternehmen, die in einem Mitgliedstaat der EU ansässig waren und einer Banken- oder Börsenaufsicht unterlagen, die direkte grenzüberschreitende Teilnahme an der DTB möglich.[210] Im Zuge der Internationalisierung stellte auch die Anerkennung der DTB als „Designated Exchange" durch die Londoner Aufsichtsbehörde Securities and Investments Board (SIB) Ende 1993 einen wichtigen Schritt dar. Für das Aufstellen von Handelsbildschirmen in Großbritannien war jedoch zusätzlich noch die Billigung des britischen Schatzamtes notwendig. Im Februar 1996 wurde der „Access Point" London in Betrieb genommen, der die technischen Voraussetzungen für eine weitere Vernetzung britischer Teilnehmer mit der DTB schafft.[211] Auch in den USA wurde die Anerkennung der DTB und ihrer Produkte nachgesucht[212] und auch genehmigt. Die amerikanische Aufsichtsbehörde für die Futures-Märkte, die Commodities Futures Trading Commission (CFTC), hat der DTB durch die Ausstellung eines sog. „no-action-letters" die Aufstellung von DTB-Handelsbildschirmen in den USA erlaubt. Zugleich war die DTB damit die erste ausländische Börse, die eine solche Genehmigung von den US-Behörden erhielt.[213]

Die Eurex betreibt inzwischen über ein Joint-Venture mit der weltgrößten Parkett-Terminbörse Chicago Board of Trade (CBOT) den Aufbau eines gemeinsamen Handels-

---

209 Daß es solche professionell vertuschte Manipulationen gegeben hat, ergibt sich indirekt z. B. aus *DTB*, Geschäftsbericht 1993, S. 26.

210 Die europarechtliche Grundlage findet sich in der Wertpapierdienstleistungsrichtlinie und wird unter 4. Teil IV. 2. dieser Arbeit eingehend untersucht.

211 *Deutsche Börse AG*, DTB Reporter, März 1996, S. 1; siehe zu den bestehenden Access Points für die DTB und die geplanten Access Points für das neue Wertpapierhandelssysteme Xetra der Deutsche Börse AG *Anslow*, The New Face of Deutsche Börse - Deutsche Börse has positioned itself skilfully for the post-EMU era as the equity culture finally takes a grip in Germany, European Securities Trading v. 25.2.97; *Fisher*, New era dawns in Germany, Financial Times v. 28.2.97; *o. V.*, How electronic markets empower institutional investors, Global Investment Technology v. 13.12.1996; *o. V.*, Neue Allianzen für DTB keineswegs gravierend, Börsen-Zeitung v. 3.12.1996.

212 *DTB*, Geschäftsbericht 1993, S. 44.

213 *Deutsche Börse AG*, Special-Mitteilung v. 6.3.1996.

systems für amerikanische Terminprodukte.[214] Zukünftig sollen nach dem Vorbild der niederländischen Terminbörse sogar auch Privatanleger erreicht werden.[215]

5. Die grenzüberschreitende Verbreitung börslicher Wertpapierhandelssysteme in Europa

Die vorstehenden kurzen Erläuterungen haben gezeigt, daß es die Politik nahezu aller mitgliedstaatlichen Börsen oder Börsenzusammenschlüsse auf der Ebene der einzelnen Mitgliedstaaten war und ist, die Attraktivität des Börsenhandels für ihre Mitglieder durch elektronische Systeme zu steigern.[216] Dabei überwiegt allerdings die Suche nach Einzellösungen der Börsen die gemeinsame Suche nach nationalen Gesamtsystemen oder gar nach einem in allen Mitgliedstaaten vereinheitlichten System. Die gemeinsame Entwicklung elektronischer Systeme zur Stützung des Präsenzhandels oder vollelektronischer Wertpapierhandelssysteme hätte sicherlich die Kosten für die einzelnen Börsen reduzieren können, andererseits war und ist der zwischen den Börsen und den außerbörslichen Wertpapierhandelssystemen bestehende Wettbewerb jedoch auch förderlich für die Entwicklung immer neuer innovativer Techniken, von denen sich die einzelnen Börsen Vorteile im Wettbewerb um Orders[217] versprechen.

Die Entwicklung elektronischer Wertpapierhandelssysteme durch die Börsen eröffnete grundsätzlich zwei alternative Wettbewerbsstrategien für den grenzüberschreitenden Handel von Wertpapieren. Eine Strategie besteht darin, daß die nationalen börslichen elektronischen Handelssysteme auf der Ebene der Mitgliedstaaten oder auch mit entsprechenden Systemen aus Drittstaaten verknüpft werden und jedes Handelssystem ausschließlich Teilnehmern, die in demselben Staat ansässig sind, den Zugang zu ihrem System und damit zu dem gesamten Verbund gewähren. Die andere Strategie besteht darin, daß jede Börse auch Teilnehmern aus den anderen Mitgliedstaaten oder Drittstaaten die unmittelbare Teilnahme an seinem elektronischen Handelssystem ermöglicht.

a. Vernetzung nationaler börslicher elektronischer Wertpapierhandelssysteme

Bei Systemen, in denen die national bereits vorhandenen elektronischen Wertpapierhandelssysteme über ihre Zentralcomputer verknüpft werden, kommt es nicht zu direkten

---

214 *O.V.*, Kassa- und Terminmärkte wachsen zusammen, FAZ v. 25.9.1999, S. 25.

215 *O.V.*, Kassa- und Terminmärkte wachsen zusammen, FAZ v. 25.9.1999, S. 25

216 *Franke*, Do Exchanges have an option for the future?, in: Euroclear/IFR, Handbook of World Stock & Commodity Exchanges 1995, S. 1.

217 Börsenwettbewerb ist letztlich ein Wettbewerb um Investorenorders, vgl. ausführlich *Picot/Bortenlänger/ Röhrl*, Börsen im Wandel, S. 113, die den Börsenwettbewerb als vierschichtigen Orderwettbewerb identifizieren, der besteht aus dem Zugangswettbewerb, dem Preisfeststellungswettbewerb, dem Regulierungswettbewerb und dem Interbörsenwettbewerb. Folgt man dieser Analyse ist hier der Interbörsenwettbewerb angesprochen.

Verbindungen ausländischer Teilnehmer mit dem Zentralcomputer in einem anderen Mitgliedstaat. In einem solchen Modell sah insbesondere die Europäische Kommission lange Zeit die Zukunft der europäischen Integration der mitgliedstaatlichen Kapitalmärkte zu einem einheitlichen europäischen Kapitalmarkt.[218]

aa. Hall/Duncan-Bericht

Bereits im Jahr 1982 haben die EG-Kommission und das Börsenkommitee der EWG eine Studie in Auftrag gegeben, die die Probleme des grenzüberschreitenden Handels mit Dividendenwerten aufzeigt und verschiedene Arbeitshypothesen für einen Börsenverbund erörtert, der sog. Hall/Duncan-Bericht.[219] Der in der Studie vorgeschlagene Börsenverbund sollte dabei technisch jedoch noch nicht als vollautomatisches Handelssystem funktionieren, sondern war für die Beibehaltung des Parketthandels konzipiert, da die beteiligten Börsen generell auf der Beibehaltung der persönlichen Intervention im Geschäftsprozeß bestanden.[220] Es sollte sich vielmehr um ein vernetztes Orderroutingsystem handeln, das eine europaweite Zuleitung der Kauf- und Verkaufsaufträge an die Heimatbörsen beinhalten sollte. Der Bericht identifizierte dabei Vorteile eines Börsenverbundes, die insbesondere die Erreichung der Integrationsziele der Kommission versprachen.[221]

Er befaßte sich zudem bereits mit der für die europäischen Börsen damals gerade entstehenden Konkurrenz außerbörslicher privater elektronischer Wertpapierhandelssysteme und stellt den Versuch dar, durch den Verbund der Börsen ein Gegenmodell zu entwikkeln, um auch den grenzüberschreitenden Handel wieder an die Börsen zurückzuführen. Betont wurde, daß ein Verbund notwendigerweise eine weitgehende Harmonisierung zwischen den Handelsverfahren und den Regulierungen der Börsen voraussetzt und das Beharren auf nationalen Traditionen und Usancen die Integration zu einem lebensfähigen und auch international wettbewerbsfähigen europäischen Kapitalmarkt gefährdet. Gleichzeitig wurde die Überlagerung der mitgliedstaatlichen Börsen durch eine einzige „Eurobörse" verworfen. Dies geschah im wesentlichen mit der Begründung, daß diese für die

---

218 *Pagano/Steil*, Equity Trading I: The Evolution of European Trading Systems, in: Steil (Hrsg.), The European Equity Markets, S. 39, der diese „Vision" der Europäischen Kommission aus ihrem Weißbuch zur Vollendung des Binnenmarktes aus dem Jahr 1985 herausinterpretiert.

219 *Hall/Duncan*, Bericht für die Kommission der Europäischen Gemeinschaften und den Börsenausschuß der EG: Vorschlag für einen europäischen Markt mit Dividendenwerten durch einen Verbund der Börsen der Gemeinschaft.

220 *Hall/Duncan*, Bericht für die Kommission der Europäischen Gemeinschaften und den Börsenausschuß der EG: Vorschlag für eine europäischen Markt mit Dividendenwerten durch einen Verbund der Börsen der Gemeinschaft, Rn. 21.8 (v) Abs. 3 a. E.

221 Vgl. ausführlich *Pfisterer*, Sparkassenvereinigung der Europäischen Wirtschaftsgemeinschaft, Dokumentation Nr. 5, Kapitalmarktausschuß - Börsenverbund v. 21.1.1986, S. 1 f.

mitgliedstaatlichen Börsen nicht akzeptabel sei.[222] Der Verbund hingegen könne die Stellung der Börsen stärken und insbesondere auch die nationalen Märkte für kleinere Werte unberührt lassen. Die optimale Ausführung könne europaweit sichergestellt werden und Arbitrage zwischen den Börsenplätzen würde völlig beseitigt. Dabei würden insbesondere die Ertragsstrukturen der Börsenmitglieder erhalten bleiben können und damit die Akzeptanz eines solchen Verbundes erst ermöglichen.[223]

bb. Euro-ITS

Im Rahmen der Diskussion um die Wertpapierdienstleistungsrichtlinie wurden die Ideen des Hall/Duncan-Berichts wieder aktuell. Im Streit um die Einführung von Konzentrations- und Transparenzvorschriften in die Wertpapierdienstleistungsrichtlinie, insbesondere zwischen der britischen und der französischen Delegation, schlug letztere die Einführung eines nach dem amerikanischen Vorbild des Intermarket Trading Systems (ITS)[224] alle Börsen verbindenden Orderrouting und Kursanzeigesystems „EURO-ITS“ vor.[225] Dieses Konzept stieß jedoch teilweise auf Kritik seitens der Wirtschaftswissenschaften[226] und war zu diesem Zeitpunkt auch durch den inzwischen von allen Börsen eingeschlagenen Weg, ihre Handelsterminals auch bei ausländischen Teilnehmern aufzustellen, überholt.[227]

cc. Beispiele für die Vernetzung nationaler Börsen

Dennoch gab es Beispiele für die Vernetzung nationaler Börsen der Mitgliedstaaten auf bi- oder multilateraler Ebene auch in der EG:

---

222 *Hall/Duncan*, Bericht für die Kommission der Europäischen Gemeinschaften und den Börsenausschuß der EG: Vorschlag für eine europäischen Markt mit Dividendenwerten durch einen Verbund der Börsen der Gemeinschaft, Rn. 21.4 Abs. 2 a. E.

223 *Hall/Duncan*, Bericht für die Kommission der Europäischen Gemeinschaften und den Börsenausschuß der EG: Vorschlag für eine europäischen Markt mit Dividendenwerten durch einen Verbund der Börsen der Gemeinschaft, Rn. 21.4 Abs. 3 ff.

224 Zum amerikanischen IST *Steil*, Equity Trading IV, in: ders. (Hrsg.), The European Equity Markets, S. 118 f.; *Büschgen*, Das kleine Börsenlexikon, Stichwort „intermarket trading system (IST)“. Das ITS ist Kernelement des amerikanischen National Market Systems (NMS). Es besteht neben dem ITS, aus der Consolidated Tape Association (CTA), über die Kurse geschlossener Geschäfte kommuniziert werden, sowie dem Consolidated Quotation System (CQS), über das Kauf- und Verkaufquotes kommuniziert werden. Vgl. zum NMS auch *Picot/Bortenlänger/Röhrl*, Börsen im Wandel, S. 128 f., 132.

225 *Steil*, Equity Trading IV, in: ders. (Hrsg.), The European Equity Markets, S. 118.

226 *Steil*, Equity Trading IV, in: ders. (Hrsg.), The European Equity Markets, S. 119 m. w. Nw.; speziell zum Problem der Property Rights an Börsenkursen und Börsenkursen als öffentlichem Gut *Picot/Bortenlänger/Röhrl*, Börsen im Wandel, S. 128 ff.

227 Auf den Verlust des Börsenwettbewerbs bei Einführung eines Euro-IST weist *Steil*, Equity Trading IV, in: ders. (Hrsg.), The European Equity Markets, S. 119 hin, obgleich hier die amerikanischen Erfahrungen belegen, daß ein Börsenwettbewerb dennoch existieren kann.

aaa. Nordquote

Die nordischen Börsen Kopenhagen, Helsinki, Oslo und Stockholm entschieden sich 1993 für die Installation von NORDQUOTE, eines gemeinsamen elektronischen Systems zur Plazierung von Kauf- und Verkaufsangeboten und Preisen (Quotes), das seine Tätigkeit am 20. Mai 1994 aufnahm.[228] Ziel der Implementierung des Systems war neben der Verhinderung einer weiteren Abwanderung der Marktteilnehmer an den Londoner Markt erklärtermaßen die Erhöhung der Liquidität der nordischen Börsenmärkte[229] sowie die Steigerung ihrer internationalen Wettbewerbsfähigkeit. Ein Großteil des internationalen Handels in nordischen Wertpapieren vollzieht sich heute am Londoner Markt.[230] Das System wurde im August 1995 wieder aufgegeben, da kein nennenswerter Anstieg des grenzüberschreitenden Handels festgestellt werden konnte und insbesondere kaum Marktanteile vom Londoner Markt an die skandinavischen Märkte zurückgeholt werden konnten.[231]

Bei diesem Wertpapierhandelssystem konnten die angeschlossenen Teilnehmer über ihre jeweilige Heimatbörse in den nordischen Ländern ihr Interesse am Kauf oder Verkauf von Wertpapieren auf einem am Bildschirm gezeigten „interest notice board" anzeigen. Die Teilnehmer hatten über ihre Computerstationen jedoch lediglich eine direkte Verbindung zu ihrer nationalen Börse, an die die Daten gesendet wurden. Von dort wurden die Daten zentral an diejenige nordische Heimatbörse, an der das Wertpapier gelistet war, weitergesendet. An der Heimatbörse des Papiers wurden alle durch NORDQUOTE von den anderen nordischen Börsen eingegangenen Kauf- und Verkaufaufträge in dem Papier in ein zentrales NORDQUOTE-Orderbuch eingetragen, das seinerseits wieder elektronisch an alle angeschlossenen Börsen gesendet wurde. Der eigentliche Geschäftsschluß erfolgte zwischen den Teilnehmern am System jedoch noch per Telefon, da NORDQUOTE in der ersten Ausbauphase als reines Informationssystem funktionierte. Der Ausbau des Systems zu einem vollelektronischen börslichen Handelssystem war ebenso geplant[232] wie die Hereinnahme von Rentenwerten als Handelsobjekt zu einem

---

228 Siehe zu Nordquote auch *Copenhagen Stock Exchange*, in: Euroclear/IFR, Handbook of World Stock & Commodity Exchanges 1995, S. 227.

229 Neben den ursprünglichen Teilnehmerländeren, sollte auch Island zu einem späteren Zeitpunkt ebenfalls am NORDQUOTE-System teilnehmen.

230 Selbst die Händler auf den nordischen Märkten leiten zur Durchführung internationaler Geschäfte ihre Aufträge über Londoner Intermediäre an den Londoner Markt, insbesondere über SEAQ-International, das für diese Werte wesentlich liquider ist als die Heimatmärkte.

231 *Pagano/Steil*, Equity Trading I: The Evolution of European Trading Systems, in: Steil (Hrsg.) The European Equity Markets, S. 40.

232 *Pagano/Steil*, Equity Trading I: The Evolution of European Trading Systems, in: Steil (Hrsg.) The European Equity Markets, S. 40.

späteren Zeitpunkt. Zudem wurde auch über ein gemeinsames Abwicklungssystem der beteiligten Länder nachgedacht.

bbb. DTB-MATIF Handelsverbund TRADEUS

Der als TRADEUS bezeichnete Verbund zwischen der deutschen Terminbörse DTB und der französischen Terminbörse MATIF ist ein weiteres Beispiel dafür, daß auch im Bereich der Terminbörsen in Europa an dem Zusammenwachsen der Handelsplätze zu einem Börsenverbund gearbeitet wird[233], auch wenn TRADEUS inzwischen endgültig gescheitert ist.[234] Dabei wurde zunächst auch über die deutsch-französiche Verbindung hinaus an das Aufstellen von Handelsbildschirmen in anderen europäischen Mitgliedstaaten nachgedacht,[235] weshalb das System ausdrücklich als Eckstein für einen gesamteuropäischen Markt bezeichnet wurde.[236] Die seit Ende 1993 bestehende Verbindung zwischen den beiden Börsen erfolgte technisch auf der Basis des DTB-Systems als vollautomatisches elektronisches Handelssystem, das die standortunabhängige Teilnahme ermöglicht. Die Produkte beider Börsen sollten damit von den Teilnehmern der jeweils anderen Börse in einem System gehandelt werden. Die MATIF hat nach dem Scheitern von TRADEUS einen Handelsverbund mit der London International Financial Futures and Options Exchange (LIFFE) und der Chicago Mercantile Exchange (CME) vereinbart[237].

ccc. Eurex

Mit der Gründung der Eurex (European Exchange) haben die DTB und die SOFFEX die Vernetzung ihrer Börsen mit Wirkung vom 14. Bzw. 28. September 1998 als erste Börsen in Europa konsequent vollzogen.[238] Auf der Basis des weiterentwickelten DTB-Handelssystems können nunmehr alle Teilnehmer der vormaligen DTB und der vormaligen SOFFEX gemeinsam grenzüberschreitend in einem Handelssystem handeln. Die Eurex versteht sich dabei ausdrücklich als Nukleus für einen europa- bzw. weltweiten Terminmarkt, der auch der Integration weiterer Börsen offensteht. Bereits im September 1998 wurde z.B. ein Vertrag mit den französischen Terminbörsen MATIF und MONEP über eine gegenseitige Mitgliedschaft für die jeweiligen Marktteilnehmer geschlossen, der

---

233 Vgl. *Moritz*, Tradeus ist vorerst nicht gescheitert, Börsen-Zeitung v. 12.9.1995.

234 *De Féligonde*, The failure of the double listing platform in Paris and Frankfurt, Les Echos Special v. 5.2.1997.

235 Vgl. *Franke*, Euro-Handelsplattform ist längst keine Utopie mehr, Handelsblatt v. 21.9.1995.

236 Vgl. *DTB Deutsche Terminbörse und MATIF S.A.*, TRADEUS - Trading across Europe, S. 7.

237 *O. V.*, Neue Allianzen für DTB keineswegs gravierend, Börsen-Zeitung v. 3.12.1996; o. V., CME und NYMEX übernehmen NSC - SBF und Matif erhalten das Clearing System „Clearing 21“, Börsen-Zeitung v. 21.2.1997.

238 Siehe ausführlich zur Eurex, ihrer Vorgeschichte, Struktur und Technik, *Eurex AG*, X-pand, Eurex Newsletter Nr. 1, Juli 1998.

Ende des Jahres 1998 in Kraft treten sollte. Zugleich wurde angekündigt, daß für einen späteren Zeitpunkt auch eine gemeinsame Clearing-Plattform angestrebt werde.[239] Vom Oktober 1999 an wurde zudem die Allianz zwischen der Eurex und der finnischen Terminbörse HEX umgesetzt.[240] Technisch wird dies realisiert durch einen Computerhost in Frankfurt sowie einen Backup-Host in der Schweiz[241] und daran angeschlossene nationale Knotenpunkte in den Ländern, aus denen Teilnehmer am System kommen. Solche Knotenpunkte bestehen für die Eurex Mitte 1998 bereits in Deutschland und der Schweiz, aber auch in Frankreich, Großbritannien, Niederlande sowie in Chicago (USA). Weitere Knotenpunkte sind zunächst geplant für Finland, Spanien, New York (USA) sowie Singapur, Eurex versteht sich aber bereits jetzt als weltweit tätigeTerminbörse. Möglich ist aber auch die Teilnahme über Handelsterminals aus Ländern ohne Knotenpunkte, so daß bereits beim Start der Eurex 268 Teilnehmer[242] aus über 25 eurpäischen und außereuropäischen Städten Netzzugang haben. Die Abwicklung der Geschäfte erfolgt über Schnittstellen zu den jeweiligen Lieferungs- und Zahlungssystemen der Schweiz und Deutschlands. Mit der Verschmelzung der beiden nationalen Börsen zur Eurex gehen die Mitgliedschaften in den beiden Börsen in eine Mitgliedschaft an der Eurex über. Die Regelwerke und Zulassungsbedingen werden harmonisiert, wobei jedoch aufsichtsrechtlich eine Zuständigkeit beider Länder (Deutschland und Schweiz) bestehen bleibt.[243]

Eurex stellt damit auf der einen Seite zwar eine Verbindung zwischen zwei nationalen Börsen dar, andererseits aber auch ein Beispiel für die parallele grenzüberschreitende Verbreitung einer Börse durch das Aufstellen von Handelsterminals in anderen Ländern außerhalb der Schweiz und Deutschland.

dd. Neue Pläne für einen Börsenverbund und EURO.NM

Trotz des Scheiterns der bisherigen Versuche gibt es dennoch neue Pläne für eine Vernetzung existierender nationaler elektronischer Wertpapierhandelsysteme auf europäischer Ebene[244] zur Entwicklung einer „Euro-Börse", die nicht mehr physisch und ortsgebunden existiert.[245] Diese europäische Handelsplattform der Börsen soll auch dazu dienen, die privaten außerbörslichen Wertpapierhandelssysteme in ihrer Bedeutung zurückdrän-

---

239 O.V., Drei europäische Börsen erleichtern Mitgliedschaft, FAZ v. 15.9.1998.

240 O.V., Allianz von Eurex und finnischer Terminbörse, Süddeutsche Zeitung v. 27.8.1999, S. 30.

241 *Eurex AG*, X-pand, Eurex Newsletter, Nr. 1 Startausgabe.

242 *Deutsche Börse AG*, Eurex-Teilnehmer-Liste, Stand 20.08.1998.

243 *Eurex AG*, X-pand, Eurex Newsletter, Nr. 1 Startausgabe.

244 Vgl. *o. V.*, Finanzmärkte vernetzen, aber nicht zentralisieren, Handelsblatt v. 13.9.1995.

245 *Breuer*, Händler im Netz, Manager Magazin, Jan. 1996, S. 122 (127).

gen.[246] Über den europäischen Rahmen hinaus ist auch eine weltumspannende Vernetzung der Börsen denkbar.[247] Dabei wäre der Verbund zwischen einigen der bereits über elektronische Wertpapierhandelssysteme verfügenden Börsen in den Mitgliedstaaten der EU und in Drittländern wegen der Vielfalt der verwendeten Systeme technisch nicht ohne weiteres herzustellen, auch wenn heute über sog. Omnibussysteme die technische Möglichkeit besteht, Wertpapierhandelssysteme mit unterschiedlicher Hard- und Software miteinander zu verknüpfen.[248] Eine Einigung auf ein einziges System ist gerade wegen der zunächst isolierten Entwicklung der Systeme und der dafür aufgebrachten Kosten nur schwer realisier- und börsenpolitisch durchsetzbar. Bei den existierenden europäischen Börsen herrschte lange Zeit Übereinstimmung, daß es keines zentralisierten europäischen Börsenplatzes i. S. e. einzigen Eurobörse bedarf[249], was sich bereits daraus erklärt, daß niemand freiwillig seine Stellung im Wettbewerb aufgeben mochte und zudem die Betreuung der nationalen Märkte durch Börsen „vor Ort“ für notwendig gehalten wurde. Hingewiesen wurde insbesondere auf die Probleme, die entstehen, weil die nationalen Aufsichtsbehörden die Aufsicht über die Mitglieder an der Partnerverbundbörse oftmals noch nicht als gleichwertig akzeptieren, so daß sich die Verbundpläne verzögern.[250]

Geplant ist eine Vernetzung der in einigen Mitgliedstaaten neu entstandenen Märkte oder Marktsegmente für High Tech-Unternehmen, die bereits jetzt im Rahmen einer European Economic Interest Group (EEIG) als EURO.NM zusammenarbeiten.[251] Zunächst war eine Kooperation des bereits mit einigem Erfolg existierenden Londoner Alternative Invest-

---

246 *Franke*, zitiert nach *o. V.*, Finanzmärkte vernetzen, aber nicht zentralisieren, Handelsblatt v. 13.9.1995.

247 *Franke*, Do Exchanges have an option for the future?, in: Euroclear/IFR, Handbook of World Stock & Commodity Exchanges 1995, S. 1. Zu den Lösungen für die Abwicklung eines solchen weltumspannenden Handels durch die Vernetzung aller Marktteilnehmer, der Börsen, PTS und Clearingstellen vgl. den visionären Ansatz von *Gritzman*, Last exit from Broadgate or trade it again Sam?, in: Euroclear/IFR, Handbook of World Stock & Commodity Exchanges 1995, S. 15 ff., der zudem über Projekte einiger Marktteilnehmer berichtet, bei denen über die elektronische Zusammenführung der Aufträge und die elektronische Abwicklung hinaus auch an der Entwicklung des vollelektronischen Handels, daß heißt der elektronischen Entscheidung über die Eingabe von Aufträgen, gearbeitet wird.

248 *Franke*, Euro-Plattform ist längst keine Utopie mehr, Handelsblatt v. 21.9.1995; *ders.*, Do Exchanges have an option for the future?, in: Euroclear/IFR, Handbook of World Stock & Commodity Exchanges 1995, S. 1.

249 *O. V.*, Finanzmärkte vernetzen, aber nicht zentralisieren, Handelsblatt v. 13.9.1995; *o. V.*, Europäische Börse „nicht notwendig“, Börsen-Zeitung v. 15.9.1995; *Pagano/Steil*, Equity Trading I: The Evolution of European Trading Systems, in: Steil (Hrsg.) The European Equity Markets, S. 39 f.

250 *Von Rosen*, Europapass für Finanztitel und Börsenmitglieder, S. 9 (19).

251 Vgl. zur Vernetzung als einer Form der Integration der EG-Börsen auch *Schwark*, Börsen und Wertpapierhandelsmärkte in der EG, WM 1997, S. 293 (307); siehe zudem *Deutsche Börse AG*, Internet-Seite, www.exchange.de , Stichwort "EURO.NM"; *Hoppmann*, Europäische Börsenaufsicht, EWS 1999, S. 204 ff.

ment Market (AIM)[252] mit dem Pariser Nouveau Marché[253] und dem am 10.3.1997 eröffneten Neuen Markt[254] der Deutsche Börse AG, bei dem es sich um ein Handelssegment der Frankfurter Wertpapierbörse handelt,[255] geplant. Diese drei zunächst isoliert aufgebauten Märkte sollten zu einem späteren Zeitpunkt elektronisch miteinander verbunden werden.[256] Während der britische Markt AIM dem Verbund-Projekt inzwischen eine Absage erteilt hat, haben sich jedoch der am 14.02.1996 gestartete Nouveau Marché in Paris, der im April 1998 gestartete EURO.NM in Brüssel, der am 20.02.1997 gestartete Nieuwe Markt in Amsterdam sowie der am 10.03.1997 eröffnete Neue Markt der Deutsche Börse AG in Franfurt zu einem paneuropäischen Netzwerk zusammengeschlossen, das bereits am 1. März 1996 gegründet wurde.[257] Im Jahr 1999 ist auch der neugegründete Nuovo Mercato mit Sitz in Mailand beigetreten.[258] Zudem wird diskutiert, ob nicht auch die Wachstumssegmente der Börsen in Kopenhagen, Stockholm, Oslo und Helsinke dem Verbund beitreten.[259] Ziel der Verbindung ist es, damit einen europäischen Markt für Small Caps[260] aufzubauen, nicht zuletzt auch, um ein Gegenstück zur bereits in Brüssel seit 1996 existierenden EASDAQ[261] zu bieten.[262] Durch gemeinsame bzw. harmonisierte

---

252 Siehe hierzu *Wyss*, Britischer Zweitmarkt erweitert den Horizont, Finanz und Wirtschaft v. 8.5.1996; *von Hiller*, Wettlauf um den wagnisbereiten Anleger, Die Welt v. 15.2.1997; *von Heusinger*, Wie die neuen Märkte sprießen, Börsen-Zeitung v. 27.2.1997; *Ehren*, Risiko-Werte, Manager-Magazin v. 27.2.1997; *o. V.*, Zulassungsregeln am AIM-Markt strenger, Börsen-Zeitung v. 9.12.1996.

253 Siehe z. B. *Guillaume/Le Masson*, Le Nouveau Marché de la Bourse de Paris comble son déficit d'image, Les Echos v. 26.2.1997; *o. V.*, Der Pariser Nouveau Marché ist ein Jahr alt - wenig brilliante Bilanz zum ersten Geburtstag, Neue Zürcher Zeitung v. 7.3.1997; *Balo*, Nouveau Marché seeks to expand its presence in Europe, International Securities Regulation Report v. 13.2.1997.

254 *Francioni*, Der Betreuer im Neuen Markt, Die Bank 1997, S. 68-71; *Fisher*, New era dawns in Germany, Financial Times v. 28.2.1997; o. *V.*, Ein Modell für die gesamte Börse, Börsen-Zeitung v. 20.12.1996.

255 Vgl. *Deutsche Börse AG*, Special v. 25.9.1996; *dies.*, Neuer Markt - Neue Anlagechancen, S. 13; o. *V.*, Der Neue Markt in Frankfurt startet im März, FAZ v. 14.1.1997; *o. V.*, Berichtspflicht im Neuen Markt härter, Börsen-Zeitung v. 14.1.1997.

256 *Von Hiller*, Wettlauf um den wagnisbereiten Anleger, Die Welt v. 15.2.1997; *Butler*, Battle of the baby bourses, Institutional Investor v. 25.2.1997; *Jack*, Paris - Dreaming of an alliance, Financial Times v. 28.2.1997; *Price*, Frankfurt and Brussels to join EASDAQ challenger, Financial Times v. 24.2.1997; *Tween*, EASDAQ challenges Bourses for pan-european trading, Wall Street Journal Europe v. 3.12.1996.

257 Deutsche Börse AG, Internet-Seite "www.exchange.de", Stichwort "EURO.NM".

258 O.V., Die gemeinsame Handelsplattform für Euro-NM ist noch weit, FAZ v. 17.8.1999.

259 O.V., Die gemeinsame Handelsplattform für Euro-NM ist noch weit, FAZ v. 17.8.1999.

260 Als „small caps" werden Unternehmen mit geringer Marktkapitalisierung, also i. d. R. kleinere Unternehmen bezeichnet. Vgl. *Beike/Schlütz*, Finanznachrichten lesen - verstehen - nutzen, S. 676, Stichwort „Cap Funds".

261 Siehe näher zur EASDAQ unten 1. Teil I. 5. b. bb.

Zulassungs- und Handelsregeln mit gemeinsamen Mindestbedingungen und mit gemeinsamen Indizes – wie z.B. dem neu geschaffenen Euro-NM-All-Share-Index[263] sowie einer geplanten Verknüpfung der elektronischen Handelssysteme soll ein gemeinsamer Markt für "Wachstumsunternehmen" entstehen. Dabei soll die Autonomie der einzelnen am EURO.NM beteiligten Märkte bestehen bleiben[264] und z. B. Regelungen für die grenzüberschreitende Mitgliedschaft der Intermediäre und der Börsenteilnehmer entwickelt werden. Der Handel an den beteiligten Börsen wird jeweils von den nationalen Aufsichtsbehörden überwacht. Für den deutschen Neuen Markt gelten hier die Regelungen für den Amtlichen Handel entsprechend. Das geplante einheitliche Handelssystem für den EURO.NM läßt bislang jedoch auf sich warten.[265]

Aber auch die Diskussion über die Schaffung eines Börsenverbundes der Kassamärkte für die „blue chip"-Werte wird seit 1998 wieder intensiv geführt und zeigt dabei insbesondere auch (börsen-) politische Aspekte. Zunächst kündigten die Deutsche Börse AG und die London Stock Exchange eine strategische Allianz mit dem Fernziel der Entwicklung einer einheitlichen elektronischen Handelsplattform an[266], die Priorität gegenüber allen bis dahin geführten Kooperationsplänen mit anderen europäischen Börsen (z.B. Börse Schweiz und Börse Paris) habe, um einen gemeinsamen Aktienhandel zu starten.[267] In der künftigen paneuropäischen Börse sollten zunächst insgesamt bis zu 300 europäische „blue chips" gehandelt werden. Bis zur Entwicklung der gemeinsamen neuen technischen Plattform sollte eine gegenseitige Anbindung an die Systeme XETRA in Frankfurt und Sets in London erfolgen, indem die Teilnehmer beider Börsen automatisch am jeweils anderen bestehenden elektronischen Wertpapierhandelssystem zugelassen werden sollten und die britischen Aktien ausschließlich über das Sets-System und die deutschen Aktien ausschließlich über XETRA gehandelt werden sollten. Die britischen Teilnehmer sollten als reguläre „XETRA-Remote-Member" behandelt werden, und für die deutschen Teilneh-

---

262 *Von Hiller*, Wettlauf um den wagnisbereiten Anleger, Die Welt v. 15.2.1997; *Strauss*, Eine Börse für die kleinen Feinen, NRZ v. 11.3.1997; *Keidel*, Börsenstart in den „Neuen Markt", Handelsblatt v. 11.3.1997; *o. V.*, Neuer Markt, Skepsis vor Beginn, Blick durch die Wirtschaft v. 10.3.1997; *Ehren*, Risiko-Werte, Manager-Magazin v. 27.2.1997; *Fisher*, A new german market is aimed at smaller, rapid growth companies, Financial Times v. 7.3.1997; *ders.*, New era dawns in Germany, Financial Times v. 28.2.1997; *Butler*, Battle of the baby bourses, Institutional Investor v. 25.2.1997.

263 O.V., Die gemeinsame Handelsplattform für Euro-NM ist noch weit, FAZ v. 17.8.1999, S. 31.

264 O.V., Die gemeinsame Handelsplattform für Euro-NM ist noch weit, FAZ v. 17.8.1999, S. 31.

265 O.V., Die gemeinsame Handelsplattform für Euro-NM ist noch weit, FAZ v. 17.8.1999, S. 31.

266 Vgl. hierzu auch *von Buddenbrock*, Börsenachse Frankfurt – London – Modell für die Europäische Börse, WM 1999, S. 723; *Hoppmann*, Europäische Börsenaufsicht, EWS 1999, S. 204 ff.

267 O.V., Deutsch-britische Börsenachse hat jetzt Priorität, Börsen-Zeitung v. 8.7.1998, S. 3; o.V., Börsen in Frankfurt und London starten gemeinsamen Aktienhandel, Süddeutsche Zeitung v. 8.7.1998.

mer sei eine neue Mitgliedskategorie der „Sets-Participants" geplant.[268] Der Handel sollte sich in beiden Systemen über nur einen Bildschirm vollziehen können.[269]Der Verbund sollte den anderen europäischen Börsen grundsätzlich zur Teilnahme offen stehen, allerdings erst, wenn das deutsch-britische System greifbare Formen angenommen habe.[270] Auch für die Abwicklung sollte auf mittlere Sicht ein solches Konzept entwickelt werden.[271] Die Überwachungsregeln des jeweiligen Heimatmarktes sollten für die Teilnahme an den Systemen gelten.

Auch wenn teilweise schon die Auffassung geäußert wurde, daß die übrigen europäischen Börsen sich mit diesem Vorpreschen der Partner der deutsch-britischen Allianz in ihr Schicksal zu fügen hätten und sich diesem System nur noch anschließen könnten[272], schlug die Börse Paris nach einem zunächst fehlgeschlagenen Versuch der Schaffung einer Gegenallianz die Bildung einer gemeinsamen Gruppe zur Schaffung eines paneuropäischen Wertpapierhandelssystems vor[273], während die Arbeiten an der Allianz Frankfurt-London zunächst weiter vorangetrieben wurden. Die Gespräche zwischen den acht an der Euro-Allianz beteiligten europäischen Börsen gestalteten sich jedoch (erwartungsgemäß) genauso schwierig wie die Entwicklung der gemeinsamen Handelsmöglichkeiten in Sets und XETRA, die Entscheidung für eines der beiden Systeme als Basis des gemeinsamen Handelssystems und die notwendige Angleichung der unterschiedlichen Handelsusancen und Regelwerke. Auch die Frage der Übernahme von Indizes (STOXX oder Footsie) war offensichtlich schwierig zu lösen.[274] Die Achter-Allianz einigte sich zwar zunächst über die Kernelemente des neuen Handelssystems, das in einem elektronischen, ordergetriebenen und fortlaufenden Handel mit Auktionen zum Anfang und zum Schluß des Handelstages bestehen und auch eine zentrale Gegenpartei sowie nur ein in Euro denominiertes Orderbuch je Wertpapier bieten sollte. Ordertypen, Ordergrößen, Mindestschlußgrößen sollten vereinheitlicht und eine Regelung für getrennte Handelskonten für Kunden- und Einlagengeschäfte sowie die Möglichkeit zum Blockhandel vorgesehen werden. Allerdings beruhte dieses Marktmodell bereits auf einer völlig anderen System-

---

268 O.V., Bildschirme von Sets und Xetra kostenlos an Main und Themse, Börsen-Zeitung v. 5.11.1998, S. 1.

269 O.V., Britisch-deutsche Börsenallianz macht Druck, Finanz und Wirtschaft v. 30.12.1998, S. 24.

270 Werner G. Seifert, Technologie und Euro treiben Umbau der Börsenlandschaft in Europa an, Handelsblatt v. 7.9.1998, S. 49.

271 Interview mit Reto Francioni, Die Vision einer elektronischen Börse für Europa, FAZ v. 12.10.1998, S. 17.

272 Siehe Zeise, Das Paradox der langsamen Börsen, Börsen-Zeitung v. 31.12.1998, S. 39.

273 O.V., Börse Paris gibt den Widerstand auf, Börsen-Zeitung v. 20.11.1998, S. 3; o.V., Startschuß für die Europa-Börse, Handelsblatt v. 20.21./11.1998, S. 1; o.V., Eine paneuropäische Börsenallianz entsteht, FAZ v. 20.11.1998, S. 17.

274 O.V., Frankfurter Börse und LSE am Scheideweg, FAZ v. 30.7.1999, S. 25.

architektur als ursprünglich von der deutsch-britischen Allianz geplant. Statt eines völlig neuen elektronischen Handelssystems sollte nunmehr lediglich eine Verknüpfung bestehender Handelssysteme über Schnittstellen erfolgen.[275] Zudem konnte man sich weder auf ein gemeinsames Abwicklungssystem noch auf eine gemeinsame Indexfamilie einigen.[276] Da auch dieses System zudem zunächst nur 300 europäische „blue chips" umfassen sollte, blieb zudem fraglich, ob sich der angestrebte Kostenvorteil hätte erreichen lassen, wenn für die übrigen Wertpapiere ohnehin die nationalen Systeme noch längere Zeit hätten parallel laufen müssen.

Durch die Entscheidung der Deutsche Börse AG sich ihrerseits für Kapitalbeteiligungen von internationalen Investmentbanken und auch der übrigen europäischen Börsen zu öffnen, um das XETRA-Wertpapierhandelssystem als Konkurrenz zu den zu einer echten Konkurrenz sich entwickelnden privaten Wertpapierhandelssystemen zu dem europäischen Wertpapierhandelssystem auszubauen, wurden die Entwicklung eines gemeinsamen neuen Handelssystems und die Bestrebungen zur Vernetzung der bestehenden Wertpapierhandelssysteme in der Achter-Allianz zunächst auf längere Frist aufgeschoben bzw. aufgehoben, zumal das Ausscheren des französischen Wertpapierabwicklers SICOVAM aus der Fusion zwischen der Deutsche Clearing AG und der CEDEL International die Fronten nochmals verhärtet hat.[277]

Inzwischen haben die Deutsche Börse AG und die London Stock Exchange wiederum im Alleingang im Mai 2000 einen vollständigen Zusammenschluß beider Börsen angekündigt.[278] Die neue Gesellschaft mit Sitz in London soll iX heißen und hat zudem auch mit der US-amerikanischen NASDAQ eine enge Kooperation beschlossen. Die neue gemeinsame Börse soll die international führende integrierte Börsenorganisation werden und Handel und Informationen für Wertpapiere, Rohstoffe und Derivate anbieten. Darüber hinaus will iX selbst Börsensysteme anbieten! Organisatorisch sollen die Deutsche Börse AG und die London Stock Exchange alle Geschäftsaktivitäten in die neue Börse einbringen mit Ausnahme der 50%igen Beteiligung der Deutsche Börse AG an der Clearstream International, des Zusammenschlusses der Deutsche Börse AG mit der CEDEL International. Die Anteile an der neuen iX sollen von der Deutsche Börse AG und der London

---

275 Siehe Heusinger, Aus der Not das Richtige geboren, Börsen-Zeitung v. 24.9.1999, S. 1; o.V., Die Acht votieren für ordergetriebenes System, Börsen-Zeitung v. 24.9.1999, S. 3; o.V., Die Einigung auf einen europäischen Aktienmarkt bringt den Anlegern viele Vorteile, FAZ v. 24.9.1999, S. 26; o.V., Europäische Börsen wollen sich zusammenschließen, Handelsblatt v. 24./25.9.1999, S. 37.

276 Zu recht kritisch Keidel, Auf dem langen Weg zur Europa-Börse, Handelsblatt v. 24./25.9.1999, S. 2.

277 Vgl. Heusinger, Clearing entscheidet die Schlacht, Börsen-Zeitung v. 25.11.1999, S. 1.

278 Siehe *Deutsche Börse AG*, Presseerklärung: Deutsche Börse und London Stock Exchange schließen sich zusammen, Internetseite www.exchange.de.

Stock Exchange zu gleichen Teilen gehalten werden. Der Handel soll auf der Xetra-Handelsplattform aufbauen, während die Abwicklung weiterhin über Clearstream International und die CrestCo Ltd. läuft. Die neue Börsenorganisation sei offen für den Zusammenschluß mit anderen Börsen. Der sog. „Blue Chip Markt" soll nach britischen Regularien aufgebaut und beaufsichtigt und von London aus operativ geleitet werden. Der Neue Markt soll weiterhin nach deutschen Regularien betrieben und beaufsichtigt und von Frankfurt aus operativ betrieben werden.[279]

Zwischen der iX und der NASDAQ ist ebenfalls ein gemeinsames neues Unternehmen geplant, insbesondere für die Aktien von jungen Unternehmen. Es sollen in diesem System mehrere hundert Unternehmen vom Neuen Markt, von dessen Äquivalent der Londoner Stock Exchange, dem techMARK Handelssystem, sowie die Nasdaq 100-Unternehmen und an anderen wichtigen US-amerikanischen und europäischen Börsen notierte Unternehmen gehandelt werden. Das Handelssystem soll für private Anleger über das Internet zugänglich sein. An der neuen Organisation mit Sitz in London sollen die Nasdaq Europe Ltd. sowie die iX zu jeweils 50% beteiligt sein. Obgleich der Sitz und das Management in London ansässig sein sollen, ist eine Regulierung nach deutschem Recht geplant, da die Übernahme des Xetra-Systems als weiterzuentwickelnde technische Handelsplattform vorgesehen ist. Langfristiges Ziel ist die Verbindung dieses Marktes mit den anderen weltweit vernetzten Nasdaq-Märkten zu einem ganztätig über das Internet verfügbaren weltweiten Handelssystem.[280]

Auf der anderen Seite haben sich auch die Börsen Paris, Amsterdam und Brüssel zur Gründung einer neuen gemeinsamen europäischen Börse mit dem Namen „Euronext" zusammengeschlossen. Die Börse wird auf niederländischem Recht basieren und soll ebenfalls selbst an die Börse gebracht werden. Technisch soll das System auf der Handelsplattform der Pariser Börse beruhen, und auch die Abwicklung soll über das französische Abwicklungshaus Clearnet sowie für grenzüberschreitende Transaktionen über Euroclear erfolgen.[281]

In dieser Situation, in der zwei marktbeherrschende Börsenblöcke innerhalb Europas entstehen, werden sich auch die kleineren europäischen Börsen früher oder später entscheiden, mit einer dieser Gemeinschaftsbörsen zusammenzuarbeiten bzw. ebenfalls voll zu fusionieren, wie es z.B. die Wiener Börse bereits getan hat.

---

279 Vgl. *Deutsche Börse AG/London Stock Exchange*, Präsentation auf der Pressekonferenz vom 3. Mai 2000, Internetseite www.exchange.de.

280 Vgl. *Nasdaq*, Pressemitteilung: Nasdaq Europe Ltd. announces a joint venture with the combined London Stock Exchange and Deutsche Börse to provide a globally linked, pan-european trading platform for new economy companies, Internetseite www.nasdaq.com.

ee. Abgrenzung zum Eurolist-Projekt

EUROLIST (Eurolist Message Transfer System) ist kein eigenes Wertpapierhandelssystem, sondern nur eine Vereinbarung zwischen den in der Federation of European Stock Exchanges (FESE) zusammengeschlossenen europäischen Börsen, um die Mehrfachnotierung für Großunternehmen zu erleichtern.[282] Es gehört daher in den Bereich der Bemühungen der europäischen Börsen um eine Zusammenarbeit, ist aber kein technischer Zusammenschluß auf der Ebene der Handelssysteme.[283]

EUROLIST bedeutet auch nicht die automatische Notierung an allen beteiligten europäischen Börsen[284] und fällt daher in seinem Anspruch weit hinter das ursprünglich von den in der Federation of European Stock Exchanges zusammengeschlossenen Börsen verfolgte Projekt EUROQUOTE zurück, das zunächst nur als Informationssystem zwischen den europäischen Börsen geplant war, sich aber rasch zu einer zentralisierten Eurobörse hätte entwickeln können.[285] EUROQUOTE scheiterte jedoch im Sommer 1991 an Egois-

---

281 *O.V.*, Euronext setzt auf eine Plattform, Theodore führt größte kontinentaleuropäische Börse, Börsen-Zeitung v. 21.3.2000.

282 Es wurde im September 1995 initiiert, vgl. *Pagano/Steil*, Equity Trading I: The Evolution of European Trading Systems, in: Steil (Hrsg.) The European Equity Markets, S. 40, der davon spricht, daß mit dem Eurolist-Projekt der „single passport" für die Notierung an allen Mitgliedbörsen geschaffen werden soll, und damit treffend den Europabezug des Eurolist-Projektes herausstellt.

283 Die rechtlichen Voraussetzungen für Eurolist wurden mit der Richtlinie 94/18/EWG des Europäischen Parlaments und des Rats vom 30. Mai 1994 zur Änderung der Richtlinie 80/390/EWG zur Koordinierung der Bedingungen für die Erstellung, die Kontrolle und die Verbreitung des Prospektes, der für die Zulassung von Wertpapieren zur amtlichen Notierung an einer Wertpapierbörse zu veröffentlichen ist, im Hinblick auf die Verpflichtung zur Veröffentlichung eines Prospektes, Abl. Nr. L 135/1 v. 31.5.1994 geschaffen. Siehe zur Notwendigkeit und Vorgeschichte dieser Richtlinie auch die Präambel des am 23.12.1992 vorgelegten Vorschlags der Europäischen Kommission für eine solche Richtlinie, ABl. Nr. C 23/6 v. 27.1.1993; sowie die Stellungnahme des Wirtschafts- und Sozialausschusses zum Vorschlag dieser Richtlinie, Abl. Nr. C 161/31 v. 14.6.1993; sowie den Gemeinsamen Standpunkt (EG) Nr. 11/94 vom Rat festgelegt am 4. März 1994, ABl. Nr. C 137/53 v. 19.5.1994.

284 Vielmehr wird für Unternehmen mit einer Börsenkapitalisierung von mindestens 1 Mrd. ECU, einem jährlichen Handelsvolumen von 250 Mio. ECU und einer bereits vorhandenen Notierung an drei Börsen die gleichzeitig die Notierung an mehreren Börsen erleichtert, indem nicht bei jeder Notierung ein neuer Prospekt erforderlich ist. Die Zulassungsgebühren müssen jedoch weiterhin an jeder Börse gezahlt werden. Ein zentraler Computer am Sitz der Federation of European Stock Exchanges wird für die Verbreitung der Geschäftszahlen der an dem Projekt teilnehmenden Unternehmen sorgen. Damit entfallen gleichzeitig die an den jeweiligen Börsenplätzen bislang noch erforderlichen gesonderten Publikationen. Hier sind nur noch die im Sitzland des Unternehmens geltenden Anforderungen auf der Basis der europarechtlichen Mindestanforderungen an die Publikationen und die Rechnungslegung maßgeblich. Alle Informations- und Dokumentationspflichten können für die Eurolist-Unternehmen damit für alle europäischen Mitgliedstaaten durch eine Mitteilung gegenüber der Heimatbörse abgedeckt werden. Siehe zum Eurolist-Projekt, *o. V.*, Eurolist-Kooperation der europäischen Börsen, Neue Zürcher Zeitung v. 9.12.1994; *o. V.*, Eurolist gestartet, Handelsblatt v. 9.10.1995.

285 Vgl. *Howell*, A new european stock exchange?, Investors Chronicle v. 4.1.1991, S. 34.

men einzelner nationaler Börsenplätze, die um ihre dominante Stellung im europäischen Wettbewerb fürchteten.[286] EUROLIST wird daher nichts daran ändern, daß die Wertpapiere auch weiterhin an der in- oder ausländischen Börse gehandelt werden, an der die höchste Liquidität für dieses Papier besteht.[287]

b. Parallele grenzüberschreitende Verbreitung börslicher elektronischer Wertpapierhandelssysteme

Die Vernetzung mitgliedstaatlicher Börsen zu gemeinsamen Wertpapierhandelssystemen ist als Strategie zur Schaffung eines integrierten europäischen Kapitalmarkts inzwischen durch den sich verschärfenden Wettbewerb der Börsen in den Hintergrund geraten.[288] Stattdessen erlaubt die technische Entwicklung die parallele Ausdehnung mitgliedstaatlicher Wertpapierhandelssysteme im gesamten europäischen Raum durch Aufstellen von Handelsterminals bei den Teilnehmern. Während das Konzept der Vernetzung der mitgliedstaatlichen Börsen zu einer Konzentration des Orderflusses führen könnte[289], wird Folge des Konzepts der parallelen Verbreitung der börslichen Wertpapierhandelssysteme zunächst eine weitere Fragmentierung des Orderflusses sein. Die Eröffnung des europäischen Wettbewerbs der Börsen durch das Aufstellen ihrer Handelsterminals in anderen Mitgliedstaaten wird jedoch langfristig dazu führen, daß nicht mehr alle der über dreißig in den Mitgliedstaaten der EU tätigen Börsensysteme im grenzüberschreitenden Wertpapierhandel bestehen können. Durch das Ausscheiden der nicht so leistungsfähigen Börsen aus dem „Markt der Märkte" wird es allein mit wettbewerblichen Mitteln wieder zu einer Konzentration des Orderflusses auf die Systeme kommen, die sich im Börsenwettbewerb durchsetzen konnten.

aa. Xetra (IBIS), Eurex (DTB)

Als Beispiele für Börsensysteme, die dem Konzept der parallelen Verbreitung unter Aufnahme des Wettbewerbs um Orders im grenzüberschreitenden Wertpapierhandel folgen,

---

286 Vgl. *o. V.*, Eurolist-Kooperation der europäischen Börsen, Neue Zürcher Zeitung v. 9.12.1994; *Pagano/Steil*, Equity Trading I: The Evolution of European Trading Systems, in: Steil (Hrsg.) The European Equity Markets, S. 39.

287 *Pagano/Steil*, Equity Trading I: The Evolution of European Trading Systems, in: Steil (Hrsg.) The European Equity Markets, S. 40.

288 *Steil*, Equity Trading IV, in: ders. (Hrsg.), The European Equity Markets, S. 117.

289 Kritisch hierzu *Steil*, Equity Trading IV, in: ders. (Hrsg.), The European Equity Markets, S. 117 ff., der hinter dem Konzept des Verbundes der mitgliedstaatlichen Börsen einen Anschlag gegen den Londoner SEAQ-International Markt vermutet und eine Verstärkung der Monopolstellungen der mitgliedstaatlichen Börsen gegenüber neuen Wertpapierhandelssystemen befürchtet.

können für Deutschland die DTB bzw. die neuentstandene Eurex sowie IBIS und dessen Nachfolgesystem Xetra[290], genannt werden.

Im Falle Xetras hat dies sogar dahin geführt, daß die Wiener Börse inzwischen ihr eigenes Wertpapierhandelssystem EQOS aufgegeben hat und sich Xetra angeschlossen hat, indem sie alle an der Wiener Börse notierten Wertpapiere auf das Xetra-System überführt hat.[291] Die Aufsicht über den Handel in Xetra, der über die Wiener Börse läuft, wird ebenfalls in Wien stattfinden. Wenn dieses Modell sich in der Praxis bewährt und die Umstellung reibungslos verläuft, dürften sich manche andere kleinere europäische Börsen nochmals überlegen, ob sie weiter teure eigene Wertpapierhandelssysteme (fort-)entwickeln oder sich nicht auch Xetra anschließen.[292]

Die Eurex ist bei der grenzüberschreitenden Verbreitung sogar noch erfolgreicher. Die finnische Terminbörse erwarb das System von Eurex. Auch die weltgrößte Terminbörse Chicago Board of Trade (CBOT) plante ebenfalls, das Eurex-Handelssystem zu übernehmen, um den gegenseitigen Zugang zu Produkten und Dienstleistungen für die Teilnehmer an der Eurex und die CBOT-Teilnehmer bei dem Handel und der Abwicklung über zwei Zeitzonen hinweg zu ermöglichen.[293] Diese Kooperation scheiterte jedoch zunächst an dem Widerstand der Mitglieder der CBOT, bei der es sich bislang um eine reine Parkettbörse handelt.[294] Erst nach Abspaltung des Projektes von der CBOT auf ein Joint Venture-Unternehmen, das den gemeinsamen Betrieb eines geklonten Eurex-Systems für amerikanische Terminprodukte vorsieht, scheint das Projekt wieder gesichert zu sein.[295] Die zunächst geplante Verbindung mit der Simex in Singapur hat sich jedoch in letzter Sekunde zerschlagen, da die Simex eine Verbindung mit der französischen MONEP und MATIF eingegangen ist.[296]

bb. EASDAQ

Ein von vorneherein als „europäisches" Wertpapierhandelssystem geplantes, Ende 1996 mit Sitz in Brüssel gestartetes und in Belgien als Börse anerkanntes System, das ebenfalls dem Konzept der parallelen Ausdehnung in Europa folgt, ist zudem die EASDAQ (European Association of Securities Dealers´ Automated Quotation). In Nachahmung der ame-

---

290 Siehe hierzu ausführlich oben 1. Teil I. 4. b. bb. dieser Arbeit.

291 *Dunzendorfer*, Xetra-Kurse im Dreivierteltakt, Börsen-Zeitung v. 3.11.1999, S. 1; *O.V.*, Mehr Liquidität soll der Wiener Börse aus dem Kurstal helfen, Handelsblatt v. 4.11.1999, S. 39

292 *Dunzendorfer*, Xetra-Kurse im Dreivierteltakt, Börsen-Zeitung v. 3.11.1999, S. 1.

293 Vgl. *O.V.*, Europäische Börsen in einem raschen Wandel, FAZ v. 5..9.1999, S. 23; *Franke*, Die Börsen sind in Bewegung, Handelsblatt v. 24.9.1999, S. 41.

294 *Syre*, Börsenlandschaft in Bewegung, FAZ v. 12.3.1999, S. 13.

295 O.V., Kassa- und Terminmärkte wachsen zusammen, FAZ v. 25.9.1999, S. 25 (26).

296 *Syre*, Börsenlandschaft in Bewegung, FAZ v. 12.3.1999, S. 13.

rikanischen NASDAQ (National Association of Securities Dealers' Automated Quotation)[297] ist mit Unterstützung der Europäischen Kommission[298] auch in Europa ein paneuropäische Wertpapierhandelssystem für junge Wachstumswerte, die EASDAQ entstanden, um insbesondere kleinen und mittleren schnell wachsenden Unternehmen mit hohem Risikopotential und europäischen Ambitionen den Zugang zum Kapitalmarkt europaweit zu ermöglichen.[299] Kleine und mittlere Unternehmen weisen oftmals zu einem Zeitpunkt, zu dem sie dringend haftendes Eigenkapital für Investitionen benötigen, noch Verluste aus, da die Produkte noch nicht die notwendige Marktreife aufweisen. Während entsprechende Unternehmen sich in den USA über den NASDAQ-Markt Kapital beschaffen können,[300] haben die europäischen Börsen auf diese Entwicklung erst spät mit Errichtung von sog. Sekundärmärkten mit verringerten Zulassungsanforderungen reagiert.[301] Einige der vielversprechendsten europäischen Unternehmen haben vielmehr sogar eher den Zugang zum amerikanischen Kapitalmarkt über die NASDAQ gewählt als die Zulassung an den Börsen ihres Heimatlandes oder den übrigen europäische Börsen.[302] Bei der

---

297 Die 1971 gegründete NASDAQ ist gemessen am Handelsvolumen hinter der New York Stock Exchange mittlerweile das zweitgrößte Wertpapierhandelssystem der Welt. Mehr als 5.000 Unternehmen werden an über 220.000 Terminals weltweit gehandelt. Der Handel erfolgt nicht vollautomatisch über die Terminals, sondern wie bei dem SEAQ-System handelt es sich nur um ein Informationssystem, bei dem Kurse gestellt werden können, die z. B. über Reuters oder Bloomberg Terminals weltweit verfolgt werden können. Die Geschäftsschlüsse werden über Telefon vollzogen. In den Mitgliedstaaten der EG ist das NASDAQ-System bereits seit längerem über Handelsterminals vertreten. Ende 1994 waren allein in Deutschland 2054 Terminals, in Frankreich 895 Terminals und in Spanien 113 Handelsterminals installiert. Vgl. *The NASDAQ Stock Market* - A practical guide to listing on the NASDAQ Stock Market, S. 2, 8 f.; *Watermann*, Euro-Börse für junge High-Tech-Werte, Börse Online, 6/95, S. 94; sowie kritisch zur Konstruktion von NASDAQ als Broker-Dealer - Markt *Winninghoff*, Off-Exchange Electronic Trading is hot, Global Finance, Mai 1993, S. 56 (58); *Schwark*, Börsen und Wertpapierhandelsmärkte in der EG, WM 1997, S. 293 (300).

298 Ausführlich *Europäische Kommission*, Mitteilung der Kommission - Bericht über die Möglichkeit der Schaffung einer bildschirmgestützten europäischen Börse für wachstumsstarke junge Unternehmen, KOM (95) 498 endg.; *o. V.*, Neue „Europabörse" vor dem Start, Börsenberater Nr. 1, Januar 1995, wo darauf hingewiesen wird, daß die Vorarbeiten und Gutachten von der Europäischen Kommission finanziert wurden. Die Gründung der EASDAQ erfolgte zunächst durch 21 Banken und Wertpapierhäuser, die sich zur EASD (European Association of Security Dealers) zusammengeschlossen haben. Unterstützt wird die EASDAQ auch durch die Europäische Vereinigung für Wachstumskapital (EVCA), die in einer von der Europäischen Kommission finanzierten Durchführbarkeitsstudie die Vorarbeiten leistet. Vgl. auch, *o. V.*, Europäische Börse für junge Unternehmen, Süddeutsche Zeitung v. 17.11.1994; *o. V.*, Europa-Börse für kleine Werte soll 1996 starten, Börsen-Zeitung v.17.11.1994.

299 *O. V.*, Euro-Börse vor der Gründung - Start im nächsten Jahr geplant, Handelsblatt v. 21.3.95, S. 39; *o. V.*, Neue „Europabörse" vor dem Start, Börsenberater Nr. 1, Januar 1995.

300 *Europäische Kommission*, Mitteilung der Kommission - Bericht über die Möglichkeit der Schaffung einer bildschirmgestützten europäischen Börse für wachstumsstarke junge Unternehmen, KOM (95) 498 endg, S. 4 f.

301 Vgl. *o. V.*, Small-company stockmarkets: Europes growth industry, The Economist v. 14.3.1997.

302 *Europäische Kommission*, Mitteilung der Kommission - Bericht über die Möglichkeit der Schaffung einer bildschirmgestützten europäischen Börse für wachstumsstarke junge Unternehmen, KOM (95) 498 endg, S. 6.

EASDAQ sollen Unternehmen bereits ab 3,5 Mio. ECU (ca. 6,3 Mio. DM) Betriebsvermögen und ab 1,8 Mio ECU eingesetztes Kapital die Zulassung erhalten können. Erwartet wird, daß innerhalb der ersten fünf Jahre über 500 europäische Wachstumswerte ihre Aktien exclusiv an der EASDAQ einführen werden.[303] Die Unternehmen können auswählen, in welcher Währung ihre Aktien gehandelt werden, solange noch keine europäische Einheitswährung existiert.[304]

Die EASDAQ funktioniert in gleicher Weise wie die amerikanische NASDAQ und ermöglicht damit den Zugang für Teilnehmer aus ganz Europa. Zugang zum Wertpapierhandelssystem haben sowohl institutionelle als auch private Anleger.[305] Market-Maker stellen in dem System permanent Kurse, um die notwendige Liquidität der Werte sicherzustellen. Diese Kurse werden über das Computersystem veröffentlicht, wobei die Geschäftsschlüsse zunächst noch über das Telefon erfolgen müssen.[306] Die Notwendigkeit, den Geschäftsschluß noch über das Telefon vollziehen zu müssen, läßt sowohl die NASDAQ als auch die EASDAQ nach deutschem Recht unter Zugrundelegung des „materiellen Börsenbegriffs", der auf den Vollzug des Geschäftsschlusses unmittelbar mit Hilfe des Systems abstellt, nicht als elektronische Börse erfassen.[307] Sie ist vielmehr vergleichbar mit dem IBIS-System in seiner ersten Ausbaustufe, obgleich Schwark[308] zutreffend darauf hinweist, das ein System wie das NASDAQ-System, über das ganz erhebliche Wertpapierumsätze weltweit getätigt werden, auch in Deutschland nicht völlig außerhalb jeder anlegerschützenden Regulierung gelassen werden sollte.

II. Der außerbörsliche grenzüberschreitende Wertpapierhandel

Neben dem börslichen Wertpapierhandel existiert der außerbörsliche Wertpapierhandel, der nur zu einem geringen Teil staatlichen, internationalen und autonomen Regulierungen unterliegt. Dies gilt insbesondere im Hinblick auf Anleihen sowohl für den Primärmarkt als auch für den Sekundärmarkt, auf dem die bereits emittierten Wertpapiere gehandelt werden. Die Voraussetzungen für die Zulassung und Teilnahme am Handel sowie die Re-

---

303 *O. V.*, Euro-Börse vor der Gründung - Start im nächsten Jahr geplant, Handelsblatt v. 21.3.93, S. 39.

304 Vgl. zum Stellung und zum Erfolg der EADSAQ, *Juchem*, Positionierung der EASDAQ im Euroland, WM 1999, S. 585.

305 *Europäische Kommission*, Mitteilung der Kommission - Bericht über die Möglichkeit der Schaffung einer bildschirmgestützten europäischen Börse für wachstumsstarke junge Unternehmen, KOM (95) 498 endg, S. 12.

306 *O. V.*, Europäischer Freihandel EASDAQ soll schon in diesem Jahr starten, Computerwoche 1/96.

307 Vgl. auch *Schwark*, Börsen und Wertpapierhandelsmärkte in der EG, S. 293 (300).

308 *Schwark*, Börsen und Wertpapierhandelsmärkte in der EG, S. 293 (300).

gelungen der Kursfeststellung sind, falls es solche überhaupt gibt, im Vergleich zum börslichen Handel nur sehr gering.[309]

1. Der Börsenzwang und der außerbörsliche Wertpapierhandel

Ein außerbörslicher Wertpapierhandel in nennenswertem Umfang kann nur entstehen, wenn die nationale Regulierung des Wertpapierhandels dies auch zuläßt oder zumindest nicht unterbindet. Angesprochen ist damit die Frage des Börsenzwangs als Verpflichtung aller Marktteilnehmer zur ausschließlichen Abwicklung aller Transaktionen in börsennotierten[310] Wertpapieren über eine Börse während der offiziellen Börsenhandelszeit, um so eine höchstmögliche Konzentration von Angebot und Nachfrage zu erreichen (absoluter Börsenzwang).[311]

In Deutschland bestand bis zum Inkrafttreten des durch das Zweite Finanzmarktförderungsgesetz eingefügten § 10 BörsG kein Börsenzwang, sondern die Banken als bedeutendste Marktteilnehmer verpflichteten sich freiwillig in § 29 Abs. 1 ihrer Allgemeinen Geschäftsbedingungen[312], Kundenaufträge in zum amtlichen Handel oder zum geregelten Markt zugelassen Aktien über die Börse auszuführen („relativer Börsenzwang")[313]. Mit dem neu eingefügten § 10 Abs. 1 BörsG hingegen besteht grundsätzlich Börsenzwang für Kauf- oder Verkaufaufträge von Wertpapieren, die zum Handel an einer inländischen Wertpapierbörse zugelassen sind oder in den Freiverkehr einbezogen sind, es sei denn, der Auftraggeber erteilt ausdrücklich eine andere Weisung, die sowohl für den Einzelfall als auch für eine unbestimmte Zahl von Fällen gelten kann. Der Zwang, Kundenaufträge mangels anderer Weisung über die Börsen auszuführen, bedeutet zugleich ein Verbot, diese Aufträge außerhalb der Börse auszuführen, etwa durch internen Ausgleich von Kundenaufträgen[314] oder durch Selbsteintritt.[315] Das Gesetz räumt dem Auftraggeber das

---

309 Vgl. *Wymeersch*, Die Effektenmarktaufsicht, S. 44 für den Stand der Effektenmarktregelierung der Mitgliedstaaten der Europäischen Union im Jahre 1977; diese Feststellung gilt jedoch unverändert auch für die heutige vergrößerte Europäischen Union.

310 Für nicht-börsennotierte Wertpapiere hingegen kommt ein Börsenzwang schon qua definitionem nicht in Betracht. Er könnte höchstens theoretisch vollständig unterbunden sein.

311 *Hansen*, Aktienkursverlauf und Börsenzwang, S. 28; *Büschgen*, Das kleine Börsenlexikon, Stichwort „Börsenzwang"; siehe zum Verhältnis von Börsenzwang und Anlegerschutz unter 2. Teil II. 4. dieser Arbeit; ausführlich *Schneiders*, Anlegerschutz im Recht der Effektenkommission, S. 122 ff.

312 *Baumbach/Duden/Hopt*, Handelsgesetzbuch, 2. Teil, Handelsrechtliche Nebengesetze (8) E., AGB-Banken, wonach diese im Zuge der freiwilligen Börsenreform 1969 eingeführte Regelung der Umsatzkonzentration und der Bildung aussagekräftiger Kurse dienen soll. *Schneiders*, Anlegerschutz im Recht der Effektenkommission, S. 124 weist auf die Motivation der Banken hin, eine gesetzliche Regelung verhindern zu wollen.

313 Vgl. *Schneiders*, Anlegerschutz im Recht der Effektenkommission, S. 123 f.

314 Negative Folgen für den Aussagewert von Kompensationsgeschäften wurden jahrelang von Banken bestritten, vgl. *Schneiders*, Anlegerschutz im Recht der Effektenkommission, S. 125.

Weisungsrecht ein, nicht nur darüber zu entscheiden, ob der Auftrag über eine Börse ausgeführt werden muß, sondern auch an welcher Börse und sogar ob die Auftragsausführung im Präsenzhandel oder im elektronischen Handel erfolgen soll. Allerdings kommt in der Praxis i. d. R. § 10 Abs. 2 BörsG zur Anwendung, wonach mangels einer solchen ausdrücklichen Bestimmung der Auftrag im Präsenzhandel auszuführen ist und der Auftragnehmer (das Wertpapierdienstleistungsunternehmen oder Kreditinstitut) unter Wahrung der Interessen des Auftraggebers über den Ausführungsplatz zu entscheiden hat.

Diese grundsätzliche Bevorzugung des Präsenzhandels ist m. E. nicht zu rechtfertigen. Die Entscheidung sollte sich allein an den Interessen des Auftraggebers orientieren.[316] Die Ausführung über den elektronischen Handel bedarf gegenüber der im Präsenzhandel keiner besonderen Rechtfertigung. Gibt der Auftraggeber keine Weisung, muß die Entscheidung des Kreditinstituts bzw. der Wertpapierfirma genauso wie die Entscheidung über den Ausführungsplatz auch über die Wahl des Präsenzhandels oder des elektronischen Handels unter Wahrung der Interessen des Auftraggebers getroffen werden. Mit der geplanten vollständigen Überführung des Präsenzhandels in ein elektronisches börsliches Handelssystem[317] dürfte diese Vorschrift aber ohnehin zumindest für das Inland und die meisten ausländischen Börsen, die bereits als elektronische Handelssysteme betrieben werden, obsolet werden. Der Börsenzwang nach § 10 BörsG erfaßt zudem ohnehin nicht die Wertpapiere, die nicht zum amtlichen Handel oder geregelten Markt zugelassenen sind, sowie die in den Freiverkehr einbezogenen Wertpapiere und insbesondere nicht die überwiegende Zahl der festverzinslichen Schuldverschreibungen, deren Handel ein ganz erhebliches Volumen aufweist.[318]

Für die bereits entstandenen elektronischen Wertpapierhandelssysteme im außerbörslichen Bereich, die insbesondere zum Eigenhandel der professionellen Teilnehmer genutzt werden, ist von Bedeutung, daß der Eigenhandel grundsätzlich nicht vom Börsenzwang erfaßt wird. Gleiches gilt für die in Nr. 9 der Bedingungen der Banken für Wertpapierge-

---

315 *Claussen*, Bank- und Börsenrecht, Rn. 215 mit Hinweis auch auf § 400 HGB, der jedoch durch die Bedingungen der Banken für Wertpapiergeschäfte und die Sonderbedingungen der Banken für Börsentermingeschäfte modifiziert ist.

316 Dieser Aspekt war bislang zumindest in Deutschland ohne große Bedeutung, da den privaten Investoren bzw. den von ihnen beauftragten Intermediären ohnehin keine anderen organisierten Märkte als die Präsenzbörsen offen standen, sondern als Alternative lediglich ein interner Ausgleich der Aufträge auf Seiten der Intermediäre (Banken) gegeben war. Siehe hierzu *Picot/Bortenlänger/Röhrl*, Börsen im Wandel, S. 86, 96.

317 Vgl. zum elektronischen Handelssystem EHS der Deutsche Börse AG und den damit verbundenen Problemen *Rudolph*, Effekten- und Wertpapierbörsen, Finanztermin- und Devisenbörsen seit 1945, in: Deutsche Börsengeschichte, S. 293 (351 f.) m. w. Nw.; zum nunmehr umbenannten Projekt Xetra *Braue/Hille*, Xetra - Elektronisches Handelssystem am Finanzplatz Deutschland, Die Bank 3/97, S. 140-145.

318 *Claussen*, Bank- und Börsenrecht, Rn. 215.

schäfte ermöglichten sog. Festpreisgeschäfte der Banken, bei denen Kundenaufträge letztlich ebenfalls über den Eigenhandel ausgeführt werden.[319] Damit erst kann die Nachfrage nach den Leistungen der außerbörslichen privaten Wertpapierhandelssysteme entstehen. Aber auch der Eigenhandel der Privatanleger wird grundsätzlich nicht vom Börsenzwang erfaßt, womit der Gesetzgeber klarstellt, daß dem Privatanleger die freie Entscheidung über Art und Ort der Ausführung seines Auftrages überlassen bleiben soll. Dies ermöglicht erst die direkte Beteiligung von Privatanlegern an elektronischen Wertpapierhandelssystemen z. B. im Internet, die sich speziell an private Anleger als Zielgruppe wenden.

Auch andere europäische Staaten wie z. B. Frankreich, Italien, Spanien, Portugal und Belgien kennen abgeschwächte Formen des Börsenzwangs, die jedoch insbesondere für den Blockhandel Ausnahmeregelungen vorsehen.[320] Entsprechend den Regelungen über die zwangsweise Konzentration der Umsätze an den nationalen Börsen existieren außerbörsliche elektronische Wertpapierhandelssysteme bislang erst dort, wo keine Börsenzulassung von den Systemen verlangt wird oder deren Tätigwerden wenigstens unter einem anderen Rechtsstatus (z. B. Maklereigenschaft) faktisch möglich ist, wie z. B. in Großbritannien und Deutschland sowie in den USA und Kanada.[321]

2. Der außerbörsliche Primärmarkt

Die erstmalige Unterbringung der Wertpapiere bei den Investoren (Begebung) vollzieht sich in aller Regel außerhalb des Börsenhandels als Teil des Bankengeschäfts. Der Zusammenhang zum Börsenhandel ist dennoch offenkundig, da die Kreditinstitute diese Wertpapiere nicht vollständig in den Eigenbestand aufnehmen, sondern sich i. d. R. im Emissionsvertrag verpflichten, sie in den Börsenhandel einzuführen.[322] Dieser Zusammenhang wurde insbesondere bei der zunehmenden Securitisierung[323], der Verbriefung von Forderungs- und Beteiligungsrechten in handelbaren Instrumenten, die seit den 80er Jahren die Entwicklung der Finanzmärkte kennzeichnet, deutlich.[324] Gerade im interna-

---

319 Vgl. *Claussen*, Bank- und Börsenrecht, Rn. 215 u. 217.

320 *Stenzel*, Außerbörslicher Aktienhandel, S. 28 f. m. w. Nw.

321 *Stenzel*, Außerbörslicher Wertpapierhandel, S. 38, der auch unter Verweis auf *Lee*, What is an Exchange?, S. 25 u. 33, auf die Schwierigkeiten hinweist, die Instinet in Kanada und Australien mit der Zulassung hatte.

322 Vgl. *Breuer*, Das Effektengeschäft, in: Obst/Hintner (Hrsg.), Geld-, Bank- und Börsenwesen, S. 525 (542); *Kümpel*, Bank- und Kapitalmarktrecht, Rn. 9.33; *Scholze*, Das Konsortialgeschäft der deutschen Banken, 1. Halbbd., S. 287 ff.

323 Vgl. zum Begriff „securitization" *Büschgen*, Das kleine Börsenlexikon, Stichwort „securitization"; *Breuer*, in: Obst/Hintner, Geld-, Bank- und Börsenwesen, S. 526.

324 *Breuer*, in: Obst/Hintner, Geld-, Bank- und Börsenwesen, S. 525 (526).

tionalen Emissionsgeschäft der Banken hängt die spezifische Ausgestaltung der Emissionsverfahren stark von den angesprochenen Märkten ab.[325]

In Deutschland begann die Praxis der außerbörslichen Unterbringung von Wertpapieren trotz beabsichtigter Börsenzulassung bereits kurz nach Erlaß des Börsengesetzes[326] und setzte sich bis heute als Normalverfahren durch.[327] Auch wenn Schwark[328] hierin eine teilweise Sinnentlehrung der börslichen Zulassungsverfahren erkennt, herrscht jedoch Einigkeit darüber, daß einer solchen Emission keine rechtlichen Hindernisse gegenüberstehen. Weder kennt das deutsche Börsengesetz eine Bestimmung, die die Emission außerhalb der Börse verbietet, noch ist eine vorherige Emission untersagt, wenn die Börsenzulassung beabsichtigt ist, worauf auch Schwark hinweist.[329] Für die Emissionspolitik und –unterbringung von Rentenpapieren von Bedeutung sind die Empfehlungen des auf freiwilliger Basis 1957 gegründeten Zentralen Kapitalmarktausschusses[330], einem von den wichtigsten Emissionsbanken gegründeteten Gremium, das über die Lage am Rentenmarkt berät und Empfehlungen abgibt über die Reihenfolge und die Zeitpunkte der Emission von Rentenpapieren.

Für grenzüberschreitend tätige elektronische Wertpapierhandelssysteme spielt der Primärmarkt in der Praxis bislang keine Rolle. Von Kreditinstituten und Wertpapierdienstleistungsunternehmen begleitete Emissionen werden noch nicht über elektronische Wertpapierhandelssysteme abgewickelt. In den USA ist aber bereits die erste Aktienemission mit einem geringen Emissionsvolumen über das Internet vollzogen worden.[331] Diese Entwicklung zeigt, daß der grenzüberschreitende außerbörsliche Wertpapierhandel im Primärmarkt nicht nur auf professionelle Teilnehmer begrenzt bleiben wird. Auch ohne

---

325 Einen Überblick über die Emissionsverfahren bieten *Breuer*, Das Effektengeschäft, in: Obst/Hintner, Geld-, Bank- und Börsenwesen, S. 525-547; *Kümpel*, Bank- und Kapitalmarktrecht, Rn. 9.13-9.26; ausführlich *Scholze*, Das Konsortialgeschäft der deutschen Banken, 1. Halbbd., S. 285-556.

326 Vgl. *Schwark*, Anlegerschutz durch Wirtschaftsrecht, S. 187 f. zu den ersten Fällen einer türkischen Anleihe der Deutschen Bank von 1905, einer Anleihe der Provinz Buenos Aires von 1910.

327 Ein allgemeines Genehmigungserfordernis für die Emission von Inhaberschuldverschreibungen, wie es in Deutschland das im Jahre 1954 geschaffene Gesetz über die staatliche Genehmigung der Ausgabe von Inhaber- und Orderschuldverschreibungen v. 26.6.1954 (BGBl. I 147) durch die Änderung und Einfügung der §§ 795 und 808a in das BGB vorsah, ist zudem mit dem Gesetz zur Vereinfachung der Ausgabe von Schuldverschreibungen v. 17.12.1990 (BGBl. I 2839) wieder abgeschafft worden, um den Unternehmen die Mittelaufnahme zu erleichtern.

328 *Schwark*, Anlegerschutz durch Wirtschaftsrecht, S. 189.

329 *Schwark*, Anlegerschutz durch Wirtschaftsrecht, S. 189.

330 Auch „Kapitalmarktkommission", „Kleine Kapitalmarktkommission" oder „Elferausschuß" gennant, da er aus elf Mitgliedern besteht; vgl. *Büschgen*, Das kleine Börsenlexikon, Stichwort „Zentraler Kapitalmarktausschuß (ZMKA)"; *Gabler's Wirtschaftslexikon*, Stichwort „Zentraler Kapitalmarktausschuß"; *von Rosen*, Der Zentrale Kapitalmarktausschuß - Ein Modell freiwilliger Selbstkontrolle der Kreditinstitute, passim.

die Hilfe von Kreditinstituten oder anderen Wertpapierfimen durchgeführte grenzüberschreitende Emissionen, die sich unmittelbar an Privatanleger und institutionelle Anleger richten, werden zukünftig über elektronische Wertpapierhandelssysteme im Raum der EU stattfinden. Dies kann wegen der weltweiten Vernetzung des Internet sowohl von Marktteilnehmern aus Mitgliedstaaten der EU als auch von Drittländern ausgehen. Damit stellt sich aber die Frage nach der rechtlichen Behandlung eines z. B. von einem amerikanischen Unternehmen in Amerika ins Internet eingespeisten Angebots zum Kauf neu emittierter Aktien, zu dem sich ein Internet-Teilnehmer im räumlichen Bereich der Mitgliedstaaten der EU Zugang verschaffen kann.

3. Der außerbörsliche Sekundärmarkt

Der außerbörsliche Sekundärmarkt für Wertpapiere vollzieht sich sowohl national als auch international primär immer noch über den durch elektronische Informationssysteme unterstützten Telefonhandel.[332] Gegenstand des Handels können hier sowohl nichtbörsennotierte als auch börsennotierte Wertpapiere sein, die lediglich außerhalb der Börsenzeiten und/oder außerhalb der Börsenorganisation direkt zwischen den am Handel teilnehmenden Parteien gehandelt werden. Ist letzteres der Fall treten Börsen und der außerbörsliche Wertpapierhandel in direkten Wettbewerb miteinander.[333] Teilnehmer des Handels sind heute neben den Kreditinstituten die großen institutionellen Anleger, wie z. B. Versicherungen, Pensions- oder Investmentfonds, so daß die im Telefonverkehr gehandelten Volumina entsprechend hoch sind.[334] Der direkte Kontakt zwischen den Marktteilnehmern ermöglicht ihnen, maßgeschneiderte Transaktionen[335], die an Börsen wegen des dortigen hohen Standardisierungsgrades der Börsenprodukte nicht durchgeführt werden könnten.[336] Wegen des Börsenzwangs für Aufträge von Kunden, werden i. d. R. über den Telefonverkehr nur Eigengeschäfte der Teilnehmer geschlossen, denen keine Kundenaufträge zugrunde liegen. Als Telefonhandel erfaßt werden dabei lediglich die außerbörslichen Geschäfte, deren eigentliche Abschlüsse unmittelbar zwischen den beteiligten Parteien per Telefon, Telex oder Telefax zustande kommen. Dies schließt je-

---

331 Hierzu ausführlich 1. Teil II. 4. d. bb. dieser Arbeit.

332 Der außerbörsliche Handel wird auch als OTC (Over-the-counter-) Handel bezeichnet, *vgl. Picot/Bortenlänger/Röhrl*, Börsen im Wandel, S. 13 m. w. Nw.; oder einfach als Telefonhandel bezeichnet, vgl. *Beike/Schlütz*, Finanznachrichten lesen-verstehen-nutzen, S. 55.

333 *Picot/Bortenlänger/Röhrl*, Börsen im Wandel, S. 13.

334 Ausführlich zu Erscheinungsformen, Umfang, Bestimmungsgründen und Ursachen des außerbörslichen Aktienhandels *Stenzel*, Außerbörslicher Aktienhandel, S. 57-198.

335 *Picot/Bortenlänger/Röhrl*, Börsen im Wandel, S. 13 m. w. Nw.

336 Darauf, daß der Grad der Standardisierung im außerbörslichen Handel mit dem Erfolg bestimmter Produkte steigen kann und dadurch auch Segmente des außerbörslichen Handels bei entsprechender Organisation des Marktsegments in einen börslichen Handel überführt werden können, weisen *Picot/Bortenlänger/Röhrl*, Börsen im Wandel, S. 13 hin.

doch nicht aus, daß die Parteien sich zuvor einen Überblick über den Markt und/oder Informationen über das einzelne Angebot durch ein vernetztes elektronisches Informationssystem verschafft haben. Als Beispiel für ein solches elektronisches Informationssystem des außerbörslichen Handels sind das IBIS-System in seiner ersten Ausbaustufe oder SEAQ-International zu nennen sowie die (inzwischen eingestellten) Informationssysteme MATIS und MIDAS.[337] Die Kurse werden telefonisch frei ausgehandelt, wobei die elektronischen Informationssysteme die Teilnehmer verpflichten, die ausgehandelten Kurse innerhalb kurzer Zeit nach dem Abschluß des Geschäftes in das System einzugeben, um den übrigen Teilnehmern den Überblick über den Markt nicht nur anhand der Kursstellungen von „Market-Makern", sondern auch anhand der Kurse bereits abgeschlossener Geschäfte zu geben. Die Kurse im Telefonverkehr werden zusätzlich in Preislisten veröffentlicht. Für die Abwicklung haben die Marktteilnehmer jeweils selbst zu sorgen.[338]

Die rechtliche Besonderheit des außerbörslichen Sekundärhandels besteht in der bislang grundsätzlich nicht oder nur in sehr geringem Maße vorhandenen staatlichen oder autonomen Aufsicht. Soweit die nationalen Zulassungsvorschriften und Aufsichtsregeln an regulierte Märkte anknüpfen, unterfällt dieser Wertpapierhandel keiner staatlichen Aufsicht hinsichtlich der Auswahl und Geeignetheit der Teilnehmer, der Ordnungsmäßigkeit des Handels und der Preisfindung sowie der Abwicklung.

Im europäischen Ausland existieren aber zum Teil bereits heute gesetzliche Voraussetzungen auch für den außerbörslichen Handel. So benötigt in der Schweiz auch ein Teilnehmer am außerbörslichen Handel eine Händlerlizenz für den Wertpapierhandel.[339] In Griechenland ist zwar der außerbörsliche Handel grundsätzlich erlaubt und auch die Teilnahme unbeschränkt, jedoch dürfen die Preise nicht von den offiziellen Kursen abweichen. Aus diesem Grund und wegen nur sehr geringer Volumina existiert dort kaum ein Telefonhandel.[340] In Frankreich, Spanien, den Niederlanden und Schweden bestehen z. B. für den grundsätzlich erlaubten außerbörslichen Blockhandel Regelungen für die Preisfestsetzung oder Mindestordergrößen zur Nachrangigkeit des außerbörslichen Blockhan-

---

337 Das MATIS (Makler-Tele-Informations-System) wurde von den deutschen Kursmaklern im Dezember 1989 als Konkurrenz zu IBIS eingeführt und stützte sich auf die Hard- und Software von Reuters. Es handelte sich um ein reines Quotierungssystem, das jedoch im Herbst 1992 eingestellt wurde, weil es sich gegen IBIS nicht durchsetzen konnte und an Bedeutung verloren hatte. Bei MIDAS handelte es sich um ein sehr ähnliches System, das von den Freimaklern ebenfalls als Konkurrenz zu IBIS installiert wurde, sich allerdings auch nicht durchsetzen konnte. Vgl. hierzu *Harter/Franke/Hogrefe/Seger*, Wertpapiere in Theorie und Praxis, S. 157 f.; sowie *Stenzel*, Außerbörslicher Aktienhandel, S. 38.

338 *Picot/Bortenlänger/Röhrl*, Börsen im Wandel, S. 13 m. w. Nw.

339 *Kiehling*, Finanzplatz Europa, S. 272.

340 *Kiehling*, Finanzplatz Europa, S. 177.

dels sowie besondere Berichtspflichten.[341] Da es sich bei den Geschäften, die im Telefonhandel auf nationaler und internationaler Ebene getätigt werden, in aller Regel um Eigengeschäfte der Teilnehmer handelt, werden sich aus rechtlicher Sicht auch durch die Umsetzung der Wertpapierdienstleistungsrichtlinie keine wesentlichen Änderungen ergeben, da sie lediglich für die Ausübung von Wertpapierdienstleistungen für Dritte Anforderungen an die Eignung der Wertpapierfirmen stellt und die diesbezügliche Beaufsichtigung regelt.[342]

Zum internationalen außerbörslichen Handel in Wertpapieren gehört insbesondere auch der Handel an den sog. Euromärkten[343] mit den wichtigsten Marktsegmenten des Eurogeldmarktes[344], Eurokreditmarktes[345] und Eurokapitalmarktes[346]. Als Euromärkte gelten die Märkte, auf denen die Transaktionen in Währungen außerhalb ihres Geltungsbereichs stattfinden.[347] Auf dem Eurokapitalmarkt (auch Eurobondmarkt genannt) begeben internationale Bankenkonsortien Schuldverschreibungen für Emittenten mit ausschließlich erstklassiger Bonität aus den OECD-Staaten und für internationale Institutionen mittels einer sehr großen Vielfalt an Finanzinstrumenten.[348] Bei den gehandelten Wertpapieren handelt es sich trotz Fehlens gesetzlicher Vorschriften zumeist um börsennotierte Wertpapiere[349], da viele institutionelle Anleger nach den für sie geltenden mitgliedstaatlichen Rechtsvorschriften nur in solche Wertpapiere investieren dürfen[350]. Der größte Teil des Handels am Eurosekundärmarkt findet jedoch außerbörslich über den Telefonhandel im oben beschriebenen Sinne statt[351], während über die Börsen nur der erforderliche Minimalhandel vollzogen wird.[352] Wegen einer relativen Marktenge, die daraus entsteht, daß zwar ein immenses Gesamtvolumen gehandelt wird, dieses sich aber auch auf einige tau-

---

341 *Stenzel*, Außerbörslicher Aktienhandel, S. 48 f.

342 Siehe ausführlich unter 4. Teil III. - V. dieser Arbeit.

343 Ausführlich *Storck*, Euromarkt - Finanzdrehscheibe der Welt, passim.

344 Siehe zum Eurogeldmarkt *Kiehling*, Finanzplatz Europa, S. 106 (107 ff.); sowie *Denning*, in: Obst/Hintner, Geld-, Bank- und Börsenwesen, S. 1071-1099.

345 Zum Eurokreditmarkt, *Storck*, Euromarkt - Finanzdrehscheibe der Welt, S. 22-40.

346 Vgl. *Kiehling*, Finanzplatz Europa, S. 106 (110 ff.); *Wymeersch*, Effektenmarktaufsicht, S. 138 ff.; sowie *Finsterwalder*, in: Obst/Hintner, Geld-, Bank- und Börsenwesen, S. 1101-1127.

347 *Storck*, Euromarkt - Finanzdrehscheibe der Welt, S. 5 ff.

348 Siehe zu den vielfältigen Formen von Finanzinstrumenten, die am Eurokapitalmarkt gehandelt werden den Überblick bei, *Kiehling*, Finanzplatz Europa, S. 111.; sowie *Finsterwalder*, in: Obst/Hintner, Geld-, Bank- und Börsenwesen, S. 1112-1119.

349 Von diesen Papieren sind die meisten in Luxemburg und London sowie einige in Paris gelistet. Vgl. *Kiehling*, Finanzplatz Europa, S. 112; *Wymeersch*, Effektenmarktaufsicht, S. 141, der zusätzlich Frankfurt am Main nennt; sowie *Finsterwalder*, in: Obst/Hintner, Geld-, Bank- und Börsenwesen, S. 1121.

350 Vgl. *Wymeersch*, Effektenmarktaufsicht, S. 141; *Finsterwalder*, in: Obst/Hintner, Geld-, Bank- und Börsenwesen, S. 1121.

351 Näher *Kiehling*, Finanzplatz Europa, S. 112 f.

send Emission verteilt, wird von den emissionsführenden Kreditinstituten oder Wertpapierfirmen erwartet, daß sie sich als „Market Maker“ betätigen und auch die Kursfeststellung übernehmen.[353] Entgegen der Bezeichnung Eurokapitalmarkt, die eine Beschränkung des Handels auf einen europäischen Teilnehmerkreis vermuten läßt, werden Euroanleihen weltweit gehandelt.

Die Kurslisten des Euromarktes enthalten Kursspannen, bei denen die Marktpreise zwischen den angegebenen Kursen anzusiedeln sind. Es sind jedoch auch Transaktionen außerhalb der Spannen möglich. Für die Teilnahme am Eurokapitalmarkt existieren keine Zulassungsbedingungen und auch keine gebietsmäßigen Abgrenzungen. Die Wertpapiere werden im eigenen Namen und auf eigene Rechnung der teilnehmenden Kreditinstitute gehandelt.[354] Die Auftragsbestätigungen für die Geschäfte können inzwischen auch elektronisch über die Systeme TRAX und ACE vorgenommen werden. Die Abwicklung der Geschäfte am Euromarkt erfolgt über CEDEL und EUROCLEAR sowie über die zwischen diesen bestehende elektronische Verbindung (bridge).[355]

Selbst wenn für die Börsenzulassung der Wertpapiere die jeweiligen nationalen Regeln der Börsen, an denen sie notiert sind, gelten, spielt sich der Handel am Eurokapitalmarkt größtenteils außerhalb jeder nationalen Regelung ab. Auch wenn die besondere Attraktivität des Eurokapitalmarktes nicht zuletzt im Fehlen staatlicher Reglementierung erkannt wird, gibt es einen Versuch der Selbstregulierung dieses Marktes durch die Teilnehmer. Sie haben sich 1969 in der Association of International Bond Dealers (AIBD)[356], der heutigen International Securities Market Association (ISMA)[357] mit Sitz in Zürich, zusammengeschlossen, um Zahlung und Lieferung der Euroanleihen zu standardisieren[358] und nicht zuletzt auch, um durch eine Selbstregulierung staatlicher Regulierung vorzubeugen.[359] Ein Kodex ausführlicher Regelungen und Empfehlungen für den Eurobond-Handel wurde entwickelt, der die Bereiche Auftragsarten, Mindestschlüsse, besondere Bedingungen, Schlußnoten, Abbuchung, Lieferung usw. umfaßt.[360] Für die Regelung des

---

352 *Finsterwalder*, in: Obst/Hintner, Geld-, Bank- und Börsenwesen, S. 1121.

353 *Kiehling*, Finanzplatz Europa, S. 112.

354 *Wymeersch*, Effektenmarktaufsicht, S. 139.

355 *Storck*, Euromarkt - Finanzdrehscheibe der Welt, S. 53.

356 Siehe *Büschgen*, Das kleine Börsenlexikon, Stichwort „Association of International Bond Dealers (AIBD)“.

357 Die ISMA ist 1986 sogar zur Aufsichtsbehörde des Euro-Kapitalmarktes in Großbritannien nomiert worden, vgl. *Storck*, Euromarkt - Finanzdrehscheibe der Welt, S. 52.

358 *Storck*, Euromarkt - Finanzdrehscheibe der Welt, S. 52.

359 *Finsterwalder*, in: Obst/Hintner, Geld-, Bank- und Börsenwesen, S. 1121.

360 ISMA, Setting new Standards, Zürich 1996; *Wymeersch*, Effektenmarktaufsicht, S. 142.

internationalen Emissionsmarktes existiert darüber hinaus die International Primary Dealers Association.[361]

Ein Grund für die Marktteilnehmer, den Erwerb oder Verkauf von Aktien dort, wo dies rechtlich zulässig ist, nicht über die Börsen zu vollziehen, sondern die direkte Verhandlung und den direkten Geschäftsschluß mit anderen Marktteilnehmern vorzuziehen, ist die Größenordnung der Geschäfte. Blocktransaktionen, also relativ große Transaktion im Verhältnis zu sonstigen Transaktionen in diesen Wertpapieren[362], werden trotz der Bemühungen einiger Börsen, diese Aufträge wieder an die Börse zu holen[363], weitgehend außerbörslich vollzogen, nicht zuletzt weil bei Blocktransaktionen nur in den seltensten Fällen der Börsenkurs bezahlt wird. Kleinsttransaktionen andererseits werden außerbörslich vollzogen, weil viele Börsen Mindestschlüsse verlangen. Hier werden Intermediäre außerbörslich tätig, um Kleinanlegern den Kauf oder Verkauf von Wertpapieren zu ermöglichen.[364] Daneben existieren die „Market Maker"-Dienstleistungen vieler Banken, die für gängige Kontraktgrößen selbst in die Geschäfte eintreten. Hierfür werden insbesondere in Österreich sogar eigene Seiten im Reuters-Informationsdienst zur Kursstellung genutzt.[365]

Für nicht an einer in- oder ausländischen Börse notierte Aktien, bei denen es sich in aller Regel um Anteile an Unternehmen mit kleiner Aktionärsbasis handelt und für die kein Bedarf an einem regelmäßigen Handel besteht, wickeln oftmals die emissionsbegleitenden Kreditinstitute Transaktionen in diesen Papieren ab. Hier bieten sich auch Chancen für Wertpapierhäuser, die sich auf ein „Market Making" in diesen Papieren spezialisieren, wie es in Großbritannien bereits der Fall ist.[366]

---

361 *Finsterwalder*, in: Obst/Hintner, Geld-, Bank- und Börsenwesen, S. 1121.

362 Vgl. *Büschgen*, Das kleine Börsenlexikon, Stichwort „Blockverkauf" und „Pakethandel".

363 Siehe das Beispiel IBIS in Deutschland.

364 *Stenzel*, Außerbörslicher Aktienhandel, S. 49.

365 *Stenzel*, Außerbörslicher Aktienhandel, S. 51 f. erwähnt auch das deutsche Wertpapierhandelshaus Berwein und weist daraufhin, daß seit der jüngsten Börsenreform 1993 in Italien die italienischen Banken, die vormals über diese „Market Making"-Aktivitäten einen Großteil des Aktienhandels abwickelten, nunmehr gezwungen sind, die Aktiengeschäfte nur an regulierten in- oder ausländischen Börsen durchzuführen.

366 *Stenzel*, Außerbörslicher Aktienhandel, S 55 m. w. Nw.; mit dem Europapaß für Wertpapierdienstleistungsunternehmen werden diese Unternehmen ihren Tätigkeitskreis auch auf andere europäische Mitgliedstaaten ausdehnen und dazu beitragen können, Liquidität in diesen ansonsten sehr illiquiden Werten zu schaffen.

4. Die privaten elektronischen Wertpapierhandelssysteme

Die Existenz der privaten elektronischen Wertpapierhandelssysteme und ihre Bedeutung für den zukünftigen Wettbewerb der Märkte im Wertpapierhandel[367] wurde in den letzten Jahren zunächst noch weitgehend ignoriert und verdrängt. Erst Mitte des Jahres 1999 rückten sie verstärkt auch in das öffentliche Interesse, nachdem auch die börslichen Wettbewerber sowohl in Europa als auch in den USA anerkannten, daß diese privaten Wertpapierhandelssysteme sich doch zu einer Kraft im Wettbewerb der Wertpapierhandelssysteme entwickelten, während in den Jahren zuvor ihr wettbewerbliches Potential systematisch negiert wurde.[368] Die Beteiligung der mächtigsten internationalen Banken an privaten Wertpapierhandelssystemen scheint hier aber auch bei den nationalen Börsen zu einem Umdenken geführt zu haben.[369]

Sie werfen eine Vielzahl noch ungeklärter Fragen hinsichtlich ihres rechtlichen Status und ihrer Beaufsichtigung auf und sollten weder de lege lata, noch de lege ferenda pauschal in den Bereich des außerbörslichen, also ungeregelten Wertpapierhandels eingeordnet werden. Vielmehr bedarf es in jedem Einzelfall einer gesonderten rechtlichen Beurteilung nach Maßgabe des Funktionsumfangs und Ausgestaltung der Systeme, insbesondere im Hinblick auf die Professionalität und Schutzwürdigkeit der Teilnehmer und Ordergeber.

a. Begriff

Zuweilen als „MONSTER“ (Market Oriented New Systems for Terrifying Exchange Regulators)[370], meistens aber international als Proprietary Trading Systems (PTS) und in jüngster Zeit als ECN (Electronic Communications Networks)[371] bezeichnet, handelt es sich um elektronische Wertpapierhandelssysteme, die von (natürlichen oder juristischen) privaten Personen, bei denen es sich i. d. R. um Wertpapiermakler oder auch Kreditinstitute handelt, zur Gewinnerzielung betrieben werden.[372] Sie ermöglichen in vielfältigen

---

367 Vgl. *von Rosen*, Private Handelssysteme - eine Herausforderung für die Börsen, ZfgK 1994, S. 1213-1217; *Franke*, Do Exchanges have an option for the future?, in: Euroclear/IFR, Handbook of World Stock & Commodity Exchanges 1995, S. 2.

368 So noch 1999 Reto Francioni, Vorstandsmitglied der Deutsche Börse AG, in: o.V., Francioni sieht private Börsen in Europa nur als Außenseiter, Handelsblatt v. 22./23.10.1999, S. 49.

369 Vgl. *von Rosen*, Konkurrenz belebt das Geschäft, FAZ v. 7.7.1999, S. 17.

370 Vgl. *von Rosen*, Private Handelssysteme - eine Herausforderung für die Börsen, ZfgK 1994, S. 1213 unter Hinweis auf *Lee*, What is an Exchange?, S. 3.

371 *Baumann*, Oben auf der Liste – Neue elektronische Handelssysteme setzen die traditionellen Börsen immer mehr unter Druck, Wirtschaftswoche Nr. 32 v. 5.8.1999, S. 44/45.

372 *Schwark*, Börsen und Wertpapierhandelsmärkte in der EG, WM 1997, S. 293 (299); *Picot/Bortenlänger/Röhrl*, Börsen im Wandel, S. 98, die auch auf die Folgen für die unterschiedliche Corporate Governance von privaten Wertpapierhandelssystemen im Vergleich zu Börsen hinweisen.

technischen Konstellationen einen ortsunabhängigen Wertpapierhandel und treten damit in scharfe Konkurrenz zu den Börsen.[373]

Da sie bislang i. d. R. weder nationalen Börsenregulierungen noch Selbstregulierungs-Organisationen (zumindest nicht als börsenfunktionsgleiche Systeme[374]) unterfallen und sich damit durch eine (relative) Freiheit von staatlichen Regulierungen auszeichnen,[375] obwohl sie je nach Ausgestaltung einige der oben genannten Funktionen einer Börse erfüllen[376], können sie schnell auf die Nachfrage nach besonderen Gestaltungen des Wertpapierhandels hinsichtlich des Angebots an Wertpapieren, Transparenzregeln, Auswahl des Teilnehmerkreises, Handelsregeln und Abwicklungsmodalitäten reagieren[377] und „maßgeschneiderte" Wertpapierhandelssysteme für bestimmte Klientel bieten. Insbesondere für das Internet ist die Herausbildung elektronischer Wertpapierhandelssysteme, die speziell für die Bedürfnisse bestimmter Teilnehmergruppen zugeschnitten sind, angekündigt.[378]

Anders als im Telefonhandel können hier die Marktteilnehmer die Geschäftsabschlüsse ohne persönliches telefonisches Gespräch durch direkte Eingabe der Aufträge in das elektronische System über in ihren Büros stehende Computerterminals vollziehen. Die Systeme bringen die Kauf- und Verkaufsaufträge für Wertpapiere zur Deckung, so daß es zu einem automatischen Geschäftsschluß kommt, wodurch sie sich von den elektronischen Informationssystemen unterscheiden, die lediglich einen externen Geschäftsschluß ermöglichen. Insbesondere institutionellen Anlegern bieten sie die Möglichkeit, ihren Eigenhandel auf einem kostengünstigen Wege ohne Einschaltung der Kreditinstitute oder Makler durchzuführen.[379] Zur Ermöglichung dieses Eigenhandels institutioneller Anleger über elektronische Wertpapierhandelssysteme trägt bei, daß sie sich zunehmend nicht mehr ausschließlich auf die Kompetenz der Intermediäre (Kreditinstitute und sonstige

---

373 Siehe zum Wettbewerb zwischen börslichen und außerbörslichen Wertpapierhandelssystemen (PTS) 1. Teil IV. dieser Arbeit.

374 Nicht ausgeschlossen ist damit, daß sie in der Funktion als „Wertpapiermakler" einer aufsichtsrechtlichen nationalen Regelung unterliegen.

375 *Securities and Exchange Commission* (Hrsg.), Market 2000 - An Examination of Current Equity Market Developments, A IV-1; *OECD*, Securities Markets in OECD Countries, S. 11, wo jedoch auch darauf hingewiesen wird, daß sich noch keine allgemein akzeptierte Definition herausgebildet habe.

376 *Winninghoff*, Off-Exchange Electronic Trading is hot, Global Finance, Mai 1993, S. 56; siehe auch unter 1. Teil IV. 1. dieser Arbeit.

377 *Von Rosen*, Private Handelssysteme - eine Herausforderung für die Börsen, ZfgK 1994, S. 1214 nennt z. B. die Nachfrage nach einem Blockhandel.

378 Siehe die Darstellung unter 1. Teil II. 4. d. bb. dieser Arbeit.

379 *Von Rosen*, Private Handelssysteme - eine Herausforderung für die Börsen, ZfgK 1994, S. 1214; *Securities and Exchange Commission* (Hrsg.), Market 2000 - An Examination of Current Equity Market Developments, A IV-1; *Winninghoff*, Off-Exchange Electronic Trading is hot, Global Finance, Mai 1993, S. 56.

Wertpapierfirmen) verlassen, sondern in zunehmendem Maße über eigene Researchabteilungen und eine entsprechende Handelskompetenz verfügen.[380] Die vielfältigen Informationsmöglichkeiten der Systeme[381] und die Möglichkeit, die Marktlage selbst am Bildschirm zu verfolgen, schaffen für die Teilnehmer einen sehr transparenten Markt. Teilweise fungieren die Systeme als eigenes Clearinghaus und werden damit jeweils Kontraktpartner der Teilnehmer, um die Bonitätsrisiken für alle Teilnehmer niedrig zu halten.

Von aufsichtsrechtlicher Bedeutung ist die unterschiedliche rechtliche Behandlung der privaten Wertpapierhandelssysteme in den Staaten, in denen sie tätig sind.[382] Grundsätzlich unterschieden werden kann die Erfassung als Börse oder als Makler, wobei in einigen Staaten aber auch Mischelemente auftreten, um der Besonderheit dieser Systeme Rechnung zu tragen. Die Unterschiede werden darin gesehen, daß ein rechtlich als Börse eingestuftes Handelssystem einer Vielzahl staatlicher Regeln unterworfen ist und über Selbstverwaltungsmechanismen verfügt, u. a. Regeln für die Zulassung von Wertpapieren, die Zulassung von Teilnehmern und die Wertpapierabwicklung sowie über eine Handelsüberwachung, Handelsinformationen, Kapitalanforderungen, Wohlverhaltensregeln und nicht zuletzt auch Streitschlichtungsverfahren zwischen den Teilnehmern. Als Kernmerkmal einer Börse wird zudem zunehmend die Corporate Governance-Struktur identifiziert.[383]

Ein rechtlich als Makler behandeltes privates Wertpapierhandelssystem ist dagegen lediglich Regeln unterworfen, die auf die Interessenwahrung der Kunden zugeschnitten sind und die ordnungsgemäße Ausführung der Aufträge sicherstellen sollen. Hinsichtlich des Systemaufbaus, der Zuverlässigkeit und Geeignetheit der Betreiber, der Zulassung der gehandelten Wertpapiere, der Zulassung der Teilnehmer zum System sowie der Überwachung der Ordnungsmäßigkeit des Handels unterliegt es hingegen keinen (zumindest keinen mit Börsen vergleichbaren) Anforderungen. Schwark geht davon aus, daß Proprietary Trading Systems auch deshalb „nach europäischem Verständnis" keine Börsen seien, da sie den Teilnehmerkreis nicht auf Wertpapierfirmen und Makler beschränken,[384] womit offensichtlich die unterschiedlichen Corporate Governance-Strukturen angesprochen werden.

---

380 *Von Rosen*, Private Handelssysteme - eine Herausforderung für die Börsen, ZfgK 1994, S. 1214.

381 Vgl. hinsichtlich der Vielfalt und Güte der angebotenen Informationen z. B. den Leistungsumfang der Instinet- oder Bloomberg-Systeme.

382 Vgl. *Schwark*, Börsen und Wertpapierhandelsmärkte in der EG, WM 1997, S. 293 (299); sowie *Vaupel*, Die aufsichtsrechtliche Behandlung automatisierter Handelssysteme in den USA, RIW 1995, S. 568 ff. speziell zur Rechtslage in den USA.

383 Vgl. 1. Teil I. 2. dieser Arbeit.

384 *Schwark*, Börsen und Wertpapierhandelsmärkte in der EG, WM 1997, S. 293 (298).

Das Fehlen einer regelmäßigen Preisfeststellung als Abgrenzungskriterium läßt sich nicht auf alle privaten Wertpapierhandelssysteme beziehen, da in einigen der Systeme wie z. B. Instinet[385] durchaus regelmäßige Preisfeststellungen stattfinden, auch wenn diesen kein amtlicher Charakter zukommt.

Einen Überblick über die rechtliche Beurteilung von privaten Wertpapierhandelssystemen in einigen Mitgliedstaaten der IOSCO[386] gibt folgende Tabelle[387]:

Generelle rechtliche Beurteilung der PTS als		
Makler	**Börse oder Makler**	**Börse**
USA	Schweiz	Australien
Ontario	Spanien	Japan
Quebec	Italien	Deutschland
	Mexiko	Niederlande
	Großbritanien	
	Frankreich	

Für Deutschland gilt diese generelle rechtliche Einordnung zwar formal. Tatsächlich werden die Systeme jedoch als Makler behandelt, zumindest wenn sie auch Aufträge als Makler über die Börsen abwickeln.

Dabei muß berücksichtigt werden, daß diese rechtliche Beurteilung in den Mitgliedstaaten in jedem Einzelfall abweichen kann, da die jeweiligen Systemspezifikationen berücksichtigt werden müssen und nicht zuletzt auch politische und wirtschaftliche Faktoren eine Rolle bei der Entscheidung spielen dürften, welchem rechtlichen Regime ein Wertpapierhandelssystem unterworfen wird. Viele Staaten haben darüber hinaus noch keine Erfahrung mit der Regulierung und Beaufsichtigung von privaten Wertpapierhandelssystemen, so daß es hier zukünftig auch zu anderen Beurteilungen kommen kann. Angesichts der geschätzten Zahl von bereits weltweit ca. 50-70 privaten Wertpapierhandelssystemen[388],

385 Siehe zu Instinet ausführlich 1. Teil II. 4. c. dieser Arbeit.

386 International Organization of Securities Commissions; siehe zur IOSCO-Struktur und ihren Funktionen z. B. *IOSCO*, Annual Report 1991, *Steil*, International financial market regulation, S. 198-200.

387 *IOSCO*-Working Party 2 on Regulation of Secondary Markets, Issues in the regulation of cross-border proprietary screen based trading systems, Oktober 1994, S. 5.

388 *OECD*, Securities Markets in OECD Countries, S. 11; vgl. auch die Aufzählung der bekanntesten Systeme bei *Schwark*, Börsen und Wertpapiermärkte in der EG, WM 1997, S. 293 (299).

von denen jedoch nur die größten auch grenzüberschreitend tätig sind, werden sich jedoch die meisten Staaten zwangsläufig mit den damit verknüpften wirtschaftspolitischen und rechtlichen Problemen auseinandersetzen müssen, spätestens seitdem die ersten privaten Internet-Wertpapierhandelssysteme tätig sind.

b. Klassifizierung nach Handelsmechanismen

Im Anschluß an die Klassifizierung, die die amerikanische Börsenaufsichtsbehörde Securities and Exchange Commission (SEC)[389] vornimmt, können trotz aller Unterschiede, die PTS in ihrer Struktur und Technik aufweisen, drei wesentliche Gattungen nach dem verwendeten Handelsmechanismus unterschieden werden.[390]

aa. Hit and Take-Systeme

Hit and Take-Systeme ermöglichen es den Teilnehmern, limitierte Kauf- und Verkaufskurse anonym in das System einzugeben, in dem sie gesammelt und allen Teilnehmern zugänglich gemacht werden. Die Teilnehmer können dann an ihrem Terminal das gewünschte Wertpapier markieren und entweder über Telefonkontakt i. d. R. aber über einen weiteren Tastendruck (hit) den Kauf- oder Verkaufsbefehl eingeben. Möglich ist auch die Implementierung von Verhandlungsmöglichkeiten zwischen den Teilnehmern.

bb. Matching-Systeme

Diese Systeme verfügen nicht über einen eigenen Preisfindungsmechanismus, sondern die in das System eingebenen Aufträge werden zu Preisen zusammengeführt, die aus anderen Märkten übernommen werden. Der Zeitpunkt der Auftragszusammenführung ist dabei von vorneherein festgelegt und allen Teilnehmern bekannt. Die Systeme ermöglichen insbesondere die Orientierung an Indizes, also der Entwicklung bestimmter Märkte oder Teilmärkte.[391]

cc. Auktions-Systeme

In diesen Systemen findet eine ein- oder mehrmalige Kursfeststellung nach dem Auktionsprinzip an vorbestimmten Zeitpunkten statt, ähnlich wie z. B. die Einheitskursfeststellung an der Frankfurter Wertpapierbörse.

---

389 *Securities and Exchange Commission* (Hrsg.), Market 2000 - An Examination of Current Equity Market Developments, A IV-1 - A IV-18.

390 Vgl. *von Rosen*, Private Handelssysteme - eine Herausforderung für die Börsen, ZfgK 1994, S. 1216; *Domowitz*, A taxonomy of automated trade execution systems, Journal of international money and finance, 1993, S. 607-631.

391 *Domowitz*, Automating the Price Discovery Process: Some International Comparisons and Regulatory Implications, Journal of Financial Services Research 1992, S. 316 ff. zu den Problemen des Preisfindungsprozesses bei passiven Wertpapierhandelssystemen.

c. Instinet und EURO-MTS als Beispiele grenzüberschreitender privater Handelssysteme

Instinet ist ein Informations- und Aktienhandelssystem der Reuters Holding Plc, das im Jahr 1999 bereits über 15.000 Teilnehmer weltweit hatte. Es bietet weltweite elektronische Teilnahmemöglichkeiten über Computerterminals und ist das wohl bekannteste Beispiel für ein Hit and Take-System. Zugleich zeigt die rechtliche Behandlung von Instinet exemplarisch die Probleme auf, die PTS den nationalen Aufsichtsbehörden bieten. Über Instinet können die Teilnehmer in den Ländern, in denen es als Makler zugelassen ist, weltweit in mehreren zehntausend Wertpapieren in der jeweiligen Landeswährung rund um die Uhr handeln, wann immer ein Markt geöffnet ist.[392] Auf dem Bildschirm erscheinen nicht nur die Quotierungen, die im systemeigenen „Equity Trading" gestellt werden, sondern auch die Preise der Heimatmärkte der Wertpapiere (für deutsche Aktien z. B. die Xetra-Quotierungen). Der Handel im System erfolgt grundsätzlich anonym, wobei die Teilnehmer die Möglichkeit haben, selbst zu entscheiden, ob die eingegebenen Aufträge automatisch zusammengeführt werden oder ob sie bis zum Geschäftsschluß verhandeln wollen.[393] Das System bietet zusätzlich die Möglichkeit, nach Abschluß eines Geschäfts über die standardisierte Frage „Can you do more?" eine anonyme Verhandlung zwischen den Geschäftspartnern über weitere Geschäfte zu führen, von der die übrigen Teilnehmer des Systems ausgeschlossen sind. Erst wenn ein weiteres Geschäft abgeschlossen wird, werden die Geschäftsdaten im System veröffentlicht.[394] Zusätzlich existiert eine automatische Kleinorderausführung.[395]

Instinet fungiert bei allen Geschäften als eigenes Clearing-House und nimmt damit den weltweit verstreuten Teilnehmern das Kontrahentenrisiko ab. Dabei übernimmt Instinet keine Positionen, um Eigenhandel zu betreiben, sondern beschränkt sich strikt auf die Vermittlerfunktion und sorgt für die Abwicklung der Geschäfte.[396] Auf Kundenwunsch wird Instinet in Deutschland auch als Freimakler auf dem Börsenparkett tätig.[397] Ob dies ausreicht, das System grundsätzlich von der Börsengenehmigungspflicht auszunehmen, ist allerdings sehr fraglich, solange daneben auch Geschäfte innerhalb des Systems geschlossen und abgewickelt werden. Instinet wickelt die Geschäfte in Deutschland über die

---

392 *Instinet GmbH*, Instinet - A Reuter Company, Werbebroschüre der Instinet GmbH Deutschland.

393 *Instinet GmbH*, Instinet - A Reuter Company, Werbebroschüre der Instinet GmbH Deutschland; vgl. zu sog. „passive crossing networks" und den Funktionsweisen der am amerikanischen Markt tätigen PTS *Winninghoff*, Off-Exchange Electronic Trading is hot, Global Finance, Mai 1993, S. 56 (57).

394 *Von Rosen*, Private Handelssysteme und die Börsen, ZfgK 1994, S. 1213 (1215 f.).

395 *Stenzel*, Außerbörslicher Aktienhandel, S. 36 m. w. Nw.

396 *Instinet GmbH*, Instinet - A Reuter Company, Werbebroschüre der Instinet GmbH Deutschland; *von Rosen*, Private Handelssysteme und die Börsen, ZfgK 1994, S. 1213 (1216).

Deutsche Clearing sowie über spezialisierte Banken ab. Der Schwerpunkt der gesamten Geschäftstätigkeit von Instinet liegt weltweit im inneramerikanischen Handel mit amerikanischen Aktien. Der innereuropäische Handel sowie der Handel mit europäischen Aktien ist noch wesentlich geringer, nimmt aber stark zu.[398]

Instinet ist z. B. Mitglied der American Stock Exchange (AMEX), aller US-Regionalbörsen, der NASDAQ, der Chicago Board Options Exchange, der Toronto Stock Exchange, der London Stock Exchange, der Frankfurter Wertpapierbörse, der Pariser Börse und der Stock Exchange of Hong Kong. Die Bedeutung von Instinet auch für diese Börsen wird z.B. daran deutlich, daß Mitte 1999 über Instinet während der Handelszeiten der NASDAQ ca. 20% des Handelsvolumens der NASDAQ und außerhalb der Handelszeiten über 90% des Umsatzes abgewickelt wurden.[399]

Die nationalen Systembetreiber verfügen jeweils über eine Zulassung als Makler, so daß eine Registrierung als Börse oder sonstige Wertpapierorganisation vermieden wurde. Es ist als Broker-Dealer bei der amerikanischen Börsenaufsichtsbehörde SEC registriert[400] und wird als solches auch in Großbritannien von der Securities and Futures Authority überwacht. In Deutschland ist Instinet als Freimakler zur Frankfurter Wertpapierbörse zugelassen. In Australien allerdings hätte sich das System als Stock Exchange oder Approved Securities Organisation registrieren lassen müssen und hat deshalb vorerst auf eine dortige Niederlassung verzichtet. In Frankreich und Ontario[401] wurde das System nur mit Beschränkungen als Makler zugelassen.[402] Noch für das Jahr 1999 plante Instinet zudem eine Erweiterung der Teilnehmerschaft durch Zulassung auch von Privatkunden zu dem System[403], was einen weiteren Schritt in Richtung eines weltweit tätigen elektronischen Wertpapierhandelssystems bedeutet.

---

397 *Von Rosen*, Private Handelssysteme - eine Herausforderung für die Börsen, ZfgK 1994, S. 1216.

398 Stand Ende 1994, *von Rosen*, Private Handelssysteme und die Börsen, ZfgK 1994, S. 1213 (1215) m. w. Nw.

399 Siehe Interview mit Douglas M. Atkin, CEO von Instinet, Der Parkett-Handel stirbt aus, Finanz und Wirtschaft v. 5.6.1999, S. 41.

400 *Instinet GmbH*, Instinet - A Reuter Company, Werbebroschüre der Instinet GmbH Deutschland, S. 1; *von Rosen*, Private Handelssysteme und die Börsen, ZfgK 1994, S. 1213 (1214 f.).

401 Vgl. *o. V.*, Instinet-Handel im Visier kanadischer Broker, Neue Zürcher Zeitung v. 13.10.1995, wonach der Handel in Instinet von der Ontario Securities Commission (zunächst) nur auf Transaktionen mit Auslandstiteln, die in Toronto nicht notiert sind, beschränkt wurde.

402 Zur Zulassung von Instinet in den genannten Ländern, *von Rosen*, Private Handelssysteme und die Börsen, ZfgK 1994, S. 1213 (1216).

403 Siehe Interview mit Douglas M. Atkin, CEO von Instinet, Der Parkett-Handel stirbt aus, Finanz und Wirtschaft v. 5.6.1999, S. 41.

Insbesondere am US-Kapitalmarkt sind bereits weitere neue PTS/ECNs entstanden, von denen sich bislang jedoch noch niemand als deutlicher Marktführer etablieren konnte. Neben Instinet sind insbesondere zu nennen: REDIBook, Archipelago, NexTrade, Island, Brass Utility, Strike Technology und Attain.[404] Ein Teil dieser Systeme geht dabei über die ursprüngliche Zielgruppe der institutionellen Anleger hinaus und versucht – zuweilen auch durch Zusammenarbeit mit Online-Brokern –, über das Internet Privatkunden zu gewinnen. Hierbei werden insbesondere Daytrader angesprochen.[405] Anders als der europäische Markt, bei dem z. B. mit Xetra bereits weitentwickelte Wertpapierhandelssysteme der Börsen existieren, ist der US-amerikanische Markt, der immer noch (bis auf die NASDAQ) durch Präsenzbörsen geprägt ist, allerdings auch viel aufnahmebereiter für diese elektronischen Wertpapierhandelssysteme. Die Entwicklung eigener elektronischer Wertpapierhandelssysteme der europäischen Börsen in der Vergangenheit läßt die Wettbewerbssituation vieler europäischer Börsen vor dem Hintergrund des Entstehens der PTS/ECNs nunmehr besser erscheinen als die Situation der großen US-Präsenzbörsen, die (viel zu) lange ausschließlich auf den elektronisch unterstützten Präsenzhandel gesetzt haben.[406] Die neuen Systeme forcieren insbesondere eine Ausweitung der Handelszeiten. Während die Präsenzbörsen in den USA - wie z.B. die NYSE - lange Zeit nur von 9.30 Uhr bis 16.00 Uhr geöffnet war, bieten die neuen PTS/ECNs weitaus längere Handelszeiten oder gar den Wertpapierhandel rund um die Uhr.[407] Durch internationale Zusammenschlüsse von Wertpapierhandelssystemen sind dann weder durch Raum noch Zeit Hindernisse für den weltweiten durchgängigen Handel gesetzt.[408]

Speziell für den Handel mit Rentenpapieren kann das noch sehr junge, aber schon sehr erfolgreiche elektronische Wertpapierhandelssystem EURO-MTS[409] als Beispiel[410] die-

---

404 *O.V.*, Neue elektronische Handelssysteme fordern die Börsen heraus, FAZ v. 10.9.1999, S. 26; *o.V.*, ECNs sind der nächste Schritt in der Börsen-Evolution, FAZ v. 14.9.1999, S. 34.

405 Vgl. *Stindt/Schwalbe*, Börsen in den Fängen der Computernetze, Finanz und Wirtschaft v. 7.8.1999, S. 27

406 Ähnlich *o.V.*, Neue elektronische Handelssysteme fordern die Börsen heraus, FAZ v. 10.9.1999, S. 26; *o.V.*, ECNs sind der nächste Schritt in der Börsen-Evolution, FAZ v. 14.9.1999, S. 34; vgl. auch *o.V.*, Francioni sieht private Börsen in Europa nur als Außenseiter, Handelsblatt v. 22./23.10.1999, S. 49.

407 Vgl. *o.V.*, Aktienhandel rund um die Uhr mit System Island, Handelsblatt v. 23.9.1999, S. 41; *o.V.*, Island ECH denkt an noch längere Handelszeiten, Börsen-Zeitung v. 23.9.1999.

408 Vgl. auch *v. Rosen*, Die elektronische Revolution an der Börse, Frankfurter Rundschau v. 13.11.1999, S. B3.

409 Siehe mit einer kurzen Beschreibung *O.V.*, EURO-MTS-Handelssystem startet, Börsen-Zeitung v. 10.4.1999, S. 8; sowie *O.V.*, EURO-MTS übertrifft die Erwartungen, Börsen-Zeitung v. 15.4.1999, S. 3.

410 Hingewiesen sei auch auf das Gemeinschaftsunternehmen Brokertec, das ebenfalls von führenden Investmentbanken gegründet wurde und ein Konkurrenzunternehmen zu EURO-MTS aufbauen will, vgl. hierzu *O.V.*, Konkurrenz zu PowerPoint-Präsentationen, FAZ v. 26.7.1999, S. 23.

nen. Es geht aus dem seit 1988 existierenden italienischen Handelssystem für Staatsanleihen hervor und hat im April 1999 seinen Betrieb als Wertpapierhandelsplattform für Benchmark Regierungsanleihen aufgenommen. 25% der Anteile an der in London sitzenden Betreibergesellschaft halten 24 im System als Marketmaker agierende Banken - darunter auch die Commerzbank, die Dresdner Bank und die Deutsche Bank sowie sieben maßgebliche US-Banken wie Goldman Sachs, J.P. Morgan, CSFB und Morgan Stanley. Mindesttransaktionsvolumen in dem anonymen Handel sind 5 Mio. Euro, so daß es sich um ein System ausschließlich für den institutionellen und Wholesale-Handel handelt. Die Marketmaker betreuen dabei jeweils periodisch mehrere Staatsanleihen, und für jede Staatsanleihe sind andererseits zugleich mehrere Marketmaker zuständig.

Das System hat sich innerhalb kurzer Zeit als hochliquide erwiesen, liefert guten Spreads und soll zu bedeutenden Kostenersparnissen führen.[411] Um das durch den anonymen Handel entstehende Gegenparteirisiko zu verringern, wurde geplant, bilaterale Kreditlinien einzurichten, die vom System ermittelt werden, so daß Transaktionen zwischen zwei anonymen Partnern nur in der Höhe ausgeführt werden, wie die gegenseitigen Absicherungen zulassen.[412] Weiterhin soll eine zweite Klasse von Mitgliedern (Single Market Specialist) geschaffen werden, die Marktexpertise in einem oder wenigen Staatsanleihen haben.[413]

Der Ausbau des Systems innerhalb Europas erfolgt mittlerweile durch den Aufbau von nationalen MTS-Plattformen, in denen jeweils nationale Marketmaker auftreten und der zunächst an der Börse Amsterdam erfolgte.[414] Inzwischen versucht die MTS-Gruppe, auch in Japan Fuß zu fassen.[415] Über den nationalen MTS-Plattformen steht dann weiterhin EURO-MTS, jedoch könne über die Vernetzung der nationalen Plattformen ein paneuropäisches Netzwerk für den Wholesale-Handel mit Anleihen entstehen.[416] Als weiterer Schritt geplant ist die Ermöglichung des Handels von Kassa- und Future-Produkten auf einem einzigen Handelsbildschirm.[417] EURO-MTS steht mit seinem Angebot grundsätzlich auch in Konkurrenz zum Rentenhandel auf Xetra, der sich immer noch nur schleppend entwickelt. So verwundert es nicht, daß die hinter EURO-MTS stehenden

---

411 *O.V.*, EURO-MTS übertrifft die Erwartungen, Börsen-Zeitung v. 15.4.1999, S. 3.

412 *O.V.*, EURO-MTS übertrifft die Erwartungen, Börsen-Zeitung v. 15.4.1999, S. 3.

413 *O.V.*, Konkurrenz zu PowerPoint-Präsentationen, FAZ v. 26.7.1999, S. 23.

414 *O.V.*, EURO-MTS baut nationale Plattformen – Verhandlungen auch mit Deutscher Börse, Börsen-Zeitung v. 24.7.1999, S. 1.

415 *O.V.*, MTS plant den Schritt nach Japan, Börsen-Zeitung v. 17.12.1999, S. 6.

416 *O.V.*, MTS Amsterdam startet im September, Börsen-Zeitung v. 26.8.1999, S. 4; *O.V.*, MTS in Amsterdam gestartet, Börsen-Zeitung v. 2.9.1999, S. 3; *Cramb*, Electronic Trading for Dutch Securities, Financial Times v. 2.9.1999, S. 22.

417 *O.V.*, Konkurrenz zu PowerPoint-Präsentationen, FAZ v. 26.7.1999, S. 23.

Banken, die ein großes Interesse an der Zusammenführung des Handels von Kassa- und Future-Produkten haben, auch die Zusammenführung von Xetra und EURO-MTS in diesem Bereich fordern.[418]

d. Wertpapierhandelssysteme im Internet

Während die bislang dargestellten Wertpapierhandelssysteme eher für die Teilnahme von Maklern, Banken und institutionellen Anlegern konstruiert sind, bestehen Bemühungen, den Aktienhandel über elektronische Wertpapierhandelssysteme auch für den Privatanleger zu ermöglichen.[419] Technische Voraussetzung für einen Zugang privater Anleger zu einem elektronischen Handelssystem ist das Vorhandensein eines Netzwerkes, über das der Privatanleger mittels Personalcomputer den zentralen Computer des Betreibers des elektronischen Wertpapierhandelssystems erreichen kann. Ein solches Netzwerk besteht bereits in Form des weltumspannenden Internet[420]. Es eröffnet auch Privatanlegern die Möglichkeit, mittels Personalcomputer und Modem einen äußerst kostengünstigen Zugang zu einem vollelektronischen Wertpapierhandelssystem zu erlangen. Es wird geschätzt, daß heute bereits weltweit bis zu 40 Mio. Personen als potentielle Teilnehmer dieser Wertpapierhandelssysteme erreicht werden können.[421] Bis zur Jahrtausendwende soll das Netz allein in Europa über 35 Millionen Teilnehmer haben.[422]

aa. Abgrenzung zum Online Brokerage

Dabei geht es hier nicht um die elektronische Übermittlung von Wertpapierkauf- oder -verkaufaufträgen über das Internet an Marktintermediäre wie Kreditinstitute oder Wertpapierfirmen, die die Aufträge sodann an die nationalen oder internationalen Börsen weiterleiten und dort abwickeln lassen. Eine solche Beauftragung zu Wertpapiergeschäften bieten auch deutsche Kreditinstitute bereits heute über das Internet an.[423] Hierbei kommt es jedoch noch nicht zu einer Disintermediatisierung, sondern statt eines schriftlichen oder mündlichen Auftrags an den Intermediär, der die Wertpapiere an der Börse kauft

---

418 *O.V.*, Die Eurex arbeitet an neuem Marktmodell, FAZ v. 11.12.1999, S. 25.

419 In den USA ist mit der Emission der Andrew Kleins Spring Street Brewing Company im Februar 1996 bereits die erste Aktienemissionen mit behördlicher Genehmigung über das Internet vollzogen worden. Eine solche Konzentration der Internet-Wertpapierhandelssysteme auf Privatanleger ökonomisch erklärend *Picot/Bortenlänger/Röhrl*, Börsen im Wandel, S. 163 f.

420 Ein weltweites, ursprünglich zu miltärischen Zwecken entwickeltes Computernetzwerk, das auf einem gemeinsamen Übertragungsstandard basiert. Vgl. speziell im Hinblick auf die Nutzung des Internet für kommerzielle Zwecke im Bereich der Banken und des Wertpapierhandels *Birkelbach*, Cyber Finance - Finanzgeschäfte im Internet, passsim.

421 *Picot/Bortenlänger/Röhrl*, Börsen im Wandel, S. 146 m. w. Nw.

422 *Peters/Hohmeyer*, Kriege um Augäpfel, Wirtschaftswoche v. 27.2.1997, S. 71.

423 Ausführlich zum sog. „Online-Brokerage" *Birkelbach*, Cyber Finance - Finanzgeschäfte im Internet, S. 81-104 mit einer Übersicht über das bisherige internationale Angebot an Internet-Wertpapierintermediären.

oder verkauft, erfolgt hier nur die Auftragserteilung auf elektronischem Wege.[424] Als Ausgangspunkt dieser Entwicklung wird das sog. Homebanking gesehen, bei dem aus Gründen der Kostenersparnis immer mehr Funktionen auf den Kunden übertragen wurden, der insbesondere auch die Ordereingabe für Wertpapiergeschäfte über die elektronische Anbindung an die Bank selbständig vollziehen mußte. Zugleich hat die Trennung von Wertpapierberatung und Wertpapierabwicklung dazu geführt, daß die Kunden die Erteilung von Wertpapieraufträgen auch auf elektronischem Wege ohne weitere Einschaltung und Beratung seitens der Bank kennengelernt haben.[425]

Dieser auch als Online-Brokerage[426] bezeichneten Form des Wertpapierhandels über das Internet werden heute noch weitaus größere Marktchancen eingeräumt[427] als echten Online-Wertpapierhandelssystemen[428], bei denen nach dem Vorbild der dargestellten Systeme für professionelle Teilnehmer auch private Anleger unmittelbar und ohne weitere Intermediation miteinander Wertpapiergeschäfte abschließen können.[429] Als Argument für die Bevorzugung der Online-Broker seitens der privaten Anleger gegenüber der Nutzung von Online-Wertpapierhandelssystemen wird insbesondere genannt, daß private Anleger zwar die Schnelligkeit der Online-Abwicklung ihrer Wertpapieraufträge nachsuchen, es ihnen jedoch nicht gleichgültig sei, wem der Auftrag überlassen werde, da die Zurverfügungstellung des Geldes aus den Geschäften seitens der zwischengeschalteten Banken erfolge. Solange das Vertrauen in die Online-Wertpapierhandelssysteme nicht gesichert sei, könnten diese stets nur in Nebenmärkten agieren. Zudem werde der Wettbewerb zwischen den Online Brokerage-Diensten und den Online-Wertpapierhandelssystemen im wesentlichen über die Gestaltung der Transaktionsgebühren stattfinden. Da die Online Brokerage-Anbieter aber schon heute über nahezu unschlagbar günstige Gebührenstrukturen verfügten, werde es Online-Wertpapierhandelssystemen schwer fallen, Kundschaft an sich zu ziehen.[430] Der Kunde werde aufgrund der extrem hohen Geschwindigkeit der

---

424 Vgl. *Schwark*, Börsen und Wertpapierhandelsmärkte in der EG, WM 1997, S. 293 (299), der diese Art der Wertpapierauftragsweiterleitung ebenfalls aus dem Anwendungsbereich des Börsenbegriffs nimmt.

425 *Birkelbach*, Cyber Finance - Finanzgeschäfte im Internet, S. 112.

426 Siehe hierzu ausführlich *Birkelbach*, Cyber Finance - Finanzgeschäfte im Internet, S. 81-104 mit einer Übersicht über die weltweit führenden Anbieter von Online Brokerage-Dienstleistungen.

427 *Birkelbach*, Cyber Finance - Finanzgeschäfte im Internet, S. 111.

428 *Birkelbach*, Cyber Finance - Finanzgeschäfte im Internet, S. 105-116 bezeichnet sie als Online-Börsen, was jedoch nicht rechtstechnisch verstanden werden darf, sondern als Abgrenzung zu den Online-Broking Systemen, zugleich aber dem Charakter der Systeme als materielle Börsen gerecht wird.

429 Vgl. die Ankündigung von Instinet, auch Privatanleger zu dem System zuzulassen, siehe hierzu Interview mit Douglas M. Atkin, CEO von Instinet, Der Parkett-Handel stirbt aus, Finanz und Wirtschaft v. 5.6.1999, S. 41.

430 *Birkelbach*, Cyber Finance - Finanzgeschäfte im Internet, S. 111. Vgl. zu den Gebühren der Online-Brokerage-Dienste *ders.*, Cyber Finance - Finanzgeschäfte im Internet, S. 92 ff.

Auftragsausführung zudem den Unterschied zu einer direkten Anbindung an ein Online-Wertpapierhandelssystem gar nicht merken. Unterstützt wird diese These z.B. durch die Tätigkeit der Trigon Börsenmakler AG, die ihren Kunden einen elektronischen Zugang zu mehr als 20 elektronischen Börsen der Welt unter einer einheitlichen Handelsplattform bietet, so daß der Kunde die Unterschiede der Handelssysteme gar nicht oder nur noch wenig mitbekommt.[431] Eine Zwischenlösung zwischen reinem Online-Brokerage und echten Wertpapierhandelssystemen für Privatanleger im Internet hat sich inzwischen durch Angebote wie z.B. der Fimatex S.A., einer Tochter der französichen Großbank Société Générale, herausgebildet, die ihren Kunden eine unmittelbare „real-time" Anbindung an das XETRA-Handelssystem der Deutsche Börse bietet, dabei zwar noch formal und technisch gesehen, die Aufträge der Kunden für diese an der Börse abwickelt, der Kunde diese Zwischenschritte jedoch nicht mehr merkt.[432]

bb. Internet-Wertpapierhandelssysteme

Trotz der geäußerten Zweifel am Erfolg echter Online-Wertpapierhandelssysteme geht es vorliegend gerade um solche Wertpapierhandelssysteme, an denen die Aufträge der Privatanleger direkt automatisch zusammengeführt und anschließend abgewickelt werden. Dies kann geschehen durch einen vollautomatischen internen Ausgleich der Aufträge bei einem Intermediär, der seinerseits die verbleibenden Spitzen des Handels wiederum über die Börse abwickelt, oder durch Installation eines vollkommen eigenständigen Wertpapierhandelssystems unabhängig von jeglicher Teilnahme am Börsenhandel, so daß der Betreiber keine Intermediärfunktion mehr erfüllt. Auch diese Wertpapierhandelssysteme können genauso wie die für den professionellen Wertpapierhandel bestehenden Systeme danach unterschieden werden, ob sie lediglich die Preise der Börsen importieren und den angeschlossenen Teilnehmern den Handel in den Wertpapieren zu diesen Börsenpreisen ermöglichen, oder ob es sich um Systeme handelt, die über einen eigenen Preisfindungsmechanismus verfügen.

Die privaten Internet-Wertpapierhandelssysteme treten in direkte Konkurrenz zu traditionellen Präsenzbörsen, den vorgestellten börslichen elektronischen Wertpapierhandelssystemen oder auch bereits bestehenden privaten Wertpapierhandelssystemen für den professionellen Handel mit eigenen Netzwerken wie z. B. Instinet sowie zu den Online Brokerage-Diensten. Inwieweit hier tatsächlich eine wettbewerbliche Verdrängung der Intermediäre und der heute tätigen Wertpapierhandelssysteme stattfindet, wird sich noch herausstellen. Für institutionelle Teilnehmer sind die heute bereits tätigen Internet-Online-

---

431 O.V., Trigon bietet Privatkunden elektronischen Börsenhandel an, FAZ v. 8.4.1999.

432 Siehe o.V., Vom heimischen Computer aus Aktien in Echtzeit kaufen, FAZ v. 15.12.1998, S. 32.

Wertpapierhandelssysteme wenig interessant, da sie schon heute über die oben geschilderten Systeme für den professionellen Handel verfügen und auf deren jederzeitige technische Verfügbarkeit vertrauen dürfen,[433] was bei den Internet-Wertpapierhandelssystemen wohl noch nicht der Fall ist. Andererseits kommen bestimmte Zielgruppen privater Anleger für Internet-Wertpapierhandelssysteme in Betracht, die zu einem Aufbrechen des bisherigen Marktgefüges führen können und diesen Wertpapierhandelssystemen durchaus Marktchancen einräumen. Zu denken ist hier an informierte Anleger, die auf Grund ihrer Produkt und Marktkenntnisse keinerlei Beratung durch Dritte benötigen. Aber auch freie Finanzberater und Investmentclubs kommen hierfür in Betracht. Die Kostenvorteile, die diese Systeme durch den Wegfall der Intermediation bieten können, werden sehr preissensitive private Anleger anziehen. Zudem wird die Geschwindigkeit der Orderausführung einen Anreiz darstellen können, wenn es den Internet-Wertpapierhandelssystemen gelingt, einen liquiden Markt in den gehandelten Wertpapieren aufzubauen. Nicht zuletzt werden sog. Innovatoren als Teilnehmer angesprochen, die bereit sind, etwas Neues auszuprobieren.[434]

Entscheidend für den Erfolg dieser Internet-Wertpapierhandelssysteme dürfte tatsächlich sein, ob es ihnen gelingt, die notwendige Liquidität im Handel mit den Wertpapieren herzustellen.[435] Zu denken wäre hier in Analogie zu den traditionellen Börsen und ihren Bemühungen, in elektronischen Wertpapierhandelssystemen einen liquiden Handel herbeizuführen, auch für den Bereich der Internet-Wertpapierhandelssysteme an den Einsatz von Market-Makern, die für bestimmte Wertpapiere verbindliche Kurse stellen. Denkbar wäre auch, daß sich die traditionellen Börsen mit ihrem Know-How und ihren technischen Möglichkeiten des Internet-Wertpapierhandels annehmen und damit dem enstandenen Online Brokerage Konkurrenz machen könnten.[436]

Ein wesentliches Hindernis besteht heute noch in der Klärung sicherheitstechnischer Fragen, da fraudulentes Verhalten einiger Teilnehmer nicht ausgeschlossen werden kann.

---

433 *Birkelbach*, Cyber Finance - Finanzgeschäfte im Internet, S. 113.

434 *Birkelbach*, Cyber Finance - Finanzgeschäfte im Internet, S. 113, 116. Die von Birkelbach geäußerte Hoffnung auf die „jungen Erben" ist hingegen wohl kaum gerechtfertigt. Auch wenn heute größere private Vermögen vererbt werden, dürften die potentiellen Erben angesichts einer immer längeren Lebenserwartung der potentiellen Erblasser zum Zeitpunkt des Erbfalls bereits selbst nahezu das Rentenalter erreicht haben und weder besonders risikogeneigt noch als Innovatoren einzustufen sein.

435 Zutreffend *Birkelbach*, Cyber Finance - Finanzgeschäfte im Internet, S. 115.

436 Allerdings setzen gerade die Banken, die Mitglieder der Börsen sind, heute noch selbst auf das Online-Brokerage, so daß es diesbezüglich wohl keinen Anreiz für sie gibt, im Internet-Wertpapierhandel tätig zu werden.

Diese Probleme sind aber durch entsprechendes Systemdesign und die technische Entwicklung von Sicherheitsprogrammen auf mittlere Sicht lösbar.[437]

Hinsichtlich der erforderlichen Abwicklung der über eine „Internet-Börse" getätigten Geschäfte bestehen zur Zeit zwar noch wettbewerbliche Hindernisse, da die nationalen Clearing- und Abwicklungssysteme bislang noch allein den Börsenteilnehmern offenstehen. Mit dem Entstehen erster „Internet-Börsen" werden sich diese nationalen Clearing- und Abwicklungssysteme jedoch entweder auch den Betreibern der neuen Wertpapierhandelssysteme öffnen oder es wird ein Ausweichen der Betreiber auf internationale Systeme wie Euroclear oder CEDEL erfolgen oder gar über die Schaffung neuer Anbieter auf dem Markt für internationale Wertpapierabwicklung speziell für diese Systeme nachgedacht werden (müssen). Die Entwicklung von Internet-Wertpapierhandelssystemen wird damit zugleich eine marktöffnende Wirkung für den gesamten Markt der Wertpapierabwicklungsdienstleistungen haben.

Vorreiter in der Entwicklung eines elektronischen Wertpapierhandelssystems für das Internet in Europa ist ist die britische Maklerfirma „Sharelink / Electronic Share Information", die den Aktienhandel für ihre Kunden über das Internet ermöglicht. Das auf Druck der London Stock Exchange zunächst wieder eingestellte[438], dann aber nach Protesten wegen des „monopolistischen Gebarens der Börse"[439] doch genehmigte Projekt, stellt den Privatanlegern die Kurse zur Verfügung, die an der London Stock Exchange gestellt werden und enthält auch eine Handelsfunktion.[440] Das weltweite Interesse an der Installation von Internet-Wertpapierhandelssystemen ist immens.[441] Auch in den USA bestehen bereits erste Initiativen zur Gründung von elektronischen Wertpapierhandelssystemen für das Internet. Der Initiator der ersten Emission von Aktien über das Internet, Andrew D. Klein, der die Aktien seiner kleinen Brauerei „Spring Street Brewing Company" 1995 über das Internet offerierte, hat inzwischen auch einen elektronischen Sekundärmarkt für die von ihm emittierten Aktien über das Internet geschaffen, der jedoch noch keine voll-

---

437 Die Angst vor arbeitslosen Mathematikern aus den ehemaligen Ostblock-Staaten, die *Birkelbach*, Cyber Finance - Finanzgeschäfte im Internet, S. 115, schürt, scheint hier jedoch wohl übertrieben.

438 Vgl. *Klenke*, Wertpapierhandel auf der Datenautobahn?, Handelsblatt v. 12.6.1996.

439 *Picot/Bortenlänger/Röhrl*, Börsen im Wandel, S. 146.

440 *Cohen*, Watchdog investigates Stock Exchange, Financial Times v. 16.9.95; *Bray*, Cyber Trading, Wall Street Journal Europe v. 29.9.95; *o. V.*, Londoner Börse mit Konkurrenz im Internet, Die Welt v. 29.9.95; *Picot/Bortenlänger/Röhrl*, Börsen im Wandel, S. 146, Fn. 480 weist darauf hin, daß mit der Handelbarkeit der Wertpapiere für Private bei Sharelink die privaten Investoren den institutionellen bezüglich der Disintermediation des Börsenzugangs nicht mehr nachstehen würden.

441 Vgl. *Carruthers*, zitiert nach Birkelbach, Cyber Finance, S. 106, wonach bereits 20 Interessenten aus allen Erdteilen das von Sharelink/ESI entwickelte System als Franchisenehmer installieren wollten.

automatische Ausführung („trade matching“) der Aufträge ermöglicht. Darüber hinaus gründete er aber mit der „Wit Capital Corporation“ eine Wertpapierfirma, die bereits erstmals auch einen vollelektronischen Sekundärmarkt im Internet organisiert.[442] Der von der amerikanischen Börsenaufsichtsbehörde SEC zunächst verordnete Stop der Implementierung des Systems im Internet, um das System zunächst noch weiter zu entwickeln[443], kann den Aufbau von „Internet-Börsen“ wohl mittel- und langfristig nicht verhindern. Der „Wit Capital Corporation“ hat die SEC inzwischen den Handel mit den Aktien der Spring Street Brewery unter der Auflage erlaubt, daß die Depotverwaltung über einen professionellen Intermediär erfolgt.[444] Entgegen Birkelbach[445], der davon ausgeht, daß damit das idealtypische Element einer Online-Börse fehle, nämlich die direkte und unkomplizierte Durchführung der Aufträge[446], erhöht die Abwicklung der geschlossenen Geschäfte über einen professionellen Intermediär möglicherweise die Kosten für die Teilnehmer, ändert aber nichs daran, daß hier parallel zum börslichen Handel ein privates elektronisches Transaktionssystem geschaffen wurde, das den materiellen Börsenbegriff erfüllt. Auch die Firmen „Internet Securities Trading Corporation“[447] und „Direct IPO“ arbeiten bereits an ähnlichen Projekten[448] und könnten damit über das „Cyberspace“[449] eine „Kulturrevolution“ im Finanzssektor auslösen[450], auch wenn die Handelsvolumina im Vergleich zu den etablierten Wertpapierhandelssystemen zunächst noch sehr gering sein dürften.

Die SEC sieht im elektronischen Wertpapierhandel über das Internet aber heute bereits ein wichtiges Medium des zukünftigen Wertpapierhandels und erwartet die ersten Anträge auf Zulassung von Systemen, die von ihr rechtlich als Börsen eingestuft würden.[451] Eine entsprechende Ermöglichung von Kontrollen wird von Seiten der SEC bereits für

442 *O. V.*, Der Aktienkauf via Internet findet in Amerika Gefallen, FAZ v. 25.6.1996; *o. V.*, Die Internet-Börse rückt näher, Optionsschein Magazin v. 24.6.1996.

443 *O. V.*, Der Aktienkauf via Internet findet in Amerika Gefallen, FAZ v. 25.6.1996.

444 *O. V.* Aktienhandel im Internet nun erlaubt, Süddeutsche Zeitung v. 28.3.1996; *Picot/Bortenlänger/Röhrl*, Börsen im Wandel, S. 145 u. 146, Fn. 479; *Birkelbach*, Cyber Finance - Finanzgeschäfte im Internet, S. 114 f.

445 *Birkelbach*, Virtuelle Börsenwelt, S. 424.

446 Ein im übrigen kaum greifbares Element einer Börsendefinition, die Birkelbach schuldig bleibt.

447 *O. V.*, Im „Cyberspace“ erblüht eine Börsen-Subkultur, Handelsblatt v. 22.5.1996.

448 *Klenke*, Wertpapierhandel auf der Datenautobahn?, Handelsblatt v. 12.6.1996.

449 Ein von W. Gibbson in seinem Roman „Newromancer“ geprägter Begriff zur Beschreibung der virtuelle Realität von Computernetzwerken; vgl. *Birkelbach*, Cyber Finance - Finanzgeschäfte im Internet, S. 190.

450 *O. V.*, Die Internet-Börse rückt näher, Optionsschein Magazin v. 24.6.1996; *o. V.*, Im „Cyberspace“ erblüht eine Börsen-Subkultur, Handelsblatt v. 22.5.1996.

451 Robert Colby, SEC Vize Director Market Regulation, zitiert nach: *O'Connell*, Pioneers of On-Line Trading Aim to Expand Transactions on Web, Wall Street Journal Europe v. 26.6.1996.

erforderlich gehalten[452], um die Ordnungsmäßigkeit des Handels, die Sicherheit der Systeme, und den Datenschutz für die Teilnehmer sicherzustellen sowie die Eignung und Seriosität der Betreiber zu gewährleisten.[453] Für die existierenden nationalen börslichen Wertpapierhandelssysteme stellt die Entwicklung eines Wertpapierhandels über das Internet eine existentielle Gefahr dar[454], auch wenn dies seitens der Börsen mit dem Hinweis auf das bislang geringe Volumen im Internet-Wertpapierhandel bezweifelt wird.[455] Interessant sind in diesem Zusammenhang insbesondere Entwicklungen wie bei dem erst ca. drei Jahre alten Wertpapierhandelssytem Archipelago, das angekündigt hat, es würde bei der SEC den Status als vollwertige Börse beantragen, um damit den etablierten Börsen auch auf deren angestammten Geschäftsfeldern wie dem Geschäft mit Neuemissionen Konkurrenz machen zu können.[456] Gleiches gilt auch für das Wertpapierhandelssystem Island, das ebenfalls den Status als Börse bei der SEC beantragt hat.[457]

Von der Entstehung und dem leichten Zugang zu unterschiedlichen Wertpapierhandelssystemen weltweit können insbesondere auch die privaten Anleger profitieren, während von der Entstehung von Wertpapierhandelssystemen wie Instinet bislang ausschließlich professionelle Intermediäre und institutionelle Anleger profitieren konnten. Bei wachsender Zahl privater Wertpapierhandelssysteme gerade auch im Internet wird sich jedoch eine Orderfragmentierung ergeben, die auch Wirkungen auf die bestehenden Börsen hat. An ihnen werden die Orderströme verbleiben, die zu groß für eine automatisierte Ausführung an privaten Wertpapierhandelssystemen für private Teilnehmer und zu klein für die Ausführung in privaten Wertpapierhandelssystemen für professionelle Teilnehmer mit Blockhandelsmöglichkeit sind. Während die institutionellen Investoren, die ihre Orders an den für ihre Zwecke ausgerichteten Wertpapierhandelssystemen ausführen, sich zum Teil

---

452 Vgl. *o. V.*, Im „Cyberspace" erblüht eine Börsen-Subkultur, Handelsblatt v. 22.5.1996, mit Verweis auf Äußerungen von Steven Wallman von der SEC und Eugene Ludwig vom amerikanischen Finanzministerium.

453 Zur Notwendigkeit einer Regulierung dieser bislang nicht als Börsen regulierten Systeme auch aus Gründen des Börsenwettbewerbs *Picot/Bortenlänger/Röhrl*, Börsen im Wandel, S. 161 ff.

454 *Breuer*, Händler im Netz, Manager Magazin, Jan. 1996, S. 122 (127).

455 Vgl. *O.V.*, Welteke: Intervention gegen den Trend nutzlos, Börsen-Zeitung v. 22.6.1999, S. 3 mit Hinweis auf eine Äußerung von Werner G. Seifert, dem Vorstandsvorsitzenden der Deutsche Börse AG, wonach das Internet die Börsen überhaupt nicht bedrohe, da das Internet das Poolen von Liquidität nicht leisten könne, sondern lediglich dazu diene, Aufträge effizienter den Börsen zuzuleiten. Die Versuche internationaler Investmentbanken, internetbasierte Handelssysteme aufzubauen, seien lediglich „Handelssystemchen", die dazu dienten, den Druck auf die bestehenden Börsen zu erhöhen, effiziente Strukturen zu schaffen; vgl. auch *O.V.*, Europas Börsen können fast elf Milliarden Euro sparen, Handelsblatt v. 22.6.1999, S. 1; *O.V.*, Seifert: Auf Kooperationen folgt eine darwinistische Phase, Süddeutsche Zeitung v. 22.6.1999, S. 27.

456 Vgl. *Baumann*, Oben auf der Liste – Neue elektronische Handelssysteme setzen die traditionellen Börsen immer mehr unter Druck, Wirtschaftswoche Nr. 32 v. 5.8.1999, S. 44/45.

457 *Stindt/Schwalbe*, Börsen in den Fängen der Computernetze, Finanz und Wirtschaft v. 7.8.1999, S. 27.

selbst schützen können, da sie über das erforderliche Know-How und nicht zuletzt auch über entsprechende Marktmacht verfügen, sind die privaten Anleger, die ihre Orders an den neu entstehenden Wertpapierhandelssysteme im Internet ausführen, eher schutzbedürftig. Sie verfügen isoliert weder über eine ausreichende Marktmacht und im Zweifel auch nicht über das Know-How, ihre Interessen gegenüber den Betreibern dieser Systeme, die zudem oft noch einer ausländischen Jurisdiktion und ausländischen Regelwerken unterliegen, durchzusetzen. Ob von den Wertpapierhandelssystemen im Internet selbst eine ausreichende Marktaufsicht und Struktur für die Streitbeilegung geschaffen wird, ist fraglich. Die Geschichte der Marktüberwachung zeigt, daß Börsen nur sehr zögerlich der Überwachung ihres eigenen Marktplatzes nachgekommen sind[458] und häufig keine tatsächlich neutrale Überwachung des Handels und des Systems installieren, sondern lediglich eine „kollegiale" Aufsicht vorsehen, die nicht über hoheitliche Befugnisse verfügt. Zudem wird die Gefahr eines Schweigekartells gesehen, das entsteht, weil sowohl die Überwachten Akteure an der Börse und deren Betreiber als auch die überwachenden Kollegen ein Interesse daran haben, Mißstände nicht publik werden zu lassen[459], da dies zu einem Abfluß von Orders führen könnte. Eine staatliche Überwachung, die durchaus durch Elemente der Selbstaufsicht ergänzt werden kann, erscheint daher unerläßlich. Ein vollständiger Schutz der Anleger vor jedem Risiko läßt sich hierdurch sicher keineswegs erreichen, insbesondere wenn daran gedacht wird, daß Internet-Wertpapierhandelssysteme von jedem Ort der Erde aus weltweit ihre Leistungen anbieten können. Eine Mindestsicherung ist aber im anlegerschützenden Interesse geboten. Hinzu treten funktionsschützende und wettbewerbssichernde Gründe, die im nachfolgenden 2. Teil der Arbeit ausführlich erörtert werden.

Die Fragen nach der rechtlichen Behandlung der elektronischen Wertpapierhandelssysteme im Internet, insbesondere die Frage, ob und wie eine staatliche Überwachung dieser Systeme geschehen soll und kann, drängen sich daher auf und sind sowohl auf nationaler als auch auf internationaler Ebene zu lösen.[460] Von entscheidender Bedeutung wird hierbei die Ausgestaltung der Wertpapierhandelsysteme im Hinblick auf die finanzielle Sicherheit der Transaktionen sowie die ordnungsgemäße Abwicklung und Preisfindung sein. Geeignet scheint hier die Übernahme von Clearing-Funktionen durch die Systeme unter Einforderung von Sicherheitsleistungen durch den Betreiber nach dem Vorbild

---

458 So explizit *Picot/Bortenlänger/Röhrl*, Börsen im Wandel, S. 164.

459 Siehe ausführlicher *Picot/Bortenlänger/Röhrl*, Börsen im Wandel, S. 164.

460 Vgl. *Klenke*, Wertpapierhandel auf der Datenautobahn?, Handelsblatt v. 12.6.1996, mit dem Hinweis, daß sich auch die internationalen Foren, wie z. B. die IOSCO, verstärkt um einen internationalen Rahmen mit Mindeststandards bemühen sollten. Siehe zur Regulierung des Börsenwettbewerbs, auch im Hinblick auf die Internet-Wertpapierhandelssysteme *Picot/Bortenlänger/Röhrl*, Börsen im Wandel, S. 159 (162 ff.).

börslicher Wertpapierhandelssysteme wie z. B. die DTB bzw. Eurex[461]. Darüber hinaus scheint eine Aufsicht über die Betreiber der Wertpapierhandelssysteme unumgänglich, wobei diese gerade nicht zwingend eine solche Regelungsdichte wie die nationalen Börsenregelungen haben sollte, um dem Charakter der Systeme gerecht zu werden.

III. Die internationale Abwicklung von Wertpapiergeschäften

Die Abwicklung internationaler Wertpapiergeschäfte wird in aller Regel über die beiden wichtigsten internationalen Abwicklungsorganisationen EUROCLEAR oder CEDEL vorgenommen, so daß eine physische Übertragung der Titel nicht oder nur selten erforderlich ist.[462]

Die in Brüssel ansässige EUROCLEAR[463] ist als führende Clearinggesellschaft für internationale Wertpapiertransaktionen mit über 2.700 Teilnehmern mittlerweile ein völlig automatisierter, zentraler Clearing-Dienst für die Abwicklung von über 60.000 verschiedenen Wertpapieren in 29 verschiedenen Währungen, deren Mitglieder und Aktionäre europäische Banken und Effektenhändlern sind. Neben dem bereits früher angebotenen Abwicklungs- und Verwahrungsservice für internationale Anleihen werden seit einigen Jahren auch internationale Aktien verwaltet. Zudem können durch Buchungen auch Übertragungen mit CEDEL[464], der zweiten großen Abwicklungsorganisation mit Sitz in Luxemburg, vorgenommen werden. Die 1970 gegründete Centrale de Livraison de Valeurs Mobilières S.A. (CEDEL) verwahrt und verwaltet durch automatische Umbuchungen ebenfalls internationale Anleihen und vermeidet so im internationalen Handel die physische Übertragung von Wertpapieren, die bei den jeweiligen Depotbanken in aller Welt gelagert werden.

Die internationale Abwicklung von Wertpapiergeschäften entwickelt sich immer mehr zum entscheidenden Faktor auch im Wettbewerb der Handelssysteme. Nur ein solches Handelssystem, das auch die internationale Abwicklung nach den Vorstellungen seiner Nutzer integriert anbieten kann, wird sich letztlich auch im Wettbewerb durchsetzen kön-

---

461 Vgl. hierzu oben 1. Teil I. 4. b. cc. sowie 1. Teil I. 5. a. cc. ccc dieser Arbeit.

462 Eine ausführliche und anschauliche Darstellung der Geschäftsabwicklung findet sich in *Keßler*, Wertpapiertechnik, S. 95-108; vgl. auch die Darstellung bei *Kümpel*, Bank- und Kapitalmarktrecht, Rn. 11.283 ff.

463 Siehe zu EUROCLEAR ausführlich *Bomans*, Reducing settlement risk and cost, in: Euroclear/IFR, Handbook of World Stock & Commodity Exchanges 1995, S. 3 f.; sowie *Büschgen*, Das kleine Börsen-Lexikon, Stichwort „Euroclear"; *Gabler Wirtschaftslexikon*, Stichwort „Euro-Clear" und *Kümpel*, Bank- und Kapitalmarktrecht, Rn. 11.284 f.

464 Siehe zu CEDEL *Büschgen*, Das kleine Börsenlexikon, Stichwort „Centrale de Livraison de Valeurs Mobilières S.A (CEDEL); ausführlich auch *Picard*, Cedel profitiert vom florierenden Wertpapierhandel, Finanz und Wirtschaft v. 18.10.1995, S. 37; sowie *Kümpel*, Bank- und Kapitalmarktrecht, Rn. 11.286-288.

nen.[465] Gerade in Europa, wo bereits auch die Börsen über hochentwickelte vollelektronische Wertpapierhandelssysteme verfügen, kommt der Abwicklungstechnologie und deren Kosteneffizienz eine entscheidende Rolle im Wettbewerb um ein echtes paneuropäisches bzw. weltweit tätiges Wertpapierhandelssystem zu.[466] Ähnlich wie auch bei den Terminbörsen verlangen die internationalen Teilnehmer an Wertpapierhandelssystemen auch im Bereich der Kassabörsen, daß die Abwickler auch als zentrale Gegenpartei fungieren und der Abwickler alle an einem Tag gegen ihn ausgeführten Transaktionen saldieren kann. Die Notwendigkeit hierzu ergibt sich bei internationalen Systemen bereits aus dem erhöhten Adressenrisiko je höher die Anzahl der Teilnehmer an dem Wertpapierhandelssystem ist.[467] Die im nachstehenden Kapitel aufgezeigten Faktoren des Wettbewerbs der Wertpapierhandelssysteme sind daher stets auch vor diesem Hintergrund zu beurteilen.

Es verwundert daher auch nicht, wenn die erwähnten internationalen Abwicklungsorganisationen CEDEL International und EUROCLEAR mit in das Ringen um die Vormachtstellung der nationalen Börsen und Börsenverbünde in Europa und weltweit eingeschaltet sind. Als entscheidende Ereignisse sind hier die zum 1.1.2000 stattgefundene Fusion der CEDEL mit der Deutsche Börse Clearing AG auf der einen Seite und die Kooperation von EUROCLEAR und der französischen Wertpapierabwicklungsorganisation SICOVAM auf der anderen Seite zu nennen. Während zunächst die Deutsche Börse Clearing AG und CEDEL fusionierten (wodurch der Deutsche Clearing AG auch die Entwicklung des geplanten eigenen Echtzeit-Abwicklungssystems TRUST – True Realtime Settlement - erspart wurde[468]) und die französische SICOVAM ihren Beitritt zu der neuen Gesellschaft New CEDEL International in Aussicht stellten[469], jedoch offensichtlich eine Einigung über die Beteiligung der SICOVAM nicht erreicht werden konnte, wurde wenige Tage nach der endgültigen Zustimmung zur Fusion der Deutsche Börse Clearing AG

---

465 Von Heusinger, Clearing entscheidet die Schlacht, Börsen-Zeitung v. 25.11.1999, S. 1

466 Von Heusinger, Clearing entscheidet die Schlacht, Börsen-Zeitung v. 25.11.1999, S. 1; Landgraf/Keidel, Deutsche Börse Clearing AG und Cedel planen Fusion, Handelsblatt v. 14./15.5.1999, S. 37; vgl. zur technischen Abwicklung der internationalen Girosammelverwahrung *Kümpel*, Bank- und Kapitalmarktrecht, Rn. 11.344 ff. mit Details zur rechtlichen Konstruktion der Belieferung.

467 Vgl. von Heusinger, Clearing entscheidet die Schlacht, Börsen-Zeitung v. 25.11.1999, S. 1

468 Vgl. o.V., Konzentriertes Back Office, Börsen-Zeitung v. 15.5.1999, S. 1; Keidel, Mit Clearing-Fusion hohe Kosten sparen, Handelsblatt v. 17.5.1999, S. 37.

469 Siehe Landgraf/Keidel, Deutsche Börse Clearing AG und Cedel planen Fusion, Handelsblatt v. 14./15.5.1999, S. 37; o.V., Konzentriertes Back Office, Börsen-Zeitung v. 15.5.1999, S. 1; o.V., Keimzelle für europäisches Abwicklungshaus, Frankfurter Rundschau v. 15.5.1999, S. 16; Keidel, Mit Clearing-Fusion hohe Kosten sparen, Handelsblatt v. 17.5.1999, S. 37; o.V., Cedel-Aktionäre in Hochzeitslaune, Neue Zürcher Zeitung v. 16.7.1999, S. 24; o.V., Börsen-HV stimmt Fusion Cedel/DBC zu, Börsen-Zeitung v. 11.11.1999, S. 3; o.V., Der Weg für das Europäische Clearinghaus ist frei, Handelsblatt v. 11.11.1999, S. 43.

mit CEDEL International die Kooperation des Wettbewerbers EUROCLEAR[470] mit der SICOVAM angekündigt.[471]

IV. Der Wettbewerb der Wertpapierhandelssysteme

Die technische Entwicklung der Wertpapierhandelssysteme, die das grenzüberschreitende Aufstellen von Handelsterminals ermöglicht, hat dazu geführt, daß die mitgliedstaatlichen Börsen bereits heute im grenzüberschreitenden Wertpapierhandel miteinander um die Orderausführung konkurrieren.[472] Gleiches gilt selbstverständlich für Börsensysteme aus Drittstaaten. Zugleich konkurrieren Börsen aber nicht mehr nur untereinander, sondern auch mit den nicht als Börsen anerkannten Wertpapierhandelssystemen (außerbörsliche Substitutionskonkurrenz).[473] Diese bieten speziellen Anlegergruppen nicht nur nach deren Bedürfnissen maßgeschneiderte Systemdesigns, sondern treten darüber hinaus auch in einen Preiswettbewerb mit den Börsen. Die ökonomischen Gründe und Bestimmungsfaktoren[474] für diesen „Markt der Märkte" können erste Hinweise auf die rechtlichen Auswirkungen und einen noch bestehenden Regulierungsbedarf geben.[475]

1. Die Funktionsgleichheit von Börsen und privaten Wertpapierhandelssystemen

Hinsichtlich ihrer betriebswirtschaftlichen Funktionen unterscheiden sich die bereits bestehenden privaten Wertpapierhandelssysteme nicht von den „formal" als Börse genehmigten elektronischen Wertpapierhandelssystemen.

Die privaten Wertpapierhandelssysteme weisen eine Massenumschlagsfunktion auf, weil sie das Angebot und die Nachfrage nach Wertpapieren konzentrieren und so deren mas-

---

470 Siehe zur sog. Nabe-Speiche-Strategie von EUROCLEAR o.V., Euroclear pocht auf eigene Stärken, Börsen-Zeitung v. 22.5.1999, S. 5.

471 Siehe von Heusinger, Clearing entscheidet die Schlacht, Börsen-Zeitung v. 25.11.1999, S. 1.

472 Siehe *Picot/Bortenlänger/Röhrl*, Börsen im Wandel, S. 114 ff. zu den vier Formen des Interbörsenwettbewerbs, wobei hier die Form des horizontalen Wettbewerbs angesprochen ist.

473 *Nabben/Rudolph*, Die Börse als Marktplatz und Dienstleister, S. 167 (172); *Picot/Bortenlänger/Röhrl*, Börsen im Wandel, S. 98, 117; *Schwark*, Börsen und Wertpapierhandelsmärkte, WM 1997, S. 293 (299).

474 Aus jüngster Zeit insbes. *Picot/Bortenlänger/Röhrl*, Börsen im Wandel; *Pagano/Steil*, Equity Trading I: The Evolution of European Trading Systems, in: Steil (Hrsg.) The European Equity Markets, S. 1 (39 ff.); *Steil*, in: ders. (Hrsg.), International financial market regulation, Introduction: Effective Public Policy in a World of Footloose, S. 1 ff.

475 Siehe insbes. *Picot/Bortenlänger/Röhrl*, Börsen im Wandel, S. 161-167; *Pagano/Steil*, Equity Trading I: The Evolution of European Trading Systems, in: Steil (Hrsg.) The European Equity Markets, S. 1 (39 ff.); *Steil*, in: ders. (Hrsg.), International financial market regulation, Introduction: Effective Public Policy in a World of Footloose Finance, S. 1-14; *Scott-Quinn*, EC Securities Markets Regulation, in: Steil (Hrsg.) International financial market regulation, S. 121 ff.

senhaften Umsatz ermöglichen und fördern.[476] Da in ihnen in aller Regel nur Wertpapiere gehandelt werden, die bereits an nationalen Börsen notiert sind, sind auch die gehandelten Gegenstände in gleichem Maße standardisiert wie an den Börsen. Aber auch soweit nichtbörsennotierte Wertpapiere gehandelt werden, ist die Standardisierung der Geschäftsschlüsse im elektronischen Handel ohnehin unerläßlich, um eine automatische Zusammenführung der Kauf- und Verkaufsaufträge zu ermöglichen. Durch integrierte Informationsfunktionen wird zudem ein guter Überblick über den Markt geboten. Instinet z. B. weist einen weitaus größeren Umfang an Informationen auf als es bei den börslichen Wertpapierhandelssystemen der Fall ist, da dort auch auf die aktuellen Kursstellungen der wichtigsten (börslichen) Parallelmärkte Zugiff genommen werden kann. Die Erhöhung der Wahrscheinlichkeit, einen Geschäftspartner zu finden, steigt mit der Anzahl der Teilnehmer an den elektronischen Handelssystemen. Hier sind die bereits bestehenden international agierenden privaten Wertpapierhandelssysteme den börslichen Handelssystemen durch ihre große Verbreitung mindestens gleichwertig.

Hinsichtlich der Kosten für die Suche nach einem Vertragspartner und der Kosten für die Nutzung der Systeme bieten die außerbörslichen Wertpapierhandelssysteme Preisvorteile gegenüber börslichen Systemen.[477] Zu beachten ist hier insbesondere, daß die den börslichen Systemen angeschlossenen Mitglieder auch für die Erbringung von Leistungen zahlen, die letztlich dem gesamten Wertpapiermarkt nutzen, wie z. B. die Finanzierung der Leistungen der Zulassungsstellen und der Wertpapieraufsichtsbehörden. Durch den aufkommenden Wettbewerb zwischen den börslichen und den außerbörslichen Systemen einerseits sowie den außerbörslichen Systemen untereinander wird es in diesem Bereich zu einer weiteren Intensivierung des Preiswettbewerbs kommen. Insbesondere die Internet-Wertpapierhandelssysteme werden nur dann Privatanleger als Kunden gewinnen können, wenn diesen der direkte Handel der Wertpapiere einen Kostenvorteil gegenüber der bisherigen Art der Auftragsabwicklung über Intermediäre wie Kreditinstitute und Makler bietet. Der große Erfolg der Direktbanken für den Wertpapierhandel, die sich als Intermediäre zumindest in Deutschland inzwischen einen festen Marktanteil erobert haben, ist im wesentlichen auf die Kostenvorteile dieser Art der Wertpapiergeschäfte für die Privatkunden zurückzuführen[478] und zeigt, wie preissensibel die Entscheidung der privaten Anleger für einen bestimmten Handelsweg ist.

Die korrekte Kursbildung, die als weitere wesentliche Funktion einer Börse erkannt wird, kann ebenso gut von den privaten Wertpapierhandelssystemen geleistet werden. Die

---

476 Vgl. auch *Kümpel*, Bank- und Kapitalmarktrecht, Rn. 17.586 ff.

477 Vgl. *Picot/Bortenlänger/Röhrl*, Börsen im Wandel, S. 154 f.

elektronischen Anweisungen zur Zusammenführung der Aufträge nach Preis, Limiten, Ordergrößen und zeitlicher Rangfolge des Eingangs der Aufträge unterscheiden sich bei börslichen und außerbörslichen elektronischen Systemen nicht hinsichtlich der Korrektheit. Zumindest private Wertpapierhandelssysteme wie z. B. Instinet können diesbezüglich als genauso ausgereift gelten wie börsliche Systeme. Durch den Ausschluß von natürlichen Personen aus dem direkten Preisfindungsprozeß ist allein die Software der elektronischen Systeme für die korrekte Kursbildung entscheidend. Software zur Zusammenführung von Aufträgen unter Berücksichtigung von Limiten und sonstigen Bedingungen ist heute aber am Markt verfügbar. Wenn sich die privaten Wertpapierhandelssysteme auf Dauer eine starke Position im Markt aufbauen wollen, werden sie nicht umhinkommen, einen Marktmechanismus zu installieren, der eine korrekte Preisfindung und die Berücksichtigung aller Aufträge garantiert. Bei den angekündigten Internet-Systemen muß hier sicherlich erst noch eine Prüfung in jedem Einzelfall erfolgen. Eingriffe in die von den Aufsichtsbehörden geprüfte Software für die Preisfindung müssen sowohl seitens des Betreiber der Wertpapierhandelssysteme als auch von den Teilnehmern sowie Dritten ausgeschlossen sein. Entsprechende Sicherungsvorkehrungen, die ein Eindringen in die Systemsoftware durch Unbefugte verhindern, müssen in jedem Fall zu den von den Aufsichtsbehörden gestellten Voraussetzungen für die Genehmigung der Wertpapierhandelssysteme gehören.

Eine weitere Marktsegmentierung durch die Einführung neuer elektronischer Wertpapierhandelssysteme im außerbörslichen Bereich wird Einfluß auf die Liquidität der Wertpapiere in den jeweiligen Systemen haben. Eine Vielzahl von Märkten für das gleiche Wertpapier wird - ceteris paribus - zu weniger liquiden Märkten führen. Es ist anzunehmen, daß sich der Handel auch in den privaten Wertpapierhandelssystemen auf die Wertpapiere der großen Emittenten (Standardwerte, Blue Chips) konzentrieren wird[479], so daß sie die Liquiditätsfunktion zumindest diesbezüglich erfüllen können. Etwas anderes kann für sog. „Nebenwerte", also die Wertpapiere kleinerer Unternehmen gelten, bei denen auch in PTS oder in Internet-Wertpapierhandelssystemen, soweit sie überhaupt den Handel in diesen Werten ermöglichen, enge Märkte bestehen oder entstehen werden, weil nur eine geringe Nachfrage und auch nur ein geringes Angebot an diesen Wertpapieren zu beobachten sind. Da aber z. B. an deutschen Börsen ebenfalls eine erhebliche Marktenge in Nebenwerten herrscht, kann die Liquiditätsfunktion in Nebenwerten nicht als wesentliches Kriterium für börsliche oder nichtbörsliche Wertpapierhandelssysteme gelten. Zudem zeigt das Beispiel der Eröffnung eines Sekundärhandels für die über das Internet

---

478 Vgl. die Übersichten über die Kosten von Depots bei deutschen Direktbanken in *o. V.*, Das Telefon-Depot, Capital 3/97, S. 50.

479 Soweit sie zum Wertpapierhandelsangebot gehören.

emittierten Aktien der Spring Street Brewery von Andrew D. Klein in den USA, daß sich durch Herausbildung sehr spezialisierter elektronischer Wertpapierhandelssysteme (in diesem Fall für einen einzigen Aktienwert) gerade auch die Liquidität des Handels in Nebenwerten steigern läßt.

Wird der „materiellen Börsenbegriff" zugrunde gelegt, handelt sich bei den Wertpapierhandelssystemen, die den unmittelbaren Abschluß von Geschäften durch einen Preisfindungsmechanismus ermöglichen und nicht bloß ein Informationssystem darstellen, um Börsen i. S. d. deutschen BörsG, deren Genehmigung nach geltendem Recht seitens der Bundesländer zu erteilen wäre. Auch wenn anerkannt wird, daß in Deutschland ein großes Interesse daran besteht, den im Verhältnis zum wirtschaftlichen Gewicht Deutschlands ohnehin noch nicht hinreichend entwickelten Wertpapiermarkt[480] nicht durch Zulassung weiterer Wertpapierhandelssysteme zu zersplittern, sondern im Gegenteil durch die Überführung des gesamten Handels auf ein elektronisches System zu konzentrieren, darf dies nicht dazu führen, daß hier eine Monopolisierung des Wertpapierhandels erfolgt. Die Verweisung der bislang außerbörslichen privaten Wertpapierhandelssysteme auf eine Genehmigung als Börse für den Fall, daß sie für solche Wertpapiere eingerichtet werden, die ohnehin ganz überwiegend außerhalb der Börsen umgesetzt werden[481], beachtet m. E. nicht ausreichend das ebenfalls bestehende Interesse der Wertpapieranleger am Weiterbestehen bzw. Entstehen eines funktionierenden Wettbewerbs der Wertpapierbörsen in Deutschland. Die Sicherung des Marktes für die in der Deutsche Börse AG zusammengeschlossenen Börsen und letztlich für das Xetra-Wertpapierhandelssystem sollte nicht unter Verweis auf das Konzentrationserfordernis entschieden werden, sondern durch den Wettbewerb der Wertpapierhandelssysteme, in dem die Deutsche Börse AG aufgrund ihrer bereits bestehenden Strukturen ohnehin eine starke Ausgangsposition hat.

2. Die ökonomischen Faktoren des Wettbewerbs der Wertpapierhandelssysteme

Die Installation und das Systemdesign von Wertpapierhandelssystemen folgt ökonomischen Überlegungen, da jedes der Systeme nur dann im Wettbewerb bestehen kann, wenn es genügend Teilnehmer findet, um zumindest kostendeckend zu wirken und wenn es darüber hinaus den Teilnehmern die Verschaffung eines Vorteils verspricht.[482] Hierbei

---

480 Siehe ausführlich zu diesem Problemkreis *von Rosen*, Chancengemeinschaft, S. 17-39.

481 So aber wohl *Schwark*, Börsen und Wertpapierhandelsmärkte in der EG, WM 1997, S. 293 (298), der die Zulassung von privaten Wertpapierhandelssysteme insbesondere für Rentenpapiere für möglich hält.

482 Zu den ökonomischen Gestaltungsmotiven von Börsenleistungen *Picot/Bortenlänger/Röhrl*, Börsen im Wandel, S. 81-105.

spielen für die Effizienz[483] der Wertpapierhandelssysteme, die als Maßstab ihrer Stellung im Wettbewerb gelten kann, neben den Transaktionskosten, die für die Teilnahme am Wertpapierhandelssystem entstehen,[484] eine Vielzahl weiterer Faktoren eine Rolle.[485] Es ist ein Verdienst der ökonomischen Theorie, die Faktoren für den Wettbewerb von Wertpapierhandelssystemen weitgehend identifiziert zu haben. Allerdings sollten die politischen Einflußfaktoren dabei nicht unberücksichtigt gelassen werden.[486] Sie dürften gerade im Hinblick auf die Regulierung des Wertpapierhandels und den Grad der Eröffnung des Wettbewerbs zwischen den Wertpapierhandelssystemen ebenso entscheidend sein.[487] Nicht zuletzt aus dem Grund, börsenpolitisch ein größeres Gewicht zu erhalten, aber sicher auch aus ökonomischen Gründen haben z.B. die deutschen (Regional-) Börsen Hamburg und Hannover ihre Trägergesellschaften fusioniert.[488]

Speziell für den Börsenwettbewerb haben Picot/Bortenlänger/Röhrl[489] eine Aufgliederung des Wettbewerbs in verschiedene Schichten vollzogen, der als „vierschichtiger Orderwettbewerb" bezeichnet wird und es ermöglicht, die Effekte der Automatisierung des Wertpapierhandels zu analysieren. Unterschieden werden der Zugangswettbewerb um Investorenorders zwischen den Zugangsintermediären, der Preisfeststellungswettbewerb zwischen den Preisfeststellungsintermediären, der Interbörsenwettbewerb zwischen Börsen um die Orders der Zugangsintermediäre oder unmittelbar um die Orders der Investoren sowie der Regulierungswettbewerb zwischen den Regulierungsinstanzen zur Schaf-

---

483 Zum (betriebswirtschaftlichen) Effizienzkriterium der Wertpapierhandelssysteme siehe *Picot/ Bortenlänger/Röhrl*, Börsen im Wandel, S. 17 f. m. w. Nw. Hiervon zu unterscheiden ist das volkswirtschaftliche Effizienzkriterium, das zur Beurteilung der Funktionsfähigkeit des Kapitalmarktes herangezogen wird; siehe dazu 2. Teil I. 3. u. 4. dieser Arbeit.

484 Zum Effizienzkriterium der Transaktionskosten bei Wertpapierhandelssystemen siehe allgemein *Picot/ Bortenlänger/Röhrl*, Börsen im Wandel, S. 20, die eine Aufspaltung in die „Kommission", den „bid-ask-spread" sowie den „market impact" vornehmen. Spezieller zu den Transaktionskosten als Effizienzkriterium für die Organisation des Börsenhandels, *Picot/ Bortenlänger/Röhrl*, Börsen im Wandel, S. 106-111.

485 Zu nennen sind hierbei insbesondere die Interessen bestimmter Gruppen. Es handelt sich um die Wertpapierhandelssystembetreiber, die Investoren und insbesondere die Börsenmitglieder, die wiederum in unterschiedliche Untergruppen mit Partikularinteressen aufgeteilt werden können, z. B. die Preisfeststellungsintermediäre und die Zugangsintermediäre. Ausführlich hierzu *Picot/Bortenlänger/Röhrl*, Börsen im Wandel, S. 91-102.

486 So aber wegen der Konzentration auf die ökonomischen Faktoren *Picot/ Bortenlänger/Röhrl*, Börsen im Wandel, S. 160, insbes. Fn. 522.

487 Siehe nur die Diskussion um die Existenz und Wettbewerbsstellung der Regionalbörsen in Deutschland im Vorfeld der Implementierung von IBIS und nunmehr des elektronischen Handelssystems Xetra. Vgl. hierzu *o. V.*, Stuttgarter Börse will nicht aufgeben, Börsen-Zeitung v. 11.2.1997; *Salchow*, Beschwingt und unschuldig Makler verdrängen, Frankfurter Neue Presse v. 17.2.1997.

488 O.V., Börsen Hamburg und Hannover fusionieren ihre Trägergesellschaften, Börsen-Zeitung v. 20.5.1999, S. 1.; o.V., Norddeutsche Börsen rücken zusammen, Handelsblatt v. 20.5.1999, S. 1.

489 *Picot/ Bortenlänger/Röhrl*, Börsen im Wandel, S. 111-118.

fung optimaler Rahmenbedingungen für die zuvor genannten Wettbewerbsschichten.[490] Im Rahmen dieser Arbeit interessieren insbesondere die Wettbewerbsschichten des nachfolgend erläuterten Interbörsenwettbewerbs und des Regulierungswettbewerbs.[491]

a. Interbörsenwettbewerb um Orderausführung

Der Interbörsenwettbewerb vollzieht sich durch Bereitstellen spezifischer Dienstleistungen, mit denen die Börsen versuchen, Investorenorders unmittelbar von den Investoren oder mittelbar über Intermediäre anzuziehen. Der Interbörsenwettbewerb kann seinerseits weiter strukturiert werden in einen vertikalen, einen horizontalen und einen lateralen Interbörsenwettbewerb.[492] Daneben existiert eine außerbörsliche Substitutionskonkurrenz.[493] Hier interessieren insbesondere der horizontale Wettbewerb sowie die außerbörsliche Substitutionskonkurrenz. Als horizontaler Interbörsenwettbewerb wird der Wettbewerb zwischen Börsen mittels speziell auf die Bedürfnisse von Anlegergruppen ausgestalteten Handelsplattformen verstanden, während der Begriff „außerbörsliche Substitutionskonkurrenz" den Wettbewerb zwischen börslichem und außerbörslichem Handel bezeichnet.[494] Die Aufgliederung der Wettbewerbsstrukturen zwischen den Börsen und den PTS/ECNs bzw. den Internet-Wertpapierhandelssystemen sagt aber noch nichts aus über die Faktoren, die diesen Wettbewerb treiben. Als ein besonders wichtiger Wettbewerbsfaktor hat sich die bereits angesprochene Automatisierung der Wertpapierhandelssysteme herausgestellt, deren Ausmaß von System zu System variiert. Nach den Phasen des Handelsprozesses können als Wettbewerbsfaktor unterschieden werden: die Automatisierung der Informationsphase, der Orderroutingphase, der Abschluß- oder Preisfeststellungsphase und der Abwicklungsphase.[495] Damit eng zusammenhängend, weil das Ausmaß der

---

490 *Picot/ Bortenlänger/Röhrl*, Börsen im Wandel, S. 113 mit einer übersichtlichen graphischen Darstellung.

491 Zum Regulierungswettbewerb siehe unten 2. Teil III.

492 *Picot/ Bortenlänger/Röhrl*, Börsen im Wandel, S. 115-117 mit einem Verweis auf weitere Differenzierungsversuche, der belegt, daß es sich nicht um die einzig mögliche Ausdifferenzierung handelt, aber um eine, die geeignet ist, insbesondere das Wettbewerbsverhältnis von Börsen und PTS ökonomisch zu klären.

493 Zum Begriff *Picot/ Bortenlänger/Röhrl*, Börsen im Wandel, S. 117; zu den Ursachen der Konkurrenz zwischen börslichem und außerbörslichem Wertpapierhandel ausführl. *Stenzel*, Außerbörslicher Wertpapierhandel, S. 101-168; *Nabben/Rudolph*, Die Börse als Marktplatz und Dienstleister, S. 167 (172).

494 Siehe *Picot/Bortenlänger/Röhrl*, Börsen im Wandel, S. 116 f.; vgl. zur zunehmenden Vehemenz dieses Wettbewerbs z.B., *o.V.*, Neue elektronische Handelssysteme fordern die Börsen heraus, FAZ v. 10.9.1999, S. 26; *o.V.*, ECNs sind der nächste Schritt in der Börsen-Evolution, FAZ v. 14.9.1999, S. 34.

495 Ausführlich zur Automatisierung der vier Phasen des Handelsprozesses *Picot/Bortenlänger/Röhrl*, Börsen im Wandel, S. 16 f., 33-79 unter Beurteilung einer Vielzahl von internationalen Wertpapierhandelssystemen unterschiedlicher Automatisierungsgrade.

Automatisierung stark mitbestimmend, sind jedoch auch die Corporate Governance-Strukturen der Wertpapierhandelssysteme.

b. Corporate Governance-Strukturen

Auch die Corporate Governance-Strukturen sind von entscheidender Bedeutung für den Wettbewerb der Wertpapierhandelssysteme.[496] Börsen sind nach wie vor als „Clubs"[497] organisiert, die der Verfolgung gemeinsamer Interessen der Mitglieder, also des Aufbaus und des Betreibens eines Wertpapierhandelssystems, dienen. Die Mitglieder betreiben die Börse nicht primär als Unternehmen, mit dem sie Einkommen erzielen wollen[498], sondern jedes Mitglied zielt darauf ab, das Einkommen mit dem Eigen- oder Kommissionshandel zu erzielen. Diese Verbandsorganisation weist demokratische Entscheidungsstrukturen auf, die den Mitgliedern Mitentscheidungsrechte geben, wobei die Besetzung der Börsengremien und die Entscheidungsfindung in der Satzung ausgestaltet wird. Die unterschiedlichen Mitgliedsgruppen, die an der Entscheidungsfindung partizipieren, können dabei alle gleich behandelt werden. Möglich ist aber auch, daß bestimmte Mitgliedsgruppen je nach Ausgestaltung der Entscheidungsprozesse einen beherrschenden oder zumindest stärkeren Einfluß haben.[499] Dabei spielt es grundsätzlich keine Rolle, ob die Börsen in privat- oder öffentlich-rechtlicher Rechtsform betrieben werden, denn auch bei einer Umwandlung von einer öffentlich-rechtlichen Anstalt z. B. in eine Aktiengesellschaft muß sich nicht zwingend etwas an den Entscheidungsstrukturen und dem Einfluß einzelner Mitglieder bzw. Mitgliedsgruppen ändern.[500] Ein Beispiel hierfür ist die Gründung der Deutsche Börse AG als Trägerin der Frankfurter Wertpapierbörse.[501] Als Gegenbeispiele lassen sich nennen die Stockholm Stock Exchange, die nach einer Gesetzesänderung im Jahre 1993 in eine Aktiengesellschaft umgewandelt wurde, deren Aktien nunmehr zur Hälfte von den Mitgliedern, zur anderen Hälfte aber von den Emittenten gehalten werden, sowie die Australian Stock Exchange (ASX), die selbst als Aktiengesellschaft

---

496 Vgl. *Schwartz*, Equity Trading II: Integration, Fragmentation and the Quality of Markets, in: Steil (Hrsg.), The European Equity Markets, S. 59 (63); *Pagano/Steil*, Equity Trading I: The Evolution of European Trading Systems, in: Steil (Hrsg.), The European Equity Markets, S. 1 (42 f.); *Picot/ Bortenlänger/Röhrl*, Börsen im Wandel, S. 93-100, 156-158.

497 *Miller*, International competitiveness of the U.S. futures exchanges, S. 6 (7); *Picot/Bortenlänger/Röhrl*, Börsen im Wandel, S. 93 f. m. w. Nw.

498 Die Gewinnerzielung mag verstärkt eine Rolle spielen, dürfte jedoch nicht bestimmender Faktor für die Beteiligung an der Börse sein.

499 Dieser kann z. B. über die Zahl oder das Gewicht der gehaltenen Mitgliedsanteile sowie das Quorum für die erforderlichen Mehrheiten bei Entscheidungen hergestellt werden.

500 Vgl. *Pagano/Steil*, Equity Trading I: The Evolution of European Trading Systems, in: Steil (Hrsg.), The European Equity Markets, S. 1 (42), der darauf hinweist, daß auch nach der Privatisierung von europäischen Börsen sich nur wenig an dem Einfluß der Mitglieder geändert hat.

501 Zur Struktur der Deutsche Börse AG und den Anteilsverhältnissen siehe Deutsche Börse AG (Hrsg.), Deutsche Börsen - Jahresbericht 1992, S. 40-42.

an die Börse gegangen ist und damit auch privaten Investoren Einfluß bieten will.[502] Eine direkte Beteiligung der Anleger ist bei Börsen wegen der Verbandsstruktur bislang die Ausnahme.[503] Bei der Reorganisation der Kopenhagener Börse allerdings war die direkte anteilsmäßige Beteiligung der Anleger bereits heftig diskutiert worden und bei der Reorganisation der Amsterdamer Börsen ist eine anteilsmäßige Beteiligung zumindest der institutionellen Anleger geplant.[504] In Deutschland wird die Beteiligung von am Börsenhandel beteiligten Gruppen durch die Besetzung des Selbstverwaltungsorgans Börsenrat sichergestellt, bei dessen Zusammensetzung gemäß § 3 Abs. 1 S. 2 BörsG alle am Börsengeschehen beteiligten Gruppen angemessen zu berücksichtigen sind.[505] Um eine totale Dominierung dieses Gremiums durch Kreditinstitute zu vermeiden, bestimmt § 3 Abs. 1 S. 3 BörsG ausdrücklich, daß die Zahl der Vertreter der Kreditinstitute einschließlich der mit ihnen verbundenen Unternehmen und der meist bankendominierten Kapitalanlagegesellschaften nicht mehr als die Hälfte der Mitglieder des Börsenrates betragen darf.[506]

Hinsichtlich der für den Wettbewerb der Wertpapierhandelssysteme entscheidenden Automatisierung werden die Mitglieder bzw. Mitgliedsgruppen ihre Entscheidungsmacht so ausüben, daß keine Automatisierung erfolgt, die ihr Einkommen oder ihren Einfluß auf Dauer schmälern.[507] Gleiches dürfte aber auch für die Produktentwicklung oder z. B. die Aufnahme neuer Mitglieder gelten. Hinsichtlich der Automatisierung der Informations-, Orderrouting- und der Abwicklungsphase z. B. sind für die Mitglieder Einkommenssteigerungen erreichbar, wenn die durch die Automatisierung erreichbaren Kostenvorteile nicht an die Investoren weitergegeben werden. Probleme entstehen aber bei der Automa-

---

502 Siehe hierzu bereits 1. Teil I. 2. dieser Arbeit.

503 Siehe zur Berücksichtigung der Interessen der Anlegern bei der Ausgestaltung von Börsenorganisation und -leistungen generell *Picot/Bortenlänger/Röhrl*, Börsen im Wandel, S. 96 f.

504 Hierzu *Pagano/Steil*, Equity Trading I: The Evolution of European Trading Systems, in: Steil (Hrsg.), The European Equity Markets, S. 1 (42 f.).

505 Zur Funktion und Zusammensetzung des Börsenrats siehe generell *Kümpel*, Bank- und Kapitalmarktrecht, Rn. 17.186; *Claussen*, Bank- und Börsenrecht, S. 292.

506 Vgl. z. B. die Zusammensetzung des Börsenrats der Frankfurter Wertpapierbörse, § 5 Börsenordnung der Frankfurter Wertpapierbörse. Vgl. zudem die Bestrebungen, im Rahmen des Dritten Finanzmarktförderungsgesetzes die Regelung der Besetzung des Börsenrats im BörsG dahingehend zu ändern, daß die Privatanleger mit mindestens zwei Vertretern in diesem Gremium vertreten sein müssen und die Kapitalanlagegesellschaften auch dem Kreis der Anleger zugeordnet werden sollen, siehe Gesetz zur weiteren Fortentwicklung des Finanzplatzes Deutschland (Drittes Finanzmarktförderungsgesetz) vom 24.03.1998, BGBl. Teil I 1998 Nr. 18 vom 27.03.1998, S. 529.

507 *Picot/Bortenlänger/Röhrl*, Börsen im Wandel, S. 95 erklären dieses Verhalten mit der Anreiz-Beitrags-Theorie, wonach die Teilnehmer bestrebt sind, den Anreiz zur Mitgliedschaft mindestens konstant zu halten.

tisierung der Abschlußphase.[508] Mitglieder, die als Zugangsintermediäre fungieren und die Aufträge der Investoren an die Börse bringen, also i. d. R. Banken und freie Makler, bevorzugen eine vollautomatische Preisfeststellung ohne weitere zentrale Preisfeststellungsintermediation, während die Mitglieder, die die Aufgabe der zentralen Preisfeststellungsintermediation heute erfüllen, bei einer vollautomatischen Preisfeststellung ihre Einkunftsquelle verlieren[509] und verständlicherweise gegen die vollständige Automatisierung der Abschlußphase opponieren. Da die Involvierung der Preisfeststellungsintermediäre durch die Erhebung von Provisionen (Courtage) eine Erhöhung der Transaktionskosten bewirkt, wirkt sich die Gestaltung der Abschlußphase direkt auf die Wettbewerbsfähigkeit der Wertpapierhandelssysteme aus. Je nach Ausgestaltung der Entscheidungsstrukturen der Börse hängt das „ob" und das „wie" der Automatisierung der Abschlußphase vom Einfluß der genannten Gruppen ab. Es besteht damit eine direkte Wirkung der Corporate Governance-Strukturen auf den Wettbewerb der Börsen untereinander, aber insbesondere auch auf den Wettbewerb mit den außerbörslichen Wertpapierhandelssystemen.

Die Corporate Governance-Strukturen der privaten Wertpapierhandelssysteme unterscheiden sich von denen der Börsen dadurch, daß sie direkter auf die Gewinnerzielung durch das Bereitstellen eines Wertpapierhandelssystems zugeschnitten sind[510] und gegensätzliche Interessen einzelner Anteilseigner oder Anteilseignergruppen in weit geringerem Maße bestehen als bei Börsen. Von der vollständigen Automatisierung auch der Abschlußphase können bei entsprechenden Kostenvorteilen alle Anteilseigner profitieren. Die Corporate Governance-Strukturen der PTS bieten ihnen damit wegen der Interessengleichrichtung einen Vorteil im Wettbewerb mit börslichen Wertpapierhandelssystemen. Auch die politischen Einflußnahmen zur Berücksichtigung der Interessen aller Mitgliedsgruppen und der Investoren dürften im Bereich der PTS wesentlich geringer sein als bei der öffentlich-rechtlichen Regelungen unterworfenen Verbandsorganisation der Börse.

In dem Maße, in dem neue private Wertpapierhandelssysteme entstehen und die bestehenden börslichen Wertpapierhandelssysteme diesen gegenüber und auch gegenseitig durch ihre grenzüberschreitende Verbreitung in Wettbewerb treten, müssen die Anleger den Corporate Governance-Strukturen der Wertpapierhandelssysteme aber weniger Interesse entgegen bringen. Statt auf die sog. „voice"-Option", also das Mitsprache- und Mit-

---

508 Dies läßt sich in Deutschland anschaulich beobachten bei dem innerhalb und außerhalb der Deutsche Börse AG entbrannten nunmehr schon langjährigen Streit zwischen den Banken, den Maklern und den Regionalbörsen um das ZEUS-Projekt zur Entwicklung des Elektronischen Handelssystems EHS bzw. Xetra und des Erhalts des Parketthandels.

509 Ausführlich *Picot/Bortenlänger/Röhrl*, Börsen im Wandel, S. 97-99.

510 *Picot/Bortenlänger/Röhrl*, Börsen im Wandel, S. 99.

entscheidungsrecht bei einer monopolistisch agierenden Verbandsstruktur angewiesen zu sein, steht ihnen dann auch die „exit“-Option, also der Wechsel des Wertpapierhandelssystems, offen.[511] Dies wiederum wird die Einbeziehung ihrer Interessen durch entsprechende Ausgestaltung der Corporate Governance-Strukturen bei den bestehenden Wertpapierhandelssystemen beschleunigen. Der Wettbewerb der börslichen und außerbörslichen Wertpapierhandelssysteme wird auf Dauer daher zwangsläufig zu einer Öffnung der Verbandsstrukturen führen. Die Corporate Governance-Strukturen treiben daher nicht nur den Wettbewerb der Systeme, sondern dieser treibt auch die Entwicklung der Corporate Governance-Strukturen.[512]

Entsprechend ist auch in Deutschland die Diskussion über einen Börsengang der Deutsche Börse AG entstanden.[513] Aber auch die Pariser Börse, die einen Börsengang nicht vor dem Jahr 2000 plant, und die Amsterdamer Börse, die einen Börsengang frühestens für das Jahr 2002 in Aussicht stellt[514], reagieren auf die insbesondere aus den USA kommende Tendenz, daß die Börsen selbst den Börsengang wagen, auch um sich auf diese Weise neues Kapital zu besorgen, um dort technisch mit den neuen privaten Wertpapierhandelssystemen mithalten zu können und vom Parketthandel auf den vollelektronischen Wertpapierhandel umstellen zu können, der (zu) lange Zeit nicht als ernsthafte Konkurrenz betrachtet wurde und nunmehr die Vormachtstellung der herkömmlichen Börsen in den USA bedroht.

Die Deutsche Börse AG hat offensichtlich erkannt, daß die aktuelle Eigentümerstruktur nicht mehr den Interessen aller großen Marktteilnehmer entspricht.[515] Gerade auch die Beteiligung großer deutscher Banken am EURO-MTS sowie an der Londoner Alternativbörse Tradepoint[516] dürfte ein deutliches Zeichen dafür sein, daß diese Marktteilnehmer notfalls auch eigene Systeme neben der Börse aufbauen können. Insbesondere Rolf Breuer, Vorstandsvorsitzender der Deutsche Bank AG, hat die jetzige Eigentümerstruktur der Deutsche Börse in Frage gestellt und die Beteiligung der Deutsche Bank AG an Trade-

---

511 Vgl. *Picot/Bortenlänger/Röhrl*, Börsen im Wandel, S. 96 f., 153, 156 f.

512 Vgl. *Picot/Bortenlänger/Röhrl*, Börsen im Wandel, S. 157.

513 *Achleitner*, Elektronik erzwingt Kooperation, Handelsblatt v. 3.12.1999, S. 53; Kutzer, Die Deutsche Börse macht sich selbst fit für die Börse, Handelsblatt v. 4.1.1999, S. 19.

514 *O.V.*, Kein Handlungsdruck, FAZ v. 29.7.1999, S. 27.

515 Vgl. *O.V.*, Deutsche Börse und Eurex müssen Strukturen überdenken – Deutsche Börse Vorstandsmitglied Jörg Franke auf Handelsblatt-Tagung, Handelsblatt v. 11.10.1999, S. 39.

516 Vgl. *o.V.*, Neue elektronische Handelssysteme fordern die Börsen heraus, FAZ v. 10.9.1999, S. 26.

point und Brokertec als Signal an die Deutsche und andere Börsen bezeichnet.[517] Inzwischen hat der Aufsichtsrat der Deutsche Börse AG einen Börsengang der Gesellschaft gebilligt.[518]

---

517 *O.V.*, Breuer: Eigentümerstruktur der Börse verändern – Bereit, Anteile abzugeben, Börsen-Zeitung v. 30.10.1999, S. 1; *O.V.*, Breuer stellt öffentliche Börsen in Frage, Handelsblatt v. 1.11.1999, S. 42.

518 Vgl. *o.V.*, Aufsichtsrat billigt Börsengang der Börse Ab 2. Juni Aktienhandel bis 20 Uhr, Börsen-Zeitung v. 29.2.2000, S. 1; siehe zu dieser Entwicklung auch *Herdt*, Die börsennotierte Börse, Börsen-Zeitung v. 29.1.2000.

2. Teil: Die Bestimmungfaktoren der Regulierung von Wertpapierhandelssystemen

Die Untersuchung der Bestimmungsfaktoren der Regulierung von Wertpapierhandelssystemen erfordert zunächst die Definition des hier zugrunde gelegten Regulierungsbegriffs. Allgemein handelt es sich bei Regulierung um eine staatliche oder von staatlicher Seite geduldete Beschränkung der Handlungs- und Verfügungsmöglichkeiten von Menschen.[519] Für die Wertpapierhandelssysteme als Märkte ist der Begriff der Regulierung aber enger zu fassen. Er umfaßt unter Zugrundlegung eines marktwirtschaftlichen Systems, das die Bereitstellung wirtschaftlicher Güter koordiniert[520], die staatlichen Interventionen durch Einschränkung des wirtschaftlichen Handlungsspielraums der Marktteilnehmer.[521] Neben der bereits erläuterten eher betriebswirtschaftlichen Ebene des Wettbewerbs zwischen den Wertpapierhandelssystemen sind auch volkswirtschaftliche, rechtliche und politische Bestimmungsfaktoren zu beachten.[522]

Alle Mitgliedstaaten der Europäischen Gemeinschaft weisen im Grundsatz ein marktwirtschaftliches Wirtschaftssystem auf, bei dem der Ausgleich wirtschaftlicher Interessen zunächst auf vertraglicher Ebene zwischen den Beteiligten, die als Anbieter und Nachfrager von Leistungen und Produkten agieren, erfolgt. Es hängt damit wesentlich von der Marktmacht des Einzelnen ab, ob er seine Interessen durchsetzen kann. Dies gilt nicht nur bezüglich der Möglichkeit zum Kauf- oder Verkauf der Leistungen und Produkte zu einem bestimmten Preis, sondern insbesondere auch hinsichtlich der Schutzinteressen des einzelnen Marktteilnehmers vor fraudulösem Handeln, Schlecht- oder Nichtleistung oder verspäteter Leistung. Diese Grundsätze gelten auch für das Marktgeschehen an den mitgliedstaatlichen Kapitalmärkten. Eine wesentliche Voraussetzung für ein solches marktwirtschaftlich ausgerichtetes Wirtschaftssystem ist die Aufrechterhaltung des freien Wettbewerbs zwischen den Marktteilnehmern, um allen Marktteilnehmern die Durchsetzung ihrer Interessen zu ermöglichen und nicht durch Beschränkungen des Wettbewerbs die Marktmacht einzelner Marktteilnehmer zu Lasten anderer Marktteilnehmer so erstarken zu lassen, daß weder neue Teilnehmer sich am Marktgeschehen beteiligen können noch die übrigen Markteilnehmer aus dem Markt gedrängt werden.

---

519 Vgl. *Deregulierungskommission*, Marktöffnung und Wettbewerb, S. 1.

520 Vgl. *Weizsäcker*, Deregulierung und Privatisierung als Ziele und Instrumente der Ordnungspolitik, S. 11 (15).

521 Vgl. *Münstermann*, Märkte für Risikokapital, S. 195; *Picot/Bortenlänger/Röhrl*, Börsen im Wandel, S. 159 jeweils m. w. Nw.

522 Siehe *Münstermann*, Märkte für Risikokapital, S. 195-240, die eine Aufteilung der Bestimmungsfaktoren in Gründe für eine Regulierung und Gründe für eine Deregulierung vornimmt.

Auf der Ebene der Europäischen Gemeinschaft findet sich die Verpflichtung der Gemeinschaft zu einer offenen Marktwirtschaft mit freiem Wettbewerb in Art. 3a Abs. 1 EGV. Der erst durch den Vertrag über die Europäische Union von Maastricht[523] eingefügte Artikel liefert damit den Rahmen und die Grenzen für die Ordnungspolitik der Gemeinschaft und zeigt insbesondere auch den Ländern, die eine Mitgliedschaft in der Gemeinschaft anstreben, den Referenzmaßstab für die zu befolgende Wirtschaftspolitik auf.[524] Insbesondere dem unverfälschten Wettbewerb, der ein grundlegendes Wettbewerbsziel von zwingender Geltung und nicht lediglich Programmsatz ist[525], kommt dabei hohe Bedeutung zu.

Soweit auf Ebene der Mitgliedstaaaten und der Europäischen Gemeinschaft der Grundsatz der freien bzw. offenen Marktwirtschaft gilt, bedürfen regulierende Eingriffe in diese Marktwirtschaft einer besonderen Rechtfertigung[526], denn sie stärken oder schwächen die Marktposition einzelner Marktteilnehmer zu Gunsten des Staates bzw. der Gemeinschaft oder anderer Marktteilnehmer und stellen damit grundsätzlich eine Beschränkung des freien Wettbewerbs dar.

Als mögliche Rechtfertigungsgründe für regulierende Eingriffe in das Verhältnis zwischen den Marktteilnehmern ist dabei zunächst die Verhinderung bzw. Beseitigung von Beschränkungen des Marktes seitens der Marktteilnehmer selbst zu nennen. Dieser Aufgabe widmet sich das Wettbewerbsrecht auf der Ebene der Mitgliedstaaten und das gemeinschaftsrechtliche Wettbewerbsrecht, das in Art. 85 ff. EGV primärrechtlich verankert ist.

Eine Rechtfertigung für die Regulierung des Wertpapierhandels im Raum der EG und in den einzelnen Mitgliedstaaten ergibt sich aus dem Ziel, die Funktionsfähigkeit und Effektivität des Kapitalmarktes zu sichern und zu steigern, denn seine Funktion ist eine Grundvoraussetzung für den Erhalt und die Prosperität der Volkswirtschaften der Mitgliedstaaten und für die Schaffung des Gemeinsamen Marktes in der EG. Sowohl die Mitgliedstaaten als auch die Gemeinschaft sind auf eine Spar- und Investitionstätigkeit der privaten Marktteilnehmer angewiesen. So kann auch die Lenkung des Kapitals über den organisierten Kapitalmarkt eine Rechtfertigung für eine Regulierung des Wertpapierhandels sein, wobei auch im Hinblick auf das Wettbewerbsverhältnis zwischen verschiedenen Anlageformen selbstverständlich kritisch zu hinterfragen ist, inwieweit eine Kapi-

---

523 Vertrag über die Europäische Union unterzeichnet zu Maastricht, ABl. Nr. C 191 vom 29. Juli 1992, S. 1 ff.

524 Vgl. *Lenz*, in: ders. (Hrsg.), EG-Vertrag Kommentar, Rn. 1 f. zu Art. 4 EGV.

525 *EuGH*, Rs. 6/72 - Continental Can -, Rspr. 1973; 215 (246); *Streinz*, Europarecht, Rn. 800.

526 *Deregulierungskommission*, Marktöffnung und Wettbewerb, S. 11; *Picot/Bortenlänger/Röhrl*, Börsen im Wandel, S. 159; *Münstermann*, Märkte für Risikokapital, S. 195.

talmarktregulierung hier Präferenzen für bestimmte Anlageformen schaffen darf, um nicht den Schritt in eine „mittelbare" zentral gelenkte Wirtschaftsform zu vollziehen. Gleiches gilt für die Schaffung von annähernd gleichen Bedingungen für die Aufnahme von Kapital zu Investitionszwecken sowohl im Rahmen der Fremd- als auch der Eigenkapitalfinanzierung von Unternehmen durch Steigerung der Primär- und Sekundärmarkteffizienz des Kapitalmarktes.

Eine Rechtfertigung für regulierende Eingriffe in den Kapitalmarkt ergibt sich zudem durch eine besondere Schutzbedürftigkeit einzelner Marktteilnehmer. Hier ist insbesondere an eine durch Regulierung herbeigeführte Risikoverteilung zwischen den Marktteilnehmern zu denken, die einen Ausgleich für mangelnde Markttransparenz und eine bestehende Informationsasymmetrie zu Gunsten des Anlegers, der seine Interessen nicht mehr allein auf vertraglicher Basis im Rahmen einer vollkommen freien Marktwirtschaft durchsetzen kann, schafft.

Konkret kann es sich für die Wertpapierhandelssysteme um staatliche Vorgaben für die Preisfindung, die Qualität der Marktteilnehmer sowie die Marktzugangsregelungen in Form der Genehmigungspflicht der Markterrichtung, der Zulassung der Betreiber sowie der Zulassung der handelbaren Wertpapiere handeln.[527] Bestehende Regulierungen sind zudem ständig daraufhin zu untersuchen, ob sie noch i. d. S. gerechtfertigt sind oder ob nicht eine Deregulierung zur Verminderung der staatlichen Intervention und zur Stärkung eines effektiven Wettbewerbs notwendig ist.

Im Folgenden werden die möglichen normativen Gründe für eine Regulierung des Wertpapierhandels, die sowohl auf mitgliedstaatlicher Ebene als auch auf der Ebene der Gemeinschaft herangezogen werden, näher untersucht. Sie werden dabei als Bestimmungsfaktoren der Kapitalmarktregulierung bezeichnet, um zu verdeutlichen, daß sie in aller Regel bei keiner Regulierungsmaßnahme isoliert betrachtet werden können, sondern stets in ihrer Wechselwirkung aufeinander betrachtet werden müssen, die eine interessenabwägende Entscheidung des Gesetzgebers oder der zuständigen Verwaltungsstellen auf der Ebene der Mitgliedstaaten oder der Gemeinschaft erforderlich machen. Zudem kommt damit zum Ausdruck, daß die dargestellten Anknüpfungspunkte nur in sehr unterschiedlich intensivem Maße als Rechtfertigungsgründe für die Regulierung des Wertpapierhandels herangezogen werden können.

---

527 Siehe *Münstermann*, Märkte für Risikokapital, S. 195 m. w. Nw.

I. Die Funktionsfähigkeit des Kapitalmarktes als Bestimmungsfaktor der Kapitalmarktregulierung

Die Schaffung oder Erhaltung der Funktionsfähigkeit des Kapitalmarktes wird übereinstimmend als primäres volkswirtschaftliches Regelungsziel der Aufsicht über den Wertpapierhandel genannt.[528] Die Weite des Begriffs „Funktionsfähigkeit des Kapitalmarkts" erfordert jedoch zunächst eine Konkretisierung sowohl hinsichtlich des Begriffs „Kapitalmarkts" als auch hinsichtlich seiner Funktionen, um deren Schaffung und Erhaltung willen Eingriffe in das Marktgeschehen gerechtfertigt sein sollen. Anschließend ist zu untersuchen, ob dieses übergeordnete Regelungsziel auch für den „einheitlichen Europäischen Kapitalmarkt", dessen Rahmenbedingungen für grenzüberschreitende Wertpapierhandelssysteme im folgenden Teil der Arbeit untersucht werden, Geltung hat.

1. Der Kapitalmarktbegriff

Wegen der Offenheit des Begriffs "Kapitalmarkt", der bis heute trotz vieler Untersuchungen keine einheitliche Definition erfahren hat[529], ist es erforderlich, eine Begriffsbestimmung jeweils für das konkrete Untersuchungsziel vorzunehmen[530]. Entscheidend sind

---

528 Vgl. z. B. *Schacht*, Die deutsche Kapitalmarktaufsicht im internationalen Vergleich, S. 16 m. w. Nw.; *Büschgen*, Rahmenbedingungen eines funktionsfähigen Kapitalmarktes in der Bundesrepublik Deutschland, Neue Betriebswirtschaft 1971, S. 1 ff.; *Bröker*, in: Achterberg/Lanz (Hrsg.), Enzyklopädisches Lexikon für das Geld-, Bank- und Börsenwesen, Band II, Stichwort „Kapitalmarkt", S. 953 ff.; *OECD*, Committee for Invisible Transactions, Capital Markets Study, General Report 1967, in der versucht wurde, Kriterien für einen mustergültigen Kapitalmarkt herauszuarbeiten; *Communauté Economique Européenne, Commission*, Le Development d'un Marché Européen des Capitaux, Rapport d'un Group d'Experts constitué par la Commission de la CEE. Dieser sog. "Ségré"-Bericht, in dem die Probleme der Integration der Kapitalmärkte der EWG-Mitgliedsländer untersucht wurden, steht ebenfalls unter der Prämisse der Verbesserung der Funktionsfähigkeit des Kapitalmarktes, ist allerdings nicht auf die einzelnen nationalen Märkte ausgerichtet, sondern beschäftigt sich mit dem zu errichtenden gemeinsamen europäischen Markt.

529 Vgl. ausführlich *Loistl*, Kapitalmarkttheorie, S. 1-30; *Schacht*, Die deutsche Kapitalmarktaufsicht im internationalen Vergleich, S. 11; *Bröker*, Stichwort „Kapitalmarkt" in: Achterberg/Lanz (Hrsg.), Enzyklopädisches Lexikon für das Geld-, Bank- und Börsenwesen, Band II, S. 939; *Häuser*, Stichwort „Kapitalmarkt", in: Büschgen (Hrsg.) Handwörterbuch der Finanzwirtschaft, Spalte 1058 rechnet den Begriff "zu den unpräzisesten und erklärungsbedürftigsten Wörtern" der wirtschaftswissenschaftlichen Disziplin; ähnlich *Assmann*, in: Assmann/Schütz (Hrsg.), Handbuch des Kapitalanlagerechts, S. 3, Rn. 3; *Brahms*, Die Kapitalmarktentwicklung in der Bundesrepublik Deutschland und ihr Einfluß auf die Finanzierung der Unternehmung, S. 7 ff.; *Büschgen*, Der Kapitalmarkt, WISU 1972, S. 508 ff.

530 Ähnlich *Schacht*, Die deutsche Kapitalmarktaufsicht im internationalen Vergleich, S. 11, der allerdings nur von der „Möglichkeit" spricht, während meines Erachtens die "Offenheit" des Begriffs hierzu sogar zwingt. Vgl. auch *Bröker*, in: Achterberg/Lanz (Hrsg.), Enzyklopädisches Lexikon für das Geld-, Bank- und Börsenwesen, Band II, S. 939, Stichwort „Kapitalmarkt", S. 941.

hier die volkswirtschaftlich feststellbaren Strukturen der Finanzmärkte.[531] Da Gegenstand dieser Arbeit die europäische Regulierungsebene ist, ist zu untersuchen, ob die wirtschaftswissenschaftlichen Strukturprinzipien, die für nationale Volkswirtschaften herausgearbeitet worden sind, auch für einen integrierten europäischen Kapitalmarkt als Zusammenschluß der Volkswirtschaften der Mitgliedstaaten Geltung beanspruchen können.

a. Dauer der Finanzbeziehungen als Systematisierungsmerkmal

Nach dem Systematisierungsmerkmal der Dauer der Finanzbeziehungen ist der "Kapitalmarkt" als Markt für mittel- und langfristige Kredite und Beteiligungskapital vom sog. "Geldmarkt" zu unterscheiden, auf dem kurzfristige Finanzierungsmittel gehandelt werden[532]. Somit erscheint der Kapitalmarkt allgemein als "die gedachte Einheit jener Institutionen und Tauschbeziehungen ..., durch welche liquide Mittel von Individuen, Firmen, Gesellschaften und staatlichen Körperschaften an andere Wirtschaftseinheiten gegen Entgelt leihweise oder in einem Beteiligungsverhältnis (langfristig) gegeben werden".[533] Dabei steht auf Seiten der Kapitalnachfrager die Finanzierung von Investitionen und auf Seiten der Kapitalanbieter die Möglichkeit der Vermögensbildung im Vordergrund.[534]

b. Organisationsgrad des Kapitalmarktes als Systematisierungsmerkmal

Ferner wird eine Systematisierung nach dem Organisationsgrad des Kapitalmarktes in das Segment des organisierten und das des nichtorganisierten (freien) Kapitalmarktes vorgenommen.[535] Charakteristikum des organisierten Kapitalmarktes ist die Abwicklung des Handels über Finanzinstitutionen wie Wertpapierbörsen, Banken und andere Kapital-

---

531 *Dannemann*, Struktur und Funktionsweise des Kapitalmarktes in der Bundesrepublik Deutschland, S. 9 ff.; *Gamerdinger*, Der Kapitalmarkt in der Bundesrepublik Deutschland und die Voraussetzungen seiner Funktionsfähigkeit, S. 7 m. w. Nw. Vergleiche auch die Definitionsbemühungen, die an die wirtschaftswissenschaftlichen Strukturen der Finanzmärkte anknüpfen, z. B. *Büschgen*, Das Kleine Börsen-lexikon, Stichwort „Kapitalmarkt", S. 394 f.; *Seidenzahl/Weissenfeld*, Bank- und Börsenlexikon, Stichwort „Kapitalmarkt", S. 178 ff.; *Müssig*, (Gabler) Banklexikon, Handwörterbuch für das Geld-, Bank- und Börsenwesen, Spalte 1235 ff.; *Anhold*, Das neue Börsenlexikon, Stichwort „Kapitalmarkt", S. 181 f.

532 *Schacht*, Die deutsche Kapitalmarktaufsicht im internationalen Vergleich, S. 11; *Tuchtfeldt*, Handwörterbuch der Wirtschaftswissenschaft, Band IV, S. 433.

533 *Häuser*, in: Büschgen (Hrsg.) Handwörterbuch der Finanzwirtschaft, Spalte 1058, Stichwort „Kapitalmarkt".

534 Auch als Kapitalmarkt "im weiteren Sinne" bezeichnet, vgl. *Bröker*, in: Achterberg/Lanz (Hrsg.), Enzyklopädisches Lexikon für das Geld-, Bank- und Börsenwesen, Band II, Stichwort „Kapitalmarkt", S. 941 mit zwei Schemata zum Kapitalmarkt im weiteren und im engeren Sinne auf S. 940; *Tuchtfeldt*, Handwörterbuch der Wirtschaftswissenschaft, Band IV, Stichwort „Kapitalmarkt", S. 433.

535 Eine gute Übersicht vermittelt die Graphik bei *Schacht*, Die deutsche Kapitalmarktaufsicht im internationalen Vergleich, S. 13; vgl. auch *Gamerdinger*, Der Kapitalmarkt in der Bundesrepublik Deutschland und die Voraussetzungen seiner Funktionsfähigkeit, S. 11 f.

marktinstitutionen, wie z. B. Investmentgesellschaften und Versicherungen[536]. Der Handel über diese Institutionen ist durch das Börsenrecht oder die AGB der Kapitalsammelstellen, die einen hohen Grad an Standardisierung und Typisierung der Geschäfte bewirken, streng organisiert[537]. Dabei gilt der Handel mit fungiblen Wertpapieren (Wertpapiermarkt) insbesondere über die Börsen als "Kapitalmarkt im engeren Sinne"[538]. Der nichtorganisierte (freie) Kapitalmarkt stellt sich dar als die direkten "individuelle Beziehungen zwischen Anbietern und Nachfragern außerhalb des organisierten Kapitalmarktes"[539] ohne Zwischenschalten von Kapitalsammelstellen oder sonstigen Intermediären[540].

Soweit es sich bei den elektronischen Wertpapierhandelssystemen nach ihren (betriebs-)wirtschaftlichen Funktionen und dem „materiellen Börsenbegriff" um Börsen handelt, gehören sie zum Segment des organisierten Kapitalmarkts im engeren Sinne. Aber auch soweit sie heute noch nicht als Börsen erfaßt werden, müssen sie nach dieser Systematisierung zu demselben Kapitalmarktsegment gezählt werden, da sie ein organisiertes Handelssystem des Sekundärmarktes für Anteilsrechte und festverzinsliche Wertpapiere mit einem hohen Grad an Standardisierung der Finanzprodukte und Typisierung der Geschäfte darstellen.

2. Die Funktionen des Kapitalmarktes

Die Beurteilung, ob das Ziel „Funktionsfähigkeit des Kapitalmarkts" als Bestimmungsfaktor der Regulierung der Aufsicht über Wertpapierhandelssysteme erreicht wird, kann

---

536 *Müssig*, Gabler Banklexikon, Handwörterbuch für das Geld-, Bank- und Börsenwesen, Spalte 1235.

537 *Schacht*, Die deutsche Kapitalmarktaufsicht im internationalen Vergleich, S. 12 f.; *Müssig*, (Gabler)
Banklexikon, Handwörterbuch für das Geld-, Bank- und Börsenwesen, Spalte 1236.

538 *Bröker*, in: Achterberg/Lanz (Hrsg.), Enzyklopädisches Lexikon für das Geld-, Bank- und Börsenwesen, Band II, Stichwort „Kapitalmarkt", S. 942 mit Graphik auf S. 940. Hier können unterschieden werden: der Handel in Anteilsrechten (Aktien, Kuxe und Bezugsrechte), der Handel in derivativen Finanzinstrumenten, der Handel mit festverzinslichen Wertpapieren (Anleihen der öffentlichen Hand, Pfandbriefe, Kommunalobligationen, Bankschuldverschreibungen und Industrieanleihen) sowie der Handel mit Investmentzertifikaten.

539 *Häuser*, in: Büschgen (Hrsg.) Handwörterbuch der Finanzwirtschaft, Stichwort „Kapitalmarkt", Spalte 1059.

540 *Schacht*, Die deutsche Kapitalmarktaufsicht im internationalen Vergleich, S. 14. Hierbei handelt es sich um Kreditgeschäfte (Schuldscheindarlehen und langfristige Kredite unter Privaten), Kapitalbeteiligungen an nicht börsenorientierten Unternehmen (stille Beteiligungen, Kommanditanteile, Einlagen eines persönlich haftenden Gesellschafters, GmbH-Anteile, Genossenschaftsanteile und nicht börsennotierte Aktien) und Geschäfte auf dem sog. "grauen Kapitalmarkt" (Anteile an Publikumspersonengesellschaften und geschlossenen Immonbilienfonds).

nur bei Kenntnis der einzelnen Funktionen des Kapitalmarktes gelingen.[541] Dabei wird hier die Einbettung des Kapitalmarktes in ein marktwirtschaftliches System zugrunde gelegt, da alle Mitgliedstaaten der EU marktwirtschaftlich organisiert sind. Als Ziel jeglicher Regelungspolitik kommt dabei nur die Steigerung der vorhandenen Funktionsfähigkeit in Betracht.[542] Die wichtigsten volkswirtschaftlichen Funktionen sind:

a. Marktfunktion

Grundstruktur jedes Kapitalmarktsegmentes ist das unabhängige Gegenüberstehen eines durch Spartätigkeit vorhandenen Kapitalangebotes und die Kapitalnachfrage zur Finanzierung von Investitionen[543]. Die Funktion des Marktes, d. h. seiner Institutionen, besteht somit darin, eine Übereinstimmung von Angebot und Nachfrage nach längerfristigen Finanzierungsmitteln herzustellen und somit das Kapital von den Sparern zu den Investoren zu leiten.[544] Insbesondere über die Institutionalisierung der Märkte durch Einrichtung geeigneter Überwachungssysteme und die Standardisierung der Kontrakte und Marktprodukte sowie der Zulassungsverfahren[545] und Segmentierung der Märkte in Teilmärkte mit unterschiedlichen Anforderungen wird diese Funktion erleichtert.[546]

b. Transformationsfunktion

Die Kapitalanbieter sind tendenziell eher an kurzfristigen, liquiden Anlagemöglichkeiten interessiert, während die Kapitalnachfrager naturgemäß eher an mittel- und längerfristi-

---

541 Das Verhältnis der wirtschaftswissenschaftlichen Abgrenzung des Kapitalmarktes zu seiner rechtlichen Erfassung beschreibt *Assmann*, in: Assmann/Schütz (Hrsg.), Handbuch des Kapitalanlagerechts, S. 3, Rn 3 f.: "Schließlich ist der Begriff des Kapitalmarktes nicht als vorjuristischer zu erfassen, sondern ist in seiner jeweiligen Gestalt durch seine juristisch mitbestimmten Institutionen geprägt. Deshalb kann es nicht Aufgabe eines Kapitalmarktrechts sein, ein im institutionenfreien Raum entworfenes Modell eines Kapitalmarkts regulatorisch umzusetzen. Das Kapitalmarktrecht gewinnt seine Bedeutung als juristische Kategorie deshalb nicht allein aus Vorgängen außerhalb des Rechts, sondern aus der Darstellbarkeit von Regelungsaufgaben,... . In diesem Sinne wächst Kapitalmarktrecht gleichsam zwischen äußerem Problemanfall und den Grenzen innerer Problemlösungsmöglichkeiten."

542 *Schacht*, Die deutsche Kapitalmarktaufsicht im internationalen Vergleich, S. 17.

543 Zu den Aspekten der Kapitalanlagewünsche und des Kapitalbedarfs als Determinanten des Kapitalmarktes siehe *Seidenzahl/Weissenfeld*, Bank- und Börsenlexikon, Stichwort „Kapitalmarkt“, S. 178 ff.; *Schacht*, Die deutsche Kapitalmarktaufsicht im internationalen Vergleich, S. 15; *Büschgen*, Rahmenbedingungen eines funktionsfähigen Kapitalmarktes in der Bundesrepublik Deutschland, Neue Betriebswirtschaft 1971, Heft 2, S. 1; *ders.*, Das kleine Börsenlexikon, Stichwort „Kapitalmarkt“, S. 394 f.

544 Vgl. *Münstermann*, Märkte für Risikokapital, S. 54, die die Marktfunktion der Ausrichtung ihrer Untersuchung entsprechend als Finanzierungsfunktion bezeichnet.

545 Die Zulassungregeln für Marktteilnehmer und Produkte reduzieren die Unsicherheit der Marktteilnehmern hinsichtlich der Bonität der Geschäftsgegenseite, erübrigen aufwendige Überprüfungen im Einzelfall und erlauben damit erst das zügige Zustandekommen der Geschäfte, vgl. *Münstermann*, Märkte für Risikokapital, S. 59, die hierin unter Einschluß der Standardisierungsfunktion und der Zentralisierung eine eigene „Selektionsfunktion“ organisierter Märkte erkennt.

546 Siehe *Münstermann*, Märkte für Risikokapital, S. 55 m. w. Nw.

gen Finanzierungsmöglichkeiten ihrer Investitionen interessiert sind. In der Transformation[547] dieser Fristen für die Bereitstellung von Kapital liegt bei Wahrung der Sparerinteressen und Aufrechterhaltung der Liquidität des Marktes eine wesentliche Aufgabe des Kapitalmarktes.[548]

c. Mobilisationsfunktion

Naturgemäß ist der Kapitalbedarf für Investitionen meist größer als die angebotenen einzelnen Kapitalbeträge. Dem Markt kommt somit noch die "Mobilisations- oder Sammelfunktion" zu, indem kleinere Anlagebeträge für umfangreichere Investitionen zusammengefaßt werden können[549]. Auch wenn heute das Emissionsverfahren so ausgestaltet ist, daß der Emittent den Emissionsbetrag auf dem Primärmarkt von den Konsortialbanken bekommt, bevor die Wertpapiere von diesen über den Sekundärmarkt weiterveräußert werden, erfüllen letztlich die Wertpapierhandelssysteme technisch die Mobilisationsfunktion.

d. Allokationsfunktion

Die Weiterleitung der Kapitalmittel an die Stellen höchster Rendite und damit höchster Effektivität wird als "Allokationsfunktion" bezeichnet.[550] Die Wertpapierhandelssysteme sorgen als Sekundärmärkte für eine effiziente Allokation des Kapitals. Zwar geschieht die eigentliche Kapitalallokation bei der Emission von Aktien oder Anleihen im Vertragverhältnis zwischen dem Emissionskonsortium und dem Emittenten, das Volumen der Emission und der erzielbare Emissionspreis, die letztlich über die gesamte dem Emittenten zufließende Kapitalmenge entscheiden, hängen jedoch direkt von der erwarteten oder sicheren Nachfrage im Sekundärmarkt ab. Auch die Kapitalaufnahmemöglichkeiten des Emittenten für weitere Emissionen hängen im wesentlichen von der Kursentwicklung der bereits emittierten Wertpapiere ab. Durch die Organisation von Wertpapiermärkten können

---

547 *Münstermann*, Märkte für Risikokapital, S. 55 faßt unter den Begriff der Transformationsfunktion nicht die Fristigkeit der Kapitaltransformation, sondern die Kapitalvolumentransformation, die hier unter dem Begriff Mobilisationsfunktion erörtert wird.

548 Siehe auch *Schacht*, Die deutsche Kapitalmarktaufsicht im internationalen Vergleich, S. 16 m. w. Nw., der im Anschluß an *Häuser*, in: Büschgen (Hrsg.) Handwörterbuch der Finanzwirtschaft, Stichwort „Kapitalmarkt", Spalte 1060, auch die Mobilisationsfunktion des Kapitalmarktes als Unterpunkt der Transformationsfunktion auffaßt. Vgl. im übrigen *Bröker*, in: Achterberg/Lanz (Hrsg.), Enzyklopädisches Lexikon für das Geld-, Bank- und Börsenwesen, Band II, Stichwort „Kapitalmarkt", S. 954.

549 Siehe *Schacht*, Die deutsche Kapitalmarktaufsicht im internationalen Vergleich, S. 16; *Mülhaupt*, Einführung in die Betriebswirtschaftslehre der Banken, S. 219.

550 *Häuser*, in: Büschgen (Hrsg.) Handwörterbuch der Finanzwirtschaft, Stichwort „Kapitalmarkt", Spalte 1059; *Schacht*, Die deutsche Kapitalmarktaufsicht im internationalen Vergleich, S. 15; *Münstermann*, Märkte für Risikokapital, S. 57 bezeichnet sie als „Kostensenkungsfunktion" im Hinblick auf die Transaktionskostenreduzierung bei effizienter Marktorganisation.

die Transaktionskosten für die Emission der Anteile sowie der Anlage von Kapital gesenkt werden.[551]

e. Kontrollfunktion

Durch die Bewertung der Wertpapiere am Kapitalmarkt wird nicht zuletzt auch eine Kontrolle über das kapitalverwaltende Management bewirkt, so daß organisierte Märkte als Markt für Unternehmenskontrolle aufgefaßt werden können.[552] Die hierfür grundlegende Annahme einer weitgehenden Informationssymmetrie zwischen Anlegern und Management dürfte in der Praxis jedoch nur unzureichend erfüllt sein. In der Übernahmegefahr und der daraus resultierenden Gefahr der Entlassung der Manager das wesentliche Kontrollelement zu sehen[553], mag wirtschaftstheoretisch zutreffend sein, in der Praxis jedoch dürfte die Kontrolle eher in einer direkten Einflußnahme auf die amtierenden Manager durch die wesentlichen Anteilsinhaber, z. B. institutionelle Anleger, geschehen, die zunehmend die konsequente Verfolgung einer Shareholder Value-Unternehmenspolitik[554] einfordern.

3. Die Funktionsfähigkeit eines einheitlichen europäischen Kapitalmarktes

Die Aufsichtsregelungen über den internationalen Wertpapierhandel mittels grenzüberschreitender Wertpapierhandelssysteme in der Europäischen Union haben sich nicht nur daran zu orientieren, wie sich die in Umsetzung der europäischen Regelungen getroffenen Maßnahmen der Mitgliedstaaten auf ihre jeweiligen nationalen Kapitalmärkte auswirken, sondern zugleich ist zu berücksichtigen, inwieweit die Funktionen eines einheitlichen europäischen Kapitalmarktes unterstützt, gefördert oder beeinträchtigt werden.[555] Voraussetzung hierfür ist jedoch zunächst, daß es sich bei dem einheitlichen europäischen Markt für den Wertpapierhandel aus wirtschaftlicher Sicht tatsächlich um einen einheitlichen Markt handelt, für den die für nationale Kapitalmärkte erläuterten Funktionen ebenfalls gelten.

Der einheitliche europäische Markt für Kapital und Finanzdienstleistungen setzt sich zusammen aus den einzelnen Kapitalmärkten der Mitgliedstaaten und ist jedoch zugleich

---

551 Vgl. hierzu *Münstermann*, Märkte für Risikokapital, S. 58 f. m. w. Nw.

552 *Münstermann*, Märkte für Risikokapital, S. 56 m. w. Nw.

553 So offensichtlich *Münstermann*, Märkte für Risikokapital, S. 57.

554 Zur Shareholder Value-Orientierung der Unternehmen und dem Einfluß institutioneller Anleger siehe grundlegend *Rappaport*, Shareholder Value; sowie *Bühner*, Der Shareholder Value Report; *Lewis/Stelter/Casata/Reiter*, Steigerung des Unternehmenswertes - Total Value Management; *von Rosen*, Shareholder Value langfristig, Börsen-Zeitung v. 15.5.1996; *Schilling*, Shareholder Value und Aktiengesetz, Betriebs-Berater 1997, S. 373-381.

mehr als deren bloße Summe. Er eröffnet vielmehr für die Kapitalbeschaffung und -anlage neue Möglichkeiten unter vereinheitlichten Rahmenbedingungen, die zu einer Liberalisierung vieler Märkte, andererseits jedoch auch zu deren verbesserter Überwachung geführt haben.[556] Insofern stellt der europäische Kapitalmarkt einen eigenen abgrenzbaren Markt dar[557], der ähnlich wie die nationalen Kapitalmärkte, die in die mitgliedstaatlichen Volkswirtschaften mit ihren eigenen Wirtschaftspolitiken eingebettet sind, in den Europäischen Binnenmarkt und die Wirtschaftspolitik der Europäischen Union integriert ist.

Die genannten vier wichtigsten Funktionen eines Kapitalmarktes, die Markt-, Transformations-, Mobilisations- und Allokationsfunktionen kommen auch dem einheitlichen europäischen Kapitalmarkt zu. Auf ihm wird das Angebot und die Nachfrage nach längerfristigen Finanzierungsmitteln europaweit zusammengeführt, wobei auch für die Fristentransformation der Kapitalanlagen keine Unterschiede zu den nationalen Kapitalmärkten bestehen. Gleiches gilt für die Mobilisationsfunktion, allein mit dem Unterschied, daß zur Kapitalsammlung nunmehr ein größeres Potential an Kapitalanlegern zur Verfügung steht, so daß auch Kapitalmengen mobilisiert werden können, die allein in einem Mitgliedstaat nicht oder nur erschwert aufgebracht werden könnten, und dies zu ähnlichen (weil harmonisierten) Bedingungen wie in einem Mitgliedstaat allein. Nicht zuletzt wird auch die Allokationsfunktion erfüllt, wenn die Kapitalmittel nunmehr innerhalb der Grenzen der Europäischen Union an die Stellen höchster Rendite und damit höchster Effektivität fließen können.

Unter der Prämisse, daß für die Beurteilung von rechtlichen Rahmenbedingungen aus wirtschaftswissenschaftlicher Sicht die Funktionsfähigkeit des Kapitalmarktes entscheidend ist, müssen auch Faktoren für die Beurteilung der Funktionsfähigkeit des einheitlichen europäischen Kapitalmarktes existieren. Da seine wirtschaftlichen Grundfunktionen denen eines nationalen Kapitalmarktes entsprechen, können die aufgezeigten Faktoren der Primär- und Sekundärmarkteffizienz herangezogen werden, um die Regelungen der Europäischen Union für elektronische Wertpapierhandelssysteme daran zu messen, ob sie in diesem speziellen Bereich effiziente Märkte ermöglichen.

---

555 Vgl. *Communauté Economique Européenne, Commission*, Le Development d'un Marché Européen des Capitaux, Rapport d'un Group d'Experts constitué par la Commission de la CEE, sog. "Ségré"-Bericht.

556 Zur ambivalenten Wirkung der Kapitalmarktpolitik der Europäischen Union *Kiehling*, Finanzplatz Europa, S. 301 (302 f.).

557 Vgl. *Kiehling*, Finanzplatz Europa, S. 307 a. E. m. w. Nw.

4. Die Kapitalmarkteffizienz als Bestimmungsfaktor der Kapitalmarktregulierung

Werden die vorgenannten Funktionen des Kapitalmarktes zugrunde gelegt, ist die "Funktionsfähigkeit" des Kapitalmarktes[558] als Idealfall dann gegeben, wenn sowohl hinsichtlich des Finanzvolumens als auch hinsichtlich der Anlage- und Finanzierungsinstrumente Angebot und Nachfrage vollständig zur Deckung kommt[559], diese Mittel zugleich an die Stellen höchster Rendite und Effektivität gelangen und die Kontrollfunktion des Kapitalmarktes erfüllt wird.

Zur Operationalisierung dieses Ziels sind jedoch Beurteilungsmaßstäbe für den Grad der Funktionsfähigkeit des Kapitalmarkts erforderlich. Solche Beurteilungsmaßstäbe können im Bereich der institutionellen Rahmenbedingungen sowie der inneren Organisation des Marktes gefunden werden. Sie zeigen auf, wie effizient der Kapitalmarkt sowohl im Primär- als auch Sekundärmarktbereich organisiert ist und arbeitet. Der beschriebene Idealzustand der Funktionsfähigkeit des Kapitalmarktes wird jedoch in der Praxis tatsächlich nicht erreicht, so daß in der Realität stets Ineffizienzen des Kapitalmarktes festzustellen sind.[560]

a. Institutionelle Rahmenbedingungen

Die "Kapitalmarkteffizienz"[561] hat im Primär- und im Sekundärmarkt unterschiedliche Ausprägungen.[562] Generell lassen sich als Effizienzfaktoren die interne Organisation des Marktes, also die organisatorischen Regelungen sowie die technischen, personellen und

---

558 *Schacht*, Die deutsche Kapitalmarktaufsicht im internationalen Vergleich, S. 16 m. w. Nw.; *Büschgen*, Rahmenbedingungen eines funktionsfähigen Kapitalmarktes in der Bundesrepublik Deutschland, Neue Betriebswirtschaft 1971, Heft 2, S. 1 ff. *Bröker*, in: Achterberg/Lanz (Hrsg.), Enzyklopädisches Lexikon für das Geld-, Bank- und Börsenwesen, Band II, Stichwort „Kapitalmarkt", S. 953 ff. setzt bei seiner Darstellung der Kriterien eines leistungsfähigen Kapitalmarktes ebenfalls die Steigerung der Funktionsfähigkeit als Ziel voraus. Vgl. auch *Organisation for Economic Cooperation and Development (OECD)*, Committee for Invisible Transactions, Capital Markets Study, General Report 1967, in dem versucht wurde, Kriterien für einen mustergültigen Kapitalmarkt herauszuarbeiten.

559 *Büschgen*, Rahmenbedingungen eines funktionsfähigen Kapitalmarktes in der Bundesrepublik Deutschland, Neue Betriebswirtschaft 1971, Heft 2, S. 1; *Schacht*, Die deutsche Kapitalmarktaufsicht im internationalen Vergleich, S. 17.

560 Zum sehr unterschiedlich gebrauchten Begriff der „Effizienz" bzw. den „Ineffizienzen" siehe *Picot/Bortenlänger/Röhrl*, Börsen im Wandel, S. 17 m. w. Nw.

561 *Bröker*, in: Achterberg/Lanz (Hrsg.), Enzyklopädisches Lexikon für das Geld-, Bank- und Börsenwesen, Band II, Stichwort „Kapitalmarkt", S. 953 ff., der sich bei seinen Erörterungen im wesentlichen auf die OECD-Studie stützt.

562 Vgl. *Organisation for Economic Cooperation and Development (OECD)*, Committee for Invisible Trans- actions, Capital Markets Study, General Report 1967.

sachlichen Voraussetzungen des Handels nennen.[563] Als Basis dieser internen Organisation erscheint ein funktionierender Preisbildungsmechanismus.[564] Nur eine Organisation des Marktes, die geringstmögliche Hindernisse für Transaktionen aufstellt, so daß der Handel sich rasch, billig, für die Teilnehmer transparent und frei von großen Preisschwankungen vollzieht,[565] kann die Funktionsfähigkeit gewährleisten.[566]

Die Faktoren zur Effizienzsteigerung lassen sich damit grundsätzlich kategorisieren[567] in:

- eine Beeinflussung der Angebotsseite
- eine Beeinflussung der Nachfrageseite
- eine Veränderung der Kapitalmarktregulierung und -kontrolle.

aa. Primärmarkteffizienz

Für den Primärmarkt stellen insbesondere die Marktfunktion und die Allokationsfunktion Effizienzfaktoren des Marktes dar[568], da hier die eigentliche Allokation des Kapitals stattfindet, während im Sekundärmarkt eine Allokation des Kapitals im eigentlichen Sinne nicht mehr stattfindet, sondern nur noch eine Substitution der Anleger.[569] Darüber hinaus kommt der Ausgestaltung des Anlegerschutzes im Primärmarktbereich eine hohe Bedeutung zu. Um das Vertrauen der Anleger in die gehandelten Wertpapiere und deren Emittenten sicherzustellen, sind die nichtspekulativen Risiken des Wertpapiererwerbs insbesondere durch Information des Anlegers zu minimieren.[570]

---

563 Auch als "operationale Effizienz", "transactional efficiency" oder "internal efficiency" bezeichnet; siehe zur internen Organisation der Märkte als Effizienzvoraussetzung am Beispiel der Börse, *Schmidt*, Börsenorganisation zum Schutze der Anleger, S. 1, 100 ff. m. w. Nw.

564 *Schacht*, Die deutsche Kapitalmarktaufsicht im internationalen Vergleich, S. 47 f.

565 Vgl. *Hopt*, Inwieweit empfiehlt sich eine allgemeine gesetzliche Regelung des Anlegerschutzes?, Gutachten G zum 51. Deutschen Juristentag, S. G 49.

566 Zu einzelnen Hemmnissen operationaler Effizienz (z. B. Marktenge, fehlende Börsentransparenz und hohen Transaktionskosten) sowie ihren Auswirkungen, *Schacht*, Die deutsche Kapitalmarktaufsicht im internationalen Vergleich, S. 48 f. m. w. Nw.

567 Vgl. die Übersicht bei *Schacht*, Die deutsche Kapitalmarktaufsicht im internationalen Vergleich, S. 18, mit Beispielen einzelner Instrumente der Beeinflussung. Alle Maßnahmen können unter den Begriff der "Kapitalmarktpolitik" zusammengefaßt werden. Siehe, *Hankel*, in: Büschgen (Hrsg.) Handwörterbuch der Finanzwirtschaft, Spalte 1080 ff.; *Müssig*, (Gabler) Banklexikon, Handwörterbuch für das Geld-, Bank- und Börsenwesen, Spalte 1236 f.; *Büschgen*, Das kleine Börsenlexikon, S. 395; *Seidenzahl/Weissenfeld*, Bank- und Börsenlexikon, Stichwort „Kapitalmarkt", S. 180.

568 *Schacht*, Die deutsche Kapitalmarktaufsicht im internationalen Vergleich, S. 38 ff. m. w. Nw.

569 Vgl. *Büschgen*, Rahmenbedingungen eines funktionsfähigen Kapitalmarktes in der Bundesrepublik Deutschland, Neue Betriebswirtschaft 1971, Heft 2, S. 1; *Schacht*, Die deutsche Kapitalmarktaufsicht im internationalen Vergleich, S. 39.

570 Hierzu ausführlich *Assmann*, Die Regelung der Primärmärkte für Kapitalanlagen mittels Publizität im Recht der Europäischen Gemeinschaft, AG 12/1993, S. 549-563.

Gerade die elektronischen Wertpapierhandelssysteme im Internet, die auch Emissionen von Wertpapieren unmittelbar vom Emittenten an die Anleger ermöglichen, können zur Steigerung der Primärmarkteffizienz beitragen. Die Internet-Emission ist auch für solche Emittenten möglich, die nicht die Mindestgrößenkriterien der börslichen Wertpapierhandelssysteme erfüllen und wegen ihrer geringen Größe keine Emissionsbegleiter finden.

Ein ganz wesentliches Effizienzkriterium sowohl des Primärmarktes als auch des nachfolgend dargestellten Sekundärmarktes stellt die Informationssymmetrie zwischen Kapitalsuchendem bzw. Wertpapierverkäufer und Kapitalanleger dar. Der Informationsvorsprung einer Marktseite bewirkt unweigerlich eine ineffiziente Kapitalanlageentscheidung. Im Primärmarkt bezieht sich die Informationssymmetrie insbesondere auf die aktuelle und die zu erwartende Situation des um Kapital werbenden Unternehmens. Nur wenn auf der Marktseite der Eigentümer des Unternehmens, die Unternehmensanteile verkaufen oder Fremdkapital einwerben will, und auf der Marktseite der Anteilskäufer bzw. der Fremdkapitalgeber ein annähernd gleicher Informationsstand herrscht, können sowohl die Allokations-, die Transformations- und die Kontrollfunktion optimal erfüllt werden.

In der Praxis aber sind Ineffizienzen des Primärmarktes im Bereich der Eigenkapitalbeschaffung zu beobachten. Diese resultieren z. T. aus steuerrechtlichen Rahmenbedingungen, da zu wenig Unternehmen aus steuerrechtlichen, insbesondere erbschafts- und schenkungssteuerrechtlichen Gründen nicht die Rechtsformen der Aktiengesellschaft oder Kommanditgesellschaft auf Aktien wählen, die die Emission fungibler Wertpapiere mit leichter Handel- und Übertragbarkeit im organisierten Kapitalmarkt ermöglicht, sondern die Rechtsform der Personengesellschaft oder ganz überwiegend der Gesellschaft mit beschränkter Haftung bevorzugen.[571] Auch die steuerliche Diskriminierung der Aktie auf der Anlegerseite sorgt ebenso für Ineffizienz des Primärmarktes wie die Verzerrung des Wettbewerbs der Anlageformen im Primärmarkt durch steuerliche Förderung anderer Anlageformen als der Aktie.[572]

Insbesondere im Primärmarkt ist zudem eine Informationsasymmetrie festzustellen, die zur Ineffizienz des Primärmarktes beiträgt. Letztlich hat nur die Unternehmensführung eines um Eigen- oder Fremdkapital werbenden Unternehmens alle Informationen zur Beurteilung der aktuellen wirtschaftlichen Lage des Unternehmens. Auch die Rechnungslegungs- und Offenlegungspflichten des Gesellschafts- und Handelsrechts ändern hieran nichts, denn sie beziehen sich zumeist auf bereits zurückliegende Zeiträume und bieten erhebliche Spielräume zur Beeinflussung der Darstellung der wirtschaftlichen Lage. Die

---

571 Vgl. zur steuerlichen Diskriminierung der Aktie als Finanzierungs- und Anlageform *von Rosen*, Chancengemeinschaft, S. 196 ff.

572 Vgl. *von Rosen*, Chancengemeinschaft, S. 196 (207 ff.).

Ad hoc-Publizität zur Information des Marktes bzw. der Aktionäre und potentiellen Anleger über kurserhebliche Tatsachen, die im Unternehmensbereich anfallen, trägt allerdings wesentlich zu einer aktuellen Information über die Lage des Unternehmens bei. Gleiches gilt für die Pflichten zur Erstellung eines Emissionsprospektes bei der Emission von Wertpapieren, die dem Anleger- bzw. Fremdkapitalgeberpublikum einen „true and fair" view der Lage des Unternehmens geben sollen. Allerdings können auch diese Prospekte nur einen Ausschnitt aller Informationen über das Unternehmen liefern. Hinzu kommt, daß die Prospekte i. d. R. einen Umfang und eine Informationsaufbereitung aufweisen, die Privatanleger eher vom Studium der Prospekte abschreckt.

Hinsichtlich der zukünftigen Entwicklung des Unternehmens besitzen weder die Unternehmensführung noch die Anleger bzw. Fremdkapitalgeber oder Wertpapieranalysten gesicherte Informationen, so daß hier die Informationsasysemmetrie geringer ausfällt. Allerdings hat die Unternehmensführung einen Informationsvorsprung soweit es sich um sich abzeichnende Tatsachen unterhalb der Ad hoc-Publizitätsschwelle handelt, die nicht an den Markt gegeben werden müssen, jedoch die Zukunft des Unternehmens mitbestimmen.

bb. Sekundärmarkteffizienz

Die Effizienz des Sekundärmarktes[573] wird durch folgende Faktoren bestimmt[574]:

aaa. Absolute und relative Kapazität des Marktes

Ein einheitlicher, großer Kapitalmarkt erlaubt eine leichtere Abwicklung umfangreicher Transaktionen. Hier können elektronische Wertpapierhandelssysteme, an denen sich eine Vielzahl von Intermediären und institutionellen Anlegern unmittelbar beteiligen können, von Vorteil sein, da sich damit auch für große Aufträge leichter entsprechende Gegenpositionen finden lassen. Ein durch elektronische Wertpapierhandelssysteme hergestellter einheitlicher europäischer Markt vergrößert die Palette potentieller Geschäftspartner und verringert damit die Kosten der Geschäftspartnersuche, insbesondere für Geschäfte mit

---

573 *Schacht*, Die deutsche Kapitalmarktaufsicht im internationalen Vergleich, S. 41 ff., stellt die Trennung in der Betrachtung der Faktoren der Effizienz von Primär- und Sekundärmärkten anschaulich dar. Für die Effizienzmessung des Sekundärmarktes verwendet er die "efficient market"-Theorie im Anschluß an *Fama*, Efficient Capital Markets: A Review of Theory and Empirical Work, in: Journal of Finance 1970, S. 383; vgl. zu den Effizienztreibern im Börsenwettbewerb ausführlich *Picot/Bortenlänger/Röhrl*, Börsen im Wandel, S. 106 ff.

574 Siehe zu diesen Faktoren mit einer eingehenden Erläuterung und mit Ansätzen zu ihrer Steigerung oder Verbesserung *Bröker*, in: Achterberg/Lanz (Hrsg.), Enzyklopädisches Lexikon für das Geld-, Bank- und Börsenwesen, Band II, Stichwort „Kapitalmarkt", S. 953 ff. Die Faktoren können unter der Sammelbezeichnung der "institutionellen Effizienz" in Abgrenzung zur sog. "operationalen Effizienz" erfaßt werden. Vgl. *Hopt*, Inwieweit empfiehlt sich eine allgemeine gesetzliche Regelung des Anlegerschutzes?, Gutachten G zum 51. Deutschen Juristentag, S. G 49.

größeren Volumina. Zugleich erhöht sich die Wahrscheinlichkeit, auch für Nebenwerte Interessenten zu finden und einen liquideren Markt in diesen ansonsten oft sehr marktengen Werten herstellen zu können.

Andererseits ist nicht zu verkennen, daß der sich verschärfende Wettbewerb der Wertpapierhandelssysteme durch Auftreten immer neuer elektronischer Wertpapierhandelssysteme für professionelle Teilnehmer und für Privatanleger die Gefahr bergen kann, daß es zu einer weiteren Marktzersplitterung kommt und die Abwicklung größerer Transaktionen entsprechend schwieriger wird, da sich das Ordervolumen auf mehrere Wertpapierhandelssysteme verteilt, so daß für große Orders in einem Wertpapierhandelssystem möglicherweise nicht genügend Gegenorders vorhanden sind. Gleiches gilt auch für die Geschäfte in Nebenwerten. Hier können Ineffizienzen z. B. entstehen, wenn die Wertpapierhandelssysteme nicht über spezielle Blockorder-Regelungen verfügen, die es den Teilnehmern ermöglichen, Geschäfte dieser Art untereinander zu schließen, ohne diese sofort wie normale Geschäfte offenlegen zu müssen.

bbb. Flexibilität des Marktes

Auch bei Veränderungen im Sparaufkommen und im Finanzbedarf sollen sich Angebot und Nachfrage kurzfristig ausgleichen. Dies kann durch einen leistungsfähigen Sekundärmarkt, einen geringen Grad an Abschottung zwischen den einzelnen Teilmärkten, einem möglichst großen Angebot an Finanzierungs- und Geldanlagemöglichkeiten sowie einer großen Zahl institutioneller Anleger geschehen, die stetig mit großen Volumina nach Anlagemöglichkeiten suchen. Insbesondere Market-Maker-Systeme können hier Vorteile bieten, da dort ständig An- und Verkaufkurse gestellt werden müssen.

Ineffizienzen können hier durch eine Abschottung der Teilmärkte untereinander entstehen und insbesondere wenn keine leistungsfähigen Terminmärkte vorhanden sind. Bei diesen wiederum entscheidet die Produktpalette letztlich über die Flexibilität des Gesamtmarktes, der auf Termin- und Optionsgeschäfte angwiesen ist.

ccc. Stabilität des Marktes

Ein gleichmäßiges Angebot an Finanzmitteln und ein gleichmäßiges Zinsniveau bestimmen entscheidend, welchen Schwankungen der Kapitalmarkt ausgesetzt ist.

Ineffizienzen in diesem Bereich sind kaum rechtlicher Natur, sondern werden durch die wirtschaftliche Entwicklung und die Politik der Zentralbanken bestimmt und können daher kaum durch rechtliche Regelungen im Bereich des Wertpapierhandels beeinflußt werden.

ddd. Höhe der Transaktionskosten

Je geringer die Kosten für die Emission und den Handel mit Wertpapieren sind, umso höher ist - ceteris paribus - die Kapitalmarkteffizienz für die Marktteilnehmer. Da die privaten Wertpapierhandelssysteme institutionellen Anlegern den direkten Zugang zum Markt bieten, ohne daß Banken oder Makler als Intermediäre eingeschaltet werden müssen, lassen sich hier ganz erhebliche Kostenvorteile in den Transaktionskostenkomponenten[575] für die Teilnehmer erreichen.[576] Die Kosten für die Bereitstellung des Systems fallen für diese Teilnehmer hingegen kaum ins Gewicht.[577] Vergleichbare Transaktionskostensenkungen lassen sich durch private Wertpapierhandelssysteme auch für private Anleger erreichen, da diese Systeme am Markt nur dann bestehen können, wenn sie Wertpapiergeschäftsschlüsse zu geringen Transaktionskosten bieten. Da solche Direktbörsen für Privatanleger die gleiche Zielgruppe potentieller Teilnehmer haben wie Online Broking-Unternehmen[578], wird sich der Wettbewerb und ein Abwerben von Kunden im wesentlichen über den Preis vollziehen müssen.

Ineffizienzen im Bereich der Transaktionskosten können entstehen, wenn die Wettbewerbssituation es einem Betreiber eines Wertpapierhandelssystems bzw. Wertpapierabwicklungssystems erlaubt, Transaktionskostenpreise monopolistisch festzusetzen oder wenn zwischen den Intermediären kein echter Preiswettbewerb besteht. Der zunehmende Wettbewerb zwischen den Wertpapierhandelssystemen aber auch zwischen den nationalen und internationalen Depotbanken erzeugt jedoch einen wachsenden Druck auf die Transaktionskosten und steigert damit die Effizienz des Kapitalmarktes. Der Markteintritt neuer spezialisierter Wertpapierbanken, die insbesondere als Online-Broker durch geringe

---

575 Je nach Untersuchungszweck lassen sich Transaktionskostenkomponenten im Anschluß an *Picot/Bortenlänger/Röhrl*, Börsen im Wandel, S. 18 ff. nach Phasen einer Transaktion, nach ihrem Explizierungsgrad sowie nach marktspezifischen Eigenschaften systematisieren. Bei der Phasenorientierung werden unterschieden Anbahnungskosten, Vereinbarungskosten, Abwicklungskosten, Anpassungskosten sowie Kontrollkosten. Ähnlich *Münstermann*, Märkte für Risikokapital, S. 218 ff. m. w. Nw., die eine Aufgliederung in Informations- und Entscheidungskosten, Kontrahentensuchkosten, Kosten des sofortigen Abschlusses und Kosten der Sicherung gegen Transaktionsrisiken sowie Kosten des Wertpapierservices, der fortlaufenden Information sowie der Verwahrung und Verwaltung vornimmt. Bei der Systematisierung nach dem Explizierungsgrad werden unterschieden die impliziten Kosten und die expliziten Kosten und bei der Systematisierung nach marktspezifischen Kosten der Mengen-Preis-Effekt (market impact), die Kommissionskosten sowie die Spanne zwischen An- und Verkaufskurs (bid-ask-spread). Ausführlich *Picot/Bortenlänger/Röhrl*, Börsen im Wandel, S. 19 ff., 106-111; ähnlich *Stenzel*, Außerbörslicher Aktienhandel, S. 102-104.

576 Vgl. ausführlich zu den Kosten des börslichen und außerbörslichen Wertpapierhandels *Stenzel*, Außerbörslicher Aktienhandel, S. 102-124, insbesondere die Übersicht über die Geschäfsabschlußgebühren auf S. 114.

577 Siehe die Übersicht der Kosten der Teilnahme der börslichen Marksysteme und des Instinet-Systems bei *Stenzel*, Außerbörslicher Aktienhandel, S. 106.

578 Hierzu ausführlich *Birkelbach*, Cyber Finance - Finanzgeschäfte im Internet, S. 81-104.

Preise für ihre Tätigkeit Kunden gewinnen, wird ebenfalls weiteren Druck auf die Gesamttransaktionskosten ausüben.

eee. Regelung des Marktzugangs für die Kapitalanleger und die Kapitalnachfrager

Die Absicherung der Bonität der Teilnehmer an den Börsen und Wertpapierhandelssystemen gewinnt vor dem Hintergrund immer größerer Ordervolumen an Bedeutung. Der Ausfall eines Teilnehmers oder das Scheitern eines größeren Geschäfts kann durch die starke Vernetzung der Märkte erhebliche Auswirkungen auch außerhalb eines Wertpapierhandelssystems haben.

Ineffizienzen können hier durch eine mangelhafte Besicherung der an den organisierten Märkten vollzogenen Wertpapiergeschäfte entstehen. Die Ausgestaltung von Besicherungssystemen etwa durch Einzelbesicherung von Geschäften oder Besicherung auf täglicher Basis mit entsprechenden Nachschußpflichten stellt dabei ein wesentliches Effizienzkriterium der Märkte dar. Das Erfordernis der Besicherung der Geschäfte hat jedoch zugleich marktzugangsregelnden Charakter, denn nicht alle Anleger und Intermediäre sind in der Lage, entsprechend hohe Sicherungsgelder bereitzustellen. Die Übernahme von Clearing-Funktionen durch die elektronischen Wertpapierhandelssysteme ist hier eine sinnvolle Möglichkeit, um das Kontrahentenrisiko für die Teilnehmer zu minimieren und das System zu sichern.

Darüber hinaus sind die Anforderungen an die persönliche Eignung und Geschäftsausstattung der Marktteilnehmer und Intermediäre entscheidend für den Marktzugang. Nur bei Vorliegen der fachlichen Eignung und persönlichen Integrität sowie einer entsprechenden Geschäftsorganisation und -ausstattung kann davon ausgegangen werden, daß die Marktregelungen eingehalten und die Geschäfte tatsächlich wie vereinbart durchgeführt werden. Ineffizienzen in diesem Bereich, etwa durch Zulassung fachlich und persönlich nicht geeigneter oder nur unzureichend geschäftlich organisierter Marktteilnehmer gefährden die Stabilität des Wertpapierhandels und ziehen nicht zuletzt einen Vertrauensverlust der Anleger in die Ordnungsmäßigkeit des Wertpapierhandels nach sich, der entweder zu einer Abwanderung zu anderen Wertpapierhandelssystemen oder gar zum Rückzug von Kapitalanlegern vom Wertpapiermarkt und zur Abwanderung in andere Kapitalanlageformen führen kann.

fff. Anlegerschützende Maßnahmen

Ebenso wie bei den Primärmärkten sind anlegerschützende Maßnahmen entscheidend für das Vertrauen der Anleger in den Markt und bestimmen so entscheidend dessen Stabilität und Wachstum mit. Nur wenn die Anleger das Vertrauen haben können, daß ihre Aufträge ordnungsgemäß zusammengeführt und abgewickelt werden, werden sie ihre Aufträge auf diese Märkte lenken. Ein ausreichendes Maß an Anlegerschutz, das geeignet ist, dieses Vertrauen der Anleger herzustellen und zu sichern, stellt daher ein wesentliches Effizienzkriterium dar.

Ineffizienzen in diesem Bereich können insbesondere in einer mangelhaften Marktaufsicht über das Handelsgeschehen liegen. Dies betrifft das Setzen von Handelsregeln, Aufzeichnungspflichten, die Offenlegung von Geschäftsdaten gegenüber dem Markt sowie die Aufsicht über das Einhalten dieser Regeln. Dabei spielt eine besondere Rolle die Frage, wer diese Regelungen setzt und beaufsichtigt. Im Konzept der Selbstaufsicht setzen der Betreiber des Wertpapierhandelssystems und die Marktteilnehmer die Marktaufsichtsregeln und beaufsichtigen auch deren Einhaltung durch eigene Organe. Bei einer rein staatlichen Marktaufsicht übernimmt der Staat bzw. die zuständigen Verwaltungsstellen diese Aufgaben. Daneben besteht die Möglichkeit einer Aufteilung der Kompetenzen zwischen Selbstaufsichtsbehörden und Staat z. B. durch das Setzen von Rahmenregelungen seitens des Staates, deren Ausfüllung seitens der Selbstaufsichtsbehörden, der Aufsicht über die Einhaltung der Regelungen wiederum seitens der Selbstaufsichtsbehörden und deren Überwachung seitens staatlicher Stellen wie es in Deutschland der Fall ist. Die Gefahr der Entstehung von Ineffizienzen bei diesen anlegerschützenden Maßnahmen ist insbesondere dann gegeben, wenn ausschließlich auf eine Selbstaufsicht der Marktteilnehmer bzw. Wertpapierhandelssystembetreiber vertraut wird.

Ferner können Ineffizienzen bei der Verhinderung bzw. dem Aufspüren von Insidergeschäften entstehen. Eine fehlende oder mangelhafte Insiderregelung und -beaufsichtigung führt zu einer Bevorteilung des Insiders gegenüber anderen Marktteilnehmern, die nicht über die gleichen Informationen zur Bewertung des Wertpapiers verfügen. Insiderrecht dient daher dem Schutz des Anlegers vor nicht marktgerechten Kursen und dient entscheidend dem Erhalt des Vertrauens in die Ordnungsmäßigkeit des Wertpapierhandels. Präventive Aufsicht sowie ausreichende Möglichkeiten repressiver Aufsichtsmaßnahmen sind demzufolge geeignet, die Kapitalmarkteffizienz zu steigern.

Dem Anlegerschutz kommt eine Sonderstellung unter den aufgezeigten Effizienzfaktoren zu[579], denn hier übernimmt der Staat durch seine regulierende und beaufsichtigende Rolle unmittelbar Aufgaben gegenüber den Betreibern von Wertpapierhandelssystemen und anderen Marktteilnehmern, die aus der mangelnden Marktmacht des einzelnen Anlegers resultieren und nicht nur kapitalmarktfunktionsorientiert, sondern auch sozialfürsorgerisch motiviert sind. Diese ambivalente Funktion des Anlegerschutzes und seine Berechtigung für ein regulatorisches und beaufsichtigendes Tätigwerden des Staates bzw. auf europäischer Ebene der Europäischen Gemeinschaft soll im Folgenden ausführlich erläutert werden, da das geltende Gemeinschaftsrecht im Bereich des Wertpapierhandels insbesondere durch anlegerschützende Ziele motiviert ist.

II. Das Anlegerschutzkonzept als Bestimmungsfaktor der Kapitalmarktregulierung

Dem Anlegerschutz kommt im hier aufgezeigten Zusammenhang eine ambivalente Funktion zu[580], da die Schutzbedürftigkeit der Anleger sowohl aus der angesprochenen kapitalmarkt- bzw. funktionsorientierten Betrachtung ("Funktionenschutz") als auch aus sozialfürsorgerischen oder gesellschaftspolitischen Gründen folgt ("Individualschutz"). Die Schutzbedürftigkeit wird insbesondere im Hinblick auf die Entwicklung neuer Wertpapierhandelssysteme im außerbörslichen Bereich relevant, wenn neben den bisher ausschließlich beteiligten professionellen und institutionellen Anlegern verstärkt auch privaten Anlegern der Zugang zu den Systemen ermöglicht wird.[581]

1. Der Anlegerschutz als kapitalmarktorientierter Funktionenschutz

Als Anlegerschutz in dieser Funktion werden alle Maßnahmen bezeichnet, die durch das Gewährleisten institutioneller Voraussetzungen rationale Anlegerentscheidungen ermöglichen oder unterstützen und somit zur Funktionsfähigkeit des Kapitalmarktes beitragen[582]. Es sind solche Maßnahmen, die die einzelnen Marktteilnehmer (Anleger) nicht selbst in ausreichendem Maße herbeiführen können und deren Ziel es ist, das Vertrauen des Anlegers in den Markt zu gewährleisten. Konkret handelt es sich um die Sicherheit der Wertpapierhandelssysteme, die korrekte Abwicklung der Geschäfte, das Unterbleiben des Insiderhandels und die Herstellung von Markttransparenz. Angesichts der Globalisierung und wachsenden Bedeutung der Wertpapiermärkte, der in rascher Folge neu entstehenden börslichen und außerbörslichen elektronischen Märkte und des Risikos steigender

---

579 Die *OECD*, Securities Markets in OECD Countries, S. 9, weist daraufhin, daß traditionell der Anlegerschutz zu den wesentlichen Aufgaben der Kapitalmarktregulierung gehört, aber eine Gesamtschau der Entwicklungen in den OECD-Ländern nicht eindeutig erkennen läßt, ob der Anlegerschutz auf Märkten mit professionellen Intermediären weiterhin Priorität genießt. Vgl. zum Anlegerschutz als Deregulierungsbegründung *Münstermann*, Märkte für Risikokapital, S. 225-229.

580 Auch *Hopt*, Inwieweit empfiehlt sich eine allgemeine gesetzliche Regelung des Anlegerschutzes?, Gutachten G zum 51. Deutschen Juristentag, S. G 47, spricht von einer janusköpfigen Funktion des Anlegerschutzes.

581 *Schwark*, Börsen und Wertpapierhandelsmärkte in der EG, WM 1997, S. 293 (299 f.).

582 *Assmann*, in: Assmann/Schütz (Hrsg.), Handbuch des Kapitalanlagerechts, S. 19 Rn. 54.

Volatilitäten im Zuge von Deregulierungsmaßnahmen wird darüber hinaus das Ziel der Systemstabilität zu einem bestimmenden Faktor.[583]

Entscheidende Bedeutung erlangt dabei die Information des Anlegers über Chancen und Risiken einer Anlagemöglichkeit, denn eine "Informationsasymmetrie" zwischen der Anleger- und der Anbieterseite kann zu Mißtrauen, Marktabwanderung und letztlich zum Marktversagen führen.[584] Die notwendigen Information sind jedoch grundsätzlich vom kapitalnachfragenden Anbieter einer Anlagemöglichkeit zur Verfügung zu stellen. Er verfügt zumeist als einziger über alle relevanten und richtigen Daten und kann diese somit auch am kostengünstigsten beschaffen. Problematisch erscheint natürlich die Vollständigkeit und Richtigkeit der so gegebenen Informationen. Aufgabe des Anlegerschutzes muß es hier sein, durch Statuierung von Informationspflichten die umfassende, wahrheitsgemäße Unterrichtung der Anleger sicherzustellen sowie durch Haftungsverpflichtungen oder Selbstbindungen im Wege des Vertragsrechts Verhaltensweisen zu unterbinden, die dem Anlegerschutz zuwiderlaufen.[585]

Auch der Insiderhandel muß Gegenstand einer Regelung sein. Informationen, die nur einigen wenigen am Handel Beteiligten zur Verfügung stehen und von diesen zum Schaden der übrigen Marktteilnehmer verwendet werden, wirken sich direkt auf den Wettbewerb zwischen den Anlegern hinsichtlich neuer Anlagemöglichkeiten und indirekt auf ihre bereits getroffenen Anlageentscheidungen aus.[586] Wichtiger als der Aspekt eines evtl. unmittelbaren materiellen Schadens der übrigen Anleger erscheint aber das mögliche Entstehen von Mißtrauen in das Funktionieren des Marktes und damit die Gefahr einer Marktabwanderung und letztlich eines Marktversagens zu sein.

Speziell im Bereich der Aufsicht über elektronische Wertpapierhandelssysteme spielt die Sicherung des korrekten technischen Funktionierens der Marktsysteme, die Sicherung einer korrekten nationalen und internationalen Abwicklung der in den Wertpapierhandelssystemen getätigten Geschäfte sowie die Sicherung der Systemstabilität die wesentliche Rolle. Diese Funktionen werden um so wichtiger, je mehr Wertpapierhandelssysteme an den „Markt der Märkte“ treten und je mehr Privatanleger direkten Zugang zu diesen Wertpapierhandelssystemen bekommen. Die Systeme müssen Mechanismen zur Verfügung stellen, um die Erfüllung der eingegangenen Positionen durch die Teilnehmer abzu-

583 *OECD*, Securities Markets in OECD Countries, S. 9.

584 *Assmann*, in: Assmann/Schütz (Hrsg.), Handbuch des Kapitalanlagerechts, S. 19 Rn. 54 f.

585 *Assmann*, in: Assmann/Schütz (Hrsg.), Handbuch des Kapitalanlagerechts, S. 20 Rn. 55.

586 Vgl. zur ökonomischen Theorie des Insiderhandels und zu den Wirkungen der Regulierung des Insiderhandels ausführlich *Hopt*, Ökonomische Theorie und Insiderrecht, AG 353-362; *Lahmann*, Insiderhandel, S. 37-47, 106 ff., 160-185; *Schörner*, Gesetzliches Insiderhandelsverbot, S. 71-246; *Rudolph*, Betriebswirtschaftliche Beurteilung des Insiderhandelsverbots, Betriebswirtschaftliche Forschung und Praxis 2/94, S. 114-123.

sichern. Kann ein Teilnehmer die eingegangenen Geschäfte nicht mehr erfüllen, kann dies insbesondere bei Derivaten wegen der Hebelwirkung der Derivativgeschäfte erhebliche Auswirkungen auf das Wertpapierhandelssystem (falls dieses Kontraktpartner aller Geschäfte ist) oder auf die übrigen Teilnehmer haben. Da die Teilnehmer wegen der weltweiten Anschlußmöglichkeiten an die elektronischen Wertpapierhandelssysteme auch gleichzeitig am Handel in mehreren Systemen teilnehmen können, besteht die Gefahr, daß es zu systemübergreifenden Auswirkungen kommt, weil heute noch keine umfassende Aufsicht über alle von einem Teilnehmer in verschiedenen Systemen eingegangenen Positionen geleistet werden kann.

2. Der Anlegerschutz als Individualschutz

Neben der funktionsorientierten Betrachtung des Anlegerschutzes, bei der eine Begründung des Anlegerschutzes aus dem wirtschaftswissenschaftlichen Blickwinkel der Aufrechterhaltung des Marktes vorgenommen wird,[587] existiert die Begründung des Anlegerschutzes aus gesellschaftspolitischer und rechtswissenschaftlicher Perspektive. Dabei tritt der Anleger als zu schützendes Subjekt in den Vordergrund, wobei natürlich die Folgen der Risiken der Kapitalanlage, vor denen er geschützt werden soll, ihrerseits wirtschaftlicher Art sind. Systematisiert werden können die Risiken der Kapitalanlage, vor denen der Anleger durch eine kapitalmarktrechtliche Regelung geschützt werden soll[588], in:

- **Das Risiko des Substanzverlustes**

  Der Kauf eines Wertpapieres in Form einer Beteiligung über Aktien, Anteile an Personengesellschaften oder Investmentanteile birgt das Risiko eines vollständigen oder teilweisen Verlustes des Gegenwertes der Beteiligung beim Zusammenbruch des Unternehmens.[589] Auch die Anlage in festverzinslichen Wertpapieren trägt trotz unterschiedlicher Gläubigerschutzvorschriften noch ein Risiko des Verlustes des darin verkörperten Vermögens bei der Zahlungsunfähigkeit oder dem wirtschaftlichen Zusam-

---

587 Zu schützendes Objekt ist hier der Markt als solcher.

588 Ausführliche Erläuterungen der Risiken finden sich bei *Hopt*, Der Kapitalanlegerschutz im Recht der Banken, S. 53 ff., 83 ff., 289 ff.; *ders.*, Inwieweit empfiehlt sich eine allgemeine gesetzliche Regelung des Anlegerschutzes?, Gutachten G zum 51. Deutschen Juristentag, S. G 15 f.; *Schwark*, Anlegerschutz durch Wirtschaftsrecht, S. 10 f.; *Koch/Schmidt*, Ziele und Instrumente des Anlegerschutzes, Betriebwirtschaftliche Forschung und Praxis 1981, S. 231 f.. Die Risikenbennenung bildet nicht streng voneinander abgegrenzte Begriffe, sondern eher Risikotypen, die teilweise fließend ineinander übergehen. Zur notwendigen Typisierung auch *Hopt*, Inwieweit empfiehlt sich eine allgemeine gesetzliche Regelung des Anlegerschutzes?, Gutachten G zum 51. Deutschen Juristentag, S. G 16.

589 Zu einer weiteren Untergliederung nach unterschiedlichen Rechtsformen und damit verbundenen Haftungsrisiken, die die Verlusthöhe determinieren siehe *Münstermann*, Märkte für Risikokapital, S. 19 f.

menbruch des Schuldners[590] und natürlich schleichend durch die Inflation. Insbesondere Änderungen des Unternehmensgegenstands oder Konzentrationsvorgänge, die den Einfluß des Anlegers auf die Entscheidungen der Unternehmensführung verhältnismäßig mindern[591], können bereits eine Gefährdung der Substanz der Vermögensanlage bewirken und sich über die Marktbewertung der Beteiligung auch als Vermögensverlust auswirken. Anlegerschutz kann hier über Kontroll- und Mitentscheidungsrechte sowie über Maßnahmen zur Auswahl eines sachkundigen Managements[592] erzielt werden. Die Regelung dieser Maßnahmen hat jedoch vornehmlich im Bereich des Gesellschaftsrechts[593] und weniger im Bereich des Kapitalmarktrechts zu erfolgen.

Ein Kursverfall bei notierten Wertpapieren ist i. d. R. nur Ausdruck einer geänderten Marktbewertung einer weiterhin vorhandenen Substanz. Hiergegen kann und soll selbstverständlich keine anlegerschützende Regelung helfen, da dieser zum Spekulationsrisiko gehört. Ausdrücklich im Interesse des Anlegerschutzes kann aber z. B. nach deutschem Recht der Börsenvorstand gemäß § 43 Abs. 1 BörsG die amtliche Notierung zugelassener Wertpapiere aussetzen, wenn ein ordnungsgemäßer Börsenhandel zeitweilig gefährdet oder wenn dies zum Schutze des Publikums geboten erscheint, etwa weil nicht allgemein bekannte kurserhebliche Entscheidungen des Wertpapieremittenten bevorstehen und zu erwartende große Kurssprünge dem Bestreben nach einer glatten Kursentwicklung entgegenstehen[594] oder der Berufshandel vor den Privatanlegern privilegiert wäre.[595] Schließlich kommt auch noch die kurzfristige Streichung der Notiz in Betracht, wenn für den nächsten Börsentag erhebliche Kurssprünge oder Differenzen zu Auslandsbörsennotierungen zu erwarten sind, um die Aufmerksamkeit aller Marktteilnehmer zu wecken und ihnen Gelegenheit zur Reaktion zu geben.[596]

- **Das Abwicklungs- und Verwaltungsrisiko**

Der direkte Handel zwischen dem Kapitalanleger und dem Kapitalnachfrager am Kapitalmarkt ist heute noch die Ausnahme, denn zumeist sind Intermediäre eingeschaltet,

---

590 Vgl. *Schacht*, Die deutsche Kapitalmarktaufsicht im internationalen Vergleich, S. 25 f.

591 *Schwark*, Anlegerschutz durch Wirtschaftsrecht, S. 10.

592 Zur Problematik der Agency-Risiken bei Risikokapitalanlagen *Münstermann*, Märkte für Risikokapital, S. 18 f.

593 Vgl. *Münstermann*, Märkte für Risikokapital, S. 225.

594 *Schwark*, Börsengesetz, § 43 Rn. 5.

595 *Schwark*, Börsengesetz, § 43 Rn. 6.

596 *Schwark*, Börsengesetz, § 29 Rn. 21.

die den Handel abwickeln und denen der Kapitalanleger sein Geld anvertraut.[597] Die jüngsten Beispiele der Emission im Internet zeigen jedoch, daß auch diese Aussage mit Blick auf die Zukunft zu relativieren ist.[598]

Die Börsengeschäftsrisiken[599], die durch ein ungetreues Wirtschaften von betrauten Banken und Maklern entstehen können, sind nur ein besonders krasses Beispiel für das Abwicklungsrisiko. Dagegen können anlegerschützende Regelungen z. B. in Form von strafrechtlichen Sanktionen im repressiven Bereich und in Form von Anforderungen an die Manipulationssicherheit der technischen Systeme und ein wirksames Controlling der Auftragsabwicklung im präventiven Bereich implementiert werden. Schwerer wiegt aber das Abwicklungs- und Verwaltungsrisiko, das dem Anleger durch mangelnden Sachverstand und mangelnde Sorgfalt der betrauten Fremdvermögensverwalter erwächst.[600] Eine rechtliche Regelung des Schutzes des Anlegers in diesem Bereich scheint höchstens durch das Setzen von Mindestvoraussetzungen im Bereich der Ausbildung, Organisation und Eigenkapitalausstattung der Intermediäre zu erreichen zu sein, wie sie in der Bundesrepublik bereits durch die Bankenaufsichtsregelungen bestehen.[601] Durch die Umsetzung der Wertpapierdienstleistungs- und Kapitaladäquanz-

---

597 Vgl. aber zu den Disintermediationstendenzen durch die Automatisierung des Wertpapierhandels *Picot/Bortenlänger/Röhrl*, Börsen im Wandel, S. 144 ff.

598 *Picot/Bortenlänger/Röhrl*, Börsen im Wandel, S. 145 weisen darauf hin, daß nunmehr zum ersten Mal für die Privatanleger überhaupt die Möglichkeit gegeben wird, direkt an einem organisierten Wertpapierhandel ohne Zwischenschaltung von Maklern teilzunehmen und zeigen die Folgen für den Zugangswettbewerb zu Börsen und außerbörslichen Wertpapierhandelssystemen auf.

599 Zu den Börsengeschäftsrisiken *Engler*, Vor Aktien wird gewarnt, S. 237 ff.

600 Vgl. *Schmidt*, Wertpapierbörsen, S. 19 f.; *Münstermann*, Märkte für Risikokapital, S. 21 m. w. Nw.;
Peiseler, Börsencomputersysteme, S. 144 ff.

601 Vgl. auch *Münstermann*, Märkte für Risikokapital, S. 227.

richtlinie[602] in deutsches Recht werden eine Vielzahl von Finanzdienstleistern zudem erstmals einer entsprechenden Aufsicht unterworfen.[603]

Das Risiko der Aktionäre, daß die Unternehmsführungen ihre Interessen nicht ausreichend wahrnehmen, kann ebenfalls als Abwicklungs- und Verwaltungsrisiko im weitesten Sinne aufgefaßt werden. Da die ganz überwiegende Mehrzahl der Aktionäre börsennotierter Gesellschaften in der Praxis jedoch ausschließlich am Ertrag der Wertpapiere interessiert ist, handelt es sich bei diesem Prinzipal Agent-Problem[604] eher um eine Erscheinungsform des Ertragsrisikos.

- **Das Ertragsrisiko**

In nahezu allen Fällen erfolgt die Anlageentscheidung mit dem Ziel, Kapitalgewinne zu erzielen. Das Risiko des Anlegers besteht darin, daß die erzielten Periodengewinne nicht in dem von ihm gewünschten Ausmaß in der Bilanz als solche ausgewiesen werden und/oder nicht im gewünschten Umfang zur Ausschüttung gelangen.[605] Zwar hat er dann insbesondere über eine Anlage in Aktienform auch an den nicht ausgewiesenen oder ausgeschütteten Gewinnen, die zur Reinvestition verwandt werden, teil, doch diese Kapitalgewinne stehen nicht ihm persönlich zur alleinigen Disposition für weitere Anlageentscheidungen zu, sondern werden "fremdverwaltet".[606] Allerdings schlagen sich hohe Gewinnthesaurierungen zumeist im Kurs von Aktien positiv nieder, so daß

---

602 Richtlinie 93/6/EWG des Rates vom 15. März 1993 über die angemessene Eigenkapitalausstattung von Wertpapierfirmen und Kreditinstituten, ABl. Nr. L 141/1 v. 11.6.1993. Die mit der Kapitaladäquanzrichtlinie angestrebte Sicherstellung einer Mindestkapitalausstattung für Wertpapierfirmen und Kreditinstitute ermöglicht erst die gegenseitige Anerkennung der Zulassung und die Gewährung des Europapasses, um ein Mindestniveau an Anlegerschutz und Funktionenschutz gewährleisten zu können. Siehe zur Aufgabe der Kapitaladäquanzrichtlinie bereits *Europäische Kommission*, Vorschlag für eine Richtlinie des Rates über die angemessene Eigenkapitalausstattung von Wertpapierfirmen und Kreditinstituten, KOM (90) 141 endg. - SYN 257, ABl. Nr. C 152/6; sowie die Stellungnahme des Wirtschafts- und Sozialausschusses, ABl. Nr. C 69/1 v. 18.3.1991. Siehe zur Kapitaladäquanzrichtlinie einführend z. B. *Boos/Höfer*, Die Kapitaladäquanzrichtlinie (I) und (II), Die Bank 1995, S. 285-290 u. 359-367; ausführlich *Gruner-Schenk*, Harmonisierung des Bankaufsichtsrechts, S. 279-321; *Rudolph*, Europäische Eigenkapitalanforderungen im Wertpapierbereich im Lichte des Wachstums der derivativen Märkte, ifo Studien - Zeitschrift für empirische Wirtschaftsforschung 1995, S. 89 (100ff).

603 Vgl. Gesetz zur Umsetzung von EG-Richtlinien zur Harmonisierung bank- und wertpapieraufsichtsrechtlicher Vorschriften vom 22.10.1997, BGBl. Teil I 1997, Nr. 71 vom 28.10.1997, S. 2518.

604 Zur Prinzipal Agent-Problematik *Loistl*, Kapitalmarkttheorie, S. 173 ff. m. w. Nw.

605 Vgl. *Schwark*, Anlegerschutz durch Wirtschaftsrecht, S. 11.

606 Siehe auch die Möglichkeit zum Rückkauf eigener Aktien, die im europarechtlich zulässigen Rahmen im Rahmen des Kontroll- und Transparenzgesetzes (KonTraG) auch in Deutschland weitgehend eröffnet werden soll und eine Auskehrung von Gewinnen außerhalb der Dividendenzahlung ermöglicht. Hierzu *von Rosen/Helm*, Der Erwerb eigener Aktien durch die Gesellschaft, AG 1996, S. 434-441.

der Anleger diesen Ertrag zumindest teilweise über einen Verkauf der Aktie realisieren kann.[607]

Wirksamer Anlegerschutz kann hier nur gewährleistet werden durch Mitentscheidungs- und Informationsrechte[608], die durch gesetzliche Regelungen im Gesellschaftsrecht oder auch durch frei ausgehandelte Verträge der Anleger mit den Entscheidungsgremien der Unternehmen gesichert werden können, wobei letztere Alternative nur in seltenen Ausnahmefällen praktikabel sein dürfte und nur für Großanleger mit entsprechendem Einfluß auf die Entscheidungsorgane in Frage kommt.

- **Das Liquiditätsrisiko**

Für den Anleger ist entscheidend, daß die Möglichkeit besteht, sich von seiner Anlage wieder zu trennen, z. B. wenn der Ertrag oder die allgemeine Entwicklung der Anlage hinter seinen bei der Anlageentscheidung aufgestellten Erwartungen zurückbleibt oder er aus anderen Gründen verkaufen will oder muß.[609] Ein effizienter Sekundärmarkt kann dieses Risko der Liquidität[610] des Wertpapiers verringern.[611] Hier wird die besondere Bedeutung der (Parkett-)Börse, aber auch der privaten elektronischen Wertpapierhandelssysteme als organisierte Sekundärmärkte augenscheinlich.[612] Die Möglichkeit, sich von einer Anlage zu trennen und eine bessere Anlagemöglichkeit wählen zu können, dürfte zusammen mit der überdurchschnittlichen Renditeerwartung ausschlaggebend sein für die Bereitschaft der Anleger, die größeren Risiken, die eine Anlage in Beteiligungspapieren mitsichbringt, in Kauf zu nehmen. Für reine Spekulationsgeschäfte mit der Kursentwicklung von Wertpapieren ist das Liquiditätsrisiko in der Gesamtbewertung der Risiken von noch höherem Stellenwert. Hier stellt das Vorhandensein eines effizienten Sekundärmarktes sogar die Basis für die Anlageentschei-

---

607 *Münstermann*, Märkte für Risikokapital, S. 21, erfaßt das Ertragsrisiko unter dem Begriff Informationsrisiko und weist darauf hin, daß insbesondere in Nebenkapitalmärkten wegen der rechtlich nicht verbindlich vorgeschriebenen Informationspflichten der Unternehmen auch der Marktpreis nicht aussagekräftig sei.

608 *Münstermann*, Märkte für Risikokapital, S. 225 f., erfaßt diesen Aspekt daher unter dem Stichwort „Informationsrisiko".

609 *Schwark*, Anlegerschutz durch Wirtschaftsrecht, S. 11; *Schacht*, Die deutsche Kapitalmarktaufsicht im internationalen Vergleich, S. 28.

610 Zur Problematik der Definition des Begriffs „Liquidität" *Oesterhelweg/Schiereck*, Meßkonzepte für die Liquidität von Finanzmärkten, S. 390; *Picot/Bortenlänger/Röhrl*, Börsen im Wandel, S. 26; nach *Perridon/Steiner*, Finanzwirtschaft der Unternehmung, S. 11 f., handelt es sich generell um die Möglichkeit, Vermögensgegenstände in Geld zurückzuwandeln.

611 Zur Potenzierung der Liquiditätsrisiken an freien Kapitalmärkten (Nebenkapitalmärkten) *Münstermann*, Märkte für Risikokapital, S. 22.

dung dar, da der Erwerb der Wertpapiere von vorneherein auf eine kurzfristige Wiederveräußerung angelegt ist.

Als Bestimmungsfaktoren eines liquiden Kapitalmarkts können unter Berücksichtigung unterschiedlicher Ansätze erkannt werden: die Marktbreite (sie bezeichnet die Anzahl der Orders nahe am Gleichgewichtspreis), die Markttiefe (sie bezeichnet die Möglichkeit, auch große Orders zum Gleichgewichtspreis ausführen zu können), die Sofortigkeit (die Möglichkeit, auch große Orders schnell und ohne große Preisschwankungen ausführen zu können) sowie die Erneuerungskraft (die Elastizität des Preises hinsichtlich Orderungleichgewichte).[613]

- **Das Konditionenrisiko**

  Der Anleger möchte eine für seine persönlichen Bedürfnisse sachgerechte Anlageentscheidung treffen. Aus der Vielzahl der Anlagealternativen die für ihn passende Anlageform auszuwählen, erfordert eine umfassende Information und Beratung über die einzelnen Alternativen und deren Konditionen, insbesondere über die Preisgestaltung und die mit der Anlage verbundenen Chancen und Risiken. Anlegerschutz kann hier über eine faire, durchschaubare Preisgestaltung und eine intensive Information und Beratung über Risiken und Chancen der Wertpapiere gewährleistet werden.[614]

Allein das Bestehen einer Vielzahl von Risiken sagt aber noch nichts über die Schutzwürdigkeit der Anleger aus[615], denn schließlich kann das Recht nicht durch eine überschießende Absicherung derjenigen, die ganz bewußt einen Teil ihres Vermögens in Form von Risikokapital anlegen, zugleich alle Risiken abnehmen.[616] Den überdurchschnittlichen Gewinnerwartungen muß auch eine entsprechende Risikobereitschaft entsprechen, die sich in der Regulierung auf der Ebene des Anlegerschutzes niederschlägt. Das Recht kann und darf nicht die wirtschaftlichen Risiken einzelner Anlageformen weitgehend vom Anleger auf den Kapitalsuchenden verlagern und dadurch den Wettbewerb der Kapital-

---

612 Auch aus Sicht der Märkte ist die Liquidität entscheidend für das Überleben im Wettbewerb der Märkte, denn insbesondere für institutionelle Anleger ist eine hohe Liquidität ein entscheidendes Qualtitätsmerkmal eines organisierten Wertpapiermarktes, vgl. *Picot/Bortenlänger/Röhrl*, Börsen im Wandel, S. 25-28, die auf die Erhöhung der Transaktionskosten bei niedriger Liquidität hinweisen.

613 *Picot/Bortenlänger/Röhr*, Börsen im Wandel, S. 26 f. Dabei handelt es sich sicherlich nicht um die einzig mögliche, aber um eine operationale Aufgliederung der Bestimmungsfaktoren.

614 Zum Konditionenrisiko siehe *Hopt*, Inwieweit empfiehlt sich eine allgemeine gesetzliche Regelung des Anlegerschutzes?, Gutachten G zum 51. Deutschen Juristentag, S. G 16, der hierunter eine Art Auffangtatbestand der Risiken versteht. *Schacht*, Die deutsche Kapitalmarktaufsicht im internationalen Vergleich, S. 28 m. w. Nw.

615 *Schwark*, Anlegerschutz durch Wirtschaftsrecht, S. 11.

616 Vgl. auch *Münstermann*, Märkte für Risikokapital, S. 228 m. w. Nw.

anlageformen verzerren.[617] Der Konflikt der Interessen des Anlegers gegenüber den Interessen der kapitalsuchenden Emittenten und der Intermediäre einschließlich der Betreiber der Wertpapierhandelssysteme ist grundsätzlich nicht anders zu bewerten als andere Interessenkonflikte. Es wäre jedoch nicht angemessen, den Anleger allein hierauf zu verweisen, denn der Wertpapierhandel als Massengeschäft unterliegt, wenn er an einem börslichen oder außerbörslichen Wertpapierhandelssystem stattfindet, starren, für den Anleger im Einzelfall in der Regel gar nicht abänderbaren Bedingungen. Da ein vertragliches Aushandeln somit i. d. R. nicht stattfinden kann [618], besteht eine Rechtfertigung für eine anlegerschützende Regulierung.[619]

Etwas anderes könnte sich ergeben, wenn es zu einem echten Wettbewerb der Wertpapierhandelssysteme und entsprechend spezieller Ausrichtung der Systeme auf bestimmte Teilnehmergruppen kommt. Insbesondere die Angewiesenheit der privaten Wertpapierhandelssysteme auf diese Anlegergruppen macht sie zu einem gewissen Grad auch abhängig von deren Wünschen hinsichtlich der Ausgestaltung des Marktprozesses und der Marktorganisation. Es ist offen, ob dies auch für Wertpapierhandelssysteme gilt, die sich im Internet etablieren, da sie wiederum durch ein sehr breites Anlegerpublikum genutzt werden sollen und entsprechend standardisierte Leistungen bieten müssen. Der Wettbewerb der Systeme wird den Anlegern hier statt vertraglichen Lösungen höchstens die Möglichkeit geben, „mit der Vergabe ihrer Order abzustimmen“ und auf diese Weise Einfluß auf die Marktorganisation und die anlegerschützenden Vorkehrungen zu nehmen.

Auch wenn damit eine staatliche Beaufsichtigung der Märkte unumgänglich erscheint, ist letztlich entscheidend, in welchem Ausmaß eine im anlegerschützenden Interesse gerechtfertigte Regelung des Wertpapierhandels stattfindet. Im Hinblick auf die geltende deutsche Regulierung des Kapitalmarkts und insbesondere im Hinblick auf das geltende Börsenrecht pauschal von einer übertriebenen Fürsorge des Staats zu sprechen[620], geht von einem Anlegerbild aus, das die Realität nicht widerspiegelt. Bei der Mehrzahl der Pri-

---

617 Vgl. aber zur tatsächlichen Wettbewerbssituation der Anlageinstrumente z. B. *Deutsche Bundesbank*, Die Aktie als Finanzierungs- und Anlageinstrument, Monatsbericht Januar 1997, S. 27 (32 ff.); *von Rosen*, Chancengemeinschaft, S. 196-208.

618 *Schwark*, Anlegerschutz durch Wirtschaftsrecht, S. 11.

619 Als "normative" Gründe für einen Anlegerschutz werden genannt: die Unfähigkeit des vorleistungspflichtigen Anlegers, eine sachgerechte Bewertung der Anlage vorzunehmen, der mangelnde Einfluß des einzelnen Anlegers auf das die Anlage in Fremdverwaltung führende Management, die soziale Komponente des Anlegerschutzes angesichts vermehrter Nachfrage nach Anlagen in Wertpapieren durch geschäftlich nicht erfahrene Personen aus mittleren und unteren Einkommensschichten der Bevölkerung, die gesamtwirtschaftlichen Interessen an der Finanzierung der Volkswirtschaft durch breite Kreise der Bevölkerung und die ausreichende Sicherung der Investoren am Kapitalmarkt, um diese zur ständigen Investition am Markt anzuregen. Vgl. *Schwark*, Anlegerschutz durch Wirtschaftsrecht, S. 11 ff.

620 So aber *Münstermann*, Märkte für Risikokapital, S. 228.

vatanleger herrscht noch ein hohes Maß an Unkenntnis über die Wertpapieranlage, die Wertpapiermärkte und die technische Abwicklung der Geschäfte. Eine Heranführung neuer Anleger an den Kapitalmarkt, die in beinahe allen europäischen Mitgliedstaaten staatlicherseits unterstützt wird[621], bedarf daher der Unterstützung durch ein gewisses (hohes) Maß an Anlegerschutz. Dabei kann das Maß des Anlegerschutzes durch Reduzierung der Risiken für die Anleger auf der hier diskutierten Ebene der Kapitalmarktregulierung, nämlich der Regulierung der Wertpapierhandelssysteme und der damit unmittelbar zusammenhängenden Wertpapierabwicklung sicher nicht hoch genug sein, denn Anlegerschutz i. d. S. bedeutet eine Absicherung gegen technische Marktrisiken. Zur Vermeidung solcher Risiken kann eine Regulierung erfolgreich eingesetzt werden. Davon strikt zu trennen ist die Frage, ob die Anleger auch vor spekulativen Risiken geschützt werden können und sollen. Die Ansätze zur Heranführung der Anleger an den Wertpapiermarkt stützen sich dementsprechend auch nicht darauf, den Anlegern diese Risiken abzunehmen. Sie setzen vielmehr auf den Aufbau von Wissen um Kapitalmarktprodukte, das Funktionieren von Wertpapierhandelssystemen und der Wertpapierabwicklung sowie auf die Vermeidung spekulativer Risiken durch Aufbau breit diversifizierter Portfolios.[622] Mangels Wissen „an sich ungeeignete Anleger", deren Wertpapieranlage wegen dieses Nichtwissens über die Zusammenhänge des Wertpapiermarktes volkswirtschaftlich nicht zu einer optimalen Allokation und Investitionssteuerung führen könnte, gibt es dabei nicht. Der Aufbau eines breiten Portfolios schließt automatisch mit ein, daß nicht das gesamte Kapital der Privatanleger über Wertpapierhandelssysteme als Eigen- oder Fremdkapital zur Verfügung gestellt wird. Für den Teil des Portfolios, der jedoch über die Börse oder über alternative Wertpapierhandelssysteme in Wertpapieren investiert wird, sorgt der Marktprozeß des Wertpapierhandelssystems für eine einfache, schnelle und i. d. R. ausschließlich an der Renditeerwartung orientierte Allokation des Kapitals. Die ausschließliche Renditeorientierung gepaart mit einer täglichen bzw. kontinuierlichen Bewertung des Investments sorgt für die Investitionssteuerung unabhängig davon, ob der Investor über die Marktprozesse vollständige informiert ist. Eine „optimale" Investitionssteuerung läßt sich ohnehin nicht erreichen, denn sie würde Allwissenheit über die Entwicklung von Unternehmen, Märkten und damit über die Zukunft voraussetzen. Einer Investitionssteuerung mit dem Ziel, kapitalsuchenden Unternehmen Produktivkapital und Anlegern ertragreiche Anlagemöglichkeiten zur Verfügung zu stellen, kann es egal sein, ob dieses Kapital von „wissenden" oder „unwissenden" Anlegern bereit gestellt wird.

---

621 Ausführlich hierzu von *Rosen*, Chancengemeinschaft, S. 70-77; *ders.*, Was machen die anderen besser?, Börsen-Zeitung v. 23.2.1996.

622 Vgl. nur *von Rosen*, Chancengemeinschaft, S. 221 ff.

Allein den Selbstverwaltungsorganen der Wertpapierhandelssysteme das Maß des Anlegerschutzes zu überlassen und darauf zu vertrauen, daß das richtige Maß im Wettbewerb der Wertpapierhandelssysteme gefunden wird, mag wirtschaftstheoretisch dann richtig sein, wenn den Anlegern in Zukunft tatsächlich im Wettbewerb der Wertpapierhandelssysteme vielfältige und leichte Möglichkeiten gegeben werden, ihre Aufträge an die entsprechend für ihre Bedürfnisse gestalteten Wertpapierhandelssysteme zu leiten.[623] Aber auch hierfür ist zunächst die umfassende und detaillierte Kenntnis der Anleger über die Systemgestaltung und die Rahmenbedingungen erforderlich.

Solange aber die Börsen und die an ihnen tätigen Intermediäre zumindest noch für die Aufträge der privaten (Klein-)Anleger ein faktisches (in einigen Mitgliedstaaten auch ein rechtliches) Monopol besitzen, wird es eine liberale Wunschvorstellung bleiben, die Wertpapierhandelssysteme würden von sich aus das richtige Maß an Anlegerschutz für private Anleger bieten.[624] Die Geschichte der Aufsicht über den Wertpapierhandel zeigt vielmehr, daß die Selbstaufsichtsinstanzen der Wertpapierhandelssysteme oftmals nur unzureichend und zögerlich agierten oder überhaupt nicht mit entsprechenden Aufsichtsrechten ausgestattet wurden.[625] Gerade auch im Hinblick auf die neu entstehenden Wertpapierhandelssysteme ist die Annahme wenig realistisch, daß diese von sich aus eine effiziente Marktüberwachung zum Schutze der Privatanleger einführen werden.[626]

Eigene Maßnahmen der angesprochenen Kreise in Richtung Anlegerschutz waren und sind oftmals nicht aus der wirklichen Überzeugung ihrer Notwendigkeit geboren, sondern der Versuch, mit der Präsentation eigener Ansätze des Anlegerschutzes, strengere Regelungen staatlicherseits verhindern zu können. Die unzulänglichen freiwilligen Insiderregelungen in der Bundesrepublik[627] bis zum Inkrafttreten des Wertpapierhandelsgesetzes und der Einführung des Bundesaufsichtsamtes für den Wertpapierhandel sind ein Beispiel hierfür. Auch an dem Übernahmekodex der deutschen Börsensachverständigenkommission[628] wird Kritik geübt[629], da er für nicht ausreichend gehalten wird.[630] Gegenbeispiele

---

623 Auch dann stellt sich noch die Frage, ob den Anlegern tatsächlich die relevanten Informationen zur Verfügung stehen, um diese Märkte auch genügend zu beurteilen.

624 Dieser Vorstellung offenbar anhängend *Münstermann*, Märkte für Risikokapital, S. 228.

625 Ausführlich hierzu *Picot/Bortenlänger/Röhrl*, Börsen im Wandel, S. 164 f., die einen Hauptgrund für diese Situation in der Besetzung der Selbstaufsichtsstellen mit Kollegen der zu Beaufsichtigenden und den daraus resultierenden Problemen sehen.

626 *Picot/Bortenlänger/Röhrl*, Börsen im Wandel, S. 165.

627 Abgedruckt z. B. bei *Hopt*, Handelsgesetzbuch, 28. Aufl., 2. Handelsrechtliche Nebengesetze (16).

628 Zur Börsensachverständigenkommission siehe *Schuster*, Neue Regeln für Übernahmen, Die Bank 1995, S. 609-614, insbes. Fn. 1.

finden sich allerdings in Großbritannien z. B. mit dem sog. „Cadbury-Code"[631] im Bereich der freiwilligen Regelung der Corporate-Governance-Strukturen, die im Wege der Selbstverpflichtung effektiv umgesetzt werden, sowie seiner französischen Entsprechung, dem Viénot-Report[632].

Andererseits soll aber nicht verkannt werden, daß das hergebrachte Anlegerbild, das den anlegerschützenden Normen im Kapitalmarkt- und im Börsenrecht zugrunde liegt, nicht mehr genügend zwischen institutionellen Anlegern und Privatanlegern differenziert.[633] Darüber hinaus ist zu beachten, daß natürlich auch eine staatliche Regulierung versagen kann (sog. Hierarchieversagen auf Grund begrenzter Rationalität der Regulierungsinstanzen) und die Tendenz zu einer Überregulierung auf Grund einer Überbetonung der Probleme des Marktversagens besteht.[634]

Anlegerschützende Regelungen mit dem Ziel des Individualschutzes finden sich insbesondere im Primärmarktbereich. Dort kann durch eine Regelung der Vertriebspublizität ein wirksamer Anlegerschutz erzielt werden. Soweit elektronische Wertpapierhandelssysteme zukünftig auch Primärmarktfunktionen erfüllen, wie z. B. bei der erwähnten Internet-Emission der Spring Street Brewery[635], haben auch sie den Anforderungen, die der individualschützende Anlegerschutz stellt, zu genügen. Als Märkte werden sie zunächst nicht von den gesellschaftsrechtlichen Anlegerschutzvorschriften und auch nicht von den Publizitätsvorschriften betroffen, die von den Emittenten und den Intermediären zu erfüllen sind, es sei denn, daß der Emittent wie im Falle der Spring Street Brewery selbst den Primärmarkt betreibt. Es stellt sich jedoch die Frage, ob sie nicht wenigstens dann, wenn sie einen Primärmarkt für Fremdemissionen bieten und Privatanleger zu ihrem Teilneh-

---

629 Der Übernahmekodex ist abgedruckt in ZIP 1995, S. 1467-1470; WM 1995, S. 2011-2014. Siehe hierzu sowie zu seiner Bewertung *Assmann*, Verhaltensregeln für freiwillige öffentliche Übernahmeangebote, AG 1995, S. 563-572; *Kallmeyer*, Der Übernahmekodex der Börsensachverständigenkommission, AG 1996, S. 169-171; *Schuster*, Neue Regeln für Übernahmen, Die Bank 1995, S. 609-614.

630 Zum Entwurf einer europäischen Richtlinie für ein obligatorisches Übernahmeangebot ausführlich *Krause*, Das obligatorische Übernahmeangebot, S. 27-37, insbes. hinsichtlich dessen Umsetzung in deutsches Recht S. 162-211.

631 *Committee on the Financial Aspects of Corporate Governance*, Report 1 December 1992, benannt nach dem Chairman des Committee, Sir Adrian Cadbury; *dass.*, The Code of Best Practice 1 December 1992.

632 *Le Conseil d'Administration des Sociétés Cotées*, Rapport du groupe de travail - Association Française des Entreprises Privées - Conseil National du Patronat Français.

633 Insoweit zutreffend *Münstermann*, Märkte für Risikokapital, S. 229; ähnlich *Picot/Bortenlänger/Röhrl*, Börsen im Wandel, S. 163 f.

634 *Picot/Bortenlänger/Röhrl*, Börsen im Wandel, S. 160 f.

635 Siehe *Cole*, Börsenspiel per Internet, Computer & Co 1995, S. 30 (31); *Cohen*, Watchdog investigates Stock Exchange, Financial Times v. 16.9.95; *Bray*, Cyber Trading, Wall Street Journal Europe v. 29.9.95; *o. V.*, Londoner Börse mit Konkurrenz im Internet, Die Welt v. 29.9.95; sowie unter 1. Teil II. 4. d. bb. dieser Arbeit.

merkreis gehören, besonderen Informationspflichten unterliegen sollten, um den Teilnehmern die Informationen aus dem Emissionsprospekt zugänglich zu machen. Durch die weltweite Teilnahmemöglichkeit wird ein Großteil der privaten Teilnehmer nur auf diesem Weg den Inhalt der zwingenden Informationen des Emissionsprospektes erfahren können. Die technischen Möglichkeiten sind gegeben. Es sollte hier nicht bei einer lediglich freiwilligen Informationsverschaffung bleiben, denn gerade bei ausländischen Wertpapieren ist eine ausführliche Information auch über die rechtlichen und wirtschaftlichen Rahmenbedingungen, wie sie in Prospekten gegeben werden, notwendig.

Der überwiegende Teil der elektronischen Wertpapierhandelssysteme stellt aber Sekundärmärkte dar. Hier ist schon in Analogie zu den Präsenzbörsen die Rolle des Anlegerschutzes eher auf den Funktionenschutz[636] beschränkt. Hinzu kommt, daß bei den elektronischen Wertpapierhandelssystemen, die oben aufgezeigten typischen Anlegerrisiken nur in begrenztem Umfang vorhanden scheinen. Solange sich der Handel nur zwischen professionellen Marktteilnehmern abspielt, von denen erwartet werden kann, daß sie über ausreichende Fachkenntnisse und Erfahrung im Wertpapierhandel verfügen und auch in der Lage sind, die Chancen und Risiken einzelner Anlageformen und -möglichkeiten zu beurteilen, spielt der Anlegerschutz als Kriterium der Kapitalmarkteffizienz bei den elektronischen Wertpapierhandelssystemen eine geringere Rolle.

3. Der Börsenzwang als Ausprägung des Anlegerschutzes

Soweit in den europäischen Mitgliedstaaten Börsenzwang besteht, stellt sich im Hinblick auf die börslichen und außerbörslichen elektronischen Wertpapierhandelssysteme die Frage, ob und mit welcher Begründung ein solcher Börsenzwang aufrecht erhalten werden kann oder andererseits implementiert werden sollte. Ansatzpunkte zur Klärung der Frage sind einerseits Gründe des Anlegerschutzes, der für verschiedene Anlegergruppen in unterschiedlicher Intensität erforderlich ist, andererseits aber auch Gründe der Wettbewerbsneutralität staatlicher Regulierung im Hinblick auf den zwischen den Wertpapierhandelssystemen bestehenden Wettbewerb.

Die Ausgestaltung des Börsenzwangs in Deutschland und die Eröffnung eines Raumes für den außerbörslichen Handel wurde bereits erläutert.[637] Für die Einführung eines (wenn auch nicht absoluten) Börsenzwangs, können volks- und betriebswirtschaftliche, insbesondere aber anlegerschützende Gründe sprechen.

---

636 Siehe hierzu 2. Teil II. 1. dieser Arbeit.

637 Siehe unter 2. Teil II. 3. dieser Arbeit.

a. Wirtschaftliche Gründe für einen Börsenzwang

Als Verpflichtung aller Marktteilnehmer zur ausschließlichen Abwicklung aller Transaktionen in börsennotierten Wertpapieren über die Börse während der offiziellen Börsenhandelszeit, soll der Börsenzwang eine höchstmögliche Konzentration von Angebot und Nachfrage herbeiführen[638], um einen möglichst „richtigen"[639] einheitlichen Kurs zu erreichen.[640] Im deutschen Börsenrecht ergibt sich die Verpflichtung auf einen „richtigen" Kurs nicht nur allgemein aus § 11 Abs. 2 BörsG, sondern für den Fall der Preisfeststellung im Börsensegment des amtlichen Marktes auch aus § 29 Abs. 3 S. 1 BörsG und für den geregelten Markt aus § 29 Abs. 3 i. V. m. 75 Abs. 1 BörsG, wonach der Börsenpreis „der wirklichen Geschäftslage des Handels an der Börse" entsprechen muß und bei der amtlichen Kursfeststellung durch den Kursmakler gem. § 31 BörsG auch ein Anspruch auf Berücksichtigung der Geschäfte besteht. Eine Neuerung im deutschen BörsG ist, daß auch die in IBIS bzw. nunmehr in Xetra gebildeten Kurse als Börsenpreise gelten.[641] Amtlicher Charakter kommt ihnen nach zutreffender Auffassung aber auch dann nicht zu, wenn ein Makler an dem Geschäft beteiligt ist.[642] Der elektronische Wertpapierhandel ist jedoch über §§ 10 Abs. 1 S. 2 i. V. m. 11, 12 BörsG in den Börsenzwang einbezogen.

Die „richtige" Kursfeststellung durch Umsatzkonzentration soll willkürliche oder von Interessen einzelner Marktteilnehmer verfälschte Kurse verhindern und dient damit dem Schutz des Anlegers, der eine Marktbewertung seines Wertpapieres erhält, die der Marktlage entspricht.[643] Je mehr Aufträge in einem Wertpapierhandelssystem konzentriert werden, um so eher kann - ceteris paribus - der „richtige", d. h. marktgerechte Kurs gefunden werden.[644] Eine Zersplitterung der Gesamtzahl der Wertpapieraufträge auf verschiedene Wertpapierhandelssysteme führt hingegen zwangsläufig zu einem verringerten

---

638 *Hansen*, Aktienkursverlauf und Börsenzwang, S. 28; *Büschgen*, Das kleine Börsenlexikon, Stichwort „Börsenzwang".

639 Die Börse kann nur die formale Kurswahrheit sichern. Inwieweit die Kurse dem „inneren Wert" der Wertpapiere entsprechen, kann nicht durch Handelsregeln des Marktplatzes Börse erfaßt werden. Vgl. nur *Schwark*, Börsengesetz, § 29 Rn. 9.

640 *Büschgen*, Das kleine Börsenlexikon, Stichwort „Börsenzwang"; vgl. ausführlich *Schneiders*, Anlegerschutz im Recht der Effektenkommission, S. 126 ff.

641 §§ 11 Abs. 1 S. 2, 12 BörsG.

642 Streitig, zutreffend *Schwark*, Börsengesetz, § 29 Rn. 5 gegen *Kümpel*, Zur Aufnahme des elektronischen Handels an der FWB, WM 1991, Sonderbeilage 4, S. 19 f.; *ders.*, Die IBIS-Integration in die Regionalbörsen aus börsenrechtlicher Sicht, WM 1992, S. 249 (255). *Schwark*, Börsengesetz, § 29 Rn. 11, sieht in den elektronischen börslichen Handelssystemen ohnehin für eine Ausrichtung der Kurse an der wirklichen Geschäftslage wie sie § 29 Abs. 3 BörsG fordert, nur wenig Raum, weswegen es einer Marktüberwachung bedürfe.

643 *Schneiders*, Anlegerschutz im Recht der Effektenkommission, S. 126 f. zeigt auf, warum das Umsatzvolumen ein ausschlaggebender Faktor für den Aussagewert der Kursfeststellung sein kann.

644 Vgl. *Schneiders*, Anlegerschutz im Recht der Effektenkommission, S. 122.

Gesamtmarktüberblick und zu weniger marktgerechten Kursen. Ein Börsenzwang kann über die Verhinderung von bankinternen Kompensationsgeschäften dafür sorgen, daß der Börse keine Aufträge entzogen werden und damit einer Verengung des Börsenmarktes entgegenwirken.[645] Dies gilt auch für den Blockhandel, der aus dem außerbörslichen Bereich wieder in den börslichen Handel einbezogen werden kann, wenn für ihn entsprechende Publizitätssonderregelungen gelten, die den besonderen Kurswirkungen des Blockhandels Rechnung tragen und die Beteiligten damit nicht mehr in den außerbörslichen Handel zwingen. Der älteren Auffassung, die den Blockhandel notwendigerweise im außerbörslichen Bereich angesiedelt sah, da solche Geschäfte „nicht Folge einer allgemeinen Marktsituation", sondern „Sondergeschäfte" seien[646], kann nicht mehr gefolgt werden.

b. Anlegerschützende Gründe für einen Börsenzwang

Die beabsichtigte Konzentrationswirkung und Kursrichtigkeit, die nur mittelbar anlegerschützend wirken, können für die Entscheidung über die Einführung und Reichweite eines Börsenzwangs nicht allein ausschlaggebend sein.[647] Aus anlegerschützender Sicht spricht für einen Börsenzwang von intermediatisierten Aufträgen, daß bei diesem Weg der Auftragsausführung zwingend ein Wertpapierhandelssystem genutzt wird, bei dem die Marktorganisation auf einen Ausschluß der nichtspekulativen Risiken ausgerichtet ist, die beteiligten Intermediäre im Interesse des Anlegers besonderen Sorgfalts- und Wohlverhaltenspflichten unterliegen, die Abwicklung gesichert ist, der Handel einer Aufsicht unterliegt und auch die Wertpapierfirmen oder Kreditinstitute als Auftragausführende ihrerseits vertraglichen und gesetzlichen Pflichten unterliegen.[648]

Privatanleger, die Wertpapierdienstleistungsunternehmen oder Kreditinstitute als Kommissionäre[649] mit der Ausführung ihrer Wertpapieraufträge beauftragen, haben außer der Wahl des Ausführungsortes und der Entscheidung, ob der Auftrag im Präsenz- oder Computerhandel ausgeführt werden soll, keinen weiteren Einfluß auf die Sicherstellung der Ordnungsmäßigkeit der Ausführung ihres Auftrages durch das Kreditinstitut und das Wertpapierhandelssystem, an dem der Auftrag ausgeführt wird. Sie sind hinsichtlich der ordnungsmäßigen Ausführung und Abwicklung ihres Auftrages schutzbedürftig, so daß ihre Aufträge zumindest dann, wenn sie nichts anderes bestimmen, in einem Wertpapier

645 *Schneiders*, Anlegerschutz im Recht der Effektenkommission, S. 122.

646 *Schneiders*, Anlegerschutz im Recht der Effektenkommission, S. 122.

647 Allein auf die Konzentrationswirkung als Grund für einen Börsenzwang stellt jedoch *Schwark*, Börsengesetz, § 1 Rn. 10 ab.

648 Vgl. zu den Beweggründen, die zu einem Börsenzwang in Deutschland geführt haben, auch *Kümpel*, Bank- und Kapitalmarktrecht, Rn. 17.18.

649 So die Rechtslage in Deutschland, vgl. *Claussen*, Bank- und Börsenrecht, S. 389 ff.

handelssystem mit einem hohen Regulierungs- und Aufsichtsniveau ausgeführt werden sollten. Die Nr. 2 Abs. 2 u. 3 der Bedingungen der Banken für Wertpapiergeschäfte[650] konkretisiert diese anlegerschützende Zielrichtung des Börsenzwangs auch im Hinblick auf die Ausführung von Aufträgen im Inland oder Ausland.

Wertpapiergeschäfte ohne Einschaltung von Intermediären unterliegen allerdings ebenso wenig dem Börsenzwang wie der Eigenhandel der Wertpapierfirmen und Kreditinstitute. Vor dem Hintergrund der Entwicklung der elektronischen privaten Wertpapierhandelssysteme sowohl für professionelle Teilnehmer als auch für private Teilnehmer stellt sich daher die Frage, ob und inwieweit auch diese Systeme, die in ihren Grundfunktionen den börslichen elektronischen Wertpapierhandelssystemen vergleichbar sind, mit in einen Börsenzwang einbezogen oder außerhalb des Börsenzwangs verbleiben sollten.

aa. Börsenzwang und Zulassung zu privaten Wertpapierhandelssystemen für professionelle Teilnehmer und Anleger

Soweit es sich um private Wertpapierhandelssysteme für die Teilnahme von professionellen Intermediären handelt, wäre denkbar, die Ausführung der Anlegeraufträge auch über ein solches System zuzulassen, wenn sichergestellt ist, daß die Interessen der Anleger an der ordnungsgemäßen Ausführung des Auftrags und der Kursrichtigkeit Beachtung finden, statt die Ausführung über eine Börse zu erzwingen. Im Hinblick darauf, daß mit dem BörsG bereits ein gesetzliches Modell existiert, das die Voraussetzungen enthält, die der Gesetzgeber zur Sicherstellung des Anlegerschutzes bei Ausführung der Kommissionsgeschäfte für wichtig erachtet, läßt sich hier jedoch nur darauf hinweisen, daß private Wertpapierhandelssysteme die Genehmigung als Börse beantragen können, wenn sie bei Aufträgen, die unter den Börsenzwang fallen, Berücksichtigung finden wollen.

Für private Wertpapierhandelssysteme, die sich ausschließlich auf Eigenhandel betreibende professionelle Teilnehmer beschränken, erscheinen hingegen die anlegerschützenden Organisations- und Aufsichtsvorschriften des BörsG und sogar die Vorschriften für die Kursfeststellung als eine nicht notwendige Beschränkung. So passen z. B. die vorgeschriebenen Organe, die Regelung der Aufsicht über den Wertpapierhandel, die Kursfeststellungsregelung sowie die Zulassungsregeln nicht auf die Tätigkeit der privaten Wertpapierhandelssysteme, die aber nach dem „materiellen Börsenbegriff" als Börse zu behandeln wären. Es ist daher nur verständlich, wenn z. B. Instinet die Erfassung als Börse meiden will. Die Herausbildung maßgeschneiderter Wertpapierhandelssysteme für spezielle Teilnehmergruppen würde durch ihre Erfassung durch das BörsG ebenfalls gefährdet. Dies schließt auf der anderen Seite aber nicht aus, ein Mindestmaß an aufsichtsrecht-

---

650 Abgedruckt in *Claussen*, Bank- und Börsenrecht, S. 534.

licher Regulierung für alle elektronischen Wertpapierhandelssysteme zu implementieren, wie es seitens der IOSCO und der FIBV bereits gefordert wird.[651] Auch für diese Teilnehmergruppen ist die Begrenzung der Risiken, die durch die Teilnahme enstehen, sinnvoll, denn auch sie haben nicht vollständig[652] die Möglichkeit, ihre Interessen gegenüber den Wertpapierhandelssystemen selbst wahrzunehmen. Wichtiger noch erscheint zudem die Verhinderung möglicher negativer Rückwirkungen, die von einem ungeregelten Wertpapierhandelssystem auf den gesamten Kapitalmarkt und andere geregelte Wertpapierhandelssysteme ausgehen können.

bb. Börsenzwang und Zulassung zu privaten Wertpapierhandelssystemen für private Anleger

Soweit es sich um private Wertpapierhandelssysteme handelt, die den privaten Anlegern die direkte Teilnahme am Handel ermöglichen, wie z. B. Internet-Wertpapierhandelssysteme, stellt sich hingegen die Frage, ob nicht auch in diesem Fall, in dem keine Intermediation vorliegt und daher der Börsenzwang nicht greift, die anlegerschützenden Anforderungen an ein Wertpapierhandelssystem, die das BörsG enthält, grundsätzlich angewandt werden sollten. Der typische teilnehmende Privatanleger dürfte auf Grund seiner geringen Kenntnis über das System, seiner geringen wirtschaftlichen Macht und seines fehlenden Einflusses auf die Organisation und den Betreiber eines solchen Systems nicht über die Möglichkeiten verfügen, das ordnungsgemäße Zustandekommen des Geschäftsschlusses und die ordentliche Abwicklung sowie eine effektive Aufsicht über das Wertpapierhandelssystem sicherzustellen. Vertragliche Einflußmöglichkeiten bestehen kaum, da die Teilnahme auf der Basis von Standardverträgen mit Allgemeinen Geschäftsbedingungen erfolgt bzw. erfolgen wird, die i. d. R. keiner individuellen Verhandelbarkeit offenstehen.[653] Der private Anleger, der an privaten Wertpapierhandelssystemen teilnimmt, ist damit aber grundsätzlich mindestens ebenso schutzwürdig, wie der Anleger, der seinen Auftrag über einen Intermediär an der Börse ausführen läßt.

Die hiergegen möglichen Einwände, die Teilnahme an einem solchen privaten Wertpapierhandelssystem geschehe freiwillig, der Anleger habe zudem auch bei der heutigen Ausgestaltung des Börsenzwangs in den europäischen Ländern i. d. R. eine „Opting out"-Möglichkeit[654] und Wertpapiergeschäfte auf diesem Weg seien vergleichbar mit direkten außerbörslichen Wertpapiergeschäften mit Dritten (Tafelgeschäften) greifen m. E. nicht.

---

651 Siehe 2. Teil III. 2. a. u. b. dieser Arbeit.

652 So aber offenbar *Picot/Bortenlänger/Röhrl*, Börsen im Wandel, S. 163.

653 Als zusätzliches Problem ergibt sich, daß die Vertragsbeziehungen im Zweifel bei privaten Wertpapierhandelssystemen aus Drittstaaten einem ausländischen Recht unterliegen und damit zusätzliche Probleme der Auslegung und Durchsetzung vertraglicher Lösungen entstehen.

654 Vgl. hierzu ausführlicher 4. Teil IV. 5. dieser Arbeit.

Letztlich laufen sie darauf hinaus, daß die Privatanleger sich mit der Teilnahme an diesen privaten Wertpapierhandelssystemen selbst des Schutzes begeben, für den der Staat mittels des BörsG ausreichend Vorsorge treffen wollte, so daß keine Schutzwürdigkeit mehr bestehe, wenn die Anleger den Weg des börslichen, intermediatisierten Wertpapierhandels nicht nutzen.

Hiergegen läßt sich vorbringen, daß eine Vergleichbarkeit mit Tafelgeschäften nicht gegeben ist, da die Teilnahme an elektronischen Wertpapierhandelssystemen weitaus weniger unmittelbare Kontrollmöglichkeiten der Ordnungsmäßigkeit des Handels bietet und wesentlich unübersichtlicher ist, zumal es sich häufig um ausländische Wertpapierhandelssysteme handeln dürfte. Der Verweis auf die „Opting out"-Möglichkeit betrifft einen Fall, in dem weiterhin eine Intermediation stattfindet, der also nicht direkt mit der unmittelbaren Teilnahme des Privatanlegers am Wertpapierhandelssystem vergleichbar ist. In seiner Wirkung, der Ausführung des Wertpapiergeschäfts durch Selbsteintritt des beauftragten Kreditinstituts oder durch mittelbare Ausführung über ein privates Wertpapierhandelssystem besteht zwar Vergleichbarkeit, jedoch steht dem Privatanleger hier immer noch das Kreditinstitut als individueller Vertragspartner gegenüber, der eigenen vertraglichen Pflichten zur Wahrung der Anlegerinteressen und zur Rechenschaft unterliegt und zu dem auch ein persönlicher Kontakt besteht, der die gezielte Rechtsverfolgung ermöglicht. Auch der Verweis darauf, daß der Anleger sich freiwillig des Schutzes begebe, den der Staat durch die Regelung der Börse bereitstelle, kann m. E. nicht greifen. Die staatliche Aufgabe, den Anlegerschutz sicherzustellen, kann sich nicht darauf beschränken, nur eine historisch hergebrachte Form des Wertpapierhandels ausreichend zu regulieren und zu beaufsichtigen, die Anleger aber hinsichtlich der neuen Möglichkeiten des Wertpapierhandels und den Gefahren, die hier drohen, auf seine Privatautonomie und Eigenverantwortlichkeit zu verweisen.

Angesichts der Schutzbedürftigkeit der privaten Anleger bei der Teilnahme an privaten Wertpapierhandelssystemen stellt sich jedoch die Frage, auf welcher Ebene dieser Anlegerschutz hergestellt werden soll. Erfolgt eine Anknüpfung direkt beim Anleger, bietet sich theoretisch ein Börsenzwang für alle Wertpapieraufträge von Privatanlegern an, und zwar unabhängig davon, ob sie unmittelbar selbst von diesen oder über Intermediäre ausgeführt werden. Bei dieser Lösung würde jedoch die Privatautonomie der Anleger übermäßig und in nicht sinnvoller Weise eingeschränkt. Den Privatanlegern muß die Möglichkeit erhalten bleiben, Wertpapiergeschäfte in börsennotierten Wertpapieren auch außerhalb börslicher Wertpapierhandelssysteme abzuwickeln.

Sinnvoller erscheint daher die Anknüpfung der Regulierung bei den Wertpapierhandelssystemen selbst. Private Wertpapierhandelssysteme, die nicht ausschließlich von professionellen Teilnehmern für ihren Eigenhandel genutzt werden, sondern in denen Aufträge der Privatanleger über Intermediäre oder unmittelbar durch die Anleger selbst zusammengeführt werden, sollten im anlegerschützenden Interesse einer entsprechenden Regulierungen und Aufsicht unterworfen werden. Für die unmittelbare Teilnahme der Privatanleger an den Wertpapierhandelssystemen wäre dann ein ausreichender Anlegerschutz auf dieser Ebene sichergestellt. Dies kann auch im Rahmen eines an die Besonderheiten und Erfordernisse elektronischer Wertpapierhandelssysteme angepaßten, d. h. geänderten BörsG geschehen. Soweit Wertpapieraufträge über Intermediäre abgewickelt werden, sollte es bei dem relativen Börsenzwang bleiben, wobei in diesem Fall neben den bestehenden börslichen Wertpapierhandelssystemen eine Vielzahl neuer börslicher Wertpapierhandelssysteme als Ausführungswege für die Kundenaufträge zur Verfügung stünde.

Die unterschiedliche Behandlung der Aufträge von Privatanlegern einerseits und professionellen Marktteilnehmern, seien es Kreditinstitute, sonstige Wertpapierfirmen oder institutionelle Anleger andererseits, ist Ausdruck eines differenzierten Anlegerschutzkonzeptes.[655] Statt die Regulierung der Wertpapierhandelssysteme ausschließlich an das Vorliegen wirtschaftswissenschaftlicher Kriterien zu knüpfen, rückt damit die Frage in den Vordergrund, ob Aufträge privater Anleger in dem Wertpapierhandelssystem zur Ausführung kommen oder nicht.

Aber auch für Wertpapierhandelssysteme, bei denen dies nicht der Fall ist, stellt sich die Frage der Notwendigkeit und Ausgestaltung einer Mindestregulierung unterhalb des BörsG. Sie hat allerdings nicht nur anlegerschützenden Vorgaben zu folgen, sondern im wesentlichen zu berücksichtigen, daß Wertpapierhandelssysteme im nationalen und internationalen Wettbewerb miteinander stehen und diesen Wettbewerb entsprechend zu ermöglichen und neutral auszugestalten.

Hier greift der Ansatz, ein Konzept eines „regulated market“ auch in Deutschland zu schaffen[656], ergänzend ein. Um der Problematik des Anlegerschutzes bei Entstehen bislang nicht als Börse erfaßter Wertpapierhandelssysteme gerecht zu werden, wird vorgeschlagen, unterhalb der Ebene der traditionellen Börsen des BörsG ein Konzept eines „regulated market“ unabhängig von denen der Börsen zu entwerfen. Dabei sollte eine Orientierung an den europarechtlichen Vorgaben der Wertpapierdienstleistungsrichtlinie für einen „regulated market“ erfolgen, so daß auch den davon erfaßten Märkten, die heute nicht als „regulated market“ i. S. d. Wertpapierdienstleistungsrichtlinie in den Genuß des Europapasses kommen, die Dienstleistungsfreiheit über den Art. 15 Abs. 4 der Wertpa-

---

655 Vgl. auch *Steil*, in: International financial market regulation, Introduction: Effective Public Policy in a World of Footloose Finance, S. 13 f.

656 *Schwark*, Börsen und Wertpapierhandelsmärkte in der EG, WM 1997, S. 293 (300 f.).

pierdienstleistungsrichtlinie eröffnet wäre und ihnen damit auf europäischer Ebene Wettbewerbschancen gegeben sind.

4. Wirtschaftstheoretische Gründe für die Entstehung von Ineffizienzen

In der wirtschaftswissenschaftlichen Theorie werden für die Entstehung von Ineffizienzen unterschiedlichen Ansätzen folgend verschiedene Gründe genannt.[657] Sie sollen im Folgenden kurz darauf hin untersucht werden, ob sie als Erklärungsmuster geeignet sind, die zuvor angesprochenen Ineffizienzen zu erklären und Anhaltspunkte für einen regulatorischen Ansatz der Aufsicht über den Wertpapierhandel geben können.

a. Positive Regulierungstheorie

Nach der „positiven Theorie der Regulierung"[658] wird der Grund für die Entstehung von Ineffizienzen in einer Kartellbildung durch eine Minderheit der Kapitalmarktteilnehmer gesehen.[659] Das geltende Börsenrecht ist nach dieser Theorie zu großen Teilen Ausdruck der Einflußnahme eines Kartells aus Banken, um deren Partikularinteressen zu fördern. Der Anlegerschutzgedanke werde nur noch als Deckmantel benutzt, um Rechtsänderungen im Bankeninteresse durchzusetzen.[660] Im Verhältnis zwischen Anleger und Intermediären sorge die Kartellbildung für ein hohes Niveau der Transaktionskosten für Wertpapieraufträge privater Anleger, die anders als institutionelle Anleger nicht über eine ausreichende Marktmacht verfügen, die Konditionen zu verhandeln. Diese Erklärung von Ineffizienzen greift m. E. aber zu kurz und berücksichtigt nicht ausreichend die tatsächlichen Grundlagen der heutigen Kapitalmarktregulierung und Reformbestrebungen, die sich in Deutschland z. B. in den Finanzmarktförderungsgesetzen manifestieren. Die Gruppe der Banken hat zweifellos einen ganz erheblichen Einfluß auf die Entwicklung dieser Reformen gehabt. Primärer Anlaß und Zielsetzung war und ist dabei die Öffnung des Wettbewerbs auf dem Kapitalmarkt sowie die Heranführung des deutschen Kapitalmarkts an internationale Standards sowohl was die Produktpalette als auch die technische Ausgestaltung des Handels und die Wertpapierabwicklung anbelangt. Beispiel hierfür ist die Öff-

---

657 Vgl. die ausführliche Darstellung bei *Münstermann*, Märkte für Risikokapital, S. 196-235 m. w. Nw.

658 Auch „politische Regulierungstheorie" genannt, vgl. hierzu ausführlich *Müller/Vogelsang*, Staatliche Regulierung, in: Mestmäcker (Hrsg.), Wirtschaftsrecht und Wirtschaftspolitik, S. 35.

659 *Weber*, Wirtschaftsregulierung in wettbewerbspolitischen Ausnahmebereichen, in: Mestmäcker (Hrsg.), Wirtschaftsrecht und Wirtschaftspolitik, S. 92 ff.; *Münstermann*, Märkte für Risikokapital, S. 207-209.

660 So *Münstermann*, Märkte für Risikokapital, S. 209; deren Erklärungsversuch, das geltende Börsenrecht sei zu großen Teilen Ausdruck der Einflußnahme eines Kartells aus Banken, um deren Partikularinteressen zu fördern, und der Anlegerschutzgedanke werde nur noch als Deckmantel benutzt, um Rechtsänderungen im Bankeninteresse durchzusetzen, greift m. E. zu kurz und berücksichtigt nicht ausreichend die Änderungen der jüngsten Reform des Börsenrechts mit der Einsetzung des Bundesaufsichtsamts für den Wertpapierhandel.

nung des Börsenrechts für elektronische Wertpapierhandelssysteme. Der an die Banken gerichtete Vorwurf, sie nutzten ihren Einfluß, um das Börsenrecht ihren Interessen gemäß zu gestalten, verkennt aber, daß die Börse in Deutschland im wesentlichen eine Veranstaltung der Banken ist, die bislang noch die wesentlichen Träger der Börsen sind. Insofern erscheint es durchaus legitim, daß die Gruppe der Banken eigene Interessen im Börsenrecht verfolgt.

Es ist jedoch auch zu beachten, daß die Reformvorhaben im Bereich des Kapitalmarktrechts unter aktiver Beteiligung einer Vielzahl von Interessengruppen durchgeführt werden und insbesondere die Vertreter der Anleger eine wichtige Rolle dabei einnehmen. Das Börsen- und Kapitalmarktrecht ist daher auch wesentlich geprägt druch Schaffung anlegerschützender Regelungen durch die Reformgesetze der letzten Jahre. Insbesondere auch die Errichtung des Bundesaufsichtsamtes für den Wertpapierhandel (BAWe) und die Schaffung eines effektiven Insiderrechts zeigen, daß die Interessen der Anleger ganz wesentliche berücksichtigt wurden und werden. Allein das Abstellen auf eine Kartellbildung seitens der Banken kann damit keinen hinreichenden und akzeptablen Regulierungsgrund bieten.[661]

b. Normative Regulierungstheorie

Nach der „normativen Theorie der Regulierung" sind Gründe für die Ineffizienzen z. B. die Entstehung von Monopolen[662], die Existenz „ruinöser Konkurrenz"[663], die Entstehung externer Effekte[664] sowie die Erstellung „öffentlicher Güter" durch Börsenleistungen[665]. Diese Gründe dienen zugleich als Rechtfertigung für eine regulierende und beaufsichtigende staatliche Tätigkeit[666] zum Ausgleich der Ineffizienzen.

Eine umfassende Analyse, ob für alle Kapitalmarktineffizienzen die normative Regulierungstheorie Regulierungsgründe liefert, kann im Rahmen dieser Arbeit nicht erfolgen. Vielmehr soll hier ausschließlich eine Konzentration auf die Gründe für eine Regulierung von Wertpapierhandelssystemen und die zwischen ihnen bestehende Wettbewerbssituation erfolgen.

---

661 An das Fehlen von Beurteilungsmaßstäben für die Effizienz von Regelungen anknüpfend, im Ergebnis aber ebenso *Münstermann*, Märkte für Risikokapital, S. 209.

662 *Soltwedel* u. a., Deregulierungspotentiale in der Bundesrepublik, S. 5 f.; *Münstermann*, Märkte für Risikokapital, S. 197 m. w. Nw.

663 Zum Begriff *Soltwedel* u. a., Deregulierungspotentiale in der Bundesrepublik, S. 10 f.; *Tolksdorf*, Ruinöser Wettbewerb, S. 29 ff.; *Münstermann*, Märkte für Risikokapital, S. 200-203 m. w. Nw.

664 *Münstermann*, Märkte für Risikokapital, S. 203 f. m. w. Nw.

665 Vgl. *Walgenbach*, Die Institution Börse als Regulierungsobjekt, S. 257 (264); *Münstermann*, Märkte für Risikokapital, S. 205 f.

666 *Münstermann*, Märkte für Risikokapital, S. 196 m. w. Nw.

Zumindest in Deutschland besteht bislang tatsächlich ein „natürliches Monopol" der Börse(n) für die Aufträge der privaten Anleger, das regulatorische Maßnahmen in Form von Preisregulierungen, Kontrahierungszwängen, Konditionenvorgaben und Marktzutrittsbarrieren als Eingriffe in den Wettbewerb rechtfertigen kann. Solange alternative private Wertpapierhandelssysteme für private Anleger nicht verfügbar sind und die Banken als Intermediäre die Aufträge an die Börsen leiten, besteht ein Bedürfnis dafür, daß der Staat die Interessen der Anleger zumindest durch eine Rahmenregulierung für das Betreiben von Börsen, die Regelung des Marktzugangs für Intermediäre und die Sicherstellung eines ordnungsgemäßen Handels durchsetzt, da die Anleger allein keine entsprechende Marktmacht zur Durchsetzung ihrer Interessen haben und oftmals auch nicht über genügend Fachwissen verfügen, um diese Interessen gegenüber den Betreibern der Börsen und den anderen Marktteilnehmern durchzusetzen.

Institutionelle Anleger und professionelle Intermediäre hingegen bedienen sich heute in allen Mitgliedstaaten der EG auch privater Wertpapierhandelssysteme, so daß jeweils außerbörslicher Wertpapierhandel in organisierten Märkten stattfindet. Für Aufträge dieser Gruppen verfügen die nationalen Börsen bereits seit längerem nicht mehr über „natürliche Monopole". Die einzelnen Anleger bzw. Intermediäre verfügen zudem über weitaus mehr Marktmacht und auch das entsprechende Wissen, um ihre Interessen weitgehend allein gegenüber den Börsen durchzusetzen. Das Fehlen von Monopolen in diesem Bereich ist damit zugleich ein Argument für die weitgehende Freiheit vor staatlicher Regulierung sowie die Beschränkung auf Mindestregeln, die lediglich die Funktions-fähigkeit des Kapitalmarktes sichern.

Eine Rechtfertigung staatlicher Regulierung des Wertpapierhandels durch „ruinöse Konkurrenz" kann im Bereich der Regulierung der Wertpapierhandelssysteme dementsprechend derzeit noch nicht vorliegen. Abgesehen von der grundsätzlichen Kritik an der Grundannahme dieses Ansatzes, es entstünden auch im Wertpapierhandel Überkapazitäten, die zu einem „zuviel" an Wettbewerb führten[667], ist der entstehende Wettbewerb zwischen den Wertpapierhandelssystemen auf nationaler und internationaler Ebene zu begrüßen, da sich für eine einzelne Marktteilnehmergruppe spezifische Systeme entwickeln können, die deren Bedarf gerecht werden. Der Wettbewerb zwischen den privaten Wertpapierhandelssystemen für den professionellen Handel und den Börsen ist bei weitem noch nicht so ausgeprägt, daß von einem Zustand „ruinöser Konkurrenz" gesprochen werden kann und Wertpapierhandelssysteme, die sich unmittelbar an den privaten Anle-

---

667 Zur Kritik am Konzept der „ruinösen Konkurrenz" *Hamm*, Staatsaufsicht über wettbewerbliche Ausnahmebereiche als Ursache ökonomischer Fehlentwicklungen, S. 156 (164); *Kruse*, Ordnungstheoretische Grundlagen der Deregulierung, S. 9 (22); *Münstermann*, Märkte für Risikokapital, S. 201 m. w. Nw.

ger richten, entstehen erst heute und haben ebenfalls noch lange nicht einen Zustand „ruinöser Konkurrenz" herbeigeführt. Allerdings kann für die Zukunft nicht ausgeschlossen werden, daß bei Entstehen einer Vielzahl von Wertpapierhandelssystemen neben den existierenden Börsen eine starke Zersplitterung des Orderstroms auf viele unterschiedliche, nicht miteinander verbundene Wertpapierhandelssysteme entsteht, die zu einer Störung der Marktfunktion führt, weil Angebot und Nachfrage nach Wertpapieren nicht mehr an einem zentralen Ort zusammengeführt werden, so daß die in den einzelnen Wertpapierhandelssystemen gefundenen Preise auch nicht mehr die gesamte Orderlage reflektieren können. Es ist jedoch sehr fraglich, ob eine solche Situation durch staatliche Reglementierung der Zulassung neuer Wertpapierhandelssysteme gelöst werden sollte.

Gründe für ein regulierendes Eingreifen staatlicher Stellen in den Wettbewerb der Wertpapierhandelssysteme lassen sich aber aus der Entstehung öffentlicher Güter durch Börsenleistungen herleiten. Zu Recht wird z. B. auf das wettbewerbliche Problem des „free-riding"[668] durch die privaten Wertpapierhandelssysteme hinsichtlich der Dienstleistungen[669] und der Aufsichtsleistungen der Börsen hingewiesen.[670] Dieser „Trittbrettfahrer"-Effekt kann insbesondere im Bereich der Zulassung von Wertpapieren zum Handel, im Bereich der Überwachung der Publizität der Emittenten sowie im Bereich der Entwicklung von Börsenprodukten, wie z. B. Indizes[671], auftreten. Darüber hinaus stellt sich das Problem im Bereich der Transparenz des Börsenhandels durch Bekanntmachung von sog. „pre-trade"- oder „post-trade"-Kursen, also der Veröffentlichung der Orderlage vor dem Abschluß eines Geschäftes sowie der Daten der geschlossenen Geschäfte.[672] Während in der Wirtschaftswissenschaft bereits Untersuchungen existieren, wem die Verfügungsrechte an den Auftrags- und Geschäftsdaten (Kursen) ökonomisch zustehen oder ob es sich um ein „öffentliches Gut" handelt[673], scheint diese Frage juristisch noch ungeklärt.

---

668 In einer freien Übersetzung als „Trittbrettfahren" zu verstehen.

669 Siehe hierzu die ausführliche Erläuterung der Property Rights-Problematik von Börsendienstleistungen anhand von Derivaten *Picot/Bortenlänger/Röhrl*, Börsen im Wandel, S. 119 ff.

670 *Von Rosen*, Private Handelssysteme - eine Herausforderung für die Börsen, ZfgK 1994, S. 1216; vgl. auch die Kommentare der amerikanischen Börsen zur Studie der *Securities and Exchange Commission* (Hrsg.), Market 2000 - An Examination of Current Equity Market Developments, January 1994, Appendix VI-6 ff.

671 Einen ausführlichen Überblick über deutsche und ausländische Indizes findet sich bei *Beike/Schlütz*, Finanznachrichten lesen - verstehen - nutzen, S. 106-125 für deutsche Indizes sowie S. 164-187 für ausländische Indizes.

672 Vgl. hierzu auch *Münstermann*, Märkte für Risikokapital, S. 205 m. w. Nw.

673 Vgl. ausführlich zum Problem der Property Rights an Börseninformationen *Picot/Bortenlänger/Röhrl*, Börsen im Wandel, S. 127-134 m. w. Nw.; *Münstermann*, Märkte für Risikokapital, S. 205 f., erkennt in diesen Leistungen zwar auch „gemischt öffentliche Güter", hält sie jedoch als Regulierungsgrund für nicht ausreichend.

Überwiegend werden nur solche Wertpapiere über private Wertpapierhandelssysteme gehandelt, die bereits an einer Börse notiert sind.[674] Die Leistungen der Zulassungsstellen der Börsen werden damit von den privaten Wertpapierhandelssystemen und ihren Teilnehmern unentgeltlich genutzt und bringen ihnen einen Kostenvorteil gegenüber den Börsen.[675] Sie profitieren vom „öffentlichen Gut" der präventiven Aufsicht, die durch die Durchführung des Zulassungsverfahrens von Wertpapieren sowie die Überwachung der laufenden Pflichten der Emittenten erbracht und von den Börsenteilnehmern mitfinanziert wird.[676] Gleiches gilt für Dienstleistungen der Börsen im Bereich des Emittentenservice zur Heranführung neuer Emittenten an den Wertpapiermarkt.[677] Da sich die elektronischen Wertpapierhandelssysteme börslicher und nicht-börslicher Art hinsichtlich ihrer Funktionen nicht mehr wesentlich unterscheiden, liegt der Schluß nahe, die Systeme auch rechtlich gleich zu behandeln und damit ein „level playing field" für alle Wertpapierhandelssysteme zu schaffen.

III. Die aufsichtsrechtliche Regulierung der Wertpapierhandelssysteme als Wettbewerbsfaktor

1. Aufsichtsrechtliche Regulierung und Wettbewerb der Finanzplätze

Die angestrebte Kapitalmarkteffizienz eines nationalen Kapitalmarktes dient dem Zweck, den nationalen Kapitalbedarf möglichst optimal zu decken.[678] Da das für die Gesamtheit aller nationalen Finanzmärkte zur Verfügung stehende Kapital in Menge und Verfügbarkeit begrenzt ist, kann es nur Ziel jeder einzelnen Nation sein, den eigenen Kapitalmarkt

---

674 Vgl. z. B. das Angebot der handelbaren Wertpapiere im Instinet-System von Reuters.

675 Zu den Kostenvorteilen auch *Picot/Bortenlänger/Röhrl*, Börsen im Wandel, S. 166. Sie weisen zudem darauf hin, daß sich dieses Problem noch verstärkt, wenn PTS als Broker-dealer Mitglied einer Börse sind, wie z. B. Instinet an der Frankfurter Wertpapierbörse und anderen Börsen, weil die Börsen dann noch die Kosten für einen Konkurrenten zu tragen hätten, der nur dann Orders an die Börse führt, wenn sie in dem PTS nicht zum Abschluß kämen. Warum dies eine Verschärfung des Problems sein soll, leuchtet nicht ein. Für das zweifellos vorhandene „Free Riding" hinsichtlich der Aufsichtskosten ist es unerheblich, ob das PTS zusätzlich noch einige Orders über die Börse abwickelt oder nicht einmal dies tut.

676 Die Gebühren für das Zulassungsverfahren sind so gering, daß damit eine Zulassungsstelle nicht kostendeckend finanziert werden kann. So fallen für eine Zulassung von Aktien an der Frankfurter Wertpapierbörse für je angefangene 5 Mio. DM zuzulassenden Kapitals in den Amtlichen Handel nur 1.500 DM (mindestens jedoch 2000,- DM) an. Für die Zulassung zum geregelten Markt sogar nur die Hälfte.

677 Zur notwendigen Verstärkung der Bemühungen der Börsen in diesem Bereich, insbesondere durch die Einführung des sog. Betreuerkonzeptes *von Rosen*, Chancengemeinschaft, S. 178-181; *ders.*, Mehr Betreuung nach dem Börsengang, Welt am Sonntag v. 28.7.1996; *ders.*, Unternehmen nach Emission künftig besser betreuen, Handelsblatt v. 19.8.1996; *Deutsche Börse AG*, Neuer Markt, Ideen suchen Kapital - Kapital sucht Ideen, S. 6.

678 Siehe zu den an dieser Stelle nicht weiter erläuterbaren volkswirtschaftlichen Zusammenhängen zwischen Kapitalbedarf und Kapitalbereitstellung über den Kapitalmarkt *Seidenzahl/Weissenfeld*, Bank- und Börsenlexikon, Stichwort „Kapitalmarkt-Kapitalbedarf", S. 178 ff.

für die potentiellen Anleger so attraktiv wie möglich zu gestalten, um die internationalen Kapitalströme auf den nationalen Kapitalmarkt zu lenken und so die eigene Volkswirtschaft ausreichend und zu günstigen Bedingungen mit Kapital zu versorgen und andererseits für die eigenen Anleger attraktive Anlagemöglichkeiten zu bieten. Nicht zuletzt gehen von einem gut funktionierenden, starken Kapitalmarkt auch Beschäftigungsimpulse für hochqualifizierte Kräfte im tertiären Sektor aus[679], was einen zusätzlichen Anreiz darstellt. Diese Interessenlage der Staaten besteht auch innerhalb der Europäischen Gemeinschaft. Es wäre naiv anzunehmen, daß ihre Mitgliedstaaten ausschließlich altruistisch i. S. d. einheitlichen europäischen Kapitalmarkts handelten, wie der Streit um die Formulierung der Wertpapierdienstleistungsrichtlinie vor dem Hintergrund der Einführung elektronischer grenzüberschreitender Wertpapierhandelssysteme exemplarisch zeigt.[680] Ein „objektiver" Maßstab für die Attraktivität eines Finanzmarktes läßt sich allerdings kaum finden. Er wird aber in erheblichem Maße von wirtschaftlichen und rechtlichen Rahmenbedingungen geprägt.[681] Der nationale rechtliche Rahmen entscheidet über die Freiheit des Marktes für Finanzprodukte, Finanzinnovationen und über seine Grenzen. Zu diesen Begrenzungen des Marktes gehört eine Regelung über die Aufsicht über den Wertpapierhandel, insbesondere im Bereich der Börsenaufsicht und der elektronischen Wertpapierhandelssysteme.[682]

Dabei können zwei unterschiedliche Grundstrategien verfolgt werden, die sich sowohl in der Erfassung der zu regelnden Bereiche und in der Regelungsdichte insbesondere aber in der effektiven Anwendung der vorhandenen Regelungen niederschlagen. Es sind dies ein weitgehender Verzicht auf Regulierung und Aufsicht oder eine sehr weitreichende Regulierung und Aufsicht.

---

679 Vgl. Begründung des Entwurfs des zweiten Finanzmarktförderungsgesetzes, BT-Drucksache 12/6679 v. 27.1.1994, Allgemeiner Teil, A. Vorbemerkungen, S. 33, in der der Markt für Finanzdienstleistungen als Zukunftsmarkt mit hohen Wachstumsraten, dessen Anteil an Wertschöpfung und Erwerbsbevölkerung ansteigt, beschrieben wird. Die positiven Auswirkungen, die gut ausgebildetes Personal seinerseits auf die Steigerung der Attraktivität eines Finanzplatzes haben kann, lassen sich am Beispiel Londons und der Verlagerung der Investmentbank-Aktivitäten deutscher Großbanken dorthin aufzeigen.

680 Vgl. nur *Steil*, Equity Trading IV: The ISD and the Regulation of European Market Structure, in: ders. (Hrsg.), The European Equity Markets, S. 115-133.

681 Begründung des Entwurfs des zweiten Finanzmarktförderungsgesetzes, BT-Drucksache 12/6679 v. 27.1.1994, Allgemeiner Teil, A. Vorbemerkungen, S. 33. Ausdrücklich wird das Ziel der Steigerung der Wettbewerbsfähigkeit des Finanzplatzes Deutschland als Grund der Rechtsänderung genannt. Vgl. auch *Kiehling*, Finanzplatz Europa, S. 303; *Arbeitsgemeinschaft der Deutschen Wertpapierbörsen*, Jahresbericht 1990, S. 101; *dies.*, Jahresbericht 1991, S. 4.

682 Zum Spannungsfeld zwischen Anlegerschutzausrichtung und Regelungsdichte einerseits sowie der Freiheit zur Entwicklung neuer Märkte und Finanzprodukte als Faktor im Wettbewerb der Finanzplätze andererseits, *OECD*, Securities Markets in OECD Countries, S. 9 ff.

Bei einer nur minimalen Regulierung und Aufsichtsausübung kann dem nationalen Markt die größtmögliche Freiheit gegeben werden, um ihn im internationalen Wettbewerb der Finanzmärkte für Anleger, Kapitalsuchende und Intermediäre attraktiv zu gestalten. Dabei besteht jedoch die Gefahr, daß ein sich selbst verstärkender Deregulierungswettbewerb zwischen den Finanzmärkten entsteht, um die jeweils liberalsten Bedingungen für die Kapitalmarktteilnehmer zu bieten. Für Finanzinnovationen bestehen in einem solchen regulatorischen Umfeld zwar beste Voraussetzungen, denn sie unterliegen keinerlei Beschränkungen, allerdings besteht auch die Gefahr, daß die Interessen der Anleger nicht ausreichend gewahrt bleiben. Das Fehlen einer effektiven (staatlichen oder Selbst-) Regulierung und Aufsicht über die Wertpapiermärkte kann letztlich dazu führen, daß die Anleger als eine Seite des Marktes nicht mehr genügend Vertrauen in den Markt besitzen und abwandern, so daß sich die Vorteile dieser Strategie ins Gegenteil verkehren.

In der Praxis ist eine solche Strategie in den Mitgliedstaaten der EU nicht zu beobachten. Grund dafür ist, daß die Wettbewerbsfähigkeit eines Finanzmarktes nicht allein durch ein möglichst liberales rechtliches Rahmenwerk geschaffen werden kann, sondern aus Anlegerschutzgesichtspunkten[683] ein zwar freier aber auch fairer und sicherer Wertpapierhandel unter möglichst weitgehender Ausschaltung nichtspekulativer Anlegerrisiken gewährleistet sein muß. Von entscheidender Bedeutung für die Entwicklung eines Finanzmarktes ist damit nicht allein die Schaffung und Zulassung von immer neuen „innovativen" Finanzinstrumenten, sondern das Vertrauen der Anleger[684] in die faire Preisbildung und Abwicklung der Geschäfte und eine effektive Durchsetzung der für alle Marktteilnehmer geltenden Regeln. Letztere wird insbesondere durch ein hinreichendes Eingriffs- und Sanktionssystem gewährleistet. Besonderes Vertrauen wird dabei einer neutralen staatlichen Aufsicht entgegengebracht und weniger den selbstaufsichtsrechtlichen Bemühungen der Marktteilnehmer oder -intermediäre. Staatliche Aufsichsstellen verfügen i. d. R. über intensivere Ermittlungs-, Eingriffs- und Sanktionsbefugnisse als die Selbstaufsichtsgremien. Dies muß allerdings nicht bedeuten, daß der Selbstaufsicht keine bedeutende Rolle mehr zukommt. Die erforderliche schnelle Reaktion zur Durchsetzung von Aufsichtsmaßnahmen mit zunächst möglicherweise nur vorübergehender oder aufschiebender Wirkung kann besser von Selbstaufsichtsgremien als von einer staatlichen Aufsichtsbehörde erbracht werden, die nicht immer über die erforderliche Marktnähe verfügt. Aussetzungen des Handels von Wertpapieren bei Bekanntwerden von Unterneh-

---

683 Die Rolle des Anlegerschutzes wird auch betont in der Begründung des Entwurfs des zweiten Finanzmarktförderungsgesetzes, BT-Drucksache 12/6679 v. 27.1.1994, Allgemeiner Teil, A. Vorbemerkungen, S. 33.

684 Begründung des Entwurfs des zweiten Finanzmarktförderungsgesetzes, BT-Drucksache 12/6679 v. 27.1.1994, Allgemeiner Teil, A. Vorbemerkungen, S. 33; *Arbeitsgemeinschaft der Deutschen Wertpapierbörsen*, Jahresbericht 1990, S. 101.

mensnachrichten oder der vorübergehende Ausschluß von Teilnehmern vom Handel z. B. wegen Fehlverhaltens oder mangelnder Sicherheitsleistungen sind hierfür ein Beispiel.

Eine effektive Aufsichtsdurchsetzung ist darüber hinaus auch vor dem Hintergrund der wachsenden Internationalisierung der Kapitalmärkte sinnvoll. International hat sich, nicht zuletzt auch auf Grund der Arbeit der internationalen Organisationen wie der IOSCO und der FIBV ein gewisser Aufsichtsmindeststandard herausgebildet, der von international tätigen institutionellen Anlegern nunmehr für ein Engagement auf den Märkten vorausgesetzt wird. Die Herausbildung lediglich eines Mindeststandards läßt andererseits jedoch genügend Spielräume für nationale Differenzen in der Regulierung der Aufsicht über die Finanzmärkte, um einen internationalen Wettbewerb der Finanzmärkte auch als Wettbewerb der Regulierung weiterhin ermöglichen zu können.[685] Die Regelung der Aufsicht über den Wertpapierhandel und die tatsächliche effektive Umsetzung dieser Aufgaben und Befugnisse stellt damit im internationalen Wettbewerb der Finanzmärkte weiterhin einen erheblichen Wettbewerbsfaktor dar.[686]

Im internationalen Wettbewerb der Finanzmärkte zeichnet sich die Entwicklung ab, daß die Märkte einerseits für neue Produkte und technische Entwicklungen möglichst weit liberalisiert werden, um den Anlegern und Kapitalmarktteilnehmern auf dem eigenen Markt alle Möglichkeiten zum Handeln und den Emittenten alle Möglichkeiten zur Kapitalbeschaffung zu geben, andererseits jedoch diese Märkte einer glaubhaften und vertrauenswürdigen Aufsicht unterworfen werden, um den Anlegern Sicherheit zu geben und Fairneß garantieren zu können. Eine weitgehende Liberalisierung ist erst bei gleichzeitiger effektiver Aufsicht sinnvoll und vertretbar.

Die Mitgliedstaaten erkennen zudem zunehmend die Chance, die die Gewährleistung hoher Aufsichtsstandards im internationalen Wettbewerb bietet, und verzichten damit weitgehend auf die Verschärfung des Deregulierungswettbewerbs. Dies gilt nicht nur im Bereich des Kapitalmarktrechts und der Aufsicht über den Wertpapierhandel; vielmehr wird

---

685 Hierbei spielt insbesonders auch die Möglichkeit zur Segmentierung und Spezialisierung der Börsen und Wertpapiermärkte eine Rolle. Vgl. *Arbeitsgemeinschaft der Deutschen Wertpapierbörsen*, Jahresbericht 1990, S. 101. Vgl. auch *Assmann* in Assmann/Hirsch, Entwurf eines schweizerischen Börsengesetzes, AG 9/1993, S. 410 Vorbemerkung; *Kiehling*, Finanzplatz Europa, S. 4 (8 f.).

686 Vgl. *Kiehling*, Finanzplatz Europa, S. 303; *Wessel*, Das 2. Finanzmarktförderungsgesetz, WM 1994, S. 1418; *Arbeitsgemeinschaft der Deutschen Wertpapierbörsen*, Jahresbericht 1991, S. 4.

auch im Bereich der Produktvorschriften erkannt, daß ein hohes Qualitätsniveau ein zunehmender Faktor bei Vermarktungschancen ist.[687]

Damit wird auch verständlich, daß z. B. in der Bundesrepublik Deutschland die Regelungen der Wertpapierhandelsaufsicht im 2. Finanzmarktförderungsgesetz z. T. erheblich über den Mindestanforderungen der entsprechenden EG-Richtlinien liegen. Nach langjährigen Forderungen maßgeblicher Teilnehmer am deutschen Finanzmarkt[688] wurde deutlich, daß auch die Bundesrepublik eine verbesserte und effektive Wertpapierhandelsaufsicht als Gütesiegel des Finanzmarktes benötigt, um die Attraktivität des Finanzplatzes Deutschland im internationalen Wettbewerb zu sichern und zu erhöhen.

2. Aufsichtsrechtliche Regulierung und Wettbewerb der Wertpapierhandelssysteme

Neben diesen eher übergeordneten Gesichtspunkten der Regulierung und Beaufsichtigung steht die Frage, welchen aufsichtsrechtlichen Mindestregelungen private elektronische Wertpapierhandelssysteme unterworfen werden sollten. Eine Mindestregulierung ist insbesondere für private Wertpapierhandelssysteme zu empfehlen, an denen profes-sionelle Teilnehmer Eigenhandel betreiben. Im Vordergrund steht hier nicht der Schutz der professionellen Teilnehmer, sondern die Herstellung eines „level playing"-fields für den Wettbewerb zwischen den privaten Wertpapierhandelssystemen, aber auch zwischen diesen und den börslichen elektronischen Wertpapierhandelssystemen. Denn es steht den professionellen Teilnehmern selbstverständlich frei, ihren Eigenhandel auch über intensiver regulierte börsliche Wertpapierhandelssysteme abzuwickeln, zumal die wesentlichen professionellen Teilnehmer auch an den Trägern der bestehenden börslichen Wertpapierhandelssysteme beteiligt sind.

Erste Empfehlungen für die aufsichtsrechtliche Behandlung von privaten Wertpapierhandelssystemen, die zu einem „level playing-field" für alle Wertpapierhandelssysteme führen sollen, existieren bereits auf internationaler Ebene,[689] ohne daß aber bislang ein einheitlicher konkreter Regelungsrahmen geschaffen wurde.[690] Wesentliche Vorarbeiten lie-

---

687 Vgl. *Streinz*, Europarecht, Rn. 981; sowie z. B. die Möglichkeit der Mitgliedstaaten, im Rahmen der Umsetzung der Richtlinie über die Haftung des Herstellers für fehlerhafte Produkte (Richtlinie des Rates 85/374/EWG v. 25.7.1985, ABl. 1985 Nr. L 210, S. 29) die Haftung auf weitere Risiken zu erstrecken, womit mittelbar die Vermeidung der Produktrisiken bewirkt wird.

688 Vgl. *Arbeitsgemeinschaft der Deutschen Wertpapierbörsen*, Jahresbericht 1990, S. 96 ff.; *dies.*, Jahresbericht 1991, S. 4.

689 Vgl. auch die Forderung von *Schwark*, Börsen und Wertpapierhandelsmärkte in der EG, WM 1997, S. 293 (301) nach einer Festlegung von Mindeststandards für regulierte Märkte mit Hilfe internationaler Organisationen wie z. B. der IOSCO.

690 Einen solchen Regelungsrahmen anmahnend *Klenke*, Internet-Handel erfordert globales Regelwerk, Handelsblatt v. 13.6.1996.

fert die Working Party Nr. 2 des Technical Committee der IOSCO.[691] Viele der herausgearbeiteten Regelungsvorschläge gelten wegen der oben erläuterten Vergleichbarkeit der elektronischen börslichen und privaten Wertpapierhandelssysteme für beide Varianten.[692] Die Vorschläge der Working Party Nr. 7 des Technical Committee der IOSCO[693] beziehen sich hingegen allein auf Derivativmärkte, die jedoch „non-proprietary" sind, also nicht von einzelnen privaten Intermediären betrieben werden.

Während der Tätigkeit der Arbeitsgruppen stellte sich heraus, daß - zumindest zum damaligen Zeitpunkt - ein einheitlicher Regelungsansatz für alle Mitgliedstaaten im Rahmen der IOSCO nicht erreicht[694] und lediglich allgemeine Vorschläge erarbeitet werden konnten. Ausdrücklich wurde darauf hingewiesen, daß jede Jurisdiktion der Mitgliedstaaten die anstehenden Probleme in Übereinstimmung mit den eigenen Gesetzen, Regeln und Praktiken lösen muß.[695] Damit wird deutlich, daß nicht nur auf europäischer Ebene, sondern erst Recht auf internationaler Ebene die Schaffung einheitlicher oder zumindest vergleichbarer Regelungen für die Beaufsichtigung grenzüberschreitender Wertpapierhandelssysteme erhebliche Schwierigkeiten bereitet und diese Entwicklung erst am Anfang steht.[696] Da einheitlich harmonisierte Regelungen noch nicht realisierbar scheinen, steht zwangsläufig die internationale Kooperation der Regulierungs- und Aufsichtsbehörden auf allen Ebenen im Vordergrund.[697]

a. Empfehlungen der IOSCO

Die Empfehlungen der Working Party Nr. 2 des Technical Committee der IOSCO konzentrieren sich auf spezielle Schlüsselfunktionen, die sich bei allen privaten Wertpapierhandelssystemen feststellen lassen und die aufsichtsrechtlich relevant sind. Als primäres regulatorisches Ziel wird die Sicherstellung der Integrität des Wertpapierhandelsystems durch faire und gerechte Handelsregeln, die einen angemessenen Ausgleich zwischen den

---

691 *IOSCO*-Working Party 2 on Regulation of Secondary Markets, Issues in the regulation of cross-border proprietary screen based trading systems, Oktober 1994, S. 13.

692 *IOSCO*-Working Party 2 on Regulation of Secondary Markets, Issues in the regulation of cross-border proprietary screen based trading systems, Oktober 1994, S. 4.

693 *IOSCO*-Working Party 7, Principles for the oversight of screen-based trading systems for derivative products, Juni 1990.

694 *IOSCO*-Working Party 2 on Regulation of Secondary Markets, Issues in the regulation of cross-border proprietary screen based trading systems, Oktober 1994, S. 2.

695 *IOSCO*-Working Party 2 on Regulation of Secondary Markets, Issues in the regulation of cross-border proprietary screen based trading systems, Oktober 1994, S.12.

696 *IOSCO*-Working Party 2 on Regulation of Secondary Markets, Issues in the regulation of cross-border proprietary screen based trading systems, Oktober 1994, S. 3 spricht hier von einer „evolving debate".

697 *Jakobs*, Nicht zu beneiden - Aufsichtsbehörden unter Druck, Handelsblatt v. 16.7.1995 über die Jahreskonferenz 1995 der IOSCO in Paris.

Ansprüchen/Interessen der Marktteilnehmer gewährleisten, genannt.[698] Ziel der Aufsichtsregeln über die Marktteilnehmer müsse sein, betrügerisches oder unfaires Verhalten zu verhindern und eine angemessene Eigenkapitalausstattung sicherzustellen. Darüber hinaus wird ausdrücklich auf die Gefahren hingewiesen, die ein Ausfall eines Intermediärs oder das Scheitern eines großen Geschäftes auf die inzwischen in vielfacher Weise voneinander abhängigen Finanzmärkte hat.[699] Speziell für die elektronischen Wertpapierhandelssysteme muß das Systemdesign sowie dessen Kapazität und Verläßlichkeit weiterer Gegenstand aufsichtsrechtlicher Regulierung sein. Besondere Erwähnung verdient der Grundsatz, daß die aufsichtsrechtlichen Rahmenbedingungen nicht unnötig die Entwicklung und Innovation neuer Wertpapierhandelssysteme und -technologien behindern dürfen. Dies muß insbesondere auch im Hinblick auf die entstehenden elektronischen Wertpapierhandelssysteme im Internet gelten.[700] Die Regulierung des Wertpapiermarktes muß den „Markt der Märkte“ im Interesse der Emittenten, der Intermediäre und der Anleger offen halten, um einen Wettbewerb der Wertpapierhandelssysteme zu ermöglichen.

Im wesentlichen handelt es sich bei den IOSCO Empfehlungen um[701]:

- **Zulassung des Betreibers des Systems sowie Genehmigung des Systems**
  Für die Zulassung des Betreibers bzw. die Genehmigung des Systems ist ein „fit and proper“-Test des Betreibers zu fordern, der sich sowohl auf dessen finanzielle Lage als auch auf dessen technischen Kenntnisse des Wertpapierhandels bezieht. Soweit der Betreiber selbst Risiken aus den Geschäften übernimmt, z. B. jeweils als Clearing-Partner fungiert, sind entsprechende Sicherungsmaßnahmen für den Fall der Nichterfüllung seiner Pflichten vorzusehen.

- **Zulassung der Wertpapiere zum System**
  Hinsichtlich der Zulassung der Wertpapiere zum Handel sind zumindest die Informationen über die Art der gehandelten Wertpapiere zu erteilen. Von einigen Mitgliedern der Arbeitsgruppe wird darüber hinaus empfohlen, auch eine Möglichkeit zur Untersagung des Handels in dem Wertpapier im Interesse des Anlegerschutzes vorzusehen.

- **Zulassung der Teilnehmer zum System**
  Für die Zulassung der Teilnehmer wird als Mindestaufsichtsregelung die Information

---

698 *IOSCO*-Working Party 2 on Regulation of Secondary Markets, Issues in the regulation of cross-border proprietary screen based trading systems, Oktober 1994, S.4.

699 *IOSCO*-Working Party 2 on Regulation of Secondary Markets, Issues in the regulation of cross-border proprietary screen based trading systems, Oktober 1994, S.4.

700 Zum Zeitpunkt, als die IOSCO-Working Party 2 on Regulation of Secondary Markets arbeitete, war die Entwicklung von Internet-Wertpapierhandelssystemen allerdings noch nicht absehbar.

701 *IOSCO*-Working Party 2 on Regulation of Secondary Markets, Issues in the regulation of cross-border proprietary screen based trading systems, Oktober 1994, S. 29-34.

über die Kriterien der Zulassung und die Einhaltung aller anwendbaren nationalen Regelungen und Wohlverhaltensregeln durch diese Teilnehmer gefordert.

- **Vorkehrungen für die Anzeige von Aufträgen**
  Die Systeme sollen allen vergleichbaren Teilnehmern dieselben Informationen mindestens über die in das System eingegebenen Wertpapierhandelsaufträge bieten. Bei einem unterschiedlichen Zugang zu diesen Informationen für einzelne Teilnehmergruppen soll die Unterscheidung zwischen den Gruppen und Teilnehmern zumindest nach „recht und billigen" Kriterien geschehen.

- **Weiterleiten von Aufträgen**
  Bei der Weiterleitung von Aufträgen zu einem Geschäftsschluß-System (Order-Routing) steht die Verhinderung mißbräuchlicher Ausnutzung der Informationen über die Aufträge, wie z. B. das „Frontrunning" im Vordergrund.

- **Geschäftsschluß**
  Die technischen Regeln für die Herbeiführung der Geschäftsschlüsse sollen sowohl den Aufsichtsbehörden als auch den Teilnehmern gegenüber offengelegt werden. Insbesondere bei einer Verbindung zwischen dem privaten Wertpapierhandelssystem und einem geregelten (börslichen) Markt ist darauf zu achten, daß Störungen bei den Geschäftsabschlüssen in dem PTS sich nicht negativ auf den geregelten Markt auswirken können. Hinsichtlich der technischen Sicherheit des Systems soll eine Verpflichtung existieren, den Aufsichtsbehörden Details über die technische Ausstattung zu übermitteln. Darüber hinaus halten einige Mitglieder der Working Party Nr. 2 des Technical Committee der IOSCO es auch für erforderlich, daß die Betreiber der privaten Wertpapierhandelssysteme die technische Sicherheit und eine ausreichende Kapazität gegenüber den Aufsichtsbehörden nachweisen und das System auf mögliche Schwachstellen testen, um im Falle eines (teilweisen) Versagens des Systems das ordentliche Funktionieren des Marktes im Interesse des Anlegerschutzes sicherstellen zu können.

- **Aufzeichnung und Publikation der Geschäftsdaten**
  Eine Aufzeichnung und Publikation der Daten abgeschlossener Geschäfte soll zumindest gegenüber den Teilnehmern und den Aufsichtsbehörden erfolgen. Falls die Aufsichtsbehörden es darüber hinaus aus Anlegerschutzgründen für notwendig erachten, sollen diese Geschäftsdaten auch dem gesamten Wertpapiermarkt zur Verfügung gestellt werden. Das System soll zudem die effektive Überwachung aller in ihm geschlossenen Geschäfte durch Aufzeichnung und Aufbewahrung aller entsprechenden Daten ermöglichen. Hier habe der Betreiber des privaten Wertpapierhandelssystems für die Aufzeichnung der Daten entsprechend den Anforderungen der nationalen Aufsichtsbehörden zu sorgen, um sicherstellen zu können, daß der Betreiber selbst alle en-

sprechenden wertpapierhandelsrechtlichen Regelungen beachtet und/oder dafür sorgt, daß die Teilnehmer dies tun.

- **Abwicklung der geschlossenen Geschäfte**
  Hinsichtlich der Abwicklung der geschlossenen Geschäfte sollen sich die Aufsichtsbehörden zumindest vergewissern, daß ausreichende Vorrichtungen existieren und die Abwicklung ordnungsgemäß durchgeführt wird. Soweit das private Wertpapierhandelssystem selbst Clearing- und Abwicklungsdienste übernimmt, seien diese entsprechend den nationalen Regelungen auszuführen und das Risiko für das gesamte Abwicklungssystem zu minimieren.

- **Selbstaufsicht des Betreibers über das System und die Teilnehmer**
  Für die Selbstaufsicht des Betreibers über das System und die Teilnehmer wird vorgeschlagen, daß der Betreiber die Aufsichtsbehörden über alle Vorkehrungen und Selbstaufsichtsregeln informiert und diese dazu einsetzt, einen fairen und effektiven Handel und Anlegerschutz sicherzustellen, und daß die entsprechenden Gesetze zur Verhinderung von betrügerischen Geschäften eingehalten werden. Sofern die Selbstaufsicht durch eine andere Person als den Betreiber des privaten Wertpapierhandelssystems durchgeführt wird, soll diese Person den Aufsichtsbehörden benannt werden und ihnen gegenüber rechenschaftspflichtig sein. Verfügt das private Wertpapierhandelssystem über ein eigenes Streitschlichtungssystem zwischen den Teilnehmern, so sollen dessen Regelungen ebenfalls den Aufsichtsbehörden mitgeteilt werden.
  Einige Mitglieder der Working Party Nr. 2 des Technical Committee der IOSCO empfehlen darüber hinaus, daß auch alle anhängigen Verfahren oder Beschwerden in diesem Streitschlichtungsprozedere den Aufsichtsbehörden unverzüglich gemeldet werden. Der Betreiber des privaten Wertpapierhandelssystems soll zudem für die Benachrichtigung der Aufsichtsbehörden bei festgestellten oder möglichen Verstößen gegen diese Regelungen sorgen. Soweit der Betreiber selbst Gelder oder Wertpapiere treuhänderisch verwaltet, wird es für notwendig erachtet, den Aufsichtsbehörden und den Teilnehmern gegenüber aufzuzeigen, daß diese treuhänderische Verwaltung entsprechend den Anforderungen der nationalen Regelungen erfolgt.

- **Behördliche Aufsicht über das System und seine Teilnehmer**
  Der Betreiber soll gegenüber den Aufsichtsbehörden detailliert die Verfahrensregeln darlegen, die bei Aussetzungen oder Beschränkungen des Handels gelten, und verdeutlichen, wie die Aufsichtsbehörden bei Störungen im privaten Wertpapierhandelssystem oder auf den geregelten Märkten unterstützt werden können.
  Einige Mitglieder der Working Party Nr. 2 des Technical Committee der IOSCO halten es darüber hinaus für erforderlich, daß auch die Aufsichtsbehörden selbst den Handel im privaten Wertpapierhandelssystem aussetzen oder beschränken können, wenn

sie dies für notwendig halten, um einen ordnungsgemäßen und fairen Handel im privaten Wertpapierhandelssystem oder auf einem geregelten Markt sicherzustellen.

Diese Empfehlungen bewegen sich zwangsläufig auf einem hohen Abstraktionsniveau, um möglichst alle privaten Wertpapierhandelssysteme erfassen zu können. Zum Zeitpunkt ihrer Entwicklung und Verlautbarung stand die Entwicklung von Internet-Börsen noch nicht im Raum, war möglicherweise auch noch nicht vorhersehbar. Die aufgezeigten Regulierungsfelder und -prinzipien treffen aber auch auf diese Systeme zu. Dabei kann es sich für Internet-Wertpapierhandelssysteme wegen der beabsichtigten Teilnahme von Privatanlegern in jedem Fall nur um eine Mindestregelung handeln.

Im Hinblick auf die geforderte Aufzeichnung und Publikation der Geschäftsdaten für die Aufsichtsbehörden, für die Teilnehmer an den Handelssystemen oder sogar für den gesamten Wertpapiermarkt, sind die wichtigen datenschutzrechtlichen Aspekte, die eine solche Aufzeichnung und Publikation von Geschäftsdaten mit sich bringen, bislang nicht angesprochen worden. Eine Regulierung von privaten Wertpapierhandelssystemen muß aber genauso wie die börsenrechtliche Verpflichtung zur Aufzeichnung und Publikation von Daten den nationalen Anforderungen an den Schutz der Daten genügen. Dabei ergibt sich ein Spannungsfeld zwischen dem durch das Recht auf informationelle Selbstbestimmung geschützten Interesse des einzelnen Marktteilnehmers an der Beibehaltung seiner Anonymität und am Nichtbekanntwerden seiner getätigten Geschäfte, die schließlich seine privaten Vermögensverhältnisse oder seine geschäftliche Sphäre betreffen, und dem Interesse des Gesamtmarktes an der Größe der getätigten Geschäfte und den vereinbarten Kursen sowie dem Interesse der Aufsichtsbehörden und der Öffentlichkeit an der Aufdekkung von nichtordnungsgemäßem Handel in den Handelssystemen. Im Rahmen dieser Arbeit sollen diese datenschutzrechtlichen Aspekte ausgeklammert bleiben, da sie nicht unmittelbar Einfluß auf die kapitalmarktrechtliche Behandlung von grenzüberschreitend tätigen elektronischen Wertpapierhandelssystemen haben.

b. Empfehlungen der FIBV

Zu ähnlichen Regelungsschwerpunkten wie die IOSCO kommt auch die internationale Vereinigung der Wertpapierbörsen FIBV, deren Generalversammlung 1994 die sog. „Generally Accepted Principles for Regulation of Electronic Securities Markets" annahm, die sich sowohl auf börsliche als auch auf außerbörsliche elektronische Märkte beziehen und damit eine erforderliche Gleichbehandlung der Systeme anregen. Als noch abstraktere Kernprinzipien einer Regulierung werden danach genannt[702]:

---

702 Vgl. *FIBV*, Jahresbericht 1994, S. 24.

- Fairness gegenüber dem Anleger und nachrangig Fairness im Wettbewerb zwischen den Märkten
- Angemessenheit der Regulierung an die Spezifika der elektronischen Märkte
- Flexibilität, um nicht Innovationen zu verhindern
- Selbstaufsicht als wesentlicher Bestandteil der Aufsichtsstruktur, um schnell und flexibel auf die Bedürfnisse der Anleger reagieren zu können, was insbesondere im Bereich der elektronischen Märkte wichtig ist
- Unterschiedliche Aufsichtsstrukturen für unterschiedliche Märkte sowie Zulassen eines Wettbewerbs zwischen den Märkten.

Die wesentliche Übereinstimmung der Prinzipien bzw. Regelungsziele macht deutlich, daß sowohl von Seiten der Märkte als auch von Seiten der Aufsichtsbehörden international an den schwierigen Fragen der Regulierung elektronischer Märkte gearbeitet wird und die Lösungen sich im wesentlichen bereits aus den Funktionen und Möglichkeiten der Handelssysteme ergeben. Eine besondere Bedeutung kommt den Vorschlägen der FIBV zu, unterschiedliche Regelungsstrukturen für unterschiedliche Märkte, die in Wettbewerb zueinander treten können, zu ermöglichen.

c. Weitere Empfehlungen

Die New York Stock Exchange betont, daß das angemessene Regulierungsniveau irgendwo zwischen dem vollständigen Fehlen einer Regulierung und der Regulierung für Börsen liegen müsse.[703] Währenddessen ist der französische Conseil des Bourses de Valeurs der Auffassung, daß es grundsätzlich nur einen geregelten Markt geben solle und nicht mehrere Klassen von Märkten mit unterschiedlichen Regulierungsgraden. Es handele sich bei einem privaten Wertpapierhandelssystem um einen „privaten Club", so daß sich die Rolle der staatlichen Aufsicht darauf beschränken solle, daß die Teilnehmer im Rahmen ihrer finanziellen Kapazität handeln und im übrigen nur ausreichend über den Charakter des privaten Wertpapierhandelssystems als unreguliertes System informiert werden.[704]

Die US-amerikanische National Association of Securities Dealers (NASD) betont, daß weniger auf die einzelnen Funktionen der Wertpapierhandelssysteme abgestellt werde und nicht für jede Systemkonfiguration eine maßgeschneiderte Regulierung erfolgen solle, so daß letztlich eine Vielzahl von unterschiedlich regulierten Märkten entstehe, son-

703 *IOSCO*-Working Party 2 on Regulation of Secondary Markets, Issues in the regulation of cross-border proprietary screen based trading systems, S. 43

dern der Gesamtcharakter der Systeme entscheidend sei. Die Regelung sei dann jeweils entsprechend der Zuordnung zu den Hauptfunktionen der Systeme[705] vorzunehmen.

Die Idee, die Regulierung je nach der Konfiguration der Systeme und nach den von ihnen erfüllten Funktionen wie in einem Baukastensystem zusammenzustellen und nicht lediglich zwischen (geregeltem) Markt, Intermediär, reinem Informationsanbieter oder Clearing- und Abwicklungsdienstleister zu unterscheiden, hat durchaus Vorzüge, weil sie den Regulierungs- und Aufsichtsbedarf für jedes System individuell anpassen kann. Die Schwierigkeit dürfte jedoch darin bestehen, die einzelnen Aufsichtsfunktionen der staatlichen Aufsichtsbehörden oder der Selbstaufsicht für jedes einzelne System zu koordinieren und die Zuständigkeiten festzulegen. Je mehr Funktionen isoliert betrachtet und mit Aufsichtszuständigkeiten verbunden werden, um so größer ist der Koordinierungsaufwand, der zwischen den zuständigen aufsichtsführenden Stellen und Behörden entsteht. Dies gilt aber in noch viel größerem Ausmaß für die grenzüberschreitende Koordination zwischen den Aufsichtsbehörden und aufsichtsführenden Stellen in verschiedenen Staaten bei grenzüberschreitendem Wertpapierhandel. Als Beispiel für diese Schwierigkeiten läßt sich die Situation in der Bundesrepublik anführen, in der für ausländische Aufsichtsbehörden und aufsichtsführende Stellen vor Gründung des Bundesamtes für den Wertpapierhandel die aufsichtsrechtlichen Zuständigkeiten nur sehr schwer überschaubar und der jeweils richtige Ansprechpartner dementsprechend schwer zu finden war. Letztlich würde eine solche Baukasten-Regulierung auch für die Marktteilnehmer zu sehr unübersichtlichen Verhältnissen führen und für sie einen erheblichen Informationsaufwand bedeuten, um jeweils die rechtlichen Rahmenbedingungen zu kennen, in denen sie sich bei geschäftlichen Kontakten mit den Systemen bewegen. Auch die durch die Tätigkeit der PTS ohnehin bestehende Gefahr einer weiteren Fragmentierung der Märkte könnte noch verstärkt werden, wenn nicht mehr nur die Auswahl zwischen geregelten und „ungeregelten" Märkten besteht, sondern eine Vielzahl von Märkten mit unterschiedlichen Regelungsniveaus entstünde.

d. Selbstaufsicht und zentrale Aufsichtsstrukturen für Wertpapierhandelssysteme

Selbstaufsichtliche Strukturen sind integrativer Bestandteil der vorgeschlagenen aufsichtsrechtlichen Regelungen. Fraglich ist allerdings wie diese selbstaufsichtsrechtlichen Regelungen in privaten Wertpapierhandelssystemen Anwendung finden können, die sich

704 *IOSCO*-Working Party 2 on Regulation of Secondary Markets, Issues in the regulation of crossborder proprietary screen based trading systems, S. 44

nicht durch eine demokratische Verbandsstruktur auszeichnen, sondern lediglich ein Dienstleistungsangebot privater Betreiber sind. Denkbar ist auch hier die staatlicherseits erzwungene Errichtung von Selbstaufsichtsorganen, jedoch dürfte deren Realisierung insbesondere bei grenzüberschreitend tätigen Systemen fast unmöglich sein, zumal wenn es sich um Internet-Wertpapierhandelssysteme handelt. Gerade vor dem Hintergrund, daß sich auch Börsen in der Vergangenheit schwer damit getan haben, eine effektive Überwachung ihres Marktplatzes für Wertpapiere sicherzustellen und eine Selbstaufsicht über Börsen bereits aus Gründen der Besetzung der Überwachungstellen mit Börsenmitgliedern kaum geeignet ist, einen effizienten Anlegerschutz zu bieten, kann angenommen werden, daß auch innovative Wertpapierhandelssysteme nicht freiwillig eine effiziente Marktüberwachung implementieren.[706] Zureffend wird daher auf die Probleme einer Selbstaufsicht der Wertpapierhandelssysteme hingewiesen: der Regulierungswettbewerb mit anderen Wertpapierhandelssystemen bei zu strenger Aufsicht, Aufdecken der Mißbrauchsmöglichkeiten gegenüber den Investoren bei positiver Normierung sowie Verlust der Reputation bei Bekanntwerden von Mißständen.

Picot/Bortenlänger/Röhrl schlagen daher auch mit Blick auf die wettbewerblichen Kostenvorteile der privaten Wertpapierhandelssysteme durch das Fehlen entsprechender Aufsichtsstrukturen eine zentrale staatliche Marktüberwachung vor, deren Kosten der Staat zu tragen habe.[707] Hierdurch könne das „level playing field" zwischen den Wertpapierhandelssystemen hergestellt werden.[708] Diese zentrale Marktüberwachung muß für alle Wertpapierhandelssysteme zuständig sein, sowohl die privaten auf einem Mindestniveau regulierten Wertpapierhandelssysteme, die sich ausschließlich an professionelle Teilnehmer wenden, als auch für die börslichen Wertpapierhandelssysteme, die zumindest auch Privatanlegern die unmittelbare Teilnahme ermöglichen.[709] Angesichts des grenzüberschreitenden Tätigwerdens der börslichen und privaten Wertpapierhandels-systeme liegt zudem der Schluß nahe, entsprechend supranationale Marktaufsichtsstrukturen zu schaffen. Angesichts der Internationalität der Wertpapierhandelssysteme sowie einer größeren Anzahl von privaten Wertpapierhandelssystemen und einigen börslichen elektronischen Wertpapierhandelssystemen wird aber weder eine zentrale staatliche, noch eine su-

---

705 Dabei handelt es sich um a) Märkte, deren Hauptfunktion darin besteht, Liquidität zu organisieren, b) Intermediäre, deren Funktion das Angebot und die Nachfrage von Liquidität ist und c) Informationsanbieter und Clearing- und Abwicklungsdienstleister.

706 *Picot/Bortenlänger/Röhrl*, Börsen im Wandel, S. 164 f.

707 *Picot/Bortenlänger/Röhrl*, Börsen im Wandel, S. 166.

708 *Picot/Bortenlänger/Röhrl*, Börsen im Wandel, S. 165 f.

709 Die bereits bei Einführung des IBIS-Wertpapierhandelssystems geführte Diskussion um die Aufsichtszuständigkeit der Länder sollte sich dabei nicht wiederholen, denn heute geht es nicht mehr nur um länderübergreifende Tätigkeiten, sondern um staatsgrenzen überschreitende Tätigkeiten der Wertpapierhandelssysteme.

pranationale Marktüberwachung rein faktisch ganz ohne selbstaufsichtsrechtliche Elemente auskommen können.

e. Wertpapierzulassung als Aufgabe einer zentralen Aufsicht über Wertpapierhandelssysteme

In der Übernahme zusätzlicher aufsichtsrechtlicher Funktionen im Bereich der Zulassung von Wertpapieren und Teilnehmern zum Handel sowie insbesondere in der Überwachung der laufenden Pflichten der Emittenten aus der Zulassung liegt heute noch einer der wesentlichen Unterschiede zwischen börslichen und privaten Wertpapierhandelssystemen. Sowohl private Wertpapierhandelssysteme, die sich ausschließlich an professionelle Teilnehmer wenden, als auch solche, die privaten Teilnehmern die Teilnahme ermöglichen, profitieren von den Leistungen der Zulassungsstellen der Börsen, wenn sie die zugelassenen Wertpapiere handelbar machen. Die Leistungen der Zulassungstellen haben daher heute den Charakter eines „öffentlichen Gutes", für dessen Finanzierung angesichts der geringen Kosten der Zulassung für die Emittenten vornehmlich die Börsenteilnehmer und letztlich die Anleger, die ihre Wertpapieraufträge über die Börse abwickeln, aufkommen müssen, was zu einem Wettbewerbsnachteil der börslichen Wertpapierhandelssysteme führt.

Wegen dieses Charakters, insbesondere aber wegen der hohen Bedeutung, die dem Zulassungsverfahren der Wertpapiere zukommt, wird ihr in Deutschland zu recht öffentlich-rechtlicher Charakter beigemessen.[710] Die Zulassungsentscheidung kann auch verwaltungsgerichtlich nachgeprüft werden. Der älteren Auffassung von Nußbaum[711], die Zulassung sei eine privat-rechtliche Prüfung auf Grund eines Vertrages zwischen Zulassungsstelle und Emittent, kann angesichts der Ausgestaltung des Zulassungsverfahrens durch § 38 BörsG sowie durch die Börsenzulassungs-Verordnung zumindest nach geltendem Recht nicht mehr gefolgt werden.[712]

Es wäre nur konsequent, diese Tätigkeit aus dem Aufgabenkreis der börslichen Wertpapierhandelssysteme herauszulösen und im Bereich der staatlichen Aufsichtsbehörden anzusiedeln, die für die Beaufsichtigung des Wertpapierhandels und die Zulassung von Wertpapierfirmen zuständig sind[713], um börsliche Wertpapierhandelssysteme im Wettbewerb mit den privaten Wertpapierhandelssystemen gleichzustellen. Die Kosten für die

---

710 Heute h. M., vgl. *Schwark*, BörsG, § 36 Rn. 21, 26 für den amtlichen Markt und § 71 Rn. 11 für den geregelten Markt mit Ablehnung der Theorie vom privat-rechtlichen Vertrag zwischen Emittenten und Zulassungsstelle; *Claussen*, Bank- und Börsenrecht, S. 310 m. w. Nw.

711 *Nußbaum*, Kommentar zum Börsengesetz, § 36 Anm. III b.

712 Zutreffend *Schwark*, Börsengesetz, § 36 Rn. 21.

713 Die Ansiedlung der ausgegliederten Funktionen könnte in Deutschland z. B. beim Bundesaufsichtsamt für den Wertpapierhandel liegen.

Tätigkeit der Zulassungsstelle sollten wegen des öffentlichen Interesses an der Aufgabe vom Staat finanziert werden. Denkbar wäre jedoch auch, allen Wertpapierhandelssystemen nach einem bestimmten Schlüssel, z. B. nach der Zahl der gehandelten zugelassenen Wertpapiere oder der Zahl der in ihnen geschlossenen Kontrakte die Kosten aufzuerlegen. Eine Kostentragung durch die Emittenten sollte vermieden werden, um den Börsengang nicht zusätzlich zu erschweren.

Der Zulassung kommt neben der Funktion der Auswahl der Wertpapiere für die Notierung an der einzelnen Börse auch Verantwortung für die Auswahl geeigneter Emittenten für den Gesamtmarkt zu. Dies zeigen z. B. die Regelungen des deutschen BörsG, wonach von einer Zulassungsstelle abgelehnte Wertpapiere von einer anderen Zulassungsstelle nur mit der Zustimmung der ablehnenden Zulassungsstelle zugelassen werden dürfen, § 39 Abs. 2 BörsG, sowie die Zustimmungspflicht aller Zulassungsstellen bei gleichzeitigem Zulassungsantrag, § 40 BörsG. Im Rahmen des Projektes EUROLIST zeigt sich zudem, daß diese Aufgabe auch europäische Dimension hat, wenn die Wertpapiere nur aufgrund eines Zulassungsverfahrens an einer Börse im Heimatland des Emittenten an den angeschlossenen europäischen Börsen notiert werden können. Hier ist es konsequent, wenn die Zulassungsfunktionen, die im Gesamtmarktinteresse ausgeübt werden, zentral wahrgenommen werden.

Eine solche Herauslösung der Zulassung von Wertpapieren hat auch Rückwirkungen auf die bereits kurz erwähnte Diskussion um die Rechtsform der Tätigkeit der Börse. Das Börsengesetz und die Börsenverordnung regeln die Rechtsform der Börsen nicht explizit.[714] Der Gesetzgeber hat sich auch bei den jüngsten Börsengesetzänderungen nicht eindeutig festgelegt[715] und folgt damit einer langen Tradition, um Rechtsprechung und Verwaltung Flexibilität bei der Beurteilung von Börsen zu belassen.[716] Die aufsichtsführenden Länderbehörden siedeln Börsen (wie nicht anders zu erwarten) im öffentlich-rechtlichen Bereich an,[717] was aber die Rechtsform noch nicht endgültig festlegt. Börsen werden in der Literatur heute überwiegend noch als unselbständige nicht rechtsfähige Anstalten des öffentlichen Rechts eingestuft[718]. Nach den durch das Zweite Finanzmarktförderungsgesetz vorgenommenen Änderungen des BörsG wird jedoch auch die privat-

---

714 Zur fehlenden Definition der Börse bei der Verabschiedung des Börsengesetzes *Schulz*, Hundert Jahre modernes Börsenrecht, AG 1996, S. 260 (262).

715 Hierzu *Claussen/Hoffmann*, Neues zur Rechtsform deutscher Wertpapierbörsen, ZBB 1995, S. 68 (69).

716 *Claussen/Hoffmann*, Neues zur Rechtsform deutscher Wertpapierbörsen, ZBB 1995, S. 68 (69); *Schwark*, Börsengesetz, § 1 Rn. 15 m. w. Nw.; *Schulz*, Hundert Jahre modernes Börsenrecht, AG 1996, S. 260 (262).

717 *Claussen/Hoffmann*, Neues zur Rechtsform deutscher Wertpapierbörsen, ZBB 1995, S. 68 (69).

rechtliche Einordnung wieder vertreten. Mit dem Weg zu einer privat-rechtlichen Kapitalgesellschaft, die mit der öffentlichen Aufgabe der Abhaltung von Börsensitzungen und der Sicherstellung des gesetzmäßigen Ablaufs beauftragt sei[719], sei auch der Weg zur privat-rechtlichen Einordnung der Tätigkeit der Börse bereits beschritten.

Als Argumente für eine öffentlich-rechtliche Rechtsform werden genannt[720]: die volkswirtschaftliche Bedeutung der Börsenveranstaltung, das öffentlich-rechtliche Genehmigungserfordernis zur Unterwerfung der Börse unter die staatliche Aufsicht, die öffentlich-rechtlichen Funktionen der Börsenaufsichtsorgane sowie die Ausgestaltung des Zulassungsverfahrens für Börsenbesucher und Wertpapiere sowie des Ehrenausschusses, dessen öffentlich-rechtliche Funktionen erst mit der Börsengesetznovelle 1994 nochmals gestärkt wurden. Als öffentlichrechtliche Organisationsform kommt dabei wegen der externen Trägerschaft der Börse die Anstalt in Betracht[721], wobei streitig ist, ob diese als rechtsfähige oder als nichtrechtsfähige Anstalt einzustufen ist.[722]

Gegen diese öffentlich-rechtliche Beurteilung der Rechtsform der Börse sprechen aber ebenfalls gute Argumente.[723] Die volkswirtschaftliche Bedeutung kann letztlich nicht entscheidend sein, denn sie wäre z. B. auch im unstreitig privat-rechtlichen Bankenwesen gegeben, so daß nur ein besonderes staatliches Interesse zu einer öffentlich-rechtlichen Qualifizierung führen könnte. Auch das Genehmigungserfordernis und die hohe Regelungsdichte sowie die strenge staatliche Aufsicht sprechen eher für eine privat-rechtliche Beurteilung, da öffentlich-rechtliche Instutionen keiner besonderen Genehmigung (oder eines Verbots) oder einer so strengen Aufsicht bedürften. Die Ausübung einiger spezifischer öffentlicher Funktionen durch die Börsenorgane kann auch im Rahmen der Beleihung Privater geschehen, deren Handeln insgesamt als privat-rechtlich einzustufen ist.

Wenn danach bislang erst eine beginnende Entwicklung von der öffentlich-rechtlichen Beurteilung zu einer privat-rechtlichen Beurteilung der Börse erkannt wird, muß die oben vorgeschlagene Ausgliederung der Zulassung von Wertpapieren aus dem Börsenbereich

---

718 Insbesondere *Schwark*, Börsengesetz, § 1 Rn. 17-19; ausführlich *Kümpel*, Bank- und Kapitalmarktrecht, Rn. 17.90 ff., insbesondere Rn. 17.117 ff. m. w. Nw.

719 *Claussen/Hoffmann*, Neues zur Rechtsform deutscher Wertpapierbörsen, ZBB 1995, S. 68 (71 f.); sowie *Claussen*, Bank- und Börsenrecht, § 9 Rn. 22 f. jeweils m. w. Nw.

720 Eine ausführliche Auseinandersetzung mit den Argumenten für die verschiedenen Rechtsformauffassungen findet sich bei *Claussen/Hoffmann*, Neues zur Rechtsform deutscher Wertpapierbörsen, ZBB 1995, S. 68 (71 f.); *Claussen*., Bank- und Börsenrecht, § 9 Rn. 22 f.; sowie *Schwark*, Börsengesetz, § 1 Rn. 14-23; jeweils m. w. Nw.

721 *Schwark*, Börsengesetz, § 1 Rn. 18 f.

722 Vgl. einerseits für die Rechtsfähigkeit *Claussen/Hoffmann*, Neues zur Rechtsform deutscher Wertpapierbörsen, ZBB 1995, S. 68 (70); dagegen *Schwark*, Börsengesetz, § 1 Rn. 19.

723 Ausführlich *Claussen/Hoffmann*, Neues zur Rechtsform deutscher Wertpapierbörsen, ZBB 1995, S. 68 (71 ff.).

zu einer weiteren Verschiebung in den privat-rechtlichen Bereich führen, da damit ein wesentliches Argument für die öffentlich-rechtliche Einstufung entfällt.

3. Teil: Der europäische primärrechtliche Rahmen für grenzüberschreitende Wertpapierhandelssysteme

I. Das Verhältnis zwischen dem europäischen und dem internationalen Kapitalmarktrecht

Vor dem Hintergrund der globalen Entwicklung der Kapitalmärkte und ihrer aufgezeigten internationalen Vernetzung[724] bedarf die in dieser Arbeit erfolgte Konzentration auf die europäische Rechtsetzung im Bereich des Wertpapierhandels einer besonderen Rechtfertigung, denn angesichts der internationalen Kapitalströme über staatlich geregelte Märkte und im ungeregelten Wertpapierhandel über private Wertpapierhandelssysteme stellt sich die Frage, ob nicht eine globale Rechtsangleichung und Rechtsetzung erforderlich[725] und folglich die alleinige Beschäftigung mit den europäischen Regelungen unzureichend ist. Das Beispiel der DTB bzw. Eurex, die inzwischen bereits in den USA ihre Handelsbildschirme aufgestellt hat, zeigt die globale Dimension ebenso deutlich wie das Instinet-System oder die Internet-Systeme, bei denen jeder mit einem Modem ausgestattete Personalcomputer als Handelsbildschirm dienen kann.

1. Die internationalen Rechtsangleichungsbemühungen im Bereich des Wertpapierhandels

Die Notwendigkeit internationaler Rechtsangleichungsbemühungen wird von den maßgeblichen Aufsichtsbehörden seit langem erkannt. Sowohl öffentliche als auch private Institutionen arbeiten bereits seit vielen Jahren an der Rechtsangleichung im Bereich des internationalen grenzüberschreitenden Wertpapierhandels. Auf öffentlicher Seite ist dies insbesondere die International Organisation of Securities Commissions (IOSCO) als internationale Vereinigung der Wertpapieraufsichtsbehörden. Aber auch private Institutionen wie z. B. die Fédération des Bourses des Valeurs (FIBV), die International SWAP Dealers Association und die International Primary Market Association, die International Securities Market Association (ISMA) sowie im Hinblick auf die Bankenaufsicht die Bank für Internationalen Zahlungsausgleich (BIZ) sind hier tätig.

---

724 Zum weltweiten Verbund der internationalen Finanzmärkte *von Rosen*, Der Finanzplatz Deutschland in einem integrierten europäischen Finanzraum, in: Duwendag (Hrsg.), Europa-Banking, S. 131 (134).

725 Vgl. *Schneider*, Europäische und internationale Rechtsangleichung und ihre Bedeutung für die Kreditwirtschaft, in: Hadding (Hrsg.), Rechtsfragen bei Bankdienstleistungen im Europäischen Binnenmarkt, S. 9 (12); *Klenke*, Internet-Handel erfordert globales Regelwerk, Handelsblatt v. 13.6.96.

2. Die Gründe für eine europarechtliche Rechtsangleichung im Bereich des Wertpapierhandels

Aber auch für die europäischen Rechtsangleichungsbemühungen als eine Form der regionalen Rechtsangleichung[726], die zwangläufig nur Teilaspekte des internationalen Wertpapierhandels erfassen kann, sprechen eine Vielzahl von Argumenten, die kurz dargestellt und erläutert werden sollen:

a. Europäische Rechts- und Wertegemeinschaft

Die EU ist geprägt durch gemeinsame kulturelle Wurzeln, die sie neben der Wirtschaftsgemeinschaft auch zu einer Wertegemeinschaft machen.[727] Ausdruck dieser Gemeinschaft ist darüber hinaus die gemeinsame Rechtstradition der meisten Mitgliedstaaten. In einer solchen Rechts- und Wertegemeinschaft kann eine intensivere Rechtsangleichung stattfinden, als wenn sich im internationalen Bereich Staaten mit ganz unterschiedlichen Wertvorstellungen und Rechtstraditionen auf einheitliche Regeln und eine Zusammenarbeit ihrer Aufsichtsbehörden einigen sollen.[728] Die Einigung auf einheitliche Regelungen oder die Anerkennung der jeweils anderen Regelungen dürfte im internationalen Bereich damit in aller Regel auch noch mehr Zeit in Anspruch nehmen als dies bereits in der EG der Fall ist.[729]

Auch wenn eine gemeinsame Rechtstradition der Mitgliedstaaten angenommen werden kann, bestehen dennoch z. T. gravierende Unterschiede in der rechtlichen Bewertung von Lebenssachverhalten in den geltenden mitgliedstaatlichen Rechten. In einem gemeinsamen Binnenmarkt der Mitgliedstaaten jedoch muß es zu einer weitgehenden Annäherung - wenn auch nicht zu einer Identität - der rechtlichen Bewertung gleicher Lebenssachverhalte kommen. Die Europäische Rechts- und Wertegemeinschaft bedarf daher einer die Integration der mitgliedstaatlichen Volkswirtschaften zu einer Wirtschafts- und Währungsunion begleitenden und fortschreitenden Rechtsangleichung.

---

726 *Schneider*, Europäische und internationale Rechtsangleichung und ihre Bedeutung für die Kreditwirtschaft, in: Hadding (Hrsg.), Rechtsfragen bei Bankdienstleistungen im Europäischen Binnenmarkt, S. 9 (13).

727 *Von der Groeben*, in: von der Groeben/Thiesing/Ehlermann (Hrsg.), Kommentar zum EWG-Vertrag, Einleitung, S. 38.

728 *Schneider*, Europäische und internationale Rechtsangleichung und ihre Bedeutung für die Kreditwirtschaft, in: Hadding (Hrsg.), Rechtsfragen bei Bankdienstleistungen im Europäischen Binnenmarkt, S. 9 (13 f.).

729 Auf die Schwierigkeit der Findung gemeinsamer Standards im Bereich der internationalen aufsichtsrechtlichen Harmonisierung aufgrund kultureller Unterschiede weist auch *Bunting*, Cross-Border Trading - Trading may be increasingly global, but regulation is still national, Institutional Investor, Jan. 1991, Sonderbeilage „Global Trading Forum“, S. 4, hin.

b. Vorbereitungs- und Entscheidungsverfahren

In diesem Zusammenhang spielen auch die Verfahren zur Erstellung der Vorschläge für das angeglichene Recht eine Rolle. Während in der EG die Vorschläge i. d. R. von der Europäischen Kommission erarbeitet werden[730] und damit in der Regel bereits ein im europäischen Interesse und nicht im Interesse einzelner Mitgliedstaaten verfaßter Vorschlag zur Entscheidung oder möglicherweise noch zur Abänderung vorliegt[731], verfügen internationale Rechtsangleichungsgremien häufig über Vorbereitungsverfahren, bei denen entweder ein einzelner Sachverständiger oder eine Arbeitsgruppe aus Vertretern der (oder einiger) Mitgliedstaaten Vorschläge formuliert und unterbreitet.[732] Die Beeinflussung der Vorschläge durch besondere Wertvorstellungen und Rechtstraditionen und möglicherweise auch nationale Eigeninteressen ist dann häufig zu beobachten.[733] Gleiches gilt, wenn Arbeitsgruppen aus Delegierten einiger Mitgliedstaaten tätig werden. Ein Beispiel für eine solche einseitige Durchsetzung von Rechtstraditionen und Interessen bietet auch die Entwicklung der International Accounting Standards (IAS)[734], die zum weltweiten Rechnungslegungsstandard für Börsenzulassungen fortentwickelt werden sollen[735] und bei denen die kontinentaleuropäischen Vorstellungen nicht zuletzt auch auf Grund einer zunächst zu zögerlichen Mitarbeit der Europäer gegenüber den anglo-amerikanischen Einflüssen nur wenig Eingang in die IAS gefunden haben.[736]

---

730 *Streinz*, Europarecht, Rn. 292-293a.

731 Vgl. Art. 211 [ex-Art. 155] EGV; dazu *Breier*, in: Lenz (Hrsg.), EG-Vertrag Kommentar, Rn. 7 f. zu Art. 211 EGV; zum Initiativmonopol der Europäischen Kommission auch *Schmitt von Sydow*, in: von der Groeben/Thiesing/ Ehlermann (Hrsg.), Kommentar zum EWG-Vertrag, Rn. 31 ff. zu Art. 155; *Streinz*, Europarecht, Rn. 292 sowie Rn. 288 speziell zur Verpflichtung der Europäischen Kommission auf das Wohl der Gemeinschaft.

732 *Schneider*, Europäische und internationale Rechtsangleichung und ihre Bedeutung für die Kreditwirtschaft, in: Hadding (Hrsg.), Rechtsfragen bei Bankdienstleistungen im Europäischen Binnenmarkt, S. 9 (14).

733 *Schneider*, Europäische und internationale Rechtsangleichung und ihre Bedeutung für die Kreditwirtschaft, in: Hadding (Hrsg.), Rechtsfragen bei Bankdienstleistungen im Europäischen Binnenmarkt, S. 9 (14) spricht hier sehr vorsichtig von „ganz unterschiedlichen Einflüssen".

734 Siehe hierzu z. B. *Coopers & Lybrand* (Hrsg.), Understanding IAS; *Institut der Wirtschaftsprüfer* (Hrsg.), Rechnungslegung nach International Accounting Standards; *Wollmert*, IASC-Rechnungslegung; *Dörner/Wollmert* (Hrsg.), IASC-Rechnungslegung.

735 Diese sollen 1998 oder 1999 vorliegen und auch seitens der amerikanischen Börsenaufsichtsbehörde Securities and Exchange Commission als ausreichend für die Zulassung zu US-Börsen anerkannt werden. Vgl. zur Entwicklung der IAS zum internationalen Börsenzulassungsstandard *Lückmann*, Schlüssel für die weltweiten Kapitalmärkte, Handelsblatt v. 2.12.1996; *o. V.*, Die Konzernbilanz muß internationalen Standards genügen - Deutsche Bilanzen sind als Informationsquelle für Investoren kaum geeignet, Blick durch die Wirtschaft v. 2.12.1996; *o. V.*, Für die Tolerierung ausländischer Abschlüsse, Börsen-Zeitung v. 2.12.1996; *o. V.*, Erleichterung für Konzernabschlüsse, Handelsblatt v. 12.12.1996.

736 *Von Rosen/Prechtel*, Zugang deutscher Unternehmen zum US-Kapitalmarkt (II), Die Bank 1996, S. 478 (480-482).

Selbstverständlich garantiert auch das Initiativmonopol der Europäischen Kommission nicht, daß die vorgeschlagenen Regelungen frei von Beeinflussungen durch Interessen einzelner Mitgliedstaaten oder Interessengruppen beschlossen und vollzogen werden. Das Rechtsetzungsverfahren für Sekundärrechtsakte der EG sieht eine Beschlußfassung des Rates unter Anhörung oder in Zusammenarbeit mit dem Europäischen Parlament vor, wobei z. T. auch dem Wirtschafts- und Sozialausschuß Mitwirkungsrechte zustehen. Diese Anhörungs- und Mitwirkungsrechte sorgen auch auf der Ebene der EG für die Berücksichtigung von Partikularinteressen der Mitgliedstaaten bzw. ihrer Angehörigen.

c. Eigene Rechtsetzungsbefugnisse

Der wesentliche Unterschied zwischen der EG-Rechtsangleichung und den internationalen Rechtsangleichungsbemühungen im Bereich des grenzüberschreitenden Wertpapierhandels liegt jedoch darin, daß die EG über eigene Rechtsetzungsbefugnisse verfügt und ihr auch Mittel zur Durchsetzung dieses Rechts gegeben sind, während die global tätigen internationalen Gremien in aller Regel nur Empfehlungen, Kodizes zur freiwilligen Befolgung, Modellgesetze und Übereinkommen erarbeiten können, ohne selbst verbindlich Recht setzen zu können oder gar über effektive Durchsetzungsmöglichkeiten zu verfügen.[737] Sie sind ausschließlich auf die freiwillige Befolgung der ausgearbeiteten Regelungen angewiesen.

d. Berücksichtigung systematischer Zusammenhänge

Die Konzentration der internationalen Organisationen auf enge Rechtsangleichungsbereiche, die notwendig erscheint, um bei der Vielzahl der beteiligten Staaten überhaupt eine Einigung erzielen zu können, erschwert zudem die Wahrung von systematischen Zusammenhängen der Regelungen.[738] Der EGV hingegen eröffnet die Möglichkeit, die systematischen Zusammenhänge zwischen der Beaufsichtigung von Banken, Wertpapierhändlern, den Handelssystemen und Börsen, dem Verbraucherschutz, den Fragen der Liberalisierung des Kapitalverkehrs und der Währungspolitik zu berücksichtigen. Insbesondere die sekundärrechtlichen Regelungen zeigen dies deutlich, wenn sie aufeinander Bezug nehmen[739], gleiche Aufsichtsstrukturen in den verschiedenen Wirtschaftsbereichen implementieren, teilweise sogar davon ausgehen oder zumindest ermöglichen, daß dieselben Aufsichtsbehörden in einzelnen Mitgliedstaaten die Aufsicht über die verwandten

---

737 *Schneider*, Europäische und internationale Rechtsangleichung und ihre Bedeutung für die Kreditwirtschaft, in: Hadding (Hrsg.), Rechtsfragen bei Bankdienstleistungen im Europäischen Binnenmarkt, S. 9 (14).

738 *Schneider*, Europäische und internationale Rechtsangleichung und ihre Bedeutung für die Kreditwirtschaft, in: Hadding (Hrsg.), Rechtsfragen bei Bankdienstleistungen im Europäischen Binnenmarkt, S. 9 (13).

Bereiche ausüben. Auch hinsichtlich des Aufsichtsinstrumentariums und der Regelungen der Zusammenarbeit der Aufsichtsbehörden in den Mitgliedstaaten der Europäischen Union läßt sich die Wahrung dieser systematischen Zusammenhänge zeigen[740].

e. Einheitliche Auslegung des Gemeinschaftsrechts

Die Auslegung des Gemeinschaftsrechts hat sowohl auf primärrechtlicher als auch auf sekundärrechtlicher Ebene erhebliche Auswirkungen auf die Entstehung eines einheitlichen europäischen Kapitalmarkts. Die Struktur der Gemeinschaft ermöglicht es, insbesondere durch die starke Stellung des Europäischen Gerichtshofs, notfalls auch eine von einzelnen Mitgliedstaaten abweichende Sicht der Ziele und Zwecke des Gemeinschaftsrechts durchzusetzen. Der Grad der so erreichbaren Vereinheitlichung der rechtlichen Rahmenbedingungen, die für den grenzüberschreitenden Wertpapierhandel innerhalb der Gemeinschaft gelten, ist ungleich höher als bei unverbindlichen internationalen Vereinbarungen, deren Auslegung im Zweifel jeder Mitgliedstaat autonom nach seinen Bedürfnissen und Vorstellungen vornehmen kann.

Die Umsetzung in nationales Recht folgt nach der Rechtsprechung des EuGH zwar im Grundsatz den Regeln, die auch die deutsche Interpretationsmethodik[741] ausmachen, weist aber einige Modifizierungen auf.[742] Dabei werden die Auslegungsmethoden der grammatikalischen, der systematischen, der teleologischen und der historischen Auslegung angewandt, aber im Hinblick auf die spezifischen Bedürfnisse des Europarechts gewichtet und ergänzt.[743] Schwierigkeiten bereiten insbesondere die allein am Wortlaut orientierte Auslegung sowie die historische Auslegung wegen der häufig aus politischer Rücksichtnahme gewählten Formelkompromisse und der Tatsache, daß die Texte in allen Amtssprachen der EG verbindlich sind, so daß sie leicht voneinander abweichen können und hier kein einheitlicher verbindlicher Text zur Verfügung steht,[744] was es den Mitgliedstaaten besonders leicht macht, ihnen günstige Interpretationen der Texte vorzunehmen. Der EuGH sieht keine Auslegung auf der Grundlage einer einzigen Amtssprache vor, sondern die Norm ist unter Berücksichtigung der Fassungen in den anderen Amts-

---

739 Wie z. B. die Wertpapierdienstleistungs- und die Kapitaladäquanzrichtlinie.

740 Siehe hierzu für den Bereich des Wertpapierhandels unten 4. Teil III.-VI dieser Arbeit.

741 Siehe zur deutschen Interpretationsmethodik *Larenz*, Methodenlehre der Rechtswissenschaft, S. 305 ff.

742 *Streinz*, Europarecht, Rn. 500 zur gemeinschaftsrechtlichen Begriffsbildung; *Borchardt*, in: Lenz (Hrsg.), EG-Vertrag Kommentar, Rn. 13 ff. zu Art. 220 EGV; *Bleckmann*, Zu den Auslegungsmethoden des Europäischen Gerichtshofs, NJW 1982, S. 1177 ff.; *Siebold*, Das neue Insiderrecht, S. 97; *Oppermann*, Europarecht, Rn. 680-688.

743 *Borchardt*, in: Lenz (Hrsg.), EG-Vertrag Kommentar, Rn. 13 zu Art. 220 EGV.

744 *Streinz*, Europarecht, Rn. 240; *Siebold*, Das neue Insiderrecht, S. 97; *Borchardt*, in: Lenz (Hrsg.), EG-Vertrag Kommentar, Rn. 14 zu Art. 220 EGV.

sprachen auszulegen[745], wobei allerdings bereits die systematische und teleologische Auslegung miteinfließen müssen, um eine spezifisch gemeinschaftsrechtliche Auslegung des Wortlauts feststellen zu können.[746] Wegen des politischen Kompromißcharakters der Texte der EG-Rechtsakte ist häufig auch keine eindeutige historische Auslegung möglich. Der historische Wille des Normgebers wird vom EuGH daher auch nicht als strikt bindend verstanden.[747] Der systematischen und teleologischen Auslegung kommt aus diesem Grund eine besondere Bedeutung als notwendiges Korrektiv zu.[748] Ziel ist eine einheitliche Auslegung des Gemeinschaftsrechts, um diesem eine einheitliche Geltung zu verschaffen. Dabei kann es durchaus zu inhaltlichen Abweichungen der Begriffe gegenüber deren Gebrauch in den mitgliedstaatlichen Rechtsordnungen kommen. Sofern auch die systematische Auslegung keine eindeutigen Ergebnisse bringt, bezieht der EuGH auch den Telos der Bestimmungen mit ein, wobei insbesondere die Erwägungsgründe der Präambeln der Sekundärrechtsakte, die Bestandteil der Bestimmungen sind, eine wichtige Rolle spielen.[749]

Als spezifisch gemeinschaftsrechtliche Auslegungsmethoden treten die Berücksichtigung des „effet utile", der Grundsatz der vertragskonformen Auslegung sowie die Berücksichtigung des Regel-/Ausnahmegrundsatzes hinzu.[750] Die am „effet utile" orientierte Auslegung ist auf eine möglichst wirksame Erreichung der Vertragsziele Gleichheit, Freiheit, Solidarität und Einheit gerichtet.[751] Sofern verschiedene Auslegungsmöglichkeiten gegeben sind, von denen einige mehr, andere weniger mit dem Vertrag vereinbar sind, wird derjenigen Auslegung der Vorzug gegeben, die mit dem Vertrag am besten vereinbart werden kann, um die Gemeinschaftsrechtsordnung von Widersprüchen zu entlasten[752]

---

745 *Bleckmann*, Zu den Auslegungsmethoden des Europäischen Gerichtshofs, NJW 1982, S. 1177 (1180).

746 *Siebold*, Das neue Insiderrecht, S. 99 m. w. Nw.

747 *Borchardt*, in: Lenz (Hrsg.), EG-Vertrag Kommentar, Rn. 15 zu Art. 220 EGV; *Siebold*, Das neue Insiderrecht, S. 100, der auf die untergeordnete Rolle der historischen Auslegung hinweist; *Oppermann*, Europarecht, Rn. 687 jeweils m. w. Nw.

748 *EuGH*, Rs. 205/84 - Kommission/Bundesrepublik Deutschland - Rspr. 1986, 3755 (3793); *EuGH*, Rs. 237/84 - Kommission/Belgien - Rspr. 1986, 1247 (1251); *Borchardt*, in: Lenz (Hrsg.), EG-Vertrag Kommentar, Rn. 16 zu Art. 220 EGV m. w. Nw.; *Siebold*, Das neue Insiderrecht, S. 99 m. w. Nw.

749 *Bleckmann*, in: ders., Europarecht, Rn. 547 ff.; *Lutter*, Die Auslegung angeglichenen Rechts, JZ 1992, S. 593 (603). *Siebold*, Das neue Insiderrecht, S. 100.

750 Vgl. *Borchardt*, in: Lenz (Hrsg.), EG-Vertrag Kommentar, Rn. 18-20 zu Art. 220 EGV; teilweise mit anderer Bezeichnung aber in der Sache ähnlich *Siebold*, Das neue Insiderrecht, S. 101 f.

751 *EuGH*, Rs. 70/72 - Kommission/Bundesrepublik Deutschland - Rspr. 1993, 813; *Borchardt*, in: Lenz (Hrsg.), EG-Vertrag Kommentar, Rn. 18 zu Art. 220 EGV, *Oppermann*, Europarecht, Rn. 686.

752 *EuGH*, Rs. 218/82 - Kommission/Rat - Rspr. 1983, 4063; *Borchardt*, in: Lenz (Hrsg.), EG-Vertrag Kommentar, Rn. 19 zu Art. 220 EGV.

und auch eine Konformität mit den europäischen Grundrechten[753] zu schaffen.[754] Die Berücksichtigung des Regel-/Ausnahmegrundsatzes wirkt sich dahingehend aus, daß die Grundfreiheiten und grundlegenden Begriffe grundsätzlich weit ausgelegt werden, während die Beschränkungen und Vorbehalte grundsätzlich eng ausgelegt werden, um den Vertragszielen den Vorrang vor mitgliedstaatlichen politischen Einflüssen, die auf eine Beschränkung zielen, zu geben.[755]

Bei der Untersuchung des für den Bereich des grenzüberschreitenden Wertpapierhandels mittels elektronischer Wertpapierhandelssysteme geltenden Primärrechts sowie der als Sekundärrecht ergangenen Richtlinien sind diese Auslegungsmethoden, die die teleologisch und systematische Auslegung sowie die Effektuierung der Vertragsziele des EGV stark betonen, entsprechend zu berücksichtigen.

f. Vorbildfunktion

Die Beschäftigung mit der europäischen Rechtsangleichung und Rechtsetzung im Bereich des Aufsichtsrechts über den Wertpapierhandel hat daher letztlich auch angesichts der Globalisierung der Kapitalmärkte ihre Berechtigung und positive Wirkung. Solange die Rechtsangleichungsbemühungen auf internationaler Ebene noch stark zersplittert sind, auf europäischer Ebene aber bereits effektive Regelungen durchgesetzt und auch umgesetzt werden können, kommt ihnen daher auch eine weltweite Vorbildfunktion zu.

II. Europarechtliche Anknüpfung an die Gegenstände des europäischen Wertpapierhandels

Für die europarechtliche Beurteilung des grenzüberschreitenden Wertpapierhandels mittels elektronischer Wertpapierhandelssysteme finden sich im europäischen Primärrecht zwei mögliche Anknüpfungspunkte: die Gegenstände des Wertpapierhandels und die handelnden Personen. Der EGV gewährt diesbezüglich Grundfreiheiten in Form der Waren-, der Personen- und der Dienstleistungsfreiheit sowie der seit dem Unionsvertrag von Maastricht gleichrangigen Kapitalverkehrsfreiheit. Die Tätigkeit der Betreiber der Wertpapierhandelssysteme und auch die in diesen geschlossenen Geschäfte sowie deren Abwicklung werden jedoch nicht von allen diesen Grundfreiheiten betroffen. Sie unterliegen vielmehr nur den spezifischen Regelungen einzelner Grundfreiheiten, wobei auch die einzelnen Funktionen und Tätigkeiten der Wertpapierhandelssysteme, der Abwicklungssy-

---

753 Ausführlich hierzu *Streinz*, Europarecht, Rn. 354-374 m. w. Nw.; *Oppermann*, Europarecht, Rn. 489-498; *Borchardt*, in: Lenz (Hrsg.), EG-Vertrag Kommentar, Rn. 30-37 zu Art. 220 EGV.

754 Dem Einsatz des „effet utile"-Argumentes sind aber dadurch Grenzen gesetzt, daß der Wille der Mitgliedstaaten als Vertragsparteien selbst beachtet werden muß; vgl. *Streinz*, Europarecht, Rn. 497.

steme sowie der Teilnehmer an diesen Wertpapierhandelssystemen wiederum gesondert zu betrachten sind.

1. Die Gegenstände des grenzüberschreitenden Wertpapierhandels

In grenzüberschreitend tätigen Wertpapierhandelssystemen werden Verbriefungen von Beteiligungs-, Mitgliedschafts- oder Forderungsrechten[756] in Form von Aktien, Anleihepapiern (Renten) sowie Derivaten gehandelt, wobei letztere als Options- und Termingeschäfte in einer kaum noch überschaubaren Vielfalt von Kombinationen dieser Grundformen auftreten.[757] Die bloße Anknüpfung an den Erwerb der Papiere erscheint dabei nicht ausreichend, zumal heute häufig keine Verbriefung mehr erfolgt. Die Begriffe Wertpapierkauf und Geldgegenleistung bedürfen daher als Anknüpfungsmerkmale einer kurzen Erläuterung.

a. Wertpapierkauf

Aktien sind Verbriefungen von Beteiligungs- und Mitgliedschaftsrechten an Unternehmen.[758] Die erworbene rechtliche Stellung ist dadurch gekennzeichnet, daß dem Mitunternehmer Rechte und Pflichten hinsichtlich der Führung des Unternehmens und der (positiven oder negativen) Erträge zukommen. Die Aktie als Wertpapier ermöglicht die Übertragung dieser Rechte unter Anwendung sachenrechtlicher Grundsätze.[759] Eine tatsächliche körperliche Lieferung der Aktie als Papier erfolgt aber sowohl im nationalen als auch im internationalen Wertpapierhandel nur in Ausnahmefällen. Heute üblich ist die Sammelverwahrung sowie die vorwiegend gewählte Verbriefung durch Sammelurkunden. Zudem werden Wertrechte und die elektronische Verbuchung der Übertragungen eingesetzt, bei denen völlig auf die Materialisierung des Wertpapiers verzichtet wird.[760] Hierdurch wird deutlich, daß es sich bei dem Erwerb von Aktien sowohl am Primär- als auch am Sekundärmarkt inhaltlich nur noch um einen Rechtskauf handelt, obgleich heute zivilrechtlich noch eine andere Beurteilung erfolgt, die an den Erwerb des (zumeist nur noch fingierten) Papiers der Aktie anknüpft. Die Geschäfte werden i. d. R. durch Buchun-

---

755 *Borchardt*, in: Lenz (Hrsg.), EG-Vertrag Kommentar, Rn. 20 zu Art. 220 EGV.

756 Ausführlich zu den börsenfähigen Wertpapieren und ihren rechtlichen Eigenschaften *Claussen*, Bank- und Börsenrecht, S. 339-374, insbes. hinsichtlich der Aktie als Mitgliedschaftspapier (S. 339-345) und der Schuldverschreibung als Forderungspapier (S. 345-359).

757 Vgl. statt vieler z. B. *Zahn*, Handlexikon zu Futures, Optionen und innovativen Finanzinstrumenten; *KPMG*, Financial Instruments; *Dreesbach*, Terminhandel; *Göppl/Bühler/von Rosen*, Optionen und Futures; *Beike/Schlütz*, Finanznachrichten lesen - verstehen nutzen, S. 463-633.

758 *Raiser*, Recht der Kapitalgesellschaften, § 9 I 2., S. 33 f.; *Claussen*, Bank- und Börsenrecht, S. 339.

759 *Claussen*, Bank- und Börsenrecht, S. 336, 339 f.

760 Zur Sammelverwahrung, Sammelurkunde sowie zu den Wertrechten im Überblick *Claussen*, Bank- und Börsenrecht, S. 332-336.

gen der internationalen Clearinghäuser CEDEL und EUROCLEAR sowie der mit ihnen verbundenen nationalen Verwahrstellen abgewickelt.[761]

Die gehandelten festverzinslichen Wertpapiere (Rentenpapiere) verbriefen Forderungsrechte gegen ihre Aussteller. Sie gewähren einen Anspruch auf einen bestimmten Geldbetrag. Auch hier erfolgt i. d. R. keine körperliche Lieferung. Gerade für die Schuldaufnahme durch die öffentliche Hand wurde das Verfahren der entmaterialisierten Wertrechte entwickelt.[762] Der Kauf und Verkauf der Rentenpapiere im internationalen Wertpapierhandel stellt deshalb inhaltlich ebenfalls einen Rechtskauf dar, obgleich auch hier zivilrechtlich immer noch der Kauf und die Übertragung des Papiers fingiert wird. Gleiches gilt grundsätzlich auch für Derivate in allen Varianten und Kombinationen der Options- oder Termingeschäfte und Abwandlungen dieser beiden grundsätzlichen Geschäftstypen. Die Kontrakte werden nicht als materialisierte Wertpapiere gehandelt.

b. Geldgegenleistung

Die Gegenleistung für die Übertragung der Wertpapiere bzw. der Rechte besteht in aller Regel in Geldleistungen. Im Primärmarkt kann bei der erstmaligen Übernahme von Aktien auch eine Gegenleistung in Form von Sacheinlagen erfolgen. Dies ist insbesondere im internationalen Emissionsgeschäft jedoch nur theoretisch der Fall. Die Geldgegenleistungen werden ebenfalls über elektronische Buchungen transferiert[763]. Damit hat sich auch hier eine entmaterialisierte Übertragung durchgesetzt.

c. Keine Anknüpfung an Warenverkehrsregelungen des EGV

Die Wertpapierkäufe in den innerhalb der Europäischen Gemeinschaft grenzüberschreitend tätigen Wertpapierhandelssystemen könnten zunächst unter die Regelungen des freien Warenverkehrs fallen. Jedoch hat auch eine mögliche europarechtliche Anknüpfung zu berücksichtigen, daß zwar zivilrechtlich vom Erwerb der Papiere, also von körperlichen Gegenständen, ausgegangen wird, es sich aber tatsächlich durch die Elektronisierung des Wertpapierhandels und der Wertpapierabwicklung um einen Rechtserwerb in Form von

---

761 Vgl. zur Abwicklung im internationalen Markt *Keßler*, Wertpapiertechnik, S. 105-108.

762 *Claussen*, Bank- und Börsenrecht, S. 334.

763 Vgl. hierzu auch die Empfehlung der Europäischen Kommission für einen Verhaltenskodex im Bereich des elektronischen Zahlungsverkehrs v. 8.12.1987, 87/598/EWG, ABl. Nr. L 365/72 v. 24.12.1987; Empfehlung zur Transparenz der Bankkondititonen bei grenzüberschreitenden Finanztransaktionen v. 4.2.1990, 90/109/EWG, ABl. Nr. L 67/39 v. 15.3.1990; Vorschlag der Europäischen Kommission für eine Richtlinie über grenzüberschreitende Überweisungen, Dok. KOM (95) 264 endg. v. 7.6.1995, ABl. Nr. C 199/16 v. 3.8.1995; sowie Vorschlag der Europäischen Kommission für eine Richtlinie über die Endgültigkeit der Abrechnung von EU-Zahlungssystemen Dok. KOM (96) 193 endg. v. 30.5.1996, ABl. Nr. C 207/13 v. 18.7.1996. Siehe auch *Arnoldt*, EU-Richtlinie zum grenzüberschreitenden Zahlungsverkehr verabschiedet, Bank-Information u. Genossenschaftsforum 2/97, S. 58-61.

Mitgliedschafts- und Forderungsrechten handelt, bei dem die Verbriefung nur noch fingiert wird. Fraglich ist daher, ob die Wertpapiergeschäfte, die in grenzüberschreitend tätigen Wertpapierhandelssystemen getätigt werden, unter die Warenverkehrsregelungen des EGV fallen[764] und ob beim grenzüberschreitenden Erwerb von Wertpapieren und ihrer Übertragung vom Verkäufer auf den Käufer die Kapitalverkehrsfreiheit oder gar beide Grundfreiheiten kumulativ betroffen sind.[765]

Der Begriff der „Waren" i. S. d. Warenverkehrsregelungen des EGV erfaßt aber ausschließlich körperliche Gegenstände[766] und setzt implizit voraus, daß physisch existierende Gegenstände die Grenzen zwischen den Mitgliedstaaten der Gemeinschaft passieren. Bei Wertpapieren kommt es dabei darauf an, ob diese Wertpapiere noch ein gültiges Recht verbriefen oder nur noch anderen Zwecken (z. B. Sammlerzwecken) dienen. Nur in letzterem Falle sollen sie der Warenverkehrsfreiheit unterfallen.[767] Es muß aber zusätzlich beachtet werden, daß heute im grenzüberschreitenden Wertpapierhandel sich durch die Sammelverwahrung bzw. die Schaffung von Wertrechten die Übertragung der in den Wertpapieren verkörperten Rechte von der Übertragung der Wertpapiere in körperlicher Form gelöst hat. Soweit überhaupt noch physische Wertpapiere existieren, verbleiben sie beim Übertragungsvorgang in den Depots der Verwahrer. Da somit keine körperlichen Gegenstände mehr übertragen werden, kann die grenzüberschreitende Übertragung von Wertpapieren auch nicht unter die Warenverkehrsfreiheit fallen.

2. Die Freiheit des Kapitalverkehrs nach Art. 56 – Art. 60 [ex-Art. 73a – ex-Art. 73h] EGV

Die europarechtliche Anknüpfung für den grenzüberschreitenden Wertpapierhandel könnte aber über den Begriff des „Kapitalverkehrs" gelingen. Der Begriff „Kapitalverkehr" als solcher ist allerdings nicht eindeutig im EGV definiert[768] und daher im Zusammenhang der Regelungen über den freien Kapitalverkehr im EGV auszulegen.[769] Unter „Kapitalverkehr" i. S. d. Art. 56 [ex-Art. 73b] EGV werden ganz überwiegend „einseitige

---

764 Mit dem Hinweis darauf, daß dies häufig übersehen wird, da i. d. R. allein die Kapitalverkehrsfreiheit herangezogen wird, *Ohler*, Die Kapitalverkehrsfreiheit und ihre Schranken, WM 1996, S. 1801 (1803).

765 Vgl. *Ohler*, Die Kapitalverkehrsfreiheit und ihre Schranken, WM 1996, S. 1801 (1802 f.) zum Problem der Exklusivität oder Parallelität der Grundfreiheiten insbesondere im Hinblick auf die Kapital- und Warenverkehrsfreiheit.

766 Zum „Waren"-Begriff siehe *EuGH*, Rs. 7/68 - Kommission/Italienische Republik -, Rspr. 1968, S. 633 (642 f.); sowie *Lux*, in: Lenz (Hrsg.), EG-Vertrag Kommentar, Rn. 17 zu Art. 23 EGV m. w. Nw.

767 Ausführlich zur Abgrenzung der Warenverkehrsfreiheit von der Kapitalverkehrsfreiheit *Ohler*, Die Kapitalverkehrsfreiheit und ihre Schranken, WM 1996, S. 1801 (1803).

768 *Weber*, in: Lenz (Hrsg.), EG-Vertrag Kommentar, Rn. 5 zu Art. 56 EGV.

769 Siehe zu den europarechtlichen Auslegungsmethoden oben 3. Teil I. 2. e. dieser Arbeit.

Wertübertragungen in Form von Sach- oder Geldkapital, mithin Transaktionen, die zu Geldforderungen und -verpflichtungen führen“[770], verstanden.

Regelmäßig wird zur Entscheidung, ob eine Transaktion als „Kapitalverkehr“ i. S. d. EGV zu verstehen ist, nicht auf eine solche generelle Definition, sondern auf die nicht abschließende Nomenklatur von Kapitalverkehrsgeschäften[771] mit 13 Unterpositionen in Anhang I zur 4. Kapitalverkehrsrichtlinie 88/361[772] zurückgegriffen, die die in der Praxis wichtigsten Bank- und Wertpapiergeschäfte erfaßt. Diese Richtlinie kann nach der primärrechtlichen Verankerung der Kapitalverkehrsfreiheit in Art. 56 [ex-Art. 73b] EGV heute jedoch nur noch begrenzt als Rechtserkenntnisquelle dienen[773], auch wenn sie nicht ausdrücklich aufgehoben wurde, so daß grundsätzlich von ihrer Fortgeltung auszugehen ist. Dies gilt allerdings nur noch soweit, als sie mit dem neuen Primärrecht vereinbar ist.[774] . Der Verweis auf die Nomenklatur der Richtlinie[775] kann jedoch eine Definition des Kapitalverkehrs in keinem Fall ersetzen.

Bei den nur noch fiktiv verbrieften Rechtskäufen und -verkäufen im grenzüberschreitenden Wertpapierhandel handelt es sich grundsätzlich um zweiseitige Geschäfte, bei denen ein gegenseitiger Leistungsaustausch stattfindet. Fraglich ist daher, ob es sich dennoch um „einseitige“ Wertübertragungen handelt, die zu Geldforderungen führen und denen der Charakter von Kapitalverkehrsgeschäften zukommt, oder ob das Abstellen auf die Einseitigkeit der Wertübertragung in der Definition nicht zu kurz greift und andere Kriterien für das Vorliegen von Kapitalverkehr anzulegen sind.[776]

Bei Wertpapiergeschäften wie den Aktien- oder Rentenerwerb kann das zweiseitige Grundgeschäft, bei dem die Wertpapiere vom Verkäufer auf den Käufer und Geld in Form von Bargeld oder Buchgeld vom Käufer auf den Verkäufer übertragen werden, in zwei getrennte Vorgänge aufgespalten werden. Die Zahlung des Kaufpreises für die Wertpapiere unterfällt dann als Gegenleistung der europarechtlich gewährten Zahlungs-

---

770 Siehe *Weber*, in: Lenz (Hrsg.), EG-Vertrag Kommentar, Rn. 5 zu Art. 56 EGV m. w. Nw.

771 Siehe *Streinz*, Europarecht (3. Aufl.), Rn. 740.

772 Dazu *Hoffmann*, Banken- und Börsenrecht in der EWG, S. 41.

773 Vgl. *Ohler*, Die Kapitalverkehrsfreiheit und ihre Schranken, WM 1996, S. 1801.

774 *Streinz*, Europarecht (3. Aufl.), Rn. 740; *Ohler*, Die Kapitalverkehrsfreiheit und ihre Schranken, WM 1996, S. 1801.

775 Allein auf die Nomenklatur in Anhang I zur Kapitalverkehrsrichtlinie 88/361 zur Definition verweist aber *Weber*, in: Lenz (Hrsg.), EG-Vertrag Kommentar, Rn. 5 zu Art. 56 EGV m. w. Nw., der zur Untermauerung darauf hinweist, daß bereits die enumerative Definition des Kapitalverkehrs in Anhang II zur ersten Kapitalverkehrsrichtlinie vor dem EuGH Bestand gehabt hat. Dies mag zwar ein Indiz sein, daß bestimmte Verkehrsgeschäfte unter den „Kapitalverkehr“ des EGV fallen, ersetzt aber keine Definition und Subsumtion.

776 Vgl. *Ohler*, Die Kapitalverkehrsfreiheit und ihre Schranken, WM 1996, S. 1801 (1805).

verkehrsfreiheit.[777] Die Übertragung der in den Wertpapieren verkörperten Rechte unterfällt der Kapitalverkehrsfreiheit.

Wird hingegen die europarechtliche Einordnung und auch der Begriff der „Einseitigkeit" der Zahlung nicht nur zivilrechtlich verstanden, sondern auf den hinter der Erfüllung der unmittelbaren Leistungspflichten stehenden Geschäftszweck abgestellt, wird deutlich, daß der Begriff des Kapitalverkehrs im wesentlichen auf den Investitionscharakter der Zahlung abstellt.[778] Danach kann auch eine grenzüberschreitende Zahlung, die dem Rechtserwerb zu Investitionszwecken dient, dem Kapitalverkehrsbegriff unterfallen.[779] Die Einseitigkeit der Wertübertragung, die als Charakteristikum des Kapitalverkehrs gesehen wird, manifestiert sich in einem teilweisen Vorleistungscharakter der (investiven) Leistung des Erwerbers der in den Wertpapieren (fiktiv) verkörperten Rechte. Die im gegenseitigen Vertrag vom Verkäufer der Wertpapiere geschuldete Erfüllung besteht in der Übertragung von Rechten, deren Werthaltigkeit z. T. bereits besteht, weil z. B. bei Aktien die Mitgliedschafts- und Beteiligungsrechte bereits einen aktuellen Marktwert und auch einen hypothetischen Zerschlagungswert haben. Der investive Charakter des Geschäfts und damit auch dessen „Einseitigkeit" kommt darin zum Ausdruck, daß die gesamte Gegenleistung nicht Zug-um-Zug zu erbringen ist und deren Höhe z. T. auch noch nicht feststeht[780], denn ob die erworbenen Rechte auf Beteiligung am Ertrag in Form von Dividenden[781] sowie eine Beteiligung am Erlös bei Zerschlagung oder Konkurs der Aktiengesellschaft tatsächlich werthaltig sind, wird erst zu einem späteren Zeitpunkt festgestellt, wenn tatsächlich Zahlungen erfolgen, wie sie die Definition des Kapitalverkehrs fordert.[782]

Im Falle von Rentenpapieren handelt es sich um die Übertragung von Forderungsrechten, die bei Rentenpapieren auf die Rückzahlung und Zinszahlung gerichtet sind. Bei Derivaten handelt es sich i. d. R. ebenfalls um Geldforderungen, da die Erfüllung der eingegan-

---

777 Siehe ausführlich 3. Teil II. 3. dieser Arbeit

778 Vgl. *Ohler*, Die Kapitalverkehrsfreiheit und ihre Schranken, WM 1996, S. 1801 (1804 f.), der zwar auch zu dem Ergebnis kommt, daß der Anlagezweck (der dem Investitionscharakter entspricht) das entscheidende Kriterium für das Vorliegen von Kapitalverkehr ist, aber aufgrund eines rein zivilrechtlichen Verständnisses das Merkmal der „Einseitigkeit" der Wertübertragung für zu kurz gegriffen hält.

779 Vgl. *Streinz*, Europarecht, Rn. 766, wonach dann, wenn der Anlagecharakter eines Geschäftes im Vordergrund steht, auf die Kapitalverkehrsfreiheit abzustellen ist.

780 Vgl. *Eckhoff*, in: Bleckmann, Europarecht, Rn. 1176.

781 *Weber*, in: Lenz (Hrsg.), EG-Vertrag Kommentar, Rn. 5 zu Art. 56 EGV.

782 *Weber*, in: Lenz (Hrsg.), EG-Vertrag Kommentar, Rn. 5 zu Art. 56 EGV; *Hoffmann*, Bank- und Börsenrecht der EWG, S. 41.

genen Positionen in Natura (sog. Barausgleich) heute zumindest bei Finanzderivaten häufig ausgeschlossen ist.[783]

Anders als bei den übrigen Grundfreiheiten, bei denen eine sächliche oder persönliche Leistung im Vordergrund steht und die Zahlung von Geld nur als von der Zahlungsverkehrsfreiheit geschützte Gegenleistung erfaßt werden kann, findet sich im Rahmen von Kapitalanlagegeschäften der prägende Charakter des Geschäfts gerade in der zu Investitionszwecken vorgenommenen Geldleistung, die Vorleistungscharakter besitzt und damit „einseitig" ist. Damit ergibt sich eine Situation, in der die Geldleistung sowohl („klassisch") als durch die Zahlungsverkehrsfreiheit geschützte Gegenleistung für den Erwerb von in Wertpapieren verkörperten Rechten aber auch als der Kapitalverkehrsfreiheit unterfallende einseitige Geldleistung verstanden werden muß und somit zweifach europarechtlich abgesichert ist.[784] Die Zahlungsverkehrsfreiheit und die Kapitalverkehrsfreiheit stehen dabei nach zutreffender Ansicht grundsätzlich auch in einem Verhältnis der Exklusivität und nicht in einem Verhältnis der Parallelität.[785] Der wirtschaftliche Vorgang der Geldleistung des Wertpapiererwerbers kann jedoch zugleich in verschiedene Grundfreiheiten eingreifen und ist dann jeweils anhand der spezifischen Gewährleistungs- und Schrankenregelungen der jeweiligen Freiheiten zu prüfen.[786]

Die Erfassung der Geldleistung des Wertpapiererwerbers durch die Kapitalverkehrsfreiheit ist zumindest stets dann der Fall, wenn es sich um Wertpapiere handelt, die erstmals begeben werden, also bei Primärmarktgeschäften, bei denen der Investitionscharakter ohne weiteres deutlich ist. Bei der überwiegenden Zahl der Geschäfte handelt es sich jedoch um Geschäfte auf dem Sekundärmarkt, bei denen lediglich der Gläubiger der mit der Investition verbundenen und verbrieften Rechte ausgetauscht wird, so daß der eigentliche Investitionscharakter der Geschäfte zunächst in den Hintergrund gerät und es sich um eine Situation handelt, die dem des Erwerbs von Waren und Dienstleistungen ähnelt, bei der die Gegenleistung eindeutig der Zahlungsverkehrsfreiheit zugerechnet wird. Jedoch muß beachtet werden, daß der Kauf der Wertpapiere seitens des Käufers mit der Absicht einer Investitionsvornahme geschieht und der Verkauf der Wertpapiere im Verhältnis des Verkäufers zum Unternehmen eine Desinvestition verhindert. Letztlich stellt der Kauf des Wertpapiers damit eine Perpetuierung der Investition dar, so daß der Investitionscharakter

---

783 Vgl. *Beike/Schlütz*, Finanznachrichten lesen-verstehen-nutzen, S. 472 ff.; *Zahn*, Handlexikon zu Futures, Optionen und innovativen Finanzinstrumenten, Stichworte „Barausgleich" u. „Cash-Settlement"; *Dreesbach*, Terminhandel, S. 43 f.

784 Siehe zur Abgrenzung der Kapitalverkehrsfreiheit von der Zahlungsverkehrsfreiheit Streinz, Europarecht, Rn. 765 f.; und *Kiemel*, in: von der Groeben/Thiesing/Ehlermann, Kommentar zum EU-/EG-Vertrag, Rn. 4 zu Art. 73 b; sowie die Ausführungen unter 3. Teil II. 3. dieser Arbeit.

785 Siehe hierzu *Streinz*, Europarecht, Rn. 765 m.w.Nw.

786 *Streinz*, Europarecht, Rn. 765.

beibehalten wird. Zudem dient der Kauf eines Risikopapiers auch dem Zweck, in der Hoffnung auf zukünftigen Ertrag einseitig vorzuleisten, so daß der Investitionzweck nicht nur bei Primärmarktgeschäften, sondern auch bei Sekundärmarktgeschäften vorliegt.

Ob investive Kapitalanlagegeschäfte dann keinen Kapitalverkehrscharakter aufweisen, wenn mittels der Anlage dauerhafter unternehmerischer Einfluß ausgeübt werden kann, wie Ohler behauptet[787], erscheint fraglich. Die Abgrenzung zwischen „Kapitalverkehr zur Portfolioinvestition", worunter der Erwerb geringerer Anteile an einem Unternehmen verstanden wird, und „Investitionen, die die Kontrolle über ein Unternehmen vermitteln"[788], läßt sich kaum sachgerecht und praxisnah durchführen. Gleiches gilt für eine Unterscheidung nach der Dauer der Investition. Der aus der Abgrenzung zwischen der Niederlassungs- und Kapitalverkehrsfreiheit entwickelte Ansatz Ohlers führt z. B. dann zu Problemen, wenn die Kontrolle nicht durch den Kauf von Paketanteilen vermittelt wird, sondern die Beteiligung über einen längeren Zeitraum zielgerichtet aufgestockt wird. Da es sich dabei stets um die gleichen zu Investitionszwecken vorgenommenen Transaktionen handelt, muß es sich auch entsprechend stets um Kapitalverkehrsgeschäfte handeln. Mit dem Erwerb von (Stamm-) Aktien werden zudem immer auch Kontrollrechte erworben, selbst wenn der Anteil nicht eine Höhe erreicht, die die vollständige Kontrolle der Gesellschaft ermöglicht. Und für den Fall, daß ein institutioneller Investor erhebliche Anteile an einer ausländischen Gesellschaft durch den Erwerb von Wertpapieren erwirbt, kann ebenfalls nicht davon ausgegangen werden, daß es sich hier um die Nutzung der Niederlassungsfreiheit handelt.[789] Die Gleichsetzung von Portfolioinvestitionen mit geringeren Investitionen läßt sich insbesondere im grenzüberschreitenden Wertpapierhandel nicht nachvollziehen. Auch eine Unterscheidung nach der Dauer der Investition ist kaum möglich. Zumeist wird gerade bei Transaktionen institutioneller Investoren die Dauer der Beteiligung nicht von vorneherein feststehen, so daß es letztlich der subjektiven Einschätzung des Investors zum Zeitpunkt der Transaktion überlassen wäre, welchen europarechtlichen Regelungen die Transaktion unterfiele.

Ein zu beachtender Punkt ist aber, daß in den hier angesprochenen Wertpapierhandelssystemen zunächst ausschließlich Verpflichtungsgeschäfte abgeschlossen werden, deren Erfüllung nur nachgeschaltet ist. Dies gilt sowohl für die national als auch für die grenzüberschreitend tätigen Wertpapierhandelssysteme. Die in letzteren getätigten Geschäftsschlüsse haben damit allein noch keine wertübertragende Wirkung, die isoliert als Kapitalverkehr zu werten wäre. Erst im Zusammenhang mit der anschließenden Abwicklung

---

787 *Ohler*, Die Kapitalverkehrsfreiheit und ihre Schranken, WM 1996, S. 1801 (1804 f.).

788 *Ohler*, Die Kapitalverkehrsfreiheit und ihre Schranken, WM 1996, S. 1801 (1804).

789 So aber *Ohler*, Die Kapitalverkehrsfreiheit und ihre Schranken, WM 1996, S. 1801 (1804).

(Erfüllung) der Geschäfte liegen Kapitalverkehrstransaktionen vor, da es dabei zur Übertragung der Geldgegenleistung sowie der in den Wertpapieren verkörperten Rechte kommt. Eine isolierte Erfassung der Abwicklung der in den Wertpapierhandelssystemen getätigten Verpflichtungsgeschäfte als „eigentlichen" Kapitalverkehr ist aber kaum sachgerecht. Die Geschäftsschlüsse und deren Abwicklung sollten rechtlich nicht getrennt voneinander betrachtet werden. Die Technisierung der Abwicklung läßt diese als bloßen Annex der Geschäftsschlüsse erscheinen, der keinerlei weiteren Entscheidungsprozessen mehr unterworfen ist. Die Geschäftsdaten aus dem Wertpapierhandelssystem werden automatisch in die Abwicklungssysteme übertragen und führen dort ebenfalls automatisch zu elektronischen Buchungen.

Die mittels grenzüberschreitender Wertpapierhandelssysteme geschlossenen Wertpapiergeschäfte unterfallen als investive „einseitige" Wertübertragungen, die zu Geldforderungen- und verpflichtungen führen, damit den nachfolgend erörterten Regeln der „Kapitalverkehrsfreiheit" nach Art. 56 – Art. 60 [ex-Art. 73a – ex-Art. 73h] EGV.

a. Neuregelung des Kapitalverkehrs in Art. 56 – Art. 60 [ex-Art. 73a – ex-Art. 73h] EGV mit dem Schwerpunkt der Kapitalmarktregulierung

Das auf der Maastrichter Konferenz beschlossene politische Konzept der Begründung einer Wirtschafts- und Währungsunion der Mitgliedstaaten der Europäischen Gemeinschaft, das seinen Ausdruck im Vertrag über die Europäische Union[790] fand, bedurfte einer neuen Grundlage im EGV, in dem auch die Vorschriften über den Kapital- und Zahlungsverkehr besser als zuvor im EWGV aufeinander abgestimmt sind. Eine echte Wirtschafts- und Währungsunion läßt sich nur dann verwirklichen, wenn sich auch eine Mindestharmonisierung der den Kapital- und Zahlungsverkehr betreffenden nationalen Rechts- und Verwaltungsvorschriften der Mitgliedstaaten erreichen läßt.[791] Nur bei mindestens vergleichbaren, wenn auch nicht notwendig gleichen Rahmenbedingungen, kann ein einheitlicher Kapitalmarkt mit integrierter Organisation funktionieren, da wesentlich unterschiedliche Rahmenbedingungen zu Behinderungen des freien grenzüberschreitenden Kapital- und Zahlungsverkehrs führen würden.[792] Mit Wirkung vom 1.1.1994 wurde die vormalige Regelung des Kapitalverkehrs in der Europäischen Gemeinschaft im 4. Ka-

---

790 Vertrag über die Europäische Union unterzeichnet zu Maastricht, ABl. Nr. C 191 vom 29. Juli 1992, S. 1 ff.

791 Ähnlich *Streinz*, Europarecht (3. Aufl.), Rn. 739; vgl. auch Streinz, Europarecht, Rn. 656; *Weber*, in: Lenz (Hrsg.), EG-Vertrag Kommentar, Rn. 3 Vorbem. Art. 56-60 EGV, verweist zudem darauf, daß auch ein funktionstüchtiger integrierter europäischer Kapitalmarkt sich nur in einer echten Wirtschafts- und Währungsunion verwirklichen läßt, so daß hier eine Gegenseitigkeitsbeziehung besteht.

792 Vgl. *Duwendag*, in: ders. (Hrsg.), Europa-Banking, „Europa-Banking" - Ein Überblick, S. 26; *Weber*, in: Lenz (Hrsg.), EG-Vertrag Kommentar, Rn. 3 Vorbem. Art. 56-60 EGV.

pitel des EWGV (Art. 67 ff.) komplett durch eine nunmehr den Kapital- und Zahlungsverkehr gemeinsam erfassende Regelung im neugeschaffenen Kapitel 4 des EGV in Art. 56 – Art. 60 [ex-Art. 73a – ex-Art. 73h] EGV ersetzt, die stärker auf eine Kapitalmarktregulierung als auf eine Regelung der Devisenproblematik ausgerichtet[793] und gleichzeitig Ausdruck des Beginns der 2. Stufe der Europäischen Wirtschafts- und Währungsunion ist.

b. Grundsatz der Kapital- und Zahlungsverkehrsfreiheit in Art. 56 [ex-Art. 73b] EGV

In der zentralen Vorschrift der Neuregelung Art. 56 [ex-Art. 73b] EGV erfolgt die primärrechtliche Verankerung der inhaltlich eng miteinander verbundenen Kapital- und Zahlungsverkehrsfreiheit durch eine in Abs. 1 für den Kapitalverkehr und in Abs. 2 für den Zahlungsverkehr gleichlautende Ausschließung aller Beschränkungen dieser Verkehre zwischen den Mitgliedstaaten sowie zusätzlich zwischen den Mitgliedstaaten und dritten Ländern. Angesprochen wird der Grundsatz des freien Kapitalverkehrs zudem in Art. 3 [ex-Art. 3] Abs. 1 c) EGV[794], in dem durch die Einheitliche Europäische Akte eingefügten Art. 14 [ex-Art. 7a] Abs. 2 EGV[795] sowie bereits im Weißbuch der Europäischen Kommission zur Vollendung des Binnenmarktes.[796]

Die Neuregelung basiert im wesentlichen auf der sog. „4. Kapitalverkehrsrichtlinie“[797]. Mit ihrem Inkrafttreten am 1.7.1990 wurden gleichzeitig die 1. Kapitalverkehrsrichtlinie von 1960 sowie die dazu ergangenen Änderungen und Ergänzungen aufgehoben. Die vormals vorgenommene Aufteilung der Kapitalgeschäfte in Listen, für die jeweils unterschiedliche Liberalisierungsgrade angestrebt wurden, ist damit entfallen. Bereits die 4. Kapitalverkehrsrichtlinie spiegelt die richtige Erkenntnis wider, daß nur ein möglichst weitgehend liberalisierter Kapitalmarkt für alle Arten von Kapitalbewegungen die Vor-

---

793 *Weber*, in: Lenz (Hrsg.), EG-Vertrag Kommentar, Rn. 3 Vorbem. Art. 56-60 EGV sowie Rn. 6 zu Art. 56 EGV.

794 In Art. 3 c) EGV, der das Tätigkeitsfeld der Gemeinschaft generell umschreibt, ist bestimmt, daß die Tätigkeit der Gemeinschaft auch die Beseitigung der Hindernisse für den freien Kapitalverkehr zwischen den Mitgliedstaaten umfaßt.

795 Nach Art. 7a Abs. 1 EWGV trifft die Gemeinschaft die erforderlichen Maßnahmen, um den Binnenmarkt, der gemäß Art. 7a Abs. 2 EWGV auch den freien Verkehr von Kapital umfaßt, zu verwirklichen. *Hoffmann*, Banken- und Börsenrecht der EWG, S. 38 m. w. Nw., weist daraufhin, daß sich mit der Einführung des Art. 7a durch die EEA die Diskussion über die nur ergänzende Funktion der Kapitalverkehrsfreiheit erledigt haben dürfte.

796 *Europäische Kommission*, Weißbuch an den Europäischen Rat zur „Vollendung des Binnenmarktes“, Dok. KOM (85) 310; siehe hierzu *Streinz*, Europarecht, Rn. 35 f.

797 Richtlinie 88/361 des Rates v. 24.6.1988 zur Durchführung des Art. 67 des Vertrages, ABl. 88 L 178/5 v. 8.7.1988. Einen Überblick über deren Regelungsgehalt und Wirkungen gibt *Duwendag*, in: ders. (Hrsg.), Europa-Banking, „Europa-Banking“ - Ein Überblick, S. 19-24.

aussetzungen für ein Funktionieren des Gemeinsamen Marktes schaffen konnte.[798] Mit dem Ziel, die bereits gewonnene Liberalisierung des Kapitalverkehrs zu festigen und zu vollenden, wurden die Mitgliedstaaten unwiderruflich verpflichtet, die Beschränkungen des freien Kapitalverkehrs zwischen den Gebietsansässigen zu beseitigen (Art. 1. Abs. 1 der Richtline). Über diesen zwar sehr weitgehenden, aber dennoch nur als Verpflichtung der Mitgliedstaaten formulierten Ansatz hinausgehend enthält Art. 56 [ex-Art. 73b] EGV nunmehr in logischer Fortführung das grundsätzliche und unmittelbar wirkende Verbot aller Beschränkungen (wenn auch unter dem Vorbehalt der folgenden Schutzklauseln). Als Novum erfolgte zudem eine grundsätzliche Erstreckung der Freiheit des Kapital- und Zahlungsverkehrs auf den Bereich zwischen den Mitgliedstaaten der Europäischen Union und Drittländern. Dies trägt der tatsächlichen Entwicklung im Bereich des Kapitaltransfers Rechnung, da die Internationalisierung der Kapitalmärkte nicht nur innerhalb Europas stattfindet.

Für die elektronischen grenzüberschreitend tätigen Wertpapierhandelssysteme stellt diese Liberalisierung einen Pfeiler der rechtlichen Basis ihrer Tätigkeit in Europa dar. Sie eröffnet den Betreibern elektronischer Wertpapierhandelssysteme aus den Mitgliedstaaten der Gemeinschaft erst die Möglichkeiten, ihre Handelsterminals in anderen Mitgliedstaaten sowie in Drittländern aufzustellen, da für die notwendige Abwicklung der in diesen Systemen getätigten Geschäfte der freie grenzüberschreitende Fluß von Geldleistungen und Rechten an Wertpapieren erforderlich ist. Zugleich wird den Betreibern elektronischer Wertpapierhandelssysteme aus Drittländern grundsätzlich die Möglichkeit eröffnet, die Leistungen ihrer Systeme und die Abwicklung der Geschäfte in den Mitgliedstaaten anzubieten. Dies ist insbesondere auch bei der Diskussion um die Internet-Wertpapierhandelssysteme, die bis heute nahezu ausschließlich von Betreibern aus Drittländern betrieben werden, zu beachten.

Hinsichtlich der Kompetenz zur Regelung des Kapitalverkehrs wird in der Gesamtschau der Kapitalverkehrsregelungen deutlich, daß es für die Organe der Europäischen Union nach wie vor keine allgemeine Zuständigkeit für ein Handeln gibt.[799] Die nach der vormaligen Regelung in Art. 69 i. V. m. Art. 67 EWGV gegebene Zuständigkeit für ein gemeinschaftliches Handeln zur Konkretisierung der Kapitalverkehrsfreiheit ist nicht mehr erforderlich, da die Kapitalverkehrsfreiheit unmittelbare Geltung erlangt hat. Lediglich in Einzelermächtigungen, wie z. B. Art. 57 [ex-Art. 73c] Abs. 2 EGV für den Verkehr mit

---

[798] Vgl. *Streinz*, Europarecht (3. Aufl.), Rn. 747, der von einem Sachzwang der Liberalisierung vor dem Hintergrund des Binnenmarktkonzeptes spricht; sowie *Gleske*, Geld- und Währungspolitik bei vollständiger Integration der EG-Finanzmärkte, in: Duwendag (Hrsg.), Europa-Banking, S. 43 (44).

[799] *Weber*, in: Lenz (Hrsg.), EG-Vertrag Kommentar (1. Aufl.), Rn. 3 zu Art. 73a (alt) EGV.

Drittländern, werden der Europäischen Gemeinschaft noch konkrete Handlungskompetenzen zugewiesen.

c. Geltungsbereich der Kapitalverkehrsfreiheit

Das Verbot der Beschränkungen des Kapitalverkehrs gilt umfassend für alle denkbaren Maßnahmen der Mitgliedstaaten, die den grenzüberschreitenden Kapitalfluß betreffen können, und nicht nur für bloße Diskriminierungen.[800] Es erfaßt sowohl bereits bestehende als auch erst zukünftige Maßnahmen sowie nicht nur den Zufluß von Kapital von einem Mitgliedstaat in einen anderen oder in Drittländer, sondern auch den bloßen Durchfluß durch einen Mitgliedstaat, ohne daß das Kapital in ihm verbleibt.[801] Das Beschränkungsverbot umfaßt erst recht das Verbot einer vollständigen Untersagung des Kapitaltransfers und gilt auch unabhängig davon, ob es sich bei der Kapitalverschiebung um eine nur kurzfristige oder auf Dauer geplante Maßnahme handelt.[802]

Für elektronische Wertpapierhandelssysteme bedeutet dies, daß z. B. der für das Tätigwerden der Systeme notwendige Datenfluß grundsätzlich nicht gestört werden darf, sondern ermöglicht, zumindest aber geduldet werden muß. Dabei muß sowohl der Datenfluß für das Zustandekommen der Verpflichtungsgeschäfte als auch der Datenfluß für die Abwicklung ermöglicht werden, denn es käme einer Beschränkung der Tätigkeit der Wertpapierhandelssysteme gleich, wenn deren Geschäftsabwicklung beschränkt würde. Konkret handelt es sich um die Ermöglichung der Benutzung der erdgebundenen Telekommunikationsleitungen oder der Ermöglichung der Telekommunikation über Sender oder Satellit. Fraglich ist, inwieweit der Aufbau von elektronischen Knotenpunkten, die eine sicherere und schnellere technische Anbindung der Teilnehmer am Wertpapierhandel in vernetzten Systemen ermöglichen, unterstützt oder geduldet werden muß. Sofern diese Anbindungen erforderlich sind, um allen Teilnehmern einen gleichschnellen Zugang zum Wertpapierhandelssystem zu bieten, ist zumindest eine Duldung des Aufbaus solcher Knotenpunkte erforderlich, da anderenfalls das Vorliegen einer Beschränkung des Kapitalverkehrs angenommen werden müßte.

Darüber hinaus dürfen keine zusätzlichen, für Kapitalbewegungen innerhalb des Mitgliedstaates nicht vorgesehenen oder praktizierten Verwaltungsverfahren oder Gebühren

---

800 *Ohler*, Die Kapitalverkehrsfreiheit und ihre Schranken, WM 1996, S. 1801 (1806).

801 *Weber*, in: Lenz (Hrsg.), EG-Vertrag Kommentar, Rn. 5 zu Art. 56 EGV.

802 Das Verbot der vollständigen Untersagung des Kapitaltransfers hat erhebliche Bedeutung, da letztlich nur dann eine am Verhältnismäßigkeitsprinzip orientierte Prüfung der Beschränkungen und Diskriminierungen des Kapitaltransfers vorgenommen werden kann, wenn der Kapitaltransfer an sich ermöglicht wird. Vgl. zur Anwendung der „Keck"-Rechtsprechung auf die Kapitalverkehrsfreiheit ausführlich *Ohler*, Die Kapitalverkehrsfreiheit und ihre Schranken, WM 1996, S. 1801 (1806).

oder sonstige Erschwernisse oder Nachteile, die die Kapitalverschiebung auch nur behindern oder begrenzen,[803] normiert oder soweit bereits existent, jedenfalls nicht angewandt werden. Selbstverständlich kann dies nicht bedeuten, daß für die Wertpapierhandelssysteme keinerlei Leitungsgebühren anfallen, sondern nur, daß lediglich keine gesonderten Gebühren, Kostenbelastungen oder sonstigen Verwaltungshindernisse auferlegt werden, die für die Nutzung vergleichbarer Systeme in den jeweiligen Mitgliedstaaten nicht bestehen. Im Hinblick auf den Wertpapierhandel im Internet bedeutet dies zugleich, daß den Unternehmen, die den Endnutzern den Zugang zum Internet verschaffen, wie z. B. Compuserve oder America Online, ihre Tätigkeit grundsätzlich (vorbehaltlich der Schrankenregelungen der Kapitalverkehrsfreiheit im EGV) ermöglicht werden muß, soweit sie für den Zugang erforderlich ist.

Wesentlich ist, daß nicht nur der die Kapitalzahlung Leistende oder deren Empfänger als Person von allen Beschränkungen des Kapitalverkehrs befreit sind, sondern das Kapital selbst unabhängig von den handelnden Personen Gegenstand der Liberalisierung ist.[804] Damit ist für die elektronischen Wertpapierhandelssysteme auch sichergestellt, daß ihr grenzüberschreitender Tätigkeitsbereich grundsätzlich unabhängig von der Teilnehmerstruktur liberalisiert ist und keinen Beschränkungen unterliegen darf, so daß eine unterschiedliche Behandlung von Wertpapierhandelssystemen für professionelle Teilnehmer einerseits und für private Teilnehmer andererseits nicht in Betracht kommt.

Die Regelung in Art. 56 ff. [ex-Art. 73 ff.] (insbes. Art. 56 [ex-Art. 73b]) EGV betrifft somit nicht mehr nur Verbots- und Kontrollregelungen für den Devisenverkehr, sondern die Kapitalverkehrsliberalisierung mit ihrer Verankerung im EGV hat eine neue Stoßrichtung bekommen. Sämtliche Hindernisse für den Kapitalverkehr und auch versteckte protektionistische Maßnahmen sind, soweit sie noch bestehen, zu beseitigen und zukünftig zu verhindern, allerdings nur vorbehaltlich der Beschränkungsmöglichkeiten, die Art. 56 – Art. 60 [ex-Art. 73c – ex-Art. 73h] EGV den Mitgliedstaaten oder der Gemeinschaft noch gewähren. Dieses Anliegen richtet sich dabei nicht ausschließlich an die Mitgliedstaaten, sondern auch an die Organe der Europäischen Union selbst, deren Rechtsetzungsmaßnahmen und Handeln sich daran messen lassen müssen.

---

803 Vgl. *Europäische Kommission*, „Schaffung eines europäischen Finanzraums", KOM (87) 550 endg.; *Hoffmann*, Banken- und Börsenrecht der EWG, S. 44.

804 *Weber*, in: Lenz (Hrsg.), EG-Vertrag Kommentar, Rn. 6 zu Art. 56 EGV; *Ohler*, Die Kapitalverkehrsfreiheit und ihre Schranken, WM 1996, S. 1801 (1806) m. w. Nw. weist darauf hin, daß hier ein weiter personaler Schutzbereich eröffnet sei, der jedoch im Prinzip für alle Personen eröffnet ist, unabhängig davon, ob sie im Raum der Gemeinschaft oder in Drittstaaten ansässig sind und ob es sich um natürliche oder juristische Personen handelt.

d. System der Beschränkungsmöglichkeiten der Kapitalverkehrsfreiheit im Hinblick auf grenzüberschreitende Wertpapierhandelssysteme

Die Freiheit des Kapitalverkehrs in der Europäischen Union und mit Drittländern wird allerdings auch nach der Neuregelung in Art. 56 ff. [ex-Art. 73a ff.] EGV nicht schrankenlos gewährt. Art. 57 – Art. 60 [ex-Art. 73c – ex-Art. 73g] EGV enthalten ein ganzes System von Beschränkungsmöglichkeiten des Kapital- und Zahlungsverkehrs gegenüber den Mitgliedstaaten und speziell für den Kapitalverkehr mit Drittländern, das für die grenzüberschreitenden Wertpapierhandelssysteme von Bedeutung ist, da es den Mitgliedstaaten interpretative Spielräume für die Einführung oder Aufrechterhaltung von Beschränkungen gibt. Diese könnten einerseits anlegerschützenden Charakter haben und die Bürger der einzelnen Mitgliedstaaten vor Gefahren unsicherer, nicht beaufsichtigter Wertpapierhandelssysteme oder vor unseriösen Kapitalmarktteilnehmern schützen, andererseits aber auch dazu ausgenutzt werden, heimische Wertpapierhandelssysteme vor neuer Konkurrenz zu bewahren oder den entstehenden Konkurrenzdruck am „Markt der Märkte" für sie zumindest zu mildern.

Insbesondere die Beschränkungsmöglichkeiten, die Art. 58 [ex-Art. 73d] EGV den Mitgliedstaaten bietet, um ihre Steuervorschriften sowie die aufsichtsrechtlichen Regelungen für Finanzinstitute durchzusetzen und bestimmte Rechtsgüter zu schützen, sind für den Kapitalverkehr mittels grenzüberschreitender Wertpapierhandelssysteme von Bedeutung. Aufgrund der systematischen Stellung von Art. 58 [ex-Art. 73d] EGV wird deutlich, daß es sich um eine Ausnahmeregelung handelt, die dementsprechend restriktiv auszulegen ist.[805] Darüber hinaus stellt der dem Wortlaut des Art. 30 [ex-Art. 36] S. 2 EGV folgende Art. 58 [ex-Art. 73d] Abs. 3 EGV klar, daß die auf Art. 58 [ex-Art. 73d] EGV gestützten etwaigen Beschränkungen weder ein Mittel der willkürlichen Diskriminierung noch eine verschleierte Beschränkung des freien Kapital- und Zahlungsverkehrs im Sinne des Art. 58 [ex-Art. 73b] EGV darstellen dürfen. Die europarechtliche Rechtfertigung einer beschränkenden Maßnahme aus den Gründen des Art. 58 [ex-Art. 73d] EGV unterliegt damit in mehrfacher Hinsicht Prüfungspflichten, die der Zulässigkeit der Maßnahme enge Grenzen setzen. Gleichzeitig zeigt die bloße Existenz von Art. 58 [ex-Art. 73d] Abs. 3 EGV, daß auch den vertragsändernden Mitgliedstaaten bewußt war, daß die weite und unpräzise Fassung des Art. 58 [ex-Art. 73d] Abs. 1 EGV geradezu dazu einlädt, protektionistisches Handeln hiermit zu rechtfertigen.

---

805 *Weber*, Kapitalverkehr und Kapitalmärkte im Vertrag über die Europäische Union, EuZW 1992, S. 561; *Geiger*, EG-Vertrag Kommentar, Rn. 1 zu Art. 73d.

aa. Beschränkungsmöglichkeit Art. 58 [ex-Art. 73d] Abs. 1 a) EGV

Die Beschränkungsmöglichkeit in Art. 58 [ex-Art. 73d] Abs. 1 a) EGV gibt den Mitgliedstaaten das Recht, die einschlägigen Vorschriften ihres Steuerrechts, die Steuerpflichtige mit unterschiedlichem Wohnort oder Kapitalanlageort unterschiedlich behandeln, anzuwenden.[806] Zur Auslegung dieser Bestimmung ist die im Schlußprotokoll zum EGV enthaltene Erklärung heranzuziehen, wonach dieses Recht der Mitgliedstaaten nur für Vorschriften gilt, die Ende 1993 in Kraft waren, so daß keine neuen Regelungen dieser Art mehr zulässig eingeführt werden dürfen.[807]

Unterschiedliche Steuersätze, Abzugsmöglichkeiten und Veranlagungsverfahren sind geeignet, die Anlageorte für Kapital attraktiv oder unattraktiv erscheinen zu lassen und dementsprechend das Kapital in den Mitgliedstaat mit den international günstigeren Konditionen zu lenken. Erst mit einer Harmonisierung der Steuersysteme in der EG[808] werden diese unterschiedlichen Beeinflussungsfaktoren für den Kapitalfluß beseitigt und die steuerunabhängigeren Anlagekonditionen für einen fairen europaweiten Wettbewerb zwischen den Finanzintermediären sorgen können.[809] Andererseits kann nicht jede Beeinflussung des Kapitalflusses bereits mit einer Beschränkung des Kapitalverkehrs gleichgesetzt werden, wenn lediglich die Richtung des Kapitalflusses beeinflußt, nicht aber der freie Zu- und Abfluß des Kapitals aus einem Mitgliedstaat selbst beeinträchtigt wird. Allein nachteilige Auswirkungen auf die Steuererhebung in einem der Mitgliedstaaten stellen zudem noch keine Beschränkung des Kapitalverkehrs i. d. S. dar.

Das Steuerrecht betrifft jedoch eher den Vermögensstatus der Teilnehmer an elektronischen grenzüberschreitenden Wertpapierhandelssystemen als Aktionäre, Gläubiger oder Schuldner und kaum den Status als Wertpapierhändler, -käufer oder Betreiber des Wertpapierhandelssystems. Beschränkungen steuerlicher Art können zwar das Engagement in Aktien und anderen Wertpapieren in einem Mitgliedstaat unattraktiv werden lassen und sich so auf die Handelsaktivitäten des Wertpapierhandelssystems in davon betroffenen Wertpapieren auswirken, aber eine solche Beschränkung betrifft nicht speziell die grenz-

---

806 Siehe *Ohler*, Die Kapitalverkehrsfreiheit und ihre Schranken, WM 1996, S. 1801 (1807) zur Problematik, daß hier der Wohnort als Rechtfertigungsgrund für eine Beschränkung herangezogen wird.

807 *Weber*, in: Lenz (Hrsg.), EG-Vertrag Kommentar, Rn. 4 zu Art. 58 EGV; *Geiger*, EG Vertrag Kommentar, Rn. 2 zu Art. 73d.

808 Siehe hierzu die ausführlichen Überblicke bei *Tipke/Lang*, Steuerrecht, § 18, S. 687 (696-700); *Oppermann*, Europarecht, Rn. 1151-1199; *Wolffgang*, in: Lenz (Hrsg.), EG-Vertrag Kommentar, Kommentierung zu Art. 90-93 EGV; jeweils m. w. Nw.

809 *Geiger*, EG-Vertrag Kommentar, Rn. 2 zu Art. 73d, spricht von dem Ziel der Vermeidung eines verschärften Steuerwettbewerbs; *Wolffgang*, in: Lenz (Hrsg.), EG-Vertrag Kommentar, Rn. 26 zu Vorbem. Art. 90-93 EGV speziell zur Besteuerung der Kapitalerträge, Rn. 42 zu Art. 93 EGV speziell zu den Kapitalverkehrssteuern.

überschreitend tätigen Wertpapierhandelssysteme und die Möglichkeit des Zu- und Abflusses von Kapital in Form des Wertpapierhandels. Existieren in einem Mitgliedstaat für Steuerausländer z. B. keine Verfahren zur Erstattung von auf Unternehmensebene einbehaltenen Kapitalertrag- oder Körperschaftsteuern, hat dies zwar Auswirkungen auf die Attraktivität der Wertpapiere (Aktien), aber die Möglichkeit, die betroffenen Wertpapiere eines solchen Unterrnehmens zu erwerben und entsprechend das Kapital grenzüberschreitend frei zu transferieren, besteht weiterhin.

bb. Beschränkungsmöglichkeit Art. 58 [ex-Art. 73d] Abs. 1 b) Fall 1 EGV

Einen weiten Spielraum für Beschränkungsmöglichkeiten des Kapitalverkehrs gibt jedoch Art. 58 [ex-Art. 73d] Abs. 1 b) Fall 1 EGV, wonach das Recht der Mitgliedstaaten unberührt bleibt, die unerläßlichen Maßnahmen zu treffen, um Zuwiderhandlungen gegen innerstaatliche Rechts- und Verwaltungsvorschriften[810], insbesondere auf dem Gebiet des Steuerrechts und der Aufsicht über Finanzinstitute, zu verhindern.[811] Die Nennung der Gebiete des Steuerrechts und der Aufsicht über Finanzinstitute erfolgt nur beispielhaft, wie die Verwendung des Wortes „insbesondere" deutlich macht, so daß sämtliche Bereiche staatlichen Handelns erfaßt werden. Fraglich ist aber, ob die Nennung der Gebiete des Steuerrechts und der Aufsicht über Finanzinstitute angesichts der restriktiv vorzunehmenden Auslegung der Vorschrift bedeutet, daß die Vorschrift nur auf wesens-ähnliche Bereiche der Rechtsordnung (z. B. Aufsichts- und Einsichtsrechte) ausgedehnt werden kann, wie Weber[812] behauptet, oder ob nicht der Wortlaut der Vorschrift hier auch Maßnahmen zur Verhinderung von Zuwiderhandlungen in allen Bereichen der Rechtsordnung, die die Liberalisierung des Kapitalverkehrs betreffen, zuläßt. Allein wegen des Charakters als Ausnahmevorschrift kann m. E. aus der beispielhaften Nennung des Steuerrechts und der Aufsicht über Finanzinstitute nicht geschlossen werden, daß nur wesensähnliche Bereiche erfaßt werden könnten. Wenn in anderen Rechtsbereichen kapitalverkehrsbeschränkende Maßnahmen unerläßlich werden, um Zuwiderhandlungen zu vermeiden, läßt sich Art. 58

---

810 Fraglich ist, ob angesichts der auf Grund ihres Ausnahmecharakters gebotenen restriktiven Auslegung der Vorschrift (vgl. *Weber*, in: Lenz (Hrsg.), EG-Vertrag Kommentar, Rn. 3 zu Art. 58 EGV) lediglich Maßnahmen erlaubt werden, die sich gegen Zuwiderhandlungen des gesetzten Rechts richten, oder ob auch die Fortentwicklungen der mitgliedstaatlichen Rechts- und Verwaltungsvorschriften durch die Rechtsprechung erfaßt werden. Das Richterrecht, das der Auslegung und Fortentwicklung der Rechts- und Verwaltungsvorschriften dient, ist Teil der mitgliedstaatlichen Rechtsordnungen, zu deren präventivem Schutz Art. 73d Abs. 1 b) EGV kapitalverkehrsbeschränkende Maßnahmen erlaubt. Dem Zweck der Vorschrift entsprechend, Verstöße gegen die mitgliedstaatlichen Rechtsordnungen zu verhindern, müssen deshalb trotz der restriktiv vorzunehmenden Auslegung der Vorschrift auch Maßnahmen gestattet sein, die zur Verhinderung von Verstößen gegen Richterrecht der Mitgliedstaaten dienen.

811 Auch als „Rechtsbruchverhinderung" bezeichnet, vgl. *Weber*, in: Lenz (Hrsg.), EG-Vertrag Kommentar, Rn. 5 zu Art. 58 EGV.

812 So aber *Weber*, in: Lenz (Hrsg.), EG-Vertrag Kommentar, Rn. 5 zu Art. 58 EGV.

[ex-Art. 73d] Abs. 1 b) Fall 1 daher ebenfalls als Rechtsgrundlage heranziehen. Die Vorschrift eignet sich damit auch als primärrechtliche Grundlage für mitgliedstaatliche Vorschriften, die z. B. ein Verbot nicht genehmigter Wertpapierhandelssysteme aussprechen und Maßnahmen gegen solche Wertpapierhandelssysteme ermöglichen.

Ein Korrektiv gegen eine ausufernde Beanspruchung der Beschränkungsmöglichkeit enthält die Vorschrift durch die Einschränkung, daß nur „unerläßliche" Maßnahmen getroffen werden dürfen. Jegliche Maßnahme ist daher auf ihre Verhältnismäßigkeit hin zu überprüfen.[813] Zu fordern ist, daß es sich um unabwendbare Maßnahmen i. S. e. „ultima ratio" handelt, die dauernd auf ihre weiter bestehende Verhältnismäßigkeit hin zu überprüfen sind.

Die Beschränkungsmöglichkeit gilt ausschließlich für vorbeugende Maßnahmen, mit denen Rechtsbrüche verhindert werden sollen, so daß auf sie keine repressiven Maßnahmen gestützt werden können. Gerade die präventive Zielrichtung birgt aber unter dem Gesichtpunkt möglicher Eingriffe in die Wettbewerbsstellung von Wertpapierhandelssystemen und ihren Teilnehmern eine besondere Problematik. Den Mitgliedstaaten muß ein Beurteilungsspielraum eingeräumt werden, ob eine Situation vorliegt, die vorbeugende Maßnahmen rechtfertigt. Gleiches gilt für die Geeignetheit und Verhältnismäßigkeit der vorbeugenden Maßnahmen. Bei der Beurteilung der Rechtmäßigkeit dieser Maßnahmen ist dabei immer auch auf die Sicht des Mitgliedstaates bzw. seiner handelnden Organe abzustellen. Da der Grad der Gefahr eines Rechtsbruchs jedoch im Einzelfall ex ante nur sehr schwer abzuschätzen ist, eröffnet sich hier ein Spielraum für die Mitgliedstaaten, beschränkende Maßnahmen zu ergreifen, die sich insbesondere auch gegen Wertpapierhandelssysteme, ihre Betreiber und Teilnehmer richten können. Vor dem Hintergrund des noch weitgehend ungeregelten Wertpapierhandels im Internet und der Gefahr, daß sich ein Großteil dieses Handels außerhalb jeder Aufsicht über die Betreiber und Teilnehmer vollziehen wird, könnte die Beschränkungsmöglichkeit nach Art. 58 [ex-Art. 73d] Abs. 1 b) Fall 1 EGV die rechtliche Grundlage für Maßnahmen bieten, diesen Handel oder bestimmte Erscheinungsformen dieses Handels ganz oder teilweise zu untersagen, bis geklärt ist, ob und welchen Regelungen und welcher Aufsicht dieser Wertpapierhandel unterworfen ist.

cc. Beschränkungsmöglichkeit Art. 58 [ex-Art. 73d] Abs. 1 b) Fall 3 EGV

Den weitesten Bereich für Beschränkungsmöglichkeiten eröffnet Art. 58 [ex-Art. 73d] Abs. 1 b) Fall 3 EGV, wonach die Mitgliedstaaten auch weiterhin das Recht haben, Maß-

---

813 Vgl. *Ohler*, Die Kapitalverkehrsfreiheit und ihre Schranken, WM 1996, S. 1801 (1808) m. w. Nw. zur näheren Bestimmung der Verhältnismäßigkeitsprüfung im Rahmen der Beschränkungsmöglichkeiten des Art. 73d Abs. 1 b EGV.

nahmen zu ergreifen, die aus Gründen der öffentlichen Ordnung oder Sicherheit gerechtfertigt sind. Die Formulierung lehnt sich an die Bestimmungen der Beschränkungsmöglichkeiten des freien Warenverkehrs in Art. 30 [ex-Art. 36] EGV, des Freizügigkeitsrechts in Art. 39 [ex-Art. 48] Abs. 3 EGV und des Niederlassungsrechts in Art. 46 [ex-Art. 56] EGV an. Die Rechtsprechung zu Art. 30, 39 und 46 [ex-Art. 36, 48 und 56] EGV ist daher entsprechend anwendbar.[814] Anders als in Art. 30 [ex-Art. 36] EGV sind in Art. 58 [ex-Art. 73d] Abs. 1 b) Fall 3 EGV jedoch außer der öffentlichen Ordnung und Sicherheit keine weiteren Güter genannt, deren Beeinträchtigung eine Beschränkung rechtfertigen könnte. Wegen der Weite dieser Begriffe sind die Beschränkungsmöglichkeiten dennoch kaum eingeschränkt.

Die wegen des Ausnahmecharakters der Vorschrift grundsätzlich eng und abschließend auszulegenden[815] Begriffe der öffentlichen Ordnung oder Sicherheit sind insbesondere durch die Rechtsprechung zum freien Warenverkehr inhaltlich ausgefüllt worden. Es handelt sich danach um hoheitlich festgelegte Grundregeln innerhalb eines Mitgliedstaates im Einklang mit seiner Werteordnung, aber in gemeinschaftsrechtlichen Grenzen[816], die Grundinteressen des Staates berühren.[817] Sie müssen im engen Zusammenhang mit dem „ordre public" des jeweiligen Mitgliedstaates stehen. Auch nicht jede Gesetzesverletzung, die natürlich zugleich die öffentliche Ordnung stört, kann als Grund für die Anwendung der Beschränkungsvorschrift ausreichen. Es muß sich schon um schwere Verstöße handeln. Wirtschaftliche Schwierigkeiten des Mitgliedstaates allein reichen hierzu nicht aus.[818]

Will sich ein Mitgliedstaat auf die Beschränkungsmöglichkeit in Art. 58 [ex-Art. 73d] Abs.1 b) Fall 3 EGV berufen, muß er in jedem Einzelfall eine am Verhältnismäßigkeitsprinzip orientierte gewissenhafte Prüfung durchführen. Eine Beschränkung kann daher nur dann gerechtfertigt sein, wenn das Interesse des Mitgliedstaates an der Durchsetzung seiner Grundregeln, die vom Begriff der öffentlichen Ordnung oder Sicherheit umfaßt sind, das Interesse am freien Kapital- und Zahlungsverkehr aus seiner Sicht überwiegt. Dies kann nur bei solchen innerstaatlichen Regeln möglich sein, deren Anwendung, für die Erreichung der im öffentlichen Interesse liegenden Ziele unabdingbar ist.[819] Hinter der Zulassung dieser Beschränkungsmöglichkeit steht letztlich - wie auch bei der Freiheit des

---

814 *Weber*, in: Lenz (Hrsg.), EG-Vertrag Kommentar, Rn. 8 zu Art. 56 EGV.

815 Vgl. *EuGH*, Rs. 113/80 - Kommission/Irland-, Rspr. 1981, S. 1625 (1638); *Oppermann*, Europarecht, Rn. 1302; *Lux*, in: Lenz (Hrsg.), EG-Vertrag Kommentar, Rn. 2 zu Art. 30 EGV.

816 *EuGH*, Rs. 34/79 - Henn und Darby -, Rspr. 1979, S. 3795 (3813 f.).

817 *EuGH*, Rs. 30/77 - Bouchereau -, Rspr. 1977, S. 1999 (2013); *Weber*, in: Lenz (Hrsg.), EG-Vertrag Kommentar, Rn. 8 zu Art. 58 EGV.

818 *Oppermann*, Europarecht, Rn. 1306.

Warenverkehrs in Art. 30 [ex-Art. 36] EGV[820] - der Gedanke, daß die Herstellung des freien Kapitalverkehrs bis zu ihrer vollständigen Umsetzung der Rücksichtnahme auf einige als legitim anerkannte öffentliche Interessen der Mitgliedstaaten bedarf.[821]

Beschränkungen zur Beeinflussung des Wettbewerbs zwischen den Wertpapierhandelssystemen zu Gunsten der heimischen Wettbewerber können selbst dann nicht als Wahrnehmung „legitimer Interessen" gelten, wenn ein Großteil des mitgliedstaatlichen Wertpapierhandels über solche grenzüberschreitend tätigen Wertpapierhandelssysteme aus anderen Mitgliedstaaten oder gar Drittstaaten vollzogen würde. Selbst wenn z. B. eine europaweit tätige Börse wie die belgische EASDAQ einen Großteil des Handels in Wertpapieren kleiner und mittlerer Unternehmen eines anderen Mitgliedstaates auf sich vereinigen könnte, ist kann ein „legitimes Interesse" denkbar, diese Tätigkeit zu beschränken, solange dieser Wertpapierhandel dafür sorgt, daß diese Unternehmen mit Eigenkapital versorgt werden und dem anlagesuchenden Publikum ein liquider Markt geboten wird. Möglicherweise anzuerkennen wären Beschränkungen nur, wenn das heimische Kapital in einem so starken Umfang ins Ausland abfließt, daß die Versorgung der eigenen Volkswirtschaft mit Kapital erheblich gefährdet ist und der nationale Kapitalmarkt auszutrocknen droht. Die ausreichende Versorgung der heimischen Unternehmen mit Eigenkapital kann ein „legitimes Interesse", das Beschränkungen rechtfertigen könnte, darstellen.

Fraglich ist, ob es zur Wahrnehmung „legitimer Interessen" gehört, wenn grenzüberschreitenden Wertpapierhandelssystemen Beschränkungen auferlegt werden, weil (angeblich) keine ausreichende anlegerschützende Ausgestaltung oder Beaufsichtigung der Wertpapierhandelssysteme gegeben sei. Anlegerschützende Interessen sind sicherlich grundsätzlich „legitime Interessen" eines Mitgliedstaates. Erleiden Teilnehmer an den Wertpapierhandelssystemen durch eine fehlende oder unzureichende Beaufsichtigung der Wertpapierhandelssysteme und ihrer Betreiber sowie der anderen Teilnehmer Vermögenschäden, besteht die Gefahr, daß das Vertrauen der Anleger in die Ordnungsmäßigkeit aller in den Mitgliedstaaten tätigen Wertpapiermärkte Schaden nimmt. Die Wertpapierdienstleistungsrichtlinie[822] enthält zwar den Grundsatz der gegenseitigen Anerkennung der Aufsicht über Finanzdienstleister durch die Aufsichtsbehörden des jeweiligen Hei-

---

819 Vgl. *Oppermann*, Europarecht, Rn. 1307 zur parallelen Problematik bei Art. 36 EGV.

820 Vgl. hierzu *Oppermann*, Europarecht, Rn. 1306.

821 Dies kann jedoch nicht bedeuten, daß diese als legitim anerkannten öffentlichen Interessen der Mitgliedstaaten auf unabsehbare Zeit als Beschränkungsgründe gelten können. Vielmehr sind auch diese Kernbereiche des innerstaatlichen Rechts der Mitgliedstaaten zu harmonisieren, soweit es der Grundsatz des freien Kapital- und Zahlungsverkehrs erfordert. Vgl. *Oppermann*, Europarecht, Rn. 1307.

822 Richtlinie 93/22/EWG des Rates vom 10. Mai 1993 über Wertpapierdienstleistungen, ABl. L 141, S. 27.

matmitgliedstaates, aber keine entsprechende Regelung für alle Formen von Wertpapierhandelssystemen. Während danach für die elektronischen „geregelten Märkte" der „Europaß" zur Erbringung ihrer Dienstleistungen gilt[823], könnte gegenüber Wertpapierhandelssystemen, die nicht zu den „geregelten Märkten" gehören, oder gegenüber Wertpapierhandelssystemen aus Drittstaaten, insbesondere Internet-Wertpapierhandelssystemen, ein Rückgriff auf die Beschränkungsmöglichkeit nach Art. 58 [ex-Art. 73d] Abs. 1 b) Fall 3 EGV denkbar sein, wenn konkrete Anhaltspunkte dafür bestehen, daß die Ordnungsmäßigkeit des Handels in diesen Systemen zum Schaden der Teilnehmer auf Dauer nicht gewährleistet ist. Lediglich einmalige Fehlfunktionen oder der bloße Verdacht dürften aber selbst hier keine Beschränkungen stützen können.

Art. 58 [Art. 73d] Abs. 2 EGV, wonach das Kapitel über den Kapital- und Zahlungsverkehr nicht die zulässigen Beschränkungsmöglichkeiten des Niederlassungsrechts des EGV berührt, zeigt bei Kollisionen der Beschränkungen des Niederlassungs- und des Kapitalverkehrsrechts, daß das Niederlassungsrecht einen höheren Stellenwert hat und deshalb vorgeht.[824] Damit wird die im alten Art. 67 Abs. 1 EWGV enthaltene Einschränkung wieder aufgenommen, die die Liberalisierung des Kapitalverkehrs nur soweit vorsah, wie dies die Verwirklichung des Gemeinsamen Marktes erforderte.[825]

dd. Beschränkungsmöglichkeiten gegenüber Drittländern

Der EGV weist im Kapitel über den Kapital- und Zahlungsverkehr in Art. 57 [ex-Art. 73c] sowie in Art. 59 [ex-Art. 73f] und Art. 60 [ex-Art. 73g] Beschränkungsmöglichkeiten speziell für den Kapitalverkehr mit Drittstaaten auf, die für den Wertpapierhandel mittels aus Drittstaaten stammenden Wertpapierhandelssystemen relevant werden können.

aaa. Ausnahmsweise zulässige Beschränkungen nach Art. 57 [ex-Art. 73c] Abs. 1 EGV

Gemäß Art. 57 [ex-Art. 73c] Abs. 1 EGV können Beschränkungen des Kapitalverkehrs, die in den Mitgliedstaaten bereits am 31.12.1993 schon bestanden haben[826], weiter angewendet werden, wenn es sich um die Regelungsbereiche der Niederlassung, der Erbringung von Finanzdienstleistungen oder die Zulassung von Wertpapieren zu Kapitalmärk-

---

823 Siehe ausführlich 4. Teil IV. dieser Arbeit.

824 *Weber*, in: Lenz (Hrsg.), EG-Vertrag Kommentar, Rn. 9 zu Art. 58 EGV betont nunmehr, daß eine Subsidiaritätsanordnung hieraus nicht entnommen werden könne.

825 So noch *Weber*, in: Lenz (Hrsg.), EG-Vertrag Kommentar (1. Aufl.), Rn. 9 zu Art. 73d (alt) EGV.

826 Neue Beschränkungen können hingegen nicht mehr eingeführt werden (sog. Stillstandsklausel), *Weber*, in: Lenz (Hrsg.), EG-Vertrag Kommentar, Rn. 2 zu Art. 57 EGV.

ten handelt. In Betracht kommen etwa Beschränkungen, weil die Niederlassungsmöglichkeiten für Personen aus den betreffenden Mitgliedstaaten in den Drittländern nicht entsprechend gewährleistet sind, ihnen Beschränkungen ihrer Tätigkeit auferlegt werden oder Beschränkungen hinsichtlich der Zulassung von Wertpapieren der Mitgliedstaatsunternehmen zu den Kapitalmärkten der Drittstaaten bestehen. Gleiches gilt für Beschränkungen, wie z. B. Aufzeichnungs- und Meldepflichten, die den Aufsichtsbehörden überhaupt erst eine Kontrolle der Einhaltung der Beschränkungen für den Drittlandskapitalverkehr ermöglichen.[827]

Wertpapierhandelssysteme aus Drittstaaten sind als Finanzdienstleister i. S. d. Beschränkungsermächtigung zu sehen, so daß auch für sie die noch vorhandenen mitgliedstaatlichen Beschränkungsnormen grundsätzlich Anwendung finden können. Die Wertpapierdienstleistungsrichtlinie enthält jedoch nunmehr in Art. 7 ein gesondertes Verfahren für die Feststellung von Beschränkungen der Tätigkeit von Wertpapierfirmen aus den Mitgliedstaaten in Drittländern und für die Reaktionen der Gemeinschaft hierauf. Als in der Normenhierarchie unterhalb des Primärrechts rangierende Norm, die zudem erst noch in einigen Mitgliedstaaten umgesetzt werden muß, kann die Wertpapierdienstleistungsrichtlinie zwar nichts am Fortbestehen der Beschränkungen nach Art. 57 [ex-Art. 73c] Abs. 1 EGV ändern, mit der endgültigen Umsetzung der Wertpapierdienstleistungsrichtlinie in allen Mitgliedstaaten sollte jedoch entgegenstehendes Recht, das Beschränkungen nach Art. 73c Abs. 1 EGV enthält, beseitigt werden. Grenzüberschreitende Wertpapierhandelssysteme aus Drittländern unterlägen dann ausschließlich den Regelungen und möglichen Beschränkungen, die die Wertpapierdienstleistungsrichtlinie vorsieht.[828]

bbb. Die Handlungsermächtigung der Gemeinschaft nach Art. 57 [ex-Art. 73c] Abs. 2 EGV

Art. 57 [ex-Art. 73c] Abs. 2 EGV gibt der Gemeinschaft eine primärrechtliche Handlungsermächtigung, um Maßnahmen für den Kapitalverkehr mit dritten Ländern zu beschließen. Dabei kann es sich auch um Maßnahmen handeln, die einen Rückschritt für die Liberalisierung darstellen, also um Beschränkungen des Kapitalverkehrs. Auch hier sind die Regelungsbereiche der Erbringung von Finanzdienstleistungen, der Niederlassung sowie der Zulassung von Wertpapieren zu den Kapitalmärkten betroffen, so daß diese Handlungsermächtigung für die grenzüberschreitend tätigen Wertpapierhandelssysteme von Bedeutung ist. Der subsidiäre Charakter der Handlungsermächtigung der Gemeinschaft, die durch ihren Rat mit qualifizierter Mehrheit neue Beschränkungen einführen

---

827 *Weber*, in: Lenz (Hrsg.), EG-Vertrag Kommentar; Rn. 3 zu Art. 57 EGV, nennt z. B. Kontroll- oder Statistikvorschriften.

828 Ausführlich zu diesen sekundärrechtlichen Vorschriften 4. Teil III. 2. dieser Arbeit.

kann, ergibt sich dabei nicht aus dem Wortlaut der Vorschrift, sondern aus der Beachtung des allgemeinen Subsidiaritätsprinzips des Gemeinschaftsrechts[829], wonach Maßnahmen nur dann seitens des Rats angeordnet werden dürfen, wenn sie „wegen ihres Umfangs oder ihrer Wirkungen besser auf Gemeinschaftsebene zu verwirklichen" sind.[830] Hinsichtlich der Art der möglichen Maßnahmen wird keine Aussage getroffen, so daß hier für den Rat ein weiter Spielraum besteht, der im vernünftigen Ermessen auszuüben ist.[831] Für Beschränkungen des Kapitalverkehrs ist aber Einstimmigkeit erforderlich.

Für die grenzüberschreitend tätigen Wertpapierhandelssysteme aus Drittländern, insbesondere die Internet-Systeme, könnte ein solches Handeln der gesamten Gemeinschaft in Betracht kommen, um eine einheitliche Position hinsichtlich des Zugangs dieser Wertpapierhandelssysteme zum europäischen Kapitalmarkt, ihrer Zulässigkeit sowie ihrer Mindestregulierung und Aufsicht zu formulieren. Für die Einführung z. B. von Mindestanforderungen an die Abwicklung der in den Wertpapierhandelsystemen getätigten Geschäfte, die Sicherstellung der Transparenz der Wertpapierhandelssysteme und der getätigten Geschäfte sowie von Regelungen, die Auswirkungen auf die mitgliedstaatlichen Kapitalmärkte bei Ausfällen der Systeme minimieren, wäre jedoch gemäß Art. 57 [ex-Art. 73c] Abs. 2 EGV eine einstimmige Entscheidung im Rat notwendig, wenn diese Maßnahmen einen Rückschritt für die Liberalisierung des Kapitalverkehrs mit dritten Ländern darstellen, was bei der Einführung neuer Beschränkungen stets der Fall ist.

ccc. Die kurzfristigen Schutzmaßnahmen nach Art. 59 [ex-Art. 73f] EGV

Neben den ausnahmsweise zulässigen Beschränkungen nach Art. 57 [ex-Art. 73c] EGV bietet Art. 59 [ex-Art. 73f] EGV Möglichkeiten zu Beschränkungen des Kapitalverkehrs ausschließlich gegenüber Drittländern, wenn grenzüberschreitende Kapitalbewegungen nach oder aus dritten Ländern das Funktionieren der Wirtschafts- und Währungsunion aktuell schwerwiegend stören oder zu stören drohen und dies auf außergewöhnliche Umstände zurückzuführen ist. Das primär zu schützende Objekt ist das Funktionieren der Wirtschafts- und Währungsunion als solches und nicht etwa die Interessen eines einzelnen Mitgliedstaates, obwohl die Störungen der Wirtschafts- und Währungsunion sich z. B. in einer sehr schlechten Finanzlage eines Mitgliedstaates[832] ausdrücken dürften. Wann die geforderten außergewöhnlichen Umstände anzunehmen sind, ist mangels Nennung

---

829 *Weber*, Kapitalverkehr und Kapitalmärkte im Vertrag über die Europäische Union, EuZW 1992, S. 561 (566).

830 Siehe ausführlich zum europarechtlichen Subsidiaritätsprinzip unter 3. Teil IV. dieser Arbeit.

831 *Weber*, in: Lenz (Hrsg.), EG-Vertrag Kommentar, Rn. 5 zu Art. 57 EGV.

832 *Weber*, in: Lenz (Hrsg.), EG-Vertrag Kommentar, Rn. 2 zu Art. 59 EGV.

von Beispielen schwer einzugrenzen.[833] Die Kommission, die Zentralbank und letztlich der Rat haben hier einen erheblichen Beurteilungsspielraum. Es muß jedenfalls schon eine erhebliche negative Einwirkung auf das Funktionieren der Wirtschafts- und Währungsunion eingetreten oder zu befürchten sein. Zulässig sind nur Maßnahmen mit einer Geltungsdauer von höchstens sechs Monaten.[834]

Gegen die grenzüberschreitend tätigen Wertpapierhandelssysteme aus Drittländern kommen Beschränkungen nach Art. 59 [ex-Art. 73f] EGV wohl nur dann in Betracht, wenn sie z. B. auf das Funktionieren der Primär- oder Sekundärmärkte in der Gemeinschaft vehemente Auswirkungen haben, die die Kapitalallokation in der Gemeinschaft erheblich stören. Theoretisch vorstellbar sind hier Fälle, in denen die Primärmärkte der Gemeinschaft austrocknen, weil die Anleger über die Wertpapierhandelssysteme fast ausschließlich Wertpapiere aus Drittländern zeichnen, auf diesem Weg zugleich große Kapitalmengen in Drittländer abfließen und die Versorgung europäischer Unternehmen mit Kapital gefährdet wäre.

ddd. Die Sanktionen aufgrund GASP-Aktion nach Art. 60 [ex-Art. 73g] EGV

Gemäß Art. 60 [ex-Art. 73g] Abs. 1 EGV kann der Rat im Verfahren nach Art. 301 [ex-Art. 228a] EGV die notwendigen Sofortmaßnahmen auf dem Gebiet des Kapital- und Zahlungsverkehrs mit den betroffenen dritten Ländern ergreifen, falls ein Tätigwerden der Gemeinschaft in den in Art. 301 [ex-Art. 228a] EGV vorgesehenen Fällen für erforderlich erachtet wird. Es handelt sich um die Entscheidung über Embargomaßnahmen, die im Rahmen der Gemeinsamen Außen- und Sicherheitspolitik (GASP) als gemeinsamer Standpunkt oder als gemeinsame Aktion beschlossen werden. In Art. 60 [ex-Art. 73g] Abs. 2 EGV werden die Mitgliedstaaten zum Handeln ermächtigt, falls der Rat selbst noch keine Sofortmaßnahmen nach Abs. 1 getroffen hat, der Erlaß einseitiger Maßnah-

---

833 Dabei reichen Störungen, die im normalen Kapitalverkehr zwischen der Europäischen Union und dritten Ländern auftreten, jedenfalls nicht als Anlaß für das Ergreifen von Schutzmaßnahmen aus.

834 Fraglich ist, welche Möglichkeiten gegeben sind, wenn die bereits eingetretenen Störungen nicht innerhalb dieser Frist beseitigt werden können oder der drohende Eintritt der Störungen nicht vermieden werden konnte. Angesichts des klaren Wortlautes des Art. 59 [ex-Art. 73f] EGV, der von einer Höchstgeltungsdauer von sechs Monaten spricht, ist eine zeitliche Ausdehnung der Maßnahmen weder bei der erstmaligen noch bei einer nachträglichen Entscheidung des Rates über die Schutzmaßnahmen möglich. Zu beachten ist jedoch, daß die Schutzmaßnahmen nach Art. 59 [ex-Art. 73f] EGV unabhängig von den Schutzmaßnahmen nach Art. 119/120 [ex-Art. 109 h/i] EGV zur Behebung von Zahlungsbilanzschwierigkeiten möglich sind, so daß zumindest in diesem Bereich auch noch eine andere Rechtsgrundlage für Schutzmaßnahmen gegenüber Drittländern zur Verfügung steht, die auch im Anschluß an das zeitliche Auslaufen der nach Art. 59 [ex-Art. 73f] EGV getroffenen Maßnahmen Anwendung finden könnte. Vgl. zum nichtausschließlichen Charakter *Weber*, in: Lenz (Hrsg.), EG-Vertrag Kommentar, Rn. 2 zu Art. 59 [ex-Art. 73f] m. w. Nw.

men seitens der Mitgliedstaaten jedoch dringlich ist, weil schwerwiegende politische Umstände vorliegen.

Für die grenzüberschreitend tätigen Wertpapierhandelssysteme dürften sich hier keine Besonderheiten ergeben. Im Falle eines politisch motivierten Wirtschaftsembargos bestünde allein hinsichtlich der Durchsetzung des Embargos für die Mitgliedstaaten ein Problem darin, die Telekommunikation zwischen den Teilnehmern und den Wertpapierhandelssystemen, die aus den Drittstaaten agieren, auf die das Embargo abzielt, zu unterbinden. Ein wirksames Embargo könnte wohl nur durch Beschlagnahme der Zentralcomputer, der Handelsterminals oder durch Sperren der Telekommunikationsleitungen erfolgen. Im Hinblick auf Internet-Wertpapierhandelssysteme aus diesen Drittländern wäre wegen der über das Telefonnetz erfolgenden Anschlüsse und der Möglichkeit, jeden Personalcomputer als Handelsterminal zu nutzen, eine effektive Unterbindung der Teilnahme an diesen Handelssystemen nur möglich durch die Sperrung des Zugriffs auf die Internet-Inhalte über bestimmte in den Mitgliedstaaten gelegene Netzwerk-Provider.[835] Ein entsprechendes Informations- und Kommunikationsgesetz, das auch eine inhaltliche Überprüfung der Inhalte kommerzieller Internet-Angebote vorsieht, während die Inhalte privater, nicht-kommerzieller Angebote keiner Prüfung unterliegen sollen, liegt in Deutschland seit kurzem vor.[836] Problematisch ist aber, daß in der Praxis nicht immer eine eindeutige Kennzeichnung der kommerziellen Angebote vorliegt und daß die Internet-Nutzer dann die Möglichkeit haben, sich über andere, evtl. auch ausländische Netzwerk-Provider in das Internet einzuwählen und an Internet-Wertpapierhandelssystemen teilzunehmen, so daß Embargomaßnahmen in diesem Bereich leer laufen dürften, soweit die Verpflichtungsgeschäfte betroffen sind. Allerdings besteht die Möglichkeit, eine Unterbindung der Erfüllung der Geschäfte über die elektronische Abwicklung durchzusetzen, wenn auch die nationalen Depotbanken und die europäischen internationalen Clearinghäuser einbezogen werden. Auf diese Weise kann auch der Handel in den Wertpapierhandelssystemen wirksam getroffen werden.

---

835 Diese Methode wurde bereits in Deutschland bei der über das Internet verbreiteten Kinderpornographie angewandt, hat aber selbst in diesem Bereich internationale, insbesondere aber amerikanische Kritik wegen des Eingriffs in das Grundrecht auf freie Meinungsäußerung hervorgerufen. Vgl. hierzu *Rüttgers*, Das Internet ist kein rechtsfreier Raum, STUDjur 3/1996, S. 10 f.

836 Siehe Gesetz zur Regelung der Rahmenbedingungen für Informations- und Kommunikationsdienste (Informations- und Kommunikationsdienste-Gesetz IuKDG) vom 22.07.1997, BGBl. Teil I 1997, Nr. 52 vom 28.07.1997, S. 1870 ff.

3. Die Freiheit des Zahlungsverkehrs nach Art. 56 [ex-Art. 73a] ff. EGV

Die grenzüberschreitend tätigen Wertpapierhandelssysteme werden europarechtlich nicht nur durch die Regelungen des freien Kapital-, sondern auch durch die des freien Zahlungsverkehrs betroffen.

Die mittels grenzüberschreitend tätiger Wertpapierhandelssysteme vollzogenen Wertpapiergeschäfte verpflichten die Erwerber der Wertpapiere ihrerseits zur Erfüllung, also zur Bezahlung. Auch wenn es sich bei den Wertpapierhandelssystemen um Strukturen mit zwischengeschalteten Clearingstellen handelt und die Zahlungen zwischen dem Auftraggeber und dem Clearingteilnehmer innerhalb eines Mitgliedstaates vollzogen werden, kommt es zumindest zu grenzüberschreitenden Zahlungen zwischen den Clearingteilnehmern und der zentralen Clearingstelle. Darüber hinaus sind auch für die Teilnahme- und Handelsmöglichkeit am Wertpapierhandelssystem selbst Zahlungen zu erbringen. In der Praxis der internationalen Wertpapierhandelssysteme dürfte es sich ausschließlich um über internationale elektronische Überweisungssyteme[837] vollzogene Geldzahlungen handeln, die ebenfalls der Zahlungsverkehrsfreiheit unterfallen.[838] Da ein Handel von Wertpapieren mittels grenzüberschreitend tätiger Wertpapierhandelssysteme faktisch nur möglich ist, wenn auch die entsprechenden Gegenleistungen ohne Beschränkungen transferiert werden können, ist der freie Verkehr der Zahlungsmittel unverzichtbar für die Tätigkeit der Wertpapierhandelssysteme.

a. Neuregelung in Art. 56 [ex-Art. 73a] ff. EGV

Mit Inkrafttreten der Neuregelung des freien Zahlungsverkehrs in Art. 56 [ex-Art. 73a] ff. EGV am 1.1.1994 wurden gleichzeitig die bisherigen Regelungen in Art. 105-109 EWGV vollständig aufgehoben. In der Praxis war der innergemeinschaftliche freie Zahlungsverkehr jedoch bereits weitgehend hergestellt, so daß die Neuregelung auch hier im wesentli-

---

837 Die rechtlichen Fragen im Zusammenhang mit dem internationalen Überweisungsverkehr gewinnen immer mehr an Bedeutung. Vgl. das über den Raum der Europäischen Union hinausgehende Modellgesetz der UNCITRAL zur einheitlichen Regelung des internationalen Überweisungsverkehrs, dazu *Hadding/Schneider*, Die einheitliche Regelung des internationalen Überweisungsverkehrs durch das UNCITRAL-Modellgesetz, WM 1993, S. 629. Siehe auch *Preuß/Theyssen*, Internationaler Zahlungsverkehr, in: Kloten/von Stein (Hrsg.), Obst/Hintner, Geld-, Bank- und Börsenwesen, S. 646-650; *Grill/Perczynski*, Wirtschaftslehre des Kreditwesens, S. 530-535.

838 Vgl. Verhaltenskodex im Bereich des elektronischen Zahlungsverkehrs v. 8.12.1987, 87/598/EWG, ABl. Nr. L 365/72 v. 24.12.1987; Empfehlung zur Transparenz der Bankkonditionen bei grenzüberschreitenden Finanztransaktionen v. 4.2.1990, 90/109/EWG, ABl. Nr. L 67/39 v. 15.3.1990; Vorschlag der Europäischen Kommission für eine Richtlinie über grenzüberschreitende Überweisungen, Dok. KOM (95) 264 endg. v. 7.6.1995, ABl. Nr. C 199/16 v. 3.8.1995; sowie Vorschlag der Kommission für eine Richtlinie über die Endgültigkeit der Abrechnung von EU-Zahlungssystemen Dok. KOM (96) 193 endg. v. 30.5.1996, ABl. Nr. C 207/13 v. 18.7.1996; *Arnoldt*, EU-Richtlinie zum grenzüberschreitenden Zahlungsverkehr verabschiedet, Bank-Information und Genossenschaftsforum, 2/97 S. 58-61.

chen nur den aktuellen Stand der Zahlungsverkehrsfreiheit im Vertrag festschrieb. Für den angestrebten, einheitlichen vereinigten Wirtschaftsraum in der Wirtschafts- und Währungsunion ist ein freier Zahlungsverkehr ohne Beschränkungen notwendige Voraussetzung, da der freie Waren- und Dienstleistungsverkehr ohne die Zahlungsverkehrsfreiheit nicht effektiv umgesetzt werden kann. Mit der geplanten Einführung der Währungsunion entfallen dann endgültig die Möglichkeiten zu devisenrechtlichen Beschränkungen. Bereits die Neuregelung in Art. 73a ff. (alt) EGV betraf angesichts des bereits erreichten Stands der Zahlungsverkehrsfreiheit weniger die Devisenbewirtschaftung als die Beschränkungen des freien Kapitalverkehrs.[839] Als instrumentale Freiheit zur Durchsetzung der übrigen Freiheiten[840] wurde die Zahlungsverkehrsfreiheit in Art. 73b EGV den übrigen Freiheiten gleichgestellt. Die Diskussion um ihre Bedeutung als 5. Grundfreiheit wurde damit durch die Vertragsänderung ausgeräumt.[841]

b. Zahlungsverkehrsbegriff

Der EGV enthält keine Definiton des Zahlungsverkehrsbegriffs. Europarechtlich relevanter Zahlungsverkehr wird nach der Rechtsprechung des EuGH[842] angenommen bei der Übertragung von Zahlungsmitteln über die Grenze i. S. e. Devisentransferierung, die eine Gegenleistung im Rahmen einer dieser Leistung zugrundeliegenden Transaktion darstellt.[843] Die Art der Zahlungsmittel ist dabei unerheblich, da der Begriff des Zahlungsverkehrs weit auszulegen ist, um den freien Waren- und Dienstleistungsverkehr nicht einzuschränken. Erfaßt werden sowohl Geldzahlungen, als auch Wechsel und Schecks.[844] Neben Einmalzahlungen werden auch laufende Zahlungen erfaßt.[845]

Es stellt sich aber die Frage der Abgrenzung der Zahlungsverkehrsfreiheit zur Kapitalverkehrsfreiheit[846], wenn grenzüberschreitende Zahlungen im Rahmen eines Wertpapiergeschäftes erfolgen, und die Frage nach dem Verhältnis der Grundfreiheiten zueinander in einem konkreten Fall. Denkbar ist hier, daß beide Grundfreiheiten in einem Exklusivitätsverhältnis stehen oder daß sie auch kumulativ angewandt werden können. Die Abgren-

---

839 So auch *Weber*, in: Lenz (Hrsg.), EG-Vertrag Kommentar, (1. Aufl.), Rn. 1 zu Art. 73a (alt).

840 *Streinz*, Europarecht, Rn. 656 spricht von Annexfreiheit.

841 Auch *Weber*, in: Lenz (Hrsg.), EG-Vertrag Kommentar (1. Aufl.), Rn. 6 zu Art. 73b (alt), sieht der Diskussion den Boden entzogen. Siehe zum Streitstand auch *Hahn/Follak*, in: Dauses (Hrsg.), Handbuch des EG-Wirtschaftsrechts, Rn. 94; *Hoffmann*, Banken- und Börsenrecht der EWG, S. 31.

842 *EuGH*, Rs. 286/82 u. 26/83 - Luisi und Carbone/ Ministero del Tresoro -, Rspr. 1984, S. 377 (404).

843 Vgl. auch *Weber*, in: Lenz (Hrsg.), EG-Vertrag Kommentar, Vorbem. Art. 56-60, Rn. 8.

844 *Weber*, in: Lenz (Hrsg.), EG-Vertrag Kommentar, Rn.7 zu Art. 56 [ex-Art. 73b].

845 *Weber*, in: Lenz (Hrsg.), EG-Vertrag Kommentar, Rn. 8 zu Art. 56 [ex-Art. 73b].

846 Hierzu *Ohler*, Die Kapitalverkehrsfreiheit und ihre Schranken, WM 1996, S. 1801 f.

zung hat an Bedeutung verloren, da seit der Neuregelung in Art. 56 [ex-Art. 73a] ff. EGV für beide Regelungsbereiche ohnehin weitgehend die gleichen Bedingungen und Beschränkungsmöglichkeiten gelten[847], auch wenn zu Recht darauf hingewiesen wird, daß die Unterscheidung noch nicht gänzlich überflüssig ist, da Art. 57 [ex-Art. 73c] EGV im Verhältnis zu Drittstaaten Beschränkungen des Kapitalverkehrs, nicht aber des Zahlungsverkehrs zuläßt.[848]

Der Zahlungsverkehrbegriff erfaßt grundsätzlich alle Zahlungen, die als Gegenleistung von Waren-, Dienstleistungs- oder Kapitalgeschäften erbracht werden. Die Zahlungsverkehrsfreiheit dient dann allein dem Schutz der Abwicklung der Gegenleistung für unter die Kapitalverkehrsfreiheit fallende Geschäfte[849] und ist damit genauso instrumental wie bei den anderen Grundfreiheiten[850], wobei ein Exklusivitätsverhältnis zwischen den Grundfreiheiten angenommen wird. Für den Erwerb von Wertpapieren würde dies bedeuten, daß die Kaufpreiszahlung ausschließlich vom Zahlungsverkehrsbegriff erfaßt würde[851], weil die Geldleistung des Erwerbers an den Veräußerer von Wertpapieren zu Investitionszwecken nur noch als Gegenleistung einer Übertragung von in Wertpapieren (fiktiv) verkörperten Rechten verstanden würde.

Bei Wertpapiergeschäften, bei denen in aller Regel eine Geldgegenleistung für die Übertragung der Wertpapiere geschuldet ist, bliebe damit allerdings kaum noch Raum für Fälle, die unter die Kapitalverkehrsfreiheit fielen. Folgt man aus den oben genannten Gründen jedoch der Auffassung, daß die einseitige Wertübertragung in Form von Geld- oder Sachkapital zu Investitionszwecken bereits der Kapitalverkehrsfreiheit unterfällt, wird beim Erwerb von Wertpapieren zumindest die vom Erwerber zu erbringende Gegenleistung, die ein Investitionsverhältnis begründet oder perpetuiert, nicht nur von der Zahlungsverkehrsfreiheit, sondern auch von der Kapitalverkehrsfreiheit erfaßt.

Hinsichtlich einzelner Zahlungsvorgänge, die mit den Grundgeschäften in innerer Verbindung stehen, ist ebenfalls nicht geklärt, ob die Zahlungs- oder die Kapitalverkehrsfreiheit betroffen ist. So sollen Bürgschaften und Sicherheitsleistungen einerseits eher unter

---

847 So gelten z. B. die Beschränkungen des Art. 73d EGV sowie des Art. 109 i EGV auch für den Zahlungsverkehr, während die Beschränkung in Art. 73c EGV sich nicht auf diesen erstrecken.

848 *Streinz*, Europarecht, Rn. 769; *Ohler*, Die Kapitalverkehrsfreiheit und ihre Schranken, WM 1996, S. 1801 (1802) m. w. Nw., der auch auf die Notwendigkeit einer Unterscheidung aus innergemeinschaftlichen Gründen hinweist.

849 Art. 73b Abs. 2 EGV enthält jedoch nicht mehr die Einschränkung des Art. 106 EWGV, wonach sich der Geldfluß auf bestimmte Zwecke wie die Verwirklichung der übrigen Grundfreiheiten beziehen muß, was aber bei der Bezogenheit der Zahlung auf die in den grenzüberschreitenden Wertpapierhandelssystemen getätigten Geschäfte ohnehin kein Problem wäre, da die Zahlung letztlich der Verwirklichung der Kapitalverkehrsfreiheit dient.

850 *Ohler*, Die Kapitalverkehrsfreiheit und ihre Schranken, WM 1996, S. 1801 (1802).

851 So *Ohler*, Die Kapitalverkehrsfreiheit und ihre Schranken, WM 1996, S. 1801 (1802).

den Begriff des Kapitalverkehrs fallen[852], während sie andererseits als in einem inneren Zusammenhang mit der primären Freiheit stehend dem Zahlungsverkehr zugerechnet werden.[853] Solche Sicherheitsleistungen müssen von den Teilnehmern an Wertpapierhandelssystemen im Rahmen von zwischengeschalteten Clearingstrukturen erbracht werden, um am Handel teilnehmen zu können und die Geschäftsrisiken für die übrigen Teilnehmer zu begrenzen. Inwieweit auch die Zahlungen von Sicherheitsleistungen dem Zahlungs- oder dem Kapitalverkehr unterfallen, kann in der Praxis wegen der weitgehenden rechtlichen Gleichbehandlung des Zahlungs- und des Kapitalverkehrs letztlich dahingestellt bleiben.[854] Da die Sicherheitsleistungen letztlich nur die Teilnahmemöglichkeit an dem Wertpapierhandelssystem sichern und von der Konzeption her nicht der Erfüllung der beim Wertpapiererwerb enstehenden Verpflichtungen dienen sollen, sind sie jedoch den Zahlungen vergleichbar, die generell für die Inanspruchnahme der Wertpapierhandelssysteme zu leisten sind. Diese unterfallen als Gegenleistung für eine Dienstleistung allerdings der Zahlungsverkehrsfreiheit.

Fraglich ist, ob auch Zahlungen, die auf Ansprüchen aus den erworbenen Rechten beruhen, wie z. B. Dividenden- und Zinszahlungen dem Zahlungsverkehr unterfallen. Ohler weist darauf hin, daß es sich auch bei diesen Zahlungen um Gegenleistungen für die Übernahme des Beteiligungsrisikos bzw. für das Zurverfügungstellen von Darlehen handelt und ein innerer Zusammenhang mit dem Erwerb des Rechts bestehe, so daß auch diese Zahlungen der Zahlungsverkehrs- und nicht der Kapitalverkehrsfreiheit unterfielen.[855] Andererseits ließe sich auch vertreten, daß diese Zahlungen in einem so engen Zusammenhang mit dem Investitiongeschäft stehen, daß sie quasi als Annex ebenfalls noch der Kapitalverkehrsfreiheit unterfallen. Da bei diesen Zahlungen jedoch nicht mehr der investive Charakter der „einseitigen Wertübertragung", die für ein Kapitalverkehrsgeschäft kennzeichnend ist, gegeben ist, wird hier der Auffassung gefolgt, die diese Zahlungen der Zahlungsverkehrsfreiheit unterstellt.

Die Annahme eines Exklusivitätsverhältnisses zwischen der Kapital- und der Zahlungsverkehrsfreiheit hinsichtlich der Geldleistung ist aber nicht zwingend. Wie bereits im Rahmen der Erörterung der Kapitalverkehrsfreiheit betont, besteht bei Kapitalverkehrsgeschäften, bei denen grenzüberschreitend Wertpapiere im Austausch gegen eine Geldlei-

---

852 *Weber*, in: Lenz (Hrsg.), EG-Vertrag Kommentar, Rn. 8 zu Art. 56 [ex-Art. 73b].

853 *Ohler*, Die Kapitalverkehrsfreiheit und ihre Schranken, WM 1996, S. 1801 (1802).

854 *Weber*, in: Lenz (Hrsg.), EG-Vertrag Kommentar, Rn. 8 zu Art. 56 [ex-Art. 73b]. Vgl. auch *Oppermann*, Europarecht (1. Aufl.), Rn. 1380, der noch auf der Grundlage der Geltung des Art. 106 EWGV darauf hinweist, daß die Grundfreiheit des Zahlungsverkehrs im Zweifel weit auszulegen ist, wenn sich die Zahlung auf die Ausübung einer der anderen Grundfreiheiten bezieht, *ders.*, Europarecht (2. Aufl.), Rn. 1493.

855 *Ohler*, Die Kapitalverkehrsfreiheit und ihre Schranken, WM 1996, S. 1801 (1802).

stung zu investiven Zwecken erworben werden, der Sonderfall, daß die Geldleistung sowohl als Gegenleistung für den Wertpapiererwerb dem Schutzbereich der Zahlungsverkehrsfreiheit unterfällt als auch nach der hier vertretenen Ansicht wegen des Investitionscharakters der Leistung der Kapitalverkehrsfreiheit unterfällt.

c. Zahlungsverkehr mit Drittländern

Eine wesentliche Erweiterung der Zahlungsverkehrsfreiheit hat die Neuregelung in Art. 56 [ex-Art. 73b] EGV jedoch in Bezug auf den Zahlungsverkehr mit Drittländern gebracht, der vormals unter die Regelungen in Art. 113, 238 EWGV gefallen ist. Während bisher in Art. 70 EWGV lediglich die Koordinierung der Devisenpolitiken der Mitgliedstaaten sowie die bloße Liberalisierungsabsicht des Zahlungsverkehrs gegenüber Drittländern normiert war, ist nunmehr gemäß Art. 56 [ex-Art. 73b] Abs. 2 EGV auch ihnen gegenüber der Zahlungsverkehr grundsätzlich von allen Beschränkungen befreit. Alle noch bestehenden Beschränkungen sowohl des innergemeinschaftlichen als auch des Zahlungsverkehrs mit Drittländern sind daher zu beseitigen und dürfen nicht mehr angewandt werden.

Wertpapierhandelssysteme, die ihren Hauptsitz in einem der Mitgliedstaaten haben, können diesbezüglich ihre Handelsterminals auch in Drittländern plazieren, ohne mit Beschränkungen der Zahlungsströme rechnen zu müssen. Gleichzeitig eröffnet die Neuregelung auch den Wertpapierhandelssystemen aus Drittländern die Möglichkeit, ihre Handelsterminals in Mitgliedstaaten der Gemeinschaft aufzustellen und die erforderlichen Zahlungen durchführen zu können.

III. Die europarechtliche Anknüpfung an die am europäischen Wertpapierhandel teilnehmenden Personen

Neben der europarechtlichen Anknüpfung an die gehandelten Gegenstände des grenzüberschreitenden Wertpapierhandels in der EG kommt die Anknüpfung an die handelnden Personen über die Niederlassungs- und insbesondere die Dienstleistungsfreiheit in Betracht.

1. Die Niederlassungs- und Dienstleistungsfreiheit

Als personenbezogene Freiheiten regelt der EGV nach der Art der Erwerbstätigkeit die Bereiche der Niederlassungsfreiheit (Art. 43-48 [ex-Art. 52-58] EGV) und des freien Dienstleistungsverkehrs (Art. 49-55 [ex-Art. 59-66] EGV).[856] Während die Dienstlei-

---

[856] Ausführlich zur Bedeutung der Freiheit des Personenverkehrs als Sammelbegriff für alle Varianten der Freizügigkeit des Produktionsfaktors Arbeit, *Streinz*, Europarecht, Rn. 653 f., 659, 664.

stungsfreiheit als typischen Fall die vorübergehende Ausübung einer selbständigen Erwerbstätigkeit mit grenzüberschreitendem Bezug betrifft[857], erfaßt die Niederlassungsfreiheit die dauernde Erwerbstätigkeit in einem anderen Mitgliedstaat.[858] Beide Freiheiten knüpfen sowohl an die handelnden Personen[859] als auch an die von ihnen erbrachten Leistungen an. Begünstigte der Freiheiten sind die selbständig erwerbstätigen Personen.[860] Der EGV enthält damit ein umfassendes Konzept zur Herstellung der europäischen Freizügigkeit der Selbständigen[861], ohne dessen Regelungen eine wirkliche Wirtschafts- und Währungsunion mit einem Binnenmarkt ohne Grenzen unmöglich wäre.

Inhaltlich geht es dabei um die freie Wahl des Standorts sowie des Orts der Erbringung ihrer Leistungen, ähnlich wie sie die Regeln der Freizügigkeit für Arbeitnehmer in Art. 39 ff. [ex-Art. 48 ff.] EGV gewähren. Ziel ist die Herstellung der Inländergleichbehandlung in dem Sinne, daß die Angehörigen eines Mitgliedstaates der Europäischen Union in jedem anderen Mitgliedstaat ihr Recht auf freie Niederlassung und Erbringung ihrer Dienstleistungen unter den gleich Voraussetzungen ausüben können wie die jeweiligen Inländer.[862] Diese zentrale Regel der Freiheit des Personenverkehrs[863] erfaßt dabei sowohl offene als auch verdeckte Diskriminierungen und gilt auch im Verhältnis zwischen Privatpersonen.[864] Der volkswirtschaftliche Hintergrund einer solchen Freizügigkeitsregelung für Selbständige ist die Eröffnung der bestmöglichen Ausnutzung der vorhandenen Ressourcen innerhalb des europäischen Raumes.[865]

Neben dem Charakter der Grundfreiheiten als Gleichbehandlungsgebote ist zu beachten, daß sie aufgrund der Rechtsprechung es EuGH inzwischen auch als Beschränkungsver-

---

857 Vgl. Art. 60 S. 3 EGV; *Oppermann*, Europarecht, Rn. 1592. Zum Verhältnis der Niederlassungs- zur Dienstleistungsfreiheit *Hakenberg*, in: Lenz (Hrsg.), EG-Vertrag Kommentar, Rn. 2 Vorbem. Art. 49-55 [ex-Art. 59 ff].

858 *Streinz*, Europarecht, Rn. 755; *Rohde*, Europarecht schnell erfaßt, S. 207 u. 213. Zur Abgrenzung der Niederlassungs- von der Dienstleistungsfreiheit anhand der Kriterien „feste Einrichtung", „Dauer" und „Schwerpunkt einer Tätigkeit"; *Troberg*, in: von der Groeben/Thiesing/Ehlermann (Hrsg.), Kommentar zum EWG-Vertrag, Rn. 3-7 zu Art. 52.

859 Vgl. *Oppermann*, Europarecht, Rn. 1585.

860 Vgl. zum persönlichen Anwendungsbereich *Scheuer*, in: Lenz (Hrsg.), EG-Vertrag Kommentar, Rn. 2 zu Art. 43 [ex-Art. 52]; *Hakenberg*, in: Lenz (Hrsg.), EG-Vertrag Kommentar, Rn. 2 zu Art. 49/50 [ex-Art. 60].

861 *Oppermann*, Europarecht, Rn. 1583, spricht von einem geschlossenen und umfassenden Konzept.

862 Vgl. *Streinz*, Europarecht, Rn. 754 f.; *Scheuer*, in: Lenz (Hrsg.), EG-Vertrag Kommentar, Rn. 4 ff. zu Art. 43 [ex-Art. 52] m. w. Nw.; *Oppermann*, Europarecht, Rn. 1588; *Hakenberg*, in: Lenz (Hrsg.), EG-Vertrag Kommentar, Rn. 19 ff. zu Art. 49/50 [ex-Art. 60].

863 Zum Begriff des Freien Personenverkehrs, der je nach ausgeübter Tätigkeit sowohl die Freizügigkeit der Arbeitnehmer, die Niederlassungsfreiheit der selbständig Gewerbetreibenden, Freiberufler und Gewerbetreibenden sowie die Dienstleistungsfreiheit umfaßt *Streinz*, Europarecht, Rn. 656, 659.

864 *Streinz*, Europarecht, Rn. 707.

bote interpretiert werden, so daß auch solche Vorschriften, die gleichermaßen auf Inländer wie Ausländer anwendbar sind, aber dennoch diskriminierend wirken, auf ihre Vereinbarkeit mit Gemeinschaftsrecht am Maßstab der Verhältnismäßigkeit zu prüfen sind.[866]

2. Die Begünstigten der Dienstleistungs- und Niederlassungsfreiheit

Begünstigte sowohl der Dienstleistungs- als auch der Niederlassungsfreiheit sind nach der Regelung im EGV primär natürliche Personen, die Staatsangehörige eines Mitgliedstaates sind.[867] Für die Errichtung von Agenturen, Zweigniederlassungen oder Tochtergesellschaften, die sog. „sekundäre Niederlassungsfreiheit", ist zudem die Ansässigkeit in einem Mitgliedstaat erforderlich. Jedoch bestimmt Art. 48 [ex-Art. 58] EGV für die Niederlassungsfreiheit, daß auch nach den Rechtsvorschriften eines Mitgliedstaates gegründete Gesellschaften, die ihren satzungsmäßigen Sitz, ihre Hauptverwaltung oder ihre Hauptniederlassung innerhalb der Gemeinschaft haben, den natürlichen Personen, die Angehörige eines Mitgliedstaates sind, gleichstehen. Weitere (aber auch ausreichende) Voraussetzung hierfür ist gemäß Art. 48 [ex-Art. 58] Abs. 2 EGV, daß die Gesellschaften einen Erwerbszweck verfolgen. Eine Gewinnerzielungsabsicht ist nicht erforderlich[868], bei den Wertpapierhandelssystemen aber i. d. R. ohnehin gegeben. Die Rechtsfähigkeit der Gesellschaften spielt keine Rolle, da Art. 48 [ex-Art. 58] Abs. 2 EGV bestimmt, daß sowohl die Gesellschaften bürgerlichen Rechts (zu denen auch die deutsche nichtrechtsfähige Gesellschaft bürgerlichen Rechts zählt) und des Handelsrechts als auch Genossenschaften und sonstige juristische Personen des öffentlichen und privaten Rechts mögliche Begünstigte der Niederlassungsfreiheit sein können.[869] Gemäß Art. 55 [ex-Art. 66] EGV, der auf die Bestimmungen der Art. 45 [ex-Art. 55] EGV bis einschließlich Art. 48 [ex-Art. 58] EGV Bezug nimmt, gelten diese Regeln über Gesellschaften als Begünstigte der Niederlassungsfreiheit auch für die Dienstleistungsfreiheit. Träger der in Europa tätigen grenzüberschreitenden Wertpapierhandelssysteme sind keine natürlichen Personen, sondern Gesellschaften, wie z. B. Instinet Deutschland und die Deutsche Terminbörse als GmbH, die Deutsche Börse als Aktiengesellschaft, die MATIF als französische S.A.

---

865 *Oppermann*, Europarecht, Rn. 1584.

866 Ausführlich zur Entwicklung vom Diskriminierungs- zum Beschränkungsverbot durch die Rechtsprechung des EuGH *Streinz*, Europarecht, Rn. 669 ff.; vgl. ferner *Hakenberg*, in: Lenz (Hrsg.), EG-Vertrag Kommentar, Rn. 23 zu Art. 49/50 [ex-Art. 60] EGV.

867 *Streinz*, Europarecht, Rn. 661.

868 Vgl. *Oppermann*, Europarecht, Rn. 1586.

869 Vgl. *Oppermann*, Europarecht, Rn. 1587; ausführlich *Scheuer*, in: Lenz (Hrsg.), EG-Vertrag Kommentar, Rn. 1-4 zu Art. 48 [ex-Art. 58]. Eine nach den Rechtsvorschriften eines Mitgliedstaates gegründete Gesellschaft gilt damit als zur Gemeinschaft gehörig.

(Societé Anonyme), die diese Voraussetzungen für die Inanspruchnahme der Niederlassungs- und Dienstleistungsfreiheit erfüllen.

Mit dem Abstellen auf den satzungsmäßigen Sitz sowie die Hauptverwaltung oder die Hauptniederlassung in Art. 48 [ex-Art. 58] EGV folgt der EGV für die Bestimmung der Zugehörigkeit der Gesellschaft zur Gemeinschaft einer Kombination aus der Inkorporationstheorie und der Sitztheorie, wonach es für die Zugehörigkeit einer Gesellschaft zu einem Mitgliedstaat darauf ankommt, ob diese Gesellschaft nach dem Recht eines Mitgliedstaates gegründet und geführt wird und ob sie in dem Mitgliedstaat tatsächlich verwaltet wird.[870] Damit wird gleichzeitig der Kontrolltheorie, die auf die Nationalität der die Gesellschaft kontrollierenden natürlichen oder juristischen Personen abstellt, eine Absage erteilt,[871] so daß gleichgültig ist, wer letztlich die Kontrolle über die Gesellschaften ausübt.[872] Auch eine mögliche (maßgebliche und somit die Kontrolle vermittelnde) Beteiligung von (juristischen oder natürlichen) Personen aus Drittstaaten an der Trägerschaft eines in der Europäischen Union tätigen internationalen Wertpapierhandelssystems ändert hieran nichts.[873] Für sie besteht mithin die Möglichkeit, eine Gesellschaft nach dem Recht eines der Mitgliedstaaten der EG zu gründen und durch diese (Tochter-) Gesellschaft das Recht der Niederlassungsfreiheit und das Recht des freien Dienstleistungsverkehrs in der Gemeinschaft auszuüben,[874] was insbesondere für neue auf den europäischen Markt drängende Wertpapierhandelssysteme, die beispielsweise von amerikanischen Gesellschaften oder Börsen kontrolliert werden, von Bedeutung ist.[875]

Andererseits kann nicht jede Gesellschaft aus einem Drittland mit einem mehr oder weniger fiktiven Sitz bzw. einer nicht aktiv tätigen Tochtergesellschaft in einem Mitgliedstaat in den Genuß der genannten Freiheiten kommen. Gesellschaften mit einem nur fiktiven Sitz in einem Mitgliedstaat der Europäischen Union können sich nur dann auf die Niederlassungs- und Dienstleistungsfreiheit berufen, wenn sie in tatsächlicher und dauerhaf-

---

870 Siehe aber zur neueren Entwicklung durch das „Centros"-Urteil des EuGH (abgedruckt in RIW 1999, 447), das einen Streit darüber entfacht hat, ob die Sitztheorie als nicht vereinbar mit der Niederlassungsfreiheit zu gelten hat, 3. Teil III. 5.

871 *Scheuer*, in: Lenz (Hrsg.), EG-Vertrag Kommentar, Rn. 2 zu Art. 48 [ex-Art. 58] mit einer Zuordnung der Inkorporationstheorie zum anglo-amerikanischen Rechtskreis und der Sitztheorie zum kontinental-europäischen Rechtskreis.

872 *Scheuer*, in: Lenz (Hrsg.), EG-Vertrag Kommentar, Rn. 1-4 zu Art. 48 [ex-Art. 58]; *Oppermann*, Europarecht, Rn. 1586.

873 Die Staatsangehörigkeit der Anteilseigner spielt keine Rolle; vgl. *Scheuer*, in: Lenz (Hrsg.), EG-Vertrag Kommentar, Rn. 2 zu Art. 48 [ex-Art. 58].

874 Vgl. *Troberg*, in: von der Groeben/Thiesing/Ehlermann, EU-/EG-Vertrag Kommentar, Rn. 19 zu Art. 58.

875 Die Wertpapierdienstleistungsrichtlinie sieht die Inanspruchnahme des „Europapasses" für Finanzdienstleistungen entsprechend auch für Tochtergesellschaften vor. Vgl. 4. Teil III. 2. c. dieser Arbeit.

ter Verbindung mit der Wirtschaft eines Mitgliedstaates stehen[876] und damit ihre „Ansässigkeit" i. S. d. Art. 43 [ex-Art. 52] und Art. 49 [ex-Art. 59] EGV begründen.[877] Diese soll immer dann gegeben sein, wenn sich die Hauptverwaltung oder Hauptniederlassung im Gebiet eines Mitgliedstaates befindet oder die Gesellschaft tatsächlich durch eine Agentur, Zweigniederlassung oder Tochtergesellschaft in einem Mitgliedstaat tätig wird.[878] Eine ausreichende Verbindung soll auch dann bestehen, wenn eine Gesellschaft lediglich eine Zweigniederlassung im Gemeinsamen Markt unterhält, wichtige Absatzgebiete auf dem Gemeinsamen Markt findet oder bedeutende Investitionen vornimmt.[879]

Außerhalb des Bereichs des Art. 58 EGV agierende Unternehmen, die sich weder über die Gründung oder den Erwerb einer Tochtergesellschaft in einem der Mitgliedstaaten und die Verlagerung ihrer Tätigkeit auf eine solche Gesellschaft das Niederlassungs- und Dienstleistungsfreiheit erschließen, sind aber auch nicht zwangsweise aus dem Binnenmarkt ausgesperrt, denn die einzelnen Mitgliedstaaten können darüber entscheiden, ob sie diese Gesellschaften in ihren Markt aufnehmen. Es bedarf dann allerdings, da sich diese Gesellschaften nicht auf die Niederlassungs- und Dienstleistungsfreiheit berufen können, einer gesonderten Zulassung für jeden Mitgliedstaat, in dem diese Unternehmen tätig werden wollen. Dies gilt insbesondere auch für Zweigniederlassungen von Drittstaatsunternehmen, so daß diese weder weitere Zweigniederlassungen in anderen Mitgliedstaaten errichten, noch grenzüberschreitend Dienstleistungen innerhalb der Mitgliedsländern der Union erbringen können.[880]

Wegen der Möglichkeit zur Nutzung der Niederlassungs- und Dienstleistungsfreiheit, die die Gründung einer Tochtergesellschaft in einem der Mitgliedstaaten durch natürliche Personen und Gesellschaften aus Drittstaaten bietet, ist eine abgestimmte Politik der Mitgliedstaaten hinsichtlich der Zulassung solcher Gründungen bzw. Erwerbe von Gesellschaften notwendig, die bislang insbesondere im Bereich der Versicherungswirtschaft und des Finanzsektors ihren Ausdruck in den sog. Reziprozitätsregelungen von Richtlinien in diesen Bereichen gefunden hat. Die Durchsetzung dieser Regelungen scheint jedoch auch

---

876 *Oppermann*, Europarecht, Rn. 1586 unter Verweis auf das Allgemeine Niederlassungsprogramm, ABl. 1962,36 ff. (36).

877 Vgl. Troberg, in: von der Groeben/Thiesing/Ehlermann, EU-/EG-Vertrag Kommentar, Rn. 20 zu Art. 58.

878 *Scheuer*, in: Lenz (Hrsg.), EG-Vertrag Kommentar, Rn. 4 zu Art. 48 [ex-Art. 58] m. w. Nw.

879 *Troberg*, in: von der Groeben/Thiesing/Ehlermann, Kommentar zum EWGV, Rn. 8 zu Art. 58; *Scheuer*, in: Lenz (Hrsg.), EG-Vertrag Kommentar, Rn. 4 zu Art. 48 [ex-Art. 58].

880 Vgl. ausführlich Vgl. *Troberg*, in: von der Groeben/Thiesing/Ehlermann, EU-/EG-Vertrag Kommentar, Rn. 25-27 zu Art. 58.

wegen politischer Diskussionen über eine angebliche Abschottung Europas nur wenig erfolgreich.[881]

3. Die Dienstleistungen grenzüberschreitender elektronischer Wertpapierhandelssysteme

Bei grenzüberschreitend tätigen Wertpapierhandelssystemen besteht die Dienstleistung in der Zurverfügungstellung elektronischer Kommunikationswege und der Ermöglichung elektronischer Geschäftsabschlüsse. Es handelt sich damit um Dienstleistungen, bei denen die handelnden natürlichen oder juristischen Personen in ihren Mitgliedstaaten verbleiben und lediglich die Dienstleistung selbst die zwischenstaatlichen Grenzen überschreitet. Darüber hinaus ist auch die Abwicklung der in diesen elektronischen Netzen geschlossenen Geschäfte eine selbständige grenzüberschreitende Dienstleistung, da i. d. R. die Aufträge im Mitgliedstaat, in dem das System seinen Zentralrechner hat, zur Abwicklung gegeben werden und von dort aus die elektronische Übertragung der erworbenen Rechte in den Mitgliedstaat des Erwerbers sowie gleichzeitig die elektronische Übertragung der Gegenleistung in den Mitgliedstaat des Käufers erfolgt.

Diese Dienstleistungen werden entgeltlich erbracht. Die Teilnahme an den elektronischen Handelssystemen erfolgt gegen die Entrichtung von Gebühren, seien es Grundgebühren für die Möglichkeit der Inanspruchnahme der Systeme an sich, einzeln abgerechnete Gebühren für die jeweilige Inanspruchnahme einzelner Dienste der Systeme oder Provisionen nach der Höhe der getätigten Geschäfte. Damit ist auch die von Art. 50 [ex-Art. 60] EGV für das Vorliegen einer Dienstleistung im Regelfall geforderte Entgeltlichkeit[882] gegeben. Die Zuordnung der Systemleistungen zu einer Art der Tätigkeit, für die Art. 50 [ex-Art. 60] EGV vier Kategorien aufzählt (gewerbliche, kaufmännische, handwerkliche und freiberufliche Tätigkeit) ist letztlich nicht entscheidend, da die Aufzählung in Art. 50 [ex-Art. 60] EGV ohnehin nicht abschließend ist, wie sich aus dem Wortlaut „insbesondere" ergibt.[883]

---

881 Vgl. *Troberg*, in: von der Groeben/Thiesing/Ehlermann, EU-/EG-Vertrag Kommentar, Rn. 33-38 zu Art. 58

882 Art. 60 S. 1 EGV. Ausführlich zum Begriff der Entgeltlichkeit, *Troberg*, in: von der Groeben/Thiesing/Ehlermann (Hrsg.), Kommentar zum EWG-Vertrag, Rn. 3 f. zu Art. 60, der darauf hinweist, daß hier nicht Zahlungen vom Empfänger an den Erbringer der Dienstleistung erforderlich sind, sondern es sich bei der Dienstleistung nur um eine „geldwerte Leistung" handeln muß. Siehe dazu auch *EuGH*, Rs. 352/85 - Bond van Adverteerders/Niederländischer Staat-, Rspr. 1988, S. 2085 (2131).

883 Es handelt sich beim Betreiben von elektronischen Wertpapierhandelssystemen wohl um gewerbliche und kaufmännische Leistungen.

Bei der Dienstleistungsfreiheit können drei Varianten unterschieden werden, für die der Anwendungsbereich der Art. 49 ff. [ex-Art. 59 ff.] EGV eröffnet ist[884]:

- die aktive Dienstleistungsfreiheit, bei der sich die Dienste leistende Person zur Erbringung der Dienstleistung in einen anderen Mitgliedstaat begibt (Normalfall),
- die passive Dienstleistungsfreiheit, bei der sich der Dienstleistungsempfänger in den Mitgliedstaat des Dienstleistungserbringers begibt,
- die Dienstleistungsfreiheit, bei der sowohl der Dienstleistungserbringer als auch der Dienstleistungsempfänger in ihren jeweiligen Mitgliedstaaten verbleiben[885] und ausschließlich die Dienstleistung die mitgliedstaatlichen Grenzen überschreitet[886].

Bei den elektronischen grenzüberschreitend tätigen Wertpapierhandelssystemen handelt es sich damit um Anwendungsfälle der dritten Variante. Im folgenden soll untersucht werden, inwieweit sich die Regeln der Dienstleistungsfreiheit auf die grenzüberschreitend tätigen Wertpapierhandelssysteme auswirken.

4. Die grenzüberschreitend tätigen Wertpapierhandelssysteme und die Dienstleistungsfreiheit

Art. 49 [ex-Art. 59] EGV ordnet die Herstellung der Inländergleichbehandlung durch eine schrittweise Aufhebung der noch bestehenden Beschränkungen des Dienstleistungsverkehrs innerhalb der Gemeinschaft an. Der Begriff der Inländergleichbehandlung umfaßt ein spezielles Diskriminierungsverbot[887] hinsichtlich der Staatsangehörigkeit der Angehörigen der Mitgliedstaaten, wobei es nicht nur um offene, sondern auch um versteckte Diskriminierungen geht.[888] Der EuGH hat das spezielle Diskriminierungsverbot[889] zudem in Anlehnung an die Parallelen zur Warenverkehrsfreiheit zu einem Beschränkungsverbot

---

884 *Hakenberg*, in: Lenz (Hrsg.), EG-Vertrag Komentar, Rn. 18 zu Art. 49/50 [ex-Art. 60] m. w. Nw.

885 Vgl. zu allen drei Varianten der Dienstleistungsfreiheit *Oppermann*, Europarecht, Rn. 1593-1597; *Hakenberg*, in: Lenz (Hrsg.), EG-Vertrag Kommentar, Rn. 18 zu Art. 49/50 [ex-Art. 60] m. w. Nw; *EuGH*, Rs. 205/84 - Kommission/ Deutschland -, Rspr. 1986, S. 3755 (3809).

886 *Rohde*, Europarecht schnell erfaßt, S. 215; vgl. *EuGH*, Rs. 262/81 - Coditel/Ciné-Vog Films -, Rspr. 1982, S. 3381; *Geiger*, EG-Vertrag, Rn. 8 zu Art. 60, der von „Produktverkehrsfreiheit" spricht. Zur „Korrespondenzdienstleistungsfreiheit" auch *Hakenberg*, in: Lenz (Hrsg.), EG-Vertrag Kommentar, Rn. 18 zu Art. 49/50 [ex-Art. 60] m. w. Nw., die ausdrücklich auch die Gebiete der Bank- sowie Kommunikationsdienstleistungen anspricht, denen die Leistungen grenzüberschreitender elektronischer Wertpapierhandelssysteme zuzuordnen sind.

887 Siehe auch das allgemeine Diskriminierungsverbot des Art. 12 [ex-Art. 6] EGV; zu dessen Grundrechtscharakter *Lenz*, in: ders. (Hrsg.), EG-Vertrag Kommentar (1. Aufl.), Rn. 1 zu Art. 6 (alt), sowie *Lenz*, in: ders. (Hrsg.), EG-Vertrag Kommentar, Rn. 8 zu Art. 12 zum Verhältnis des allgemeinen Diskriminierungsverbots zu den speziellen Diskriminierungsverboten.

888 *Streinz*, Europarecht, Rn. 667.

889 Hierzu *Hakenberg*, in: Lenz (Hrsg.), EG-Vertrag Kommentar, Rn. 21 f. zu Art. 49/50 [ex-Art. 60] m. w. Nw.

weiterentwickelt[890], so daß z. B. das Erfordernis einer behördlichen Erlaubnis für eine in einem anderen Mitgliedstaat nicht erlaubnispflichtige Dienstleistung als widerrechtliche Beschränkung der Dienstleistungsfreiheit erfaßt wird.[891] Allerdings wird von den einzelnen Mitgliedstaaten andererseits auch keine Förderung der Dienstleistungserbringung durch Angehörige anderer Mitgliedstaaten verlangt.[892]

Ergänzt wird diese formale Herstellung der Dienstleistungsfreiheit zudem durch eine Vielzahl von Liberalisierungs- und Harmonisierungsvorschriften auf allen Gebieten, auf denen Dienstleistungen erbracht werden können.[893] Als Basis für das Gebot der Aufhebung der Beschränkungen enthielt Art. 62 EGV in der vor dem Amsterdamer Vertrag gültigen Form zudem die Anordnung eines „stand still". Soweit im EGV nichts anderes bestimmt ist, unterwarfen die Mitgliedstaaten die bei Inkrafttreten des Vertrages tatsächlich erreichte Freiheit des Dienstleistungsverkehrs keinen neuen Beschränkungen. In dem durch den Amsterdamer Vertrag geänderten EGV ist diese Bestimmung nicht mehr enthalten. Ihr Inhalt versteht sich allerdings bei einer fortschreitenden Integration der Gemeinschaft von selbst.

Geht man davon aus, daß die Dienstleistungen der grenzüberschreitend tätigen Wertpapierhandelssysteme wesensähnlich mit den grenzüberschreitenden Wertpapiergeschäften der Banken sind, könnten sie überdies von der Regelung in Art. 51 [ex-Art. 61] Abs. 2 EGV erfaßt werden, wonach die Liberalisierung der mit dem Kapitalverkehr verbundenen Dienstleistungen der Banken und Versicherungen im Einklang mit der schrittweisen Liberalisierung des Kapitalverkehrs durchgeführt wird.[894] Die Regelung in Art. 51 [ex-Art. 61] Abs. 2 EGV, die mit dem Verweis auf die „schrittweise Liberalisierung" des Kapitalverkehrs eindeutig auf Art. 67 ff. EWGV abzielte, kann jedoch keine Wirkung mehr entfalten, da Art. 67 ff. EWGV inzwischen durch die vollständige Neuregelung in Art. 56 ff. [ex-Art. 73a ff.] EGV abgelöst wurden. Die Anordnung einer Liberalisierung der mit dem Kapitalverkehr verbundenen Dienstleistungen der Banken „im Einklang" mit einer

---

890 *EuGH*, Rs. 110 und 11/78 - Ministère public und ASBL/van Wesemael -, Rspr. 1979, S. 35 (53); vgl. zur Entwicklung des Beschränkungsverbots *Streinz*, Europarecht, Rn. 669 (671 f.); *Hakenberg*, in: Lenz (Hrsg.), EG-Vertrag Kommentar, Rn. 23 f. zu Art. 49/50 [ex-Art. 60] m. w. Nw.

891 *Streinz*, Europarecht, Rn. 674.

892 *Streinz*, Europarecht, Rn. 681.

893 Vgl. *Oppermann*, Europarecht, Rn. 1588 sowie Rn. 1609 ff. und insbesondere 1614 ff.; sowie *Scheuer*, in: Lenz (Hrsg.), EG-Vertrag Kommentar, Rn. 2 ff. Anhang zu Art. 43-55 [ex-Art. 52-66].

894 Vgl. hierzu *Troberg*, in: von der Groeben/Thiesing/Ehlermann (Hrsg.), Kommentar zum EWG-Vertrag, Rn. 3 ff.-15 zu Art. 62, der ausführlich den von Art. 61 Abs. 2 EGV beabsichtigten Gleichschritt zwischen der Liberalisierung des Dienstleistungs- und des Kapitalverkehrs erläutert. Bei Art. 62 Abs. 2 EGV handelt es sich nicht um eine Bereichsausnahme, so daß grundsätzlich die Bestimmungen über den freien Dienstleistungsverkehr Anwendung finden. Vgl. *Hakenberg*, in: Lenz (Hrsg.) EG-Vertrag Kommentar, Rn. 4 zu Art. 51 [ex-Art. 61].

schrittweisen Liberalisierung des Kapitalverkehrs macht keinen Sinn mehr, wenn der Kapitalverkehr seinerseits durch die Neuregelung in Art. 56 [ex-Art. 73b] EGV nicht mehr nur „schrittweise" liberalisiert wird, sondern gerade auf primärrechtlicher Ebene vollständig liberalisiert wurde. Bereits mit der 4. Kapitalverkehrsrichtlinie 88/361/EWG hatte Art. 51 [ex-Art. 61] Abs. 2 EGV daher seine Bedeutung verloren.[895]

5. Die internationalen Wertpapierhandelssysteme und die Niederlassungsfreiheit

Nicht nur die Regelungen der Dienstleistungsfreiheit, sondern auch die in Art. 43 – Art. 48 [ex-Art. 52 - 58] EGV gewährte Niederlassungsfreiheit kann für die Tätigkeit der internationalen Wertpapierhandelssysteme von Bedeutung sein. Als Recht zur Aufnahme und Ausübung einer selbständigen Erwerbstätigkeit sowie Gründung und Leitung eines Unternehmens in einem anderen Mitgliedstaat nach den gleichen Bestimmungen, die der Mitgliedstaat für seine eigenen Angehörigen vorsieht, erfaßt die Niederlassungsfreiheit als sog. „sekundäre Niederlassungsfreiheit"[896] auch die Gründung von Agenturen, Zweigniederlassungen und Tochtergesellschaften.[897] Ermöglicht wird zudem auch die vollständige Verlagerung des (Haupt-)Sitzes eines internationalen Wertpapierhandelssystems in jeden anderen europäischen Mitgliedstaat, so daß eine Niederlassung in dem Mitgliedstaat mit den günstigsten Rahmenbedingungen gewählt werden kann. Allerdings können der „Auswanderung" einer Gesellschaft in einen anderen Mitgliedstaat der Union auch Grenzen durch das jeweilige Gesellschaftsrecht des Heimatmitgliedstaates gesetzt sein, wie der Europäische Gerichtshof in der Rechtssache Daily Mail[898] entschied. Danach können die Unterschiede in den Gesellschaftsrechten der Mitgliedstaaten (hier insbesondere im Hinblick auf die in den kontinentaleuropäischen Mitgliedstaaten geltende Sitztheorie und im Hinblick auf die in den angelsächsischen Mitgliedstaaten sowie den Niederlanden geltende Gründungstheorie) durchaus dazu führen, daß eine Gesellschaft trotz des Rechts auf freie Niederlassung in Art. 52 EGV dieses Recht nicht durchsetzen kann.[899]Ob und inwieweit der Europäische Gerichtshof dieser Auffassung allerdings immer noch anhängt, kann nach der „Centros"-Entscheidung[900] des Europäischen Gerichtshofes bis zu einer weiteren klärenden Entscheidung nicht mehr eindeutig gesagt werden.

---

895 *Hakenberg*, in: Lenz (Hrsg.) EG-Vertrag Kommentar, Rn. 5 zu Art. 51 [ex-Art. 61].

896 Vgl. *Oppermann*, Europarecht, Rn. 1591.

897 *Scheuer*, in: Lenz (Hrsg.), EG-Vertrag Kommentar, Rn. 2 zu Art. 43 [ex-Art. 52].

898 *EuGH*, Rs. 81/87, „Daily Mail" Rspr. 1988, 5483; siehe hierzu auch *Troberg*, in: von der Groeben/Thiesing/Ehlermann, EU-/EG-Vertrag Kommentar, Rn. 16-18 zu Art. 58.

899 Vgl. *Troberg*, in: von der Groeben/Thiesing/Ehlermann, EU-/EG-Vertrag Kommentar, Rn. 17 zu Art. 58

900 *EuGH*, Rs. 212/97, Centros Ltd. vs. Erhvervs- og Selskabsstyrelsen („Centros"), RIW 1999, 447.

Während der EuGH in der „Daily Mail"-Entscheidung letztlich darauf verwiesen hat, daß der Vertrag die kollisionsrechtlichen Unterschiede im Recht der Mitgliedstaaten, die teilweise der Gründungstheorie folgen (allerdings zumeist auch in abgewandelter Form), teilweise aber der Sitztheorie folgen, hingenommen hat und die Lösung der damit verbundenen Probleme zukünftiger Rechtsetzung vorbehalten sei, hat er in der „Centros"-Entscheidung befunden, daß es gegen Art. 52, 58 [jetzt Art. 43, 48] EGV verstoße, wenn ein Mitgliedstaat einer nach dem Recht eines anderen EU-Mitgliedstaates wirksam gegründeten Gesellschaft die Eintragung einer Zweigniederlassung versage, und zwar auch dann, wenn die Gesellschaft zur Umgehung der gesellschaftsrechtlichen Bestimmungen des Staates, in dem sie Ihre Tätigkeit entfalte, im Ausland gegründet werde. Dabei stelle es keinen Rechtsmißbrauch dar, wenn die Gründung nach dem fremden Gesellschaftsrecht zum Zwecke der Umgehung zwingender Rechtsvorschriften der einzige Auslandsbezug der Gesellschaft sei.[901] Eine Entscheidung des EuGH zur Frage, ob mit dem „Centros"-Urteile die Sitztheorie zu Gunsten der Gründungstheorie aufgegeben bzw. mindestens stark modifiziert werden muß, ist erst zu erwarten, wenn der EuGH über den Vorlagebeschluß des BGH vom 30.03.2000[902] entscheiden wird.

Auch wenn sich grenzüberschreitende Wertpapierhandelssysteme gerade durch die internationale Anbindung über Computerterminals bei ihren Teilnehmern definieren und damit nicht zwingend auf Niederlassungen und Agenturen in anderen Mitgliedstaaten angewiesen sind, können diese insbesondere für die (technische) Betreuung der ausländischen Teilnehmer in Betracht kommen. Hier sind die sog. „Knotenpunkte" angesprochen, die für Teilnehmer in anderen Mitgliedstaaten eine inländische technische Anknüpfung bieten. Im Rahmen des zunehmenden Wettbewerbs zwischen den Wertpapierhandelssystemen bekommt zudem auch die Gründung von Marketingniederlassungen eine steigende Bedeutung, um Teilnehmer für den Handel und Emittenten von Wertpapieren für ein Listing zu gewinnen. Vorbild sind hier die Niederlassung der amerikanischen NASDAQ in London und die geplante Eröffnung eines Marketingbüros der NYSE in Brüssel.

---

901 Vgl. zu dem mittlerweile fast unübersehbaren Schrifttum zu dieser Entscheidung und der Diskussion, ob durch diese Entscheidung die Sitztheorie zu Gunsten der Gründungstheorie aufgegeben werde müsse z. B. *Borges*, Die Sitztheorie in der Centros-Ära: Vermeintliche Probleme und unvermeidliche Änderungen, RIW 2000, 167 (175 ff.) m.w.Nw.; *Zimmer*, Internationales Gesellschaftsrecht und Niederlassungsfreiheit: Das Rätsel vor der Lösung, Betriebs-Berater 2000, 1361 (1364); *Fock*, Sitztheorie im deutschen internationalen Steuerrecht nach der Centros-Entscheidung, RIW 2000, 42 (43 ff.).

902 Vgl. *BGH*, Beschluss vom 30.03.2000 – VII ZR 370/98, Betriebs-Berater 2000, 1106 ff.

6. Die Abgrenzung zwischen der Niederlassungs- und Dienstleistungsfreiheit sowie der Freiheit des Kapitalverkehrs

Sowohl in Art. 43 [ex-Art. 52] EGV, der die Niederlassungsfreiheit betrifft, als auch in [Art. 49, 50 [ex-Art. 59, 60] EGV findet sich jedoch eine Einschränkung der Anwendbarkeit der Vorschriften in Bezug auf den Kapitalverkehr. Die Regelungen über die Niederlassungsfreiheit sind nur anwendbar, soweit es sich bei der selbständigen Erwerbstätigkeit nicht um Kapitalverkehr handelt. Ist dies der Fall, sind die vorrangigen Vorschriften des Art. 56 – Art. 60 [ex-Art. 73a – ex-Art.73h] EGV anzuwenden. Auch die Dienstleistungsregeln sind gemäß Art. 50 [ex-Art. 60] EGV nicht anwendbar, soweit die Dienstleistungen den vorrangigen Vorschriften über den Kapitalverkehr unterliegen.[903]

Die Abgrenzung zwischen dem Kapitalverkehr sowie der Niederlassungsfreiheit und der Dienstleistungfreiheit ist wegen der unterschiedlich ausgestalteten Schranken von Bedeutung.[904] Als Kriterium der Abgrenzung soll gelten, daß dem Kapitalverkehrsbegriff unterfallende Leistungen Wertübertragungen sind, während die übrigen Leistungen als Austausch körperloser Erzeugnisse i. S. einer „Produktlieferung"[905] als Dienstleistungen i. S. d. Art. 49 ff. [ex-Art. 59 ff.] EGV erfaßt werden und auch als Leistungen i. S. d. Art. 43 [ex-Art. 52] gelten sollen. Die Plazierung von Wertpapieren, das Kassieren des Gegenwertes beim Kunden, die Weiterleitung des Erlöses werden als Bestandteil des Kapitalverkehrs bezeichnet, während z. B. die Werbung des Kunden und die Einholung von Bewilligungen Dienstleistungen seien.[906]

Die Leistungen von Wertpapierhandelssystemen sind aber genauso wie auch viele Bankenleistungen kaum sachgemäß aufgliederbar in Leistungen, die allein eine Wertübertragung, mithin Kapitalverkehr darstellen und anderen Leistungen, die als Dienstleistung i. S. d. Dienstleistungsfreiheit oder des freien Niederlassungsrechts erfaßt werden. Das Ermöglichen von Vertragsschlüssen über Wertpapiere stellt selbst noch keine unmittelbare Wertübertragung dar, diese wird erst im Anschluß im Rahmen der Wertpapiergeschäftsabwicklungssysteme erbracht. Andererseits bilden die Ermöglichung des Abschlusses und die Wertpapierabwicklung für den Teilnehmer an Wertpapierhandelssystemen eine Einheit. Letzlich werden wohl beide Teilleistungen dieser verbundenen Systeme

---

903 Vgl. *Geiger*, EG-Vertrag, Rn. 1 zu Art. 60; ausführlich *Troberg*, in: von der Groeben/Thiesing/Ehlermann (Hrsg.), Kommentar zum EWG-Vertrag, Rn. 8 ff. zu Art. 60.

904 *Weber*, in: Lenz (Hrsg.), EG-Vertrag Kommentar, Rn. 10 ff. zu Vorbem. Art. 56-60 [ex-Art. 67-73h].

905 So *Weber*, in: Lenz (Hrsg.), EG-Vertrag Kommentar, Rn. 11 f. zu Vorbem. Art. 56-60 [ex-Art. 67-73h].

906 *Weber*, in: Lenz (Hrsg.), EG-Vertrag Kommentar, Rn. 11 zu Vorbem. Art. 56-60 [ex-Art. 67-73h].

nicht rechtlich unterschiedlich behandelt werden dürfen, sofern sie zusammen von einem Wertpapierhandelssystem angeboten werden.

Auch die Wertpapierdienstleistungsrichtlinie, die ausweislich des Einleitungssatzes ihrer Präambel insbesondere auf Art. 47 [ex-Art. 57] Abs. 2 EGV, eine Vorschrift zur Herstellung der Niederlassungsfreiheit, gestützt ist und die, soweit es sich um „geregelte Märkte" handelt, auch Wertpapierhandelssysteme erfaßt, zeigt, daß deren Leistungen zumindest auch in den sachlichen Anwendungsbereich der Niederlassungs- und Dienstleistungsfreiheit fallen. Es ist daher davon auszugehen, daß Wertpapierhandelssysteme, sowohl unter die vorrangigen Regelungen der Freiheit des Kapitalverkehrs in Art. 56 – Art. 60 [ex-Art. 73a – ex-Art. 73h] EGV fallen, als auch von den Regelungen des freien Niederlassungsrechts und des freien Dienstleistungsverkehrs erfaßt werden. Die Anbahnung der Geschäftskontakte zu den Teilnehmern, die Herstellung der technischen Verbindung zu ihnen, das Ermöglichen von Vertragsschlüssen im Computersystem inklusive des technischen Zusammenführens von Aufträgen, die Vertragsbestätigung sowie Informationsleistungen über die Marktlage, Nachrichtenverbreitung etc. unterfallen der Dienstleistungsfreiheit. Die Weitergabe der Geschäftsdaten an die Abwicklungssysteme, die Abwicklung selbst, die Einziehung bzw. Gutschrift von Geldgegenleistungen sowie die Verbuchung auf Wertpapierkonten hingegen unterfallen der Kapitalverkehrsfreiheit.

7. Die Dienstleistungs- und Niederlassungsfreiheit für die Teilnehmer an internationalen Wertpapierhandelssystemen

Der zuletzt genannte Punkt leitet über zur Frage, inwieweit die Teilnehmer an grenzüberschreitenden Wertpapierhandelssystemen sowie die beteiligten Clearinghäuser die Dienstleistungs- und Niederlassungsfreiheit für sich in Anspruch nehmen können. Die Teilnehmer sind jeweils in einem Mitgliedstaat der Europäischen Union tätig. Dort unterhalten sie ihre Büros und sind von dort aus über Computerterminals an die Wertpapierhandelssysteme angeschlossen. In den Anwendungsbereich der Dienstleistungsfreiheit fallen sie aber nur, soweit es sich bei ihren Tätigkeiten um selbständige, grenzüberschreitende, entgeltliche Tätigkeiten handelt.

a. Eigenhandel betreibende Teilnehmer

Bei Banken und Wertpapierfirmen, die ihren Eigenhandel über diese Systeme vollziehen, oder institutionellen Anlegern, die lediglich ihre eigenen Portefeuilles verwalten, dürfte bereits das Merkmal der Entgeltlichkeit der Tätigkeit fehlen, auch wenn diese Tätigkeit letztlich der Gewinnerzielung dient. Dieses Merkmal stellt aber dem Sinn nach auf ein von einer anderen Person gezahltes Entgelt für die erbrachte Leistung ab. Allein die Bezahlung der den Eigenhandel tatsächlich durchführenden Angestellten der institutionellen Anleger oder der Banken füllt das Merkmal der Entgeltlichkeit nicht aus. Sie handeln als bloße „Werkzeuge" der (i. d. R. juristischen) Personen, um deren Dienstleistungsfreiheit es hier geht. Letztlich erfolgen bei diesen Geschäften die Wertpapierkäufe nur auf eigene Rechnung, sodaß es sich auch nicht um geldwerte Leistungen für Dritte im hier angesprochenen Sinne handelt.

Die Teilnehmer an grenzüberschreitenden Wertpapierhandelssystemen fallen jedoch als Empfänger sog. Korrespondenzdienstleistungen in den Schutzbereich der Dienstleistungsfreiheit. So wie die Betreiber der Wertpapierhandelssysteme den Schutz der Dienstleistungsfreiheit zur Sicherung der Erbringung ihrer Dienstleistungen im grenzüberschreitenden Bereich in Anspruch nehmen können, gilt dies dies auch für die Teilnehmer, deren Recht auf freien Zugang zu diesen Systemen) vorbehaltlich der Beschränkungsmöglichkeiten der betreffenden Mitgliedstaaten damit europarechtlich gesichert ist.

b. Für fremde Rechnung tätige Teilnehmer

Fraglich ist, ob Teilnehmer an grenzüberschreitenden Wertpapierhandelssystemen, die selbständig und entgeltlich Aufträge von Dritten zum Wertpapierkauf ausführen, insbesondere also Wertpapierdienstleistungsfirmen und Kreditinstitute, in den Anwendungsbereich der Dienstleistungsfreiheit nach Art. 49 ff. [ex-Art. 59 ff.] EGV fallen.

aa. Tätigkeit für Auftraggeber aus demselben Mitgliedstaat

Problematisch scheint hier, daß die eigentliche Dienstleistungsbeziehung, der Austausch der Leistungen durch Beschaffung von Wertpapieren für einen anderen gegen Zahlung eines entsprechenden Entgeltes, sich zwischen dem Dienstleistungsempfänger und dem Dienstleistungserbringer in aller Regel in demselben Mitgliedstaat vollzieht. In diesem Fall ist fraglich, ob auch die zur Ausführung dieser Dienstleistung notwendige Beschaffung der Wertpapiere durch Kauf in einem grenzüberschreitenden Wertpapierhandelssystem als Annex noch unter die Regeln des freien Dienstleistungsverkehrs fällt. Diese Gestaltung unterfällt nicht direkt einer der für Dienstleistungen bislang genannten drei Gruppen. Es handelt sich nicht um einen Fall der Grenzüberschreitung des Dienstleistungserbringers oder des Dienstleistungsempfängers und auch nicht um einen Fall der dritten Gruppe, die Dienstleistungen erfaßt, bei denen der Leistungserbringer und der Leistungsempfänger in verschiedenen Mitgliedstaaten residieren und nur die Dienstleistung die Grenze überschreitet. Vielmehr handelt es sich um eine Gestaltung, bei der die beteiligten Personen in demselben Mitgliedstaat verbleiben, auch die Dienstleistung (Geschäftsbesorgung) ausschließlich dort erbracht wird und lediglich zur Ausführung der Dienstleistung ein Tätigwerden mit grenzüberschreitenden Wirkungen erfolgt. Allein wegen dieser lediglich als Reflex der Dienstleistung eintretenden grenzüberschreitenden Wirkung ist der Anwendungsbereich der Art. 49 ff. [ex-Art. 59 ff.] EGV nicht betroffen. Die eigentliche Leistung der Dienste stellt einen rein innermitgliedstaatlichen Vorgang dar und ist rechtlich nicht anders zu bewerten als jede andere Dienstleistung, bei der z. B. Produkte aus anderen Mitgliedstaaten in den Dienstleistungsprozeß einfließen. Etwas anderes ergibt sich auch nicht hinsichtlich der Empfänger dieser Dienstleistung. Auch hier fehlt es an einer grenzüberschreitenden Dienstleistungserbringung.

bb. Tätigkeit für Auftraggeber aus dem Ausland

Etwas anderes gilt selbstverständlich für den Fall, daß die Wertpapierdienstleistungsfirma (Makler) ihren Auftrag zur Wertpapierbeschaffung von einer Person aus dem Ausland erhält und die entsprechenden Wertpapiere nunmehr unter Nutzung eines elektronischen grenzüberschreitend tätigen Wertpapierhandelssystems besorgt. Hier ist die unmittelbare grenzüberschreitende Leistungsbeziehung zwischen den Beteiligten charakteristisches Merkmal für eine in den Anwendungsbereich der Art. 49 ff. [ex-Art. 59 ff.] EGV fallende Dienstleistung der dritten Gruppe, in der lediglich die Dienstleistung selbst die Grenze passiert, nicht jedoch die beteiligten Personen. Gleiches gilt für den umgekehrten Fall, daß eine inländische Person die Dienste eines ausländischen Wertpapierdienstleisters in Anspruch nimmt. In diesem Bereich ist überdies an die Fallgestaltungen zu denken, in denen ein Wertpapierdienstleister, der in einem Mitgliedstaat der Europäischen Union ansässig ist, in einem anderen Mitgliedstaat Agenturen, Zweigniederlassungen oder Tochtergesellschaften gründen will, um dort unmittelbar seine Dienste anzubieten. Fallgestaltungen dieser Art sind insbesondere in der Wertpapierdienstleistungsrichtlinie[907] erfaßt.

cc. Tätigkeit der Clearing-Teilnehmer

Fraglich ist auch, wie die Situation der Teilnehmer zu beurteilen ist, die in den internationalen Wertpapierhandelssystemen Clearing-Funktionen übernommen haben und damit Leistungen für das Funktionieren der Systeme erbringen. Sie stehen in Dienstleistungsbeziehungen zu den einzelnen Nicht-Clearing-Teilnehmern und ermöglichen diesen erst den Handel im System.

Die Clearinghäuser selbst genießen selbstverständlich die Dienstleistungs- und die Niederlassungsfreiheit, soweit sie ihre Dienste Nicht-Clearingteilnehmern aus anderen Mitgliedstaaten anbieten oder sich gar in diesen anderen Mitgliedstaaten niederlassen. Im Falle der Dienstleistungserbringung an Nicht-Clearingmitglieder aus anderen Mitgliedstaaten können selbstverständlich auch letztere die Dienstleistungsfreiheit als Empfänger der Dienstleistung in Anspruch nehmen.

---

907 Richtlinie 93/22 des Rates vom 10.Mai 1993 über Wertpapierdienstleistungen, ABl. 1993 L 141/27 v. 11.6.1993.

Regelmäßig werden die Clearinghäuser ihre Dienstleistungen aber für Nicht-Clearingteilnehmer aus ihrem Heimatmitgliedstaat erbringen. Hier gilt ebenfalls, daß aufgrund der Clearing-Tätigkeiten zwar erst die grenzüberschreitenden Geschäfte vorgenommen werden können, die eigentliche entgeltliche Leistung jedoch allein in diesem Mitgliedstaat der Europäischen Union erbracht wird und die grenzüberschreitenden Geschäfte lediglich Anlaß und Reflex dieser Dienstleistung sind.

8. Die Beschränkungsmöglichkeiten der Dienstleistungsfreiheit

Die Dienstleistungsfreiheit für grenzüberschreitende Wertpapierhandelssysteme wird nicht unbeschränkt gewährt. Das aus dem speziellen Diskriminierungsverbot entwickelte Verbot sonstiger Beschränkungen[908], dessen inhaltliche Bestimmung bereits in Abgrenzung zu den „versteckten Diskriminierungen" nicht einfach ist, soll aber z. B. nicht die „normalen" Standortunterschiede erfassen[909], wobei eine definitorische Eingrenzung dieses Begriffs nur im Einzelfall gelingen kann. Für den „produktorientierten" Bereich, in dem die grenzüberschreitende Dienstleistungserbringung Ähnlichkeiten mit Warenlieferungen aufweist, soll allerdings eine weite Auslegung des Beschränkungsverbots geboten sein.[910] Dies darf natürlich nicht so weit gehen, daß die Prüfung schlichtweg auf die sachliche Berechtigung einer Regelung reduziert wird. Streinz weist zutreffend darauf hin, daß eine solche Rechtsprechungspraxis letztlich wiederum eine Einschränkung wie bereits in der Keck-Rechtsprechung zum freien Warenverkehr erforderlich machen würde.[911]

Gemäß Art. 55 [ex-Art. 66] i. V. m. Art. 46 [ex-Art. 56] Abs. 1 EGV sind als Beschränkungsmöglichkeiten der Dienstleistungsfreiheit Rechts- und Verwaltungsvorschriften zulässig, die ihrerseits aus Gründen der öffentlichen Ordnung, Sicherheit oder Gesundheit gerechtfertigt sind. Die als Abweichung vom Grundsatz der Dienstleistungsfreiheit grundsätzlich eng auszulegende Vorschrift[912] läßt jedoch über den Begriff der „öffentlichen Ordnung" trotz dessen sekundärrechtlicher Konkretisierung[913] einen erheblichen mitgliedstaatlichen Beurteilungsspielraum zu.[914] Der EuGH hat daher erstmals im Fall

908 Siehe *Hakenberg*, in: Lenz (Hrsg.), EG-Vertrag Kommentar, Rn. 23 ff. zu Art. 49/50 [ex-Art. 60].
909 *Hakenberg*, in: Lenz (Hrsg.), EG-Vertrag Kommentar, Rn. 23 f. zu Art. 49/50 [ex-Art. 60].
910 *Troberg*, in: Groeben/Thiesing/Ehlermann, Kommentar zum EWGV, Rn. 4 zu Art. 59; *Hakenberg*, in: Lenz (Hrsg.), EG-Vertrag Kommentar, Rn. 23 zu Art. 49/50 [ex-Art. 60].
911 *Streinz*, Europarecht, Rn. 681 i.V.m. 762.
912 *Scheuer*, in: Lenz (Hrsg.), EG-Vertrag Kommentar, Rn. 1 zu Art. 46 [ex-Art. 56] m. w. Nw.
913 Siehe hierzu *Streinz*, Europarecht, Rn. 703 m. w. Nw.
914 *Streinz*, Europarecht, Rn. 703.

Binsbergen[915] weitere Beschränkungstatbestände entwickelt, die zwar ermöglichen, daß mit den Beschränkungen grundsätzlich beliebige Allgemeinwohlbelange verfolgt werden können, andererseits aber als Schranken-Schranke der Verhältnismäßigkeitsgrundsatz gilt[916], der anders als bei der Niederlassungsfreiheit deutlich schärfer anzuwenden ist, da im Unterschied zu Art. 46 [ex-Art. 56] Abs. 1 EGV keine „Vermutung der Rechtswidrigkeit" der Beschränkung gilt.[917]

Als eine Beschränkung rechtfertigende „zwingende Gründe des Allgemeininteresses" wurden bislang insbesondere Berufs- und Standesregeln, aber auch Verbraucherschutzregeln und Regeln, die eine wirksame steuerliche Kontrolle ermöglichen, anerkannt.[918] Dabei können im Einzelfall nicht nur auf in- und ausländische Marktteilnehmer anwendbare Regelungen, sondern auch diskriminierende Regelungen zulässig sein[919], obgleich der Verhältnismäßigkeitsgrundsatz hier gebietet, zu prüfen, ob nicht bereits Regelungen im Herkunftsland der Marktteilnehmer die verfolgten Ziele gewährleisten.[920]

Für die grenzüberschreitend tätigen elektronischen Wertpapierhandelssysteme kommen höchstens Beschränkungen der Dienstleistungsfreiheit aus Gründen des Anlegerschutzes in Betracht. Beschränkungen aus rein wirtschaftlichen Gründen, etwa weil den Börsen des Aufnahmemitgliedstaates unliebsame Konkurrenz erwachsen könnte, sind danach nicht erlaubt. Allerdings läßt sich, gerade weil in einigen Mitgliedstaaten der Markt der Wertpapierhandelssysteme heute monopol- oder oligopolistische Züge trägt, stets das Argument vorbringen, daß eine maximale Konzentration der Wertpapieraufträge in einem System für den Mitgliedstaat vorteilhaft und für die Versorgung der heimischen Wirtschaft mit Kapital ein solchermaßen aufgebautes Marktmodell unumgänglich sei. Der Versuch einiger Mitgliedstaaten, auf diese Weise den wirtschaftlichen Gründen auch „zwingende Gründe des Allgemeininteresses" beizumischen, hat auf der Ebene des Sekundärrechts bei der Formulierung des Art. 15 mit der Begrenzung des „Europapasses" für Wertpapierhandelssysteme auf „geregelte Märkte" Erfolg gehabt.

---

915 *EuGH*, Rs. 33/74 - van Binsbergen -, Rspr. 1974, 1291 (1310 f.).

916 *Streinz*, Europarecht, Rn. 703.

917 Zur Kontrolldichte bei der Rechtmäßigkeitsprüfung von Beschränkungen der Dienstleistungsfreiheit *Streinz*, Europarecht (3. Aufl.), Rn. 713a, ders., Europarecht (4. Aufl.), Rn. 703, 761.

918 Siehe *Hakenberg*, in: Lenz (Hrsg.), EG-Vertrag Kommentar, Rn. 26 zu Art. 49/50 [ex-Art. 60] m. w. Nw.

919 *Hakenberg*, in: Lenz (Hrsg.), EG-Vertrag Kommentar, Rn. 26 zu Art. 49/50 [ex-Art. 60] m. w. Nw.

920 *Hakenberg*, in: Lenz (Hrsg.), EG-Vertrag Kommentar, Rn. 27 zu Art. 49/50 [ex-Art. 60] m. w. Nw

IV. Das Subsidiaritätsprinzip als Begrenzung gemeinschaftsrechtlicher Kompetenzen zur Regelung des grenzüberschreitenden Wertpapierhandels

Für die Frage, ob über die bereits bestehenden harmonisierten europäischen aufsichtsrechtlichen Regelungen im Bereich des Wertpapierhandels hinaus weitere Initiativen der Gemeinschaft erforderlich sind und ob und inwieweit sich die EG selbst in die Wahrnehmung der Aufsicht über den Wertpapierhandel einschalten kann, ist jeweils zu klären, ob die Regelung zu möglichen Verbesserungen oder zur Verhinderung möglicher Mißstände besser auf der Gemeinschaftsebene oder auf der Mitgliedstaatenebene zu erfolgen hat. Relevant wird das Subsidiaritätsprinzip für den Bereich der Aufsicht über den Wertpapierhandel daher insbesondere für die Frage, ob es einer zentralisierten europäischen Wertpapieraufsicht bedarf.[921]

Das Konzept der gegenseitigen Anerkennung, das sich auch im Bereich der gemeinschaftsrechtlichen Regelungen des grenzüberschreitenden Wertpapierhandels durchgesetzt hat, steht dabei in engem Zusammenhang mit dem im EGV verankerten Subsidiaritätsprinzip. Die Kompetenzen der EG zu einem Tätigwerden im Verhältnis zu einem Tätigwerden der Mitgliedstaaten unterliegen dem Subsidiäritätsprinzip und sind damit sowohl hinsichtlich des „Ob" als auch des „Wie" des Tätigwerdens Begrenzungen unterworfen. Nach dem Subsidiaritätsprinzip bedarf das Tätigwerden der EG im Gegensatz zu dem der Mitgliedstaaten einer besonderen Rechtfertigung. Es schafft damit in der Kompetenzverteilung zwischen der Gemeinschaft und den Mitgliedstaaten ein formales Regel-Ausnahmeverhältnis im Sinne einer Kompetenzausübungsschranke.[922]

Hinsichtlich der Art und Weise des Tätigwerdens erstreckt sich das Subsidiaritätsprinzip nicht nur auf die Form des Rechtsaktes, mit dem die Gemeinschaft ihre Regelungsaufgabe und -befugnis wahrnimmt, sondern auch auf die inhaltliche Intensität der Regelungen. Die Wahl der Richtlinie als Rechtsetzungsinstrument auf der Gemeinschaftsebene ermöglicht es, dem Subsidiaritätsprinzip folgend, den Mitgliedstaaten die Form der Umsetzung der Regelungen in nationales Recht zu überlassen und häufig auch noch den Inhalt der Mindestregelungen für das nationale Recht näher festzulegen. Hinsichtlich der inhaltlichen Intensität entspricht das Konzept der gegenseitigen Anerkennung[923] den Anforderungen des Subsidiaritätsprinzips wesentlich besser als das Harmonisierungskonzept[924]. Statt einer extensiven und intensiven Harmonisierungsregelung auf der Ebene der

---

921 Vgl. *Scott-Quinn*, EC Securities Markets Regulations, in: Steil (Hrsg.), International financial market regulation, S. 121 (151); siehe hierzu ausführlich 5. Teil IV. - VI. dieser Arbeit.

922 *BVerfG*, EuGRZ 1993, S. 429 (440 f.); *Jarass*, Grundfragen der innerstaatlichen Bedeutung des EG-Rechts, S. 26.

923 Siehe ausführlich 4. Teil II. 3 dieser Arbeit.

924 Siehe ausführlich 4. Teil II. 2. dieser Arbeit.

Gemeinschaft kommt es hier nur zu einer Mindestharmonisierung auf Gemeinschaftsebene, während der Großteil der Regelungsbefugnisse auf der Ebene der Mitgliedstaaten verbleibt.

1. Die primärrechtliche Verankerung des Subsidiaritätsprinzips in Art. 5 [ex-Art. 3b] EGV

a. Herkunft und Verankerung des Subsidiaritätsprinzip in Art. 5 [ex-Art. 3b] EGV

Als eines der Kernprinzipien der Tätigkeit der Gemeinschaft hat das Subsidiaritätsprinzip inzwischen eine primärrechtliche Verankerung erfahren. Im Bereich des Umweltschutzes gab es bereits vor dem Vertrag über die Europäische Union in Art. 130r Abs. 4 S. 1 EWGV eine Normierung, deren Bedeutung jedoch im Schrifttum noch sehr umstritten war.[925] Während sie vereinzelt nur als politische Leitlinie ohne rechtliche Verbindlichkeit angesehen wurde, verstanden sie andere als Frage der geeigneten Aktionsebene, um im Einzelfall jeweils die leistungsfähigere Ebene bestimmen zu können. Auch sie wurde bereits als Regel-Ausnahmeverhältnis gedeutet, wonach eine Kompetenz der Gemeinschaft nur dann bestehen sollte, wenn und soweit ein Bedürfnis für eine zentrale europäische Lösung bestand, weil eine solche auf mitgliedstaatlicher Ebene nicht ausreichte.[926] Das Subsidiaritätsprinzip blieb jedoch mit der Verankerung in Art. 174 [ex-Art. 130r] EGV auf den Bereich des Umweltschutzes beschränkt und erfaßte daher insbesondere nicht den Bereich der Liberalisierung des Kapitalverkehrs und des Wertpapierhandels. Erst mit dem Vertrag über die Europäische Union wurde das Subsidiaritätsprinzip zur allgemeinen Handlungsmaxime des Gemeinschaftsrechts fortentwickelt[927] und in Art. 5 [ex-Art. 3b] Abs. 2 EGV entsprechend normiert.[928]

---

925 Einen Überblick über den Meinungsstand bietet *Schröer*, Die Kompentenzverteilung zwischen der Europäischen Wirtschaftsgemeinschaft und ihren Mitgliedstaaten auf dem Gebiet des Umweltschutzes, S. 71 ff., 80 ff. Vgl. *Jarass*, Grundfragen der innerstaatlichen Bedeutung des EG-Rechts, S. 16 f. m. w. Nw.; *Kahl*, Das Subsidiaritätsprinzip nach Art. 3b EG-Vertrag, AöR 1993, S. 414 (421 ff.).

926 Vgl. *Jarass*, Grundfragen der innerstaatlichen Bedeutung des EG-Rechts, S. 16 f. m. w. Nw.

927 Ausführlich zum Inhalt des Subsidiaritätsprinzips nach der primärrechtlichen Verankerung in Art. 3b EGV, *Kahl*, Das Subsidiaritätsprinzip nach Art. 3b EG-Vertrag, AöR 1993, S. 414 (426 ff.); *Schmidhuber/Hitzler*, Die Verankerung des Subsidiaritätsprinzips im EWG-Vertrag, NVwZ 1992, S. 721; *dies.*, Binnenmarkt und Subsidiaritätsprinzip, EuZW 1993, S. 8 ff.; *Jarass*, Grundfragen der innerstaatlichen Bedeutung des EG-Rechts, S. 17; *Constantinesco*, „Subsidiarität": Magisches Wort oder Handlungsprinzip der Europäischen Union, EuZW 1991, S. 561 ff.

928 Die Gemeinschaft wird danach „in den Bereichen, die nicht in ihre ausschließliche Zuständigkeit fallen, (...) nur tätig, sofern und soweit die Ziele der in Betracht gezogenen Maßnahmen auf Ebene der Mitgliedstaaten nicht ausreichend erreicht werden können und daher wegen ihres Umfangs oder ihrer Wirkung besser auf Gemeinschaftsebene erreicht werden können."

b. Geltungsbereiche des Subsidiaritätsprinzips

Das Subsidiaritätsprinzip nach Art. 5 [ex-Art. 3b] Abs. 2 EGV findet ausdrücklich nur in den Bereichen Anwendung, in denen nicht ohnehin eine ausschließliche Zuständigkeit der Gemeinschaft begründet ist, also dem Bereich der konkurrierenden Gesetzgebung. Bedeutung hat dies insbesondere im Hinblick auf Art. 95 [ex-Art. 100a] EGV und die hierauf gestützten Rechtsakte, denn es ist umstritten, inwieweit auch Art. 95 [ex-Art. 100a] EGV in den Bereich der konkurrierenden Gesetzgebungskompetenz fällt.[929] Im Bereich des grenzüberschreitenden Wertpapierhandels ist hiervon insbesondere die auf Art. 95 [ex-Art. 100a] EGV gestützte Insiderrichtlinie[930] betroffen. Da Art. 95 [ex-Art. 100a] EGV nicht auf einen spezifischen Sachbereich „Binnenmarkt" beschränkt ist, sondern in fast allen Sachmaterien Anwendung finden kann, die ihrerseits auch den Binnenmarkt mitformen[931], ist aber richtigerweise davon auszugehen, daß er in den Bereich der konkurrierenden Gesetzgebung fällt. Eine Zuordnung von Art. 95 [ex-Art. 100a] EGV in den Bereich der ausschließlichen Kompetenz der Gemeinschaft würde dieser nahezu in allen Sachmaterien ausschließliche Gesetzgebungskompetenz einräumen.

Die Normierung in Art. 5 [ex-Art. 3b] Abs. 2 EGV zeigt, daß das Subsidiaritätsprinzip eine zwingend geltende Kompetenzausübungschranke ist, die notfalls gerichtlich durch den EuGH nachprüfbar ist.[932] Gegen das Subsidiaritätsprinzip verstoßende Rechtsvorschriften sind daher rechtswidrig und führen zumindest im Verhältnis zu den Mitgliedstaaten zur Unwirksamkeit der Regelungen. Inwieweit eine unmittelbare Wirkung auch für die in nationales Recht umgesetzten Regelungen besteht und ob sich der einzelne Uni-

---

929 Vgl. nur einerseits *Schwartz*, Subsidiarität und EG-Kompetenzen, AfP 1993, S. 413 ff., andererseits *Jarass*, Grundfragen der innerstaatlichen Bedeutung des EG-Rechts, S. 13 f.

930 Richtlinie 89/592/EWG des Rates v. 13.11.1989 zur Koordinierung der Vorschriften betreffend Insider-Geschäfte, ABl. Nr. L 334/30 v. 18.11.1989. Der erste Kommissionsvorschlag für eine Insiderrichtlinie war noch auf Art. 54 Abs. 3 g) des Vertrags gestützt; siehe *Europäische Kommission*, Vorschlag für eine Richtlinie des Rates zur Koordinierung der Vorschriften betreffend Insider-Geschäfte, KOM (87) 111 endg., ABl. Nr. C 158/8 v. 11.6.1987; erst mit dem geänderten Vorschlag, KOM (88) 549 endg. - SYN 85, ABl. Nr. C 277/13 v. 27.10.1988 wurde die Richtlinie auf Art. 100a des Vertrags gestützt.

931 *Langeheine*, in: Grabitz/Hilf (Hrsg.), Kommentar zur Europäischen Union, Rn. 16 zu Art. 100; *Jarass*, Grundfragen der innerstaatlichen Bedeutung des EG-Rechts, S. 13 f.; *Möschel*, Zum Subsidiaritätsprinzip im Vertrag von Maastricht, NJW 1993, S. 3026; *Schmidhuber/Hitzler*, Binnenmarkt und Subsidiaritätsprinzip, EuZW 1993, S. 9.

932 *Lambers*, Subsidiarität in Europa, EuR 1993, S. 240; *Pieper*, Subsidiaritätsprinzip - Strukturprinzip der Europäischen Union, DVBl. 1993, S. 711; *Pipkorm*, Das Subsidiaritätsprinzip im Vertrag über die Europäische Union, EuZW 1992, S. 700; *Stein*, in: Merten (Hrsg.), Die Subsidiarität Europas, S. 35 ff.

onsbürger auf die Unwirksamkeit berufen kann, ist jedoch umstritten.[933] Nach der Rechtsprechung des EuGH haben die Gerichte, wenn sie in einer Regelung einen Verstoß gegen das Subsidiaritätsprinzip erkennen, gemäß Art. 234 [ex-Art. 177] EGV das Recht, diese Frage dem EuGH vorzulegen.[934] Erst wenn dieser den Verstoß bestätigt, darf angenommen werden, daß die Regelung nichtig und unwirksam ist. Im Bereich der Verwaltung besteht ein solches Vorlagerecht nicht. Die Verwaltungsbehörden müssen die Regelung selbst dann als wirksam anwenden, wenn sie in ihr einen Verstoß gegen das Subsidiaritätsprinzip erkennen und können den Bürger lediglich auf den Rechtsweg verweisen.[935]

2. Die Voraussetzungen für ein Tätigwerden der Gemeinschaft

Die Normierung in Art. 5 [ex-Art. 3b] Abs. 2 EGV enthält zwei Voraussetzungen für das Tätigwerden der Gemeinschaft im Bereich der konkurrierenden Gesetzgebung, die kumulativ vorliegen müssen. Es handelt sich um die nicht ausreichende Zielverwirklichung auf der Ebene der Mitgliedstaaten sowie die bessere Zielverwirklichung auf der Ebene der Gemeinschaft.

a. Nicht ausreichende Zielverwirklichung auf der Ebene der Mitgliedstaaten

Voraussetzung für ein Tätigwerden der Gemeinschaft ist nach Art. 5 [ex-Art. 3b] Abs. 2 EGV, daß „die Ziele (...) auf Ebene der Mitgliedstaaten nicht ausreichend erreicht werden können". Fraglich ist damit, ob nach Auffassung der EG-Organe in den Mitgliedstaaten Defizite der Zielerreichung tatsächlich feststellbar sein müssen. Dann hätte die Gemeinschaft bereits die Kompetenz zum Tätigwerden, wenn die geplante gemeinschaftsrechtliche Maßnahme sich auf einem höheren Niveau bewegen würde als es die Regelungen des Mitgliedstaates mit dem niedrigsten Niveau bieten.[936] Hiergegen spricht aber bereits der Wortlaut von Art. 5 [ex-Art. 3b] Abs. 2 EGV, der nicht darauf abstellt, daß die Ziele nicht „erreicht werden", sondern daß sie nicht „erreicht werden können". Dies kann nur bedeuten, daß der Tätigkeitsbereich der Gemeinschaft nur dann eröffnet ist, wenn die Mit-

---

933 Vgl. *Jarass*, Grundfragen der innerstaatlichen Bedeutung des EG-Rechts, S. 21 m. w. Nw.; *Möschel*, Zum Subsidiaritätsprinzip im Vertrag von Maastricht, NJW 1993, S. 3028; ablehnend *Langguth*, in: Lenz (Hrsg.), EG-Vertrag Kommentar, Rn. 34 zu Art. 5 [ex-Art. 3b], der die Nichtigkeitsklage gemäß Art. 230 [ex-Art. 173 EGV] für möglich hält, Rn. 35 ff. zu Art. 5 [ex-Art. 3b].

934 Vgl. *EuGH*, Rs. 314/85 - Foto Frost/Hauptzollamt Lübeck-Ost - Rspr. 1987, S. 4199 (4231 f.); *Jarass*, Grundfragen der innerstaatlichen Bedeutung des EG-Rechts, S. 22 m. w. Nw.

935 *Streinz*, in: Isensee/Kirchhof (Hrsg.), Handbuch des Staatsrechts, Rn. 66 zu § 182.

936 Vgl. zum Kriterium des Überschreitens des niedrigsten nationalen Schutzniveaus, *Vorwerk*, Die umweltpolitischen Kompetenzen der Europäischen Gemeinschaft und ihrer Mitgliedstaaten nach Inkrafttreten der EEA, S. 55 ff.

gliedstaaten die (europäischen) Ziele auf ihrer nationalen Ebene wegen ihrer begrenzten Hoheitsgebiete und Kompetenzen nicht realisieren können.[937]

b. Bessere Zielverwirklichung auf der Ebene der Gemeinschaft

Die zweite Voraussetzung, die Art. 5 [ex-Art. 3b] Abs. 2 EGV für ein Tätigwerden der Gemeinschaft nennt, ist, daß die Ziele „daher wegen ihres Umfangs oder ihrer Wirkung besser auf Gemeinschaftsebene erreicht werden können". Dies wird immer dann der Fall sein, wenn die erste Voraussetzung erfüllt ist, also die Ziele auf der Ebene der Mitgliedstaaten nicht ausreichend erreicht werden können[938]. Auf diesen Zusammenhang deutet auch der Wortlaut „daher" in Art. 5 [ex-Art. 3b] Abs. 2 EGV hin. Überwiegend wird der zweiten Voraussetzung jedoch auch noch eigenständige Bedeutung zugemessen. Eine geringfügige Zielerreichung wird auch auf der Ebene der Mitgliedstaaten immer möglich sein, so daß die zweite Voraussetzung nach Auffassung des Europäischen Rates ein Tätigwerden auf der Gemeinschaftsebene nur dann eröffnet, wenn hierdurch „deutliche Vorteile" erzielt werden können.[939]

Das Erfordernis der „besseren Zielverwirklichung" auf Gemeinschaftsebene erteilt einer alternativen Interpretation des Subsidiaritätsprinzips eine deutlichen Absage, die auf eine starke Begrenzung der Gemeinschaftstätigkeit abzielt, indem sie statt auf eine „bessere" Zielverwirklichung abzustellen, den Handlungsspielraum der Gemeinschaft nur dann eröffnet sieht, wenn die angestrebten Ziele überhaupt nicht auf der Ebene der nationalen Rechtsetzung und Tätigkeit erreicht werden können.[940] Eine solche Interpretation wäre geeignet, die Tätigkeit der Gemeinschaft auf ein Maß zu senken, das kaum mehr erhebliche Fortschritte für den Gemeinsamen Markt verspricht.[941]

---

937 *Merten*, in: ders. (Hrsg.) Die Subsidiarität Europas, S. 80 f; *Jarass*, Grundfragen der innerstaatlichen Bedeutung des EG-Rechts, S. 18, spricht von „durch strukturelle Unterschiede bedingte verschiedenartige Leistungspotentiale von Gemeinschaftsrecht und nationalem Recht".

938 Vgl. auch *Pieper*, Subsidiaritätsprinzip - Strukturprinzip der Europäischen Union, DVBl. 1993, S. 709.

939 *Jarass*, Grundfragen der innerstaatlichen Bedeutung des EG-Rechts, S. 19; *Europäischer Rat*, in: Presse- und Informationsamt der Bundesregierung (Hrsg.), Bulletin 1992, S. 1281.

940 Vgl. *Scott-Quinn*, EC Securities Markets Regulations, in: Steil (Hrsg.), International financial market regulation, S. 121 (150 f.), der diese Interpretation als „strikte" Interpretation bezeichnet und auf eine Definition des Subsidiaritätsprinzips von Sir Leon Brittan („The principle that decisions should be taken at the lowest appropriate level; as close as possible, that is, to the people who are affected by them") verweist.

941 Ebenso *Scott-Quinn*, EC Securities Markets Regulations, in: Steil (Hrsg.), International financial market regulation, S. 121 (151.)

3. Das Verhältnismäßigkeitsprinzip in Art. 5 [ex-Art. 3b] Abs. 3 EGV als Ergänzung des Subsidiaritätsprinzips

Das in Art. 5 [ex-Art. 3b] Abs. 3 EGV verankerte Verhältnismäßigkeitsprinzip ergänzt das Subsidiaritätsprinzip aus Art. 5 [ex-Art. 3b] Abs. 2 EGV[942], wie sich aus der systematischen Stellung der Norm ergibt, obwohl der Wortlaut allein offenläßt, ob das Verhältnis zwischen der Gemeinschaft und den Mitgliedstaaten oder das Verhältnis zwischen der Gemeinschaft und den Bürgern betroffen ist.[943] Während die Regelung in Art. 5 [ex-Art. 3b] Abs. 2 EGV eher das „Ob" des Tätigwerdens betrifft,[944] wird dem Verhältnismäßigkeitsprinzip in Art. 5 [ex-Art. 3b] Abs. 3 EGV das „Wie" des Tätigwerdens der Gemeinschaft zugewiesen. Auch wenn die Gemeinschaft daher nach dem Subsidiaritätsprinzip grundsätzlich tätig werden kann, muß sie den Mitgliedstaaten einen möglichst großen eigenen Handlungsraum erhalten. Dies bezieht sich insbesondere auch auf die Wahl der Rechtsetzungsakte (Vorzug der Richtlinie vor der Verordnung), der Regelungintensität (Vorzug von Mindest- und Rahmenregelungen oder der gegenseitigen Anerkennung nationaler Regelungen vor detaillierten Vorgaben für einheitliches Recht) und der Verhältnismäßigkeit im engeren Sinne zwischen den Mitteln und der Zweckerreichung. Damit ist die Verhältnismäßigkeit nur dann gewahrt, wenn das Tätigwerden auf Gemeinschaftsebene so vorteilhaft ist, daß die Einschränkung des Rechts der Mitgliedstaaten zu eigenen Maßnahmen hinnehmbar ist.[945]

---

942 Zuweilen werden Art. 3 Abs. 2 und 3 EGV auch als zwei Ausprägungen des Subsidiaritätsprinzips verstanden. Vgl. *Pieper*, Subsidiaritätsprinzip - Strukturprinzip der Europäischen Union, DVBl. 1993, S. 709.

943 *Jarass*, Grundfragen der innerstaatlichen Bedeutung des EG-Rechts, S. 28 mit Verweis auf *Europäischer Rat*, in: Presse- und Informationsamt der Bundesregierung (Hrsg.), Bulletin 1992, S. 1282.

944 Vgl. eingehend *Jarass*, Grundfragen der innerstaatlichen Bedeutung des EG-Rechts, S. 28.

945 *Jarass*, Grundfragen der innerstaatlichen Bedeutung des EG-Rechts, S. 35.

4. Teil: Der europäische sekundärrechtliche Rahmen für grenzüberschreitende Wertpapierhandelssysteme

Eine Vielzahl von Sekundärrechtsakten mit unterschiedlich detaillierter Ausgestaltung, die zudem verschiedenen politischen Integrationskonzepten folgen, unterwerfen sowohl den Wertpapierhandel innerhalb als auch zwischen den europäischen Mitgliedstaaten und Drittstaaten einer erheblichen Regelungsdichte. Es erscheint dennoch fraglich, ob die umfangreiche Normierung auf europäischer Ebene und ihre Umsetzung in den Mitgliedstaaten bereits genügend auf die elektronischen grenzüberschreitend tätigen Wertpapierhandelssysteme ausgerichtet ist.

I. Das Konzept der Integration der mitgliedstaatlichen Kapitalmärkte

Die Vollendung des Binnenmarktes sowie die Wirtschafts- und Währungsunion können nur gelingen, wenn auch ein einheitlicher, homogener Kapitalmarkt in Europa geschaffen wird.[946] Die Aufhebung der Beschränkungen des Kapitalverkehrs allein vermögen keinen integrierten, i. S. e. über die Summe der Einzelkapitalmärkte hinausreichenden europäischen Kapitalmarkt zu schaffen. Die „Freiheit des Kapitalverkehrs und ein der Gemeinschaft zugeordneter einheitlicher Kapitalmarkt sind nicht identisch“.[947]

Die Römischen Verträge enthielten noch an keiner Stelle ausdrücklich das Ziel, einen integrierten europäischen Kapitalmarkt zu schaffen.[948] Zunächst sollten nur die Beschränkungen des Kapitalverkehrs aufgehoben werden, und auch dies nur, soweit es für das Funktionieren des Gemeinsamen Marktes notwendig war.[949] Die weitere Entwicklung eines europäischen Kapitalmarktrechts hat erst mit dem sog. „Segré-Bericht“ aus dem Jahre 1966[950] einen spürbaren Schub erhalten.[951] Der Segré-Bericht befaßte sich insbesondere auch mit der Fortentwicklung der Börsenstrukturen in den Mitgliedstaaten und

---

946 Vgl. *Seidel*, FS für Lukes, Rechtliche Grundlagen eines einheitlichen Kapitalmarktes der Europäischen Gemeinschaft, S. 575.

947 *Seidel*, FS für Lukes, Rechtliche Grundlagen eines einheitlichen Kapitalmarktes der Europäischen Gemeinschaft, S. 575 (576). Vgl. auch *Gleske*, in: Duwendag (Hrsg.), Europa-Banking, Geld- und Währungspolitik bei vollständiger Integration der Finanzmärkte, S. 43 (47-50); *von Rosen*, Der Finanzplatz Deutschland in einem integrierten europäischen Finanzraum, in: Duwendag (Hrsg.), Europa-Banking, S. 131 (137).

948 *Scott-Quinn*, EC Securities Markets Regulations, in: Steil (Hrsg.), International financial market regulation, S. 121.

949 Art. 67 Abs. 1 EWGV.

950 *Europäische Wirtschaftsgemeinschaft, Kommission*, Der Aufbau eines Europäischen Kapitalmarktes, Bericht einer von der EWG-Kommission eingesetzten Sachverständigenkommission, Brüssel 1966.

951 Siehe hierzu ausführlich *Klenke*, Börsendienstleistungen im Europäischen Binnenmarkt, S. 139-141.

forderte „binnenmarktähnliche Bedingungen“ durch wechselseitige Durchdringung der Kapitalmärkte, Angleichung der Börsenregelungen und –organisation sowie insbesondere durch Einführung eines Börsenzwangs, um das Ausweichen auf außerbörsliche Märkte einzuschränken.[952]

Erst im 1985 veröffentlichten Weißbuch der Kommission zur Vollendung des Binnenmarktes[953] wurden vor dem Hintergrund des beständigen Rückfalls des wirtschaftlichen Wachstums Europas im Vergleich zu den USA und Japan neben dem Ziel der vollständigen Liberalisierung des Kapitalverkehrs auch das Ziel der Vereinheitlichung der nationalen Märkte zu einem gemeinsamen Markt für Finanzdienstleistungen sowie die Errichtung eines gemeinsamen rechtlichen Rahmens für Finanzinstitutionen angesprochen.[954]

Ein integrierter europäischer Kapitalmarkt bedarf über die Beseitigung aller Beschränkungen des Kapitalverkehrs hinaus einer positiven Förderung durch die Schaffung eines einheitlichen rechtlichen Rahmens[955], was jedoch nicht gleichbedeutend mit der Notwendigkeit identischer Regeln in den Mitgliedstaaten ist. Dieser Rahmen hat die Infrastruktur für ein der Größe der Gemeinschaft entsprechendes System der Sammlung und Verteilung von Kapital zur Investitionsfinanzierung zu bilden. Konkret handelt es sich um die Koordinierung der mitgliedstaatlichen Rechts- und Verwaltungsvorschriften im Bereich des Aufsichtsrechts für die Kapitalmarktteilnehmer und für die Wertpapierhandelssysteme. Wesentlich unterschiedliche Regelungen können die fortschreitende Kapitalverflechtung zwischen den Mitgliedstaaten behindern.

Die mit der angesprochenen „positiven Förderung“ verbundene „progressive“ Rechtsangleichungspolitik der Gemeinschaft ist allerdings nicht unumstritten. Das Spannungsverhältnis zwischen dem Streben nach weitgehender Integration der Märkte durch Vereinheitlichung der rechtlichen Rahmenbedingungen in den Mitgliedstaaten der Gemeinschaft durch Rechtsetzungsakte auf europäischer Ebene und dem Streben der Mitgliedstaaten nach Öffnung der Märkte unter Bewahrung ihres eigenen Rechts ist insbesondere unter strikter Beachtung des in Art. 3b EGV niedergelegten Subsidiaritätsgrundsatzes zu

---

952 Vgl. hierzu *Klenke*, Börsendienstleistungen im Europäischen Binnenmarkt, S. 140-141.

953 *Europäische Kommission*, Weißbuch an den Europäischen Rat zur „Vollendung des Binnenmarktes“, Dok. KOM (85) 310.

954 Zur Wahrnehmung der Märkte der USA und Japans als integrierte Wertpapiermärkte zu diesem Zeitpunkt, *Scott-Quinn*, EC Securities Markets Regulations, in: Steil (Hrsg.), International financial market regulation, S. 121.

955 *Gleske*, in: FS von der Groeben, Liberalisierung des Kapitalverkehrs und Integration der Finanzmärkte, S. 134; *Seidel*, FS für Lukes, Rechtliche Grundlagen eines einheitlichen Kapitalmarktes der Europäischen Gemeinschaft, S. 575 (576).

lösen.[956] Zu beachten ist dabei zudem, daß die progressive Rechtsangleichungspolitik der Europäischen Kommission sich sicherlich auch aus dem Bestreben nach eigener Einflußentfaltung erklärt.

Die Kommission hat bereits eine Vielzahl von sekundärrechtlichen Begleitmaßnahmen zur Schaffung eines integrierten europäischen Kapitalmarktes in Form von Richtlinien, Empfehlungen, Verordnungen und Erlassen produziert[957], um eine Harmonisierung des Rechts der Wertpapiermärkte sowie des Banken- und Versicherungsrechts zu erreichen. Neben der Realisierung einer wettbewerbsneutralen Regelung für die Finanzintermediäre stand dabei als weiteres Ziel der Anleger- und Verbraucherschutz[958] im Vordergrund. Im internationalen Wertpapierhandel bedeutet dies insbesondere effiziente Regeln für die Zulassung und laufende Aufsicht der Anbieter von Wertpapieren und Wertpapierfinanzdienstleistungen.

Die EG braucht sich bei der Rechtsetzung nicht notwendig an den bereits vorhandenen Regelungen der Mitgliedstaaten zu orientieren. Vielmehr kann sie autonom das gemeinschaftsrechtliche Kapitalmarktrecht so verfassen, daß ein integriertes, leistungsfähiges System zur Kapitalallokation in der Gemeinschaft entsteht.[959] Eine Bindung ist lediglich insoweit anzunehmen, als die vom Europäischen Gerichtshof inzwischen anerkannten Grundfreiheiten wie Eigentum und Berufsfreiheit zu berücksichtigen sind.[960] Darüber hinaus wird auch auf die Berücksichtigung einer ausreichenden Ersparnisbildung verwiesen. Auch die Erkenntnis, daß ein liberal und nach wettbewerbsrechtlichen Grundsätzen verfaßter Kapitalmarkt eine hohe Leistungsfähigkeit garantiert,[961] soll als Vorgabe für eine konsensfähige Entscheidung über die Grundstruktur der Verfassung des einheitlichen Kapitalmarktes zu beachten sein.[962] Ohne Beachtung dieser Vorgaben dürfte es auch

---

956 Die in der europarechtlichen Literatur häufig anzutreffende sehr positive Einschätzung der progressiven Rechtsangleichung ist entsprechend der beruflichen Herkunft der Autoren zu würdigen.

957 Siehe die Übersicht bei *Weber*, in: Lenz (Hrsg.), EG-Vertrag Kommentar, Rn. 18 ff. zu Art. 56 [ex-Art. 73b].

958 Vgl. zur Abgrenzung der Begriffe *Koller*, in: Assmann/Schneider (Hrsg.), Wertpapierhandelsgesetz, Rn. 12 ff. vor § 31 m. w. Nw.

959 *Seidel*, FS für Lukes, Rechtliche Grundlagen eines einheitlichen Kapitalmarktes der Europäischen Gemeinschaft, S. 575 (584).

960 *Seidel*, FS für Lukes, Rechtliche Grundlagen eines einheitlichen Kapitalmarktes der Europäischen Gemeinschaft, S. 575 (585); zu den Gemeinschaftsgrundrechten vgl. *Streinz*, Europarecht, Rn. 354 - 374 m. w. Nw.; *Oppermann*, Europarecht, Rn. 489-498; *Borchardt*, in: Lenz (Hrsg.), EG-Vertrag Kommentar, Rn. 21 zu Art. 220 [ex-Art. 164].

961 Zu den Annahmen über die wirtschaftlichen Auswirkungen der Schaffung eines integrierten europäischen Kapitalmarktes, vgl. *Hawawini/Rajendra*, The Transformation of the European Financial Services Industry: From Fragmentation to Integration, S. 5 ff.

962 *Seidel*, FS für Lukes, Rechtliche Grundlagen eines einheitlichen Kapitalmarktes der Europäischen Gemeinschaft, S. 575 (585).

praktisch nicht zu einem politischen Konsens der Mitgliedstaaten bei der Rechtsetzung kommen.

Das aus Art. 189 Abs. 1 EGV abgeleitete Prinzip der begrenzten Einzelermächtigung[963] setzt selbstverständlich auch dem „autonomen" Tätigwerden der Gemeinschaftsorgane Grenzen. Nach Art. 189 Abs. 1 EGV erlassen der Rat und die Kommission Verordnungen, Richtlinien und Entscheidungen, sprechen Empfehlungen aus und geben Stellungnahmen ab zur Erfüllung ihrer Aufgaben „nach Maßgabe dieses Vertrags", so daß sie stets einer speziellen Ermächtigung im Vertrag bedürfen, wie jetzt auch Art. 3b Abs. 1 EGV explizit vorsieht[964]. Eine generelle Ermächtigung der Organe zum Handeln wird hierdurch jedoch gerade nicht gewährt. Das Prinzip der begrenzten Ermächtigung bildet damit eine Kompetenzschranke und verbietet eine weite Auslegung der jeweiligen Befugnisnormen.[965] Andererseits lassen sich konkrete Zuständigkeiten auch aus den im EGV enthaltenen Zielvorgaben für die Gemeinschaft und aus der Anwendung der „implied powers"-Lehre herausdeuten.[966] Damit sollen die teleologische Auslegung der Vertragsvorschriften in den Vordergrund treten und auch Kompetenznormen so auszulegen sein, daß die Ziele des EGV erreicht werden. Zudem sollen rein begünstigende Verwaltungsakte ebenso ohne spezielle Ermächtigung möglich sein.[967] Soweit also der Abbau von Hindernissen für die als Ziel gesetzten Freiheiten nicht ausreicht, sollen auch positive Fördermaßnahmen ergriffen werden können. Zudem soll über das Setzen von Form- und Verfahrensvorschriften für die Durchführung des Gemeinschaftsrechts zur einheitlichen Durchsetzung des Gemeinschaftsrechts Einfluß genommen werden können.[968]

Auch wenn der Grundsatz der begrenzten Ermächtigung durch die Ermächtigung zur Vertragslückenschließung gemäß Art. 235 EGV erheblich gelockert ist[969], sind einem Tätigwerden der Organe dennoch Schranken gesetzt, die im Anschluß an Bleckmann[970] insbesondere darin bestehen, daß es sich um Sachverhalte handeln muß, die eine ausreichende zwischenstaatliche Beziehung aufweisen müssen, daß die Integration keinen Eigenwert hat, sondern nur bestimmten Vertragszielen dient, daß die Beziehungen zwischen Individuen und zwischen Individuen und Mitgliedstaaten eine „domaine réservé" bilden, daß bestimmte Bereiche vollständig aus der Zuständigkeit der Gemeinschaft herausge-

---

963 Siehe hierzu ausführlich *Bleckmann*, in: ders., Europarecht, Rn. 380 ff.; *Streinz*, Europarecht, Rn. 436 f.

964 Vgl. *Schmidt*, in: von der Groeben/Thiesing/Ehlermann, Rn. 18 zu Art. 189.

965 So explizit das Bundesverfassungsgericht BverfGE 89, 155 (192 ff., 209).

966 *Bleckmann*, in: ders., Europarecht, Rn. 382.

967 *Bleckmann*, in: ders., Europarecht, Rn. 383.

968 Bleckmann, in: ders., Europarecht, Rn. 389.

969 So *Streinz*, Europarecht, Rn. 437.

970 *Bleckmann*, in: ders., Europarecht, Rn. 398.

nommen worden sind und daß eine starke Aufsplitterung der Kompetenzen für die Rechtsetzung und den Vollzug zwischen der Gemeinschaft und den Mitgliedstaaten nicht optimal ist.

Allein das Setzen der Rahmenbedingungen ist zudem eine zwar notwendige, aber noch nicht hinreichende Bedingung für das Entstehen eines integrierten europäischen Kapitalmarktes. Als mindestens ebenso wesentliche Triebkräfte werden Faktoren angesehen, die auch den Wettbewerb der Wertpapierhandelssysteme determinieren[971], wie:

- der sich verschärfende Wettbewerb zwischen den Finanzdienstleistern und den Märkten für Wertpapiere (den Wertpapierhandelssystemen),
- die technologische Entwicklung,
- die zunehmende Verbriefung und die Disintermediation,
- die Institutionalisierung der Anlegerseite,
- die wachsende Nachfrage der Investoren nach internationalen Werten, um eine größere Streuung ihrer Portfolios zu erreichen,
- die wachsende Empfindlichkeit der Märkte für makroökonomische und politische Einflüsse sowie
- die Fortschritte der Finanztheorie.

In Teilbereichen existierten bereits vor dem Weißbuch der Kommission zur Vollendung des Binnenmarktes sehr hoch integrierte, aber keinen europäischen Regelungen unterworfene europäische Kapitalmärkte, wie z. B. der Eurobond-Markt.[972] Zugleich wuchs auch die Integration der einzelnen mitgliedstaatlichen Wertpapiermärkte mit den Wertpapiermärkten von Drittstaaten.

Trotz der regulatorischen Bemühungen der EG wird es auch künftig einen stärker fragmentierten und mithin weniger integrierten europäischen Kapitalmarkt geben als es die beiden von der Kommission als Hauptwettbewerber erkannten US-amerikanischen und japanischen Kapitalmärkte bereits heute sind. Die Gründe hierfür sind insbesondere die fehlende gemeinsame Sprache[973], die trotz der Mindestharmonisierung noch sehr unterschiedlichen mitgliedstaatlichen Rechtssysteme, das Beibehalten unterschiedlicher mit-

---

971 Siehe ausführlich zu den einzelnen Faktoren *Steil*, in: ders. (Hrsg.), International financial market regulation, S. 2-5.

972 *Scott-Quinn*, EC Securities Markets Regulation, in: Steil (Hrsg.) International financial market regulation, S. 121 (130 f.); zu den Euromärkten siehe oben 1. Teil II. 3. dieser Arbeit m. w. Nw.

973 Auch wenn sich im professionellen Finanzbereich die englische Sprache zum Standard entwikkelt hat.

gliedstaatlicher Aufsichtsstrukturen und -behörden[974] und insbesondere die immer noch unterschiedlichen Rechnungslegungsstandards.[975] Durch den Wegfall der Währungsrisiken mit Vollendung der Europäischen Währungsunion wird zwar grundsätzlich auch der grenzüberschreitende Wertpapierhandel innerhalb Europas attraktiver werden. Allerdings wird das zumindest anfängliche Fehlen Großbritanniens im Kreis der an der Währungsunion teilnehmenden Mitgliedstaaten weiterhin die Zersplitterung des Marktes perpetuieren, solange der bedeutende europäische Finanzplatz London nicht einbezogen ist.

II. Die sekundärrechtlichen Aufsichtsstrukturen im Bereich des grenzüberschreitenden Wertpapierhandels als Ausdruck unterschiedlicher Rechtsangleichungskonzepte

Die zur Integration der Kapitalmärkte ergangenen Sekundärrechtsakte, die den grenzüberschreitenden Wertpapierhandel betreffen und auch Relevanz für grenzüberschreitende Wertpapierhandelssysteme aufweisen, enstammen einem Zeitraum von über zwanzig Jahren, in dem sich sowohl die Konzepte zur Rechtsangleichung als auch die Mittel zur Erreichung der Integrationsziele verändert haben.

1. Das Liberalisierungskonzept

Der EWGV sah vor, daß nach dem Ende einer Übergangszeit von zwölf Jahren alle noch bestehenden Beschränkungen des grenzüberschreitenden Waren-, Personen-, Dienstleistungs- und Kapitalverkehrs aufgehoben sein sollten, so daß Finanzinstitute in jedem Mitgliedstaat Zweigniederlassungen gründen und ihre Dienstleistungen erbringen können sollten. Die wesentlichen die Freiheit des Kapitalverkehrs betreffenden Sekundärrechtsakte der Liberalisierungphase wurden bereits im Rahmen der primärrechtlichen europarechtlichen Anknüpfung genannt. Sie zielten eher auf eine Devisenkontrolle als auf die Beaufsichtigung der Ordnungsmäßigkeit des Wertpapierhandels und der Herstellung vergleichbarer Rahmenbedingungen. Durch die Einfügung der Art. 56 ff. [ex-Art. 73a ff.] EGV kann die Liberalisierungsphase des Kapitalverkehrs jedoch auch normativ als weitgehend abgeschlossen gelten.

Für die Niederlassungsfreiheit der Finanz- und Kreditinstitute ergaben sich bis zum Ende der Übergangszeit 1970 in einigen Mitgliedstaaten, deren Zulassungssystem stark an Bedürfnisprüfungen orientiert war, zwar noch Schwierigkeiten bei der Durchsetzung des Liberalisierungskonzeptes, aber schließlich mußten auch sie sich dem Diskriminierungs-

---

974 Vgl. die Länderdarstellungen in *International Society of Securities Administrators* (ISSA), Handbook 1994, Bd. 1-3.

975 Zutreffend *Scott-Quinn*, EC Securities Markets Regulation, in: Steil (Hrsg.) International financial market regulation, S. 121 (123 f.).

verbot beugen, das eine unterschiedliche Behandlung von Inlands- und Auslandsinstituten verbot.[976]

Im Bereich der Dienstleistungsfreiheit enthielt der EWGV in Art. 61 Abs. 2 ein entscheidendes normatives Hindernis. Danach sollte die Liberalisierung der mit dem Kapitalverkehr verbundenen Dienstleistungen der Banken und Versicherungen in Einklang mit der schrittweisen Liberalisierung des Kapitalverkehrs durchgeführt werden. Da gerade die Liberalisierung des Kapitalverkehrs nach Anfangserfolgen in den sechziger Jahren fast zwei Jahrzehnte lang stagnierte[977], kam auch die Liberalisierung der Banken und Versicherungen und mithin die der Wertpapierdienstleistungen keinen entscheidenden Schritt voran.[978] In dieser Liberalisierungsphase waren die aufsichtsrechtlichen Rahmenbedingungen für Wertpapierdienstleister und Wertpapiertransaktionen noch nicht Gegenstand sekundärrechtlicher Rechtsetzung. Dies gilt erst Recht für Wertpapierhandelssysteme, da zu diesem Zeitpunkt grenzüberschreitende Tätigkeiten von Wertpapierhandelssystemen noch nicht angedacht waren. Selbst der in der Hall/Duncan-Studie[979] vorgestellte Börsenverbund hätte lediglich zu einem europaweiten Orderrouting, aber noch nicht zu einem europaweit tätigen Wertpapierhandelssystem geführt.

2. Das Harmonisierungskonzept

In der sich anschließenden Phase der Harmonisierung[980] der mitgliedstaatlichen Rechte scheiterten zunächst ehrgeizige Pläne einer Vollharmonisierung für den Bereich des Bankrechts, das auch die Erbringung grenzüberschreitender Wertpapierdienstleistungen der Kreditinstitute umfaßt, durch Setzen eines einheitlichen Zulassungs- und Aufsichts-

---

976 Vgl. *Jentsch*, Die EG-Wertpapierdienstleistungsrichtlinie, WM 1993, S. 2189.

977 *Jentsch*, Die EG-Wertpapierdienstleistungsrichtlinie, WM 1993, S. 2189.

978 Vgl. *Streinz*, Mindestharmonisierung im Binnenmarkt, in: Zentrum für Europäisches Wirtschaftsrecht, Sammelband 68, S. 21.

979 Siehe 1. Teil I. 5. a. aa. dieser Arbeit.

980 Der Begriff Harmonisierung kommt im EGV an mehreren Stellen vor, wird aber dort nicht ausdrücklich definiert. Inhaltlich ist er gleichbedeutend mit den Begriffen „Angleichung" i.S.d. Art. 95 [ex-Art. 100a] sowie „Koordinierung" in Art. 47 Abs. 2 [ex-Art. 57 Abs. 2], vgl. hierzu *Streinz*, Mindestharmonisierung im Binnenmarkt, in: Zentrum für Europäisches Wirtschaftsrecht, Sammelband 68, S. 23.

rechts.[981] Letztlich konnte nur eine schrittweise Harmonisierung mit der Verabschiedung der Ersten Bankrechtskoordinierungsrichtlinie[982] von 1977 durchgesetzt werden.

Im Bereich des Wertpapierhandels bestanden von Anfang an keine Pläne für eine umfassende europäische Harmonisierung.[983] Vielmehr wurden nur einzelne Bereiche des Wertpapierhandels wie der amtliche Börsenhandel im Bereich der Börsenzulassungsbedingungen, des Börsenzulassungprospektes und der Veröffentlichung regelmäßiger Informationen harmonisiert.[984] Eine umfassende Harmonisierung der Organisation der Wertpapiermärkte sowie Eingriffe in deren Wettbewerb war nicht geplant. In dieser Phase bestand zudem noch keine Möglichkeit, eine zwingende europäische Harmonisierung der Tätigkeit der Wertpapierfirmen und ihres Zugangs zu den Wertpapiermärkten politisch durchzusetzen. Stattdessen kam es zur Verabschiedung von Wohlverhaltensregeln für Wertpapiere[985], die jedoch in der Praxis der Mitgliedstaaten nur wenig beachtet wurden.[986] Aus heutiger Sicht ist zweifelhaft, ob eine Vollharmonisierung des Rechts des Wertpapierhandels überhaupt mit dem nunmehr im EGV ausdrücklich verankerten europarechtlichen Subisidiaritätsprinzip[987] vereinbar und darüber hinaus notwendig und sinnvoll gewesen wäre.[988]

Erst durch den tatsächlichen Abbau der Kapitalverkehrsbeschränkungen, die Realisierung der Dienstleistungsfreiheit für Kreditinstitute auf der Basis des Prinzips der Heimatlandkontrolle durch die Zweite Bankrechtskoordinierungsrichtlinie[989] sowie die Bemühungen

---

981 Der Richtlinienvorschlag der Europäischen Kommission von 1972 für ein „europäisches KWG" wurde abgelehnt, vgl. *Schäfer*, Materielle Aspekte der EG-Richtlinie über Wertpapierdienstleistungen, AG 1993, S. 398.

982 Erste Richtlinie 77/780/EWG des Rates v. 12.12.1977 zur Koordinierung der Rechts- und Verwaltungsvorschriften über die Aufnahme und Ausübung der Tätigkeiten der Kreditinstitute, ABl. Nr. L 322/30 v. 17.12.1977. Ein Überblick über die Sekundärrechtsakte in den Bereichen der Verwirklichung der Niederlassungs- und Dienstleistungsfreiheit sowie der Beaufsichtigung und Rechnungslegung der Kreditinstitute findet sich bei *Weber*, in: Lenz (Hrsg.), EG-Vertrag Kommentar, Rn. 18 f. zu Art. 56 [ex-Art. 73b]; siehe ferner hinsichtlich noch nicht verabschiedeter Vorhaben und Vorhaben in Beratung *Verband öffentlicher Banken*, Kreditwirtschaftlich wichtige Vorhaben der EU, insbes. S. 8-42; *Kümpel*, Bank- und Kapitalmarktrecht, Rn. 19.12-19.80 mit Hinweisen zur Umsetzung in Deutschland.

983 *Scott-Quinn*, EC Securities Markets Regulation, in: Steil (Hrsg.) International financial market regulation, S. 121 f.

984 *Jentsch*, Die EG-Wertpapierdienstleistungsrichtlinie, WM 1993, S. 2189 (2190).

985 Empfehlung der Europäischen Kommission 77/534/EWG vom 25. Juli 1977 betreffend europäische Wohlverhaltensregeln für Wertpapiere, ABl. L 212 vom 20. August 1977.

986 *Jentsch*, Die EG-Wertpapierdienstleistungsrichtlinie, WM 1993, S. 2189 (2190).

987 Vgl. zum europarechtlichen Subsidiaritätsprinzip 3. Teil IV. dieser Arbeit.

988 Kritisch zum reinen Harmonisierungsansatz auch *Quinn*, in: Steil (Hrsg.), International financial market regulation, S. 132.

989 Zweite Richtlinie des Rates 89/646/EWG v. 15.12.1989 zur Koordinierung der Rechts- und Verwaltungsvorschriften über die Aufnahme und Ausübung der Tätigkeit der Kreditinstitute und zur Änderung der Richtlinie 77/780/EWG, ABl. Nr. L 386/1 v. 30.12.1989.

internationaler Organisationen um die Harmonisierung der Regulierung der aufsichtsrechtlichen Behandlung der Wertpapierfirmen und ihrer Dienstleistungen im globalen Kontext enstand die Notwendigkeit, auf europäischer Ebene auch im Bereich des Wertpapierhandels zu reagieren. Der den Kreditinstituten in der Zweiten Bankrechtskoordinierungsrichtlinie gewährte „Europapaß"[990] bildete den Anlaß, nunmehr auch für die Wertpapierfirmen, die nicht unter die Kreditinstitutsdefinition der Richtlinie fielen, weil sie kein Einlagen- und Kreditgeschäft betrieben, eine entsprechende Möglichkeit zur EG-weiten Betätigung zu fordern. Dabei wurde die Schaffung eines einheitlichen europäischen Kapitalmarktes im Bereich des Wertpapierhandels genauso wie im Bankenbereich durch das Konzept einer wechselseitigen Marktdurchdringung durch Marktzugangserleichterungen und Angleichung der Transaktionsvoraussetzungen angestrebt.[991]

a. Kompetenzen zur Rechtsangleichung

Rechtlicher Ansatzpunkt für die Harmonisierungsbemühungen der Gemeinschaft ist Art. 3 [ex-Art. 3] Abs. 1 Punkt h) EGV, wonach zu den Tätigkeiten der Gemeinschaft auch „die Angleichung der innerstaatlichen Rechtsvorschriften (gehört)", allerdings nur, „soweit dies für das ordnungsmäßige Funktionieren des Gemeinsamen Marktes erforderlich ist". Die Rechtsangleichung kann jedoch nicht allein auf Art. 3 [ex-Art. 3] Abs. 1 Punkt h) EGV als Ermächtigungsnorm gestützt werden[992]. Erforderlich ist stets die Stützung auf die im Vertrag enthaltenen speziellen sachgebietsbezogenen Kompetenznormen und/oder die allgemeinen Kompetenznormen zur Angleichung der Rechtsvorschriften Art. 94 – Art. 97 [ex-Art. 100 – Art. 102] EGV.

Als spezielle sachgebietsbezogene Kompetenznormen zur Rechtsangleichung im Bereich des grenzüberschreitenden Wertpapierhandels kommen vor allem die in den Kapiteln „Das Niederlassungsrecht" (Art. 43 – Art. 48 [ex-Art. 52 – Art. 58]) und „Dienstleistungen" (Art. 49 – Art. 55 [ex-Art. 59 – Art. 66]) des EWGV bzw. EGV enthaltenen Anweisungen zur Koordinierung von Rechtsvorschriften in Betracht. In der Praxis der Rechtsangleichung im Bereich des Wertpapierrechts handelte es sich bisher um die Kompetenznormen Art. 54 Abs. 3 g) EWGV und Art. 47 [ex-Art. 57] Abs. 2 EWGV, wie ein Blick auf die Einleitungssätze der Präambeln der in diesem Bereich erlassenen Richtlinien zeigt. Die neuere Wertpapierdienstleistungsrichtlinie und die Kapitaladäquanzrichtlinie stützen sich auf Art. 47 [ex-Art. 57] Abs. 2 EGV. Die Zulassungsrichtlinie, die Prospektrichtlinie und die Zwischenberichtsrichtlinie sind jeweils auf Art. 54 Abs. 3 g)

---

990 Vgl. zum Begriff und Konzept des „Europapasses" 4. Teil IV. dieser Arbeit m. w. Nw.

991 Vgl. hierzu *Schäfer*, Materielle Aspekte der EG-Richtlinie über Wertpapierdienstleistungen, AG 1993, S. 389 f.

EWGV i. V. m. Art. 100 EWGV gestützt. Einen Sonderfall stellt die Insiderrichtlinie dar, die allein auf Art. 95 [ex-Art. 100a] EGV gestützt ist und damit ein Beispiel für eine im Rahmen des Binnenmarktkonzeptes erlassene Richtlinie, die ausschließlich auf eine generelle und nicht auf eine spezielle Kompetenznorm des EGV gestützt ist, bietet.

Die Stützung der Rechtsangleichungsmaßnahmen auf zwei Kompetenznormen, auf die sachgebietsbezogene und auf Art. 94 [ex-Art. 100] EWGV als allgemeine Kompetenznorm zur Rechtsangleichung[993] wird jedenfalls dann als zulässig angesehen, wenn eine sachgebietsbezogene Rechtsangleichungsbestimmung allein für nicht ausreichend erachtet wird.[994] Art. 94 [ex-Art. 100] EGV hat insofern grundsätzlich nur subsidiären Charakter.[995] Da sich die speziellen Kompetenznormen stets nur auf bestimmte Sachbereiche beziehen, waren und sind auch generelle Kompetenznormen erforderlich, um die durch die unterschiedlichen nationalen Regelungen der Mitgliedstaaten hervorgerufenen Hindernisse für die Verwirklichung der Grundfreiheiten umfassend beseitigen zu können[996] und zu verhindern, daß die Vertragsziele unterlaufen werden.[997] Inwieweit sich das Verhältnis der Spezialvorschriften zu Art. 94 [ex-Art. 100] EGV durch die Entwicklung der Rechtsprechung[998] ändert, kann für die hier relevanten bereits existierenden Richtlinien dahingestellt bleiben.

Etwas anderes gilt aber für die mit der Einheitlichen Europäischen Akte (EEA)[999] neu geschaffenen Kompetenznormen. Die primärrechtliche Umsetzung des mit dem Weißbuch der Kommission über die Vollendung des Binnenmarktes vorgelegten Konzepts zur Beschleunigung der Herstellung eines Wirtschaftsraumes ohne Binnengrenzen durch Beseitigung der in Form unterschiedlicher rechtlicher Regelungen und Verwaltungspraktiken in den Mitgliedstaaten noch bestehenden Hindernisse erfolgte durch die am 1.7.1987 in Kraft getretene Einheitliche Europäische Akte (EEA) mit der teilweisen Umgestaltung des EWGV. Als Ziel des Binnenmarktes definiert nunmehr Art. 14 [ex-Art. 7a] Abs. 2

---

992 *Langeheine*, in: Grabitz/Hilf (Hrsg.), Kommentar zur Europäischen Union, Rn. 1 zu Art 100 EGV m. w. Nw.

993 Zum Verhältnis von Art. 100 EGV zu anderen Vorschriften des EGV, *Langeheine*, in: Grabitz/Hilf (Hrsg.), Kommentar zur Europäischen Union, Rn. 72 ff. zu Art. 100 EGV m. w. Nw.; sowie *Eiden*, in: Bleckmann, Recht der Europäischen Gemeinschaft, Rn. 1548.

994 *Eiden*, in: Bleckmann, Recht der Europäischen Gemeinschaft, Rn. 1548 unter Verweis auf *Langeheine*, in: Grabitz/Hilf (Hrsg.), Kommentar zur Europäischen Union, Rn. 72.

995 *Langeheine*, in: Grabitz/Hilf (Hrsg.), Kommentar zur Europäischen Union, Rn. 72 zu Art. 100 EGV.

996 *Eiden*, in: Bleckmann, Europarecht, Rn. 1506 f.

997 *Langeheine*, in: Grabitz/Hilf (Hrsg.), Kommentar zur Europäischen Union, Rn. 2 zu Art. 100 EGV m. w. Nw.

998 Siehe hierzu *Langeheine*, in: Grabitz/Hilf (Hrsg.), Kommentar zur Europäischen Union, Rn. 77 zu Art. 100 EGV; *Eiden*, in: Bleckmann, Europarecht, Rn. 1548.

EGV „einen Raum ohne Binnengrenzen, in dem der freie Verkehr von Waren, Personen, Dienstleistungen und Kapital gemäß den Bestimmungen dieses Vertrages gewährleistet ist". In der Literatur ist streitig, inwieweit sich der Begriff des „Binnenmarktes" von dem des „Gemeinsamen Marktes" unterscheidet. Praktische Relevanz hat dieser Streit, weil einige der neu in den Vertrag aufgenommenen Kompetenznormen ausschließlich an den Begriff des Binnenmarktes anknüpfen und auch der EGV damit die Unterscheidung zwischen Binnenmarkt und Gemeinsamen Markt beibehält.[1000] Im Hinblick auf die Rechtsangleichung im Bereich des europäischen grenzüberschreitenden Wertpapierhandels spielt hier insbesondere der durch Art. 18 der EEA in den Vertrag eingefügte[1001] Art. 95 [ex-Art. 100a] Abs. 1 EGV, auf den die Insiderrichtlinie gestützt ist, eine Rolle.[1002]

Vertreten werden die Auffassungen, daß Binnenmarkt und Gemeinsamer Markt identisch seien, der Binnenmarkt über den Gemeinsamen Markt hinausreiche oder andererseits hinter diesem zurückbleibe.[1003] Mit Streinz ist davon auszugehen, daß es sich beim Binnenmarkt um ein „Weniger" im Vergleich zum Gemeinsamen Markt handelt.[1004] Hierfür spricht zwingend, daß im EGV neben dem neu eingefügten Art. 94 [ex-Art. 100a] EGV noch weiterhin an Art. 94 [ex-Art. 100] EGV festgehalten wird, was nur dann Sinn macht, wenn für diesen Harmonisierungsaufgaben übrigbleiben, die nicht bereits durch Art. 95 [ex-Art. 100a] EGV erfaßt sind. Hieraus folgt zugleich, daß der Binnenmarktbegriff in Art. 95 [ex-Art. 100a] EGV enger sein muß als der Begriff des Gemeinsamen Marktes, der Art. 94 [ex-Art. 100] EGV zugrunde liegt.[1005]

Die Entwicklung der Insiderrichtlinie[1006] zeigt, welche Funktion Art. 95 [ex-Art. 100a] EGV mit seinem verringerten Beschlußzustimmungserfordernis gegenüber den speziellen

---

999 Einheitliche Europäische Akte v. 17./28.2.1986; *Rat der Europäischen Gemeinschaften* (Hrsg.), Einheitliche Europäische Akte und Schlußakte.

1000 *Streinz*, Europarecht, Rn. 948.

1001 Art. 18 EEA, der Art. 100a [jetzt Art. 95] in den EGV einfügte, war die Zentralbestimmung der EEA, um für die Harmonisierungsbestrebungen der Gemeinschaft ein Beschlußverfahren zu schaffen, bei dem nicht wie in Art. 100 EGV [jetzt Art. 94] Einstimmigkeit im Rat erreicht werden muß. Vgl. *Röttinger*, in: Lenz (Hrsg.) EG-Vertrag Kommentar, Rn. 1 zu Art. 95 [ex-Art. 100a] EGV m. w. Nw.

1002 Insider-Richtlinie, 89/592/EWG, Abl. 1989 Nr. L 334/30.

1003 Vgl. nur *Streinz*, Europarecht, Rn. 949-954; sowie *Langeheine,* in: Grabitz/Hilf (Hrsg.), Kommentar zur Europäischen Union, Rn. 20 zu Art. 100a EGV, der die Auffassung vertritt, daß sich der sachliche Bereich des Binnenmarktes im wesentlichen mit dem des Gemeinsamen Marktes deckt.

1004 *Streinz*, Europarecht, Rn. 953.

1005 Überzeugend *Streinz*, Europarecht, Rn. 953.

1006 Vgl. zum langwierigen Entstehungsverfahren der Insiderrichtlinie sowie der hinter dem Ringen um eine europarechtliche Lösung stehenden Interessenlagen *Paefgen*, Insiderhandel im Spannungsfeld zwischen gemeinschaftsrechtlicher Integration und nationalstaatlicher Regulation - e pluribus unum, AG 1991, S. 380 (383-386); auch *Tippach*, Das Insider-Handelsverbot und die besonderen Rechtspflichten der Banken, S. 3-10.

sachgebietsbezogenen Kompetenznormen sowie gegenüber Art. 94 [ex-Art. 100] EGV hat. Der Kommissionsvorschlag einer Insiderrichtlinie vom 25.5.1987[1007] stützte sich noch auf Art. 54 Abs. 3 g) EWGV[1008], während sich die überprüfte Fassung[1009] auf Vorschlag des Europäischen Parlaments[1010] bereits auf Art. 100a EWGV stützte. Damit wurden einerseits die jahrelangen heftigen Widerstände insbesondere der deutschen Marktteilnehmer gegen eine europäische Insiderrichtlinie, die eine staatliche Insiderkontrolle forderte, plötzlich hinfällig, da die Insiderrichtlinie nunmehr auch gegen die deutsche Position mittels einer Mehrheitsentscheidung im Rat durchgesetzt werden konnte.[1011] Zugleich wurde deutlich, daß ein Perspektivwechsel des Insiderrechts zu einem kapitalmarktbezogenen Phänomen stattgefunden hat.[1012] Damit ist primäres Ziel auch der Insiderrichtlinie die Regelung der Wettbewerbsfähigkeit der Finanzplätze, was sich wiederum bei der Umsetzung der Richtinie in mitgliedstaatliches Recht und bei seiner Anwendung auswirkt.[1013] Diese Entwicklung ist im Falle der Insiderrechtsharmonisierung grundsätzlich zu begrüßen und wird heute ganz überwiegend auch von den damals zunächst heftigen Widerstand leistenden Marktteilnehmern akzeptiert. Die auf eine Selbstregulierung der Marktteilnehmer vertrauende Insideraufsicht in Deutschland erwies sich immer stärker als Hindernis für die Kapitalanlage ausländischer Investoren in deutsche Wertpapiere sowie umgekehrt auch als Hindernis für die internationale Börsenzulassung deutscher Unternehmen[1014] in Drittstaaten aus.

Eine Bewertung der politischen Grundentscheidung, das Mehrheitsprinzip für Entscheidungen der Gemeinschaft einzuführen, soll hier nicht erfolgen. In rechtlicher Hinsicht besteht jedoch die Gefahr, daß die Harmonisierung nicht auf die spezielleren sachlichen Kompetenznormen gestützt wird, sondern allein auf den subsidiären Art. 95 [ex-Art. 100a] EGV, der lediglich fordert, daß die auf seiner Basis beschlossenen Maßnahmen der Verwirklichung des Binnenmarktes dienen, was wegen der Weite dieses Rechtsbe-

1007 ABl. Nr. C 153/8 v. 11.6.1987; ZIP 1987, S. 1217-1221.

1008 *Tippach*, Das Insider-Handelsverbot und die besonderen Rechtspflichten der Banken, S. 7 weist darauf hin, daß diese Rechtsgrundlage, auf die bislang vornehmlich gesellschaftsrechtliche Regelungen gestützt wurden, zur Einstufung auch des Insiderhandelsverbot als unternehmens- und nicht als kapitalmarktrechtliches Phänomen führte.

1009 ABl. Nr. C 277/13 v. 27.10.1988.

1010 ABl. Nr. C 187/93 v. 18.7.1987.

1011 Vgl. *Paefgen*, Insiderhandel im Spannungsfeld zwischen gemeinschaftsrechtlicher Integration und nationalstaatlicher Regulation - e pluribus unum, AG 1991, S. 380 (385 f.).

1012 *Tippach*, Das Insider-Handelsverbot und die besonderen Rechtspflichten der Banken, S. 8.

1013 *Tippach*, Das Insider-Handelsverbot und die besonderen Rechtspflichten der Banken, S. 9 f.

1014 Zur Regelung der Insideraufsicht vor der Umsetzung der Insiderrichtlinie und der Errichtung des Bundesaufsichtsamts für den Wertpapierhandel, vgl. z. B. die Darstellung bei *Siebold*, Das neue Insiderrecht, S. 42-86 m. w. Nw.; sowie *Assmann*, in: Assmann/Schneider (Hrsg.), Wertpapierhandelsgesetz, Rn. 1-12 vor § 12.

griffs auch bei Anwendung der europarechtlichen Auslegungsmethoden relativ leichter zu begründen ist als im Bereich sachlicher Kompetenznormen. Die Subsidiarität von Art. 95 [ex-Art. 100a] EGV als „spezielle Generalklausel" gegenüber den spezielleren sachgebietsbezogenen Kompetenzen muß gewahrt bleiben. Das in Art. 95 [ex-Art. 100a] Abs. 4 EGV ermöglichte Ausweichen auf nationale Sonderregeln für die Mitgliedstaaten, die in der Mehrheitsentscheidung im Rat unterlegen waren, ist nur eine suboptimale Lösung, zumal nationale „Alleingänge" der Mitgliedstaaten auch hierbei nur in sehr beschränktem Umfang möglich sind. Allerdings war die Möglichkeit eines Abweichens für einzelne Mitgliedstaaten hinsichtlich der Beibehaltung einzelstaatlicher Bestimmungen zur Durchsetzung eines höheren Schutzniveaus für bestimmte Schutzgüter der Preis für die Einführung des Mehrheitsprinzips und hat damit erst die Einführung des Art. 95 [ex-Art. 100a] EGV ermöglicht.[1015] Allerdings sieht Art. 95 [ex-Art. 100a] Abs. 3 EGV ohnehin schon vor, daß die Kommission in ihren Vorschlägen für Maßnahmen (hierbei stehen sowohl die Richtlinie als auch die Verordnung zur Verfügung) in den Bereichen Gesundheit, Sicherheit, Umweltschutz und Verbraucherschutz von einem hohen Schutzniveau ausgeht und dabei insbesondere alle auf wissenschaftliche Ergebnisse gestützten neuen Entwicklungen berücksichtigt. Der im Amsterdamer Vertrag neu formulierte Art. 95 [ex-Art. 100a] Abs. 4 EGV, der einige der zur alten Fassung der Vorschrift entstandenen Streitfragen geklärt hat[1016], gilt zudem nur für die Beibehaltung bereits in dem jeweiligen Mitgliedstaat bestehender Regelungen. Um auch unter Geltung des Mehrheitsprinzips den Besonderheiten einzelner Staaten gerecht werden zu können, sieht Art. 95 [ex-Art. 100a] Abs. 5 EGV zudem die Möglichkeit vor, daß auf Grund eines spezifischen Problems für einen Mitgliedstaat dieser Mitgliedstaat auch nach Erlaß einer Maßnahme nach Art. 95 [ex-Art. 100a] Abs. 1 EGV abweichende auf neue wissenschaftliche Erkenntnisse gestützte einzelstaatliche Bestimmungen zum Schutz der Umwelt oder der Arbeitsumwelt neu einführen kann. Erforderlich ist hierfür jedoch eine Mitteilung an die Kommission und deren Billigungsbeschluß bzw. der Ablauf von 6 Monaten ohne solchen Billigungsbeschluß. Im Bereich des Wertpapierhandels könnte sich eine solche neue einzelstaatliche Regelung wohl nur dann ergeben, wenn aufgrund neuer, bislang nicht gebräuchlicher oder bekannter Finanzinstrumente ein erweiterter Anlegerschutz erforderlich ist. Allerdings spricht Art. 95 [ex-Art. 100a] Abs. 5 EGV abweichend von Art. 95 [ex-Art. 100a] Abs. 4 EGV nur noch von Bestimmungen zum Schutz der Umwelt oder Arbeitsumwelt und nicht mehr auch von den wichtigen Erfordernissen im Sinne des Art. 30 oder vom Verbraucherschutz, der in Art. 95 [Art. 100a] Abs. 3 EGV noch einbezogen wird, so daß insofern

---

1015 Vgl. *Streinz*, Europarecht, Rn. 964.

1016 Siehe hierzu *Streinz*, Europarecht, Rn. 964 ff.

keine einzelstaatlichen neuen Regelungen und damit kein Abweichen von dem Harmonisierungsstandard mehr möglich ist.[1017]

Für künftige Harmonisierungsmaßnahmen, die sich nicht ausschließlich auf die speziellen Kompetenznormen des Dienstleistungs- und Niederlassungsrechts sowie den freien Kapitalverkehr stützen lassen, wird die Regelung in Art. 95 [ex-Art. 100a] EGV weiter an Bedeutung gewinnen.

b. Funktionen der Rechtsangleichung

Allein die bloße Erleichterung des Zustandekommens der Wertpapiergeschäfte und deren Abwicklung sowie die Eröffnung des europäischen Marktes für Wertpapierhandelssysteme hätte nicht die Angleichung der nationalen aufsichtsrechtlichen Regelungen erfordert. Diese wäre bereits durch die technische Entwicklung der Handels- und Abwicklungssysteme sowie die Einräumung der Kapital- und Zahlungsverkehrsfreiheit sicherzustellen gewesen. Die Rechtsangleichung ist jedoch auf den Gemeinsamen Markt bezogen. Dadurch wird deutlich, daß ihr primäres Ziel nicht lediglich in der Erleichterung der Geschäfte zwischen den aus den verschiedenen Mitgliedstaaten stammenden Geschäftspartnern im grenzüberschreitenden Verkehr liegt[1018], sondern in der Herstellung und Sicherung der Wettbewerbsfreiheit und der Schaffung gleicher Wettbewerbsbedingungen für alle im Gemeinsamen Markt Handelnden.[1019]

Das Ziel gleicher Wettbewerbsbedingungen für alle Marktteilnehmer kann aber nur erreicht werden, wenn die Rechtsangleichung nicht darauf beschränkt ist, störende Regelungen in den Mitgliedstaaten zu beseitigen, sondern darüber hinaus auch Regelungen entwickelt werden, die zu einer „gemeinschafts-optimalen Harmonisierunglösung"[1020] führen. Dies ist die eigene gesetzgebungspolitische Aufgabe der Gemeinschaft, die im Binnenmarktkonzept nach Art. 14 [ex-Art. 7a] und Art. 95 [ex-Art. 100a] EGV begründet liegt.[1021] Insbesondere die Wertpapierdienstleistungsrichtlinie, die Kapitaladäquanzrichtlinie und die Insiderrichtlinie sind Ausdruck dieses Ansatzes einer gemeinschaftsoptimalen Harmonisierung. So ging z. B. die Insiderrichtlinie weit über den bis dahin erreichten

---

1017 Vgl. *Streinz*, Europarecht, Rn. 968.

1018 *Langeheine*, in: Grabitz/Hilf (Hrsg.), Kommentar zur Europäischen Union, Rn. 1 zu Art. 100 EGV.

1019 *Langeheine*, in: Grabitz/Hilf (Hrsg.), Kommentar zur Europäischen Union, Rn. 1 zu Art. 100 EGV; *Zweigert*, Grundsatzfragen der europäischen Rechtsangleichung, ihrer Schöpfung und Sicherung, in: FS für Dölle, S. 404.

1020 Vgl. zum Inhalt der Begriffe „Angleichung", „Koordinierung" und „Harmonisierung" einerseits, sowie des Begriffs „Rechtsvereinheitlichung" andererseits, *Röttinger*, in Lenz (Hrsg.), EG-Vertrag Kommentar, Rn. 2 zu Art. 94 [ex-Art. 100]; *Langeheine*, in: Grabitz/Hilf (Hrsg.), Kommentar zur Europäischen Union, Rn. 1 zu Art. 100 EGV.

Stand der Insiderregulierung in einzelnen Mitgliedstaaten hinaus. In Deutschland erforderte die Umsetzung der Richtlinie etwa die Einführung einer Strafbewehrung des Insiderhandelsverbots sowie letztlich die Errichtung des Bundesaufsichtsamtes für den Wertpapierhandel als zuständige Aufsichtsstelle durch das WpHG im Rahmen des 2. Finanzmarktförderungsgesetzes[1022]. Das für die Gemeinschaft aus Anlegerschutzgründen für notwendig erachtete hohe Schutzniveau der Insiderrichtlinie ist Ausdruck der gesetzgebungspolitischen Aufgabe der Gemeinschaft. Entsprechend haben die Richtlinienregelungen für die Wettbewerber aus einigen Mitgliedstaaten durch die Einführung höherer Anforderungen an die Erstellung von Prospekten, die Mitteilungspflichten, die Erstellung von Dokumentationen für die Überwachung ihrer Geschäfte des grenzüberschreitenden Wertpapierhandels sowie die Zulassung ihrer Tätigkeit nicht nur Erleichterungen, sondern zusätzliche Erschwernisse gebracht. Insbesondere die Wertpapierdienstleistungs- und Kapitaladäquanzrichtlinie haben dazu geführt, daß z. B. in Deutschland viele Finanzdienstleister erstmals einer Zulassungspflicht und Aufsicht unterliegen.[1023]

Mit dem Ziel der Schaffung „gemeinschaftsoptimaler" Regelungen, können der Rechtsangleichung daher mehrere Funktionen zukommen, bei denen insbesondere die repressiv-ordnende Funktion, die steuernde Funktion und die interessenausgleichende Funktion unterschieden werden können.[1024]

aa. Die repressiv-ordnende Funktion

Die repressiv-ordnende Funktion beinhaltet die Beseitigung solcher unterschiedlichen nationalen Regelungen der Mitgliedstaaten, die das reibungslose Funktionieren des Gemeinsamen Marktes stören und unterstützt damit die Liberalisierung. Da die bloße Beseitigung störender Vorschriften in der Regel nicht ausreicht, um eine den Zielen des Vertrages gerechte gemeinschaftsoptimale Regelung zu erreichen, geben die Rechtsakte, die

---

1021 *Langeheine*, in: Grabitz/Hilf (Hrsg.), Kommentar zur Europäischen Union, Rn. 1 zu Art. 100 EGV.

1022 Gesetz über den Wertpapierhandel und zur Änderung börsenrechtlicher und wertpapierrechtlicher Vorschriften vom 26. Juli 1994, BGBl. Teil I, S. 1749 ff. v. 30.7.1994 (sog. Zweites Finanzmarktförderungsgesetz); siehe zum Gang der Gesetzgebung *Assmann*, in: Assmann/Schneider (Hrsg.), Wertpapierhandelsgesetz, Einl. Rn. 16 -19.

1023 Vgl. Gesetzes zur Umsetzung von EG-Richtlinien zur Harmonisierung bank- und wertpapieraufsichtsrechtlicher Vorschriften, v. 22.10.1997, BGBl. Teil I, S. 2518 ff. v. 28.10.1997 sowie bereits zum Entwurf dieses Gesetzes *o. V.*, Die staatliche Aufsicht über den Kapitalmarkt wird verschärft, FAZ v. 19.12.1996; *o. V.*, Finanzdienstleister vor einem großen Wandel, FAZ v. 24.12.1996; *o. V.*, Bankenrecht - Strenge Aufsicht Vorteil für Finanzplatz, Handelsblatt v. 23.12.1996; *o. V.*, KWG-Novelle - Alle Finanzdienstleister unter Bundesaufsicht, Handelsblatt v. 21.2.1997.

1024 *Langeheine*, in: Grabitz/Hilf (Hrsg.), Kommentar zur Europäischen Union, Rn. 4 zu Art. 100 EGV.

diese Funktion aufweisen, i. d. R. auf, wie die Bereiche neu zu ordnen sind und weisen damit zugleich eine steuernde Funktion auf.

bb. Die steuernde Funktion

Die steuernde Funktion beinhaltet die materielle Neuausrichtung der nationalen Regelungen. Langeheine[1025] weist darauf hin, daß sie stets durch die zunächst nur marktsichernde Funktion ausgelöst wird. Darüber hinausgehend können sich dann Regelungen entwikkeln, die als gemeinschaftsoptimal[1026] angesehen werden oder zumindest einen Schritt in diese Richtung bedeuten, wenn schon die tatsächlich „gemeinschaftsoptimalen" Regelungen nicht durchsetzbar sind. Von der Groeben[1027] spricht in diesem Zusammenhang von der Parallelität von Zielverwirklichung und Zielbestimmung der Rechtsangleichung. Im Bereich des Wertpapierhandels können als Beispiele die Entwicklung der Mindestanforderungen an die Börsenzulassung, an die Börsenzulassungsprospekte sowie insbesondere an die Zulassung der Wertpapierfirmen genannt werden.

cc. Die interessenausgleichende Funktion

Die interessenausgleichende Funktion der Rechtsangleichung wird darin gesehen, daß die in nationalen Vorschriften enthaltenen Wertungen einer gemeinschaftlichen Neubewertung unterzogen werden.[1028] Ein Beispiel hierfür ist die Wirkung der Insiderrichtlinie auf das Verständnis der Insidergeschäfte in der Bundesrepublik Deutschland. Erst die Umsetzung der Insiderrichtlinie führte hier zu einer weiten Diskussion über die Schädlichkeit von Insidergeschäften und deren rechtlicher Bewertung. Diese Diskussion hat nicht nur die eigentlichen Insidergeschäfte erfaßt, sondern ein ganz neues öffentliches Bewußtsein geweckt für die wirtschaftliche und rechtliche Bewertung von Wirtschaftskriminalität sowie die Pflichten der Intermediäre im Bereich des Wertpapierhandels. Durch die Neubewertung kommt es zu Anstößen für eine vertiefte Auseinandersetzung mit den Wertungen des eigenen mitgliedstaatlichen Rechts. Letztlich findet erst durch eine gemeinschaftsorientierte Auslegung und Anwendung der in nationales Recht umgesetzten europäischen Vorgaben eine Harmonisierung statt, die mehr ist als allein die technische Umsetzung und

---

1025 *Langeheine,* in: Grabitz/Hilf (Hrsg.), Kommentar zur Europäischen Union, Rn. 4 zu Art. 100 EGV.

1026 *Seidel,* Ziele und Ausmaß der Rechtsangleichung in der EWG – Zur britischen Auffassung, EuR 1979, S. 175; *Langeheine,* in: Grabitz/Hilf (Hrsg.), Kommentar zur Europäischen Union, Rn. 4 zu Art. 100 EGV spricht hier von „gemeinschaftsadäquaten" Lösungen, womit er zum Ausdruck bringt, daß die „optimale" angestrebte Lösung nicht immer erreichbar ist und in aller Regel nur eine den Vertragszielen entsprechende angemessene Lösung erreicht wird.

1027 *Von der Groeben,* Die Politik der Europäischen Kommission auf dem Gebiet der Rechtsangleichung, NJW 1970, S. 359 (360).

Beachtung der Sekundärrechtsakte. Inwieweit hier aber tatsächlich bereits „europäisch" gedacht wird, ist noch fraglich.

c. Inhalte der Rechtsangleichung

Als Inhalte der Rechtsangleichung sowie des sie ergänzenden Konzeptes der gegenseitigen Anerkennung, die hier als selbständiges und ergänzendes Instrument zur Herstellung des Binnenmarktes neben der Rechtsangleichung[1029] behandelt wird, können materielle Standards sowie Aufsichts- und Sanktionsstandards unterschieden werden,[1030] wie die europäischen Sekundärrechtsakte im Bereich des grenzüberschreitenden Wertpapierhandels zeigen.

aa. Die materiellen Standards

Hiebei handelt es sich um die inhaltlichen Unterschiede in den Regelungen der Mitgliedstaaten, die weder Verfahrensvorschriften noch Aufsichtsstandards oder Sanktionsstandards betreffen, also das materielle Recht. Sie begründen die unterschiedliche rechtliche Behandlung gleicher Sachverhalte in den Mitgliedstaaten und sind damit Ausdruck deren Rechtsverständnisses, der Rechtshistorie aber auch der wirtschaftspolitischen Ziele der Mitgliedstaaten. Die zu erfassenden wirtschaftlichen und politischen Sachverhalte sind im Bereich des Wertpapierhandels in allen Mitgliedstaaten vergleichbar oder gar identisch. Die Emission von Wertpapieren, deren Ausgestaltung und erstmaliger Verkauf, die Informationspflichten der Emittenten sowie der Handel über Wertpapierhandelssysteme sind schon auf Grund der internationalen Usancen und Anforderungen der Investoren wirtschaftlich in allen Mitgliedstaaten in der Praxis im wesentlichen gleich. Hieraus folgt, daß auch die materiellen Standards, also die sachlichen Regelungen dieser Sachverhalte zumindest dann sehr ähnlich sind, wenn sie nicht allein oder vorwiegend politisch-ideologischen Vorgaben folgen.

Die Harmonisierung materieller Standards findet sich folglich in jeder der wesentlichen Richtlinien im Bereich der Kapitalmarktintegration. Als Beispiel sei die Zulassungsrichtlinie, die eine Harmonisierung der Zulassungs(mindest)bedingungen für die Notierung der Wertpapiere zum amtlichen Handel enthält, genannt. Art. 4 der Zulassungsrichtlinie i. V. m. den Schemata A-D in deren Anhang regeln konkrete Mindestvorgaben, die das materielle Zulassungsrecht der Mitgliedstaaten veränderten. Gleiches gilt für die Zulas-

---

1028 *Seidel*, Ziele und Ausmaß der Rechtsangleichung in der EWG - Zur britischen Auffassung, EuR 1979, S. 175; *Langeheine*, in: Grabitz/Hilf (Hrsg.), Kommentar zur Europäischen Union, Rn. 4 zu Art. 100 EGV m. w. Nw.

1029 Im Anschluß an *Streinz*, Europarecht, Rn. 955.

1030 Vgl. *Pipkorn*, in: von der Groeben/Thiesing/Ehlermann, Kommentar zum EWGV, Rn. 15 zu Art. 100b.

sungsprospektrichtlinie[1031], die i. V. m. den in ihrem Anhang enthaltenen Schemata sehr konkrete Vorgaben für die Umsetzung durch die Mitgliedstaaten enthält. Auch die korrespondierende Richtlinie für den Prospekt, der im Falle eines öffentlichen Angebots von Wertpapieren zu veröffentlichen ist[1032], enthält genaue Vorgaben für den Mindestinhalt eines solchen Prospektes sowie die Fälle, in denen und die Art, in der er zu veröffentlichen ist. Die Umsetzung dieser Vorgaben gestaltete das mitgliedstaatliche Recht unmittelbar materiell neu. Die Zwischenberichtsrichtlinie[1033] hingegen enthält nur knappe Vorgaben für das materielle Recht in den Mitgliedstaaten, da sie sich hinsichtlich des Inhalts des Zwischenberichts auf die Forderung einiger weniger Zahlenangaben und einer Darstellung der wirtschaftlichen Entwicklung der Unternehmen beschränkte.

Die Möglichkeit zur weitgehenden Beibehaltung eigener materieller Standards im Konzept der gegenseitigen Anerkennung macht dieses Konzept in einer Zeit, in der sich in einigen der Mitgliedstaaten eine starke Euroskepzis bemerkbar macht, zu einem geeigneten Ausweg vor der „Gleichmacherei", die eine Harmonisierung materieller Standards mit sich bringt. Eine vorbehaltlose gegenseitige Anerkennung dieser materiellen Standards als gleichwertig mit der Folge der Öffnung des eigenen Marktes für nach den Anforderungen anderer Mitgliedstaaten erbrachte Dienstleistungen ist jedoch zumindest bei den hier betrachteten Sekundärrechtsakten im Bereich des Wertpapierhandels nicht erfolgt. In aller Regel ist eine begleitende Harmonisierung auf einem Mindestniveau Voraussetzung für die gegenseitige Anerkennung der materiellen Standards.[1034]

bb. Die Aufsichtsstandards

Als Aufsichtsstandards können die Regelungen bezeichnet werden, die die Einhaltung der materiellen Standards durch die Marktteilnehmer sicherstellen sollen. Anders als im Bereich der materiellen Standards läßt sich hinsichtlich der Aufsichtsstandards nicht stets eine so starke Anbindung an die wirtschaftswissenschaftlichen Sachverhalte feststellen. Inwieweit und mit welcher Intensität eine Aufsicht und ständige Überwachung des Wertpapierhandels in einem Mitgliedstaat stattfindet, hing zumindest vor der Umsetzung der Richtlinien im Bereich des Wertpapierhandels sehr stark von der politischen Opportunität des eingreifenden Handels des Mitgliedstaates in wirtschaftliche Abläufe ab und war folglich wesentlich stärker als im Bereich der materiellen Standards von (wirtschafts-) politischen Faktoren geprägt. Eine Harmonisierung auch der Aufsichtsstandards auf einem einheitlichen Mindestniveau war daher zwingend erforderlich, um vergleichbare

---

1031 Richtlinie des Rates 80/390/EWG, ABl. Nr. L 100/1 v. 17.4.1980.

1032 Richtlinie des Rates 89/298/EWG ABl. Nr. L 124/8 v. 5.5.1989.

1033 Richtlinie des Rates 82/121/EWG ABl. Nr. L 48/26 v. 20.2.1982.

1034 Hierzu *Streinz*, Europarecht, Rn. 979 f.

Rahmenbedingungen als Voraussetzung für die Integration des europäischen Kapitalmarkts zu schaffen. Um jedoch eine Mindestharmonisierung überhaupt politisch durchsetzen zu können, wurde den Mitgliedstaaten im Bereich der Aufsichtsstandards zumeist weiterhin ein erheblicher Spielraum überlassen. So schreiben die Sekundärrechtsakte vor, daß die Mitgliedstaaten zuständige Stellen für die Aufsicht zu benennen haben, daß diese mit den erforderlichen aufsichtsrechtlichen Befugnissen auszustatten und zur Zusammenarbeit mit anderen nationalen Behörden sowie den jeweils zuständigen Stellen anderer Mitgliedstaaten verpflichtet sind. Hinsichtlich der Aufteilung und Austattung der Kompetenzen sind die Mitgliedstaaten jedoch weiterhin frei, insbesondere was die konkreten Voraussetzungen für ein aufsichtsrechtliches Einschreiten anbelangt. Die Regelungen zur Zusammenarbeit der Mitgliedstaaten im Bereich der Aufsicht werden hingegen einer detaillierten Regelung zugeführt. Erst sie ermöglichen durch die Schaffung einer institutionalisierten Verbindung zwischen den Aufsichtsbehörden der Mitgliedstaaten das tatsächliche Funktionieren der gegenseitigen Anerkennung.

cc. Die Sanktionsstandards

Die Sanktionsstandards sind als Ergänzung der Aufsichtsstandards zu sehen. Sie sollen sicherstellen, daß im Falle von Verstößen gegen die materiellen Standards, die durch effektive Umsetzung und Anwendung der Aufsichtsstandards im Einzelfall bei der Überwachung des Wertpapierhandels entdeckt werden, effektive Sanktionen zur Beendigung der Rechtsverstöße ergriffen werden können. Der Harmonisierung der Sanktionsstandards kommt daher besondere Bedeutung vor dem Hintergrund des Fehlens eigener effektiver Sanktionsmöglichkeiten der EG zu.[1035] Die Richtlinien aus der Harmonisierungsphase enthalten nur wenige Aussagen zu Sanktionsstandards. Erst im Rahmen der Mindestharmonisierung für das Konzept der gegenseitigen Anerkennung sind konkrete Aussagen zu den Sanktionsstandards im relevanten Sekundärrecht erfolgt.

d. Methoden der Rechtsangleichung

Die sekundärrechtlichen Rechtsakte im Bereich des Wertpapierhandels folgen nicht einer einheitlichen Methode der Rechtsangleichung. Der Grund hierfür ist einleuchtend: sie entstammen unterschiedlichen Phasen der Harmonisierungspolitik und die Methode der Rechtsangleichung hängt wesentlich vom verfolgten politischen Konzept, von dem sie getragen wird, ab.

1035 Ausführlich 5. Teil II. dieser Arbeit.

aa. Totalharmonisierung

Die weitreichendste Rechtsangleichungsmethode ist die Totalangleichung[1036], bei der in dem betroffenen Sachgebiet alle bestehenden nationalen Vorschriften den Vorgaben der EG-Regelung angeglichen werden.[1037] Der materiell-rechtliche Inhalt wird allein durch die Gemeinschaftsregeln vorgegeben.[1038] Inhaltlich abweichende Regeln der Mitgliedstaaten können daneben nicht beibehalten werden.[1039] Entgegenstehendes Recht ist ausgeschlossen.[1040] Dies gilt nicht nur für bereits bestehendes Recht, sondern auch für entgegenstehende neue Vorschriften. Häufig wird sich nicht allein aus dem ausdrücklichen Wortlaut einer Harmonisierungsrichtlinie ergeben, ob es sich für den bestimmten Sachbereich um eine Totalharmonisierung handelt. Hier ist auch die Struktur der Richtlinie[1041], mithin ihr Kontext heranzuziehen.[1042]

bb. Teilharmonisierung

Weniger weitreichend stellt sich die Methode der Teilharmonisierung[1043] dar, die insbesondere in der Variante der fakultativen[1044] Harmonisierung mit dem Problem der Inländerdiskriminierung[1045] verbunden ist. Statt ein Primat der gemeinschaftsrechtlichen Regelung über die nationalen Regelungen zu schaffen, wird die gemeinschaftsrechtliche Harmonisierungsmaßnahme lediglich für den Bereich des grenzüberschreitenden Verkehrs neben die nationalen Regelungen gestellt. Die in den Mitgliedstaaten jeweils betroffenen Adressaten beider Regelungen können sich wahlweise entweder am Standard der gemeinschaftsrechtlichen oder am Standard der mitgliedstaatlichen Regelung orientieren.[1046] Für den grenzüberschreitenden Verkehr gelten dann die gemeinschaftsrechtlichen Regelungen zwingend, während für den Verkehr innerhalb der Mitgliedstaaten weiterhin

---

1036 Auch „absolute Harmonisierung" genannt, vgl. *Streinz*, Mindestharmonisierung im Binnenmarkt, in: Zentrum für Europäisches Wirtschaftsrecht, Sammelband 68, S. 25.

1037 *Eiden*, in: Bleckmann, Europarecht, Rn. 1551.

1038 *EuGH* Rs. 278/85, Kommission/Dänemark - gefährlich Stoffe, Rspr. 1987, 4069/4087; *Langeheine*, in: Grabitz/Hilf (Hrsg.), Kommentar zur Europäischen Union, Rn. 62 zu Art. 100 EGV.

1039 *Langeheine*, in: Grabitz/Hilf (Hrsg.), Kommentar zur Europäischen Union, Rn. 62 zu Art. 100 EGV.

1040 *Eiden*, in: Bleckmann, Europarecht, Rn. 1551.

1041 So *Langeheine*, in: Grabitz/Hilf (Hrsg.), Kommentar zur Europäischen Union, Rn. 62 zu Art. 100 EGV m. w. Nw.

1042 Zur Auslegung des Gemeinschaftsrechts siehe ausführlicher oben 3. Teil I. 2. e.

1043 Vgl. *Streinz*, Mindestharmonisierung im Binnenmarkt, in: Zentrum für Europäisches Wirtschaftsrecht, Sammelband 68, S. 26 m. w. Nw.

1044 Auch optionelle Harmonisierung genannt, *Langeheine*, in: Grabitz/Hilf (Hrsg.), Kommentar zur Europäischen Union, Rn. 59 zu Art. 100 EGV.

1045 Siehe hierzu ausführlich *Hammerl*, Inländerdiskriminierung, passim.

1046 Vgl. *Langeheine*, in: Grabitz/Hilf (Hrsg.), Kommentar zur Europäischen Union, Rn. 59 zu Art. 100 EGV.

abweichende Regelungen aufrechterhalten oder gar neu geschaffen werden können.[1047] Vorteil dieser Rechtsangleichungmethode ist, daß es sich um eine flexible Lösung handelt, die dem Mitgliedstaat nicht sofort jeglichen Regelungsspielraum nimmt, sondern auch eine allmähliche Anpassung an die Gemeinschaftsnormen ermöglicht.[1048] Diese Methode kann aber sinnvollerweise nur dann zur Anwendung kommen, wenn nicht zwingend sofort (oder durch Einräumung von Übergangszeiten auch mit bestimmter zeitlicher Verzögerung) eine gemeinschaftsweite Geltung der Regelungen erforderlich ist, um einen gleichen Standard in der gesamten Gemeinschaft zu gewährleisten oder wenn ein Regelungszweck auch auf verschiedenen gleichwertigen Wegen erreicht werden kann.[1049]

Im Bereich des Wertpapierhandels treten die gemeinschaftsrechtlich harmonisierten Regelungen nach der Umsetzung nicht als eigenständige Regelungen für grenzüberschreitende Sachverhalte neben die nationalen Regelungen, sondern gestalten diese unmittelbar um. Ziel ist es dabei, in allen Mitgliedstaaten einen einheitlichen Mindeststandard durchzusetzen und zwar nicht nur für Geschäfte, die den grenzüberschreitenden Verkehr betreffen, sondern auch für die Geschäfte, die ausschließlich in dem Mitgliedstaat zwischen Parteien aus diesem Mitgliedstaat abgeschlossen und abgewickelt werden. Als Beispiel können wiederum die Prospektregelungen sowie die Voraussetzungen für die Zulassung von Wertpapierfirmen dienen. Da eine verzögerte Umsetzung und Einführung dieser Mindeststandards in einigen Mitgliedstaaten zu einer Verzerrung des Wettbewerbs im grenzüberschreitenden Wertpapierhandel führen könnte, war in diesem Bereich grundsätzlich auch eine gleichzeitige Umsetzung in allen Mitgliedstaaten erforderlich, um die sofortige gemeinschaftsweite Geltung herzustellen. Eine fakultative Harmonisierung schied deshalb aus.

cc. Mindestharmonisierung

Überwiegend folgen die im Bereich des Wertpapierhandels existierenden Sekundärrechtsakte der Methode der Harmonisierung durch gemeinschaftsrechtliche Setzung von Mindeststandards.[1050] Den Mitgliedstaaten wird für einen bestimmten Regelungsbereich ein Mindestregelungsniveau vorgegeben, das in allen Mitgliedstaaten gleichermaßen gilt. Darüber hinaus bleibt den einzelnen Mitgliedstaaten jedoch die Möglichkeit, für ihren nationalen Markt an strengeren Vorschriften festzuhalten bzw. diese strengeren Vor-

---

1047 *Eiden*, in: Bleckmann, Europarecht, Rn. 1552 m. w. Nw.

1048 Vgl. *Langeheine*, in: Grabitz/Hilf (Hrsg.), Kommentar zur Europäischen Union, Rn. 59 zu Art. 100 EGV.

1049 *Langeheine*, in: Grabitz/Hilf (Hrsg.), Kommentar zur Europäischen Union, Rn. 59 zu Art. 100 EGV.

schriften neu zu schaffen. Die Mitgliedstaaten werden damit letztlich lediglich einer Restriktion unterworfen, die ihrem legislativen Ermessen Grenzen setzt, ohne es positiv zu bestimmen, so daß auch von einer „negativen Harmonisierung" gesprochen wird.[1051] Für den Bereich des Wertpapierhandels kann dies z. B. bedeuten, daß den Marktteilnehmern aus dem eigenen Mitgliedstaat der Zugang zum Markt nur unter strengeren Voraussetzungen ermöglicht wird als den ausländischen Teilnehmern aus den anderen Mitgliedstaaten auf Grund zwingenden Europarechts zu ermöglich ist. Die ausländischen Teilnehmer brauchen nur den gemeinschaftsrechtlichen Mindeststandard zu erfüllen, um an den Märkten im gesamten europäischen Raum tätig werden zu können. Das gleiche gilt für die eigenen Teilnehmer soweit sie selbst an Märkten in anderen Mitgliedstaaten tätig werden wollen. Insofern können die strengeren mitgliedstaatlichen Vorschriften für die Teilnehmer aus dem eigenen Mitgliedstaat den grenzüberschreitenden Handel und Verkehr nicht unmittelbar beeinträchtigen.[1052] Selbstverständlich ist es möglich, Regelungen mit Mindeststandards neben Regelungen mit einer Totalharmonisierung in einer Richtlinie zu schaffen. Inwieweit den Mitgliedstaaten dann noch ein Spielraum bei der Umsetzung der Richtlinie verbleibt, ist durch Auslegung der einzelnen Vorschriften zu ermitteln.[1053]

Das Konzept der Mindestharmonisierung entspricht dem Grundsatz der Subsidiarität des Art. 5 [ex-Art. 3b][1054], wonach die Gemeinschaft nur tätig wird, „sofern und soweit die Ziele der in Betracht gezogenen Maßnahmen auf Ebene der Mitgliedstaaten nicht ausreichend erreicht werden können". Darüber hinaus wurde das Konzept der Mindestharmonisierung durch den Europäischen Rat von Edingburgh auch generell zur Normsetzung zur Erwägung empfohlen[1055], wobei allerdings zu beachten ist, daß auch bei Anwendung die-

---

1050 Vgl. *Streinz*, Mindestharmonisierung im Binnenmarkt, in: Zentrum für Europäisches Wirtschaftsrecht, Sammelband 68, S. 27 ff. mit Beispielen im EG-Recht auch aus anderen Bereichen als dem Kapitalmarktrecht.

1051 Vgl. *Behrens*, Stellungnahme zu Streinz, Mindestharmonisierung im Binnenmarkt, in: Zentrum für Europäisches Wirtschaftsrecht, Sammelband 68, S. 60

1052 *Langeheine*, in: Grabitz/Hilf (Hrsg.), Kommentar zur Europäischen Union, Rn. 58 zu Art. 100 EGV m. w. Nw.

1053 *Langeheine*, in: Grabitz/Hilf (Hrsg.), Kommentar zur Europäischen Union, Rn. 58 zu Art. 100 EGV.

1054 So auch *Streinz*, Mindestharmonisierung im Binnenmarkt, in: Zentrum für Europäisches Wirtschaftsrecht, Sammelband 68, S. 45; sowie *Seidel*, Stellungnahme zu Streinz, Mindestharmonisierung im Binnenmarkt, in: Zentrum für Europäisches Wirtschaftsrecht, Sammelband 68, S. 74 f.

1055 Vgl. hierzu *Streinz*, Mindestharmonisierung im Binnenmarkt, in: Zentrum für Europäisches Wirtschaftsrecht, Sammelband 68, S. 47 m. w. Nw.

ses Konzeptes selbstverständlich die Schranken zu beachten sind, die das gesamte primäre Gemeinschaftsrecht, inbesondere auch die Grundfreiheiten stellt.[1056]

Das Mindestharmonisierungskonzept ist im Bereich der Regelungen des Wertpapierhandels allerdings heftiger Kritik ausgesetzt.[1057] Ob dieses Prinzip den freien Verkehr von Gütern, Kapital und Arbeit erleichtere oder erschwere, hänge allein von dem guten Willen der Mitgliedstaaten bei der Interpretation der Mindestharmonisierungsregeln des Sekundärrechts ab.[1058] Die Kommission erläutere weder, welche Regelungen einer Mindestharmonisierung bedürfen, noch wie festgelegt werde, was das Minimum sei. Dieser Kritik ist zuzugeben, daß die Umsetzung und Interpretation der Mindestharmonisierungsregeln von der Einstellung des Mitgliedstaates und seiner zuständigen Stellen zur europäischen Integration beeinflußt wird. Hierin liegt aber keine Besonderheit des Mindestharmonisierungskonzepts; sie betrifft vielmehr jegliche europäische Regelung.

Wird vor dem Hintergrund unterschiedlicher Interpretationsmöglichkeiten hingenommen, daß die Mindestharmonisierung die Basis für das „level playing field“ schaffen soll, bedarf es einer strikten Umsetzungkontrolle, um tatsächlich eine einheitliche Interpretation dieser Mindestregeln und damit ein einheitliches Mindestniveau sicherzustellen.[1059] Die inhaltliche Ausfüllung des „Minimum“-Begriffs ist darüber hinaus eine politische Entscheidung des Rats, die zwar durch Kommissionsentwürfe vorbereitet wird, aber dieser Vorbereitung nicht folgen muß. Die auf einer liberalistischen Interpretation des Konzeptes der gegenseitigen Anerkennung, mit dem das Mindestharmonisierungskonzept eng verknüpft ist, basierende Kritik geht daher m. E. fehl. Das Mindestharmonisierungskonzept hat im Bereich des Wertpapierhandels zumindest dort seine Berechtigung, wo es eine maßgebliche Zahl von Marktteilnehmern gibt, die bei einem freien Wettbewerb der Rahmenbedingungen in einem gemeinsamen europäischen Markt nicht selbst in der Lage sind, die Qualität der Rahmenbedingungen und der auf ihnen beruhenden Dienstleistungen zu beurteilen oder gar zu beeinflussen.[1060] Hiervon ist aber angesichts der selbst in

---

1056 *Streinz*, Mindestharmonisierung im Binnenmarkt, in: Zentrum für Europäisches Wirtschaftsrecht, Sammelband 68, S. 51.

1057 *Steil*, Introduction: Effective Public Policy in a World of Footloose Finance, in: ders. (Hrsg.), International financial market regulation, S. 9 bezeichnet es z. B. als „major question mark in the drafting of the EC legislation“.

1058 Vgl. *Steil*, Equity Trading IV: The ISD and the regulation of the European Market Structure, in: ders. (Hrsg.), The European Equity Markets, S. 132.

1059 Zur Umsetzungskontrolle durch die Europäische Gemeinschaft siehe 5. Teil II. 2. dieser Arbeit.

1060 So auch für den Bereich des EG-Bankenrechts *Dermine*, EC Banking Regulation, in: Steil (Hrsg.), International financial market regulation, S. 111.; vgl. auch *Streinz*, Mindestharmonisierung im Binnenmarkt, in: Zentrum für Europäisches Wirtschaftsrecht, Sammelband 68, S. 34, der darauf hinweist, daß die Harmonisierung zur Erreichung des Ziels des Binnenmarktes insbesondere auch erforderlich ist, um den Schutz wesentlicher Interessen zu gewährleisten, zu denen der Schutz der grenzüberschreitend tätigen Kapitalanleger zweifellos gehört.

Fachkreisen zuweilen nur geringen Kenntnisse über die jeweiligen Rahmenbedingungen in den Mitgliedstaaten der EG auszugehen. Das Mindestharmonisierungskonzept kann daher auch im Konzept der gegenseitigen Anerkennung ökonomisch mit einem Informationsdefizit bzw. einer Informationsasymmetrie begründet werden.[1061] Diese Begründung zwingt aber zugleich zu einer Unterscheidung in verschiedene typische Marktteilnehmergruppen, z. B. professionelle und private Marktteilnehmer, wie sie auch in der Wertpapierdienstleistungsrichtlinie hinsichtlich der Einführung von Marktkonzentrationsregeln aufgegriffen wird.[1062] Die Notwendigkeit eines solchen Regelungsansatzes für die aufsichtsrechtliche Behandlung von Wertpapierhandelssystemen wurde bereits im zweiten Teil dieser Arbeit ausführlich erläutert.

Die Richtlinien im Bereich des Wertpapierhandels weisen alle zumindest auch Regelungen nach der Mindestharmonisierungsmethode auf. Die Einschränkung ist zu machen, da insbesondere die Wertpapierdienstleistungsrichtlinie hinsichtlich der aufsichtsrechtlichen Standards im wesentlichen bereits dem Konzept der gegenseitigen Anerkennung folgt.[1063] Hierdurch wird zugleich deutlich, daß sich die Harmonisierungsmethode des Setzens von Mindeststandards mit dem Konzept der gegenseitigen Anerkennung kombinieren läßt.

3. Das Konzept der gegenseitigen Anerkennung

Das bereits angesprochene Konzept der gegenseitigen Anerkennung ist streng genommen keine Methode der Rechtsangleichung. Ziel ist gerade nicht die Harmonisierung der unterschiedlichen Rechtsvorschriften der Mitgliedstaaten, sondern die Beseitigung der hinderlichen Wirkungen dieser unterschiedlichen nationalen Rechtsvorschriften für das Funktionieren des Binnenmarktes, ohne daß eine Angleichung erfolgt.[1064] Das Konzept läßt einen Wettbewerb der Rechtsordnungen zu und trägt zugleich zu einer Ausbalancierung zwischen der Europäischen Union und den Mitgliedstaaten bei und hilft zu schnelleren Erfolgen bei der Rechtsetzung, da langwierige Harmonisierungsbemühungen vermieden werden können.[1065]

Der Gedanke der gegenseitigen Anerkennung von unterschiedlichen Regelungen der Mitgliedstaaten auch im grenzüberschreitenden Verkehr ist nicht erst im Zuge der Einheitli-

---

1061 Ausführlich hierzu für den Bereich des EG-Bankenrechts *Dermine*, EC Banking Regulation, in: Steil (Hrsg.), International financial market regulation, S. 109-112. Allgemein zur Rechtfertigung von Regulierungseingriffen in einer Marktwirtschaft *Picot/Bortenlänger/Röhrl*, Börsen im Wandel, S. 159 ff.

1062 Siehe hierzu 4. Teil IV. 5. dieser Arbeit.

1063 Vgl. bereits *Europäische Kommission*, Vorschlag für eine Richtlinie des Rates über Wertpapierdienstleistungen, KOM (88) 778 endg. - SYN 176, ABl. Nr. C 43/10 v. 22.2.1989.

1064 Vgl. *Streinz*, Europarecht, Rn. 973 .

1065 Vgl. *Streinz*, Mindestharmonisierung im Binnenmarkt, in: Zentrum für Europäisches Wirtschaftsrecht, Sammelband 68, S. 35.

chen Europäischen Akte neu entwickelt worden.[1066] Auf richterrechtlicher Basis hat für den Bereich des freien Warenverkehrs die „Dassonville"-Rechtsprechung[1067] zur Auslegung des Begriffs der „Maßnahmen gleicher Wirkung wie mengenmäßige Beschränkungen" sowie die „Cassis-de-Dijon"-Rechtsprechung[1068], wonach nur noch solche Beschränkungen zulässig sind, die notwendig sind, um zwingenden Erfordernissen im Rahmen der Art. 38 [ex-Art. 30] und Art. 30 [ex-Art. 36] EGV gerecht zu werden, bereits die Wirkung einer gegenseitigen Anerkennung gehabt.[1069] Folge dieser Rechtsprechung ist, daß die Mitgliedstaaten weiterhin jeweils eigenständige und unterschiedliche Regelungen für die Produktion und Vermarktung ihrer Waren setzen können, freilich mit der Beschränkung, daß diese nicht zu willkürlichen Diskriminierungen oder zu verschleierten Beschränkungen im Warenverkehr führen dürfen. Gleichzeitig bedeutet dies für das Gemeinschaftsrecht, daß Einfuhren aus anderen Mitgliedstaaten zuzulassen sind, wenn die Erzeugnisse in diesem Mitgliedstaat rechtmäßig hergestellt und vermarktet wurden. Allein weil im Herstellungsstaat als legitim anerkannte Ziele von Handelsregelungen mit anderen Mitteln verfolgt werden als im Einfuhrstaat, darf die Einfuhr nicht beschränkt werden.[1070] Damit ergibt sich im Bereich des Warenverkehrs für die Mitgliedstaaten zwangsläufig die Notwendigkeit, die nationalen Herstellungs- und Vermarktungsregeln gegenseitig anzuerkennen.[1071]

Für den Bereich der Niederlassungsfreiheit und des freien Dienstleistungsverkehrs hat die Rechtsprechung zur unmittelbaren Geltung dieser Grundfreiheiten eine ähnliche Wirkung

---

1066 *Scott-Quinn*, EC Securities Markets Regulation, in: Steil (Hrsg.) International financial market regulation, S. 121 (132), führt es primär auf das Weißbuch der Europäischen Kommission zur Vollendung des Binnenmarktes, *Europäische Kommission*, Weißbuch an den Europäischen Rat zur „Vollendung des Binnenmarktes", Dok. KOM (85) 310, zurück.

1067 *EuGH*, Rs. 8/74 - Dassonville - Rspr. 1974, 837 ff.; Vgl. zu Übersichten und Herleitung der ständigen Rechtsprechung des EuGH *Barents*, New developments in measures having equivalent effects, Common Market Law Review 1981, S. 271 ff.; *Seidel* , Der EWG-rechtliche Begriff der Maßnahme gleicher Wirkung wie eine mengenmäßige Beschränkung, NJW 1967, S. 2081 ff.; *Graf*, Der Begriff „Maßnahmen gleicher Wirkung wie mengenmäßige Einfuhrbeschränkungen" in dem EWGV, passim; *Veelken*, Maßnahmen gleicher Wirkung wie mengenmäßige Beschränkungen, EuR 1977, S. 311 ff.; *Streinz*, Europarecht, Rn. 699 ff.; *Oppermann*, Europarecht, Rn. 1298 ff.; *Lux*, in: Lenz (Hrsg.), EG-Vertrag Kommentar, Rn. 22 zu Art. 28 [ex-Art. 30].

1068 *EuGH*, - Rs. 120/78 - Rewe Zentral-AG/Bundesmonopolverwaltung für Branntwein („Cassis de Dijon")- Rspr. 1979, S. 649 ff.; *Oppermann*, Europarecht, Rn. 1299; *Lux*, in: Lenz (Hrsg.), EG-Vertrag Kommentar, Rn. 30 zu Art. 28 [ex-Art. 30]; *Oppermann*, Europarecht, Rn. 1299 m. w. Nw; Streinz, Europarecht, Rn. 700 ff.

1069 *Streinz*, Europarecht, Rn. 974.

1070 *Europäischen Kommission*, Mitteilung an die Mitgliedstaaten, ABl. 1980 C 256/2 ff.; *Oppermann*, Europarecht, Rn. 1299.

1071 *Sedemund*, in: Schwarze, Der Gemeinsame Markt 1987, S. 37 ff.; *Oppermann*, Europarecht, Rn. 1299.

gehabt.[1072] In den Rechtssachen „Reyners“[1073] und „van Binsbergen“[1074] erklärte der EuGH die grundsätzliche unmittelbare Anwendbarkeit der Art. 43 [ex-Art. 52] bzw. Art. 49 [ex-Art. 59] und Art. 50 [ex-Art. 60] Abs. 3 EWGV soweit sie die Inländergleichbehandlung regeln.[1075]

a. Konzept der gegenseitigen Anerkennung im Kontext des Binnenmarktkonzepts

Die „Cassis de Dijon“-Rechtsprechung kann ihre Wirkung als Basis des Konzeptes der gegenseitigen Anerkennung unterschiedlicher Rechtsnormen in den Mitgliedstaaten unmittelbar nur im Bereich des Warenverkehrs entfalten. Streinz[1076] weist zudem darauf hin, daß auch diese Rechtsprechung durch die zwangsläufige Orientierung an Einzelfällen mit Unwägbarkeiten behaftet ist und diese letztlich nur durch eine gegenseitige Anerkennung mittels eines Rechtsaktes beseitigt werden können. Auch in den Bereichen der Dienstleistungs- und Niederlassungsfreiheit ergibt sich eine Beschränkung der Tragweite dieser Rechtsprechung.[1077] Erst mit dem Konzept zur Herstellung des Binnenmarktes gewann die gegenseitige Anerkennung als ergänzendes Instrument[1078] für alle Freiheitsgewährleistungen an Bedeutung.

Das Konzept der gegenseitigen Anerkennung von Rechtsvorschriften durch Sekundärrecht, das als „neue Strategie“ im Binnenmarktkonzept neben die Rechtsangleichung tritt[1079], hatte eine primärrechtliche Verankerung in dem kurz vor Abschluß der Regierungskonferenz in die EEA und anschließend durch die EEA in den EGV eingefügten Art. 100b Abs. 1 S. 2 (alt) gefunden. Hiernach konnte der Rat gemäß Art. 100a EGV(alt) beschließen, daß die in einem Mitgliedstaat geltenden Vorschriften als den Vorschriften eines anderen Mitgliedstaates gleichwertig anerkannt werden mußten. Durch den Verweis in Art. 100b EGV (alt) auf Art. 100a EGV (alt) war das Konzept auf dieser Rechtsgrundlage aber auch nur in dessen Anwendungsbereich anwendbar. Dies bedeutete insbesondere, daß diese primärrechtliche Verankerung nicht für die Regelungen galt, die auf spezi-

---

1072 *Streinz*, Europarecht, Rn. 974.

1073 *EuGH*, Rs. 2/74 - Reyners/Belgien -, Rspr. 1974, 631 (652).

1074 *EuGH*, Rs. 33/74 - van Binsbergen -, Rspr. 1974, 1291 (1310 f.).

1075 Für die „höheren“ Berufe, die z. T. sehr unterschiedliche Berufsbilder in den Mitgliedstaaten aufweisen, blieb aber dennoch bis heute eine weitgehende Anerkennungs- und Harmonisierungsaufgabe bestehen. Vgl. näher zur Problematik der Liberalisierungs- und Harmonisierungsbemühungen der Europäischen Gemeinschaft auf den Gebieten der Dienstleistungs- und Niederlassungsfreiheit *Oppermann*, Europarecht, Rn. 1608-1620.

1076 *Streinz*, Europarecht, Rn. 974.

1077 Vgl. *Streinz*, Europarecht, Rn. 974.

1078 Vgl. *Streinz*, Europarecht, Rn. 955.

1079 *Streinz*, Mindestharmonisierung im Binnenmarkt, in: Zentrum für Europäisches Wirtschaftsrecht, Sammelband 68, S. 34 f.

eller Rechtsgrundlage den Art. 100a EGV (alt) verdrängten, wie z. B. die im Bereich des grenzüberschreitenden Wertpapierhandels einschlägigen Art. 47 [ex-Art. 57] EGV oder Art. 55 [ex-Art. 66] i. V. m. Art. 47 [ex-Art. 57] EGV.[1080] Nicht nur im Bereich des Kapitalmarktrechts hat die von Anfang an mißlungene und unpraktikable Vorschrift daher keine Anwendung gefunden.[1081] Es konnte nicht erwartet werden, daß Staaten mit großen Gegensätzen in ihren nationalen Rechtsordnungen, die sich nicht auf eine gemeinsame Regelung einigen konnten, gerade ihre nationalen Regelungen als „gleichwertig" anerkennen sollten.[1082] Im Rahmen des Amsterdamer Vertrages wurde die Vorschrift daher gestrichen und bereits vorher ein „Verfahren der gegenseitigen Unterrichtung über einzelstaatliche Maßnahmen, die vom Grundsatz des freien Warenverkehrs in der Gemeinschaft abweichen, eingeführt.[1083]

Wie die Wertpapierdienstleistungs- und die Kapitaladäquanzrichtlinie zeigen, ist es aber andererseits auch bei den auf die speziellen Kompetenznormen gestützten Richtlinien nicht ausgeschlossen, das Konzept der gegenseitigen Anerkennung (auch zusammen mit dem Konzept der Harmonisierung der Rechtsvorschriften) anzuwenden.

b. Gleichwertigkeit der Vorschriften

Das wesentliche Element des Konzeptes der gegenseitigen Anerkennung wird deutlich, wenn es in Art. 100b Abs. 1 EGV (alt) hieß, daß es um die Anerkennung der Rechtsvorschriften zweier Mitgliedstaaten „als gleichwertig" geht. Der Begriff der Gleichwertigkeit ist nicht eindeutig definiert. Es handelt sich um unterschiedliche Rechtsvorschriften verschiedener Staaten mit grundsätzlich marktabschottendem Charakter, deren Aufrechterhaltung die Mitgliedstaaten gerade anstreben, denn sonst könnten sie auch zu einer darüber hinausreichenden Harmonisierung der Vorschriften gelangen. Sie sind aber ausschließlich zum Schutze von bestimmten in Art. 30 [ex-Art. 36] EGV genannten oder hochrangigen Rechtsgütern oder i. S. d. „Cassis de Dijon"- Rechtsprechung zum Schutze zwingender Erfordernisse zulässig. Insofern bezieht sich die Gleichwertigkeit der Vorschriften auf ihre Eignung, den Schutz dieser besonderen Rechtsgüter oder Erfordernisse zu gewährleisten.[1084] Jeder Mitgliedstaat erkennt an, daß jeder andere Mitgliedstaat seine

---

1080 *Pipkorn*, in: von der Groeben/Thiesing/Ehlermann, Kommentar zum EWGV, Rn. 5 zu Art. 100b; *Röttinger*, in: Lenz (Hrsg.), EG-Vertrag Kommentar (1. Aufl.), Rn. 1 zu Art. 100b (alt).

1081 Vgl. zur primärrechtlichen Verankerung des Konzeptes der gegenseitigen Anerkennung in Art. 100b und zu dessen Anwendung *Streinz*, Europarecht, Rn. 975.

1082 So auf den Punkt gebracht bei *Streinz*, Europarecht, Rn. 975.

1083 Entscheidung des Europäischen Parlaments und des Rates vom 13.12.1995, Abl. Nr. L 321/1; siehe hierzu ausführlich *Streinz*, Europarecht, Rn. 975.

1084 *Pipkorn*, in: von der Groeben/Thiesing/Ehlermann, Kommentar zum EWGV, Rn. 14 zu Art. 100b.

Vorschriften beibehalten kann, weil die Vorschriften dieses anderen Mitgliedstaates als ebenso geeignet angesehen werden, die mit den eigenen Vorschriften verfolgten Zwecke zum Schutz der genannten Güter zu erfüllen. Erst hierdurch wird der Verzicht auf die Schutzwirkung der eigenen Abschottungsregeln möglich.

c. Kombination mit dem Harmonisierungskonzept

Die Richtlinien im Bereich des grenzüberschreitenden Wertpapierhandels zeigen deutlich, daß das Konzept der gegenseitigen Anerkennung in aller Regel nicht für isoliert anwendbar gehalten wird. Es bedurfte vielmehr der Kombination mit dem Konzept der Harmonisierung, um einen Mindeststandard zu schaffen, auf dessen Basis dann eine Anerkennung der Rechtsvorschriften anderer Mitgliedstaaten als gleichwertig möglich war.[1085] So enthält die Richtlinie 87/345/EWG, die die gegenseitige Anerkennung der Zulassungsprospekte normiert, zwar selbst keine Harmonisierungselemente, sie ergänzt aber auch nur die Zulassungsprospektrichtlinie, die ihrerseits die Zulassungsprospektregelungen in den Mitgliedstaaten umfassend harmonisiert hat. Ebenso verhält es sich mit der Richtlinie zur gegenseitigen Anerkennung der Prospekte für öffentliche Angebote als Börsenprospekt. Sie basiert inhaltlich wiederum auf der Zulassungsprospektrichtlinie sowie auf der Richtlinie über den Prospekt bei öffentlichen Angeboten, die die mitgliedstaatlichen Regelungen für die Prospekterstellung harmonisiert und diesbezüglich zugleich den Grundsatz der gegenseitigen Anerkennung enthält. Auch die Wertpapierdienstleistungsrichtlinie harmonisiert in weitem Ausmaß die Bedingungen für die Tätigkeit der Wertpapierfirmen und enthält zugleich den Grundsatz der gegenseitigen Anerkennung der Zulassungen.

d. Grundprobleme des Konzeptes der gegenseitigen Anerkennung

Das Konzept der gegenseitigen Anerkennung birgt aber im Bereich der Regelung des Wertpapierhandels Probleme, die seine Anwendbarkeit und Wirksamkeit in der praktischen Umsetzung begrenzen. Die „neue Strategie" basiert auf den nicht hinreichenden Erfolgen bei der Verfolgung des reinen Harmonisierungskonzeptes.[1086] Es wurde erkannt, daß die weitgehende Harmonisierung der den Wertpapierhandel zwischen den Mitgliedstaaten ver- oder behindernden Rechtsvorschriften wegen der Partikularinteressen der Mitgliedstaaten nicht im erwünschten und erforderlichen Maße und Tempo realisiert wer-

---

1085 Auch *Pipkorn*, in: von der Groeben/Thiesing/Ehlermann, Kommentar zum EWGV, Rn. 14 zu Art. 100b weist allgemein auf diesen Zusammenklang von Harmonisierung und gegenseitiger Anerkennung hin. Die Besonderheit der primärrechtlichen Verankerung des Konzeptes der gegenseitigen Anerkennung in Art. 100b Abs. 1 S. 2 EGV liegt darin, daß er eine gegenseitige Anerkennung ohne vorherige Harmonisierung der Rechtsvorschriften zur Schaffung eines Mindestniveaus vorsieht, im Gegensatz zu den auf spezielleren Rechtsgrundlagen ergangenen Richtlinien, die ebenfalls das Konzept der gegenseitigen Anerkennung verfolgen. Vgl. *Pipkorn*, in: von der Groeben/Thiesing/Ehlermann, Kommentar zum EWGV, Rn. 14 zu Art. 100b.

den konnte. Die Verfolgung des Konzeptes der gegenseitigen Anerkennung bedeutete mithin, daß das Konzept der Harmonisierung auf das „unerläßliche Maß“ beschränkt werden mußte. Nur noch in Bereichen und bezüglich Rechtsvorschriften, bei denen eine Harmonisierung unerläßlich scheint, um Anleger zu schützen oder den freien grenzüberschreitenden Wertpapierhandel herzustellen oder aufrechtzuerhalten, wird nunmehr noch eine Harmonisierung nach den speziellen Vorschriften des Vertrages oder nach Art. 94 [ex-Art. 100], Art. 95 [ex-Art. 100a] EGV vorgenommen. Wenn sich die Mitgliedstaaten aber auf Grund ihrer unterschiedlichen wirtschaftspolitischen Vorstellungen, Rechtssysteme und Partikularinteressen ihrer geregelten Märkte schon nicht auf eine Harmonisierung einigen können, bei der im Rahmen der erforderlichen Konsensfindung immer auch Teile der eigenen Regelung und politischen Auffassung einfließen können, dann kann andererseits nicht erwartet werden, daß sie ausgerechnet die bestehenden unterschiedlichen Regelungen im Konzept der gegenseitigen Anerkennung als gleichwertig anerkennen.[1087] Die Gefahr eines Auseinanderdriftens der Rahmenbedingungen in den jeweiligen Mitgliedstaaten wird durch diesen Ansatz damit keineswegs gestoppt.

e. Wettbewerbsfunktion der Regelungsfreiräume im Konzept der gegenseitigen Anerkennung

Das Konzept der gegenseitigen Anerkennung birgt im Bereich des Wertpapierhandels in wettbewerblicher Hinsicht sowohl Vor- als auch Nachteile. Fraglich ist insbesondere, ob die liberalistische Auffassung zutreffend ist, die Übernahme des Konzepts der gegenseitigen Anerkennung beinhalte, daß nunmehr der Grundsatz der „competition of rules“ gelte, der auch seitens der Kommission und im Rat akzeptiert sei.[1088]

Hiergegen spricht, daß die Kommission selbst im Weißbuch zur Vollendung des Binnenmarktes zum Ausdruck gebracht hat, daß der durch das Konzept der gegenseitigen Anerkennung entstehende Wettbewerb mitgliedstaatlichen Rechts eher eine hinzunehmende (i. S. v. bedauerliche) Konsequenz sei, als ein anzustrebender Zustand,[1089] der nunmehr

---

1086 Vgl. *Streinz*, Europarecht, Rn. 975.

1087 Zutreffend *Streinz*, Europarecht, Rn. 975.

1088 Diese Interpretation wird insbesondere im Hinblick auf die Regelungen der Wertpapiermärkte von britischer Seite vertreten. Vgl. *Scott-Quinn*, EC Securities Markets Regulations, in: Steil (Hrsg.), International financial market regulation, S. 121 (132 f.); *Steil*, Introduction: Effective Public Policy in a World of Footloose Finance, in: ders. (Hrsg.), S. 8. Vgl. zur Problematik des Systemwettbewerbs durch eine „competition of rules“ *Köndgen*, Mindestharmonisierung im europäischen Bankrecht – konzeptionelle Grundlagen -, in: Zentrum für Europäisches Wirtschaftsrecht, Sammelband 70, S. 12 ff.

1089 *Europäische Kommission*, Weißbuch an den Europäischen Rat zur „Vollendung des Binnenmarktes“, Dok. KOM (85) 310. Dies erkennt auch *Scott-Quinn*, EC Securities Markets Regulations, in: Steil (Hrsg.), International financial market regulation, S. 121 (133), unter Verweis auf *Steil*, Competition, Integration and Regulation in the EC Capital Markets, S. 18 an.

insbesondere im Bereich des grenzüberschreitenden Wertpapierhandels Priorität bei der Auslegung des Rechts genießen müsse. Die Auffassung der Kommission kann die Mitgliedstaaten bzw. ihre zuständigen Behörden selbstverständlich nicht hindern, eine eigene Interpretation des Konzepts vorzunehmen. Die unterschiedliche Interpretation allein läßt aber befürchten, daß auf der Grundlage eines Verständnisses des Konzeptes der gegenseitigen Anerkennung als „Wettbewerb der Regulierung" selbst auf dem harmonisierten Mindestniveau lediglich den Buchstaben und nicht dem Geiste des Sekundärrechts gefolgt und die Suche nach einer „gemeinschafts-optimalen" Lösung nicht unterstützt wird. Angesichts der erreichbaren Vorteile im internationalen Standortwettbewerb, die insbesondere in höheren Steueraufkommen und einer höheren Anzahl bzw. dem Erhalt von Arbeitsplätzen bestehen[1090], ist insbesondere der Einfluß dieser politischen Argumente auf die Regulierung zu befürchten.

aa. Problem des „Niveau-Dumping"

Auf der Folgenseite des Konzeptes der gegenseitigen Anerkennung liegt das Hauptproblem in der Wirkung auf die Wettbewerbsstellung der aus verschiedenen Mitgliedstaaten stammenden Wettbewerber, wenn diese auf demselben Markt tätig sind. Dies gilt sowohl für die Wertpapierhandelssysteme selbst als auch für deren Teilnehmer. Unterschiedliche, insbesondere niedrigere aufsichtsrechtliche Anforderungen an das Tätigwerden der Wettbewerber in einigen Mitgliedstaaten wirken sich direkt auf die Wettbewerbsstellung im Binnenmarkt aus. Es besteht bei der durch die Entwicklung der elektronischen Wertpapierhandelssysteme ermöglichten Mobilität der Marktteilnehmer die Gefahr der Aufsichtsarbitrage durch Verlegung des Sitzes in einen anderen Mitgliedstaat. Die, wenn in der Praxis auch nur begrenzte Möglichkeit der Wettbewerber, sich als „Heimatmitgliedstaat" den Mitgliedstaat auszusuchen, der unter Beachtung der harmonisierten Mindestanforderugen die schwächsten Zulassungs- und Aufsichtsregeln hat oder der die Aufsicht trotz formal anspruchsvoller Regelungen faktisch nur lax ausführt, ist dem Konzept der gegenseitigen Anerkennung immanent. Durch diesen „Standortvorteil" kann ein Druck auf die übrigen Mitgliedstaaten enstehen, ihre Anforderungen, die bislang ein höheres Niveau aufweisen, zu senken, so daß die Gefahr einer Niveausenkungsspirale entsteht. Befürchtet wird letztlich die Nivellierung auf dem Stand des Mitgliedstaates mit dem jeweils niedrigsten Standard[1091] oder im Falle einer begleitenden Harmonisierung zur Schaffung eines Mindeststandards, eine Nivellierung auf diesem Mindestniveau.[1092] Ins-

---

1090 *Köndgen*, Mindestharmonisierung im europäischen Bankrecht – konzeptionelle Grundlagen -, in: Zentrum für Europäisches Wirtschaftsrecht, Sammelband 70, S. 14 f..

1091 *Streinz*, Europarecht, Rn. 978.

1092 *Eiden*, in: Bleckmann, Europarecht, Rn. 1574; *Streinz*, Europarecht, Rn. 940.

besondere im Bereich des Wertpapierhandels ist durch die Virtualisierung der Märkte, bei denen die Lokalisierung nur noch am Standort eines Computers festgemacht werden kann, ein Ausnutzen von regulativen Standortvorteilen besonders einfach für die Marktteilnehmer umzusetzen.[1093] Zudem kann regulativer Wettbewerb auch innovationsfördernde Wirkung haben kann, da neue Finanzprodukte und Marktstrukturen im Bereich Wertpapierhandel, die im Gegensatz zu anderen Industrien sehr stark juristisch geprägt sind, in einem Umfeld mit einem niedrigen regulativen Niveau leichter entstehen können.[1094]

Streinz[1095] weist zutreffend darauf hin, daß sich wegen dieser Zusammenhänge das Konzept der gegenseitigen Anerkennung nicht für solche Bereiche eignet, bei denen notwendigerweise im gesamten EU-Raum tatsächlich gleiche und nicht nur formal als gleich anerkannte Regelungen existieren müssen.[1096] Er führt hier die Beispiele Gesundheitsschutz und Umweltschutz an.[1097] Fraglich ist aber, ob hierzu nicht auch der Wertpapierhandel mittels grenzüberschreitender Wertpapierhandelssysteme gehört.

bb. Chancen des „Niveau-Lifting“

Andererseits darf jedoch nicht verkannt werden, daß Unterschiede im Niveau der mitgliedstaatlichen Regelung nicht notwendig zu einer Nivellierung auf dem niedrigsten Niveau führen müssen. Das Aufrechterhalten eines hohen Regelungsniveaus durch eine mitgliedstaatliche Aufsicht kann für die Kapitalmarktteilnehmer, die Betreiber der Wertpapierhandelssysteme und auch die Mitgliedstaaten selbst positive Effekte haben.[1098]

Entscheidende Kriterien für den Erfolg im Markt für Wertpapierdienstleistungen sind das Vertrauen in die Kreditinstitute, Wertpapierfirmen und Wertpapierhandelssysteme hinsichtlich der Befolgung ihrer vertraglichen und/oder gesetzlichen Vermögensbetreuungspflichten, der Zusammenführung der Aufträge, der Ordnungsmäßigkeit der Abwicklung der Geschäfte sowie hinsichtlich der Effektivität der Aufsicht, der sie unterliegen. Der Anleger, der sich an einen Finanzdienstleister wendet, erwartet mindestens die Einhaltung der vertraglich vereinbarten und der gesetzlichen Regelungen sowohl seitens des auftragnehmenden Intermediärs als auch des Wertpapierhandelssystems. Darüber hinaus ist für

---

1093 Vgl. auch Köndgen, Mindestharmonisierung im europäischen Bankrecht – konzeptionelle Grundlagen -, in: Zentrum für Europäisches Wirtschaftsrecht, Sammelband 70, S. 26 f.

1094 Vgl. auch Köndgen, Mindestharmonisierung im europäischen Bankrecht – konzeptionelle Grundlagen -, in: Zentrum für Europäisches Wirtschaftsrecht, Sammelband 70, S. 31 f.

1095 *Streinz*, Europarecht, Rn. 980.

1096 So auch *Streinz*, Mindestharmonisierung im Binnenmarkt, in: Zentrum für Europäisches Wirtschaftsrecht, Sammelband 68, S. 37 ff.

1097 *Streinz*, Europarecht, Rn. 980.

ihn aber wichtig, ob die Einhaltung dieser Regelungen auch tatsächlich durch die jeweils zuständigen Aufsichtsbehörden überwacht werden und effektive Sanktionen zur Verfügung stehen, die notfalls auch tatsächlich verhängt werden. Der einzelne Anleger kann die rechtliche Situation in einem anderen Mitgliedstaat dabei in aller Regel noch weitaus schlechter einschätzen als in seinem Heimatmitgliedstaat. Dies gilt sowohl für Bereiche, die auf einem Mindestniveau harmonisiert sind, als auch und erst Recht in nichtharmonisierten Bereichen, in denen lediglich das Konzept der gegenseitigen Anerkennung Anwendung findet. Hierzu dürfte selbst den zuständigen mitgliedstaatlichen Stellen und den Wettbewerbern zuweilen ausreichende Informationen fehlen. Umso wichtiger wird es für die wettbewerbliche Situation des aus einem anderen Mitgliedstaat stammenden Finanzdienstleisters oder Wertpapierhandelssystems, von sich aus die Einhaltung eines hohen Regelungsniveaus nachzuweisen, das zumindest dem Niveau des Heimatmitgliedstaates des Kunden entspricht. So muß es grundsätzlich auch im Interesse des Wertpapierhandelssystemes bzw. der Intermediäre liegen, in ihrem Heimatmitgliedstaat ebenfalls eine Beaufsichtigung auf einem hohem Niveau zu erreichen und dies entsprechend publik zu machen. Die Aufsichtsstandards werden damit zu einem Faktor im internationalen Wettbewerb um das Vertrauen, das Kapital und die Wertpapieraufträge der Anleger.

Diese Zusammenhänge werden in der Praxis von reinen Wirtschaftlichkeitsrechnungen überlagert. Es kommt hier letztlich auf das Geschäftsvolumen und die Verdienstspannen im Auslandsgeschäft an. Ein Finanzdienstleister, der nur einen geringen Anteil seines Geschäftes im Ausland abwickelt, den Schwerpunkt seiner Tätigkeit und seines Gewinns im Inland verzeichnet und auch keine größeren Expansionspläne für ein Tätigwerden im Ausland hegt, wird nur wenig Interesse daran haben, die in seinem Heimatmitgliedstaat möglicherweise auf niedrigem Niveau befindliche Regulierung oder Aufsicht zu verschärfen. Langfristig wird es auch für diese Finanzdienstleister aber zu einem unumgänglichen Wettbewerbsfaktor werden, auf einem hohen Regelungsniveau zu arbeiten[1099] und sich entsprechend beaufsichtigen zu lassen, wenn solchermaßen beaufsichtigte Wettbewerber aus dem Ausland auf den heimischen Markt drängen. Die zuvor erläuterte Gefahr einer Nivellierung auf dem niedrigsten Niveau sollte deshalb für den hier interessierenden Bereich der Aufsicht über Finanzdienstleister und emittierende Unternehmen auch nicht überbetont werden. Letztlich ist der „race to the bottom"-Effekt typische Begleiterscheinung jedes Wettbewerbs von Rechtsordnungen, und in einer langfristigen Perspektive

---

1098 Vgl. *Köndgen*, Mindestharmonisierung im europäischen Bankrecht – konzeptionelle Grundlagen -, in: Zentrum für Europäisches Wirtschaftsrecht, Sammelband 70, S. 16 ff.

1099 Vgl. auch *Streinz*, Mindestharmonisierung im Binnenmarkt, in: Zentrum für Europäisches Wirtschaftsrecht, Sammelband 68, S. 40 f. der ebenfalls betont, daß letztlich auch die Qualität den Wettbewerb bestimmt und eine strengere Rechtsordnung durchaus ein Wettbewerbsvorteil sein kann.

werden auch in diesem Wettbewerb neue und qualitativ bessere Angebote am Markt auftreten und sich irgendwann wieder ein neues Gleichgewicht auf höherem Markt einstellen, wie Köndgen zu Recht betont.[1100]

4. Die Erweiterung des Konzeptes der gegenseitigen Anerkennung durch das Prinzip der Heimatlandkontrolle

Das Konzept der gegenseitigen Anerkennung besagt zunächst nur, daß den Kapitalmarktteilnehmern das grenzüberschreitende Tätigwerden ermöglicht wird, ohne daß die Aufnahmemitgliedstaaten eine gesonderte Zulassung oder Genehmigung nach ihren eigenen Regelungen fordern dürfen. Die Erteilung der Zulassungen und Genehmigungen obliegt vielmehr den jeweiligen Heimatmitgliedstaaten bzw. deren zuständigen Stellen. Damit ist allerdings nicht zwangläufig verbunden, daß die Heimataufsichtsbehörden auch die Aufsicht über die Tätigkeit der Kapitalmarkteilnehmer in den anderen Mitgliedstaaten übernehmen. Nach dem Konzept der gegenseitigen Anerkennung kann diese grundsätzlich bei den Aufnahmemitgliedstaaten verbleiben. Ein Beispiel hierfür findet sich in den Regelungen der Zulassungsprospektrichtlinie hinsichtlich der gegenseitige Anerkennung von Prospekten. Jeder Mitgliedstaat kann weiterhin eine Anpassung des grundsätzlich anzuerkennenden Zulassungsprospektes an die spezifischen Anforderungen seines Marktes fordern und ist auch für die Kontrolle der Einhaltung der Prospektpflicht in seinem Mitgliedstaat durch Emittenten aus dem Ausland zuständig.[1101]

a. Prinzip der Heimatlandkontrolle

Allerdings findet sich in der Zweiten Bankrechtskoordinierungsrichtlinie und der Wertpapierdienstleistungsrichtlinie eine Ergänzung des Konzeptes der gegenseitigen Anerkennung durch das Prinzip der Heimatlandkontrolle. So obliegt z. B. gemäß Art. 8 Abs. 3 der Wertpapierdienstleistungsrichtlinie auch die Aufsicht über die Tätigkeit der Wertpapierfirmen in den anderen Mitgliedstaaten grundsätzlich den heimatstaatlichen Behörden.[1102] Gleiches gilt gemäß Art. 13 Abs. 1 der Zweiten Bankrechtskoordinierungsrichtlinie für die Kreditinstitute.[1103] Dies bezieht sich insbesondere auf die Einhaltung der laufenden

---

1100 *Köndgen*, Mindestharmonisierung im europäischen Bankrecht – konzeptionelle Grundlagen -, in: Zentrum für Europäisches Wirtschaftsrecht, Sammelband 70, S. 17.

1101 Art. 21 der geänderten Zulassungsprospektrichtlinie.

1102 So bereits *Europäische Kommission*, Vorschlag für eine Richtlinie über Wertpapierdienstleistungen, KOM 88 (778) endg. - SYN 176, ABl. Nr. C 43/10 v. 22.2.1989; siehe hierzu die kritische Stellungnahme des Wirtschafts- und Sozialausschusses, Abl. Nr. C 298/03 v. 27.11.1989, der den Vorschlag für unzureichend hält, um das Prinzip der gegenseitigen Anerkennung der Zulassung anwenden zu können; siehe aber auch *Europäische Kommission*, Geänderter Vorschlag für eine Richtlinie des Rates über Wertpapierfirmen, KOM 89 (629) endg. - SYN 176, ABl. Nr. C 42/06 v. 22.2.1990.

1103 Vgl. hierzu auch *Gruner-Schenk*, Harmonisierung des Bankaufsichtsrechts, S. 71.

Pflichten der Kreditinstitute und Wertpapierfirmen, die Einfluß auf ihre Zulassung haben, speziell auch auf die Beachtung der Eigenkapitalregeln.

b. Aufsichtswahrnehmung durch den Aufnahmemitgliedstaat als Ausnahme vom Prinzip der Heimatlandkontrolle

Wegen der nur begrenzten Informations- und Marktüberwachungsmöglichkeiten der heimatstaatlichen Behörden in den anderen Mitgliedstaaten sind allerdings hiervon wiederum Ausnahmen geregelt. Im Bereich der Wertpapierdienstleistungsrichtlinie handelt es sich um die Aufsicht über die Einhaltung der Wohlverhaltensregeln der Aufnahmemitgliedstaaten gemäß Art. 11 Abs. 2 der Wertpapierdienstleistungsrichtlinie. Im Bereich der Kreditinstitute handelt es sich um die Überwachung der Liquidität, der geldpolitischen Hoheit sowie der Überwachung der Marktrisiken.[1104] Faktisch besteht damit ein arbeitsteiliges Vorgehen zwischen den zuständigen Stellen der beteiligten Mitgliedstaaten. Dies wird umso deutlicher, wenn man z. B. die Regelung in Art. 19 Abs. 5 der Wertpapierdienstleistungsrichtlinie betrachtet. Danach können die zuständigen Behörden des Aufnahmemitgliedstaates für den Fall, daß die Wertpapierfirma trotz der Maßnahmen der zuständigen Behörden des Herkunftsmitgliedstaates die Rechts- und Verwaltungsvorschriften weiterhin verletzt, sich die Maßnahmen der zuständigen Behörden des Herkunftsmitgliedstaates als unzureichend erweisen oder diese schlimmstenfalls überhaupt keine Maßnahmen ergriffen haben, selbst geeignete Maßnahmen ergreifen. Allerdings haben sie zuvor die zuständigen Behörden des Herkunftsmitgliedstaates hiervon zu unterrichten.[1105] Auf diese Weise kommt es auch unter dem Primat des Heimatlandkontrolle-Prinzips zu einem Auseinanderfallen der Kontrolle der personellen und organisatorischen Strukturen der Wertpapierfirmen durch die zuständigen Stellen des Heimatmitgliedstaates und der Kontrolle der direkten Beziehungen zwischen der Wertpapierfirma und den Anlegern durch die zuständigen Stellen des Aufnahmemitgliedstaates. Diese Trennung ist jedoch nicht vollständig, da z. B. ein Entzug der Zulassung durch die zuständigen Stellen des Heimatmitgliedstaates gemäß Art. 3 Abs. 7 e) der Wertpapierdienstleistungsrichtlinie auch dann erfolgen kann, wenn in schwerwiegender Weise systematisch gegen die zur Durchführung des Artikels 11 der Richtlinie erlassenen Wohlverhaltensregeln verstoßen wird. Hier wird die Notwendigkeit der Zusammenarbeit zwischen den zuständigen Stellen der betroffenen Mitgliedstaaten besonders deutlich.

Die Wertpapierdienstleistungrichtlinie gibt hinsichtlich der Wohlverhaltensregeln nur Mindeststandards vor, die der Ausfüllung durch die Mitgliedstaaten bedürfen, die hierbei

---

1104 Siehe hierzu *Gruner-Schenk*, Harmonisierung des Bankaufsichtsrechts, S. 72 m. w. Nw.

1105 Vgl. auch die entsprechenden Art. 21 Abs. 2 u. 4 der Zweiten Bankrechtskoordinierungsrichtlinie.

einen breiten Ermessensspielraum haben.[1106] Dies garantiert zwar, daß die gewachsenen Strukturen der nationalen Märkte erhalten bleiben[1107] und sich in diesem Bereich Unterschiede zwischen den Mitgliedstaaten auch weiterhin herausbilden können, andererseits aber auch, daß die Möglichkeit zur Aufsichtsarbitrage eröffnet wird.

5. Die Richtlinie als „geschmeidiger Rechtsakt" zur Rechtsangleichung im Bereich des Wertpapierhandels

Die erläuterte Entwicklung der Rechtsangleichungspolitik der Gemeinschaft und die daraus entstandenen sekundärrechtlichen Aufsichtsstrukturen im Bereich des grenzüberschreitenden Wertpapierhandels waren als Kompromisse zwischen den einzelstaatlichen Interessen und dem Interesse der Gemeinschaft an der Harmonisierung der wesentlichen Regelungen der nationalen Kapitalmärkte zur Herstellung eines gemeinschaftlichen Europäischen Kapitalmarktes wohl nur mit dem der Gemeinschaft zur Verfügung stehenden Rechtsinstruments der Richtlinie, in deren Form alle wesentlichen Harmonisierungsrechtsakte im Bereich des Wertpapierhandels ergangen sind, möglich. Die in Art. 249 [ex-Art. 189] S. 3 EGV definierte Richtlinie ist das ideale und typische Instrument für die Rechtsangleichung[1108] und die Verankerung des Konzepts der gegenseitigen Anerkennung auf der Basis einer Mindestharmonisierung.

Sie trägt der Tatsache Rechnung, daß ein „geschmeidiger Rechtsakt" benötigt wird, um eine materiellrechtliche Harmonisierung zu erreichen, ohne die nationalen Eigenheiten und Rechtstraditionen durch eine vollständige Vereinheitlichung der nationalen Rechtsvorschriften aufzulösen.[1109] Als zweistufiger Rechtsakt bindet sie zunächst nur die angesprochenen Mitgliedstaaten und entfaltet deshalb nur indirekt gemeinschaftsrechtliche Wirkung.[1110] Für die Mitgliedstaaten als Adressaten wirkt die Rechtsverbindlichkeit der Richtlinie dahingehend, daß sie das Regelungsziel verbindlich vorgibt und eine Pflicht zur Umsetzung beinhaltet,[1111] jedoch jeder Mitgliedstaat grundsätzlich selbständig über

---

1106 Auch *Gruner-Schenk*, Harmonisierung des Bankaufsichtsrechts, S. 255 m. w. Nw.

1107 *Gruner-Schenk*, Harmonisierung des Bankaufsichtsrechts, S. 263.

1108 *Oppermann*, Europarecht, Rn. 1229; aus diesem Grunde ist sie auch als ausschließliches Mittel der Rechtsangleichung in Art. 100 EGV vorgesehen; vgl. *Röttinger*, in: Lenz (Hrsg.) EG-Vertrag Kommentar, Rn. 16 zu Art. 94 [ex-Art. 100].

1109 *Oppermann*, Europarecht, Rn. 547 f.

1110 *Hetmeier*, in: Lenz (Hrsg.) EG-Vertrag Kommentar, Rn. 9 ff. zu Art. 249 [ex-Art. 189]; *Oppermann*, Europarecht, Rn. 555.

1111 *Streinz*, Europarecht, Rn. 384 spricht von „gestufter Verbindlichkeit"; *Oppermann*, Europarecht, Rn. 550.

die Art und Weise der Umsetzung der vorgegebenen Ziele der Richtlinie in nationales Recht entscheidet.[1112]

In der Praxis der Harmonisierungspolitk der EG ist jedoch eine immer stärkere Tendenz zur detaillierten Durchregelung festzustellen, die die Richtlinie als europäischen Rechtsakt in die Nähe der in Art. 249 [ex-Art. 189] S. 2 EGV primärrechtlich geregelten Verordnung bringt. Gründe hierfür sind die Sachzwänge in bestimmten Bereichen, aber auch die schlechte Erfahrung mit der schleppenden Umsetzung der Richtlinien.[1113] Auch die Richtlinien im Bereich des grenzüberschreitenden Wertpapierhandels und insbesondere deren aufsichtsrechtlichen Regelungen sind hiervon betroffen. Allein der Vergleich zwischen der frühen Zulassungsrichtlinie 79/279/EWG und der jüngeren Wertpapierdienstleistungsrichtlinie 93/22/EWG zeigt deutlich die zunehmende Detailliertheit der aufsichtsrechtlichen Regelungen.[1114] Damit tendiert die Richtlinie zwar grundsätzlich dazu, zur „loi uniforme" zu werden, da den zur Umsetzung verpflichteten Mitgliedstaaten mehr als nur die Regelungsziele vorgegeben werden, die Richtlinien im Wertpapierbereich zeigen jedoch, daß zwar die Fülle und Detailliertheit der Regelungen über die Aufsichtsstandards zugenommen hat, diese aber andererseits weiterhin eine Vielzahl unbestimmter Rechtsbegriffe enthalten. Die Organisation der Aufsicht in den Mitgliedstaaten wird nur unwesentlich vorgeschrieben und sie weisen auch nur wenige konkrete Aussagen z. B. über die Sanktionsmöglichkeiten und ihre Durchsetzung auf. Anders als vielleicht bei Richtlinien im Bereich von Warenproduktionsnormen o. ä., die eine Detailliertheit aufweisen, bei der die Umsetzung der Richtlinien durch die Mitgliedstaaten praktisch nur noch im Übersetzen und Abschreiben besteht, haben die Mitgliedstaaten im Bereich der Regelungen des Wertpapierhandels noch einen erheblichen Umsetzungsspielraum behalten, so daß das in den neueren Richtlinien befolgte Konzept der gegenseitigen Anerkennung durch eine Harmonisierungspolitik nur ergänzt und unterstützt wird, den nationalen Eigenheiten aber auch weiterhin Raum bleibt.

Kommen aber hinsichtlich der Aufsichtsstandards sowohl durch das Konzept der gegenseitigen Anerkennung als auch durch die nationalen Regelungsfreiräume, die das Instrument der Richtlinie bei der Harmonisierung ermöglicht, in den Mitgliedstaaten unterschiedliche Regelungen mit unterschiedlichen Niveaus zur Geltung, stellt sich die Frage

---

1112 *Oppermann*, Europarecht, Rn. 1229; *Streinz*, Europarecht, Rn. 385 weist auch auf den Kompromißcharakter der Richtlinie zwischen dem Erfordernis einheitlichen Rechts und der weitestmöglichen Bewahrung nationaler Eigentümlichkeiten hin.

1113 *Jarass*, Grundfragen der innerstaatlichen Bedeutung des EG-Rechts, S. 54 ff.; *Oppermann*, Europarecht, Rn. 548.

1114 Dies gilt gleichermaßen für die Kapitaladäquanzrichtlinie 93/6/EWG.

nach der Kontrolle der Umsetzung der Richtlinien durch die Mitgliedstaaten[1115] und der möglichen Sanktionen seitens der EG, um wenigstens das Mindestharmonisierungsniveau gewährleisten zu können. Damit tritt neben die 1. Stufe des Setzens materieller Standards und die 2. Stufe des Setzens der Aufsichts- und Sanktionsstandards für den Handel in und zwischen den Mitgliedstaaten sowie mit Drittstaaten die 3. Stufe der Kontrolle der effektiven Umsetzung der Aufsichtstandards durch die EG. Zugleich wird die Frage nach einer 4. Stufe in Form einer direkten zentralen Aufsicht der Wertpapierhandelssysteme und deren Teilnehmer durch die Organe der EG aufgeworfen.

III. Die präventive Aufsicht über Wertpapierhandelssysteme durch das europarechtliche Zulassungserfordernis

Wertpapierhandelssysteme erbringen Finanzdienstleistungen für ihre Teilnehmer, unabhängig davon, ob es sich dabei zugleich um Mitglieder einer Verbandsstruktur wie im Falle einer Börse handelt oder ob die Finanzdienstleistungen für nicht mit den Betreibern des Wertpapierhandelssystems identische Marktteilnehmer erbracht werden. Ob und inwieweit börsliche und insbesondere private Wertpapierhandelssysteme sekundärrechtlichen Aufsichtsregelungen unterfallen, soll im folgenden untersucht werden.

Ein Mindestmaß an präventiver Aufsicht über Wertpapierhandelssysteme kann insbesondere durch ein Zulassungsverfahren gewährleistet werden.[1116] Dieses kann sich grundsätzlich bereits auf die Errichtung des Wertpapierhandelssystems oder erst auf dessen Tätigwerden beziehen.[1117] Der Zulassung, ihren Voraussetzungen und ihrem Verfahren kommt daher entscheidende Bedeutung zu.[1118] Für die Zulassung des Tätigwerdens von Wertpapierhandelssystemen aus den Mitgliedstaaten der EG und für solche aus Drittstaaten existieren unterschiedliche Verfahrensgestaltungen. Zudem kommt es auf europarechtlicher Ebene auch zu einer unterschiedlichen Behandlung von börslichen und von

---

1115 Vgl. Zur Verbesserung der Umsetzungskontrolle *Schuster*, Die EWG-Richtlinie - Ihre Funktion für die europäische Integration, Verbesserung der Kontrollmöglichkeiten der Europäischen Kommission bei ihrer Umsetzung in nationales Recht, passim.

1116 Dabei wird die vor dem Tätigwerden des Systems zu erteilende Zulassung als erster Aufsichtsakt verstanden. Dies entspricht der Einordnung der Genehmigung einer Börse als Akt der Börsenaufsicht.

1117 Die Errichtung eines Wertpapierhandelssystems ohne staatliche Genehmigung führt nach deutschem Recht zu einer zunächst unerlaubt tätigen sog. „Privatbörse“. Das Genehmigungserfordernis kann daher grundsätzlich darauf abzielen, bereits die Errichtung einer „Privatbörse“ zu unterlassen. Denkbar ist aber auch, daß eine solche „Privatbörse“ zwar errichtet werden kann, sie aber ohne Zulassung keine Tätigkeit entfalten darf. Vgl. hierzu *Schwark*, BörsG, Rn. 28 zu § 1.

privaten Wertpapierhandelssystemen, bei der fraglich ist, ob sie vor dem Hintergrund der wachsenden Angleichung der Technik und der Corporate Governance-Strukturen der Wertpapierhandelssysteme sowie des sich daraus entwickelnden Wettbewerbs der Systeme nachvollziehbar gerechtfertigt werden kann.

1. Die Wertpapierhandelssysteme aus Mitgliedstaaten der Gemeinschaft

Das Prinzip der gegenseitigen Anerkennung und der Gewährung des „Europapasses“ für die Finanzdienstleister und Kreditinstitute aus den Mitgliedstaaten der EG erfordert, daß in allen Mitgliedstaaten zumindest annähernd gleichwertige Voraussetzungen für deren Tätigwerden auf einem Mindestniveau existieren. Wie gezeigt[1119], existieren mitgliedstaatliche grenzüberschreitend tätig Wertpapierhandelssysteme, für die die europarechtliche Dimension relevant ist, heute ganz überwiegend in Form mitgliedstaatlich genehmigter oder anerkannter Börsen. Als mitgliedstaatliches privates Wertpapierhandelssystem ist insbesondere Instinet einzustufen, das in jedem Mitgliedstaat, in dem es tätig ist, eine eigene Zulassung besitzt. Mitgliedstaatliche Wertpapierhandelssysteme, die über das Internet (auch) im Raum der EG tätig sind, werden zudem bereits bald für die Anleger verfügbar sein.[1120] Es ist daher getrennt zu untersuchen, ob und welche europarechtlichen Zulassungsregeln für börsliche und welche für nicht-börsliche mitgliedstaatliche Wertpapierhandelssysteme gelten.[1121]

a. Europarechtliches Zulassungserfordernis

Spezielles europäisches Sekundärrecht für die Zulassung von Wertpapierhandelssystemen, z. B. eine eigenständige Richtlinie, existiert bislang nicht. Die Präsenzbörsen unterliegen wegen ihres auf den Heimatmitgliedstaat beschränkten Wirkungskreises ausschließlich dessen Regelungen. Eine europarechtliche Zulassungsregelung in diesem Bereich wäre als starker Eingriff in die Souveranität der Mitgliedstaaten politisch kaum konsensfähig und auch nur schwer begründbar. Für die grenzüberschreitend tätigen Wertpapierhandelssysteme jedoch spielen die Voraussetzungen, unter denen sie zugelassen bzw. genehmigt werden, auch europarechtlich eine Rolle. Anknüpfungspunkt für eine europarechtliche Regelung der Zulassung dieser Wertpapierhandelssysteme kann ihr Charakter

---

1118 Zur besonderen Problematik eines Zulassungserfordernisses, die sich für Deutschland im Hinblick auf die grundgesetzlich gewährleistete Berufsfreiheit stellt, weil Finanzdienstleistungen, die von der Richtlinie erfaßt werden bislang ohne besondere Zulassung erbracht werden konnten und nunmehr europarechtlich ein Verbot mit Erlaubnisvorbehalt vorgegeben wird, vgl. *Schäfer*, Materielle Aspekte der EG-Richtlinie über Wertpapierdienstleistungen, AG 1993, S. 389 (392).

1119 Siehe 1. Teil I. 4. u. 5. dieser Arbeit.

1120 Siehe hierzu 1. Teil II. 4. d. dieser Arbeit.

1121 Vgl. zum gesamten Themenkomplex auch *Hoppmann*, Europäische Börsenaufsicht, EWS 1999, S. 204 ff.

als Finanzdienstleistungsunternehmen sein, da auch die Zusammenführung von Wertpapieraufträgen letztlich eine Dienstleistung im Finanzsektor darstellt.

Eine einheitliche Regelung der Mindestanforderungen an das Tätigwerden von Finanzdienstleistern im Bereich des Wertpapierhandels erfolgte erst durch die Wertpapierdienstleistungsrichtlinie[1122] und die eng mit ihr verknüpfte Kapitaladäquanzrichtlinie[1123]. Darüber hinaus sind hier die europarechtlichen Regelungen des Bankaufsichtsrechts, insbesondere der Zweiten Bankrechtskoordinierungsrichtlinie[1124] relevant, die den Wertpapierhandel der Kreditinstitute regeln.

aa. Zulassungserfordernis für private Wertpapierhandelssysteme

Basis des aufsichtsrechtlichen Konzeptes für private Wertpapierhandelssysteme ist das in Art. 3 Abs. 1 S. 1 der Wertpapierdienstleistungsrichtlinie normierte Zulassungserfordernis für Wertpapierfirmen[1125], die in den nach Art. 1 und 2 der Wertpapierdienstleistungsrichtlinie näher bestimmten persönlichen und sachlichen Anwendungsbereich der Richtlinie fallen. Gemäß Art. 3 Abs. 1 der Wertpapierdienstleistungsrichtlinie kann eine Wertpapierfirma i. S. d. Richtlinie ihre Tätigkeit erst nach einer Zulassung aufnehmen.

Den Begriff der Wertpapierfirma definiert die Wertpapierdienstleistungsrichtlinie in Art. 1 Nr. 2 UA. 1 als „juristische Person, die im Rahmen ihrer üblichen beruflichen oder gewerblichen Tätigkeit gewerbsmäßig Wertpapierdienstleistungen für Dritte erbringt". Art. 1 Nr. 2 UA. 2 ff. der Wertpapierdienstleistungsrichtlinie erstreckt die Definition der Wertpapierfirma unter bestimmten Voraussetzungen auch auf natürliche Personen.[1126] Der Begriff der Wertpapierdienstleistungen ist seinerseits definiert in Art. 1 Nr. 1 der Wertpapierdienstleistungsrichtlinie als „jede für Dritte erbrachte Dienstleistung, die in Abschnitt A des Anhangs aufgeführt ist und sich auf eines der Instrumente in Abschnitt B des Anhangs bezieht".

Damit unterfällt ein elektronisches Wertpapierhandelssystem bzw. dessen Betreiber den Regelungen der Wertpapierdienstleistungsrichtlinie und der Zulassungspflicht, wenn es

---

1122 Ein Überblick über die Inhalte der Wertpapierdienstleistungsrichtlinie findet sich z. B. bei *Lenz* (Hrsg.), EG-Handbuch Recht im Binnenmarkt, S. 316-320, sowie bei *Schäfer*, Materielle Aspekte der EG-Richtlinie über Wertpapierdienstleistungen, AG 1993, S. 389-394; *Gruner-Schenk*, Harmonisierung des Bankaufsichtsrechts, S. 244-265.

1123 Richtlinie 93/6/EWG des Rates vom 15. März 1993 über die angemessene Eigenkapitalausstattung von Wertpapierfirmen und Kreditinstituten, ABl. Nr. L 141/1 v. 11.6.1993.

1124 Zweite Richtlinie 89/646 des Rates v. 15.12.1989 zur Koordinierung der Rechts- und Verwaltungsvorschriften über die Aufnahme und Ausübung der Tätigkeit der Kreditinstitute und zur Änderung der Richtlinie 77/780/EWG, ABl. Nr. L 386/1 v. 30.12.1989.

1125 *Jentsch*, Die EG-Wertpapierdienstleistungsrichtlinie, WM 1993, S. 2189 (2192) spricht daher zu Recht von der zentralen Bestimmung der Richtlinie.

1126 Die Richtlinie spricht hier von nicht juristischen Personen.

im Anhang A zur Richtlinie aufgeführte Dienstleistungen ausführt. In Betracht kommt hier insbesondere die in Abschnitt A Nr. 1 a) des Anhangs genannte „Annahme und Übermittlung - für Rechnung von Anlegern - von Aufträgen, die eines oder mehrere der in Abschnitt B genannten Instrumente zum Gegenstand haben." Bei den in Abschnitt B genannten Instrumenten[1127] handelt es sich um Finanzinstrumente, die Gegenstand von elektronischen grenzüberschreitenden Wertpapierhandelssystemen sind oder sein können. Fraglich ist aber, ob es sich bei der Tätigkeit dieser Systeme um eine (für Dritte erbrachte) Annahme und Übermittlung von Aufträgen i. d. S. handelt. Hierzu ist auf die in der Präambel der Wertpapierdienstleistungsrichtlinie enthaltenen Anhaltspunkte zurückzugreifen, wo es heißt: „Für die Zwecke dieser Richtlinie beinhaltet die Annahme und Übermittlung von Aufträgen auch die Zusammenführung von zwei oder mehreren Anlegern, durch die ein Geschäftsabschluß zwischen diesen Anlegern ermöglicht wird."[1128]

Damit erfaßt der Wortlaut der Präambel ausdrücklich die Gestaltung, daß die Anleger selbst den Geschäftsschluß tätigen und nicht etwa eine aktive Zwischenschaltung oder Vermittlung der Geschäfte durch die Wertpapierfirma erforderlich ist. Danach unterfiele zumindest ein solches Wertpapierhandelssystem der Wertpapierdienstleistungsrichtlinie und ihren Zulassungsregeln, das direkt Aufträge von Anlegern zusammenführt, ohne daß es zu einer Zusammenführung von Aufträgen, die von Intermediären in das Wertpapierhandelssystem eingestellt werden, kommt. Dies wäre z. B. bei den Internet-Systemen der Fall, bei denen der direkte Wertpapierhandel zwischen den Anlegern durch Zusammenführung ihrer Aufträge geschehen soll. Auch das Instinet-System ermöglicht den angeschlossenen institutionellen Anlegern die direkte Teilnahme am Handel und die Zusammenführung ihrer Aufträge ohne Einschaltung von Intermediären, so daß auch für das Instinet-System die Zulassungsregeln der Wertpapierdienstleistungsrichtlinie gelten.

Fraglich ist, ob auch Wertpapierhandelssysteme, bei denen nicht direkt die Aufträge der Anleger, sondern lediglich die im Rahmen von Kommissionsgeschäften[1129] abgewickelten Aufträge der Intermediäre (bei denen es sich i. d. R. wiederum um Wertpapierfirmen

---

1127 Hierbei handelt es sich um:
1. a) Wertpapiere
   b) Anteile an Organismen für gemeinsame Anlagen
2. Geldmarktinstrumente
3. Finanzterminkontrakte (Futures) einschließlich gleichwertiger Instrumente mit Barzahlung
4. Zinsterminkontrakte
5. Zins- und Devisenswaps sowie Swaps auf Aktien- oder Aktienindexbasis („equity swaps")
6. Kauf- oder Verkaufsoptionen auf alle unter diesen Abschnitt B fallenden Instrumente einschließlich gleichwertiger Instrumente mit Barzahlung. Zu dieser Kategorie gehören insbesondere die Devisen- und die Zinsoptionen.

1128 Richtlinie 93/22/EWG des Rates vom 10. Mai 1993 über Wertpapierdienstleitungen, Abl. Nr. L 141/28 linke Spalte.

1129 Zum Begriff siehe *Büschgen*, Das kleine Börsen-Lexikon, Stichworte „Kommissionsgeschäft".

oder Kreditinstitute handelt) zusammengeführt werden, in den Anwendungsbereich der Richtlinie fallen.

Der Wortlaut der Präambel schließt nicht ausdrücklich aus, daß die Aufträge der Anleger durch Intermediäre, die als Beauftragte der Anleger handeln, in das System eingebracht werden können. Bei einer zweckorientierten Auslegung[1130] ist eine Zusammenführung der Anleger zu einem möglichen Geschäftsabschluß auch im Falle der Intermediation gegeben. Folgt man dieser Auslegung, unterfallen grundsätzlich auch solche Wertpapierhandelssysteme der Zulassungspflicht aus der Wertpapierdienstleistungsrichtlinie, bei denen eine Intermediation stattfindet. Unter dieser Voraussetzung wären dann aber auch börsliche Wertpapierhandelssysteme von der Wertpapierdienstleistungsrichtlinie und ihrer Zulassungspflicht erfaßt.

bb. Besteht ein Zulassungserfordernis für Börsen ?

Wie bereits aufgezeigt, erbringen auch grenzüberschreitend tätige Börsen Finanzdienstleistungen, die sich nicht von denen der übrigen Wertpapierhandelssysteme unterscheiden, so daß eine Gleichbehandlung privater und börslicher Wertpapierhandelssysteme daher grundsätzlich gerechtfertigt wäre. Die Vorschriften der Wertpapierdienstleistungsrichtlinie, die geregelten Märkten das europaweite Tätigwerden ermöglichen, lassen offen, ob es sich bei dabei zugleich um Wertpapierfirmen i. S. d. Richtlinie handelt. Weder aus der Wertpapierdienstleistungsrichtlinie noch aus ihrer Präambel ergibt sich ausdrücklich, ob ihre Regelungen auch für Börsen gelten sollen.

Die getrennte Erwähnung von Wertpapierfirmen und von Märkten (unter diesen Begriff können sowohl Börsen als auch andere Wertpapierhandelssysteme subsumiert werden) in der Definition des „Herkunftsmitgliedstaates" in Art. 1 Nr. 6 der Wertpapierdienstleistungsrichtlinie ist ein Anhaltspunkt dafür, daß auch Börsen unter bestimmte Regelungen der Wertpapierdienstleistungsrichtlinie fallen. Sie spricht jedoch dagegen, daß sie den Zulassungsregelungen der Wertpapierdienstleistungsrichtlinie unterfallen, denn diese knüpfen an den Begriff der „Wertpapierfirma" und nicht an den Begriff des „Marktes" an. Dies entspricht auch dem in der Präambel der Wertpapierdienstleistungsrichtlinie[1131] enthaltenen Hinweis, daß die Struktur der geregelten Märkte weiterhin dem einzelstaatlichen Recht unterliegen muß, womit offensichtlich klargestellt werden sollte, daß die als geregelte Märkte erfaßten Wertpapierhandelssysteme im direkten Einflußbereich der jeweiligen Mitgliedstaaten bleiben, ohne daß eine weitgehendere Harmonisierung erfolgt.

1130 Siehe zu den europäischen Auslegungsmethoden oben 3. Teil I. 2. e. dieser Arbeit.

1131 ABl. Nr. L 141/27 (30) v. 11.6.1993.

Damit existieren für die Voraussetzungen, unter denen Wertpapierhandelssysteme von den Mitgliedstaaten als Börsen zugelassen werden, bislang keine europarechtlichen Vorgaben. Wegen der immensen volkswirtschaftlichen und auch politischen Bedeutung, die Börsen für die Mitgliedstaaten haben, wird die Entscheidung über die Genehmigung von Börsen noch als originäres Souveranitätsrecht jedes einzelnen Mitgliedstaates betrachtet und die EG hat sich bislang jeder Marktstrukturregelung in diesem Bereich enthalten.

Die Frage eines europarechtlichen Zulassungserfordernisses für Börsen kann zudem offen bleiben, wenn Börsen bereits auf Grund der wenigen noch bestehenden Unterschiede zu privaten Wertpapierdienstleistungsunternehmen, z. B. ihrer unterschiedlichen Corporate Governance-Strukturen, rechtlich nicht unter den Begriff der Wertpapierfirma i. S. d. Wertpapierdienstleistungsrichtlinie fallen. Für die bereits bestehenden Börsen und Wertpapierhandelssysteme findet in jedem Fall die Übergangsbestimmung in Art. 30 der Wertpapierdienstleistungsrichtlinie Anwendung. Danach gelten die Unternehmen, die bereits vor dem 31.12.1995 (dem Zeitpunkt, zu dem die Vorschriften der die Richtlinie umsetzenden mitgliedstaatlichen Gesetze spätestens in Kraft treten) nach „gleichwertigen Bedingungen" eine Zulassung erlangt haben, als zugelassen im Sinne der Richtlinie. Nur die übrigen Unternehmen müssen spätestens bis zum 31.12.1996 von den zuständigen Stellen ihres Herkunftsmitgliedstaates eine Zulassung für die Fortsetzung ihrer Tätigkeit erhalten. Die Genehmigung bzw. Zulassung als Börse nach den Börsengesetzen der Mitgliedstaaten muß aber als mindestens „gleichwertig" i. S. d. Art. 30 der Wertpapierdienstleistungsrichtlinie bewertet werden, da die Börsengesetze speziell auf die Funktionen der Börsen zugeschnittene Genehmigungsvoraussetzungen haben und damit dem Zweck der präventiven Aufsicht über diese Wertpapierhandelssysteme besser gedient ist als durch eine bloße Erfassung als Wertpapierfirma, die eine nichtbörsenspezifische Zulassungspflicht nach den Regeln der Wertpapierdienstleistungsrichtlinie nach sich ziehen würde.

Die Definition der Wertpapierfirma in Art. 1 Nr. 2 UA. 1 der Wertpapierdienstleistungsrichtlinie stellt zudem auf die gewerbsmäßige Erbringung von Dienstleistungen „für Dritte" ab. Gleiches gilt für die in Art. 1 Nr. 1 der Wertpapierdienstleistungsrichtlinie enthaltene Definition der Wertpapierdienstleistung. Zumindest Börsen, die eine Verbandsstruktur aufweisen, erbringen ihre Dienstleistungen aber nicht unmittelbar für Dritte (z. B. die Anleger), sondern für ihre Mitglieder. Die Identität zwischen den Mitgliedern der Börse, die als eigentliche Betreiber der Börse zu gelten haben, und Teilnehmern am Börsenhandel schließt damit eine Subsumtion unter den Begriff der Wertpapierfirma i. S. d. Wertpapierdienstleistungsrichtlinie aus, da keine Leistungen „für Dritte" erbracht werden.

cc. Zulassungserfordernis für private Wertpapierhandelssysteme der Kreditinstitute

Private Wertpapierhandelssysteme werden nicht nur von Wertpapierfirmen betrieben, sondern auch von Banken, wie z. B. das CATS-System der Citibank.[1132] Bei einem europaweiten Tätigwerden eines solchen Wertpapierhandelssystems stellt sich ebenfalls die Frage nach der Zulassungspflicht und damit der präventiven Ausübung der Aufsicht.

Art. 2 Abs. 1 der Wertpapierdienstleistungsrichtlinie schließt eine Anwendung ihrer Zulassungsregeln und die Gewährung ihres „Europapasses" auf Kreditinstitute, deren Zulassung nach der Ersten und Zweiten Bankrechtskoordinierungsrichtlinie eine oder mehrere der in Abschnitt A des Anhangs der Wertpapierdienstleistungsrichtlinie aufgezählten Wertpapierdienstleistungen abdeckt, aus, da dann bereits deren speziellen Zulassungsvoraussetzungen und der „Europapaß" für Kreditinstitute gelten.[1133]

Fraglich ist damit zunächst, ob das Betreiben eines Wertpapierhandelssystems bereits Gegenstand der Zulassung von Kredit- oder Finanzinstituten sein kann und, falls dies auf mitgliedstaatlicher oder europarechtlicher Ebene der Fall ist, ob damit auch einem von einem Kredit- oder Finanzinstitut betriebenen Wertpapierhandelssystem der „Europapaß" für die Erbringung seiner Leistungen im Raum der Mitgliedstaaten der EG gewährt wird.

Die den „Europapaß" für Kredit- und Finanzinstitute gewährleistende Zweite Bankrechtskoordinierungsrichtlinie verweist in Art. 1 Nr. 1 zur Definition des Begriffs „Kreditinstitut" auf die Definition in Art. 1 erster Gedankenstrich der Ersten Bankrechtskoordinierungsrichtlinie. Danach handelt es sich um Unternehmen, die das Einlagengeschäft betreiben und Kredite für eigene Rechnung gewähren. Wertpapiergeschäfte und speziell das Betreiben von Wertpapierhandelssystemen sind hiernach nicht erfaßt.[1134] Jedoch ergibt

---

1132 Das Citibank Automated Trading System (Cats) der Citibank AG ist seitens des hessischen Wirtschaftsministeriums als zuständiger Börsenaufsichtsbehörde nicht als Börse eingestuft worden. Es ermöglicht den angeschlossenen Banken und Sparkassen sowie auch deren Kunden Aktienkäufe und -verkäufe in den 30 Dax-Werten „online" und „realtime" über den Handelsraum der Citibank AG in Frankfurt. Vgl. *o. V.*, System der Citibank keine Börse, Handelsblatt v. 7.10.1996.

1133 Zu beachten ist, daß die Zweite Bankrechtskoordinierungsrichtlinie eine Unterscheidung in Kreditinstitute und Finanzinstitute trifft. Auch für letztere gilt der in Art. 18 gewährte „Europapaß" gemäß Art. 18 Abs. 2, wenn bestimmte Voraussetzungen erfüllt sind. Zur Definition der Finanzinstitute siehe Art. 1 Nr. 6 der Zweiten Bankrechtskoordinierungsrichtlinie. Zur Abgrenzung des Kreditinstituts- und Finanzinstitutsbegriffs *Gruner-Schenk*, Harmonisierung des Bankaufsichtsrechts, S. 61 f., für das deutsche Recht, S. 77, 80.

1134 Auf die in Anhang I Liste B sowie die in Anhang II der Richtlinie 73/183/EWG vom 28. Juni 1973 zur Aufhebung der Beschränkungen der Niederlassungsfreiheit und des freien Dienstleistungsverkehrs für selbständige Tätigkeiten der Kreditinstitute und anderer finanzieller Einrichtungen, ABl. Nr. L 194/1 (Banken-Liberalisierungs-Richtlinie) enthaltene Nomenklatur der Geschäfte der Kreditinstitute und finanzielle Einrichtungen kann für die europarechtliche Definition nach der weiten Legaldefinition in der Ersten Bankrechtskoordinierungsrichtlinie nicht mehr zurückgegriffen werden.

sich aus Art. 18 der Zweiten Bankrechtskoordinierungsrichtlinie i. V. m. Nr. 7-12 der Liste im Anhang dieser Richtlinie, die die Tätigkeiten aufzählt, für die die gegenseitige Anerkennung (der „Europapaß") gilt, daß auch Wertpapiergeschäfte zu den Geschäften der Kreditinstitute gehören können. Auch für die in Art. 1 Nr. 6 i. V. m. Art. 18 Abs. 2 der Zweiten Bankrechtskoordinierungsrichtlinie näher definierten Finanzinstitute, die eines oder mehrere der Geschäfte betreiben, die in der Liste unter den Nummern 2 bis 12 aufgeführt sind, gilt, daß sie Wertpapiergeschäfte betreiben können.

Soweit ausschließlich das Hoheitsgebiet ihres Mitgliedstaates betroffen ist und vorbehaltlich der Regelungen ihrer Börsengesetze[1135], bleibt es damit grundsätzlich den Mitgliedstaaten überlassen, ob sie ihren heimischen Kredit- und Finanzinstituten auch die Zulassung für das Betreiben von privaten Wertpapierhandelssystemen (und damit eine der in Abschnitt A des Anhangs der Wertpapierdienstleistungsrichtlinie aufgezählten Wertpapierdienstleistungen) gewähren.

Das Betreiben eines privaten Wertpapierhandelssystems auf europäischer Ebene hingegen könnte durch den in Art. 18 i. V. m. der Liste im Anhang der Zweiten Bankrechtskoordinierungsrichtlinie vorgegebenen Mindesttätigkeitsbereich, für den eine gegenseitige Anerkennung der mitgliedstaatlichen Zulassungen gewährt wird, erfaßt werden. In Betracht käme hier die Anknüpfung an den unter Nr. 7 e) der Liste erfaßten "Handel für eigene Rechnung oder im Auftrage der Kundschaft in Wertpapiergeschäften". Dieser umfaßt jedoch nicht auch das Betreiben von grenzüberschreitend tätigen Wertpapierhandelssystemen auf europäischer Ebene. Anders als in der Wertpapierdienstleistungsrichtlinie, die in ihrer Präambel ausdrücklich eine allein auf das Anwendungsgebiet dieser Richtlinie beschränkte Erstreckung des Begriffs der Annahme und Übermittlung von Wertpapieren auch auf die Zusammenführung von Kundenaufträgen zu einem Geschäftsabschluß enthält, findet sich eine solche Erstreckung weder in der Ersten noch in der Zweiten Bankrechtskoordinierungsrichtlinie.[1136] Selbst wenn ein Mitgliedstaat die Zulassung seiner Kreditinstitute damit auch auf das Betreiben von privaten Wertpapierhandelssystemen erstreckt, kann für diese Tätigkeit nicht der durch die Zweite Bankrechtskoordinierungsrichtlinie gewährte „Europapaß" für Kreditinstitute in Anspruch genommen werden. Un-

---

1135 Für die aber ebenfalls auf europäischer Ebene keine Marktorganisationsregeln bestehen, so daß die Mitgliedstaaten auch diese weitgehend frei ausgestalten können.

1136 Etwas anderes ergibt sich m. E. auch nicht durch eine Auslegung unter Beachtung der europäischen Auslegungsregeln. Die Einbeziehung der Präambeln zur Auslegung des unklaren Wortlauts ergibt gerade, daß es Unterschiede zwischen der Wertpapierdienstleistungs- und der Zweiten Bankrechtskoordinierungsrichtlinie gibt, auch wenn beachtet wird, daß erstgenannte lediglich eine Gleich- und nicht eine Besserstellung der Wertpapierfirmen gegenüber den Kreditinstituten schaffen soll.

benommen bleibt für Kreditinstitute natürlich die Möglichkeit, das Wertpapierhandelssystem als eigenständige Wertpapierfirma zu führen.

Fraglich ist, ob die Kredit- und Finanzinstitute, die in ihrem Mitgliedstaat zugelassene private Wertpapierhandelssysteme auch auf europäischer Ebene betreiben wollen, hierfür nicht ohnehin grundsätzlich auch den „Europapaß" der Wertpapierdienstleistungsrichtlinie in Anspruch nehmen können. Der Anwendungsbereich der Wertpapierdienstleistungsrichtlinie wird nach ihrem Art. 2 S. 1 auf alle Wertpapierfirmen erstreckt. Grundsätzlich unterfallen nach der Definition in Art. 1 Nr. 1 u. 2 der Wertpapierdienstleistungsrichtlinie auch Kreditinstitute, die Wertpapiergeschäfte betreiben, dem Begriff „Wertpapierfirma". Art. 2 S. 2 der Wertpapierdienstleistungsrichtlinie stellt aber klar, daß für Kreditinstitute, deren nach den bankaufsichtsrechtlichen Vorschriften erteilte Zulassung auch die im Anhang zur Richtlinie genannten Wertpapierdienstleistungen umfassen, nur bestimmte Vorschriften der Richtlinie gelten, wozu jedoch gerade nicht die Gewährung des „Europapasses" gem. Art. 14 Abs. 1 und auch nicht die Zulassungsregeln gehören. Bei Kreditinstituten und auch bei Finanzinstituten, die in ihren Mitgliedstaaten ein privates Wertpapierhandelssystem betreiben, ist aber davon auszugehen, daß sie über eine entsprechende Zulassung seitens ihres Heimatmitgliedstaates verfügen. Wegen der in der Präambel der Wertpapierdienstleistungsrichtlinie vorgenommenen Erstreckung des Begriffs der Wertpapierdienstleistung auf die „Annahme und Übermittlung von Aufträgen" deckt die bankaufsichtsrechtliche mitgliedstaatliche Zulassung des Kredit- oder Finanzinstituts die in Abschnitt A Nr. 1 a) im Anhang der Wertpapierdienstleistungsrichtlinie aufgezählte Wertpapierdienstleistung ab. Sie hat daher als eine nach der Ersten oder Zweiten Bankrechtskoordinierungsrichtlinie erteilte Zulassung i. S. d. Art. 2 S. 2 der Wertpapierdienstleistungsrichtlinie zu gelten, auch wenn die Zweite Bankrechtskoordinierungsrichtlinie für diese spezielle Tätigkeit nicht den „Europapaß" gewährt. Da die Voraussetzungen von Art. 2 S. 2 der Wertpapierdienstleistungsrichtlinie damit erfüllt sind, kann das Kredit- oder Finanzinstitut für das Betreiben des Wertpapierhandelssystems auch nicht den „Europapaß" aus Art. 14 Abs. 1 der Wertpapierdienstleistungsrichtlinie in Anspruch nehmen.

Damit ergibt sich, daß für von Wertpapierfirmen betriebene private Wertpapierhandelssysteme wie z. B. Instinet und zukünftige Internet-Wertpapierhandelssysteme sowie für von Kreditinstituten betriebene Wertpapierhandelssysteme hinsichtlich der präventiven Aufsicht durch ein Zulassungsverfahren auf europarechtlicher Ebene andere Maßstäbe gelten als für Börsen. Während für erstere harmonisierte Mindestanforderungen bestehen, bleibt es den Mitgliedstaaten überlassen, das Genehmigungsverfahren und die Zulassungsvoraussetzungen für Börsen frei auszugestalten.

b. Zulassungsverfahren für von Wertpapierfirmen betriebene private Wertpapierhandelssysteme

Die Wertpapierdienstleistungsrichtlinie gibt lediglich Mindestregelungen und ein Mindestniveau für die Beaufsichtigung von Wertpapierfirmen vor und folgt damit dem Konzept der gegenseitigen Anerkennung unter gleichzeitiger Mindestharmonisierung. Den Mitgliedstaaten ist vorbehalten, strengere als in der Richtlinie normierte Mindestanforderungen bei den Zulassungsbedingungen, den aufsichtsrechtlichen Auflagen, den Melde- und Transparenzvorschriften sowie den Regelungen der Struktur der geregelten Märkte vorzusehen.[1137] Statt eines gänzlich harmonisierten Aufsichtsrechts über Wertpapierfirmen wird ein Wettbewerb unterschiedlicher Rahmenbedingungen ermöglicht[1138], damit aber gleichzeitig auch Möglichkeiten zur Aufsichtsarbitrage eröffnet.[1139]

Im Bewußtsein dieser Problematik ist in der Richtlinie bereits selbst Vorsorge getroffen, um Aufsichtsarbitrage zu verhindern. Gemäß Art. 3 Abs. 1 der Wertpapierdienstleistungsrichtlinie obliegt die Genehmigung, d. h. die Zulassung der Wertpapierfirma (hier: des Wertpapierhandelssystems) dem Herkunftsmitgliedstaat. Welcher Mitgliedstaat als Herkunftsmitgliedstaat i. S. d. Richtlinie gilt, definiert Art. 1 Nr. 6 der Wertpapierdienstleistungsrichtlinie, der auf den Ort der Hauptverwaltung bzw. des Sitzes der Wertpapierfirma abstellt. Für einen „Markt" ist Heimatmitgliedstaat der Mitgliedstaat, in dem der für den Handel verantwortliche Organismus seinen satzungsmäßigen Sitz hat, oder, wenn dieser Organismus gemäß dem für ihn geltenden einzelstaatlichen Recht keinen satzungsmäßigen Sitz hat, der Mitgliedstaat, in dem sein Hauptverwaltungssitz liegt. Wertpapierhandelssysteme sind Märkte i. d. S., so daß sich die Genehmigungszuständigkeit nach Art. 1 Nr. 6 c) der Wertpapierdienstleistungsrichtlinie primär nach deren rechtlichen Sitz und sekundär nach dem Sitz ihrer Hauptverwaltung bestimmt.[1140]

Das Abstellen auf den Sitz des Trägers des „Marktes" bzw. Wertpapierhandelssystems oder auf dessen Hauptverwaltung ist sachgerecht. Die Aufsichtsbehörden können an dem Ort der Hauptverwaltung am besten beurteilen, ob die Kriterien für die Zulassung gegeben sind oder nicht, insbesondere wenn es um die Beurteilung der Person der Betreiber

---

1137 Präambel der Wertpapierdienstleistungsrichtlinie, ABl. Nr. L 141/27 (29) v. 11.6.1993.

1138 Zu dieser positiven Sichtweise der Beschränkung auf eine Mindestharmonisierung *Steil*, Equity Trading IV: The ISD and the Regulation of European Market Structure, in: ders. (Hrsg.), The European Equity Markets, S. 113 f.; *Scott-Quinn*, EC Securities Markets Regulation, in: Steil (Hrsg.), International financial market regulation, S. 121 (132 f.).

1139 Zu den Problemen des Niveau-Dumping beim Konzept der gegenseitigen Anerkennung siehe generell *Streinz*, Europarecht, Rn. 978-982.

1140 Selbst wenn man in ihnen keine „Märkte", sondern lediglich Wertpapierfirmen i. S. d. Art. 1 Nr. 6 b) der Richtlinie erkennt, ändert sich hieran für die Praxis nichts. Sie werden in aller Regeln als juristische Personen organisiert sein, so daß die Zuständigkeitsregeln des Art. 1 Nr. 6 a) für natürliche Personen nicht in Betracht kommen.

der Systeme geht. Laufende Verhaltensanforderungen sind zudem nur an diesem Ort durchsetzbar. Hinzu kommt, daß auf diese Weise sprachliche Probleme zwischen den Aufsichtsbehörden und den Betreibern des zu beaufsichtigenden Systems vermieden werden können. Der Standort des Zentralcomputers oder der technischen Abwicklung hingegen ist aufsichtsrechtlich nicht von wesentlicher Bedeutung, es sei denn, es soll im Extremfall zu einer Beschlagnahme kommen.

Isoliert betrachtet eröffnet diese Regelung aber eine einfache Möglichkeit zur Aufsichtsarbitrage durch Ausnutzung des Regulierungswettbewerbs der Mitgliedstaaten durch eine gezielte Gründung oder Verlegung des rechtlichen Sitzes in einen Mitgliedstaat mit nur geringen aufsichtsrechtlichen Anforderungen unter Beibehaltung z. B. der Hauptverwaltung und des Haupttätigkeitsgebiets in einem anderen Mitgliedstaat. Daß eine Wertpapierfirma die Rechtsordnung eines Mitgliedstaates in der Absicht wählt, sich den strengeren Anforderungen eines anderen Mitgliedstaates, in dem es überwiegend tätig ist oder tätig werden will, zu entziehen, soll daher durch Art. 3 Abs. 2 der Wertpapierdienstleistungsrichtlinie verhindert werden. Dieser zwingt auch Wertpapierfirmen, die „Märkte" betreiben, dazu, daß sich ihre Hauptverwaltung im gleichen Mitgliedstaat befindet wie der (satzungsmäßige) Sitz des für den Handel verantwortlichen Organismus, also ihrem Heimatmitgliedstaat.

aa. Zulassungsvoraussetzungen

Die Zulassung wird gemäß Art. 3 Abs. 1 S. 2 der Wertpapierdienstleistungsrichtlinie nicht generell für alle denkbaren Wertpapierdienstleistungen erteilt, sondern sie beschränkt sich nur auf einige oder alle der im Anhang zur Richtlinie in Abschnitt A genannten Dienstleistungen sowie einige oder alle in Abschnitt C des Anhangs aufgeführten Nebendienstleistungen. Damit ist sichergestellt, daß ein Finanzdienstleistungsunternehmen auch nur diejenigen Dienstleistungen ausführen darf, für die es von den zuständigen Behörden, die die Mitgliedstaaten nach Art. 22 der Richtlinie zu benennen haben, als geeignet beurteilt wurde. Für Wertpapierfirmen, die private Wertpapierhandelssysteme betreiben, muß entsprechend eine spezielle Zulassung erteilt worden sein, die sich auf die Erbringung von Dienstleistungen nach Abschnitt A Nr. 1 a) des Anhangs zur Wertpapierdienstleistungsrichtlinie bezieht. Wegen ihrer Fokussierung auf Finanzdienstleister, die Kommissionsgeschäfte, den Eigenhandel mit Wertpapieren, die Vermögensverwaltung oder das Emissionsgeschäft betreiben, sieht die Wertpapierdienstleistungsrichtlinie aber keine speziellen Zulassungsvoraussetzungen für private Wertpapierhandelssysteme vor, wie sie international für erforderlich gehalten werden. Damit klafft hier eine aufsichtsrechtliche Lücke zwischen Börsen, die nicht europarechtlich erfaßt sind, für die die Mitgliedstaaten aber wenigstens spezielle Regelungen vorsehen, und privaten Wertpapierhandelssystemen, die zwar europarechtlich erfaßt werden, aber für die keine spezifisch auf sie zugeschnittene Regelungen gelten.

Die wesentlichen inhaltlichen Voraussetzungen für die Zulassung der Wertpapierfirmen durch die mitgliedstaatlichen zuständigen Stellen finden sich in den Art. 3 Abs. 3 und 4, Art. 4 der Wertpapierdienstleistungsrichtlinie:

- **Eigenkapitalanforderungen**
  Die Anforderungen an das ausreichende Anfangskapital werden durch die Kapitaladäquanzrichtlinie[1141] bestimmt.

- **Gute Beleumundung**
  Schwieriger ist die inhaltliche Ausfüllung der Begriffe des guten Leumundes und der ausreichenden Erfahrung. Die Wertpapierdienstleistungsrichtlinie stellt in Art. 3 Abs. 3 2. Spiegelstrich auf die gute Beleumundung und ausreichende Erfahrung derjenigen Personen ab, die die Geschäfte der Wertpapierfirma tatsächlich leiten und nicht lediglich auf diejenigen, die als Geschäftsinhaber möglicherweise nur im Hintergrund stehen und selbst nicht aktiv an der Leitung der Geschäfte teilhaben. Da diese Regelungen denen der Bankrechtskoordinierungsrichtlinie entsprechen, kann auf die Erfahrungen zurückgegriffen werden, die mit deren Umsetzung in mitgliedstaatliches Recht bereits gewonnen wurden.[1142] Hinsichtlich der Beurteilung, ob jemand gut beleumundet ist, kommt den zuständigen Stellen der Mitgliedstaaten ein erheblicher Entscheidungsspielraum zu.

- **Mitteilung der finanziellen Beteiligungsverhältnisse**
  Gemäß Art. 4 der Wertpapierdienstleistungsrichtlinie ist die Erteilung der Zulassung nur möglich, wenn den zuständigen Behörden die Identität und der Beteiligungsbetrag der direkten oder indirekten Aktionäre oder Gesellschafter, die eine Beteiligung an der Wertpapierfirma halten, mitgeteilt wird. Aus Art. 4 Abs. 2 der Wertpapierdienstleistungsrichtlinie ergibt sich zudem, daß die zuständigen Behörden davon überzeugt sein müssen, daß die betreffenden Aktionäre oder Gesellschafter, den zur Gewährleistung einer soliden und umsichtigen Führung der Wertpapierfirma zu stellenden Ansprüchen genügen. Objektive positive Kriterien können z. B. langjährige Erfahrung in der Führung einer Wertpapierfirma oder eines Kreditinstituts sein. Hinzu kommen Indizien,

---

1141 Vgl. Richtlinie 93/6/EWG des Rates vom 15. März 1993 über die angemessene Eigenkapitalausstattung von Wertpapierfirmen und Kreditinstituten, ABl. Nr. L 141 v. 11.6.1993, S. 1.

1142 Vgl. z. B. *Bähre/Schneider*, KWG-Kommentar, Kommentierung zu §§ 32-36 KWG m. w. Nw. Siehe hierzu auch die Umsetzung der Wertpapierdienstleistungsrichtlinie in Deutschland durch weitgehende Änderungen des KWG auch hinsichtlich der §§ 32 KWG durch Gesetz zur Umsetzung von EG-Richtlinien zur Harmonisierung bank- und wertpapieraufsichtsrechtlicher Vorschriften vom 22.10.1997, BGBl. Teil I 1997, Nr. 71 vom 28.10.1997, S. 2518 ff.

bei denen in der Regel vom Fehlen der notwendigen Voraussetzungen ausgegangen werden kann, z. B. einschlägige Vorstrafen, Konkurse, Vergleichsverfahren.[1143] Auch in diesem Bereich verfügen die Mitgliedstaaten mit den entsprechenden Regelungen für die Zulassung von Kreditinstituten bereits über Erfahrung.

- **Keine Behinderung der Beaufsichtigungsaufgabe bei Bestehen „enger Verbindungen"**

Mit der sog. BCCI-Richtlinie[1144] wurden auch die Bedingungen für die Zulassung und laufende Beaufsichtigung von Wertpapierfirmen nochmals verschärft. Die Zulassung darf gemäß den Art. 3 Abs. 3 der BCCI-Richtlinie angefügten dritten und vierten Unterabsätzen bei Bestehen von „engen Verbindungen" zwischen der Wertpapierfirma und anderen natürlichen oder juristischen Personen seitens der mitgliedstaatlichen zuständigen Behörden nur noch dann erteilt werden, wenn diese „engen Verbindungen" die Aufsichtsbehörden nicht bei der ordnungsgemäßen Erfüllung ihrer Beaufsichtigungsaufgabe behindern. Auch die Rechts- und Verwaltungsvorschriften eines Drittlandes, denen diese Personen unterstehen, dürfen die Aufsichtsbehörden bei der ordnungsgemäßen Erfüllung ihrer Beaufsichtigungsaufgabe weder direkt noch indirekt durch Schwierigkeiten bei der Anwendung behindern.

Bei der Definition der „engen Verbindung" im neu angefügten Art. 1 Nr. 15 der Wertpapierdienstleistungsrichtlinie wird dabei im wesentlichen auf die direkte oder indirekte Beteiligung oder auf die mittelbare Kontrolle der Wertpapierfirma durch ein anderes Unternehmen abgestellt. Es handelt sich dabei ausweislich der Präambel der BCCI-Richtlinie[1145] nur um Mindestkriterien, so daß die Mitgliedstaaten auch weitere Situationen unter die Definition der „engen Verbindung" fassen können. Entscheidend dürfte sein, ob eine Einflußnahme auf die Struktur und die Finanzpolitik der Wertpapierfirma möglich ist, wie sich aus einem Rückschluß der Erläuterung der Präambel ergibt, wonach allein die Kapitalbeteiligung noch keine „enge Verbindung" darstellt, solange nicht auf die Struktur und die Finanzpolitik der Wertpapierfirma Einfluß genommen wird.[1146] Die Vorgaben der Richtlinie für die Umsetzung in die entsprechen-

---

1143 *Gruner-Schenk*, Harmonisierung des Bankaufsichtsrechts, S. 253 weist zudem daraufhin, daß diese Regelungen auch vor dem Hintergrund des BCCI-Falls und der Geldwäschekontrolle zu sehen sind.

1144 Richtlinie des Europäischen Parlaments und des Rates 95/26/EG vom 29. Juni 1995 zur Änderung der Richtlinien 77/780/EWG und 89/646/EWG betreffend Kreditinstitute, der Richtlinien 73/239/EWG und 92/49/EWG betreffend Schadenversicherungen, der Richtlinien 79/267/EWG und 92/96/EWG betreffend Lebensversicherungen, der Richtlinie 93/22/EWG betreffend Wertpapierfirmen sowie der Richtlinie 85/611/EWG betreffend bestimmte Organismen für gemeinsame Anlage in Wertpapieren (OGAW) zwecks verstärkter Beaufsichtigung dieser Finanzunternehmen, ABl. Nr. L 168/7 v. 18.7.1995.

1145 Präambel der BCCI-Richtlinie 95/26/EWG, ABl. Nr. L 168/7 v. 18.7.1995.

1146 Präambel der BCCI-Richtlinie 95/26/EWG, ABl. Nr. L 168/7 v. 18.7.1995.

den mitgliedstaatlichen Gesetze sind sowohl hinsichtlich der Definition „enge Verbindung", besonders aber hinsichtlich des Vorliegens einer Behinderung der Beaufsichtigungsaufgabe nur sehr vage und bieten den Mitgliedstaaten einen sehr weiten Spielraum bei der Entscheidung über die Zulassung von Wertpapierfirmen. Aber die Verpflichtung der Wertpapierfirmen, den mitgliedstaatlichen Behörden alle angeforderten Informationen zu übermitteln, damit diese sich davon überzeugen können, daß eine entsprechende Behinderung der Aufsicht nicht existiert bzw. nicht zu erwarten ist, kann dazu beitragen, die Transparenz der Geschäfte und Geschäftsbeziehungen der Wertpapierfirmen und damit ihre Aufsicht insbesondere bei grenzüberschreitendem Tätigwerden zu verbessern. Die Möglichkeit zur Verweigerung der Zulassung bei einer Beeinträchtigung der Aufsicht durch Rechtsvorschriften von Drittstaaten darf aber in keinem Fall dazu führen, daß den Wertpapierfirmen, die von Drittlandsunternehmen kontrolliert werden, entgegen der primärrechtlichen Gewährleistungen aus protektionistischen Gründen die Zulassung verweigert oder erschwert wird.

- **Geschäftsplan**
  Die in Art. 3 Abs. 4 der Wertpapierdienstleistungsrichtlinie geforderte Einreichung eines Geschäftsplans, aus dem die Art der geplanten Geschäfte und der organisatorische Aufbau der Wertpapierfirma hervorgeht, ist erforderlich, weil die zu beantragende Zulassung nur für bestimmte Dienstleistungen erteilt wird und diese den zuständigen Stellen vor der Zulassung mitgeteilt werden müssen.

- **Zwingende Konsultation vor der Zulassungserteilung für Tochterunternehmen**
  Gemäß Art. 6 der Wertpapierdienstleistungsrichtlinie hat vor der Erteilung der Zulassung eine vorherige Konsultation der zuständigen Behörden des anderen Mitgliedstaates stattzufinden, wenn ein Tochterunternehmen einer in einem anderen Mitgliedstaat zugelassenen Wertpapierfirma oder eines entsprechenden Kreditinstitutes errichtet werden soll oder wenn die Wertpapierfirma von den gleichen natürlichen oder juristischen Personen wie eine in einem anderen Mitgliedstaat zugelassene Wertpapierfirma oder durch ein entsprechendes Kreditinstitut kontrolliert wird. Ratio dieser Vorschrift ist die Nutzung der Erfahrungen der zuständigen Stellen der Mitgliedstaaten, in denen im Falle der Errichtung der Tochterunternehmen die Mutterunternehmen oder die hinter einer Wertpapierfirma stehenden Personen bereits tätig und bekannt sind. Die Vorschrift beinhaltet jedoch keinerlei Hinweis auf den möglichen Inhalt oder mögliche Konsequenzen der vorgeschrieben Konsultation zwischen den zuständigen Stellen der Mitgliedstaaten. Dies ermöglicht einen freien Informations- und Erfahrungsaustausch über die entsprechenden Unternehmen und Personen, der in die Entscheidung der für die Zulassung zuständigen Stellen einfließen kann. Eine zwingende Verwertung von Erkenntnissen, die möglicherweise der Zulassung entgegenstehen,

wird aber nicht angeordnet. Andererseits gibt es auch kein Recht der zuständigen Stellen der übrigen Mitgliedstaaten auf Beeinflussung der Entscheidung der zuständigen Stellen des Heimatmitgliedstaates, etwa i. S. e. Veto- oder gar eines Mitentscheidungsrechts.

bb. Zulassungshindernisse

Die Präambel der Wertpapierdienstleistungsrichtlinie enthält darüber hinaus in Abs. 5 eine weitere bemerkenswert[1147] klare Aussage zur Problematik der Aufsichtsarbitrage, wonach die Zulassung dann nicht erteilt (oder wieder entzogen) werden soll, wenn „aus Umständen wie dem Inhalt des Geschäftsplans, der gebietsmäßigen Abdeckung oder der tatsächlich ausgeübten Tätigkeit unzweifelhaft hervorgeht, daß die Wertpapierfirma die Rechtsordnung eines Mitgliedstaates in der Absicht gewählt hat, sich den strengeren Normen eines Mitgliedstaates zu entziehen, in dem sie den überwiegenden Teil ihrer Tätigkeit ausübt oder auszuüben beabsichtigt." Das eindeutige Ausnutzen oder die beabsichtigte Ausnutzung von Aufsichtsarbitrage stellt damit sowohl ein Zulassungshindernis als auch einen Grund zum späteren Entzug der Zulassung dar. Gerade elektronische Wertpapierhandelssysteme können Möglichkeiten zur Aufsichtsarbitrage leicht ausnutzen. Problematisch wird dies bei Wertpapierhandelssystemen sein, die sowohl Teilnehmer aus dem gewählten Heimatmitgliedstaat, überwiegend aber Teilnehmer aus anderen Mitgliedstaaten oder Drittstaaten haben. Sofern sich diese Teilnehmerstruktur erst später herausbildet, kann der Vorwurf der Aufsichtsarbitrage keinen Bestand haben. Nur wenn von vorneherein deutlich ist, daß das Wertpapierhandelssystem auf Grund seines Wertpapierangebots und seiner Ausrichtung im wesentlichen für ausländische Teilnehmer tätig werden will, liegen Anhaltspunkte für eine Aufsichtsarbitrage nahe.

c. Entzug der Zulassung

Die Zulassung entfaltet Dauerwirkung, wie sich bereits aus Art. 8 Abs. 1 der Wertpapierdienstleistungsrichtlinie ergibt, wonach die zuständigen Behörden der Herkunftsmitgliedstaaten verlangen, daß die von ihnen zugelassenen Wertpapierfirmen, die in Art. 3 Abs. 3 der Wertpapierdienstleistungsrichtlinie genannten Bedingungen fortwährend erfüllen. Dies ergibt sich auch aus Art. 3 Abs. 7 der Wertpapierdienstleistungsrichtlinie, wonach die zuständigen Behörden die Möglichkeit haben, die Zulassung unter bestimmten, enumerativ genannten Voraussetzungen wieder zu entziehen. Insbesondere der Zulassungsentzug wegen Rechtsverstoßes nach Art. 3 Abs. 7 e) sowie der Zulassungsentzug nach Art. 3 Abs. 7 f) der Wertpapierdienstleistungsrichtlinie aufgrund einzelstaatlicher Vorschriften bieten den mitgliedstaatlichen Behörden erhebliche Beurteilungsspielräume. Je-

---

[1147] *Gruner-Schenk*, Harmonisierung des Bankaufsichtsrechts, S. 253.

doch sind auch diese Zulassungsentzugsregeln nicht speziell auf Wertpapierhandelssysteme betreibende Wertpapierfirmen zugeschnitten.

Damit erweist sich, daß auf europarechtlicher Ebene für private Wertpapierhandelssysteme keine speziellen Zulassungsregeln existieren, wie sie z. B. seitens der IOSCO und der FIBV für erforderlich gehalten werden[1148], um eine ausreichende Aufsicht über die Betreiber der Systeme zu gewährleisten. Mitgliedstaatliche private Wertpapierhandelssysteme, die von Wertpapierfirmen betrieben werden, unterfallen zwar den Regelungen der Wertpapierdienstleistungsrichtlinie, diese ist jedoch eindeutig auf die Erbringung anderer Finanzdienstleistungen fokussiert, um den Wettbewerb der Rahmenbedingungen zwischen Wertpapierfirmen und Kreditinstituten zu ebnen. Die Ausgestaltung des Wettbewerbs der Rahmenbedingungen zwischen den börslichen und den privaten Wertpapierhandelssystemen wird zumindest im Bereich der Zulassungsvoraussetzungen weitgehend den Mitgliedstaaten überlassen, ohne daß es auf europäischer Ebene zur Harmonisierung auf einem Mindeststandard kommt.

2. Die Wertpapierhandelssysteme aus Drittländern

In den Mitgliedstaaten der EG sind bereits heute elektronische Wertpapierhandelssysteme aus Drittstaaten durch das Aufstellen von Handelsterminals grenzüberschreitend tätig. Da sich der Wettbewerb der Wertpapierhandelssysteme internationalisiert und zukünftig börsliche und private Wertpapierhandelssysteme aus Drittstaaten insbesondere über das Internet diesen Wettbewerb in Europa verschärfen werden[1149], stellt sich die Frage, unter welchen Voraussetzungen Wertpapierhandelssysteme aus Drittländern in den Mitgliedstaaten der EG tätig werden können, insbesondere ob spezielle europarechtliche Vorgaben für ihre Zulassung bestehen oder erforderlich sind. Die erläuterten in der Normenhierarchie vorgehenden primärrechtlichen Voraussetzungen und Begrenzungen für die Tätigkeit von Wertpapierhandelssystemen aus Drittstaaten müssen dabei stets beachtet werden.

In Einklang mit den primärrechtlichen Regelungen der Niederlassungsfreiheit in Art. 43 ff. [ex-Art. 52 ff.] EGV und des freien Dienstleistungsverkehrs in Art. 49 ff. [ex-Art. 59 ff.] EGV sowie der Gewährleistung des freien Kapital- und Zahlungsverkehrs in Art. 56 [ex-Art. 73b] EGV steht auch den Wertpapierfirmen aus Drittstaaten grundsätzlich die Möglichkeit offen, in einem Mitgliedstaat der EG die Zulassung von echten Zweigniederlassungen, die das Recht zur Gründung weiterer Zweigniederlassungen begründen sowie von Tochterunternehmen zu beantragen und auch ihre grenzüberschreitenden Wertpapierdienstleistungen in den Mitgliedstaaten der Gemeinschaft hierüber zu er-

---

1148 Siehe hierzu 1. Teil IV. sowie 2. Teil III. 2. dieser Arbeit.

1149 Vgl. *o. V.*, Wittich: WWU verschärft Wettbewerbsverhältnisse, VWD v. 12.12.1996.

bringen. Unter diese primärrechtliche Gewährleistung fällt grundsätzlich auch die Erbringung der Finanzdienstleistungen im Wege des freien Dienstleistungsverkehrs durch das Aufstellen von Handelsterminals in den anderen Mitgliedstaaten. Sie ist jedoch bereits auf primärrechtlicher Ebene an Voraussetzungen geknüpft.

Diese primärrechtlichen Gewährleistungen werden auch in der Präambel der Wertpapierdienstleistungsrichtlinie angesprochen, in der betont wird, daß die Gemeinschaft ihre Kapitalmärkte für andere Länder offenhalten und keine Abschottung betreiben will.[1150] Die Wertpapierdienstleistungsrichtlinie enthält selbst aber keine spezielle Regelung für die Zulassung von Wertpapierfirmen aus dritten Ländern, sondern überläßt diese den einzelnen Mitgliedstaaten.

a. Betrieb von Wertpapierhandelssystemen durch Wertpapierfirmen aus Drittländern über das bloße Aufstellen von Handelsterminals

Bei Wertpapierhandelssystemen aus Drittländern, die lediglich über Handelsterminals bei den Teilnehmern im Raum der EG-Mitgliedstaaten vertreten sind, die jedoch ihre gesamte Geschäftstätigkeit entweder vollständig oder aber zu einem weit überwiegenden Teil unmittelbar aus dem Drittstaat heraus betreibt, befindet sich weder der für den Handel verantwortliche Organismus noch der Hauptverwaltungssitz in einem Mitgliedstaat der EG.[1151] Sie bieten daher keinen räumlichen Anknüpfungspunkt für eine Zulassung durch einen Mitgliedstaat der EG, der das Prinzip der Heimatmitgliedstaatbeaufsichtigung unter Wahrung der Mindestbedingungen der Wertpapierdienstleistungsrichtlinie durchsetzen könnte. Das Aufstellen der Handelsterminals bei den innerhalb der Gemeinschaft ansässigen Kunden stellt auch nicht die Begründung einer Zweigniederlassung dar, sondern es handelt sich lediglich um das Vorhalten einer sonstigen Einrichtung, die zudem noch seitens der Kunden angeschafft, finanziert und unterhalten wird.

Für Wertpapierhandelssysteme, die weder in einem Mitgliedstaat der EG als Wertpapierfirma zugelassen sind noch der laufenden Aufsicht dieses Mitgliedstaates nach dem Prin-

---

1150 Präambel der Wertpapierdienstleistungsrichtlinie 93/22/EWG, ABl. Nr. L. 141/27 (29). Damit wird die Absichtserklärung von Art. 7 Abs. 1 der Kapitalverkehrsrichtlinie 88/361/EWG aufgenommen und die nunmehr in Art. 73h EGV enthaltene Verpflichtung in der Wertpapierdienstleistungsrichtlinie umgesetzt.

1151 Insbesondere bei börslichen oder privaten Wertpapierhandelssystemen für professionelle Teilnehmer ist es möglich, daß in den jeweiligen Staaten technische „Zugangspunkte“ errichtet werden, die jedoch keine wesentliche Verwaltungsfunktionen für das System übernehmen, sondern allein technischen (Service-) Zwecken dienen. Vgl. z. B. die Errichtung des „Access-Point“ der DTB in London und Paris; siehe hierzu *Anslow*, The New Face Of Deutsche Börse - Deutsche Börse has positioned itself skilfully for the post-EMU era as the equity culture finally takes a grip in Germany, European Securities Trading v. 25.2.97; *Fisher*, New era dawns in Germany, Financial Times v. 28.2.97; *o. V.*, How electronic markets empower institutional investors, Global Investment Technology v. 13.12.1996; *o. V.*, Neue Allianzen für DTB keineswegs gravierend, Börsen-Zeitung v. 3.12.1996.

zip der Heimatlandkontrolle unterliegen, kann folglich kein „Europapaß" zur Erbringung ihrer Dienstleistungen in allen Mitgliedstaaten gewährt werden. Stattdessen müssen diese Wertpapierhandelssysteme in jedem Mitgliedstaat eine gesonderte Zulassung für ihr Tätigwerden erwirken und sind damit auch auf ein Tätigwerden in diesem jeweiligen Mitgliedstaat beschränkt. Dies entspricht auch der primärrechtlichen Regelung in Art. 43, 48, 49, 50 [ex-Art. 52, 58, 59, 60] EGV. Die europarechtliche Situation von Wertpapierhandelssystemen aus Drittländern, die in den Mitgliedstaaten der EG tätig werden wollen, entspricht damit im Prinzip der Situation bei der Errichtung von Zweigniederlassungen in den Mitgliedstaaten der EG. Es obliegt jedem Mitgliedstaat selbst, die Voraussetzungen für ihr Tätigwerden festzulegen, wobei jedoch eine Art. 5 der Wertpapierdienstleistungsrichtlinie entsprechende Einschränkung der Mitgliedstaaten für die Behandlung dieser Wertpapierfirmen im Vergleich zu mitgliedstaatlichen Wertpapierfirmen fehlt. Offensichtlich wurde dieser Fallgestaltung zum Zeitpunkt der Erstellung der Richtlinie noch keine Aufmerksamkeit geschenkt. Wegen der Vergleichbarkeit der Fallgestaltungen sollte die in Art. 5 der Wertpapierdienstleistungsrichtlinie enthaltene Einschränkung jedoch auch auf Drittlands-Wertpapierhandelssysteme Anwendung finden, denn sie sollten bei der Aufnahme oder Weiterführung ihrer Geschäftstätigkeit nicht günstiger behandelt werden als private Wertpapierhandelssysteme aus Mitgliedstaaten der Europäischen Gemeinschaft.

Insbesondere auch Internet-Wertpapierhandelssysteme aus Drittländern, die ihre Dienstleistungen lediglich über Handelsterminals in Form von Personalcomputern mit Modemanschluß anbieten, sind hiervon betroffen. Für sie existiert kein räumlicher Bezugspunkt in einem Mitgliedstaat der Gemeinschaft. Mit Regelungen, die der Sitztheorie sowie der Inkorporationstheorie folgen, lassen sich keine Drittlandsysteme erfassen, bei denen weder die Betreiber noch die technischen Anlagen physisch im Raum der Mitgliedstaaten präsent sind. Die Art. 43, 48 EGV folgen aber ausdrücklich auch nicht der Kontrolltheorie, die auf die Nationalität derjenigen Personen abstellt, die die in den Mitgliedstaaten tätigen Gesellschaften direkt oder indirekt beherrschen, so daß es für die Anwendung der Art. 43, 48 EGV letztlich nur auf die Gründung bzw. den Sitz in einem Mitgliedstaat ankommt, jedoch nicht auf die Staatsangehörigkeit der jeweiligen Eigentümer dieser Gesellschaft, was bereits aus praktischen Gründen sinnvoll ist, da insbesondere bei Publikumsgesellschaften ohnehin nur schwer festgestellt werden könnte, wer zur Zeit gerade Eigentümer ist.

Diese rechtliche Situation verursacht für die Internet-Wertpapierhandelssysteme mit Sitz in Drittländern zunächst eine zusätzliche verwaltungsmäßige Belastung, weil sie nach den aufgezeigten Regelungen in jedem Mitgliedstaat eine eigene Zulassung für die Erbringung ihrer Dienstleistungen beantragen müssen. Darüber hinaus sind die Mitgliedstaaten nicht zur rechtlichen Gleichbehandlung dieser Drittlandsysteme verpflichtet. Sie können die Zulassungen von strengeren - wegen der zuvor empfohlenen entsprechenden Geltung von Art. 5 der Wertpapierdienstleistungsrichtlinie aber nicht von günstigeren - Voraussetzungen abhängig machen, die sich in den Mitgliedstaaten erheblich voneinander unterscheiden können. Dies kann dazu führen, daß die Teilnehmer in den verschiedenen Mitgliedstaaten unter verschiedenen Rahmenbedingungen an einem Wertpapierhandelssystem teilnehmen, was wiederum Auswirkungen auf die Wettbewerbssituation der Teilnehmer hat.

Letztlich stellt sich die Frage, ob Internet-Wertpapierhandelssysteme von Seiten der Mitgliedstaaten in der Praxis tatsächlich zur Beantragung einer Zulassung gezwungen werden können und ob bei Nichtzulassung entsprechend wirksame Maßnahmen gegen das Tätigwerden der Systeme zur Verfügung stehen. Auf die Möglichkeit der Zugangsbeschränkung zu bestimmten Internet-Angeboten durch einen Zugriff auf der Ebene der nationalen Internet-Provider wurde bereits hingewiesen.[1152] Die Notwendigkeit einer internationalen Regelung der Zulassung und Beaufsichtigung dieser Systeme auf einem Mindestniveau wird hier sehr deutlich. Nur wenn es gelingt, einen internationalen Mindeststandard und das Prinzip der gegenseitigen Anerkennung durchzusetzen, wird den Wertpapierhandelssystemen im Internet oder den professionellen Wertpapierhandels-systemen der internationale Wettbewerb geöffnet und zugleich ein ausreichender Anleger- und Funktionenschutz gewährleistet werden können.

b. Betrieb von Wertpapierhandelssystemen durch Zweigniederlassungen von Wertpapierfirmen aus Drittländern

Ein Wertpapierhandelssystem kann sich nicht nur im Wege des freien Dienstleistungsverkehrs, sondern auch durch Zweigniederlassungen den europäischen Raum erschließen, z. B. um eine intensivere Betreuung der Kunden in einem Mitgliedstaat zu gewährleisten oder als gleichwertig geregelt anerkannt zu werden. Die Zweigniederlassung eines Drittlandsunternehmens als solche erfüllt jedoch nicht die Voraussetzungen, die Art. 43, 48 EGV für die Inanspruchnahme der Niederlassung- und Dienstleistungsfreiheit voraussetzen. Sie steht insofern einer natürlichen Person, die Angehörige des Drittlands ist, gleich.[1153]

[1152] Siehe hierzu 3. Teil II. 2. d. dd. ddd. dieser Arbeit.

[1153] Vgl. *Troberg*, in: von der Groeben/Thiesing/Ehlermann, EU-/EG-Vertrag Kommentar, Rn. 19 zu Art. 58.

In der Präambel der Wertpapierdienstleistungsrichtlinie wird daher darauf hingewiesen, daß in einem Mitgliedstaat befindliche Zweigniederlassungen[1154] von in einem Drittland zugelassenen Wertpapierfirmen nur in diesem Mitgliedstaat in den Genuß des freien Dienstleistungsverkehrs bzw. der Niederlassungsfreiheit kommen und für ihre Zulassung weiterhin die mitgliedstaatlichen Verfahren gelten.[1155] Gemäß Art. 5 der Wertpapierdienstleistungsrichtlinie dürfen die Mitgliedstaaten dabei jedoch keine Bestimmungen anwenden, die dazu führen, daß die Zweigniederlassungen von Firmen mit Sitz in einem Drittland günstiger behandelt werden als Zweigniederlassungen von Wertpapierfirmen mit Sitz in einem Mitgliedstaat. Hinsichtlich der konkreten Voraussetzungen des Tätigwerdens sind die Mitgliedtstaaten unter Berücksichtigung des Art. 5 der Wertpapierdienstleistungsrichtlinie frei in der Entscheidung, unter welchen Voraussetzungen sie Drittlandsfirmen die Errichtung von Zweigniederlassungen ermöglichen. Weder ist eine Gleichbehandlung vorgeschrieben, noch ist eine ungünstigere Behandlung ausgeschlossen. Dies ist systemkonform, da die Zweigniederlassungen ausschließlich in dem betreffenden Mitgliedstaat tätig werden dürfen und allein der Aufsicht dieses Mitgliedstaates unterliegen. Eine europarechtlich relevante grenzüberschreitende Dienstleistung wird nicht erbracht. Die Freiheitsgewährleistungen der Gemeinschaft werden nicht in Anspruch genommen.

Für die Tätigkeit des als Zweigniederlassung betriebenen Wertpapierhandelssystems kann jedoch nicht der „Europapaß" der Wertpapierdienstleistungsrichtlinie in Anspruch genommen werden, so daß diese Zweigniederlassung von Drittlandsunternehmen auch weder ihrerseits weitere Niederlassungen in den übrigen Mitgliedsländern der Gemeinschaft gründen, noch grenzüberschreitende Dienstleistungen erbringen können.[1156] Auch können den Zweigniederlassungen diese Rechte nicht gemäß Art. 49 Abs. 2 EGV durch den Rat auf Vorschlag der Kommission durch eine entsprechende Anwendung von Art. 49 Abs. 1 EGV gewährt werden, da es sich gerade nicht um in der EG ansässige Unternehmen handelt.

1154 Zur Definition für den Anwendungsbereich der Richtlinie siehe Art. 1 Nr. 8 der Wertpapierdienstleistungsrichtlinie.

1155 Präambel der Wertpapierdienstleistungsrichtlinie 93/22/EWG, ABl. Nr. L. 141/27 (29), wo in der deutschen Übersetzung der Begriff „Zweigstelle" statt des richtigen Begriffs „Zweigniederlassung" gebraucht wird.

1156 Vgl. *Troberg*, in: von der Groeben/Thiesing/Ehlermann, EU-/EG-Vertrag Kommentar, Rn. 25-27.

c. Betrieb von Wertpapierhandelssystemen durch Tochterunternehmen von Wertpapierfirmen aus Drittländern

Sinnvoll kann jedoch die Errichtung von Tochterunternehmen für Wertpapierhandelssysteme aus Drittländern sein, da sie – anders als eine bloße Zweigniederlassung - den Wertpapierhandelssystemen den „Europapaß" vermitteln kann. Für die Zulassung von Tochterunternehmen[1157] von Drittlandsfirmen oder für die Genehmigung des Erwerbs einer Beteiligung an mitgliedstaatlichen Wertpapierfirmen durch ein Drittlandsunternehmen gilt, daß die von den zuständigen Behörden eines Mitgliedstaates für ein Tochterunternehmen erteilte Zulassung gemeinschaftsweite Geltung hat. Damit wird dem aus einem Drittland stammenden Wertpapierhandelssystem der gesamte europäische Markt eröffnet. Für sie gelten grundsätzlich die gleichen Bedingungen wie für Wertpapierfirmen aus Mitgliedstaaten. Die erläuterten Zulassungsmindestbedingungen der Wertpapierdienstleistungsrichtlinie für mitgliedstaatliche Wertpapierfirmen müssen daher auch in diesem Fall erfüllt werden.

Die Ermöglichung des europaweiten Tätigwerdens eines Tochterunternehmens einer Drittlandswertpapierfirma erfordert aber eine Regelung zur Vermeidung von Aufsichtsarbitrage, um den Mitgliedstaat, der für die Zulassung der Tochtergesellschaft einer Drittlandswertpapierfirma zuständig ist, zu bestimmen. Wie auch bei den mitgliedstaatlichen Wertpapierfirmen gilt ebenfalls die Regelung in Art. 3 Abs. 1 i. V. m. Art. 1 Nr. 6 der Wertpapierdienstleistungsrichtlinie, die das Gemisch aus der Inkorporationstheorie und der Sitztheorie, die Art. 43, 48, 49, 50 [ex-Art. 52, 58, 59, 60] EGV zugrunde liegt, aufnimmt. Für die Tochterunternehmen, die ein Wertpapierhandelssystem betreiben wollen, ist dabei für die Definition des Heimatmitgliedstaates gleichfalls auf den „Markt"-Begriff i. S. d. Art. 1 Nr. 6 c) der Wertpapierdienstleistungsrichtlinie abzustellen. Gleiches gilt bei der Übernahme eines in einem Mitgliedstaat ansässigen Unternehmens durch ein Drittlands-Wertpapierhandelssystem.

d. Beschränkungen der Zulassung von Wertpapierfirmen aus Drittländern

Zu einer Beschränkung der Zulassung von Drittlands-Wertpapierfirmen in den Mitgliedstaaten der Gemeinschaft kann das in der Wertpapierdienstleistungsrichtlinie detailliert geregelte und auf dem Prinzip der Gegenseitigkeit (sog. Reziprozitäts-Grundsatz)[1158] basierende Verhandlungsverfahren mit Drittländern führen, obgleich es dessen primäres Ziel ist, durch Verhandlungen der Gemeinschaft die Kapitalmärkte der Drittländer auch für Wertpapierfirmen aus den Mitgliedstaaten vollständig zu öffnen. Ob hiermit gleich-

---

1157 Siehe die Definition in Art. 1 Nr. 12 der Wertpapierdienstleistungsrichtlinie für ihren Anwendungsbereich.

zeitig auf eine Förderung der Wettbewerbsfähigkeit der Kapitalmärkte der Gemeinschaft abgezielt wird[1159], ist zweifelhaft, da allein mit der Öffnung der Drittlandsmärkte noch lange keine Steigerung der Wettbewerbsfähigkeit der Heimatmärkte der Mitgliedstaaten verbunden sein dürfte, sondern nur eine Steigerung der Wettbewerbsfähigkeit einzelner Kapitalmarktteilnehmer, denen die Tätigkeit in den Drittländern eröffnet wird.

Neben der in Art. 7 Abs. 1 der Wertpapierdienstleistungsrichtlinie geregelten Erfassung der Wertpapierfirmen aus Drittstaaten, die in den Mitgliedstaaten der Europäischen Gemeinschaft tätig sind, steht die zentrale Erfassung der Behandlung von mitgliedstaatlichen Wertpapierfirmen in Drittstaaten gemäß Art. 7 Abs. 3 der Wertpapierdienstleistungsrichtlinie.

Die mitgliedstaatlichen Behörden haben die diesbezüglichen Informationen zentral an die Kommission der EG zu melden, die wiederum ihrerseits den Rat der Gemeinschaft unterrichtet, solange noch kein beratender Ausschuß für Wertpapiere[1160] eingesetzt ist. Die Kommission kann mit Drittländern unmittelbar Verhandlungen zur Beseitigung dieser Diskriminierungen aufnehmen. Im Hinblick auf Beschränkungen von Drittlands-Wertpapierhandelssystemen ist von Bedeutung, daß der Rat gemäß Art. 7 Abs. 5 UA. 2 der Wertpapierdienstleistungsrichtlinie jederzeit beschließen kann, daß die Mitgliedstaaten Entscheidungen über bereits vorliegende oder künftige Anträge auf Zulassung und über den Beteiligungserwerb seitens Wertpapierfirmen mit Mutterunternehmen, die dem Recht des betreffenden Drittlandes unterliegen, für bis zu drei Monate lang beschränken oder aussetzen müssen. Auf Vorschlag der Kommission kann der Rat in dieser Zeit zudem die Fortführung der Maßnahmen in Abhängigkeit von den Verhandlungsergebnissen mit dem Drittland mit qualifizierter Mehrheit beschließen. Von dieser Beschränkung ausgenommen sind jedoch die Gründung von Tochterunternehmen oder der Beteiligungserwerb durch in der Gemeinschaft bereits ordnungsgemäß zugelassene Tochternternehmen von Drittlands-Wertpapierfirmen.

Die ratio dieser Regelung liegt auf der Hand: die Kommission verhandelt als zentrale Interessenvertretung der in der Gemeinschaft vereinigten Mitgliedstaaten über die Herstellung gleicher Wettbewerbsbedingungen in Drittländern für die Wertpapierfirmen der Mitgliedstaaten[1161] und kann dabei das ganze politische und wirtschaftliche Gewicht der EG

1158 Abs. 32 der Präambel der Wertpapierdienstleistungsrichtlinie.

1159 So aber *Gruner-Schenk*, Harmonisierung des Bankaufsichtsrechts, S. 261.

1160 Siehe zum einzusetzenden beratenden Ausschuß für Wertpapiere unter 4. Teil VI. 4. c. dieser Arbeit.

1161 Zur Rolle der Europäischen Kommission und ihren Kompetenzen im Verhandlungsverfahren siehe *Böttger*, Der Vorschlag für eine Richtlinie des Rates über Wertpapierdienstleistungen, S. 263 (284); *Gruner-Schenk*, Harmonisierung des Bankaufsichtsrechts, S. 261.

in dieser für alle Mitgliedstaaten gleich bedeutsamen Frage nutzen. Als Druckmittel wird die Neuzulassung und der Erwerb neuer Beteiligungen der Wertpapierfirmen der Drittländer solange beschränkt, bis die Verhandlungen den gewünschten oder zumindet einen akzeptablen Erfolg zeigen. Allerdings dürfen diese Maßnahmen auch nur unter den genannten Voraussetzungen eingesetzt werden. Damit wird zugleich deutlich, daß eine Zulassungsbeschränkung allein aus protektionistischen Gründen nicht erfolgen darf.[1162] Die Zulassungsbeschränkung wird vielmehr ausschließlich zur Brechung des Protektionismus der Drittländer zugelassen.

Um während der Zeit der Verhandlungen mit dem Drittland alle Versuche der Erlangung einer Zulassung oder eines Beteiligungserwerbs solcher Wertpapierfirmen, die direkte oder indirekte Tochterunternehmen eines Mutterunternehmens aus diesem Drittland sind, zu erfassen, sind die Mitgliedstaaten gemäß Art. 7 Abs. 6 der Wertpapierdienstleistungsrichtlinie im Falle der Art. 7 Abs. 4 oder 5 der Richtlinie verpflichtet, der Kommission jeden Zulassungsantrag oder jede gemeldete Absicht eines Beteiligungserwerbs dieser Firmen mitzuteilen, solange noch kein Abkommen mit den Drittländern getroffen wurde oder die Maßnahmen zur Beschränkung des Zugangs oder des Beteiligungserwerbes andauern.

e. Betrieb von Wertpapierhandelssystemen durch Kreditinstitute aus Drittländern

Soweit das Betreiben von Wertpapierhandelssystemen auch zum Geschäftsbetrieb von Kredit- oder Finanzinstituten aus Drittländern gehört, stellt sich die Frage nach den europarechtlichen Voraussetzungen für deren Zulassung. Ausweislich der Präambel der Zweiten Bankrechtskoordinierungsrichtlinie ist es Ziel der Gemeinschaft, ihre Kapitalmärkte für die anderen Länder geöffnet zu halten und nicht abzuschotten.[1163] Andererseits sollen noch bestehende protektionistische Maßnahmen dieser Drittländer gegenüber mitgliedstaatlichen Kredit- oder Finanzinstituten durch ein Verhandlungsverfahren[1164], das dem der Wertpapierdienstleistungsrichtlinie als Vorbild gedient hat, abgeschafft werden. Kredit- oder Finanzinstituten aus Drittländern ist damit grundsätzlich die Möglichkeit eröffnet, in den einzelnen Mitgliedstaaten tätig zu werden. Die Voraussetzungen und der Umfang der Zulassung werden jedoch ausschließlich von jedem einzelnen Mitgliedstaat

---

1162 Dazu, daß protektionistische Maßnahmen vermieden werden sollen, *Böttger*, Der Vorschlag für eine Richtlinie des Rates über Wertpapierdienstleistungen, S. 263 (283); *Gruner-Schenk*, Harmonisierung des Bankaufsichtsrechts, S. 261 f., die die weitreichenden Kompetenzen der Europäischen Kommission in diesem Zusammenhang auch deshalb für gerechtfertigt hält, weil die Kommission alle Drittländer gleichbehandeln könne.

1163 Präambel der Zweiten Bankrechtskoordinierungsrichtlinie, 89/646/EWG, Abs. 21, ABl. Nr. L 386/3 v. 15.12.1989.

in seinen bankaufsichtsrechtlichen Regelungen festgelegt. Eine Inanspruchnahme des „Europapasses" für die Tätigkeit als Kreditinstitut wäre auch hier nur möglich, wenn das Kredit- oder Finanzinstitut aus dem Drittland ein Tochterunternehmen in einem der Mitgliedstaaten gründen oder eine entsprechende Beteiligung an einem mitgliedstaatlichen Unternehmen, die dieses zu einem Tochterunternehmen werden läßt, erwerben würde.[1165] Jedoch gilt hier wie auch bei mitgliedstaatlichen Kredit- oder Finanzinstituten, daß der Betrieb eines Wertpapierhandelssystems nicht in den Mindesttätigkeitsbereich fällt, den die Zweite Bankrechtskoordinierungsrichtlinie in Art. 18 i. V. m. der Liste der Tätigkeit, für die die gegenseitige Anerkennung gilt, liberalisiert, so daß für von Kredit- oder Finanzinstituten aus Drittländern betriebene Wertpapierhandelssysteme kein europaweites Tätigwerden durch die europäische Bankrechtsharmonisierung gewährleistet wird. Auch diesen Kredit- und Finanzinstituten bleibt nur die Möglichkeit, ein Wertpapierhandelssystem in Form einer Wertpapierfirma als Tochterunternehmen in einem Mitgliedstaat zu gründen.

IV. Der „Europapaß" für grenzüberschreitend tätige elektronische Wertpapierhandelssysteme in Europa

Den mitgliedstaatlichen Wertpapierfirmen und den in einem Mitgliedstaat zugelassenen Tochterunternehmen von Drittlands-Wertpapierfirmen ermöglicht die Wertpapierdienstleistungsrichtlinie ein Tätigwerden im gesamten Raum der EG-Mitgliedstaaten. Ihnen soll neben der Ermöglichung des Tätigwerdens in einem anderen Mitgliedstaat grundsätzlich auch der freie Zugang zu den Wertpapierhandelssystemen gewährt werden, um zu verhindern, daß ihnen Wettbewerbshindernisse durch einzelne Markteinrichtungen bereitet werden[1166], wie Art. 15 der Wertpapierdienstleistungsrichtlinie klarstellt.

Für elektronische Wertpapierhandelssysteme bestehen jedoch spezielle Regelungen, die erhebliche beschränkende Wirkungen auf die Möglichkeiten zur europaweiten Erbringung ihrer Finanzdienstleistungen und damit auf den Wettbewerb zwischen den Wertpapierhandelssystemen haben.[1167]

1. Der „Europapaß" für Wertpapierfirmen

Mitgliedstaatlichen Wertpapierfirmen wird der „Europapaß"[1168] durch Art. 14 Abs. 1 S. 1 der Wertpapierdienstleistungsrichtlinie gewährt, indem den Mitgliedstaaten aufgegeben

---

1164 Art. 9 Abs. 3 - 6 der Zweiten Bankrechtskoordinierungsrichtlinie.

1165 Siehe hierzu Art. 8 der Zweiten Bankrechtskoordinierungsrichtlinie.

1166 Vgl. *Schwark*, Börsen und Wertpapierhandelsmärkte in der EG, WM 1997, S. 293 (297 f.).

1167 *Schwark*, Börsen und Wertpapierhandelsmärkte in der EG, WM 1997, S. 293 (298).

1168 Vgl. dazu *von Rosen*, Europapass für Finanztitel, S. 9 (19).

wird, dafür zu sorgen, daß die Wertpapierfirmen in ihrem Hoheitsgebiet durch Errichtung einer Zweigniederlassung oder im Wege des Dienstleistungsverkehrs tätig werden können, sofern sie von den zuständigen Stellen eines anderen Mitgliedstaates zugelassen wurden und die Zulassung diese Tätigkeiten umfaßt. Ergänzend sieht Art. 14 Abs. 2 der Wertpapierdienstleistungsrichtlinie vor, daß die Aufnahmemitgliedstaaten diese Tätigkeiten weder von einer eigenen Zulassung noch von anderen Voraussetzungen gleicher Wirkung abhängig machen dürfen.

2. Der Europapaß für grenzüberschreitend tätige elektronische Wertpapierhandelssysteme

Für elektronische Wertpapierhandelssysteme enthält die Wertpapierdienstleistungsrichtlinie in Art. 15 Abs. 4 jedoch eigene Regelungen über die Herstellung, Sicherung aber auch Beschränkung der Dienstleistungsfreiheit.[1169] Sie gewährt den „Europapaß" speziell für die elektronischen, grenzüberschreitenden Wertpapierhandelssysteme, da darauf abgestellt wird, daß es sich um Märkte handeln muß, auf denen Geschäfte durchgeführt werden, „ohne daß eine physische Anwesenheit erforderlich wäre"[1170]. Dies gilt allerdings nur, sofern es sich bei diesem System um einen „geregelten Markt" i. S. d. Richtlinie handelt, so daß die Dienstleistungsfreiheit auf bestimmte Formen von Wertpapierhandelssystemen begrenzt und damit eher einen Beitrag zur Beschränkung des Wettbewerbs statt zu dessen Öffnung auf europäischer Ebene geleistet wird.[1171]

Die Gewährung des „Europapasses" für Wertpapierhandelssysteme geschieht durch eine Regelung, die sich in Art. 15 Abs. 4 S. 1 der Wertpapierdienstleistungsrichtlinie an den Heimatmitgliedstaat des Wertpapierhandelssystems und in Art. 15 Abs. 4 S. 2 der Wertpapierdienstleistungsrichtlinie an den Heimatmitgliedstaat der Mitglieder bzw. Teilnehmer an diesen Wertpapierhandelssystemen wendet. Erst durch beide Regelungen zusammen wird der freie Dienstleistungsverkehr für die erfaßten Wertpapierhandelssysteme sichergestellt. In Art. 15 Abs. 4 S. 1 der Wertpapierdienstleistungsrichtlinie wird klargestellt, daß die Wertpapierfirmen aus anderen Mitgliedstaaten, die über eine Erlaubnis zum Wertpapierhandel im Wege des Kommissionsgeschäftes oder des Eigenhandels seitens ihres Heimatmitgliedstaates verfügen, Mitglied der grenzüberschreitend tätigen elektronischen Wertpapierhandelssysteme werden oder zumindest Zugang dazu erlangen

---

1169 Siehe die Stellungnahme des Wirtschafts- und Sozialausschusses, Abl. Nr. C 298/03 v. 27.11.1989, S. 16 in der die Europäische Kommission ausdrücklich dazu aufgefordert wurde, der Entwicklung von Wertpapiertransaktionen per Datenfernübertragung Rechnung zu tragen und damit für die Marktteilnehmer den freien Dienstleistungsverkehr zu gewährleisten.

1170 Art. 15 Abs. 4 S. 1 der Wertpapierdienstleistungsrichtlinie.

können, so daß sowohl Wertpapierhandelssysteme erfaßt werden, die als Börsen eine Verbandsstruktur aufweisen als auch andere geregelte Märkte, bei denen keine solche Verbandsstruktur mehr existiert.

Art. 15 Abs. 4 S. 2 der Wertpapierdienstleistungsrichtlinie sichert auch den Betreibern dieser Wertpapierhandelssysteme die Dienstleistungsfreiheit, wenn ihnen seitens der Heimatmitgliedstaaten der Teilnehmer gestattet werden muß, dort entsprechende Vorkehrungen vorzusehen, was in der Praxis insbesondere durch das Aufstellen von Handelsterminals geschieht.[1172]

Es handelt sich um die bislang wichtigste und normativ hochrangigste europarechtliche Regelung, die sich ausdrücklich mit den elektronischen grenzüberschreitenden Wertpapierhandelssystemen befaßt. Sie soll sicherstellen, daß die Ziele der Richtlinie auch hinsichtlich dieser Handelssysteme verwirklicht werden. Für die elektronischen Wertpapierhandelssysteme der Mitgliedstaaten, die gemäß Art. 16 der Wertpapierdienstleistungsrichtlinie von ihren Heimatmitgliedstaaten als „geregelte Märkte" erfaßt werden, kommt dies einer Garantie der Möglichkeit ihrer Verbreitung in den jeweils übrigen Mitgliedstaaten der Europäischen Union gleich. Gleichzeitig wird aber auch deutlich, daß der „Europapaß" Wertpapierhandelssystemen aus Drittländern nicht gewährt wird, da Art. 15 Abs. 4 der Wertpapierdienstleistungsrichtlinie ausschließlich für mitgliedstaatliche Wertpapierhandelssysteme gilt. Auch für die Teilnahme von privaten Anlegern an Wertpapierhandelssystemen ist diese Gewährleistung nicht einschlägig, da sie ausschließlich die Mitgliedschaft bzw. Teilnahme von Wertpapierfirmen sichert.

Allein das Ermöglichen des Aufstellens der Handelsbildschirme sowie der Teilnahme am Handel ist jedoch nicht ausreichend. Gleiche Wettbewerbsbedingungen für die erfaßten „geregelten Märkte" liegen erst dann vor, wenn auch die Abwicklung der an den mitgliedstaatlichen Märkten getätigten Geschäfte für die Wertpapierfirmen aus anderen Mitgliedstaaten unter gleichen Bedingungen wie für Wertpapierfirmen aus den Aufnahmemitgliedstaaten vollzogen werden kann. Nachteile in diesem Bereich wirken sich auf die wettbewerbliche Stellung in gleicher Weise aus wie Nachteile beim Zugang zu den Märkten. Kein Teilnehmer würde sich bereit finden, Investitionen in die Teilnahme an einem ausländischen Wertpapierhandelssystem zu tätigen, wenn nicht auch die Abwicklung der geschlossenen Geschäfte ermöglicht würde. Die Wertpapierdienstleistungsricht-

---

1171 Vgl. *Steil*, Equity Trading IV: The ISD and the regulation of the European Market Structure, in: ders. (Hrsg.), The European Equity Markets, S. 136, mit ausführlicher Stellungnahme zu den Wirkungen der Marktstrukurregelungen der Wertpapierdienstleistungsrichtlinie, S. 113-136.

1172 Vgl. zur Entwicklung des Wortlauts dieser Bestimmung *Europäisches Parlament*, Beschluß betreffend den Gemeinsamen Standpunkt des Rates im Hinblick auf die Annahme einer Richtlinie über Wertpapierdienstleistungen, ABl. Nr. C 115/78 v. 26.4.1993.

linie verpflichtet die Mitgliedstaaten daher in Art. 15 Abs. 1 bis 3 dazu, den Wertpapierfirmen aus anderen Mitgliedstaaten, die Dienstleistungen gemäß Abschnitt A Nummer 1 Buchstabe b) und Nummer 2 des Anhangs zur Wertpapierdienstleistungsrichtlinie erbringen, nicht nur den Zugang zu den geregelten Märkten, sondern auch zu den dazugehörigen Abwicklungs- und Clearingsystemen zu ermöglichen.[1173] Nach Art. 15 Abs. 3 der Wertpapierdienstleistungsrichtlinie [1174] müssen die Mitgliedstaaten den Wertpapierfirmen die Möglichkeit eröffnen, diesen Zugang entweder durch Gründung einer Zweigniederlassung oder einer Tochtergesellschaft im Aufnahmemitgliedstaatstaat oder durch Erwerb einer im Aufnahmemitgliedstaat bestehenden Firma, die bereits Mitglied der Märkte ist oder Zugang zu ihnen hat, zu erlangen. Den Mitgliedstaaten wird jedoch nicht ausdrücklich vorgeschrieben, den Wertpapierfirmen den Zugang zu den Clearing- und Abwicklungssystemen auch im Wege der grenzüberschreitenden elektronischen Teilnahme zu ermöglichen. In Art. 15 Abs. 4 der Wertpapierdienstleistungsrichtlinie selbst wird ebenfalls nicht mehr auf die Clearing- und Abwicklungssysteme eingegangen. Jedoch gelten auch hier die Regelungen der Absätze 1-3 des Art. 15 der Wertpapierdienstleistungsrichtlinie entsprechend, wie in Art. 15 Abs. 4 der Wertpapierdienstleistungsrichtlinie durch die Einleitung „Vorbehaltlich der Absätze 1, 2 und 3“ zum Ausdruck kommt. Damit haben die Mitgliedstaaten, deren geregelte Märkte mittels elektronischer Handelssysteme funktionieren, nicht nur für den Zugang der Wertpapierfirmen aus den anderen Mitgliedstaaten zu diesen Systemen zu sorgen, sondern auch für ihren Zugang zu den entsprechenden Clearing- und Abwicklungssystemen. Für die Tätigkeit an den Märkten und die Abwicklung der Geschäfte gelten selbstverständlich die Satzungs- und Verwaltungsregeln der jeweiligen Märkte, wie Art. 15 Abs. 2 der Wertpapierdienstleistungsrichtlinie klarstellt.

Diese umfassenden Regelungen könnten bei nicht beschränkter Geltung tatsächlich dazu beitragen, den europäischen „Markt der Märkte“ für Wertpapierhandelssysteme weitgehend zu liberalisieren. Sie bieten formal einen hohen Grad an Dienstleistungsfreiheit, indem sie das grenzüberschreitende Aufstellen von Handelsbildschirmen und eine entsprechende Abwicklung der in diesen Systemen getätigten Geschäfte ermöglichen. Jedoch findet sich dieser „Europapaß“ eingebettet in Marktstrukturregelungen, die dem im Kommissionsentwurf der Richtlinie noch wesentlich stärker verfolgten Prinzip der gegenseitigen Anerkennung und Liberalisierung der europaweiten Dienstleistungserbringung

---

1173 Diese Vorschrift gilt gemäß Art. 2 Abs.1 der Richtlinie auch für Kreditinstitute, so daß hier eine zu begrüßende wettbewerbliche Gleichstellung von Kreditinstituten und übrigen Wertpapierfirmen erfolgt. Vgl. hierzu auch *Schäfer*, Materielle Aspekte der EG-Richtlinie über Wertpapierdienstleistungen, AG 1993, S. 389 (394).

im Bereich des Wertpapierhandels entgegenwirken.[1175] Zu nennen sind hier in erster Linie die Beschränkung des Anwendungsbereichs dieser Regelungen auf „geregelte Märkte" i. S. d. Richtlinie, der Untersagungsvorbehalt für „neue Märkte", die Marktkonzentrationsregeln und die Transparenzregeln.[1176]

3. Die Begrenzung des Europapasses auf „geregelte Märkte"

Der wesentliche Schwachpunkt der in Art. 15 Abs. 4 der Wertpapierdienstleistungsrichtlinie implementierten Dienstleistungsfreiheit für grenzüberschreitend tätige elektronische Wertpapierhandelssysteme ist, daß der „Europapaß" der Wertpapierdienstleistungsrichtlinie nicht für die Wertpapierhandelssysteme gilt, die nicht als „geregelte Märkte" im Sinne des Art. 1 Nr. 13 der Wertpapierdienstleistungsrichtlinie erfaßt werden. Dieses Manko hat erhebliche Folgen für die Wettbewerbsstellung von privaten Wertpapierhandelssystemen und ist zugleich geeignet, den Mitgliedstaaten hinsichtlich der Verbreitung dieser Systeme eine sehr weitgehende Entscheidungsfreiheit zu geben[1177], die nichtgerechtfertigte Eingriffe in den Wettbewerbsprozeß zu Gunsten der heimischen (insbesondere der börslichen) Wertpapierhandelssysteme ermöglicht und befürchten läßt.[1178]

Allein der Wortlaut der Vorschrift könnte zwar auch so verstanden werden, daß die Gewährung des „Europapasses" für die „geregelten Märkte" nicht zugleich ausschließt, daß für die nicht als „geregelte Märkte" anerkannten Wertpapierhandelssysteme der „Europapaß" des Art. 14 Abs. 1 S. 1 der Wertpapierdienstleistungsrichtlinie in Anspruch genommen werden kann. Aber allein die Tatsache, daß eine spezielle Regelung erfolgte, sowie der Kontext und die Vorgeschichte dieser Regelung zeigen deutlich, daß nur Wertpapierhandelssysteme, die seitens ihrer Heimatmitgliedstaaten als „geregelte Märkte" anerkannt werden, in den Genuß des „Europapasses" kommen sollen.

1174 Art. 15 Abs.3 der Richtlinie ist von besonderer Bedeutung, da dieser einigen Mitgliedstaaten erlaubt, für den Zugang zu ihren geregelten Märkten von Kreditinstituten eine Niederlassung in ihrem Mitgliedstaat zu verlangen. Spanien, Griechenland und Portugal können diese Regelungen sogar noch bis 31.Dezember 1999 beibehalten.

1175 *Steil*, Equity Trading IV: The ISD and the regulation of the European Market Structure, in: ders. (Hrsg.), The European Equity Markets, S. 115, der darauf hinweist, daß der Entwurf der Europäischen Kommission für eine Wertpapierdienstleistungsrichtlinie noch keine Marktstrukturregelungen enthielt.

1176 Ausführlich *Steil*, Equity Trading IV: The ISD and the regulation of the European Market Structure, in: ders. (Hrsg.), The European Equity Markets, S. 124-127.

1177 Die Richtlinie beläßt den Mitgliedstaaten grundsätzlich die Struktur- und Regelungsautonomie für die Wertpapierhandelssysteme. Vgl. *Schwark*, Börsen und Wertpapiermärkte in der EG, WM 1997, S. 293 (298).

1178 *Schwark*, Börsen und Wertpapierhandelsmärkte in der EG, WM 1997, S. 293 (300) geht zutreffend davon aus, daß die Börsen versuchen, (durch die Mitgliedstaaten) der Verbreitung außerbörslicher Wertpapierhandelsmärkte mit den Mitteln des nationalen Rechts entgegenzuwirken.

Die durch eine Intervention Frankreichs im Ministerrat eingeführte Unterscheidung zwischen „geregelten Märkten“[1179] und den übrigen (nicht-geregelten) Märkten hat ganz deutlich protektionistische Ziele, wie Steil aufzeigt.[1180] Das im Dezember 1989 kurz nach Vorstellung des Kommissionsentwurfs für die Richtlinie verfolgte Konzept basiert auf der Grundannahme, daß ausschließlich die von den Mitgliedstaaten anerkannten und beaufsichtigten „geregelten Märkte“ ausreichenden Anlegerschutz sowie ausreichende Transparenz und Fairneß bieten und damit dem Prinzip der Heimatlandkontrolle genügen. Letztlich ging es den Franzosen offenbar darum, eine weitere Ausbreitung des zu diesem Zeitpunkt sehr erfolgreichen Londoner SEAQ-International Wertpapierhandelssystems insbesondere auf französischem Territorium zu verhindern und damit die eigenen Börsen vor dem Verlust weiterer Marktanteile im grenzüberschreitenden Handel mit französischen Wertpapieren zu schützen. Entsprechend waren die Anknüpfungspunkte für die Definition des Begriffs des „geregelten Marktes“ gewählt, der so ausgestaltet wurde, daß zwar das französische elektronische Handelssystem CAC, das ebenfalls eine Teilnahme am Handel über das Aufstellen von Bildschirmen im Ausland ermöglichen konnte, die Kriterien eines „geregelten Marktes“ erfüllte, nicht aber das britische SEAQ-International-System. Zugleich diente das Konzept des „geregelten Marktes“ dazu, die insbesondere von Frankreich und Italien gewünschte Möglichkeit einer zwangsweisen Konzentration des Handels von Wertpapieren an diesen „geregelten Märkten“ durchzusetzen.

Der entscheidende Begriff des „geregelten Marktes“ wird für die Wertpapierdienstleistungsrichtlinie in Art. 1 Nr. 13 legaldefiniert. Diese Definition knüpft an vier Merkmale an, von denen insbesondere das Erfordernis eines Zulassungsverfahrens für die Wertpapiere sowie die Einhaltung der in Art. 20 und 21 der Wertpapierdienstleistungsrichtlinie geforderten Melde- und Transparenzvorschriften von Bedeutung sind. Das Erfordernis des regelmäßigen Funktionierens des Marktes dürfte bei allen professionellen Systemen ohnehin gegeben sein. Die an erster Stelle genannte formale Voraussetzung der Eintragung in das vom Herkunftsmitgliedstaat erstellte Verzeichnis gemäß Art. 16 der Wertpapierdienstleistungsrichtlinie hilft als Definition allerdings nicht weiter, da Art. 16 keine weiteren Merkmale nennt, sondern implizit wieder auf die Definition in Art. 1 Nr. 13 der

---

1179 Zunächst wurde von französischer Seite die Unterscheidung zwischen over-the-counter-Märkten (opération de gré à gré) und anerkannten Märkten (marchés reconnues) getroffen, die später als „regulated Markets“ bezeichnet wurden. Vgl. *Steil*, Equity Trading IV: The ISD and the regulation of the European Market Structure, in: ders. (Hrsg.), The European Equity Markets, S. 115.

1180 *Steil*, Equity Trading IV: The ISD and the regulation of the European Market Structure, in: ders. (Hrsg.), The European Equity Markets, S. 115 ff.; wobei beachtet werden muß, daß auch Steil selbst als Fürsprecher des Londoner Finanzplatzes nicht gänzlich frei von Wertungen argumentiert. Vgl. auch *Schwark*, Börsen und Wertpapierhandelsmärkte in der EG, S. 293 (300).

Wertpapierdienstleistungsrichtlinie zurückgreift.[1181] Das Abstellen auf das Erfordernis eines der Zulassungsrichtlinie entsprechenden offiziellen Zulassungsverfahrens zur amtlichen Notierung für die gehandelten Wertpapiere steht unter dem Vorbehalt, daß die Richtlinie 79/279/EWG auch Anwendung findet. Gerade dies ist aber für das SEAQ-International-System, bei dem kein Zulassungsverfahren zur amtlichen Notierung für die Wertpapiere existiert, umstritten.[1182]

Andererseits ermöglicht die Anerkennung auch ausländischer Wertpapierhandelssysteme als „Recognized Overseas Investment Exchange" am liberalen Finanzplatz London, daß Wertpapierhandelssysteme über diesen Umweg den „Europapaß" wahrnehmen können und damit im gesamten europäischen Raum ihre Dienstleistungen anbieten können, während die Chancen hierfür bei Mitgliedstaaten mit strengeren Börsenrechten wesentlich geringer wären.[1183]

Als Grundproblem erweist sich damit, daß die mangelhafte Definition des für die Anwendung der Richtlinie so bedeutsamen Begriffs „geregelter Markt" dazu führt, daß jeder Mitgliedstaat, der Beschränkungen des Zugangs von Wertpapierhandelssystemen aus anderen Mitgliedstaaten aufbauen will, hierzu eine mögliche Handhabe in der unsicheren Definition finden kann. Deren Voraussetzungen können, wenn der Vorsatz zum Schutz der heimatstaatlichen (insbesondere börslichen) Wertpapierhandelssysteme besteht, autonom und ergebnisorientiert ausgelegt werden. Allein die Vorgeschichte der Einführung dieses Konzeptes in den zunächst weitaus liberaleren Kommissionsentwurf läßt befürchten, daß Mitgliedstaaten sich zu einem solchen versteckten Protektionismus zu Gunsten ihrer nationalen Börsensysteme hinreißen lassen. Bis es zu einer möglichen gerichtlichen Klärung der Frage des Zugangs eines Wertpapierhandelssystems auf europäischer Ebene kommt, wird die rechtliche Unsicherheit bei vielen Marktteilnehmern bereits dafür sorgen, daß sie nicht an den in Frage stehenden Wertpapierhandelssystemen partizipieren.[1184]

Ohne Zweifel sollen die von den Mitgliedstaaten nach ihren nationalen Rechten als Börsen genehmigten oder anerkannten Wertpapierhandelssysteme als „geregelte Märkte"

1181 *Steil*, Equity Trading IV: The ISD and the regulation of the European Market Structure, in: ders. (Hrsg.), The European Equity Markets, S. 126 spricht von einem „endless loop" zwischen diesen beiden Artikeln der Wertpapierdienstleistungsrichtlinie.

1182 So weist *Steil*, Equity Trading IV: The ISD and the regulation of the European Market Structure, in: ders. (Hrsg.), The European Equity Markets, S. 126, darauf hin, daß grundsätzlich davon auszugehen sei, daß SEAQ kein entsprechendes Zulassungsverfahren habe, jedoch z. B. ein Vertreter der italienischen Börsenaufsichtsbehörde CONSOB die Zulassungsrichtlinie auch auf das SEAQ für anwendbar hält.

1183 *Schwark*, Börsen und Wertpapierhandelsmärkte in der EG, WM 1997, S. 293 (298).

1184 Hierauf weist auch *Steil*, Equity Trading IV: The ISD and the regulation of the European Market Structure, in: ders. (Hrsg.), The European Equity Markets, S. 126, hin.

i. S. d. der Wertpapierdienstleistungsrichtlinie gelten.[1185] Gleiches gilt für die elektronischen Wertpapierhandelssysteme aus Drittstaaten, die in einem Mitgliedstaat als sog. ausländische Börse anerkannt und einer entsprechenden Regelung unterworfen sind, wie z. B. die NASDAQ, die in London als „recognized overseas exchange" anerkannt wird.[1186]

Insbesondere die als Weiterentwicklung des Telefonhandels agierenden privaten Wertpapierhandelssysteme werden jedoch nicht vom Begriff des „geregelten Marktes" erfaßt, so daß sie nicht vom „Europapaß" des Art. 15 Abs. 4 der Wertpapierdienstleistungsrichtlinie profitieren können. Für die Wertpapierfirmen, die ein Wertpapierhandelssystem betreiben, entsteht damit die Situation, daß sie nach den Regelungen der Wertpapierdienstleistungsrichtlinie zwar einer Zulassung in ihrem Heimatmitgliedstaat bedürfen, die sie grundsätzlich gemäß Art. 14 der Wertpapierdienstleistungsrichtlinie dazu berechtigen würde, ihre Dienste im gesamten Raum der EG zu erbringen, ihnen aber durch den spezielleren Art. 15 Abs. 4 der Wertpapierdienstleistungsrichtlinie gerade dieser „Europapaß" versagt wird. Für sie ist damit weiterhin die jeweilige Zulassung als ausländisches Wertpapierhandelssystem in jedem einzelnen Mitgliedstaat erforderlich. Dies gilt auch für die privaten Wertpapierhandelssysteme im Internet, selbst wenn sie in einem europäischen Mitgliedstaat beheimatet sind. Für sie erschließt sich der europäische grenzüberschreitende Dienstleistungsbereich tatsächlich erst dann, wenn sie nach den Regelungen der jeweiligen mitgliedstaatlichen Börsengesetze oder entsprechender Regelungen organisiert, zugelassen und laufend überwacht werden.

Zu beachten ist in diesem Zusammenhang, daß diese Möglichkeit zum Protektionismus nicht bereits bei der ersten Umsetzung der Richtlinie in nationales Recht genutzt werden muß. Die Geltungsdauer der Wertpapierdienstleistungsrichtlinie ist zunächst unbegrenzt. Sie gibt einen rechtlichen Rahmen, auf den die nationalen Regeln der Wertpapierhandelssysteme auch noch in weit voraus liegenden Jahren zurückgreifen können, wenn sich tatsächlich zeigen sollte, daß private elektronische Wertpapierhandelssysteme doch zu ei-

---

1185 *Schwark*, Börsen und Wertpapierhandelsmärkte in der EG, WM 1997, S. 293 (298).

1186 Vlg. *Schwark*, Börsen und Wertpapierhandelsmärkte in der EG, WM 1997, S. 293 (298), der auch auf die wettbewerblichen Auswirkungen hinweist.

nem ernsthaften Wettbewerber für die mitgliedstaatlichen börslichen Systeme heranreifen.[1187]

4. Der Untersagungsvorbehalt für „neue Märkte"

Aber selbst für die als „geregelte Märkte" anerkannten Wertpapierhandelssysteme wird die Garantie des „Europapasses" durch Art. 15 Abs. 5 der Wertpapierdienstleistungsrichtlinie wieder in Frage gestellt. Der in Art. 15 Abs. 4 der Wertpapierdienstleistungsrichtlinie gewährte „Europapaß" für elektronische grenzüberschreitende Wertpapierhandelssysteme berührt „nicht die Möglichkeiten der Mitgliedstaaten, die Schaffung neuer Märkte in ihrem Hoheitsgebiet zu genehmigen oder zu untersagen". Das sich hieraus ergebende rechtliche Spannungsfeld eröffnet den Mitgliedstaaten bzw. ihren zuständigen Behörden einen erheblichen Spielraum für die Genehmigung oder Untersagung der Tätigkeit von grenzüberschreitenden Wertpapierhandelssystemen in ihrem Hoheitsgebiet. Auch dieser Vorbehalt wurde erst durch Insistieren Frankreichs in die Richtlinie aufgenommen und muß als Ausdruck eines latenten Protektionismus zu Gunsten der eigenen Wertpapierhandelssysteme gewertet werden.[1188]

Aus der Stellung der Vorschriften oder dem Wortlaut von Art. 15 Abs. 5 der Wertpapierdienstleistungsrichtlinie läßt sich kein Grundsatz-Ausnahme-Verhältnis zwischen den beiden Regelungen erkennen, etwa in dem Sinne, daß grundsätzlich der „Europapaß" für die grenzüberschreitende Tätigkeit der Wertpapierhandelssysteme gilt, während die Mitgliedstaaten nur ausnahmsweise diese Tätigkeit untersagen könnten, weil sie das Entstehen eines neuen Wertpapiermarktes verhindern wollen. Vielmehr deutet der Wortlaut „berührt nicht die Möglichkeit" darauf hin, daß diese (bereits seit jeher bestehende) Möglichkeit der Genehmigung oder Untersagung von Märkten unabhängig und zumindest auf gleicher Ebene neben der Gewährung des „Europapasses" in Art. 15 Abs. 4 der Wertpapierdienstleistungsrichtlinie steht.

Hinweise darauf, was die Merkmale eines solchen „neuen Marktes" sind oder wer darüber entscheidet, ob und wann ein solcher „neuer Markt" vorliegt, gibt die Wertpapierdienstleistungsrichtlinie weder in ihrem definitorischen Teil in Art. 1 noch in der Präambel. Aus

---

1187 Vgl. *o. V.*, Banken und Börsen an der Datenautobahn, Die Welt v. 28.12.1996; *Eckhardt*, Die Angst der Broker vor der billigen Konkurrenz im Internet, Handelsblatt v. 6.12.1996; *Denton*, US Broker offers free trading in equities on Internet, Financial Times v. 8.1.1997; *o. V.*, Wertpapieraufsicht auch für Internet-Geschäfte, FAZ v. 12.12.1996; *Hutter*, Breuer zeigt Frankfurt Weg zur Euro-Spitze, VWD v. 24.2.1997; *o. V.*, Breuers Vision für Frankfurt - Die Stadt habe Chancen, führender Finanzplatz zu werden, Süddeutsche Zeitung v. 21.2.1997; *o. V.*, A texan thinks big - plans first U.S. electronic futures exchange, Commodities Corner v. 14.2.1997; *o. V.*, Wittich (BAWe):"International absolut gleichwertig", VWD v. 27.12.1996.

1188 *Steil*, Equity Trading IV: The ISD and the regulation of the European Market Structure, in: ders. (Hrsg.), The European Equity Markets, S. 130.

dem Zusammenhang der Regelung läßt sich aber schließen, daß Art. 15 Abs. 5 der Wertpapierdienstleistungsrichtlinie davon ausgeht, daß zunächst jeder Mitgliedstaat selbst festlegt, ob und wann ein „neuer Markt" und nicht lediglich eine nach Art. 15 Abs. 4 der Wertpapierdienstleistungsrichtlinie erlaubte grenzüberschreitende Tätigkeit eines bereits existierenden „geregelten Marktes" vorliegt. Ein Beispiel hierfür ist bereits in der vom Januar 1995 stammenden Äußerung des niederländischen Finanzministeriums, daß es das Aufstellen von Handelsterminals ausländischer elektronischer Wertpapierhandelssysteme als Schaffung „neuer Märkte" in den Niederlanden ansehe, gegeben. Erst nach Protesten von deutscher und französischer Seite, die eine Beschränkung der Ausbreitung des IBIS und des CAC-System befürchteten, sowie nach Diskussionen mit der Kommission wurde diese Ansicht seitens der niederländischen Behörden offiziell wieder aufgegeben[1189]. Die Diskussion zeigt jedoch exemplarisch die Unsicherheit über die Auslegung des Begriffs „neuer Markt" sowie die Möglichkeit zu dessen interessengesteuerter Auslegung deutlich auf.

Angesichts des Fehlens ausdrücklicher Kriterien für die Entscheidung über das Vorliegen eines „neuen Marktes" und des den Mitgliedstaaten damit überlassenen weiten Entscheidungsspielraums mit den weitreichenden Folgen für die Wettbewerbsmöglichkeiten privater Wertpapierhandelssysteme muß versucht werden, den Begriff der „neuen Märkte" näher zu umgrenzen. Es wäre für den Wettbewerb zwischen den Wertpapierhandelssystemen und damit auch für die Nutzer dieser Systeme nachteilig, wenn in diesem Bereich allein politische Faktoren entscheiden würden und nicht die Leistung und Qualität der Wertpapierhandelssysteme im Wettbewerb miteinander. Allerdings sollte hier nicht ausschließlich vom gewünschten Ergebnis her gedacht und die Bestimmung in der Wertpapierdienstleistungsrichtlinie entsprechend interpretiert werden, wie es z. B. bei Steil[1190] der Fall ist.

Auch die kategorische Verneinung des Enstehens eines „neuen Marktes" bei EG-weiter Tätigkeit der „geregelten Märkte" durch Schwark[1191] hilft allein nicht weiter, selbst wenn Schwark im Ergebnis richtig liegt. Die Begründung, der elektronische Markt sei doch weiterhin ein im Herkunftsland befindlicher „geregelter Markt", reicht kaum aus, das Entstehen oder Nichtentstehen eines „neuen Marktes" i. S. d. Art. 15 Abs. 5 der Wertpapierdienstleistungsrichtlinie zu verneinen, da es gerade um das Verhältnis von Art. 15 Abs. 4 und Abs. 5 und um die Entstehung „neuer Märkte" im Aufnahmemitgliedstaat geht.

1189 *Steil*, Equity Trading IV: The ISD and the regulation of the European Market Structure, in: ders. (Hrsg.), The European Equity Markets, S. 130.

1190 *Steil*, Equity Trading IV: The ISD and the regulation of the European Market Structure, in: ders. (Hrsg.), The European Equity Markets, S. 130.

1191 *Schwark*, Börsen und Wertpapiermärkte in der EG, WM 1997, S. 293 (298).

Die Einräumung des weiten Untersagungsvorbehalts an die Mitgliedstaaten in Art. 15 Abs. 5 der Wertpapierdienstleistungsrichtlinie stellt die Frage nach der Sinnhaftigkeit der den „geregelten Märkten" in Art. 15 Abs. 4 der Richtlinie gewährten Erlaubnis, ihre Terminals in anderen Mitgliedstaaten aufzustellen. Es ist daher zu klären, ob die „geregelten Märkte" des Art. 15 Abs. 4 der Richtlinie überhaupt unter den Begriff des „neuen Marktes" in Art. 15 Abs. 5 der Richtlinie fallen oder ob dieser nur solche Wertpapierhandelssysteme erfaßt, die nicht als „geregelte Märkte" gelten. Bei der Auslegung der einschlägigen Regelungen und Begriffe ist dabei zu beachten, daß Art. 15 Abs. 5 einen deutlichen börsenpolitischen Hintergrund hat und seine Aufnahme in die Richtlinie gerade darauf abzielte, die Gewährung des Europapasses für Wertpapierhandelssysteme zu relativieren.

Das Ziel, eine möglichst weitgehende Marktöffnung für Wertpapierhandelssysteme zu erreichen, kann nicht nur durch eine Reduktion des Anwendungsbereiches des Untersagungsvorbehalts in Art. 15 Abs. 5 der Richtlinie mittels einer restriktiven Definition des Begriffs des „neuen Marktes" erreicht werden, sondern auch durch das Entwickeln von Kriterien für das bei der Entscheidung der Mitgliedstaaten bei der Ausübung des Untersagungsvorbehaltes anzuwendenden Ermessens. Ein ungebundenes Ermessen der Mitgliedstaaten bei dieser Entscheidung kann in keinem Fall angenommen werden, wenn der Gewährung des Europapasses in Art. 15 Abs. 4 der Richtlinie nicht durch den Untersagungsvorbehalt in Art. 15 Abs. 5 der Richtlinie jeglicher Sinn genommen werden soll.

a. Begriff des „neuen Marktes"

Ein Hinweis auf den Inhalt des Begriffs des „neuen Marktes" kann daraus gewonnnen werden, daß Art. 15 Abs. 4 der Wertpapierdienstleistungsrichtlinie von einem „geregelten Markt" spricht, während Art. 15 Abs. 5 der Wertpapierdienstleistungsrichtlinie lediglich von „neuen Märkten" spricht, also nicht nur geregelte Märkte, sondern auch andere Märkte umfaßt, die nicht die in Art. 1 Nr. 13 der Wertpapierdienstleistungsrichtlinie normierten Voraussetzungen für „geregelte Märkte" erfüllen. Dem Wortlaut der Richtlinie läßt sich nicht entnehmen, ob der Begriff der „neuen Märkte" in Art. 15 Abs. 5 der Wertpapierdienstleistungsrichtlinie ausschließlich auf den Begriff des „geregelten Marktes" in Art. 15 Abs. 4 der Wertpapierdienstleistungsrichtlinie Bezug nimmt. Hiergegen spricht, daß Art. 15 Abs. 5 der Wertpapierdienstleistungsrichtlinie den ganzen Art. 15 und nicht nur dessen Abs. 4 in Bezug nimmt, so daß nicht nur die Möglichkeit zur Untersagung von geregelten, sondern (erst Recht) auch von nichtgeregelten Märkten gegeben ist. Folge ist, daß die Untersagungsmöglichkeit des Art. 15 Abs. 5 der Wertpapierdienstleistungsrichtlinie grundsätzlich sowohl die grenzüberschreitend tätigen und als geregelte Märkte erfaßten Börsen und private Wertpapierhandelssysteme als auch die nicht als geregelte Märkte erfaßten privaten Wertpapierhandelssysteme umfaßt. Betroffen sind damit nicht nur die privaten Wertpapierhandelssysteme für professionelle Teilnehmer, sondern auch die künftigen privaten Wertpapiermärkte im Internet, deren Verbreitung in den einzelnen Mitgliedstaaten ebenfalls grundsätzlich untersagt werden kann, selbst wenn Zweifel an der praktischen Durchsetzbarkeit einer solchen Untersagung bestehen.[1192]

b. Räumlicher Bezugspunkt des Begriffs „Markt“

Fraglich ist, ob die Existenz eines „Marktes“ im Hoheitsgebiet eines Mitgliedstaates bereits dann gegeben ist, wenn von dessen Hoheitsgebiet aus nur einige Teilnehmer auf elektronischem Wege ihre Aufträge an einen Zentralcomputer in einem anderen Mitgliedstaat senden, von dem aus sie die Daten zur Verfolgung des Handelsgeschehens beziehen und in dem letztlich der Geschäftsschluß im Zentralcomputer vollzogen wird, oder ob ein „Markt“ nur dann vorliegt, wenn an einem bestimmten Ort Angebot und Nachfrage zusammen kommen und durch Geschäftsabschlüsse ausgeglichen werden. Ein Markt wäre in diesem Fall nur an dem Ort gegeben, an dem die Geschäftsabschlüsse getätigt werden, bei einem Zentralcomputersystem mithin nur am Ort des Zentralcomputers. Dies würde zugleich bedeuten, daß die in Art. 15 Abs. 4 der Richtlinie geregelten Handelsterminals aus dem Anwendungsbereich des Untersagungsvorbehaltes in Art. 15 Abs. 5 der Richtlinie herausfielen.

Eine solche Argumentation, die insbesondere auch bei der Frage der Neuordnung der Wertpapierhandelsaufsicht in Deutschland anläßlich der Einführung des IBIS-Systems vertreten und diskutiert wurde[1193], ist aber abzulehnen. Sie knüpft zu sehr an die Vorstellung von einer notwendigen Präsenz für den Geschäftsabschluß an, die jedoch ein Relikt älterer Börsengesetze ist und inzwischen nicht mehr als notwendiger Bestandteil der Börsendefinition angesehen wird.[1194] Für die aufsichtsrechtliche Bestimmung des Marktbegriffs kann nicht allein der physische Ort des Geschäftsabschlusses entscheidend sein. Dieser mag zwar für die Aufsicht über die Betreiber von Bedeutung sein, daneben steht jedoch auch die Aufsicht über den Handel sowie die Teilnehmer. Die Einbeziehung der Teilnehmer kann aber nur dann gelingen, wenn man den Marktbegriff entsprechend auf den gesamten räumlichen Bereich ausdehnt, in dem die Teilnehmer ansässig sind. In der Bundesrepublik Deutschland ist dies eben nicht nur der Ort des IBIS- bzw. nunmehr des

---

1192 Auf die alle Staaten konfrontierende Problematik der schwindenden Durchsetzbarkeit staatlicher Verbote im Hinblick auf Internet-Systeme kann hier nur hingewiesen werden.

1193 Vgl. einerseits *Schwark*, Börsengesetz, Rn. 4 zu § 1, der verdeutlicht, daß nicht das physische Vorhandensein eines zentralen Ortes, sondern die wirtschaftliche Zentralisierungsfunktion entscheidend ist; andererseits *Kümpel*, Börsengesetznovelle 1989, WM 1989, S. 1313 (1314); siehe zum Problem der örtlichen Zuständigkeit von Aufsichtsbehörden mehrerer Bundesländer für das bundesweit tätige börsliche Wertpapierhandelssystem IBIS *ders.*, Bank- und Kapitalmarktrecht (1. Aufl.), Rn. 14.343 ff, sowie Bank- und Kapitalmarktrecht, Rn. 17.64 ff.

1194 Siehe ausführlich oben 1. Teil I. 2. dieser Arbeit.

XETRA-Zentralrechners in Frankfurt, sondern es handelt sich um einen „ortsübergreifenden“ Markt, der Teilnehmer in allen Bundesländern erfaßt und entsprechend auch von einer für das gesamte Bundesgebiet zuständigen Aufsichtsbehörde oder von allen entsprechenden Länderbehörden gemeinsam und nicht allein von der hessischen Aufsichtsbehörde genehmigt und beaufsichtigt werden sollte.[1195] Soweit z. B. das XETRA- oder auch das DTB bzw. Eurex-System in Nichtmitgliedstaaten der EG Verbreitung finden, wird diesem Gedanken dadurch Rechnung getragen, daß eine ausdrückliche Genehmigung seitens dieser Staaten für das Aufstellen der Handelsterminals erforderlich ist. Damit ist implizit auch gezeigt, daß diese Staaten bereits das Aufstellen einzelner Handelsterminals als Entstehung eines „Marktes“ in ihrem Hoheitsgebiet betrachten.

Für den europäischen Rahmen ergibt sich, daß sich der „Markt“ auch auf die Mitgliedstaaten erstreckt, von denen aus am grenzüberschreitenden Wertpapierhandel teilgenommen wird, in denen also die Handelsterminals installiert sind. Es handelt sich damit um einen einheitlichen europäischen Markt. Zugleich handelt es sich aber auch um einen in jedem einzelnen betroffenen Mitgliedstaat entstehenden Markt i. S. d. Art. 15 Abs. 5 der Wertpapierdienstleistungsrichtlinie, selbst wenn hier nur einzelne Handelsterminals aufgestellt werden. Hierfür spricht schließlich auch, daß sich Art. 15 Abs. 5 eindeutig auf Art. 15 Abs. 4 der Wertpapierdienstleistungsrichtlinie bezieht und damit gerade elektronische Märkte mit Handelsterminals in den Mitgliedstaaten erfassen will. Der Markt existiert damit nicht nur im Mitgliedstaat, in dem der Zentralcomputer lokalisiert ist, sondern zugleich in jedem Mitgliedstaat, von dem aus ein Teilnehmer am Wertpapierhandelssystem teilnimmt.

Bei dieser Auslegung ergibt sich zugleich der Inhalt des Begriffs der „Neuheit“ des Marktes. Es kann nicht allein auf die bereits länger währende Existenz des Marktes in einem oder mehreren anderen Mitgliedstaaten abgestellt werden, sondern es muß auf die Eröffnung der Handelsmöglichkeit für die Teilnehmer in jedem einzelnen Mitgliedstaates abgestellt werden. Hierfür spricht auch die Wendung in Art. 15 Abs. 5 der Wertpapierdienstleistungsrichtlinie, der von „neuen Märkten in ihrem Hoheitsgebiet“ spricht und damit den Bezug zum jeweiligen Hoheitsgebiet herstellt. Ungeeignet für die inhaltliche Ausfüllung des Begriffs „Neuheit“ des Marktes ist m. E. das Kriterium, ob in einem grenzüberschreitend tätigen Wertpapierhandelssystem ausschließlich Wertpapiere gehandelt werden, die nicht bereits in einem Wertpapierhandelssystem des betreffenden Mit-

---

1195 Vgl. zutreffend aber noch ausschließlich auf den nationalen Bereich der Bundesrepublik beschränkt, obgleich IBIS und die DTB bereits internationale Anbindungen von Teilnehmern haben *Schwark*, Börsengesetz, Rn. 23-27 zu § 1 m. w. Nw., der in Rn. 27 zugleich darauf hinweist, daß die Genehmigung für das geplante EHS der Deutsche Börse AG, das nunmehr unter XETRA firmiert, als bundesweite Börse ein gemeinsames Verwaltungshandeln der Länder erfordere.

gliedstaates gehandelt werden, oder ob auch diese Wertpapiere in den Handel des grenzüberschreitenden Systems einbezogen werden.[1196]

Damit liegt ein „neuer Markt" i. S. d. Art. 15 Abs. 5 der Wertpapierdienstleistungsrichtlinie bereits dann vor, wenn die Teilnahme an einem bereits in einem anderen Staat ansässigen Wertpapierhandelssystem vom Hoheitsgebiet eines Mitgliedstaates aus erstmals ermöglicht wird.

c. „Ordre Public"-Funktion des Untersagungsvorbehalts

Art. 15 Abs. 5 der Wertpapierdienstleistungsrichtlinie ist als Ausdruck eines Vorbehalts einer politischen Entscheidung der Mitgliedstaaten über die in ihrem Hoheitsgebiet tätigen Wertpapierhandelssysteme zu verstehen und steht als spezielle Ausprägung eines „ordre public"-Vorbehalts ohne hinreichende Kriterien im scharfen Kontrast zum Grundprinzip der Richtlinie, nämlich der gegenseitigen Anerkennung der Zulassungs- und Überwachungsstandards für Dienstleistungsanbieter im Bereich des Wertpapierhandels. Im Zusammenhang mit den in der Präambel genannten Zielen der Richtlinie, die ihre aufsichtsrechtlichen Vorgaben mit einem weitgehenden Anlegerschutz und der Stabilität des Finanzsystems begründet[1197], kann eine Untersagung nur darauf gestützt werden, daß die Schaffung eines neuen Marktes durch ein grenzüberschreitendes Wertpapierhandelssystem die Stabilität des mitgliedstaatlichen oder europäischen Finanzsystems gefährdet oder aus anlegerschützenden Gründen geboten ist. Soweit ein Mitgliedstaat in dieser Weise argumentiert, wird er sich zwangläufig gegen die Auffassung eines anderen Mitgliedstaates, der das Wertpapierhandelssystem genehmigt hat und dies beaufsichtigt, wenden müssen. Es dürfte im Hinblick auf das Prinzip der gegenseitigen Anerkennung der Aufsichtsstandards und der ausdrücklichen Normierung des „Europapasses" für „geregelte Märkte" schwer fallen, eine tragfähige Begründung zu finden, warum trotz der Genehmigung und Beaufsichtigung des Systems durch die zuständigen Behörden eines anderen Mitgliedstaates die Stabilität des europäischen Finanzsystems gefährdet ist oder anlegerschützende Gründe die Untersagung eines solchen grenzüberschreitenden Wertpapierhandelssystems fordern. Damit wird letztlich lediglich eine politische und im Zweifel protektionistische Begründung übrig bleiben, die die eigenen bereits bestehenden Wertpapierhandelssysteme davor bewahren will, sich der Konkurrenz von Systemen aus anderen Mitgliedstaaten auszusetzen. Dabei kann diese Entscheidung von den zuständigen Verwaltungsstellen der Mitgliedstaaten nicht im freien Ermessen stehen, wenn die Gewähr-

---

1196 So aber *Steil*, Equity Trading IV: The ISD and the regulation of the European Market Structure, in: ders. (Hrsg.), The European Equity Markets, S. 130, der dieses Kriterium in Form eines Beispiels postuliert.

1197 Vgl. Richtlinie Nr. L 141/27.

leistung des Europapasses in Art. 15 Abs. 4 der Richtlinie nicht völlig leerlaufen soll. Wo ein Mitgliedstaat erkennbar protektionistische und politische Erwägungen heranzieht, um „geregelten Märkten" anderer Mitgliedstaaten das Aufstellen von Handelsterminals unter Berufung auf Art. 15 Abs. 5 der Richtlinie zu untersagen, ohne eine ermessensfehlerfreie Entscheidung unter Berücksichtigung des Grundanliegens der Richtlinie zu treffen, liegt insofern ein Verstoß gegen das Gemeinschaftsrecht vor.

Die von Schwark für Frankreich und Spanien befürchtete Weigerung, andere Wertpapierhandelssysteme zuzulassen, um die bestehenden Monopole zu schützen, zeigt, wie wenig die Regelungen der Wertpapierdienstleistungsrichtlinie zur Marktöffnung beitragen, sondern im Gegenteil zu einer Marktabschottung führen. Die in Spanien gesetzlich verankerte Sicherung einer breiten Angebotspalette über die Börsen[1198] kann allerdings kaum als Argument gegen die Zulassung weiterer Wertpapierhandelssysteme gelten. Gerade neue Wertpapierhandelssysteme werden dazu beitragen, dem Anlegerpublikum eine breitere Palette an Wertpapieren zu bieten, schon um sich im Wettbewerb behaupten zu können.

Langfristig werden jedoch rein politische Faktoren nicht für das Bestehen von Wertpapierhandelssystemen entscheidend sein können, sondern allein die Qualität und der Preis der Dienstleistungsangebote. Die staatlich geförderte Monopolisierung bestimmter Bereiche des inzwischen global gewordenen und kontinuierlich wachsenden Wertpapierhandels wird die Marktteilnehmer, die im Interesse ihrer Kunden - der Anleger - auf geringe Transaktionskosten und faire Preisbildung achten müssen, zudem zu Ausweichstrategien zwingen. Untersagt ein Mitgliedstaat grenzüberschreitende Wertpapierhandelssysteme, weil sie als „neue Märkte" i. S. d. Art. 15 Abs. 5 der Wertpapierdienstleistungsrichtlinie qualifiziert werden, und wird hierdurch den Intermediären in diesem Mitgliedstaat der Zugang zu internationalen Märkten erschwert, liegt es für die Intermediäre nahe, ihren Wertpapierhandel über ausländische Niederlassungen abzuwickeln, die ihrerseits Zugang zu diesen Wertpapierhandelssystemen haben, soweit dies wegen der Arbitragevorschriften möglich ist. Wertpapierhandelssysteme haben sich im Wettbewerb zu bewähren und nicht durch politischen Protektionismus. Dies gilt für börsliche geregelte Märkte wie auch für die nichtgeregelten (privaten) Wertpapierhandelssysteme.

5. Marktkonzentrationsregeln

Internationale Kritik an der Wertpapierdienstleistungsrichtlinie knüpft an den sog. Marktkonzentrationsregelungen in Art. 14 Abs. 3-5 der Wertpapierdienstleistungsrichtli-

---

1198 *Schwark*, Börsen und Wertpapierhandelsmärkte in der EG, WM 1997, S. 293 (299) m. w. Nw.

nie an.[1199] Sie können im Zusammenspiel mit der geltenden Regelung des „Europapasses“ für elektronische Wertpapierhandelssysteme für die nicht als „geregelte Märkte“ anerkannten Wertpapierhandelssysteme eine faktische Marktzugangsbeschränkung zu einem wesentlichen Teil der Wertpapieraufträge in einem Mitgliedstaat bedeuten. Gemäß Art. 14 Abs. 3 der Wertpapierdienstleistungsrichtlinie kann ein Mitgliedstaat vorschreiben, daß von der Wertpapierdienstleistungsrichtlinie erfaßte Geschäfte auf einem „geregelten Markt“ abgewickelt werden müssen, wenn sie näher genannten Kriterien entsprechen. Es handelt sich damit faktisch um die Ermöglichung eines „Börsenzwangs“. Die in Art. 14 Abs. 3 Spiegelstrich 1-3 der Wertpapierdienstleistungsrichtlinie genannten Kriterien für die Einführung bzw. Aufrechterhaltung eines Börsenzwangs sind dabei so ausgestaltet, daß sie den überwiegenden Teil aller getätigten Geschäfte erfassen.

Auch diese Konzentrationsregelung ist auf Betreiben der französischen Delegation in den Richtlinientext aufgenommen worden und wurde insbesondere mit Befürchtungen vor einer Fragmentierung des europäischen Wertpapiermarktes, die schädlich für Emittenten, Investoren und andere Marktteilnehmer sei, begründet.[1200] Unabhängig davon, ob gerade diese Argumente ökonomisch zutreffend sind, was mit guten Gründen bestritten wird,[1201] würde eine Umsetzung dieser Regelung durch einen Mitgliedstaat die Wettbewerbschancen für nicht als „geregelte Märkte“ anerkannte Wertpapierhandelssysteme, insbesondere die neuen Internet-Systeme erheblich einschränken, auch wenn die Wertpapierdienstleistungsrichtlinie in Art. 14 Abs. 3 HS. 1 nur eine Konzentration der Wertpapierdienstleistungen auf „einem“ geregelten Markt ermöglicht, was nicht gleichbedeutend mit einer Konzentration auf „den“ oder „die“ geregelten Markt (Märkte) des betreffenden Mitgliedstaates ist.[1202] Vielmehr muß in jedem Fall auch die Geschäftsausführung auf geregelten Märkten aus anderen Mitgliedstaaten, die z. B. über Handelsterminals in dem Mitgliedstaat vertreten sind, ermöglicht werden.

Indirekt ermöglicht diese Regelung den Mitgliedstaaten damit die Untersagung von außerbörslichen Märkten, wie sie z. B. auch in § 1 Abs. 1 des deutschen BörsG enthalten ist.[1203]

1199 *Steil*, Equity Trading IV: The ISD and the regulation of the European Market Structure, in: ders. (Hrsg.), The European Equity Markets, S. 116 ff.

1200 Vgl. die Darstellung in *Steil*, Equity Trading IV: The ISD and the regulation of the European Market Structure, in: ders. (Hrsg.), The European Equity Markets, S. 116.

1201 *Steil*, Equity Trading IV: The ISD and the regulation of the European Market Structure, in: ders. (Hrsg.), The European Equity Markets, S. 117-120.

1202 Ebenso *Steil*, Equity Trading IV: The ISD and the regulation of the European Market Structure, in: ders. (Hrsg.), The European Equity Markets, S. 128.

1203 *Schwark*, Börsen und Wertpapierhandelsmärkte in der EG, WM 1997, S. 293 (299).

Die in Art. 14 Abs. 4 der Wertpapierdienstleistungsrichtlinie enthaltene Verpflichtung der Mitgliedstaaten, ein sog. „opting out"[1204] von der Verpflichtung zur Abwicklung der Geschäfte über einen geregelten Markt für die Anleger zuzulassen, kann jedoch als notwendiges Regulativ zur Konzentrationsregelung die Folgen für die nicht als „geregelte Märkte" anerkannte Wertpapierhandelssysteme mildern. Danach müssen die Mitgliedstaaten den von der Konzentrationsregelung betroffenen Anlegern das Recht zugestehen, ihre Geschäfte auch auf einem nichtgeregelten Markt abwickeln zu können. Sie können die Ausübung dieses Rechts aber von einer Genehmigung abhängig machen, wobei sie insbesondere die vom Professionalisierungsgrad des Anlegers abhängige Schutzbedürftigkeit berücksichtigten müssen[1205] und eine rasche Abwicklung der Aufträge des Anlegers gesichert sein muß. Die „opting out"-Regelung ist damit offensichtlich für die professionellen und institutionellen Anleger gedacht.[1206] Für den Eigenhandel sowie die professionelle Vermögensverwaltung gilt die Marktkonzentrationsregelung ohnehin nicht. Die Richtlinie überläßt es aber jedem Mitgliedstaat, die Kriterien für die Beurteilung des Professionalisierungsgrads der Anleger und das Verfahren für die Genehmigung selbst auszugestalten, so daß letztlich durch unterschiedliche Definitionen der als professionell eingestuften Anleger auch unterschiedliche Gruppen an einem einzigen Wertpapierhandelssystem teilnehmen.

V. Die laufende Aufsicht über grenzüberschreitend tätige elektronische Wertpapierhandelssysteme nach europäischem Recht

Die Ausübung präventiv wirkender Aufsicht über grenzüberschreitende Wertpapierhandelssysteme allein im Rahmen des Verfahrens der erstmaligen Zulassung allein reicht nicht aus. Erforderlich ist eine laufende Aufsicht über die Tätigkeit der Systeme, die sicherstellt, daß die Anforderungen, die an die Betreiber, die Teilnehmer, die gehandelten Wertpapiere und die Abwicklung der getätigten Geschäfte gestellt werden, auch dauerhaft und nicht nur im Zeitpunkt der Zulassung erfüllt werden. Die Gebiete, auf die sich die laufende Aufsicht erstrecken sollte, wurden bereits auf internationaler Ebene identifiziert.[1207] Wegen der vergleichbaren technischen Funktionen unterscheiden sich die börslichen Wertpapierhandelssysteme diesbezüglich grundsätzlich nicht von den nichtbörslichen privaten Wertpapierhandelssystemen. Im einzelnen handelt es sich um die laufende

---

1204 *Steil*, Equity Trading IV: The ISD and the regulation of the European Market Structure, in: ders. (Hrsg.), The European Equity Markets, S. 129.

1205 Vgl. die Vorschläge zum Börsenzwang für das deutsche Recht unter 2. Teil II. 4. dieser Arbeit.

1206 *Schwark*, Börsen und Wertpapierhandelsmärkte in der EG, WM 1997, S. 293 (299).

1207 Vgl. *IOSCO*, Technical Committee Report on Issues in the Regulation of Cross-Border Proprietary Screen-Based Trading Systems, S. 14 zu den Bereichen, die von einer laufenden Aufsicht umfaßt werden sollten; siehe hierzu auch unter 2. Teil III. 2. a. - c. dieser Arbeit.

Aufsicht über die Betreiber von Wertpapierhandelssystemen, die Zulassung der Wertpapiere zum Handel sowie die Erfüllung etwaiger Prospektpflichten, die Publizitäts- und Transparenzpflichten der Wertpapierhandelssysteme, die Zulassung der Teilnehmer zu den Wertpapierhandelssystemen sowie deren laufende Beaufsichtigung.

1. Die laufende Aufsicht über die Betreiber von Wertpapierhandelssystemen

Dem Betreiber des elektronischen Wertpapierhandelssystems obliegt die Sicherstellung des ordnungsgemäßen und stabilen Funktionierens des Systems, insbesondere auch des Ausschlusses von Manipulationsmöglichkeiten der in das System eingestellten Aufträge und der Preisfindung. Ferner obliegt ihm die korrekte Weitergabe der Geschäftsdaten zur Wertpapierabwicklung. Der Ausschluß von Manipulationsmöglichkeiten durch das Systemdesign, also die Festlegung des Umfangs der Beeinflußbarkeit des Handels und der technischen Funktionen des Systems durch den einzelnen Teilnehmer sowie den Betreiber, wird bereits Gegenstand der Zulassungsprüfung des Systems sein müssen, denn ein System, das bereits von vorneherein Möglichkeiten zu manipulativen Eingriffen in den Auftragsbestand, den Preisfindungsmechanismus sowie die Abwicklung der Geschäfte ermöglicht, darf in keinem Fall zugelassen werden. Selbstverständlich bleibt für den Betreiber des Systems die technische Möglichkeit zu Eingriffen in das System oder zur Änderung von dessen Abläufen. Unproblematisch ist dies, soweit die Möglichkeit zur laufenden Verbesserung des Wertpapierhandelssystems durch Implementierung neuer oder geänderter Software nach entsprechender Benachrichtigung der Teilnehmer des Systems genutzt wird. Problematisch wird es aber dann, wenn solche Eingriffe sich einseitig zu Gunsten bestimmter Teilnehmer oder gar des Betreibers auswirken sollten. Angesichts der schwerwiegenden Folgen, die ihr Versagen haben kann, müssen daher die Personen, die das System betreiben oder den für den Handel zuständigen Organismus präsentieren, die Gewähr für dauerhafte Zuverlässigkeit bieten.[1208] Im Hinblick auf private Wertpapierhandelssysteme ist der Erhalt des Vertrauens aller Marktteilnehmer in die Integrität des Marktes von entscheidender Bedeutung, denn ein Vertrauensverlust würde nicht nur den zuverlässigen Betreibern anderer Wertpapierhandelssysteme erheblichen Schaden zufügen, sondern auch das Vertrauen in die Ordnungsmäßigkeit des Handels und die Integrität aller Marktteilnehmer an Wertpapierhandelssystemen beschädigen.

1208 Gemäß Art. 3 Abs. 3 2. Spiegelstrich der Wertpapierdienstleistungsrichtlinie erteilt die Behörde die Zulassung als Wertpapierfirma nur, wenn die Personen die die Geschäfte tatsächlich leiten, gut beleumundet sind und ausreichende Erfahrungen besitzen. Auch die Wertpapierdienstleistungsrichtlinie enthält dabei das Erfordernis des „Vier-Augen-Prinzips" in Anlehnung an die Regelung in Art. 3 Abs. 2 S. 1 3. Spiegelstrich der Ersten Bankrechtskoordinierungsrichtlinie und stellt Kredit- und Finanzinstitute sowie Wertpapierfirmen insoweit gleich. Speziell für Wertpapierhandelssysteme existiert aber keine vergleichbare Regelung.

Soweit für Wertpapierhandelssysteme die Regelungen der Wertpapierdienstleistungsrichtlinie Anwendung finden, kann auf deren Mindestanforderungen an die Betreiber von Wertpapierfirmen zurückgegriffen werden. Art. 8 Abs. 1 der Wertpapierdienstleistungsrichtlinie fordert die Geeignetheit des Betreibers nicht nur als Bedingung für die Errichtung einer Wertpapierfirma, sondern auch für die weitere Ausübung ihrer Tätigkeit. Art. 11 Abs. 1 2. Spiegelstrich der Wertpapierdienstleistungsrichtlinie, der Sachkenntnis, Sorgfalt und das Handeln im Interesse der Kunden und der Integrität des Marktes fordert, ist nicht speziell auf Wertpapierhandelssysteme zugeschnitten, unterstützt aber das Geeignetheitserfordernis. Art. 4 und 9 der Wertpapierdienstleistungsrichtlinie erfassen darüber hinaus nicht nur die Geeignetheit der unmittelbar geschäftsführenden Personen, sondern erstrecken das Geeignetheitserfordernis auch auf die Gesellschafter oder Aktionäre der Wertpapierfirmen, die eine qualifizierte Beteiligung halten und dadurch entscheidenden Einfluß auf die Geschäftsführung haben oder gewinnen können.[1209] Soweit es sich bei dem Erwerber der Beteiligung um eine Person handelt, die bereits eine Wertpapierfirma im Ausland kontrolliert, oder soweit die Wertpapierfirma ein Tochterunternehmen einer in einem anderen Mitgliedstaat zugelassenen Wertpapierfirma wird, legt Art. 9 Abs. 2 der Wertpapierdienstleistungsrichtlinie den zuständigen Stellen der beteiligten Mitgliedstaaten sogar eine Konsultationspflicht auf, um die Geeignetheit der betreffenden Personen festzustellen und auf die (positiven oder negativen) Erfahrungen der zuständigen Stellen des anderen Mitgliedstaates zurückgreifen zu können.[1210] Den Mitgliedstaaten ist in Art. 9 Abs. 5 der Wertpapierdienstleistungsrichtlinie sogar aufgegeben, Sanktionen[1211] für die Fälle der Nichteinhaltung der Verpflichtungen zur Meldung über die Beteiligungsstrukturen sowie bei schädlichem Einfluß einer beteiligten Person auf die Geschäftsführung der Wertpapierfirma vorzusehen, um diesen Einfluß zu unterbinden oder zumindest zu beschränken. Die Mitgliedstaaten haben bei der Umsetzung der Wertpapierdienstleistungsrichtlinie darüber hinaus vorzusehen, daß die zuständigen Stellen innerhalb einer Frist von höchstens drei Monaten nach der vorgesehenen Unterrichtung über den beabsichtig-

---

1209 Art. 4 der Wertpapierdienstleistungsrichtlinie entspricht Art. 5 der Zweiten Bankrechtskoordinierungsrichtlinie, Art. 9 der Wertpapierdienstleistungsrichtlinie entspricht Art. 11 der Zweiten Bankrechtskoordinierungsrichtlinie.

1210 Hierbei handelt es sich um eine besondere Ausprägung der Zusammenarbeit der mitgliedstaatlichen zuständigen Aufsichtsbehörden, die unter 4. Teil VI. dieser Arbeit erläutert wird.

1211 Art. 9 Abs. 5 S. 2 der Wertpapierdienstleistungsrichtlinie spricht hier einstweilige Verfügungen, Sanktionen für die Mitglieder der Geschäftsleitung oder die Suspendierung des Stimmrechts für Aktien und Anteile der betroffenen Person an.

ten Beteiligungserwerb Einspruch gegen diesen erheben können, wenn sie nicht davon überzeugt sind, daß die Person des Erwerbers die geforderte Qualifikation aufweist.[1212]

Die Wertpapierdienstleistungsrichtlinie läßt für die Entscheidung, ob die unmittelbar geschäftsführenden Personen oder die Erwerber einer Beteiligung an der Wertpapierfirma geeignet sind, insbesondere im Falle einer erst angestrebten Beteiligung, einen sehr weiten Beurteilungs- und Prognosespielraum, den jeder Mitgliedstaat bzw. seine zuständigen Stellen bei der Umsetzung selbständig ausfüllen können.[1213] Angesichts des Gleichklangs mit den bankaufsichtsrechtlichen Regelungen[1214] kann hier in der Praxis auf die mitgliedstaatlichen Detailregelungen im Bereich der Zulassung von Kreditinstituten und die damit bereits gewonnenen umfangreichen Erfahrungen zurückgegriffen werden. Sofern eine Umsetzung der Wertpapierdienstleistungsrichtlinie wie in Deutschland gewählt wird, bei der eine Integration der hier angesprochenen Regelungsbereiche in das Kreditwesengesetz erfolgt,[1215] liegen damit nicht nur bereits bewährte Regelungen zur Konkretisierung der unbestimmten Rechtsbegriffe, sondern auch eine entsprechende Rechtsprechung und die notwendige Erfahrung bei den zuständigen Aufsichtsbehörden vor, was als großer Vorteil gewertet werden muß.

Die Gleichbehandlung der Geschäftsführer und Beteiligungserwerber von Wertpapierfirmen und Kreditinstituten hat jedoch nicht zwingend zu erfolgen. Den Mitgliedstaaten steht offen, auch eine Differenzierung vorzunehmen, zumal die Wertpapierdienstlei-

---

1212 Die Rechtsfolge dieses Einspruchs wird aus der Regelung in Art. 9 der Wertpapierdienstleistungsrichtlinie nur unzureichend deutlich. Allein Art. 9 Abs. 5 S. 4 der Richtlinie gibt den Hinweis darauf, daß die Beteiligung trotz des Einspruchs der Behörde erworben werden kann, so daß der Einspruch zumindest nicht die zivilrechtliche Wirksamkeit des Beteiligungserwerbs betrifft. Hieraus ergibt sich, daß als Mindestsanktion die entsprechenden Stimmrechte ausgesetzt werden oder daß die Stimmrechtsausübung ungültig ist oder für nichtig erklärt werden kann.

1213 Siehe ausführlich zu den Umsetzungsspielräumen bei Richtlinien unter 4. Teil II. 5. dieser Arbeit.

1214 Verwiesen sei auf Art. 3 Abs. 2 S. 1 3. Spiegelstrich („Vier-Augen-Prinzip"), Art. 3 Abs. 2 S. 2 („Erfahrung und Zuverlässigkeit") der Ersten Bankrechtskoordinierungsrichtlinie; zu den europarechtlichen Anforderungen an die Betreiber von Kreditinstituten auch *Gruner-Schenk*, Harmonisierung des Bankaufsichtsrechts, S. 64. Diese sollen an dieser Stelle nicht ausführlich erläutert werden, da Wertpapierhandelssysteme, die von Kreditinstituten betrieben werden, nach der obigen Interpretation der Richtlinien keinen „Europapaß" nach den Bankrechtskoordinierungsrichtlinien in Anspruch nehmen können.

1215 Vgl. Entwurf eines Gesetzes zur Umsetzung von EG-Richtlinien zur Harmonisierung bank- und wertpapieraufsichtsrechtlicher Vorschriften, BR-Drs. 963/96 v. 20.12.1996. Siehe hierzu auch *Boos*, Entwurf einer sechsten KWG-Novelle, Die Bank 1997, S. 119-125; *o. V.*, Eine strenge Aufsicht ist kein Nachteil für den Finanzplatz Deutschland, Handelsblatt v. 18.12.1996; *o. V.*, Richtlinien-Umsetzung - Banken wollen Nachbesserungen - Bundesregierung will Anleger besser vor unseriösen Anbietern schützen, Handelsblatt v. 19.12.96; *o. V.*, Strenge Aufsicht Vorteil für Finanzplatz - Artopoeus: Das KWG ist viel zu kompliziert, Handelsblatt v. 23.12.1996; *o. V.*, Schmerzhafte Fehlregulierungen, Börsen-Zeitung v. 2.1.1997; *o. V*, KWG - Nicht unter 500 Millionen, Handelsblatt v. 3.2.1997; *o. V.*, KWG-Novelle - „Alle Finanzdienstleister unter Bundesaufsicht" - Kritik aus dem Bundesrat am Bonner Gesetzentwurf, Handelsblatt v. 21. 2.1997.

stungsrichtlinie sich diesbezüglich nicht ausdrücklich auf die für Kreditinstitute geltenden Richtlinien bezieht und die Mitgliedstaaten frei darin sind, in welcher rechtlichen Form sie die Ziele der Richtlinie umsetzen.[1216] Für die Betreiber von Wertpapierhandelssystemen wäre eine Gleichbehandlung mit den Trägern bzw. der Geschäftsführung von Börsen naheliegender als eine Gleichbehandlung mit den Betreibern von Kreditinstituten. Die Anforderungen an die persönliche Integrität der verantwortlich handelnden Personen dürften zwar in allen Fällen gleich hoch sein, aber insbesondere hinsichtlich der fachlichen und technischen Kenntnisse, die für das Betreiben eines Wertpapierhandelssystems vorausgesetzt werden müssen, gleichen sich Börsen und Wertpapierhandelssysteme eher als Kreditinstitute und Wertpapierhandelssysteme. Nach deutschem Börsenrecht obliegen dem Vorstand einer Börse z. B. wichtige Entscheidungen, die den Handel an der Börse betreffen und damit zugleich Auswirkungen auf den Gesamtkapitalmarkt haben. Zu nennen sind z. B. die Befugnisse des Vorstands deutscher Börsen nach §§ 3, 4 Abs. 1, 5 Abs. 1, 7 Abs. 1, 8 Abs. 2, 29 Abs. 1, 43 Abs. 1 sowie 50 Abs. 1 BörsG vor der Änderung durch das Zweite Finanzmarktförderungsgesetz sowie die Abgrenzung der Aufgaben zwischen dem Vorstand und der Börsengeschäftsführung in den BörsO der Börsen. [1217] Nach den Änderungen durch das Zweite Finanzmarktförderungsgesetz sind in Anlehnung an das Organisationsmodell der Aktiengesellschaft wesentliche Managementaufgaben vom Vorstand auf die Geschäftsführung der Börsen übertragen worden, um die Leistungsfähigkeit der Börsenleitung zu verbessern.[1218] Gemäß § 3c BörsG hat der Börsenrat die Geschäftsleitung der Börse zu bestellen, die die Börsengeschäfte in eigener Verantwortung leitet.[1219] Der Geschäftsführung kommen damit die wesentlichen Befugnisse zu, die unmittelbare Auswirkungen auf den Handel an der Börse haben und die vormals dem Börsenvorstand oblagen, wie z. B. die Zulassung zum Besuch und zur Teilnahme an der Börse (§ 7 Abs. 1 BörsG), z. T. die amtliche Preisfeststellung (§ 29 Abs. 1 BörsG), die Zulassung von Börsentermingeschäften sowie insbesondere die Aussetzung und die Einstellung der amtlichen Notierung (§ 43 Abs. 1 BörsG).

Ähnliche Entscheidungen, die unmittelbare Auswirkungen auf die Teilnehmer und Anleger haben, können auch bei privaten Wertpapierhandelssystemen zu treffen sein. Es kann sich z. B. um die Aussetzung des Handels, die Stornierung von Aufträgen oder den Entzug der Teilnahmeberechtigung für Teilnehmer handeln. Die Personen, die die Aufgaben

---

1216 *Oppermann*, Europarecht, Rn. 1229; *Streinz*, Europarecht, Rn. 384.

1217 Siehe zu dieser alten Rechtslage *Schwark*, Börsengesetz, Rn. 7 zu § 3; sowie die Kommentierungen zu den genannten Paragraphen des BörsG; vgl. hierzu z. B. § 4 der Börsenordnung für die Frankfurter Wertpapierbörse, abgedruckt bei *Schwark*, Börsengesetz, Anhang 2.

1218 Vgl. *Kümpel*, Bank- und Kapitalmarktrecht (1. Aufl.), Rn. 14.361.

1219 Siehe auch *Claussen*, Bank- und Börsenrecht, S. 293; sowie *Kümpel*, Bank- und Kapitalmarktrecht (1. Aufl.), Rn. 14.361 f.

des Betreibers wahrnehmen, müssen auch für das Treffen dieser weitreichenden Entscheidungen fachlich und persönlich geeignet sein.

Eine solche Gleichbehandlung der Betreiber von Börsen und Wertpapierhandelssystemen müßte aber gleichzeitig auch mit einem Zuständigkeitswechsel der Aufsichtsbehörden verbunden sein, sofern für Börsen und Wertpapierfirmen unterschiedliche Aufsichtsbehörden in dem Mitgliedstaat zuständig sind, wie dies z. B. in Deutschland der Fall ist. Übertragen auf die geltende Situation in Deutschland, in der Börsen gemäß § 1 Abs. 1 BörsG seitens der obersten Landesbehörde, die zugleich Börsenaufsichtsbehörde ist, genehmigt werden, wäre damit auch ein Zuständigkeitswechsel für die Beurteilung der Zulassung der Wertpapierhandelssysteme und der Geeignetheit ihrer Betreiber verbunden. Statt des Bundesaufsichtsamtes für das Kreditwesen, das für die Zulassung von Wertpapierfirmen zuständig sein wird[1220], wäre damit nach geltendem Recht die jeweilige Landesregierung dazu berufen, die Geeignetheit zu beurteilen, obgleich hier de lege ferenda auch eine zentrale Stelle auf Bundesebene, ähnlich wie in anderen Mitgliedstaaten bereits realisiert, vorzuziehen wäre.[1221]

2. Die Zulassung der Wertpapiere zu Wertpapierhandelssystemen

Die Zulassung von Wertpapieren zu börslichen Wertpapierhandelssystemen ist in Teilbereichen Gegenstand europäischer Rechtsetzung, wie die Richtlinie über die Koordinierung der Bedingungen für die Zulassung von Wertpapieren zur amtlichen Notierung[1222] zeigt. Zugleich existieren die Richtlinie über die Prospektpflicht für die Zulassung von Wertpapieren zur amtlichen Notierung[1223] und die Richtlinie bei öffentlichen Angeboten von Wertpapieren[1224], die zwar nicht direkt die Zulassung von Wertpapieren zu einem Wertpapierhandelssystem betreffen, aber für die Aufnahme von Wertpapieren als handelbare Gegenstände in grenzüberschreitende Wertpapierhandelssysteme ebenfalls eine

---

1220 Vgl. §§ 1a, 1b des Entwurfs eines Gesetzes zur Umsetzung von EG-Richtlinien zur Harmonisierung bank- und wertpapieraufsichtsrechtlicher Vorschriften, BR-Drs. 963/96 v. 20.12.1996, S. 60 sowie die Begründung des Gesetzentwurfs.

1221 Siehe hierzu ausführlich *Hopt/Baum/Rudolph*, Börsenreform - Eine ökonomische, rechtsvergleichende und rechtspolitische Untersuchung, Bd. 2, Teil III Länderberichte.

1222 *Schwark*, Börsen und Wertpapierhandelsmärkte in der EG, WM 1997, S. 293 (304); Richtlinie des Rates vom 5. März 1979 zur Koordinierung der Bedingungen für die Zulassung von Wertpapieren zur amtlichen Notierung an einer Wertpapierbörse, 79/279/EWG, ABl. Nr. L 66/21 v. 13.3.1979.

1223 Richtlinie des Rates vom 17. März 1980 zur Koordinierung der Bedingungen für die Erstellung, die Kontrolle und die Verbreitung des Prospektes, der für die Zulassung von Wertpapieren zur amtlichen Notierung an einer Wertpapierbörse zu veröffentlichen ist, ABl. Nr. L 100/1 v. 17.4.1980.

1224 Richtlinie des Rates vom 17. April 1989 zur Koordinierung der Bedingungen für die Erstellung, Kontrolle und Verbreitung des Prospektes, der im Falle öffentlicher Angebote von Wertpapieren zu veröffentlichen ist, ABl. Nr. L 124/8 v. 5.5.1989.

Rolle spielen. Sie haben gleichfalls präventiven Aufsichtscharakter, denn Ziel ist ein verbesserter Anlegerschutz durch Einhaltung von Mindestanforderungen an Wertpapiere und die Emittenten sowie die Information der Anleger hierüber.[1225] Diese Richtlinien stellen zugleich sicher, daß bei einer mehrfachen Zulassung der Wertpapiere an Börsen innerhalb der Europäischen Gemeinschaft ein erleichtertes Zulassungsverfahren gilt und durch die gegenseitige Anerkennung der Billigung von Prospekten Hindernisse für den europäischen Wertpapierhandel beseitigt werden. Vorläufiger Abschluß dieser Entwicklung ist die Richtlinie zur Ermöglichung des Eurolist-Projektes[1226], bei dem Emittenten, deren Wertpapiere bereits zur amtlichen Notierung an einer Börse in einem Mitgliedstaat zugelassen sind, bei einer weiteren Notierung in einem anderen Mitgliedstaat von der Pflicht zur Veröffentlichung eines vollständigen Prospektes befreit sind.

a. Wertpapierhandelssysteme mit amtlichem Handel

Für die Zulassung von Wertpapieren zu grenzüberschreitend tätigen börslichen Wertpapierhandelssystemen, in denen ein amtlicher Handel stattfindet, ist grundsätzlich die Richtlinie 79/279/EWG anzuwenden. Sie enthält selbst jedoch keinerlei Definition des „amtlichen Handels", so daß es mithin jedem Mitgliedstaat überlassen bleibt, die Kriterien dafür festzulegen, ob in einem in seinem Hoheitsgebiet tätigen Wertpapierhandelssystem ein „amtlicher" Handel stattfindet oder nicht.

Gemäß Art. 3 der Zulassungsrichtlinie hat jeder Mitgliedstaat sicherzustellen, daß Wertpapiere nur dann zur amtlichen Notierung an einer in ihrem Gebiet „ansässigen oder tätigen" Wertpapierbörse zugelassen werden, wenn die Bedingungen, die die Richtlinie für die Zulassung aufstellt, erfüllt sind und die Emittenten der Wertpapiere den Pflichten der Richtlinie unterliegen. Grenzüberschreitende Börsen sind nicht im Gebiet jedes Mitgliedstaates ansässig, sondern sie sind in den Mitgliedstaaten außerhalb ihres Sitzstaats lediglich tätig. Da die Richtlinie aber jedem Mitgliedstaat vorschreibt, dafür zu sorgen, daß die in seinem Gebiet tätigen Börsen die Zulassungsbedingungen dieser Richtlinie erfüllen, ist fraglich, welcher der beteiligten Mitgliedstaaten für die Zulassung von Wertpapieren in dem grenzüberschreitenden System zuständig ist. Trotz der harmonisierten Zulassungsbedingungen kann diese Frage wegen des Vorbehalts strengerer Regeln in Art. 5 der Zulas-

---

1225 Hiezu dient auch die Richtlinie des Rates vom 15. Februar 1982 über regelmäßige Informationen, die von Gesellschaften zu veröffentlichen sind, deren Aktien zur amtlichen Notierung an einer Wertpapierbörse zugelassen sind, ABl. Nr. L 48/26/EWG vom 20. 1. 1982 (Zwischenberichtsrichtlinie).

1226 Richtlinie 94/18/EWG vom 30. Mai 1994 zur Änderung der Richtlinie 80/390/EWG zur Koordinierung der Bedingungen für die Erstellung, die Kontrolle und die Verbreitung des Prospektes, der für die Zulassung von Wertpapieren zur amtlichen Notierung an einer Wertpapierbörse zu veröffentlichen ist, im Hinblick auf die Verpflichtung zur Veröffentlichung eines Prospektes, ABl. Nr. L 135/1 v. 31.5.1994.

sungsrichtlinie, der den Mitgliedstaaten auch nach der Harmonisierung noch unterschiedliche Zulassungsregeln erlaubt,[1227] noch eine Rolle spielen.

Art. 9 der Zulassungsrichtlinie hilft zur Beantwortung der Fragen nicht weiter, da dort ausschließlich die Frage der innerstaatlichen Zuweisung der aus der Richtlinie erwachsenden Aufsichtsaufgaben an die zuständigen Behörden der Mitgliedstaaten geregelt ist, aber nicht die Zuständigkeit zwischen den Mitgliedstaaten im Falle grenzüberschreitender Börsen. Auch Art. 18 Abs. 2 der Zulassungsrichtlinie hilft nicht weiter, da der Gebrauch des Plurals des Begriffs „Wertpapierbörse" darauf hindeutet, daß hier nicht die Zulassung von Wertpapieren zu einer in mehreren Mitgliedstaaten tätigen Börse gemeint ist, sondern die Zulassung zu einer Mehrzahl von Börsen, die jeweils in ihren Mitgliedstaaten tätig sind. Dieses Verständnis wird unterstützt durch den Kontext des Satzes in Art. 18 Abs. 2 der Zulassungsrichtlinie, in dem die Situation der Zulassung an einer Mehrzahl von Börsen geregelt ist.

Als Anknüpfungspunkt für den für die Zulassung der Wertpapiere zuständigen Mitgliedstaat kommt daher allein der Ort der Verwaltung oder der Sitz der grenzüberschreitenden Börse in Betracht, an dem die Entscheidung über die Aufnahme des Wertpapiers als handelbarer Gegenstand getroffen wird, so daß die zuständigen Stellen des Heimatmitgliedstaates des Wertpapierhandelssystems allein zuständig sind.

Da die Richtlinie nach ihrer Umsetzung einen harmonisierten Mindeststandard der Zulassungsregeln in allen Mitgliedstaaten bringt, kann letztlich jeder Mitgliedstaat, in dem ein aus einem anderen Mitgliedstaat stammendes grenzüberschreitendes Wertpapierhandelssystem mit amtlicher Notierung der Wertpapiere tätig wird, darauf verweisen, daß die (Mindest-) Bedingungen der Richtlinie für die Zulassung erfüllt sind. Dabei ist zwar keine Zulassung durch die eigenen mitgliedstaatlichen Zulassungsstellen, aber durch die des Heimatmitgliedstaates des Wertpapierhandelssystems erfolgt.

Diese Interpretation wird für „geregelte Märkte" auch durch den „Europapaß" der Wertpapierdienstleistungsrichtlinie und das anwendbare Prinzip der Heimatlandkontrolle nahegelegt. Gemäß Art. 1 Nr. 13 der Wertpapierdienstleistungsrichtlinie ist ein „geregelter Markt" gerade dadurch gekennzeichnet, daß die Bedingungen der Zulassungsrichtlinie 79/279/EWG für die Zulassung zur Notierung gelten. Nimmt ein als „geregelter Markt" tätiges Wertpapierhandelssystem mit amtlicher Notierung der Wertpapiere den „Europapaß" wahr, müssen für die Zulassung zur amtlichen Notierung ausschließlich die Rege-

1227 Aus anlegerschützenden Gründen kann die Zulassung gar entsprechend Art. 9 Abs. 3 der Richtlinie versagt, die Kursnotiz gemäß Art. 14 Abs. 1 ausgesetzt oder die Einstellung der Kursnotiz entsprechend Art. 14 Abs. 2 der Richtlinie angeordnet werden.

lungen des Heimatmitgliedstaates des Wertpapierhandelssystems gelten und sind auch ausschließlich dessen Behörden zuständig.

Für aus Drittländern stammende, grenzüberschreitend in einem Mitgliedstaat der EG tätige Wertpapierhandelssysteme mit einer der „amtlichen Notierung" vergleichbaren Kursfeststellung existiert in der Zulassungsrichtlinie keinerlei Regelung. Zum Zeitpunkt der Verabschiedung der Richtlinie im Jahre 1979 war diese Art des Wertpapierhandels weder technisch absehbar, noch ein rechtliches Problem. Dem Wortlaut des Art. 3 der Zulassungsrichtlinie nach muß der Mitgliedstaat, in dem ein solches Wertpapierhandelssystem tätig wird, auch hier dafür sorgen, daß die Zulassungs(mindest)bedingungen[1228] der Richtlinie eingehalten werden. Dies kann nur im Rahmen des Genehmigungsverfahrens für das Wertpapierhandelssystem geschehen. Für das aus dem Drittstaat stammende Wertpapierhandelssystem kann dabei das Problem entstehen, daß es unterschiedliche Zulassungsbedingungen für die Notierung der Wertpapiere in dem System erfüllen muß, woraus sich ein weiteres Hindernis für die Eröffnung des Wettbewerbs der mitgliedstaatlichen Wertpapierhandelssysteme mit Drittlands-Wertpapierhandelssystemen ergibt. Da in der Praxis die Zulassungsbedingungen der Wertpapierhandelssysteme für die Notierung zum amtlichen Handel jedoch ohnehin i. d. R. nur sehr gering sind, da jedes Wertpapierhandelssystem bestrebt ist, eine Vielzahl von Wertpapieren mit amtlicher Notierung zu notieren, sollte dieses Problem nicht überbetont werden.

b. Systeme ohne amtlichen Handel

Für die grenzüberschreitenden Wertpapierhandelssysteme ohne amtlichen Handel existieren bislang keine der Richtlinie 79/279/EWG entsprechenden europarechtlichen Mindestregelungen für die Zulassung der Wertpapiere.[1229] Hier gilt ebenfalls, daß mangels einer Regelung die Betreiber der Wertpapierhandelsysteme oder Börsen (soweit es sich um Handelssegmente ohne amtliche Kursnotierung handelt) und letztlich die jeweiligen Mitgliedstaaten die Kriterien festlegen, die an eine Zulassung der Wertpapiere zum Handel gestellt werden.

Die Wertpapierdienstleistungsrichtlinie, die das Konzept des „geregelten Marktes" verfolgt, bricht mit der bisherigen europarechtlichen Regelungspolitik, die ausschließlich an bestimmte Marktsegmente und Wertpapiere anknüpfte, und spricht lediglich noch von handelbaren „Finanzinstrumenten".[1230] Dieser weite Begriff erfaßt alle Arten von Wert-

---

1228 In der Praxis dürfte aber jeder Mitgliedstaat nicht nur die Mindestbedingungen, sondern auch seine evtl. darüber hinausgehenden strengeren Bedingungen zum Maßstab nehmen.

1229 *Schwark*, Börsen und Wertpapierhandelsmärkte in der EG, WM 1997, S. 293 (304).

1230 Art. 1 Nr. 13 der Wertpapierdienstleistungsrichtlinie.

papieren, Kontrakten und Optionen, unabhängig davon, ob diese verbrieft sind oder es sich um synthetische Konstrukte handelt.[1231]

Vor dem Hintergrund der Einführung der Grundfigur des „geregelten Marktes", wie sie die Wertpapierdienstleistungsrichtlinie vorsieht, schlägt Schwark daher vor, daß auch hinsichtlich der Zulassung der handelbaren Wertpapiere zu den Wertpapierhandelssystemen je nach Art der Handelsgegenstände, der Märkte, ihrer Teilnehmer und spezifischen Marktrisiken sachliche Mindestbedingungen entwickelt werden müßten. Nach seinem Ansatz ist dies notwendig, da die an rechtliche Voraussetzungen geknüpfte Zulassung der Wertpapiere und anderer Finanzinstrumente im wesentlichen im anlegerschützenden Interesse erfolgt und die Aufträge privater Anleger unmittelbar oder über Intermediäre sowohl an den börslichen Wertpapierhandelssystemen als auch an solchen, die nach seinem Ansatz als „geregelte Märkte" einem niedrigeren Regelungs- und Aufsichtsniveau unterfallen, durchgeführt werden können.

Nach dem hier entwickelten Vorschlag unterfallen solche Wertpapierhandelssysteme, an denen die Aufträge privater Anleger verarbeitet werden, ohnehin den börslichen Regelungen. Vor dem Hintergrund des Wettbewerbs zwischen den Wertpapierhandelssystemen ist aber fraglich, ob nicht generell für die börslichen Wertpapierhandelssysteme die gesamte Palette der handelbaren Gegenstände, die unter den Begriff der „Finanzinstrumente" subsumiert werden kann, einer Regelung unterworfen werden sollte. Dabei wäre nach dem hier herrschenden Verständnis eine solche detaillierte Regelung nicht zwingend auf die unterhalb des Börsenrechts als „geregelte Märkte" erfaßten Wertpapierhandelssysteme zu erstrecken, da an diesen ausschließlich der professionelle Handel unter Ausschluß der privaten Anleger stattfinden würde, der eine solche Durchregelung der Zugangsbedingungen für Wertpapiere nicht benötigt. Hier könnte sie sich sogar gerade als hinderlich erweisen, da diese Systeme sehr flexibel auf die Nachfrage nach der Handelbarkeit auch neuester Finanzprodukte reagieren können müssen. Diese Flexibilität ist gerade einer der Vorteile der privaten außerbörslichen Wertpapierhandelssysteme, der auch im Interesse des gesamten Kapitalmarktes erhalten bleiben sollte.

3. Die Prospektpflichten

Im grenzüberschreitenden Wertpapierhandel sind nicht nur die Anforderungen der börslichen oder nichtbörslichen privaten Wertpapierhandelssysteme für die Aufnahme der Notierung der Wertpapiere zu erfüllen, sondern auch das Anlegerpublikum muß über den Emittenten und die Merkmale der Wertpapiere ausreichend unterrichtet werden. Dies geschieht über Prospekte, deren Inhalte auf europarechtlicher Ebene weitgehend harmoni-

---

[1231] Vgl. *Schwark*, Börsen und Wertpapierhandelsmärkte in der EG, WM 1997, S. 293 (304).

siert sind. Die Prospektpflichten treffen jedoch nicht die Betreiber der elektronischen Wertpapierhandelssysteme, sondern die Emittenten der in ihnen gehandelten Wertpapiere. Diese haben die Prospekte auf ihre Kosten zu erstellen und zu veröffentlichen. Dennoch sind die Prospektpflichten auch für die Betreiber der grenzüberschreitend tätigen elektronischen Wertpapierhandelssysteme von Bedeutung, sofern es sich um Wertpapierhandelssysteme handelt, die Primärmärkte darstellen, also den erstmaligen Verkauf von Wertpapieren an das Publikum ermöglichen, wie jetzt insbesondere die Internet-Wertpapierhandelssysteme.

a. Die Prospektpflichten für die Zulassung von Wertpapieren zum amtlichen Handel

Sofern es um Wertpapierhandelssysteme mit amtlichem Handel geht, ist insbesondere die Richtlinie 80/390/EWG in ihrer durch die Änderungsrichtlinien 87/345/EWG, 90/211/EWG[1232] und 94/18/EG[1233] gefaßten Form einschlägig. Sie regeln detailliert die Prospektpublizität für die Zulassung von Wertpapieren zur amtlichen Notierung an einer Wertpapierbörse und knüpfen an die Richtlinie 79/279/EWG an. Art. 3 der Zulassungsprospektrichtlinie verpflichtet die Mitgliedstaaten, dafür zu sorgen, daß die Zulassung von Wertpapieren zur amtlichen Notierung der Veröffentlichung eines Prospektes unterliegt. Wie schon in Art. 3 der Zulassungsrichtlinie findet sich auch hier die Erstreckung der mitgliedstaatlichen Zuständigkeit auf die amtliche Notierung an einer in ihrem Gebiet „ansässigen oder tätigen“ Wertpapierbörse. Und auch hier stellt sich bei den elektronischen Wertpapierhandelssystemen, die in mehreren Mitgliedstaaten tätig sind, die Frage, welche Regeln Anwendung finden, da die Mitgliedstaaten auch im Bereich der Zulassungsprospektregelungen über den harmonisierten Mindestinhalt hinaus eigenständige Anforderungen stellen können, so daß sich für die Emittenten, deren Wertpapiere in diesen Wertpapierhandelssystemen gehandelt werden, unterschiedliche Prospektpflichten ergeben können.

Art. 24 der Zulassungsprospektrichtlinie, der dem gleichgelagerten Art. 18 der älteren Zulassungsrichtlinie entspricht, bietet keine Lösung. Allerdings betont der durch die Zulassungsprospektänderungsrichtlinie 87/345/EWG geänderte Art 24, daß der Ort, an dem der Emittent seinen satzungsmäßigen Sitz hat, und nicht der Ort des Sitzes des Wertpa-

---

1232 Richtlinie des Rates vom 23. April 1990 zur Änderung der Richtlinie 80/390/EWG hinsichtlich der gegenseitigen Anerkennung der Prospekte für öffentliche Angebote als Börsenprospekt, ABl. Nr. L 112/24 v. 3.5.1990.

1233 Richtlinie 94/18/EWG des Europäischen Parlaments und des Rates vom 30. Mai 1994 zur Änderung der Richtlinie 80/390/EWG zur Koordinierung der Bedingungen für die Erstellung, die Kontrolle und die Verbreitung des Prospektes, der für die Zulassung von Wertpapieren zur amtlichen Notierung an einer Wertpapierbörse zu veröffentlichen ist, im Hinblick auf die Verpflichtung zur Veröffentlichung eines Prospektes, ABl. Nr. L 135/1 v. 31.5.1994.

pierhandelssystems für die Frage, nach welchen mitgliedstaatlichen Regeln der Prospekt zu erstellen ist, entscheidend sein soll. Durch den mit der Zulassungsprospektänderungsrichtlinie 87/345/EWG in Art. 24a eingeführten Grundsatz der gegenseitigen Anerkennung der Prospekte wird zudem deutlich, daß es grundsätzlich nur noch einen Zulassungsprospekt geben soll. Er muß von den für die Zulassung und die Aufsicht zuständigen Behörden der übrigen Mitgliedstaaten als gleichwertig anerkannt werden, ohne daß sie die Aufnahme zusätzlicher Angaben verlangen können.[1234] Erweitert wird dies noch durch die Anerkennung eines nach der Richtlinie 89/298/EWG erstellten Prospektes für öffentliche Angebote als Prospekt für die Zulassung zur amtlichen Notierung[1235], die mit der Zulassungsprospektänderungsrichtlinie 90/211/EWG im veränderten Art. 24b eingeführt wurde. Gleiches gilt für die sog. „Eurolist-Richtlinie" 94/18/EWG, die den Mitgliedstaaten ermöglicht, einen Emittenten von bereits an einer Börse in einem anderen Mitgliedstaat zugelassenen Wertpapieren gänzlich oder teilweise von der Prospektpflicht in dem anderen Mitgliedstaat zu befreien.

Diese Richtlinien gehen aber jeweils von einer mehrfachen Notierung an Börsen in mehreren Mitgliedstaaten aus. Sie sind damit ausschließlich auf Fälle zugeschnitten, in denen eine Zulassung an den Börsen der jeweiligen anderen Mitgliedstaaten erfolgt und der Handel sich ausschließlich in den jeweiligen Mitgliedstaaten abspielt, wie dies bei Präsenzbörsen der Fall ist. Die Situation, daß eine einzige elektronische mitgliedstaatliche Börse mit amtlicher Notierung in mehreren Mitgliedstaaten gleichzeitig tätig wird, ist nicht erfaßt. Der Grundsatz der gegenseitigen Anerkennung der Prospekte für die Zulassung zur amtlichen Notierung und bei öffentlichen Angeboten kann aber nicht ohne weiteres auf diese vergleichbare Situation übertragen werden, da er sich ausdrücklich nur auf die Fälle gleichzeitiger Antragstellung bezieht. Bis zu einer erforderlichen entsprechenden Normierung des Grundsatzes der gegenseitigen Anerkennung auch für diese Fälle muß daher davon ausgegangen werden, daß eine solche gegenseitige Anerkennung der

---

1234 Die Mitgliedstaaten, die in Fällen gleichzeitiger Zulassung den nach den Regeln eines anderen Mitgliedstaates erstellten Prospekt anerkennen müssen, haben jedoch gemäß Art. 24a Abs. 1 der Richtlinie die Möglichkeit, eine Übersetzung sowie spezifische Angaben für ihren Markt insbesondere in Bezug auf die steuerliche Behandlung der Erträge, die als Zahlstellen fungierenden Kreditinstitute sowie die Modalitäten der Veröffentlichung von Wertpapierbekanntmachungen in ihrem Land zu verlangen. Gleiches gilt, wenn ein Prospekt für ein öffentliches Angebot als Zulassungsprospekt anerkannt wird. Vgl. Art. 24 b der Zulassungsprospektrichtlinie in der Fassung der Änderungsrichtlinie 90/211/EWG.

Prospekte für die Zulassung zum amtlichen Handel von Wertpapieren in grenzüberschreitend tätigen elektronischen Wertpapierhandelssystemen seitens der Mitgliedstaaten nicht erfolgen muß.[1236] Entsprechendes gilt für Wertpapierhandelssysteme mit amtlicher Notierung aus Drittländern, da in diesem Bereich ebenfalls noch keine gegenseitige Anerkennung erfolgt.

b. Die Prospektpflichten für öffentliche Angebote von Wertpapieren

Auch die Richtlinie 89/298/EWG über die Prospektpflicht bei öffentlichen Angeboten kann für die Aufnahme von Wertpapieren als handelbare Gegenstände in ein grenzüberschreitendes Wertpapierhandelssystem von Bedeutung sein, und zwar dann, wenn die Wertpapiere über das System erstmalig dem Publikum angeboten und nicht bereits an einer in diesem Mitgliedstaat gelegenen oder tätigen Wertpapierbörse notiert werden (Art. 1 Abs. 1 der Richtlinie). Da Wertpapierhandelssysteme in aller Regel nur einen Sekundär- und keinen Primärmarkt darstellen, ist der Anwendungsbereich der Richtlinie für sie bislang nur soweit eröffnet, wie kein amtlicher Handel der Wertpapiere erfolgt. Die Prospektrichtlinie nimmt zudem in ihrem Art. 2 eine Vielzahl von Angebots- und Wertpapierarten aus ihrem Anwendungsbereich aus. So gilt sie insbesondere nicht, wenn die Wertpapiere Personen im Rahmen ihrer beruflichen oder gewerblichen Tätigkeit oder nur einem begrenzten Personenkreis angeboten werden, was jedoch insbesondere bei grenzüberschreitend tätigen privaten nichtbörslichen Wertpapierhandelssystemen relevant ist, deren Teilnehmer ausschließlich professionell tätige Intermediäre oder Eigenhandel betreibende institutionelle Anleger sind.

Etwas anderes gilt aber, wenn auch vermehrt private Teilnehmer zur eigenen privaten Vermögensverwaltung an den Wertpapierhandelssystemen teilnehmen, wie z. B. bei den Internet-Wertpapierhandelssystemen, so daß der Ausschlußtatbestand in Art. 2 der Prospektrichtlinie nicht greift. Das vorgestellte amerikanische Beispiel der ersten Emission über das Internet zeigt die Relevanz dieser Problematik. Fraglich ist dabei jedoch, ob bei den Systemen das weitere Ausschlußmerkmal des Angebots an einen begrenzten Personenkreis vorliegt. Die Richtlinie gibt keinen Anhaltspunkt für die nähere Definition dieses

---

1235 Siehe auch *Europäische Kommission*, Vorschlag für eine Richtlinie des Rates zur Änderung der Richtlinie 80/390/EWG hinsichtlich der gegenseitigen Anerkennung des Börsenprospektes, KOM (89) 133 endg. - SYN 191, ABl. Nr. C 101/05 v. 22.4.1989; sowie ABl. Nr. C 304/34 v. 4.12.1989. In der Stellungnahme des Wirtschafts- und Sozialausschusses zu dem Vorschlag für eine Richtlinie des Rates zur Änderung der Richtlinie 80/390/EWG hinsichtlich der gegenseitigen Anerkennung des Börsenprospektes, ABl. Nr. C 201/5 v. 7.8.1989, wird ausdrücklich auf die Notwendigkeit der Änderunge wegen des erweiterten Finanzierungsbedarfs der Unternehmen im Binnenmarkt hingewiesen.

1236 Aber selbstverständlich erfolgen kann.

unscharfen Begriffs[1237], so daß es grundsätzlich den mitgliedstaatlichen Behörden und letztlich den Gerichten überlassen bleibt, wann sie eine solche Begrenzung noch für gegeben halten. Bei den Wertpapierhandelssystemen ist die Zahl der potentiellen Teilnehmer grundsätzlich unbegrenzt. Die Internet-Systeme bieten bereits heute jedem, der über einen Computer und ein Modem verfügt, die Möglichkeit, ihre Dienstleistungen in Anspruch zu nehmen, so daß hier in keinem Fall mehr von einem begrenzten Personenkreis gesprochen werden kann. Ein „begrenzter Personenkreis" dürfte nicht mehr vorliegen, wenn für den Emittenten oder den Verkäufer der Wertpapiere der Kreis der Teilnehmer nicht mehr durch persönliche Kontakte überschaubar ist und das Angebot sich für einen objektiven Beobachter als Angebot an eine große Gruppe oder gar an jederman darstellt.[1238] Bei Internet-Wertpapierhandelssystemen, die einen Geschäftsschluß ermöglichen und bei denen es sich nicht nur um Informationssysteme handelt, die lediglich über bereits erfolgte Emissionen und Geschäftsschlüsse bzw. Kurse berichten, kann vom Vorliegen eines konkreten Wertpapierangebots ausgegangen werden.[1239] Für die Internet-Wertpapierhandelssysteme oder ähnliche Systeme mit weiter Verbreitung, die sich an einen unbegrenzten Kreis von Anlegern richten, ist damit bei einer Emission von Wertpapieren die Richtlinie 89/298/EWG über den Prospekt, der im Falle öffentlicher Angebote von Wertpapieren zu erstellen ist, grundsätzlich anwendbar.

Die Richtlinie sieht vor, daß der Prospekt in jedem Mitgliedstaat, in dem die Wertpapiere erstmals öffentlich angeboten werden, den für die Billigung des Prospektes seitens der Mitgliedstaaten zu bestimmenden Stellen vor der Veröffentlichung vorgelegt werden muß. Dies gilt auch für Werbematerialien, in denen das öffentliche Angebot angekündigt wird, falls die zuständigen Stellen eine vorherige Kontrolle des Prospektes vornehmen. Sofern keine vorherige Kontrolle erfolgt, muß aber in der Ankündigung ein Hinweis auf

---

1237 Vgl. Abs. 9 der Präambel der Richtlinie 89/298/EWG, wonach es zum Zeitpunkt der Verabschiedung der Richtlinie offenbar nicht möglich war, sich auf eine gemeinsame Definition festzulegen.

1238 So für das deutsche Recht *Bundesaufsichtsamt für den Wertpapierhandel*, Bekanntmachung zum Wertpapierverkaufsprospektgesetz (VerkProspG) vom 13. Dezember 1990 (BGBl. I S. 2749) in der Fassung vom 26. Juli 1994 (BGBl. I S. 1749) vom 15. April 1996, I § 1 VerkProspG Nr. 2; z. T. kritisch hierzu *Kullmann/Müller-Deku*, WM 1996, S. 1989 (1991 ff.). Vgl. generell zur Umsetzung in das deutsche Recht und die Erfahrungen des Bundesaufsichtsamts für den Wertpapierhandel (BAWe) mit der Hinterlegung der Verkaufsprospekte, *Bundesaufsichtsamt für den Wertpapierhandel*, Jahresbericht 1995, S. 13 ff.

1239 Zur Problematik der Begriffsdefinition des „öffentlichen Angebots" bei bloßen elektronischen Informationssystemen vgl. ausführlich *Kullmann/Müller-Deku*, Die Bekanntmachung zum Wertpapier-Verkaufsprospektgesetz, WM 1996, S. 1989 (1991); *Bundesaufsichtsamt für den Wertpapierhandel*, Bekanntmachung zum Wertpapierverkaufsprospektgesetz (VerkProspG) vom 13. Dezember 1990 (BGBl. I S. 2749) in der Fassung vom 26. Juli 1994 (BGBl. I S. 1749) vom 15. April 1996, I § 1 VerkProspG Nr. 2.

die Veröffentlichung des Prospektes erfolgen.[1240] Diese Vorgaben sind auch bei künftigen Wertpapieremissionen über Internet-Wertpapierhandelssysteme zu erfüllen. Da die Prospektrichtlinie die Einhaltung der Prospektpflichten nicht nur vom Emittenten der Wertpapiere fordert, sondern gemäß Art. 4 von jeder Person, welche das Angebot vornimmt, ist fraglich, ob auch den Betreiber von privaten Wertpapierhandelssystemen diese Pflicht treffen kann, wenn die Emission z. B. über ein Internet-Wertpapierhandelssystem erfolgt.[1241] Dies hängt davon ab, wer als Anbieter der Wertpapiere erscheint. Wird deutlich, daß der Betreiber des Wertpapierhandelssystems die neu eingeführten Wertpapiere nicht selbst anbietet, sondern dies seitens des Emittenten oder eines Intermediärs als Teilnehmer am Wertpapierhandelssystem geschieht, trifft nur letztere die Pflichten aus der Richtlinie. Anders verhält es sich, wenn die neuen Wertpapiere lediglich in das Wertpapierhandelssystem einbezogen werden und die Wertpapiere auf diesem Weg erstmals an Anleger veräußert werden, ohne daß deutlich wird, wer Verkäufer der Wertpapiere ist, wie dies bei Wertpapierhandelssystemen, die anonyme Geschäftsschlüsse ermöglichen, der Fall ist.

Da die Richtlinie 89/298/EWG in Art. 20 und 21 Regelungen für die Fälle eines gleichzeitigen oder annähernd gleichzeitigen öffentlichen Angebots von Wertpapieren in mehreren Mitgliedstaaten enthält, wie es insbesondere bei Internet-Angeboten der Fall ist, braucht ein Anbieter von Wertpapieren grundsätzlich nur einen Prospekt erstellen und in einem Mitgliedstaat[1242] billigen zu lassen. Dieser ist den zuständigen Stellen in den anderen betroffenen Mitgliedstaaten zu übermitteln. Daß eine Übersetzung des Prospektes verlangt werden kann, ist selbstverständlich, da die Anleger in diesen Staaten die Möglichkeit erhalten müssen, über die Verhältnisse des Emittenten und der Wertpapiere in ihrer Sprache Aufklärung zu erhalten. Problematischer für den Anbieter der Wertpapiere ist jedoch, daß Art. 21 Abs. 1 und 2 der Richtlinie den Mitgliedstaaten das Recht gibt, die zusätzliche Aufnahme bestimmter auf ihren Markt zugeschnittenen Informationen zu verlangen. Für den Anbieter der Wertpapiere über das Internet oder ein anderes grenz-

---

1240 Siehe die detaillierte Regelung in Art. 14-17 der Richtlinie über öffentliche Angebote von Wertpapieren.

1241 Hiervon zu unterscheiden ist der bereits genannte Fall, daß lediglich eine Internet-Homepage als Kommunikationsmittel dazu benutzt wird, Wertpapiere anzubieten, ohne daß dies im Rahmen eines Handelssystems erfolgt.

1242 Siehe näher Art. 20 zur Bestimmung des für die Billigung des Prospektes zuständigen Mitgliedstaates, wobei gemäß Art. 20 Abs. 2 der Richtlinie grundsätzlich eine der zuständigen Stellen der Mitgliedstaaten zuständig ist, in dem eine vorherige Kontrolle des Prospektes erfolgt. Sind dies mehrere und gehört der Heimatmitgliedstaat des Emittenten nicht dazu, kann der Emittent grundsätzlich den Mitgliedstaat auswählen. Er hat dadurch die Möglichkeit, im Rahmen dessen, was die Richtlinie den Mitgliedstaaten noch an Spielraum gibt, sich den Mitgliedstaat auszusuchen, der die Richtlinienregelungen am wenigsten streng umgesetzt hat und handhabt, so daß sich hier eine Möglichkeit zur Aufsichtsarbitrage ergibt.

überschreitendes Wertpapierhandelssystem kann dies bedeuten, daß er trotz des Grundsatzes der gegenseitigen Anerkennung in allen Mitgliedstaaten der EG Prospekte in der jeweiligen Landessprache veröffentlichen und diese auch noch nach den Vorgaben der jeweils zuständigen Behörden anpassen lassen muß, was ein wesentliches Hindernis für die Entwicklung eines elektronischen grenzüberschreitenden Marktes für die Emission von Wertpapieren darstellen dürfte. Durch die Ermöglichung einer elektronischen Verbreitung der Prospekte über die Wertpapierhandelssysteme kann zwar eine kostengünstige Lösung für den eigentlichen Informationsakt gefunden werden, kostentreibend sind jedoch die zusätzlichen Beraterkosten für die Anpassung der Prospekte. Auch im Bereich der Richtlinie über die Prospekte im Falle öffentlicher Angebote von Wertpapieren wäre daher eine Verzichtsregelung wie in der Eurolist-Richtlinie wünschenswert.

Erfolgt ein Angebot von Wertpapieren von Emittenten aus Drittländern, kann die gegenseitige Anerkennung der Prospekte sogar vollständig von den Mitgliedstaaten ausgeschlossen werden (Art. 21 Abs. 4 der Prospektrichtlinie) und zwar auch dann, wenn sie von Personen angeboten werden, die in einem Mitgliedstaat ansässig sind. In diesem Fall können jene Mitgliedstaaten, die von dieser Möglichkeit Gebrauch machen, den Anbietern der Wertpapiere in ihrem Hoheitsgebiet weitaus strengere Informationspflichten auferlegen. Dafür können anlegerschützende Gründe geltend gemacht werden, etwa weil die heimischen Anleger vor den besonderen Gefahren geschützt werden sollen, die mit einem Investment in Unternehmen oder Anleihen ausländischer Unternehmen, deren rechtliches Umfeld weitgehend unbekannt ist, verbunden sind. Dieses Instrument ist aber zugleich geeignet, Anbieter ausländischer Wertpapiere aus protektionistischen Gründen vom heimischen Markt fernzuhalten, um hierdurch gleichzeitig heimische und/oder mitgliedstaatliche Wertpapieremittenten zu bevorzugen.

4. Die Informations- und Transparenzpflichten der Wertpapierhandelssysteme und ihrer Teilnehmer

Die europäische Rechtsetzung im Bereich des Wertpapierhandels hat zwei wesentliche Zielrichtungen: die Harmonisierung unter gleichzeitiger Verbesserung des Anlegerschutzes in den Mitgliedstaaten der Gemeinschaft sowie die Sicherung eines reibungslosen Funktionierens der nationalen Märkte in den Mitgliedstaaten und des gemeinsamen europäischen Kapitalmarktes.[1243] Aufsichtsrechtliche Regelungen des europäischen Sekundärrechts können diese Ziele aber nur dann effektiv fördern, wenn den zuständigen Behörden der Mitgliedstaaten auch die notwendigen Informationen über die Wertpapierfirmen, ihr Management und die getätigten Wertpapiergeschäfte zur Verfügung stehen. Dies gilt gleichermaßen für Wertpapierhandelssysteme, bei denen den zuständigen Aufsichtsbehörden Informationen über die Betreiber und die Teilnehmer, insbesondere aber über die getätigten Geschäfte und deren Abwicklung zugänglich sein oder ihnen seitens der Wertpapierhandelssystembetreiber zur Verfügung gestellt werden müssen.[1244]

Vor dem Hintergrund des grenzüberschreitenden Wertpapierhandels kann sich die Informationsbeschaffung nicht nur auf Wertpapiergeschäfte oder die Geschäftstätigkeit im nationalen Raum beschränken. Auch grenzüberschreitende Geschäfte müssen erfaßt werden, um die Aufsichtsbehörden in den Stand zu versetzen, auch diese effektiv zu überwachen. Zugleich müssen den Teilnehmern an diesen internationalen Wertpapierhandelssystemen die notwendigen Marktinformationen geboten werden. Zur Beschaffung dieser Informationen kommen zwei Ebenen in Betracht: die Ebene der Marktteilnehmer und die Ebene der Wertpapierhandelssysteme. Auf der Ebene der Marktteilnehmer können Wertpapierfirmen, Wertpapiergeschäfte betreibende Kreditinstitute, Investmentfonds sowie andere institutionelle und private Anleger unterschieden werden. Auf der Ebene der Wertpapierhandelssysteme sind auch hier börsliche von den nicht-börslichen privaten Wertpapierhandelssystemen zu unterscheiden.

Kernvorschrift der Informationssammel- und -aufbewahrungspflichten für alle Wertpapierfirmen und Kreditinstitute, die Wertpapiergeschäfte betreiben[1245], ist Art. 20 der Wertpapierdienstleistungsrichtlinie, der den Herkunftsmitgliedstaaten der Wertpapierfirmen und Kreditinstitute für die Umsetzung der Richtlinie Mindestvorschriften vorgibt, um „zu gewährleisten, daß die für die Märkte und die Aufsicht zuständigen Behörden über die für die Erfüllung ihrer Aufgaben notwendigen Informationen verfügen können". Damit sind die Informationspflichten des Art. 20 der Wertpapierdienstleistungsrichtlinie grundsätzlich aufsichtsbezogen. In diesem Bereich gleicht die Regelung der Wertpapierdienstleistungsrichtlinie zugleich das Defizit an Melde- und Informationspflichten der Insiderrichtlinie aus, denn diese enthält selbst keine detaillierten Informationspflich-

---

1243 Siehe ausführlich zu den Bestimmungsfaktoren der Regulierung im Bereich des Wertpapierhandels 2. Teil I. u. II. dieser Arbeit.

1244 Siehe z. B. zur Errichtung des Informationssystems in Deutschland das seitens des Bundesaufsichtsamtes für den Wertpapierhandel (BAWe) in Zusammenarbeit mit der Deutschen Wertpapierdaten-Zentrale GmbH (DWZ) entwickelte elektronische Meldesystem DUMP 9 (Datentechnische Umsetzung des Meldewesens) nach § 9 WpHG, hierzu *Bundesaufsichtsamt für den Wertpapierhandel*, Jahresbericht 1995, S. 19 f., wo darauf hingewiesen wird, daß auch die übrigen europäischen Mitgliedstaaten derzeit entsprechende elektronische Meldesysteme entwickeln. Das BAWe erhielt im Jahre 1996 täglich ca. 300.000 bis 450.000 Mitteilungen.

1245 Gemäß Art. 2 Abs. 1 der Wertpapierdienstleistungsrichtlinie gilt Art. 20 auch für Kreditinstitute, die im Anhang zur Richtlinie aufgezählte Wertpapiergeschäfte betreiben.

ten.[1246] Diese sind aber notwendig, damit die Aufsichtsbehörden überhaupt die Daten der Geschäfte überprüfen können, um Insiderhandlungen festzustellen.

Die Transparenzpflichten, die in Art. 21 der Wertpapierdienstleistungsrichtlinie ausschließlich von „geregelten Märkten" verlangt werden, sind dagegen grundsätzlich anlegerbezogen. Dies ergibt sich aus Art. 21 Abs. 1 der Wertpapierdienstleistungsrichtlinie, wonach es Ziel ist, den Anlegern durch die in Art. 21 Abs. 2 der Wertpapierdienstleistungsrichtlinie näher bezeichneten Informationen die Beurteilung der Bedingungen der Geschäfte sowie die Überprüfung der Abwicklung zu ermöglichen. Der Aspekt der Ermöglichung einer aufsichtsrechtlichen Prüfung dieser Geschäfte wird hingegen nicht mehr ausdrücklich angesprochen. Bereits in der Präambel der Wertpapierdienstleistungsrichtlinie wird aber darauf hingewiesen, daß für die Transparenz der Geschäfte auch deshalb zu sorgen ist, um den Anlegerschutz und das Funktionieren der Wertpapiermärkte zu sichern.[1247] Letzteres deutet auch auf eine aufsichtsrechtliche Funktion der Transparenzpflichten hin.

a. Die aufsichtsbezogenen Informationspflichten der Teilnehmer an Wertpapierhandelssystemen

Art. 20 Abs. 1 a) u. b) der Wertpapierdienstleistungsrichtlinie sehen für Wertpapierfirmen und Kreditinstitute eine detaillierte[1248] Meldepflicht für Geschäfte vor, sofern sie Finanzinstrumente, die auf einem geregelten Markt gehandelt werden, und die wichtigsten Wertpapierarten betreffen. Dabei kommt es ausdrücklich nicht darauf an, ob die Geschäfte tatsächlich auf einem geregelten Markt abgewickelt wurden oder nicht, so daß auch Geschäfte in diesen Finanzinstrumenten außerhalb der geregelten Märkte erfaßt werden. Die Möglichkeit der Mitgliedstaaten, gemäß Art. 20 Abs. 5 der Wertpapierdienstleistungsrichtlinie strengere Bestimmungen hinsichtlich der Informationspflichten zu erlassen, betreffen ebenfalls lediglich diese durch Art. 20 der Wertpapierdienstlei-

---

1246 In ihrem Art. 8 Abs. 2 wird lediglich angeordnet, daß die zuständigen Stellen über die notwendigen Kompetenzen sowie Kontroll- und Ermittlungsbefugnisse verfügen und die gewonnen Informationen gemäß Art. 10 der Insiderrichtlinie im Rahmen der Zusammenarbeit der zuständigen Behörden der Mitgliedstaaten ausgetauscht werden können. Über eine Sammlung, Aufzeichnung, Veröffentlichung, Aufbewahrung und Auswertung der für die Verfolgung von Insidergeschäften notwendigen Informationen schweigt sich die Richtlinie jedoch aus.

1247 Richtlinie 93/22/EWG des Rates vom 10. Mai 1993 über Wertpapierdienstleistungen, ABl. Nr. L 141/27 (30).

1248 Gemäß Art. 20 Abs. 1 b) UA. 3 der Wertpapierdienstleistungsrichtlinie muß die Bezeichnung und die Zahl der erworbenen bzw. veräußerten Finanzinstrumente, das Datum und die Uhrzeit des Geschäftsabschlusses sowie der Kurs, zu dem das Geschäft abgeschlossen wurde, gemeldet werden. Darüber hinaus ist in der Meldung auch die Möglichkeit zur Feststellung der Wertpapierfirma zu geben.

stungsrichtlinie erfaßten Arten von Geschäften.[1249] Andere Arten von Geschäften werden zumindest nicht von der Informationsverpflichtung der Richtlinie erfaßt. Für sie bleibt die Regelung der Informationspflichten im Ermessen jedes einzelnen Mitgliedstaates.

Grundsätzlich zielt Art. 20 der Wertpapierdienstleistungsrichtlinie jedoch nur auf die Wertpapierfirmen, die die Geschäfte getätigt haben, nicht jedoch auf Wertpapierfirmen, die lediglich die Wertpapierhandelssysteme für die Geschäfte betreiben. Der Wortlaut der Richtlinie ist diesbezüglich zwar nicht ganz eindeutig, denn Art. 20 Abs. 1 a) der Wertpapierdienstleistungsrichtlinie statuiert die Informationspflicht auch für die Geschäfte „im Zusammenhang" mit den Dienstleistungen nach Art. 14 Abs. 1 der Wertpapierdienstleistungsrichtlinie, wozu nach der Präambel der Richtlinie[1250] auch die Zusammenführung von zwei oder mehreren Anlegern zu einem Geschäftsabschluß gehört, so daß danach auch Wertpapierfirmen, die Wertpapierhandelssysteme betreiben, zur Meldung und Aufbewahrung dieser Informationen verpflichtet wären. Aus dem Zusammenhang, in dem die Vorschrift steht, ergibt sich jedoch, daß hier nicht an Wertpapierhandelssysteme gedacht ist.

Damit wären die zuständigen Behörden für ihre aufsichtsrechtliche Arbeit aber darauf angewiesen, die Informationen direkt bei den jeweiligen Teilnehmern der Handelssysteme zu erheben oder sich diese direkt von ihnen übermitteln zu lassen. Bei grenzüberschreitenden Wertpapierhandelssystemen bestünden für die zuständigen Behörden aber kaum Zwangsmöglichkeiten zur Durchsetzung dieser Verpflichtung hinsichtlich der Teilnehmer aus anderen Mitgliedstaaten oder gar aus Drittländern. Art. 20 Abs. 3 der Wertpapierdienstleistungsrichtlinie sieht daher vor, daß die Meldung der Geschäftsinformationen „entweder von der Wertpapierfirma selbst bzw. durch ein System zur Zusammenführung von Kauf- und Verkaufsaufträgen („trade matching system") oder über die Wertpapierbörse oder einen anderen geregelten Marktes vorzunehmen sind." Unabhängig davon, ob als „trade matching"-Systeme i. d. S. auch die nicht als „geregelte Märkte" eingestuften privaten Wertpapierhandelssysteme erfaßt werden, kann diese Regelung nicht als eigene Verpflichtung der Wertpapierhandelssysteme interpretiert werden. Vielmehr handelt es sich bei den Meldungen der „trade matching"-Systeme lediglich um die Erfüllung der Pflichten der Wertpapierfirmen, die diese lediglich „durch" die Systeme oder diesen gleichgestellten Märkte erfüllen.

1249 Sofern sie auf einem geregelten Markt oder von Wertpapierfirmen getätigt wurden, für den oder die er als Herkunftmitgliedstaat gilt.

1250 Vgl. Richtlinie des Rates über Wertpapierdienstleistungen 93/22/EWG ABl. Nr. L 141/27 (28), linke Spalte.

Die Meldepflicht ist grundsätzlich gegenüber den zuständigen Behörden des Heimatmitgliedstaates der Wertpapierfirma zu erfüllen[1251], kann jedoch auch gegenüber den zuständigen Behörden des Aufnahmemitgliedstaates erfüllt werden, wenn das Geschäft dort auf einem geregelten Markt getätigt wurde und der Aufnahmemitgliedstaat gleichwertige Anforderungen an die Meldung hat[1252]. Eine vergleichbare Situation liegt auch bei Geschäften in grenzüberschreitend tätigen Wertpapierhandelssystemen vor. Da hier die Geschäfte zwar an einem Wertpapierhandelssystem des Aufnahmemitgliedstaates, nicht aber im Aufnahmemitgliedstaat geschlossen werden, sollte Art. 20 Abs. 2 der Wertpapierdienstleistungsrichtlinie hier entsprechende Anwendung finden.

Eine zentrale europäische Erfassung der Geschäfte erfolgt durch den getrennten Aufbau der elektronischen Meldesysteme in den Mitgliedstaaten jedoch nicht, so daß es zu keinem europäischen Datenpool kommt[1253], der eine zentralisierte Ausübung der Aufsicht auch über grenzüberschreitende Geschäfte ermöglichen könnte. Stattdessen wird an den nationalen Lösungen festgehalten und die für die Aufsicht über grenzüberschreitende Geschäfte benötigten Daten werden im Wege des Informationsaustausches zwischen den Aufsichtsbehörden übermittelt.[1254]

Wurden die Geschäfte nicht auf einem „geregelten Markt" getätigt, bleibt in jedem Fall die Meldepflicht der Wertpapierfirma gegenüber ihrem Heimatmitgliedstaat erhalten. Wegen der schwierigeren Abwicklung der Meldungen für die Teilnehmer können nicht als „geregelte Märkte" anerkannte Wertpapierhandelssysteme, die diese Informationen nicht freiwillig an die zuständigen Aufsichtsbehörden übermitteln oder hierzu aufgrund strengerer mitgliedstaatlicher Regelungen verpflichtet sind, insoweit nicht mit den „geregelten Märkten" konkurrieren.

b. Die marktteilnehmerbezogenen Transparenzpflichten der Wertpapierhandelssysteme

Die Mitgliedstaaten haben gemäß Art. 21 Abs. 1 der Wertpapierdienstleistungsrichtlinie den Wertpapierhandelssystemen, die sie in das Verzeichnis der geregelten Märkte nach Art. 16 der Wertpapierdienstleistungsrichtlinie eingetragen haben, für die sie Herkunftsmitgliedstaat sind und die ihren Vorschriften entsprechen, bestimmte in Art. 21 Abs. 2 der Wertpapierdienstleistungsrichtlinie näher bezeichnete Transparenzpflichten aufzuerlegen, um die Marktteilnehmer ausreichend über den Markt zu informieren. Anders als bei den

---

1251 Art. 20 Abs. 1 UA. 1 b) der Wertpapierdienstleistungsrichtlinie.

1252 Art. 20 Abs. 2 der Wertpapierdienstleistungsrichtlinie.

1253 Vgl. *Bundesaufsichtsamt für den Wertpapierhandel*, Jahresbericht 1995, S. 20.

1254 Siehe zur Zusammenarbeit der Mitgliedstaaten im Bereich der Aufsicht über den Wertpapierhandel 4. Teil VI. dieser Arbeit.

in Art. 20 Abs. 3 der Wertpapierdienstleistungsrichtlinie genannten Meldungen, handelt es sich hier um eigene Pflichten der Wertpapierhandelssystembetreiber. Für Wertpapierhandelssysteme besteht dabei die von Steil[1255] gesehene Gefahr, daß ein Mitgliedstaat nur einzelnen Wertpapierhandelssystemen oder auch nur einzelnen Marktsegmenten von Wertpapierhandelssystemen Transparenzpflichten auferlegt, die der Wertpapierdienstleistungsrichtlinie genügen, damit es die Vorteile der „geregelten Märkte" wahrnehmen kann.

Diese Transparenzpflichten waren noch nicht Bestandteil des Kommissionsentwurfs der Wertpapierdienstleistungsrichtlinie.[1256] Ursprünglich vorgesehen war vielmehr, es vollkommen den Heimatmitgliedstaaten der Wertpapierhandelssysteme zu überlassen, welche Transparenzpflichten sie diesen auferlegen wollten[1257], was der bis dahin gepflegten Grundhaltung entsprach, die Wertpapiermarktteilnehmer und Emittenten europäischen Regelungen zu unterwerfen, aber die rechtlichen Rahmenbedingungen für Wertpapierhandelssysteme den Mitgliedstaaten zu überlassen. Auch diese Transparenzpflichten sind erst im Zuge der Integration des Konzeptes des „geregelten Marktes" nach heftigen Diskussionen in die Richtlinie aufgenommen worden, da sie, insbesondere der Auffassung der französischen Delegation folgend, essentielles Merkmal eines „geregelten Marktes" seien, was allerdings insbesondere von britischer Seite bestritten wird.[1258] In der Wertpapierdienstleistungsrichtlinie angeordnet ist aber ausschließlich eine nachgeschäftliche Transparenz, die die Daten der geschlossenen Geschäfte offenlegt. Eine Verpflichtung zur Offenlegung von Kauf- und Verkaufangeboten vor dem Geschäftsschluß, die für die Marktteilnehmer von mindestens ebenso großer Bedeutung ist, besteht nicht.

Die als geregelte Märkte anerkannten grenzüberschreitenden Wertpapierhandelssysteme werden durch Art. 21 Abs. 2 b) der Wertpapierdienstleistungsrichtlinie erfaßt, wonach kontinuierliche Märkte mit einer Zusammenführung der Kauf- und Verkaufsaufträge („trade matching") sowie Märkte mit einer Kursquotierung stündlich den gewogenen Durchschnittskurs sowie das gehandelte Volumen und zwanzigminütlich den gewogenen

---

1255 *Steil*, Equity Trading IV: The ISD and the regulation of the European Market Structure, in: ders. (Hrsg.), The European Equity Markets, S. 128.

1256 Vgl. *Europäische Kommission*, Vorschlag für eine Richtlinie des Rates über Wertpapierdienstleistungen, 89/C 43/10, ABl. Nr. C 43/7 v. 22.2.1989.

1257 *Steil*, Equity Trading IV: The ISD and the regulation of the European Market Structure, in: ders. (Hrsg.), The European Equity Markets, S. 115.

1258 *Steil*, Equity Trading IV: The ISD and the regulation of the European Market Structure, in: ders. (Hrsg.), The European Equity Markets, S. 116, 121 ff., ausführlich auch zu den wirtschaftswissenschaftlichen Vor- und Nachteilen, die mit Transparenzregeln bei Wertpapierhandelssystemen verbunden sind, und zu den Erfahrungen in den USA, insbesondere der Entwicklung des sog. „tape shooting". Er weist zudem auf die vom ECMI durchgeführte Umfrage unter institutionellen Marktteilnehmern hin, wonach über 50% der Befragten sich für eine Regelung der Transparenzpflichten durch die jeweilige Börse aussprachen, vgl. hierzu, *ders.* S. 101 f.

Durchschnittskurs sowie die Höchst- und Tiefstkurse für näher bestimmte Handelszeiträume angeben müssen. Was die Verpflichtung zur Publikation „gewogener Durchschnittskurse" statt konkreter Preisinformationen über individuelle Geschäfte soll, wird das Geheimnis der Richtlinienverfasser bleiben und scheint das fehlgegangene Produkt eines Kompromisses zwischen den Verfechtern einer weitreichenden nachgeschäftlichen Publizität und den Gegnern einer solchen zu sein.[1259]

Die heute existierenden Systeme für den professionellen Handel bieten durch ihre integrierten Informationsfunktionen, die in ihnen „real time" verfügbaren Daten abgeschlossener individueller Geschäfte sowie die in das System eingegebenen Kauf- und Verkausfgebote jedoch bereits detaillierte vor- und nachgeschäftliche Information für die Systemteilnehmer. Die angesprochenen Mindestinformationszyklen und -inhalte werden daher übertroffen und den Anlegern eine weitaus umfassendere Transparenz über das Marktgeschehen geboten.[1260] Für diese Fälle schreibt die Wertpapierdienstleistungsrichtlinie in Art. 21 Abs. 2 b) S. 2 vor, daß diese Informationen während der Handelsstunden jederzeit zur Verfügung stehen und die für einen Geschäftsschluß angekündigten Bedingungen tatsächlich für den Anleger verfügbar sein müssen. Die Wertpapierdienstleistungsrichtlinie gibt jedoch in Art. 21 der Wertpapierdienstleistungsrichtlinie wiederum lediglich Mindestvorgaben, die von den Mitgliedstaaten gemäß Art. 21 Abs. 3 der Wertpapierdienstleistungsrichtlinie durch strengere, nichtdiskriminierende nationale Bestimmungen bei der Umsetzung ersetzt oder für den Fall, daß solche strengeren Regelungen bereits bestehen, beibehalten werden können. Den zuständigen Behörden bleibt bei der genauen Ausgestaltung der Informationsanforderungen daher ein ganz erheblicher Spielraum, zumal Art. 21 Abs. 1 der Wertpapierdienstleistungsrichtlinie ihnen überläßt, die Verpflichtungen an die Art, die Größe, den Bedarf der Märkte und die auf diesen Märkten tätigen Anleger anzupassen. Die den Mitgliedstaaten in Art. 21 Abs. 2 S. 3 der Wertpapierdienstleistungsrichtliniegewährte Möglichkeit, Veröffentlichungen zu verschieben, auszusetzen oder Sonderbestimmungen oder flexiblere Bestimmungen anzuwenden, läßt der Interpretation der Mitgliedstaaten freien Raum, so daß im Grundsatz Steil[1261] gefolgt werden kann, der diese Regeln für so vage hält, daß sie beinahe bedeutungslos seien.

1259 *Steil*, Equity Trading IV: The ISD and the regulation of the European Market Structure, in: ders. (Hrsg.), The European Equity Markets, S. 127 weist darauf hin, daß keine europäische Börse solche Informationen veröffentlicht oder dies beabsichtigt.

1260 Vgl. die obige beispielhafte Darstellung des IBIS-Systems und der DTB. Auch die von der Federation of European Stock Exchanges geforderten Mindeststandards an die Transparenz übertreffen die Anforderungen der Richtlinie durch Informationen über individuelle Geschäfte.

1261 *Steil*, Equity Trading IV: The ISD and the regulation of the European Market Structure, in: ders. (Hrsg.), The European Equity Markets, S. 127.

In der Praxis unterscheidet sich die Transparenz der erfaßten elektronischen Wertpapierhandelssysteme, die als „geregelte Märkte“ gelten, nicht wesentlich von der Transparenz der nichterfaßten Wertpapierhandelssysteme. Systeme wie z. B. Instinet bieten ihren Teilnehmern eher mehr Marktdaten als existierende börsliche Handelssysteme. Die Informationsfunktionen dieser nichtgeregelten Märkte, die es ermöglichen, neben den eigenen Marktdaten auch die Marktdaten z. B. der geregelten Märkte auf dem Handelsbildschirm einzublenden, bieten ein hohes Maß an Markttransparenz.

Fraglich ist, ob die privaten Internet-Wertpapierhandelssysteme ebenfalls diesen Transparenzstandards gerecht werden können. Solange es sich nicht um „geregelte Märkte“ handelt, unterfallen sie zumindest nicht den genannten europarechtlichen Transparenzmindestvorschriften. Jeder Mitgliedstaat kann daher nach seinem Ermessen die Transparenzpflichten für die in seinem Hoheitsgebiet tätigen privaten Wertpapierhandelssysteme aus Mitgliedstaaten wie auch aus Drittländern festlegen. Für diese kann dies nach dem geltenden Recht bedeuten, daß sie in jedem Mitgliedstaat der EG unterschiedlichen Mindestanforderungen an die Transparenz der Geschäfte unterliegen, was ihre Verbreitung erheblich hemmen würde. Sie würden damit faktisch zur Einhaltung der höchsten von einem Mitgliedstaat geforderten Standards bei ihrer Systemerstellung gezwungen.

Im Bereich der „geregelten Märkte“ stellt sich zudem das Problem, welcher Mitgliedstaat bei grenzüberschreitenden Wertpapierhandelssystemen die Erfüllung seiner Transparenzpflichten verlangen kann. Nach Art. 21 Abs. 1 und 3 der Wertpapierdienstleistungsrichtliniesind dies ausschließlich die Herkunftsstaaten. Die Fälle grenzüberschreitend tätiger Wertpapierhandelssysteme sind hingegen weder ausdrücklich noch implizit bedacht. Auch die zuständigen Behörden anderer Mitgliedstaaten, in denen ein solches System über Handelsterminals tätig ist, können aber ein Interesse daran haben, daß ihre eigenen wegen Art. 21 Abs. 3 der Wertpapierdienstleistungsrichtliniestrengeren oder ergänzenden Transparenzvorschriften eingehalten werden. Zur Begründung läßt sich jeweils der Anlegerschutzgedanke heranziehen, da die Transparenzpflichten der Wertpapierhandelssysteme in erster Linie dazu dienen sollen, daß sich die Anleger ein korrektes Bild vom Markt machen können.

5. Die Zulassung der Teilnehmer zu Wertpapierhandelssystemen

Die Entscheidung über die Zulassung der Teilnehmer zu einem Wertpapierhandelssystem steht grundsätzlich dem Betreiber des Systems zu. Er kann die Zahl und den Kreis der möglichen Teilnehmer sowie die an die Zulassung anzulegenden Kriterien festsetzen. Gleiches gilt selbstverständlich für die Ausgestaltung des Zulassungsverfahrens sowie für die Preise[1262] der Zulassung und der laufenden Teilnahme. Allein hierdurch läßt sich bereits der Kreis der Teilnehmer beeinflussen.[1263] Die Stellung im Wettbewerb der Wertpapierhandelssysteme wird mit zunehmendem Wettbewerbsdruck bei vergleichbaren Leistungen zukünftig auch über die Preisgestaltung mitentschieden werden.[1264]

Bei börslichen Wertpapierhandelssystemen besteht in der Praxis jedoch keineswegs eine freie Entscheidung der Betreiber über die Zulassung und ihre Kriterien[1265], wie das deutsche Beispiel zeigt. Die Zulassung zur Börse wird detailliert in § 7 des BörsG sowie in den jeweiligen Börsenordnungen geregelt.[1266] Soweit die Voraussetzungen erfüllt werden, besteht ein verwaltungsrechtlicher Anspruch auf die Zulassung.[1267] Für die Zulassung zu einem elektronischen Wertpapierhandelssystem an einer Wertpapierbörse genügt nach deutschen Recht gem. § 7a BörsG die Zulassung an einer Wertpapierbörse sowie die Anerkennung des Regelwerks für das elektronische Handelssystem. Sie zielt darauf ab, nur professionelle Wertpapierhändler zum Handel an der Börse zuzulassen, insbesondere um die Erfüllung der Geschäfte der Börsenteilnehmer sicherzustellen und auch die persönliche und fachliche Eignung der Teilnehmer zu gewährleisten.[1268] Dies wird für die elektronische Börse z. B. deutlich bei den Zulassungsbedingungen, die gemäß §§ 16 f. der Börsenordnung für die DTB an die Teilnehmer gestellt wurden.

Dabei besteht das Spannungsfeld zwischen der grundsätzlichen Börsenfreiheit[1269] und der Beschränkung des Zugangs durch das Erfordernis besonderer Zulassungsvoraussetzungen. Soweit hohe Anforderungen an die fachlichen Kenntnisse und eine entsprechende praktische Erfahrung im Wertpapierhandel als Voraussetzung für die Zulassung gestellt

---

1262 Bei Börsen wegen ihres öffentlich-rechtlichen Charakters in Form von Gebühren erhoben.

1263 Der relativ hohe Preis z. B. einer Teilnahme am Instinet-System ist einer der Gründe, warum nur wenige Privatanleger Zugang zu diesem System haben. Bei fortschreitender Entwicklung von Internet-Wertpapierhandelssystemen, die gerade auf die Teilnahme auch privater Anleger abzielen, wird der Preis aber so gering sein, daß ihm keine wesentliche Bedeutung mehr zukommen dürfte, um den Teilnehmerkreis zu beschränken, wie auch das Beispiel der Entwicklung des Discount-Broking über das Internet zeigt.

1264 Insbesondere für private Wertpapierhandelssysteme, die sich z. B. über das Internet an private Anleger wenden, wird der Wettbewerb vergleichbarer Systeme neben dem Angebot handelbarer Wertpapiere in erster Linie über den Preis bestimmt werden, denn private Anleger werden nur dann bereit sein, die Leistungen dieser Wertpapierhandelssysteme in Anspruch zu nehmen, wenn ihnen hieraus ein Kostenvorteil gegenüber der Abwicklung über Intermediäre und Börsen erwächst. Dabei darf zwar theoretisch nicht unberücksichtigt bleiben, daß letztlich auch die Tätigkeit der Teilnahme an sich Kosten für den Privatanleger verursacht, die privaten Anleger dürften diese Kosten ihrer eigenen Tätigkeit tatsächlich wohl nicht mit den Kosten für die Tätigkeit der Intermediäre vergleichen.

1265 Vgl. auch *Schwark*, Börsen und Wertpapierhandelsmärkte in der EG, WM 1997, S. 293 (303).

1266 Vgl. z. B. §§ 15-21 der Börsenordnung für die Deutsche Terminbörse.

1267 Dies ergibt sich aus § 7 Abs. 4 BörsG; vgl. zudem *Schwark*, BörsG, Rn. 33 zu § 7.

1268 Ausführlich *Schwark*, BörsG, Rn. 1 u. 3 zu § 7 BörsG m. w. Nw.

werden[1270], ist auch das in Art. 12 GG garantierte Grundrecht der Berufsfreiheit betroffen.[1271] Die Zulassungsregelung des BörsG ist jedoch sowohl für die Kursmakler, für die sie eine Einschränkung der Berufswahl darstellt, als auch für die Kreditinstitute, für die sie lediglich eine Berufsausübungsregel beinhaltet, gemessen am Grundrecht der Berufsfreiheit verfassungsgemäß, da die geforderten Voraussetzungen die überwiegenden allgemeinen Interessen am ordnungsgemäßen Funktionieren der Börse sichern.[1272]

Auch europarechtlich existieren Vorgaben für die Zulassung zu den Wertpapiermärkten. Bei Märkten, auf denen Wertpapierdienstleistungen ausgeführt werden, für die die Zweite Bankrechtskoordinierungsrichtlinie den Kreditinstituten und die Wertpapierdienstleistungsrichtlinie den Wertpapierfirmen den „Europapaß" gewährt, kann die Zulassung von Teilnehmern nicht willkürlich auf heimische Teilnehmer beschränkt werden. Die Gewährleistung des „Europapasses" liefe leer, wenn die Kreditinstitute und Wertpapierfirmen nicht Zugang zu den mitgliedstaatlichen Märkten sowie zu den Clearing- und Abwicklungssystemen erhielten.[1273] Die Wertpapierdienstleistungsrichtlinie enthält eine entsprechende Gewährleistung in Art. 15 Abs. 1 S. 1. Gleiches gilt auch für den in Art. 15 Abs. 4 der Wertpapierdienstleistungsrichtlinieeröffneten Zugang zu elektronischen grenzüberschreitenden geregelten Märkten. Diese Gewährleistung ist jedoch auf die „geregelten Märkte" beschränkt.[1274] Ausdrücklich wird den Aufnahmemitgliedstaaten aufgegeben, alle zahlenmäßigen Beschränkungen des Zugangs zu den geregelten Märkten aufzuheben und bei technischen oder rechtlichen Beschränkungen von Zeit zu Zeit für eine Anpassung zu sorgen (Art. 15 Abs. 1 S. 3 der Wertpapierdienstleistungsrichtlinie). Eine Garantie für eine Zulassung zu diesen Märkten bieten aber auch die Vorschriften der Wertpapierdienstleistungsrichtlinie nicht. Es darf lediglich nicht zu Diskriminierungen der Wertpapierfirmen und Kreditinstitute aus anderen Mitgliedstaaten gegenüber denjenigen aus dem Heimatstaat des geregelten Marktes kommen (Art. 15 Abs. 2 S. 4 i. V. m. Art. 28 der

---

1269 Zur historischen Geltung der Börsenfreiheit an den Börsen in Deutschland *Göppert*, Recht der Börsen, S. 21 ff., *Schwark*, BörsG, Rn. 2 f. zu § 7 BörsG.

1270 Siehe § 7 Abs. 5 BörsG sowie ausführlich hierzu *Schwark*, BörsG, Rn. 19-21.

1271 Zum Wechsel der Rechtsprechung von einer zunächst die Börsenfreiheit betonenden zu einer die heutige Fassung des § 7 BörsG stützenden Interpretation der Grenzen der Berufsfreiheit *BVerwG*, DVBl. 1963, S. 151; *dass.*, WM 1975, S. 172 ff.; *dass.*, WM 1986, S. 963 ff.

1272 Siehe statt aller die detaillierte Prüfung der Verfassungsmäßigkeit der Zulassungsvoraussetzungen im Hinblick auf das in Art. 12 GG garantierte Recht auf Berufsfreiheit bei *Schwark*, BörsG, Rn. 8-11 zu § 7.

1273 Ausführlich hierzu bereits oben 4. Teil V. 2.

1274 Art. 15 der Wertpapierdienstleistungsrichtlinie gilt gemäß Art. 2 der Richtlinie auch für Kreditinstitute, die Wertpapiergeschäfte tätigen.

Wertpapierdienstleistungsrichtlinie). Dies ergibt sich auch bereits aus dem allgemeinen europarechtlichen Diskriminierungsverbot des Art. 12 [ex-Art. 6] EGV.[1275]

Die Wertpapierdienstleistungsrichtlinie trifft aber weder eine Aussage über die Zulassung der Teilnehmer zu den nicht als „geregelte Märkte" anerkannten privaten Wertpapierhandelssystemen noch über die Zulassung solcher Teilnehmer, die keine Wertpapierfirmen i. S. d. Wertpapierdienstleistungsrichtlinie sind oder zu den in ihrem Art. 2 genannten Kreditinstituten gehören. Sofern die nicht als „geregelte Märkte" klassifizierten Wertpapierhandelssysteme daher überhaupt in den Mitgliedstaaten zugelassen werden, können die Mitgliedstaaten auch die Rahmenbedingungen für die Zulassung der Teilnehmer zu diesen Wertpapierhandelssystemen setzen. So kann aus Gründen eines weitgehenden Anlegerschutzes oder auch zur Sicherung des Funktionierens dieser Systeme z. B. ausschließlich professionellen Teilnehmern die Teilnahme ermöglicht werden.

Schwark[1276] plädiert dafür, eine Begrenzung der Handelsteilnehmer an Wertpapierhandelssystemen vorzunehmen, um die Verläßlichkeit der Geschäftsabschlüsse und die Erfüllung der Geschäfte auf organisierten Wertpapiermärkten zu sichern. Für andere Kapitalanleger als Banken und Wertpapierfirmen sei dabei die Reputation entscheidend, womit offensichtlich deren Bonität gemeint ist. Die Börsen sollten hingegen erwägen, ob sie auch bestimmten institutionellen Investoren die unmittelbare Teilnahme ermöglichen sollten.[1277]

Die Teilnahme an Wertpapierhandelssystemen darf aber nicht nur auf Teilnehmer aus dem Kreis der Kreditinstitute und bestimmter institutioneller Anleger beschränkt bleiben. Die elektronischen Wertpapierhandelssysteme, die sich wohl auf Dauer auch im börslichen Bereich durchsetzen werden, erlauben bereits heute die Sicherung aller Teilnehmer an dem System und die Sicherung jedes einzelnen Geschäftes vor Ausfallrisiken durch Einschaltung von internen Clearingsystemen. Selbst bei den Internet-Wertpapierhandelssystemen ist vor jedem getätigten Geschäft ein elektronischer Abgleich mit den zu leistenden Sicherheiten des Teilnehmers möglich, so daß eine Teilnahme jedes einzelnen Teilnehmers nur im Rahmen seiner nachgewiesenen aktuellen Bonität erfolgen kann. Das Bonitätsargument erzwingt daher nicht mehr die Begrenzung des Teilnehmerkreises auf die bislang agierenden Teilnehmer. Die Zulassungsregeln sollten daher im Einklang mit den technischen Möglichkeiten des Systems stehen und im übrigen den Betreibern der

---

1275 Zum europarechtlichen Diskriminierungsverbot *Streinz*, Europarecht, Rn. 668, speziell zur Kapitalverkehrsfreiheit ders., Europarecht (3. Aufl.),Rn. 749 sowie zur Zahlungsverkehrsfreiheit Rn. 754; *Lenz*, in ders. (Hrsg.), EG-Vertrag Kommentar, Rn. 1ff. zu Art. 12 [ex-Art. 6], mit dem Hinweis auf den Grundrechtscharakter des Diskriminierungsverbots.

1276 *Schwark*, Börsen und Wertpapiermärkte in der EG, WM 1997, S. 293 (303).

1277 *Schwark*, Börsen und Wertpapiermärkte in der EG, WM 1997, S. 293 (303).

Wertpapierhandelssysteme überlassen bleiben, so daß sowohl professionelle als auch private Investoren mit ausreichender, nachgewiesener Bonität grundsätzlich als Teilnehmer zugelassen werden können sollten.

Die in Art. 14 Abs. 3 der Wertpapierdienstleistungsrichtlinie enthaltene Ermöglichung des Börsenzwangs für Kommissionsgeschäfte würde zudem eine mitgliedstaatliche Regelung decken, die die Zulassung von professionellen Teilnehmern zu privaten grenzüberschreitend tätigen Wertpapierhandelssystemen auf Zwecke des Eigenhandels beschränkt, für Kommissiongeschäfte aber die Abwicklung über die Börsen bzw. die geregelten Märkte vorschreibt. Werden überhaupt keine speziellen Zulassungsregeln für die privaten Wertpapierhandelssysteme seitens der Mitgliedstaaten vorgesehen, obliegt die Entscheidung über die Zulassung der Teilnehmer ausschließlich den Betreibern dieser Wertpapierhandelssysteme, wie dies zur Zeit noch in Deutschland der Fall ist.

6. Die laufende Aufsicht über die Teilnehmer an elektronischen Wertpapierhandelssystemen

Der Wertpapierhandel in grenzüberschreitenden Wertpapierhandelssystemen unterliegt der Aufsicht nicht nur auf der Ebene der Betreiber der Wertpapierhandelssysteme, sondern auch auf der Ebene der Teilnehmer. Zu unterscheiden ist zwischen solchen Teilnehmern, die als Wertpapierfirmen oder Kreditinstitute von der Wertpapierdienstleistungsrichtlinie bzw. den bankaufsichtsrechtlichen Regelungen und der Kapitaladäquanzrichtlinie erfaßt werden, sowie den übrigen Teilnehmern.

a. Laufende Aufsicht über Wertpapierfirmen und Kreditinstitute als Teilnehmer an grenzüberschreitend tätigen Wertpapierhandelssystemen

Die Wertpapierdienstleistungsrichtlinie geht auf der Basis des Grundsatzes der gegenseitigen Anerkennung vom Prinzip der Herkunftslandkontrolle aus, durchbricht dieses Prinzip aber, indem sie auch den Aufnahmemitgliedstaaten insbesondere in Art. 11 derWertpapierdienstleistungsrichtlinie den Erlaß einiger Aufsichtsregelungen und deren Kontrolle zuweist. Hiervon erfaßt werden aber nur solche Teilnehmer, die Wertpapierfirmen i. S. d. Art. 1 Nr. 2, Art. 2 Abs. 1 der Wertpapierdienstleistungsrichtliniesind, wozu auch die Kreditinstitute gehören. Nicht erfaßt werden hingegen der Eigenhandel dieser Wertpapierfirmen, alle privaten Anleger sowie Versicherungsgesellschaften und Investmentgesellschaften, für deren Aufsicht eigenständige europarechtliche sekundärrechtliche Regelungen existieren.[1278]

Gemäß dem in Art. 8 Abs. 3 der Wertpapierdienstleistungsrichtlinie verankerten Prinzip der Herkunftslandkontrolle üben grundsätzlich die Behörden des Herkunftsmitgliedstaates die laufende Aufsicht über eine Wertpapierfirma aus, unabhängig davon, ob die Wertpapierfirma in einem anderen Mitgliedstaat eine Zweigniederlassung errichtet oder Dienstleistungen erbringt. Art. 8 Abs. 3 der Wertpapierdienstleistungsrichtlinie bezieht sich dabei insbesondere auf die Einhaltung der für die Zulassung der Wertpapierfirmen in Art. 3 Abs. 3 genannten Voraussetzungen und die Einhaltung der gemäß Art. 8 Abs. 2 der Wertpapierdienstleistungsrichtlinie einzuhaltenden Mindestanforderungen der Kapitaladäquanzrichtlinie. Für Kreditinstitute, die an Wertpapierhandelssystemen teilnehmen, gilt das Prinzip der Herkunftslandkontrolle grundsätzlich gemäß Art. 13 der Zweiten Bankrechtskoordinierungsrichtlinie.[1279] Gemäß Art. 2 Abs. 1 gilt jedoch auch für sie die Regelung in Art. 8 Abs. 2 der Wertpapierdienstleistungsrichtlinie hinsichtlich der Einhaltung der Mindestkapitalaustattungsregeln für den Wertpapierhandel nach der Kapitaladäquanzrichtlinie.

Diese Aufsichtsführung durch die Heimatmitgliedstaaten wird sowohl für Wertpapierfirmen als auch für Kreditinstitute[1280] ergänzt durch Art. 10 der Wertpapierdienstleistungsrichtlinie, der den Erlaß weiterer Aufsichtsregeln, die fortwährend einzuhalten sind, seitens der Herkunftsmitgliedstaaten vorsieht. Für die an grenzüberschreitend tätigen elektronischen Wertpapierhandelssystemen teilnehmenden Wertpapierfirmen ergeben sich hinsichtlich dieser Aufsichtsanforderungen keine Besonderheiten. Sie haben insbesondere die Verwaltungs-, Buchhaltungs- und Compliancepflichten[1281] nach Art. 10 Abs. 1 Spiegelstrich 1 - 3 der Wertpapierdienstleistungsrichtliniezu erfüllen.[1282] Dabei es ist unerheblich, ob sie die Geschäfte an einer Präsenzbörse, an einem auf ihren Herkunftsmitgliedstaat beschränkten Wertpapierhandelssystem oder über ein grenzüberschreitendes Wertpapierhandelssystem tätigen.

1278 Vgl. zum Sekundärrecht im Bereich der Investmentgeschäfte *Weber*, in: Lenz (Hrsg.), Kommentar zum EGV, Rn. 35 zu Art. 56 [ex-Art. 73b], mit einer Übersicht über die in diesem Bereich ergangenen Rechtsakte sowie Rn. 40 f. mit einer Übersicht der im Versicherungsbereich ergangenen Rechtsakte und einer kurzen Einführung. Zu beachten ist ferner die jüngere „BCCI-"Richtlinie 95/26/EWG, die sich ebenfalls in aufsichtsrechtlicher Hinsicht auf das Sekundärrecht in diesen beiden Bereichen erheblich auswirkt.

1279 Eine einführende Darstellung der Regelungen der laufenden Beaufsichtigung der Kreditinstitute findet sich bei *Gruner-Schenk*, Harmonisierung des Bankaufsichtsrechts, S. 66 ff.

1280 Gemäß Art. 2 Abs. 1 der Wertpapierdienstleistungsrichtlinie gilt Art. 10 auch für die Kreditinstitute, die Wertpapiergeschäfte betreiben.

1281 Ein ausführlicher Überblick hierzu findet sich bei *Kümpel*, Bank- und Kapitalmarktrecht, Rn. 16.516-16.604.

1282 Vgl. *Gruner-Schenk*, Harmonisierung des Bankaufsichtsrechts, S. 253 f.

Darüber hinaus unterliegen Wertpapierfirmen aber der Pflicht zur fortwährenden Einhaltung der Wohlverhaltensregeln, die gemäß Art. 11 Abs. 1 u. 2 der Wertpapierdienstleistungsrichtlinie von den Aufnahmemitgliedstaaten, also den Mitgliedstaaten, in denen die Dienstleistung erbracht wird, erlassen, durchgeführt und überwacht werden.[1283]

Die in Art. 11 Abs. 1 Gedankenstriche 1 - 7 der Wertpapierdienstleistungsrichtlinie aufgeführten inhaltlichen Vorgaben für die Wohlverhaltensregeln stellen primär auf das Verhältnis zwischen den Wertpapierfirmen und Kreditinstituten zu ihren Kunden, den Anlegern, ab.[1284] Dies zeigt sich sowohl im Schutzzweck als auch im Anwendungsbereich.[1285] Damit soll gewährleistet werden, daß die Interessen des Kunden durch die Wertpapierfirmen und Kreditinstitute mit Vorrang vor deren Eigeninteressen zureichend wahrgenommen werden.[1286] Zweck der Wohlverhaltensregeln ist damit ein weitgehender Anlegerschutz[1287] in der Ausprägung des Verbraucherschutzes, der eine weitgehende Schutzbedürftigkeit von Anlegern, die nicht dem Leitbild des rational agierenden „homo oeconomicus" entsprechen, postuliert.[1288]

Aber auch das Verhältnis der Wertpapierfirmen und Kreditinstitute zu den Märkten bzw. Wertpapierhandelsystemen, an denen die Geschäfte getätigt werden, wird in Art 11 Abs. 1 Gedankenstriche 1, 2 u. 7 der Wertpapierdienstleistungsrichtlinie angesprochen, wenn es heißt, daß die Ausübung der Tätigkeit der Wertpapierfirmen und Kreditinstitute auch im Interesse der Integrität des Marktes ausgeübt werden muß.[1289] Damit dienen die Wohlverhaltensregeln auch dem Funktionenschutz[1290], denn ein Vertrauensverlust in die anlegerinteressengerechte Abwicklung der Wertpapiergeschäfte über die Märkte kann das

---

1283 Vgl. zur Umsetzung der Wohlverhaltensregeln der Wertpapierdienstleistungsrichtlinie in Deutschland in §§ 31-37 WpHG ausführlich *Koller*, in: Assmann/Schneider (Hrsg.), Wertpapierhandelsgesetz, Kommentierung zu §§ 31-37 m. w. Nw.; *Kümpel*, Bank- und Kapitalmarktrecht, Rn. 16.406 ff.; *ders.* Die allgemeinen Verhaltensregeln des Wertpapierhandelsgesetzes, WM 1993, S. 2025; *von Rosen*, Zweites Finanzmarktförderungsgesetz und Privatanleger, Die Bank 1995, S. 13; *Schäfer*, Materielle Aspekte der EG-Richtlinie über Wertpapierdienstleistungen, AG 1993, S. 389; *Vortmann*, Aufklärungs- und Beratungspflichten bei grenzüberschreitenden Bankdienstleistungen, WM 1993, S. 581; *Claussen*, Bank- und Börsenrecht, S. 328 f.; *Jütten*, Anlegerschutz im Wertpapiergeschäft, S. 153 ff.

1284 Vgl. z. B. Art. 11 Abs. 1 Gedankenstriche 1, 2 u. 7 der Wertpapierdienstleistungsrichtlinie, in denen die Ausübung der Tätigkeit im bestmöglichen Interesse des Kunden gefordert wird. Siehe hierzu *Kümpel*, Bank- und Kapitalmarktrecht, Rn. 16.406 ff.

1285 *Kümpel*, Wertpapierhandelsgesetz, S. 156.

1286 Hierzu auch *Hopt*, Der Kapitalanlegerschutz im Recht der Banken, S. 338, 479; *Kümpel*, Bank- und Kapitalmarktrecht, Rn. 16.409.

1287 Zum Anlegerschutzzweck der Wohlverhaltensregeln ausführlich *Koller*, in: Assmann/Schneider (Hrsg.), Wertpapierhandelsgesetz, Rn. 8, 12 ff. vor § 31.

1288 *Koller*, in: Assmann/Schneider (Hrsg.), Wertpapierhandelsgesetz, Rn. 12 ff. vor § 31 m. w. Nw.

1289 Siehe auch *Kümpel*, Bank- und Kapitalmarktrecht, Rn. 16.411 mit dem Verweis auf den Funktionenschutz.

1290 Siehe *Kümpel*, Bank- und Kapitalmarktrecht, Rn. 16.411 f.; *Koller*, in: Assmann/Schneider (Hrsg.), Wertpapierhandelsgesetz, Rn. 9 f. vor § 31.

für die Volkswirtschaft so wichtige reibungslose Funktionieren der Märkte stören, weshalb ein hohes öffentliches Interesse an den Wohlverhaltensregeln besteht.[1291] Daß bei der Umsetzung der Wohlverhaltensregeln der Wertpapierdienstleistungsrichtlinie in deutsches Recht in § 31 Abs. 1 S. 1 gerade nicht die „Integrität des Marktes" erwähnt wird, muß als Redaktionsfehler in der Hektik des Gesetzgebungsverfahrens des WpHG gewertet werden.[1292] Dieses Manko ist durch eine richtlinienkonforme Auslegung des § 31 WpHG auszubessern.

Den Mitgliedstaaten wird daher ermöglicht, den Marktteilnehmern auch hinsichtlich des Funktionenschutzes Wohlverhaltensregeln aufzuerlegen. Dabei verwendet die Richtlinie an dieser Stelle nur den generellen Begriff „Markt", ohne eine weitere Eingrenzug auf die sonst im Mittelpunkt stehenden „geregelten Märkte" vorzunehmen, so daß hier auch die nicht als „geregelte Märkte" erfaßten Wertpapierhandelssysteme einbezogen werden können.

Art. 11 der Wertpapierdienstleistungsrichtlinie betrifft zudem das Verhältnis zu den Aufsichtsbehörden, wie sich aus der Stützung der Richtlinie auf das Recht der Niederlassungsfreiheit und des freien Dienstleistungsverkehrs sowie aus den Sanktionsregelungen für Verstöße gegen die Wohlverhaltenspflichten folgern läßt.[1293] Zugleich zielt die Regelung damit nicht auf das Verhältnis zwischen den Märkten und der Aufsichtsbehörde.[1294] Hierfür sollen allein die Regelungen der Märkte maßgeblich sein.[1295] Entsprechend wird die Regelung dahingehend ausgelegt, daß sie nicht für das Verhältnis der Teilnehmer bei Geschäften an einer Börse untereinander gilt.[1296]

Bei der inhaltlichen Ausgestaltung der Wohlverhaltensregeln haben die Mitgliedstaaten einen sehr weiten Spielraum, da Art. 11 Abs. 1 S. 2 der Wertpapierdienstleistungsrichtlinie nur auf die Beachtung der in den Gedankenstrichen aufgeführten Grundsätze verweist. Die Forderung nach einer recht und billigen Ausübung der Tätigkeit mit der gebotenen

---

1291 Beschlußempfehlung und Bericht des Finanzausschusses des Deutschen Bundestages, BT-Drs. 12/7918, S. 97.

1292 *Koller*, in: Assmann/Schneider (Hrsg.), Wertpapierhandelsgesetz, Rn. 1 f. zu § 31.

1293 *Koller*, in: Assmann/Schneider (Hrsg.), Wertpapierhandelsgesetz, Rn. 16 vor § 31 mit Verweis auf die Stellungnahme des Wirtschafts- und Sozialausschusses, Abl. Nr. C 298/6 v. 27.11.1989.

1294 Vgl. *Kümpel*, Wertpapierhandelsgesetz, S. 158.

1295 Im Hinblick auf die Situation in Deutschland *Koller*, in: Assmann/Schneider (Hrsg.), Wertpapierhandelsgesetz, Rn. 1 zu § 37.

1296 Für das deutsche Recht ergibt sich dies aus § 37 Abs. 2 S. 1 WpHG; vgl. *Kümpel*, Wertpapierhandelsgesetz, S. 158; *Koller*, in: Assmann/Schneider (Hrsg.), Wertpapierhandelsgesetz, Rn. 1 zu § 37.

Sachkenntnis, Sorgfalt und Gewissenhaftigkeit[1297] sowie die Beachtung aller für die Ausübung der Tätigkeit geltenden Vorschriften eröffnet den Mitgliedstaaten weiten Raum für die Konkretisierung bei der Umsetzung der Richtlinie in nationales Recht.

b. Laufende Aufsicht über andere Teilnehmer an grenzüberschreitend tätigen Wertpapierhandelssystemen

Handelt es sich bei den Teilnehmern an grenzüberschreitend tätigen elektronischen Wertpapierhandelssystemen nicht um Wertpapierfirmen i. S. d. Wertpapierdienstleistungsrichtlinie, existiert zumindest keine europarechtliche Regelung, die die Aufsicht über diese Teilnehmer betrifft. Zu ihnen zählen gemäß Art. 2 Abs. 2 a) u. h) der Wertpapierdienstleistungsrichtlinie insbesondere einige institutionelle Anlegergruppen, wie z. B. Versicherungen und Investmentfonds, für die ein spezielles europäisches Sekundärrecht existiert und die auch hinsichtlich ihres Wertpapierhandels eigenen Aufsichtsregelungen unterworfen sind. Darüber hinaus sind insbesondere Privatanleger nicht den Regelungen der Wertpapierdienstleistungsrichtlinie und damit auch nicht deren Aufsichtsmindestregelungen unterworfen. Sie unterfallen daher den Regelungen, die die Mitgliedstaaten nach eigenem Ermessen aufstellen können. Eine europarechtliche Verpflichtung im Interesse der Integrität der Märkte zu handeln, besteht für sie nicht. Damit kann es insbesondere für Internet-Wertpapierhandelssysteme, an denen auch Privatanleger teilnehmen können, dazu kommen, daß an einem Wertpapierhandelssystem Teilnehmer handeln, die völlig unterschiedlichen aufsichtsrechtlichen Regelungen unterliegen, ohne daß hierfür harmonisierte Mindestvoraussetzungen gesetzt sind.

Als Ersatz für die fehlende staatliche Regulierung und Beaufsichtigung kann nur über die technische Ausgestaltung der Wertpapierhandelssysteme und ihre autonome Rechtsetzung ein „level playing field" für alle Teilnehmer geschaffen werden. Hier kommt den Allgemeinen Geschäftsbedingungen der Wertpapierhandelssysteme die Rolle zu, die Rechtsbeziehungen zu den Teilnehmern auch insoweit zu regeln, daß z. B. Aufzeichnungspflichten oder Aufbewahrungspflichten statuiert werden, soweit die Wertpapierhandelssysteme diese Funktion nicht ohnehin zentral übernehmen.

7. Rückschritt gegenüber dem Primärrecht ?

Die Wertpapierdienstleistungsrichtlinie weist mit den Mindestregelungen für die Informations- und Transparenzpflichten sowie die Konzentrationsregelungen ein gegenüber dem ursprünglichen Kommissionentwurf relativ hohes Maß an Harmonisierungsregelun-

---

1297 Zur richtlinienkonformen Auslegung dieser Begriffe unter Berücksichtigung der französischen und englischen Version des Richtlinientextes siehe *Koller*, in: Assmann/Schneider (Hrsg.), Wertpapierhandelsgesetz, Rn. 4 ff. zu § 31.

gen auf. Zugleich sind die enthaltenen Marktstrukturregelungen geeignet, bei entsprechender Ausnutzung der immensen Interpretationsspielräume seitens der Mitgliedstaaten, den Wettbewerb der Wertpapierhandelssysteme im Raum der EG zu beschränken bzw. zu verzerren und den Anlegern den Zugang zu Wertpapierhandelssystemen ihrer Wahl zu versperren. Mit dem Konzept des „geregelten Marktes“, das den hiervon erfaßten Wertpapierhandelssystemen im Rahmen des integrierten europäischen Kapitalmarkts erhebliche Vorteile hinsichtlich der grenzüberschreitenden Erbringung ihrer Dienstleistungen gewährt, wird eine Zementierung der vorherrschenden Wettbewerbsposition der nationalen existierenden Wertpapierhandelssysteme ermöglicht. Privaten Wertpapierhandelssystemen und insbesondere den neuen Internet-Wertpapierhandelssystemen wird es erschwert, auf dem internationalen „Markt der Märkte“, der gerade erst durch die Möglichkeit des Aufstellens von Handelsbildschirmen weltweit entsteht und bei dem die Möglichkeit zur Wahrnehmung von Marktchancen in diesem frühren Stadium ein ganz erheblicher Wettbewerbsfaktor ist, zu bestehen.

Das Argument, die Wertpapierdienstleistungsrichtlinie bedeute einen Rückschritt gegenüber dem vorherigen Liberalisierungsstand und die nunmehr eingeführten Marktstrukturregeln verstießen gegen die früher geltenden Kapitalverkehrsrichtlinie[1298], beachtet nur unzureichend, daß die Wertpapierdienstleistungsrichtlinie sich grundsätzlich nicht mehr unmittelbar an der Kapitalverkehrsrichtlinie messen muß, sondern an den neuen primärrechtlichen Regelungen des EGV zur Freiheit des Kapitalverkehrs. Wie oben gezeigt, erlauben diese aber ihrerseits politisch und wettbewerbspolitisch orientierte Einflußnahmen der Mitgliedstaaten.

Letztlich können die Marktstrukturregelungen, die das Sekundärrecht in Form der Wertpapierdienstleistungsrichtinie vorsieht, nur am Primärrecht, insbesondere den Regelungen der Niederlassungs- und Dienstleistungsfreiheit sowie der Kapitalverkehrsfreiheit, zu deren Konkretisierung diese Richtlinie ausweislich ihrer Präambel[1299] erlassen wurde, gemessen werden. Die Existenz der Wertpapierdienstleistungsrichtlinie verbietet nicht den unmittelbaren Rückgriff auf das Primärrecht. Es bleibt abzuwarten, ob in einem zukünftigen gerichtlichen Verfahren, in dem die Dienstleistungsfreiheit eingeklagt wird, auch den nicht als „geregelte Märkte“ anerkannten Wertpapierhandelssystemen der „Europapaß“ durch unmittelbaren Rückgriff auf das Primärrecht gewährt werden wird. Den Mitglied-

---

1298 *Steil*, Equity Trading IV: The ISD and the regulation of the European Market Structure, in: ders. (Hrsg.), The European Equity Markets, S. 130 f.

1299 Gemäß S. 1 der Präambel der Wertpapierdienstleistungsrichtlinie, ABl. Nr. L 141/27 v. 11.6.1993, stützt sich die Richtlinie auf den das Niederlassungsrecht ergänzenden Art. 57 EWGV, der gemäß Art. 66 EWGV (bzw. nunmehr EGV) auch für die Regelungen des Art 59 des Vertrags Anwendung findet.

staaten bleibt dann jedoch noch die Inanspruchnahme der Beschränkungsmöglichkeiten des Primärrechts[1300].

Dabei ist zu beachten, daß die nunmehr unmittelbare Geltung der in Art. 73b EGV niedergelegten Kapitalverkehrsfreiheit nicht einen Rückschritt gegenüber dem bis dahin erreichten Liberalisierungsgrad nach der alten Rechtslage bewirken sollte, sondern im Gegenteil eine weitgehende Öffnung der Märkte zum Ziel hat. Die Beschränkungsmöglichkeiten des neuen Primärrechts, die hier angesprochen wurden, müssen entsprechend restriktiv interpretiert werden und auf den bereits erreichten Liberalisierungsgrad Rücksicht nehmen. Auch die Auslegung der Regelungen der Wertpapierdienstleistungsrichtlinie, die für Wertpapierhandelssysteme, die nicht „geregelte Märkte" sind, den Mitgliedstaaten Beschränkungen ermöglichen, hat diesen Hintergrund zu berücksichtigen. Es kann daher lediglich von einer mittelbaren über das Primärrecht vermittelten Orientierung der Auslegung an den bisherigen Regelungen (z. B. der Kapitalverkehrsrichtlinie) ausgegangen werden.

8. Das Konzept des „geregelten Marktes" als Regelungsebene unterhalb der nationalen Börsenrechte und als europäische Regelungsebene

Da alle privaten Wertpapierhandelssysteme zumindest die Anforderungen der Wertpapierdienstleistungsrichtlinie an Wertpapierfirmen erfüllen müssen, wenn sie ihre Dienstleistungen gewerblich anbieten, existiert auch für sie bereits heute ein Mindestniveau hinsichtlich der Voraussetzungen der Zulassung.[1301] Die Untersuchung der europarechtlichen Vorgaben für die Regulierung der Wertpapierhandelssysteme hat jedoch gezeigt, daß die Regelungen der Wertpapierdienstleistungsrichtlinie nicht speziell auf Wertpapierhandelssysteme zugeschnitten sind und zudem wettbewerbsbeschränkende Regelungen enthalten.

Für das deutsche Recht wurde auf der Grundlage des wirtschaftswissenschaftlichen Börsenbegriffs unter Berücksichtigung anlegerschützender Funktionen des Rechts ein neuer Ansatz für die rechtliche Erfassung von Wertpapierhandelssystemen entwickelt, der zwischen einer neu zu gestaltenden Regelung für börsliche Wertpapierhandelssysteme und einer vollkommen neu zu entwickelnden Regelung für außerbörsliche Wertpapierhandelssysteme, die eine geringere Regelungs- und Aufsichtsintensität aufweisen muß, unterscheidet.[1302] Diesem Ansatz kommt auch vor dem Hintergrund der bestehenden europa-

---

1300 Siehe hierzu ausführlich unter 3. Teil II. 2. d. sowie 3. Teil III. 8. dieser Arbeit.

1301 Vgl. *Schwark*, Börsen und Wertpapierhandelsmärkte in der EG, WM 1997, S. 293 (301), der einerseits (S. 300) davon ausgeht, daß sog. „Eigentümerbörsen" als Wertpapierfirma den Regelungen der Wertpapierdienstleistungsrichtlinie unterfallen, andererseits (S. 301) aber auch die Existenz von „Eigentümerbörsen" anspricht, die nicht zugleich Wertpapierfirmen i. d. S. sind, was aber in der Praxis kaum vorkommen dürfte.

1302 Siehe 2. Teil II. 4. b. dieser Arbeit.

rechtlichen Regelungen und der im Bereich der Wertpapierhandelssysteme wettbewerbsbeschränkenden Unterscheidung zwischen „geregelten Märkten" und übrigen Wertpapierhandelssystemen Bedeutung zu. Zu der anlegerschützenden Zielrichtung, die für unterschiedliche Teilnehmergruppen nach dem Grad ihrer Professionalisierung auch eine unterschiedliche Regelungs- und Aufsichtsintensität vorsieht, tritt die Zielrichtung, allen Wertpapierhandelssystemen die Qualifzierung als „geregelter Markt" zu ermöglichen und ihnen so den Gemeinsamen europäischen Markt zu eröffnen. Damit bietet die Anknüpfung an den „geregelten Markt" in der Wertpapierdienstleistungsrichtlinie auch die Basis für eine Umgestaltung der nationalen Rechte für Wertpapierhandelssysteme.

Einen ersten Vorschlag, der die Idee des „geregelten Marktes" als Grundregelung für Wertpapierhandelssysteme unterhalb des Börsenrechts aufgreift, hat jüngst Schwark entwickelt.[1303] Er verweist dabei auf die in Großbritannien geführte Diskussion, ob der Rechtsbegriff des „regulated market" als umfassende Ordnungsaufgabe sowohl für börsliche als auch für außerbörsliche Wertpapierhandelssysteme geeignet ist. Dabei geht er zutreffend davon aus, daß nicht jede Art von Wertpapierhandel in den Bereich der Regulierung der „geregelten Märkte" fallen sollte. Ein Regelungsbedürfnis sieht er nur gegeben, wenn es sich um einen organisierten Wertpapierhandel handelt, der dem Publikumsinvestor unmittelbar oder über Intermediäre Zugang ermöglicht. Institutionelle Investoren, Banken und Wertpapierhandelsfirmen seien als professionelle Teilnehmer selbst in der Lage, die Risiken abzuschätzen.

Als Kriterien für ein zu regelndes und zu überwachendes Wertpapierhandelssystem sieht er im Anschluß an Lee das Vorhandensein eines regelmäßigen Handels mit Preisermittlung, die Information über erzielte Preise und Angebote, gleichbleibende Handelsusancen, die Einrichtung von Market-Makern, die Quotes stellen, oder das Sammeln von Aufträgen in einem Order Routing-System, die Abwicklung der Geschäfte durch Anschluß an Clearingeinrichtungen, Zulassungsbedingungen für die Teilnehmer sowie eine (ausreichende) Marktliquidität.[1304]

Wertpapierhandelssysteme, die diese Voraussetzungen erfüllen, seien einer weniger umfassenden und einschneidenden Regulierung zu unterwerfen, die insbesondere auch durch eine angemessene Selbstregulierung erbracht werden könne. Die Börse sei danach nur ein spezieller, umfassend geregelter Markt und es bleibe den privaten Anlegern überlassen, ob sie ihre Aufträge an intensiv überwachten Börsen oder an weniger intensiv überwach-

---

1303 *Schwark*, Börsen und Wertpapierhandelsmärkte in der EG, WM 1997, S. 293 (300 f.).

1304 Vgl. *Schwark*, Börsen und Wertpapierhandelsmärkte in der EG, WM 1997, S. 293 (301).

ten und geregelten außerbörslichen Wertpapierhandelssystemen ausführen ließen, die lediglich einer Regelung und Überwachung als „geregelter Markt“ unterworfen seien.[1305]

Dieser aus dem Begriff des „geregelten Marktes“ der Wertpapierdienstleistungsrichtlinie heraus entwickelte Ansatz mit der Zielrichtung einer Öffnung des europäischen Kapitalmarkts für alle organisierten Märkte deckt sich in den Grundzügen mit dem oben aus einem differenzierten Anlegerschutzbegriff entwickelten Ansatz. Beide gehen davon aus, daß Wertpapierhandelssysteme, die heute außerbörslich agieren und keiner speziell auf sie zugeschnittenen Regelungen unterworfen sind, im anleger- und funktionenschützenden Interesse einer Basisregelung unterhalb des Niveaus des Börsenrechts unterliegen müssen.

Es bestehen dennoch einige Unterschiede, die aus den unterschiedlichen Ansatzpunkten der Vorschläge herrühren. Schwark sieht grundsätzlich nur dann ein Regelungsbedürfnis, wenn Aufträge privater Anleger in den Wertpapierhandelssystemen verarbeitet werden, so daß die Wertpapierhandelssysteme, in denen ausschließlich Handel zwischen professionellen Teilnehmern stattfindet, weder der Regelung für „geregelte Märkte“ noch der Börsenregelung unterfallen würden. Auch bei dem hier vertretenen Ansatz wird davon ausgegangen, daß professionelle Teilnehmer an Wertpapierhandelsystemen, in denen keine Aufträge privater Anleger verarbeitet werden, weitgehend ihre eigenen Interessen wahren und entsprechend auf die Betreiber der Wertpapierhandelsysteme Einfluß nehmen können. Allerdings wird die Notwendigkeit einer Regelung auf einem unter dem Börsenrecht angesiedelten Niveau gerade auch für solche rein professionellen Systeme gesehen, da nicht davon ausgegangen werden kann, daß tatsächlich alle professionellen Teilnehmer über die gleichen Einflußmöglichkeiten verfügen und damit auch professionelle Teilnehmer eines Mindestschutzes bedürfen. Zudem ist nicht ausschließlich auf den Aspekt des Anlegerschutzes abzustellen, wie Schwark es vorsieht, sondern auch der Funktionsschutz erfordert die Einbeziehung dieser Systeme in eine Basisregelung. Hierfür spricht bereits, daß nur bei einer Erfassung dieser ausschließlich professionellen Systeme als „geregelte Märkte“ die europarechtlichen Meldepflichten für Wertpapierhandelssysteme anwendbar sind, die eine effektive Insiderüberwachung erst ermöglichen. Diese professionellen außerbörslichen Wertpapierhandelssysteme sollten jedoch nicht außerhalb der Überwachung des Insiderhandels stehen.

Andererseits wird das Anlegerschutzkonzept bei dem hier vorgebrachten Ansatz weitgehender auf Wertpapierhandelssysteme übertragen. Während Schwark es den Anlegern überlassen will, sich durch Auswahl unterschiedlich geregelter Wertpapierhandelssysteme das Regulierungsniveau auszusuchen, in dessen Umfeld ihre Aufträge verarbeitet werden,

---

1305 *Schwark*, Börsen und Wertpapierhandelsmärkte in der EG, WM 1997, S. 293 (301).

wird hier dem Ansatz gefolgt, daß im anlegerschützenden Interesse die Aufträge privater Anleger nur an solchen Wertpapierhandelssystemen verarbeitet werden dürfen, die nicht lediglich der Basisregelung der „geregelten Märkte“ unterfallen, sondern den Regeln der umfassend geregelten und intensiv überwachten börslichen Märkte. Dabei muß allerdings das „Börsenrecht“ entsprechend auf die elektronischen Börsen zugeschnitten werden und insbesondere die Corporate Governance-Vorschriften der „Börsen“ müssen so geändert werden, daß auch private Wertpapierhandelssysteme börslichen Charakter erlangen können.

Ein annähernder Gleichklang der Ansätze von Schwark und des hier vorgebrachten Ansatzes zur Umgestaltung der Regelung der Wertpapierhandelssysteme ergibt sich allerdings hinsichtlich der beabsichtigten Konsequenzen für die europarechtliche Qualifizierung der Wertpapierhandelssysteme. Nach dem Ansatz von Schwark kommt der „Europapaß“ für Wertpapierhandelssysteme zumindest jenen Wertpapierhandelssystemen zu, die als „geregelte Märkte“ zwar außerbörslich tätig sind, aber zumindest auch unmittelbar oder über teilnehmende Intermediäre die Aufträge privater Anleger verarbeiten. Davon könnten zumindest die Internet-Wertpapierhandelssysteme profitieren. Für diejenigen Wertpapierhandelssysteme, die weder unmittelbar noch über Intermediäre Aufträge privater Anleger verarbeiten, wäre nach diesem Konzept allerdings keine Regulierung als „geregelter Markt“ vorgesehen. Diese Systeme unterlägen damit zwar keiner gesonderten Regulierung und auch keiner speziellen Aufsicht, sie könnten jedoch auch nicht den „Europapaß“ der Wertpapierdienstleistungsrichtlinie in Anspruch nehmen, was rechtlich als unbefriedigendes Ergebnis gewertet werden muß. Nach dem hier vorgestellten Ansatz würden jedoch auch die Wertpapierhandelssysteme als „geregelte Märkte“ erfaßt, die sich ausschließlich an professionelle Teilnehmer zu Zwecken des Eigenhandels von Wertpapieren richten, so daß auch ihnen der „Europapaß“ zukommen kann.

Der Ansatz von Schwark läßt sowohl den Betreibern der Wertpapierhandelssysteme als auch den privaten Anlegern die Wahl des Grades der Regulierung der Wertpapierhandelssysteme, so daß dieser Ansatz „liberal“ erscheint, während der hier vertretene Ansatz stärker die anleger- und insbesondere auch die funktionsschützende Aufgabe der Regulierung betont, jedoch privaten Wertpapierhandelssystemen das Börsenrecht und allen organisierten Wertpapierhandelssystemen den europäischen Gemeinsamen Markt öffnet. Dafür stünden privaten Anlegern keine Wertpapierhandelssysteme auf zwei unterschiedlichen Regulierungsebenen zur Wahl.

VI. Die Internationale Zusammenarbeit der Mitgliedstaaten im Bereich des grenzüberschreitenden Wertpapierhandels

Die internationale Zusammenarbeit der Mitgliedstaaten im Bereich des Wertpapierhandels ist Ausdruck der Notwendigkeit der Sicherung des effektiven Vollzugs des Gemeinschaftsrechts[1306] in diesem für den europäischen Binnenmarkt so entscheidenden Wirtschaftsbereich. Da es sich bei der Europäischen Gemeinschaft um eine „Rechtsgemeinschaft"[1307] handelt, kann der effektive Vollzug des Gemeinschaftsrechts dabei ausschließlich mit den Mitteln des Rechts erfolgen, so daß stets eine primär- oder sekundärrechtliche Grundlage für ein Handeln der Gemeinschaft, der Mitgliedstaaten oder der Gemeinschaftsbürger gegeben sein muß. Im Rahmen der verschiedenen im Gemeinschaftsrecht gebräuchlichen Vollzugsstrukturen und Vollzugssicherungsmechanismen kann dabei im Anschluß an Pühs[1308] zutreffend unterschieden werden in „zentrale" und „dezentrale" Ansätze zur Steigerung der Effizienz des Gemeinschaftsrechtsvollzugs. Die internationale Zusammenarbeit der Mitgliedstaaten im Bereich des grenzüberschreitenden Wertpapierhandels, die durch eine Kooperation der Mitgliedstaaten untereinander und mit der Europäischen Kommission gekennzeichnet ist, stellt dabei eher einen „zentralen" Ansatz des Vollzugs des in diesem Bereich ergangenen Gemeinschaftsrechts dar. Im Folgenden soll untersucht werden, ob und inwieweit die bereits bestehenden gemeinschaftsrechtlichen Regelungen der internationalen Zusammenarbeit der Mitgliedstaaten im Bereich des Wertpapierhandels den Anforderungen genügen, die an eine effektive gemeinschaftsrechtliche Aufsicht über den Wertpapierhandel mittels grenzüberschreitender Wertpapierhandelssysteme zu stellen sind.

Darüber hinaus ist zu untersuchen, ob nicht mit der Schaffung einer zentralen Wertpapieraufsichtsbehörde auf der Ebene der Gemeinschaft eine weitere Stufe der „zentralen" Kontrolle des effektiven Vollzugs von Gemeinschaftsrecht im Bereich des grenzüberschreitenden Wertpapierhandels anzustreben ist. Die Einrichtung einer solchen zentralen Aufsichtsbehörde auf der Ebene der Gemeinschaft wäre die intensivste Stufe des zentralen Vollzugs des gemeinschaftsrechtlichen Wertpapierhandelsrechts. Ihre Notwendigkeit und europarechtliche Zulässigkeit muß daher insbesondere auch vor den anderen Möglichkeiten einer „zentralen" sowie erst Recht vor den Möglichkeiten eines „dezentralen", d. h. durch Einbeziehung der privaten Marktteilnehmer vermittelten Vollzugs der Gemeinschaftsrechtsregelungen beurteilt werden.

1306 Vgl. umfassend zu den Möglichkeiten der Steigerung der Effizienz des Vollzugs von Gemeinschaftsrecht *Pühs*, Der Vollzug von Gemeinschaftsrecht, S. 206 ff. m. w. Nw.

1307 *Hallstein*, Die Europäische Gemeinschaft, S. 31 ff.; *Pühs*, Der Vollzug von Gemeinschaftsrecht, S. 206 m. w. Nw.

1308 *Pühs*, Der Vollzug von Gemeinschaftsrecht, S. 206 f.

Die Internationale Zusammenarbeit der Mitgliedstaaten erfolgt grundsätzlich über deren Regierungen, in der Praxis aber durch die einzelnen zuständigen Verwaltungsstellen der Mitgliedstaaten, denen insbesondere im Sekundärrecht unmittelbare Pflichten zur Zusammenarbeit und zum Informationsaustausch mit anderen mitgliedstaatlichen Stellen sowie auch mit der Europäischen Kommission auferlegt sind.[1309] Die Kommission erhält auf diese Weise die notwendigen Informationen zur Erfüllung ihrer Aufgabe nach Art. 155 UA. 1 EGV, nämlich für die Anwendung des Gemeinschaftsrechts Sorge zu tragen, was insbesondere eine Kontrolle der Anwendung des Gemeinschaftsrechts beinhaltet, so daß sie zur „Hüterin der Verträge" wird.[1310]

Primärrechtlich ist die im Sekundärrecht näher geregelte Pflicht zur Zusammenarbeit und gegenseitigen Information der Mitgliedstaaten bzw. ihrer zuständigen Stellen in Art. 5 EGV verankert.[1311] Die in Abschnitt IV. des sogenannten „Sutherland-Berichts"[1312] enthaltene Empfehlung zur Intensivierung und Institutionalisierung der Zusammenarbeit der Mitgliedstaaten und der Kommission durch Schaffung von Kontaktstellen[1313] bauen auf dieser Zusammenarbeitspflicht auf und haben auf Seiten der Kommission zur Entwicklung eines Konzeptes der „administrativen Zusammenarbeit"[1314] geführt, dessen Ansätze auch im Bereich der gemeinschaftsrechtlichen Regelungen des Wertpapierhandels ihren Niederschlag gefunden haben. Kernpunkte der Vorschläge der Kommission sind dabei die grundsätzliche Pflicht der mitgliedstaatlichen zuständigen Stellen zur gegenseitigen Unterstützung sowie die möglichst enge und effiziente Zusammenarbeit verschiedener Verwaltungsstellen innerhalb der einzelnen Mitgliedstaaten, zwischen den zuständigen Stellen der Mitgliedstaaten und zwischen diesen und der Kommission.[1315] Dabei soll durch Mitteilung gegenüber der Kommission und den anderen Mitgliedstaaten Transparenz hinsichtlich der mitgliedstaatlichen Ansprechpartner geschaffen werden, um einen effektiven Vollzug des Gemeinschaftsrechts sichern zu können.[1316] Die Einbindung der Kommission selbst als zentraler Punkt des aufzubauenden Informationsgeflechts sichert ihr den Zufluß von Informationen über den Stand der Umsetzung des Gemeinschaftsrechts in den Mit-

---

1309 Vgl. auch *Pühs*, Der Vollzug von Gemeinschaftsrecht, S. 208 f. m. w. Nw.

1310 *Breier*, in: Lenz (Hrsg.), EG-Vertrag Kommentar, Rn. 3 zu Art. 211 [ex-Art. 155]; *Pühs*, Der Vollzug von Gemeinschaftsrecht, S. 200 m. w. Nw.

1311 *Lenz*, in: ders. (Hrsg.), EG-Vertrag Kommentar, Rn. 7 f. zu Art. 10 [ex-Art. 5].

1312 *Sutherland*, Der Binnenmarkt nach 1992.

1313 *Sutherland*, Der Binnenmarkt nach 1992, S. 75.

1314 *Europäische Kommission*, Mitteilung der Kommission an den Rat und das Europäische Parlament über die Entwicklung der Zusammenarbeit der Verwaltungen bei der Anwendung und Durchsetzung des Gemeinschaftsrechts für den Binnenmarkt vom 16. Februar 1994, Dok. KOM 94 (29) endg.

1315 *Europäische Kommission*, Dok. KOM 94 (29) endg., S. 8, Rn. 22; vgl. hierzu die ausführliche Stellungnahme *von* Pühs, Der Vollzug von Gemeinschaftsrecht, S. 214 ff. m. w. Nw.

gliedstaaten. Zugleich aber hält dieser Ansatz einer „zentralen" Kontrolle des Gemeinschaftsrechtsvollzugs durch die Kommission ganz deutlich am Grundprinzip des Gemeinschaftsrechtsvollzugs durch die Behörden der Mitgliedstaaten fest und verfolgt damit nicht das Ziel des Aufbaus weiterer Behörden auf Gemeinschaftsebene zum gemeinschaftsunmittelbaren Vollzug des Gemeinschaftsrechts.

Den unterschiedlichen Rechtsangleichungskonzepten und ihren unterschiedlichen inhaltlichen Reichweiten entsprechend, enthalten die europäischen Richtlinien im Bereich des grenzüberschreitenden europäischen Wertpapierhandels unterschiedlich intensive Regelungen der Zusammenarbeit der Aufsichtsbehörden der Mitgliedstaaten. Eine solche Zusammenarbeit ist notwendig, um die Informationsdefizite, die sich auf Grund des Fehlens zentraler europäischer Aufsichtsbehörden aus der Trennung der Aufsichtszuständigkeiten und -kompetenzen in Europa ergeben, auszugleichen.[1317]

Während im Harmonisierungskonzept, das den frühen Richtlinien im Bereich des Wertpapierhandels zu Grunde liegt, noch ein bloßer Informationsaustausch zwischen den zuständigen Stellen der Mitgliedstaaten ausreichend schien, erfordert das Konzept der gegenseitigen Anerkennung mit Heimatlandkontrolle eine sehr viel intensivere Zusammenarbeit zwischen den Aufsichtsbehörden, um die tatsächliche Durchsetzung der Aufsicht in den Mitgliedstaaten gewährleisten und kontrollieren zu können und auch ein europaweit einheitliches Mindestniveau nicht nur bei den Aufsichtsregelungen, sondern auch in der Aufsichtspraxis sicherzustellen.

Andererseits beschränken sich die Richtlinien aber auch auf die Regelung der Zusammenarbeit zwischen den Mitgliedstaaten bzw. ihren zuständigen Stellen. Die EG hat sich damit zumindest bislang eindeutig gegen eine zentrale Wahrnehmung der Aufsichtsaufgaben durch eine einzige zuständige europäische Stelle entschieden.[1318] Der gemeinschaftlichen Regulierung entspricht noch keine gemeinschaftliche Aufsichtsführung über den grenzüberschreitenden Wertpapierhandel.

1316 *Europäische Kommission*, Dok. KOM 94 (29) endg., S. 4, Rn. 14 ff.

1317 Vgl. auch Regierungsentwurf zum 2. Finanzmarktförderungsgesetz zu § 7 WpHG, BT-Drs. 12/6679 S. 41 f. v. 27.1.1994, in dem die Notwendigkeit einer intensiven internationalen Zusammenarbeit mit der Internationalisierung der Wertpapiermärkte infolge der Liberalisierung des Kapitalverkehrs, moderner Kommunikationsmittel und zahlreicher Finanzinnovationen begründet wird. Gleichlautend *Kümpel*, Wertpapierhandelsgesetz, S. 196.

1318 Siehe zur Problematik einer einheitlichen zentralen Wertpapieraufsicht auf europäischer Ebene den 5. Teil dieser Arbeit.

1. Die sekundärrechtlichen Zusammenarbeitsverpflichtungen der mitgliedstaatlichen Aufsichtsbehörden mit Beispielen der Umsetzung in mitgliedstaatliches Recht im Bereich des Insiderhandels

Fraglich ist, ob die bestehenden Zusammenarbeitsregelungen für die Beaufsichtigung eines grenzüberschreitenden Wertpapierhandels mittels elektronischer Wertpapierhandelssysteme geeignet sind. Die Pflicht zur Zusammenarbeit ergibt sich dabei aus mehreren Rechtsquellen, da sie themenspezifisch ausgestaltet ist.

a. Zulassungsrichtlinie

Die europarechtliche Grundlage der internationalen Zusammenarbeit der Aufsichtsbehörden im Bereich des grenzüberschreitenden Wertpapierhandels bilden die Art. 18-20 der Zulassungsrichtlinie 79/279/EWG. Kernsatz der internationalen Zusammenarbeit der Aufsichtsbehörden im Bereich der Zulassung von Wertpapieren zur amtlichen Notierung an den Börsen der Mitgliedstaaten ist dabei Art. 18 Abs. 1 der Zulassungsrichtlinie. Danach sorgen „die zuständigen Stellen (...) untereinander für jede Art der für die Erfüllung ihrer Aufgabe notwendigen Zusammenarbeit und tauschen zu diesem Zweck alle erforderlichen Informationen aus.“ Grundidee ist, den Mitgliedstaaten bzw. den von ihnen zu benennenden zuständigen Stellen die Verpflichtung zu einer direkten Zusammenarbeit aufzuerlegen. Dieser Verpflichtung muß andererseits aber auch der Anspruch der mitgliedstaatlichen zuständigen Stellen auf eine Zusammenarbeit entsprechen.[1319]

Sowohl die möglichen Felder als auch die möglichen Mittel der Zusammenarbeit werden jedoch in dieser frühen Richtlinie vollständig offen gehalten. Allein auf den Informationsaustausch muß sich die Zusammenarbeit jedoch nicht beschränken. Eine Verpflichtung zu jeglicher Art der Zusammenarbeit besteht zwar nur hinsichtlich der „notwendigen“ Zusammenarbeit, jedoch sind auch andere Handlungsformen der Zusammenarbeit wie z. B. gemeinsame bi- oder multilaterale Arbeitsgruppen zur Abstimmung und Entwicklung der Zulassungsregeln außerhalb des gemäß Art. 20 f. der Zulassungsrichtlinie institutionalisierten Kontaktausschusses sowie der Austausch von Personal zur Verbesserung der Kenntnisse des jeweils anderen Zulassungsrechts und der Zulassungspraxis möglich. Unterrichtungspflichten sowie die Verpflichtung zur Beschleunigung und Vereinfachung des Zulassungsverfahrens bei gleichzeitiger Stellung von Anträgen zur Zulassung zum amtlichen Handel in mehreren Mitgliedstaaten ergänzen die Zusammenarbeitspflicht.[1320]

Angesichts des Fehlens detaillierterer Regelungen ist jedoch fraglich, wie und von wem die unbestimmten Rechtsbegriffe „notwendige“ Zusammenarbeit und „erforderliche“ Informationen letztlich verbindlich ausgelegt werden. Eine Rolle kann dies in Fällen spielen, in denen eine der zuständigen Stellen den erfolgten Informationsaustausch noch nicht für ausreichend erachtet, während die zuständige Stelle in dem anderen Mitgliedstaat ihre Verpflichtungen zur Zusammenarbeit für erfüllt hält oder so weit gehende Informationen nicht zur Verfügung stellen will. Da es sich einerseits um richterlich nachprüfbare Rechsbegriffe handelt, andererseits ein Anspruch auf Zusammenarbeit besteht, kann letztlich auch der Rechtsweg zum EuGH beschritten werden. Da in der Praxis aber eine gegenseitige Angewiesenheit der zuständigen Stellen auf die Zusammenarbeit besteht, liegt es in ihrem eigenen Interesse, dem Ziel der Regelungen der Zusammenarbeit zu entsprechen und selbst eine weitestgehende Unterstützung der zuständigen Stellen der übrigen Mitgliedstaaten zu praktizieren. Die Regelung geht offensichtlich davon aus, daß die Informationen anfordernde Stelle den Inhalt und Umfang der Zusammenarbeit bestimmt und die um Informationen gebetene Stelle die angeforderten Informationen zu erteilen hat, da die Zulassungsrichtlinie noch keine Regelung einer Verweigerungsmöglichkeit hinsichtlich der internationalen Zusammenarbeit aufweist, wie spätere Richtlinien.

b. Zulassungsprospektrichtlinien

Eine weitere Regelung der Zusammenarbeit zwischen den Mitgliedstaaten fand sich in Art. 24 der Zulassungsprospektrichtlinie[1321], die aber durch die Zulassungsprospektände-

---

1319 Dieser Anspruch ist notfalls vor dem EuGH im Wege des Vertragsverletzungsverfahrens gemäß Art. 169 EGV oder sogar im Wege einer Vertragsverletzungsklage gemäß Art. 170 EGV durchzusetzen. Auch die Verletzung von Verpflichtungen, die sich nicht unmittelbar aus dem EGV selbst ergeben, sondern aus verbindlichen Rechtshandlungen der Gemeinschaftsorgane, wie z. B. Richtlinien können Gegenstand dieser Verfahren sein und als Verstoß gegen eine „Verpflichtung aus dem Vertrag“ i. S. d. genannten Vorschriften des EGV gelten. Vgl. *Borchardt*, in: Lenz (Hrsg.), EG-Vertrag Kommentar, Rn. 4 ff. zu Art. 226 [ex-Art. 169], Rn. 1 zu Art. 227 [ex-Art. 170] EGV; *Oppermann*, Europarecht, Rn. 734.

1320 Art. 18 Abs. 2 der Zulassungsrichtlinie 79/279/EWG.

1321 Richtlinie des Rates 80/390/EWG vom 17. März 1980 zur Koordinierung der Bedingungen für die Erstellung, die Kontrolle und die Verbreitung des Prospektes, der für die Zulassung von Wertpapieren zur amtlichen Notierung an einer Wertpapierbörse zu veröffentlichen ist, ABl. 1980 Nr. L 100/1 v. 17.4.1980; hierzu ausführlich mit einem Vergleich der zum Zeitpunkt der Verabschiedung der Richtlinie geltenden mitgliedstaatlichen Regelungen *Klages*, Die Richtlinie der EG über den Börsenzulassungsprospekt, passim.

rungsrichtlinie[1322] neu gefaßt wurde. Art. 24 Abs. 1 der Zulassungsprospektrichtlinie enthielt noch eine Art. 18 Abs. 2 der Zulassungsrichtlinie im wesentlichen nachgebildete Verpflichtung, wonach sich die zuständigen Stellen der Mitgliedstaaten untereinander zu unterrichten hatten, wenn für dasselbe Wertpapier gleichzeitig oder annähernd gleichzeitig Anträge auf Zulassung zur amtlichen Notierung an Börsen, die in mehreren Mitgliedstaaten ansässig oder tätig sind, gestellt wurden. Notwendig wurde diese Regelung, weil die Zulassungsprospektrichtlinie für den Prospektinhalt nur Mindestanforderungen vorgab und die Mitgliedstaaten selbst bei diesen Regelungen erhebliche Interpretationsspielräume für die Umsetzung hatten, so daß ein Emittent bei der gleichzeitigen Beantragung der Börsenzulassung in mehreren Mitgliedstaaten Prospekte mit unterschiedlichen Anforderungen hätte vorlegen müssen und damit die Vorteile der Harmonisierung konterkariert worden wären.[1323] Diese Regelung ging weit über die bis dahin in den mitgliedstaatlichen Börsengesetzen vorhandenen Zusammenarbeitsverpflichtungen zwischen den Börsen innerhalb der Mitgliedstaaten[1324] hinaus. Vorbilder bestanden allerdings schon in der Zusammenarbeit der zuständigen Stellen der Mitgliedstaaten Belgien, Luxemburg und Frankreich, die ein Verfahren praktizierten, bei dem der Heimatmitgliedstaat des Emittenten, der sich am besten mit dessen Verhältnissen auskannte, jeweils federführend den Prospekt bearbeitete.[1325] Dieses Modell konnte sich allerdings trotz entsprechender Vorschläge nicht auf europäischer Ebene durchsetzen, so daß es bei der vollen Entscheidungsautonomie jeder einzelnen zuständigen Stelle der jeweiligen Mitgliedstaaten blieb.[1326]

Über die Pflicht zur gegenseitigen Unterrichtung hinaus hatten sich die zuständigen Stellen „zu bemühen", ihre Anforderungen in bezug auf einen konkret vorliegenden Prospekt möglichst weitgehend abzustimmen.[1327] Ein Bemühen der zuständigen Stellen dürfte jedoch seitens des Emittenten oder der übrigen an einem konkreten Fall der Prospekter-

---

1322 Richtlinie des Rates 87/345/EWG vom 22. Juni 1987 zur Änderung der Richtlinie 80/390/EWG zur Koordinierung der Bedingungen für die Erstellung, die Kontrolle und die Verbreitung des Prospektes, der für die Zulassung von Wertpapieren zur amtlichen Notierung an einer Wertpapierbörse zu veröffentlichen ist, ABl. 1987 Nr. L 185/81 v. 4.7.1987.

1323 *Klages*, Die Richtlinie der EG über den Börsenzulassungsprospekt, S. 216.

1324 Z. B. die Regelung § 37 des damaligen deutschen BörsG.

1325 Das heute in der Zulassungsprospektänderungsrichtlinie 94/18/EWG ermöglichte Verfahren der vollständigen Befreiung von der Prospektpflicht bei Mehrfachnotierung im amtlichen Handel geht allerdings noch über dieses Modell hinaus.

1326 Ausführlich *Klages*, Die Richtlinie der EG über den Börsenzulassungsprospekt, S. 217 m. w. Nw.

1327 *Klages*, Die Richtlinie der EG über den Börsenzulassungsprospekt, S. 216 weist darauf hin, daß aber zumindest eine Pflicht zur Aufnahme der Kontakte zwischen den zuständigen Stellen bestand.

stellung beteiligten zuständigen Stellen anderer Mitgliedstaaten nicht erzwingbar[1328] gewesen sein, so daß es letztendlich allein den zuständigen Stellen der Mitgliedstaaten überlassen blieb, inwieweit sie hinsichtlich der Abstimmung der Anforderungen an den Prospekt zu einer Zusammenarbeit mit den zuständigen Stellen der anderen Mitgliedstaaten bereit und in der Lage waren. Gemäß Art. 24 Abs. 1 der Zulassungsprospektrichtlinie war es Ziel, die Häufung von Formalitäten zu vermeiden und einen einheitlichen Wortlaut anzuerkennen, der gegebenenfalls nur eine Übersetzung und Ergänzung entsprechend den eigenen Vorschriften jedes betroffenen Mitgliedstaates erfordert. Beides sollte ebenfalls der Beschleunigung und Vereinfachung des Verfahrens für den Emittenten dienen.

Mit Einführung der gegenseitigen Anerkennung der Prospekte durch die Zulassungsprospektänderungsrichtlinie mußte Art. 24 Abs. 1 inhaltlich geändert werden. Er entspricht nunmehr in Wortlaut und Inhalt der Regelung in Art. 18 Abs. 1 der Zulassungsrichtlinie. Statt sich lediglich um eine weitgehende Abstimmung der Anforderungen in Bezug auf den Prospekt unter Vermeidung der Häufung von Formalitäten bemühen zu müssen, besteht nunmehr auch für diesen Bereich die Verpflichtung, für jede Art der für die Erfüllung ihrer Aufgaben notwendigen Zusammenarbeit zu sorgen und zu diesem Zweck alle erforderlichen Informationen auszutauschen.

Sonderregelungen der Zusammenarbeit bei der gegenseitigen Anerkennung des Prospektes finden sich in Art. 24c Abs. 2 u. Abs. 3 der Zulassungsprospektänderungsrichtlinie. Gemäß Art. 24c Abs. 2 der Zulassungsprospektänderungsrichtlinie haben die zuständigen Behörden eines Mitgliedstaates, wenn ein nicht aus diesem Mitgliedstaat stammender Emittent von Wertpapieren, die sofort oder später ein Bezugsrecht auf Anteile am Unternehmenskapital eröffnen (also Aktien mit Bezugsrecht, Wandelschuldverschreibungen u. ä.), einen Zulassungsantrag stellt, zunächst die Stellungnahme der zuständigen Behörden aus dem Herkunftsmitgliedstaat des Emittenten einzuholen, wenn die Aktien des Emittenten bereits in diesem Herkunftsmitgliedstaat zur amtlichen Notierung zugelassen sind. Den zuständigen Stellen des Sitzmitgliedstaates wird damit lediglich das Recht zur Stellungnahme, jedoch kein Vetorecht oder gar die Möglichkeit einer Untersagung der Zulassung in einem anderen Mitgliedstaat eingeräumt. Es geht vielmehr lediglich darum, zusätzliche Informationen über die Wertpapiere zu bekommen, auf die die zur Zulassung anstehenden Papiere Bezugsrechte enthalten oder später enthalten werden. Dies dient dem Anlegerschutz, da das Bezugsrecht oder die Bezugsrechtsmöglichkeit eines der wertbildenden Merkmale der Wertpapiere darstellen und nähere Informationen hierüber wesentlich für die Beurteilung des Emittenten und des Wertpapiers sind. Es handelt sich ledig-

---

1328 So auch *Klages*, Die Richtlinie der EG über den Börsenzulassungsprospekt, S. 217.

lich um eine spezielle Ausformung der Verpflichtung zum Austausch aller zur Erfüllung der Aufgaben der zuständigen Stellen erforderlichen Informationen. Gleiches gilt für die in Art. 24c Abs. 3 der 2. Prospektrichtlinie angeordnete Kontaktaufnahme zwischen den zuständigen Stellen der Mitgliedstaaten bei Zulassungsanträgen zur amtlichen Notierung in verschiedenen Mitgliedstaaten, die innerhalb von sechs Monaten nach der ersten Notierung gestellt werden.

Während die 2. Zulassungsprospektänderungsrichtlinie[1329], nach der ein Prospekt für ein öffentliches Angebot als Zulassungsprospekt anzuerkennen ist, wenn innerhalb kurzer Zeit nach Unterbreitung des öffentlichen Angebots die Zulassung zur amtlichen Notierung an einer Wertpapierbörse beantragt wird, keine eigenständige Regelung über die Zusammenarbeit der zuständigen Stellen der Mitgliedstaaten enthält, ergibt sich ein weiterer Teilaspekt der Zusammenarbeit aus Art. 1 der Eurolist-Richtlinie[1330]. Sie brachte eine Ergänzung des Art. 6 der Zulassungsprospektrichtlinie, indem den zuständigen Stellen der Mitgliedstaaten unter bestimmten Voraussetzungen nicht nur eine gegenseitige Anerkennung des Prospektinhalts, sondern darüber hinaus eine teilweise oder vollständige Befreiung der Gesellschaften von der Pflicht zur Erstellung eines Börsenzulassungsprospektes ermöglicht wird. Bereits gemäß Art. 6 der Zulassungsrichtlinie besteht für die Mitgliedstaaten die Möglichkeit einer teilweisen oder gänzlichen Befreiung von der Pflicht zur Veröffentlichung eines Prospektes.[1331] Diese ist aber begrenzt auf Fälle, in denen eine amtliche Notierung der Wertpapiere an anderen Börsen in demselben Mitgliedstaat besteht.[1332] Um die grenzüberschreitende Börsenzulassung innerhalb der Gemeinschaft zu erleichtern und die selbst bei der Möglichkeit einer gegenseitigen Anerkennung prohibitiv

---

1329 Richtlinie 90/211/EWG des Rates v. 23.4.1990 zur Änderung der Richtlinie 80/390/EWG hinsichtlich der gegenseitigen Anerkennung der Prospekte für öffentliche Angebote als Börsenprospekt, ABl. Nr. L 112/24 v. 3.5.1990.

1330 Richtlinie 94/18/EWG des Europäischen Parlaments und des Rates v. 30.5.1994 zur Änderung der Richtlinie 80/390/EWG zur Koordinierung der Bedingungen für die Erstellung, die Kontrolle und die Verbreitung des Prospektes, der für die Zulassung von Wertpapieren zur amtlichen Notierung an einer Wertpapierbörse zu veröffentlichen ist, im Hinblick auf die Verpflichtung zur Veröffentlichung eines Prospektes, ABl. Nr. L 135/1 v. 31.5.1994.

1331 Ausführlich *Klages*, Die Richtlinie der EG über den Börsenzulassungsprospekt, S. 84 f., der klarstellt, daß die Mitgliedstaaten die Befreiungsmöglichkeiten des Art. 6 der Richtlinie nicht einräumen müssen, sondern die Richtlinie ihnen lediglich die Möglichkeit dazu eröffnet, sowie S. 88-90 mit einer Übersicht über die vor der Umsetzung der Richtlinie bestehenden Befreiungsmöglichkeiten in einigen Mitgliedstaaten der Gemeinschaft.

1332 Der durch die Zulassungsprospektänderungsrichtlinie 94/17/EWG eingefügte Art. 6 Nr. 5 erweitert diese Möglichkeit auch auf Wertpapiere, die nicht zuvor im amtlichen Handel an einer anderen Börse, sondern lediglich in einem nachgeordneten Markt zugelassen waren. Damit werden erstmals auf europarechtlicher Ebene auch die auf diesen Märkten gehandelten Wertpapiere ausdrücklich einbezogen. Vgl. hierzu auch Abs. 14 der Präambel der Zulassungsprospektänderungsrichtlinie 94/18/EWG, ABl. Nr. L 135/1 (2) v. 31.5.1994.

wirkenden Kosten zusätzlicher Prospekterstellungen zu vermeiden, wird die Möglichkeit des Verzichts auf den zusätzlichen Prospekt[1333] nunmehr auch europaweit eröffnet.[1334]

Nach dem geänderten Art. 6 Nr. 4 b) der Zulassungsprospektrichtlinie ist hierfür Voraussetzung, daß die zuständigen Stellen des Mitgliedstaates, in dem die Wertpapiere des Emittenten bereits amtlich notiert sind, den zuständigen Stellen des Mitgliedstaates, in dem der Emittent einen weiteren Antrag auf Zulassung der Wertpapiere zum amtlichen Handel stellt, glaubhaft bestätigen müssen, daß der Emittent während der vorangegangenen drei Jahre bzw. seit der Zulassung zur amtlichen Notierung, sofern diese vor weniger als drei Jahren erfolgt ist, stets den durch die Richtlinien der Gemeinschaft erlassenen Unterrichtungspflichten und den Pflichten aus der Zulassung zur amtlichen Notierung nachgekommen ist.

Damit übernimmt die für diese Bestätigung zuständige Stelle gegenüber den zuständigen Stellen des anderen Mitgliedstaates eine Beurteilung des Verhaltens des Emittenten, ohne die dieser Beurteilung zugrundeliegenden Sachinformationen näher erläutern zu müssen. Es kommt damit im Bereich der Aufsicht über die Prospektpflichten erstmals zu einer echten Arbeitsteilung zwischen den zuständigen Stellen der Mitgliedstaaten, die über die bislang in der durch die 2. Prospektrichtlinie in Art. 24c eingefügte Verpflichtung zur Stellungnahme hinausgeht.[1335] Der Prospekt wird nur noch von der oder den zuständigen Stellen eines einzigen Mitgliedstaates, in dem die Wertpapiere zur amtlichen Notierung zugelassen sind, geprüft.

1333 Statt des Prospektes müssen die Emittenten den Anlegern in den anderen Mitgliedstaaten nunmehr lediglich eine vereinfachte Information zur Verfügung stellen, dessen Inhalt sich jetzt aus Art. 6 Nr. 4 c) der Zulassungsprospektrichtlinie ergibt.

1334 Siehe Abs. 3 f., 8, 10 der Präambel der Zulassungsprospektänderungsrichtlinie 94/18/EWG.

1335 In Abs. 15 der Präambel der 3. Zulassungsprospektänderungsrichtlinie 94/18/EWG wird die Maßnahme daher zu Recht als Erweiterung der ausschließlichen Zuständigkeit der zuständigen Stellen der einzelnen Mitgliedstaaten gewertet.

c. Zwischenberichtsrichtlinie

Auch die Regelung über die Zusammenarbeit zwischen den Mitgliedstaaten in Art. 10 Abs. 1 der Zwischenberichtsrichtlinie[1336] entspricht in ihrer wesentlichen Aussage den Regelungen des Art. 18 Abs. 1 der Zulassungsprospektrichtlinie und Art. 24c Abs. 1 der Zulassungsprospektänderungsrichtlinie. In der deutschen Übersetzung der Zwischenberichtsrichtlinie ist statt des Austausches aller „erforderlichen" Informationen lediglich vom Austausch aller „zweckdienlichen" Informationen die Rede, ohne daß damit aber eine inhaltliche Änderung verknüpft wäre. Jedoch enthält Art. 10 Abs. 2 der Richtlinie eine eigenständige Regelung der Zusammenarbeit für die Fälle, in denen Halbjahresberichte gleichzeitig in mehreren Mitgliedstaaten zu veröffentlichen sind. Sie soll den Emittenten die mehrmalige Anfertigung unterschiedlicher Halbjahresberichte für deren Anerkennung durch die jeweiligen zuständigen Stellen ersparen, womit hier bereits fünf Jahre vor der Verabschiedung der Zulassungsprospektänderungsrichtlinie ein erster Ansatz in Richtung einer gegenseitigen Anerkennung vorlag. Grundsätzlich haben sich die zuständigen Stellen der Mitgliedstaaten danach zu bemühen, eine einzige Fassung des Halbjahresberichts zu akzeptieren. Die Verpflichtung zur Zusammenarbeit, die in Art. 10 Abs. 2 der Richtlinie zum Ausdruck kommt, beschränkt sich damit jedoch auch hier auf das „Bemühen" der zuständigen Stellen, eine Fassung des Halbjahresberichts zu akzeptieren und verharrt damit noch auf dem Niveau der älteren Zulassungsprospektrichtlinie. Zum Konzept der gegenseitigen Anerkennung, wie es in der Zulassungsprospektänderungsrichtlinie zum Ausdruck kommt, bei dem die gegenseitige Anerkennung kategorisch zum Regelfall gemacht wird und nur einige Ausnahmen zugelassen werden, besteht damit noch ein großer Unterschied.

1336 Richtlinie des Rates v. 15.2.1982 über regelmäßige Informationen, die von Gesellschaften zu veröffentlichen sind, deren Aktien zur amtlichen Notierung an einer Wertpapierbörse zugelassen sind (82/121/EWG), ABl. 1982 Nr. L 48/26 v. 20.2.1982; ein kurzer Überblick über den Inhalt der Richtlinie findet sich bei *Pfisterer*, in: Lenz (Hrsg.), EG-Handbuch Recht im Binnenmarkt, S. 328 f.; ausführlich *Köster*, Grundsätze ordnungsgemäßer Zwischenberichterstattung börsennotierter Aktiengesellschaften, S. 19-24, sowie S. 24-38 mit einer tabellarischen Gegenüberstellung der Richtlinie und der zu ihrer Umsetzung in das deutsche Recht ergangenen § 44b BörsG, §§ 53-62 BörsZulV m. w. Nw.; für die Umsetzung in das deutsche Recht auch *Schwark*, BörsG, Rn. 1 zu § 44b BörsG; *Busse von Colbe/Reinhard*, Zwischenberichterstattung nach neuem Recht für börsennotierte Unternehmen, passim; zu den Zwecken der Zwischenberichtspublizität aus finanzwirtschaftlicher Sicht *Henes*, Börsenrechtliche Zwischenberichtspublizität, passim.

d. Richtlinie über öffentliche Angebote

Die Regelungen über die Zusammenarbeit der Mitgliedstaaten in Art. 22 der Prospektrichtlinie für öffentliche Angebote von Wertpapieren[1337] stimmen größtenteils wörtlich, aber zumindest inhaltlich mit den entsprechenden Regeln der Zulassungsprospektänderungsrichtlinie überein. Art. 19 Abs. 1 der Richtlinie über öffentliche Angebote verstärkt die Verpflichtung zur Zusammenarbeit durch seinen Wortlaut, da die von den Mitgliedstaaten benannten Stellen zusammenzuarbeiten und „soweit irgend möglich" die erforderlichen Informationen auszutauschen haben. Auch diese Wortlautänderung dürfte aber in der Praxis keine inhaltlichen Unterschiede zur Zusammenarbeitsverpflichtung nach den Vorschriften der bereits oben genannten Richtlinien verursachen, zumal wenn in den Mitgliedstaaten die gleichen Stellen für den Prospekt nach der Zulassungsprospektänderungsrichtlinie und den Prospekt für die öffentlichen Angebote von Wertpapieren zuständig sind.[1338]

e. Transparenzrichtlinie

Die Transparenzrichtlinie[1339], die die Mitteilungspflichten beim Erreichen, Überschreiten oder Unterschreiten bestimmter Anteile an den Stimmrechten europarechtlich vorschreibt[1340] und in den Mitgliedstaaten harmonisiert[1341], bezweckt den Schutz der Anleger, die Stärkung ihres Vertrauens in den Kapitalmarkt und hierdurch auch eine Sicherung

---

1337 Richtlinie des Rates vom 17. April 1989 zur Koordinierung der Bedingungen für die Erstellung, Kontrolle und Verbreitung des Prospektes, der im Falle öffentlicher Angebote von Wertpapieren zu veröffentlichen ist (89/298/EWG), ABl. Nr. L 124/8 vom 5. 5. 1989.

1338 Die Richtlinie ist mit dem Wertpapier-Verkaufsprospektgesetz v. 13.12.1990 sowie mit der Verordnung über Wertpapier-Verkaufsprospekte v. 17.12.1990 in deutsches Recht umgesetzt worden. Siehe hierzu *Kümpel*, Bank- und Kapitalmarktrecht, Rn. 9.273 ff.; sowie *Gericke*, Handbuch für die Börsenzulassung von Wertpapieren, S. 193-217. Zu beachten ist, daß im Rahmen der Neuverteilung der Aufsichtskompetenzen durch die Gründung des Bundesaufsichtsamts für den Wertpapierhandel eine Änderung des Verkaufsprospektgesetzes im Zweiten Finanzmarktförderungsgesetz notwendig wurde.

1339 Richtlinie des Rates 88/627/EWG v. 12.12.1988 über die bei Erwerb und Veräußerung einer bedeutenden Beteiligung an einer börsennotierten Gesellschaft zu veröffentlichenden Informationen, ABl. Nr. L 348/62 v. 17.12.1988; zur Umsetzung in das deutsche Recht in §§ 21-30 WpHG *Becker*, Das neue Wertpapierhandelsgesetz, S. 86-101; *Kümpel*, Wertpapierhandelsgesetz, S. 131-154; *ders.*, Bank- und Kapitalmarktrecht (1. Aufl.), Rn. 14.40-14.53; *Falkenhagen*, Aktuelle Fragen zu den neuen Mitteilungs- und Veröffentlichungspflichten nach Abschnitt 4 und 7 des Wertpapierhandelsgesetzes, WM 1995, S. 1005; *Happ*, Zum Regierungsentwurf eines Wertpapierhandelsgesetzes, JZ 1994, S. 240; *von Rosen*, Zweites Finanzmarktförderungsgesetz und Privatanleger, Die Bank 1995, S. 9; *Schneider*, in: Assmann/Schneider (Hrsg.), Wertpapierhandelsgesetz, Kommentierung vor § 21 bis § 30; *ders.*, Die Kollision der Motive, EuZW 1995, S. 653; *Weber*, Deutsches Kapitalmarktrecht im Umbruch, NJW 1994, S. 2849.

1340 Zum wirtschaftspolitischen Hintergrund des Streits um die Einführung verpflichtender Mitteilungen siehe zusammenfassend *Schneider*, in: Assmann/Schneider (Hrsg.), Wertpapierhandelsgesetz, Rn. 2 vor § 21 m. w. Nw.

der Funktionsfähigkeit der Kapitalmärkte sowie die Förderung eines einheitlichen europäischen Kapitalmarktes.[1342] Nicht zuletzt liegt die erhöhte Transparenz auch im Interesse der Gesellschaft, die einen Überblick über die Aktionärsstruktur gewinnt.[1343] Als vorrangiges Ziel des Transparenzgebotes wird zudem die Verbesserung der Funktionsfähigkeit der Kapitalmärkte, die zu einer „Finanzmarktkultur"[1344] oder „Aktienkultur"[1345] führen soll, genannt.

Die Transparenzrichtlinie enthält nur in Art. 12 Abs. 3 eine Regelung über die Zusammenarbeit zwischen den zuständigen Stellen der Mitgliedstaaten, die im wesentlichen der bekannten Regelung aus Art. 18 Abs. 1 der Zulassungsrichtlinie entspricht. Statt der Verpflichtung zum Austausch aller „erforderlichen" Informationen wird der Austausch aller „geeigneten" Informationen verlangt, ohne daß dies sich in der Praxis auswirken dürfte. Die Regelung soll das Spannungsverhältnis lösen, das sich daraus ergibt, daß die Beteiligungen an börsennotierten Gesellschaften heute weltweit gehandelt werden, die zuständigen Behörden der Mitgliedstaaten jedoch ausschließlich in ihrem Hoheitsgebiet eine Aufsicht über die Einhaltung der Melde- und Mittteilungspflichten ausüben können.[1346] Die Aufsicht über die Einhaltung der Melde- und Mitteilungspflichten erfordert einen ständigen Informationsaustausch[1347], da es sich hierbei nicht nur um die Aufsicht über einmalige Vorgänge wie Zulassungen oder Genehmigungen handelt. Dies gilt insbesondere für die Aufsicht über die Einhaltung der Pflichten seitens der im Inland amtlich notierten Gesellschaften mit Sitz im Ausland.[1348]

1341 Siehe *Schneider*, in: Assmann/Schneider (Hrsg.), Wertpapierhandelsgesetz, Fn. 8 zu Rn. 3 vor § 21 zu den in einigen Mitgliedstaaten gewählten Umsetzungswegen der Richtlinie im jeweiligen Gesellschaftsrecht.

1342 Abs. 2 u. 3 der Präambel der Transparenzrichtlinie 88/627/EWG; auch *Schneider*, in: Assmann/Schneider (Hrsg.), Wertpapierhandelsgesetz, Rn. 14 vor § 21, der auf die leicht unterschiedliche Zielsetzung der §§ 21 ff. WpHG hinweist, die auch dem Mißbrauch von Insiderinformationen entgegenwirken sollen. Hierzu auch *Kümpel*, Wertpapierhandelsgesetz, S. 132; Begründung des Regierungsentwurfs zum Zweiten Finanzmarktförderungsgesetzes, BT-Drs. 12/6679, S. 52.

1343 *Kümpel*, Wertpapierhandelsgesetz, S. 132 m. w. Nw.

1344 *Kümpel*, Wertpapierhandelsgesetz, S. 132 f.

1345 *Schneider*, in: Assmann/Schneider (Hrsg.), Wertpapierhandelsgesetz, Rn. 2. vor § 21; zum schillernden Begriff der „Aktienkultur" und den vielfältigen Ansätzen, die zu ihrer Entstehung in Deuschland gesehen werden, ausführlich *von Rosen*, Chancengemeinschaft - Deutschland braucht die Aktie; speziell zur Aktienförderung in den Mitgliedstaaten der EU, *ders.*, Aktienförderung in der Europäischen Union, ZfgK 1996, S. 20-24; *ders.*, Investment Banking und Aktienkultur, in: International Bankers Forum e.V. (Hrsg.), Die Banken auf dem Weg ins 21. Jahrhundert - Strategien und Konzepte, S. 70-83.

1346 *Schneider*, in: Assmann/Schneider (Hrsg.), Wertpapierhandelsgesetz, Rn. 1 zu § 30.

1347 *Schneider*, in: Assmann/Schneider (Hrsg.), Wertpapierhandelsgesetz, Rn. 1 zu § 30, zu der deutschen Umsetzungsnorm § 30 WpHG.

1348 Vgl. § 30 Abs. 1 Nr. 4 WpHG.

Art. 12 Abs. 3 der Transparenzrichtlinie wurde mit § 30 WpHG in deutsches Recht umgesetzt.[1349] Dieser sieht eine gesonderte Zusammenarbeitsverpflichtung für die Aufsicht über die Einhaltung der Meldepflichten der §§ 21 WpHG vor und ergänzt damit als spezielle Norm die gesonderte Regelung für die internationale Zusammenarbeit der zuständigen Stellen im Bereich der Aufsicht über die Einhaltung der Insiderregeln in § 19 WpHG sowie die Zuständigkeits- und Datenschutzregelung in § 7 WpHG, die dem Bundesaufsichtsamt die Zuständigkeit für die internationale Aufsicht sowohl in Fragen des Wertpapierhandels als auch im Bereich der Überwachung der Börsen und anderer Wertpapiermärkte zuweist.[1350]

f. Insiderrichtlinie

Die Insiderrichtlinie[1351] geht in Art. 8 Abs. 1 von der behördlichen Kontrolle der Insiderregeln aus und hat sich damit gegen Freiwilligkeitslösungen der beteiligten Wirtschaftskreise entschieden, wie sie in Deutschland lange präferiert wurden.[1352] Die Europäische Kommission hielt die internationale Kooperation der Aufsichtsbehörden insbesondere im Bereich der Aufsicht über den Insiderhandel für notwendig, um eine Kette von Transaktionen gerade auch im grenzüberschreitenden Verkehr verfolgen zu können, die die Auf-

---

1349 *Schneider*, in: Assmann/Schneider (Hrsg.), Wertpapierhandelsgesetz, Rn. 1 zu § 30.

1350 Soweit §§ 19 und 30 WpHG spezielle Regelungen gegenüber der allgemeinen Regelung in § 7 WpHG enthalten, gehen sie diesem vor; vgl. Begründung des Regierungsentwurfs zum Zweiten Finanzmarktförderungsgesetzes, BT-Drs. 12/6679, S. 41 f. zu § 7 Abs. 2 WpHG.

1351 Richtlinie des Rates 89/592/EWG vom 13. November 1989 zur Koordinierung der Vorschriften betreffend Insider-Geschäfte, ABl. Nr. L 334/30 v. 18.11.1989. Hierzu *Pfisterer*, in: Lenz (Hrsg.), EG-Handbuch Recht im Binnenmarkt, S. 331 f. mit einem Kurzüberblick; ausführlich zur Vorgeschichte und Entwicklung der Insiderrichtlinie *Assmann*, in: Assmann/Schneider (Hrsg.), Wertpapierhandelsgesetz, Rn. 4, 9-12 vor § 12; sowie *Siebold*, Das neue Insiderrecht, S. 63-86; zur Richtlinie stellungnehmend z. B. *Grundmann*, Neuregelung des Insiderhandelsverbots in Deutschland, ZfgK 1992, S. 12; *Grunewald*, Neue Regeln zum Insiderhandel, ZBB 1990, S. 128; allgemein zur Insiderrichtlinie und zur Umsetzung in deutsches Recht im Rahmen des Zweiten Finanzmarktförderungsgesetzes siehe die Kommentierung bei *Assmann*, in: Assmann/Schneider (Hrsg.), Wertpapierhandelsgesetz, vor § 12 bis § 19 m. w. Nw.

1352 Vgl. hierzu statt vieler *Assmann*, in: Assmann/Schneider (Hrsg.), Wertpapierhandelsgesetz, Rn. 1-3, 5-12, 37-43 vor § 12 m. w. Nw; *Kümpel*, Bank- und Kapitalmarktrecht, Rn. 16.51 f. m. w. Nw.; *Siebold*, Das neue Insiderrecht, S. 42-62, 162-177.

findung des letztlich verantwortlichen Insiders ermöglichen soll.[1353] Sie enthält entsprechend in Art. 10 Abs. 1 die Verpflichtung der zuständigen Stellen der Mitgliedstaaten, einander jede zur Erfüllung ihrer Aufgaben notwendige Zusammenarbeit zu gewährleisten und zu diesem Zweck entsprechende Informationen auszutauschen.

Die Verpflichtung, alle erforderlichen[1354] Informationen auszutauschen, erstreckt sich dabei aber ausdrücklich auch auf Informationen über Handlungen, die ausschließlich von dem Mitgliedstaat untersagt sind, der die Zusammenarbeit beantragt hat[1355], so daß auch dann die Verpflichtung zur Beschaffung und Herausgabe von Informationen für einen Mitgliedstaat und seine zuständigen Behörden besteht, wenn der anfragende Mitgliedstaat ein strengeres Insiderrecht umgesetzt hat als der Mitgliedstaat, der um die Erteilung von Informationen ersucht wird. Gleiches gilt, wenn der ersuchende Mitgliedstaat seine Jurisdiktion sehr weit erstreckt.[1356]

Gemäß Art. 5 S. 1 der Insiderrichtlinie gilt das „Territorialitätsprinzip", wonach jeder Mitgliedstaat die Insiderverbote zumindest auf in seinem Hoheitsgebiet begangene Handlungen anwendet, sofern die Wertpapiere auf dem Markt eines Mitgliedstaates zum

---

1353 *Europäische Kommission*, Vorschlag für eine Richtlinie des Rates zur Koordinierung der Vorschriften betreffend Insider-Geschäfte, ABl. Nr. C 153/8 (9) v. 11.6.1987; im Wortlaut geändert durch *Euro-päische Kommission*, Änderung des Vorschlags für eine Richtlinie des Rates zur Koordinierung der Vorschriften betreffend Insider-Geschäfte, Abl. Nr. C 277/13 v. 27.10.1988; vgl. hierzu *Pingel*, The EC Directive of 1989, in: Gaillard (Hrsg.), Insider Trading, S. 5 (21). Zur Umsetzung der Richtlinie in den Mitgliedstaaten der Europäischen Union und insbesondere zu den Regelungen der internationalen Kooperation und der Sanktionen der Mitgliedstaaten siehe auch die ausführlichen Länderberichte von *Hanotiau/Feron*, Belgien; *Blyt/Clausen*, Dänemark; *Gaillard*, Frankreich; *Thoma/Berck*, Deutschland; *Lambadarios*, Griechenland; *O'Connor*, Irland; *Casella*, Italien; *Kieffer*, Luxemburg; *van Lanschot*, Niederlande; *Barreiros Moreira Rato*, Portugal; *Bautista/Trigueros*, Spanien; *Crystal/Atherton*, Großbritannien; *Kutschera/Hoenig*, Österreich; *Astola*, Finland; *Gstöhl*, Liechtenstein; *Nilsson*, Schweden, alle in: Gaillard (Hrsg.), Insider Trading; sowie die Länderberichte von *Assmann*, The Federal Republic of Germany II, The Proposed Legislation; *Herrington/Glover*, The United Kingdom; *Borde*, France; *Solimena*, Italy; *Tavernier*, Switzerland; *de Serière*, The Netherlands; *Christensen*, Denmark; *Dudley/Casey*, Ireland; *Biver*, Luxembourg; *Prol*, Spain; alle in: *Wegen/Assmann* (Hrsg.), Insider Trading in Western Europe; vgl. auch *Siebold*, Das neue Insiderrecht, S. 87-95 mit kurzen Darstellungen des Insiderrechts in einigen Mitgliedstaaten der Europäischen Gemeinschaft.

1354 Auch hier stellt sich wiederum das Problem, wer über die „Erforderlichkeit" der Information entscheidet. *Hopt*, The European Insider Dealing Directive, in: Hopt/Wymeersch (Hrsg.), European Insider Dealing - Law and Practice, S. 129 (146) weist darauf hin, daß auch der englische Richtlinientext insofern nicht deutlich ist, wenn es dort heißt „They shall exchange any information required for that purpose", was die Auslegung zulasse, daß es der anfragenden Stelle überlassen bleibe, ob die Informationen „erforderlich" seien.

1355 Art. 10 Abs. 1 S. 2 der Insiderrichtlinie. Ermöglicht wird dies durch Art. 5 und Art. 6 S. 2 der Richtlinie; vgl. auch *Hopt*, The European Insider Dealing Directive, in: Hopt/Wymeersch (Hrsg.), European Insider Dealing - Law and Practice, S. 129 (146).

1356 *Hopt*, The European Insider Dealing Directive, in: Hopt/Wymeersch (Hrsg.), European Insider Dealing - Law and Practice, S. 129 (146); *Siebold*, Das neue Insiderrecht, S. 178 m. w. Nw. Ausführlich zum Problem der Statutenkumulierung bei der Aufsicht über die Insiderhandelsverbote der Mitgliedstaaten im Hinblick auf Art. 5 der Insiderrichtlinie.

Handel zugelassen sind. Damit wird nicht zwingend darauf abgestellt, daß es sich um Wertpapiere handelt, die in demselben Mitgliedstaat zum Handel zugelassen sind, sondern es reicht aus, daß sie auch in einem der anderen Mitgliedstaaten zum Handel zugelassen sind.[1357] Der Abgrenzung, wann ein Geschäft auf dem Gebiet eines Mitgliedstaates getätigt wird, kommt damit erhebliche Bedeutung zu. Die Insiderrichtlinie stellt in Art. 5 S. 2 klar, daß ein Mitgliedstaat auf jeden Fall die Geschäfte durch seine Insiderregelungen erfaßt, die auf einem in seinem Gebiet gelegenen oder funktionierenden Markt i. S. d. Art. 1 Nr. 2 letzter Satzteil erfolgen.[1358] Die Definition der dabei angesprochenen „geregelten Märkte" deckt sich allerdings nicht vollständig mit der Definition der „geregelten Märkte" in Art. 1 Nr. 13 der Wertpapierdienstleistungsrichtlinie.

Ausgeschlossen ist damit eine Verweigerung der Zusammenarbeit durch die ersuchte Behörde eines Mitgliedstaates mit der Begründung, die Fallgestaltung sei in diesem Mitgliedstaat nicht vom Insiderrecht erfaßt. Diese Regelung stellt zwar keinen entscheidenen Fortschritt im Hinblick auf die Zusammenarbeitsregelung dar, hier wurde aber erstmals in der europäischen Kooperation auf strafrechtlichem Gebiet der in Art. 5 Abs. 1 a) des Europäischen Übereinkommens über die Rechtshilfe in Strafsachen geregelte Vorbehalt der doppelten Strafbarkeit, also der Strafbarkeit der Handlung in beiden Ländern als Voraussetzung für die Rechtshilfe durchbrochen.[1359]

Gemäß Art. 10 Abs. 1 S. 1 letzter HS. der Insiderrichtlinie ist darüber hinaus auch das Gebrauchmachen der in Art. 8 Abs. 2 der Richtlinie gesondert genannten Kontroll- und Überwachungsbefugnisse Bestandteil der notwendigen Zusammenarbeit der zuständigen Stellen. Damit sind die zuständigen Stellen der Mitgliedstaaten im Rahmen der Zusammenarbeit auch zur Ermittlungs- und Überwachungshilfe verpflichtet, so daß die Zusammenarbeit nicht lediglich auf die in Art. 10 Abs. 1 S. 2 angesprochene Mitteilung bereits ermittelter Informationen beschränkt ist. Eine solche Verpflichtung zur Ermittlungshilfe ist notwendig, da es gerade das Wesen des Insiderhandels ausmacht, daß die Informationen den zuständigen Behörden nicht bereits bekannt sind. Fraglich könnte sein, ob neben der Ergänzung der Informationsverpflichtung durch die Pflicht zu Ermittlungen, die als Fortentwicklung des europäischen Rechts der Zusammenarbeit der Mitgliedstaaten bei der Aufsicht über den Wertpapierhandel zu werten ist, darüber hinaus auch eine Verpflichtung der mitgliedstaatlichen zuständigen Stellen besteht, regelmäßige präventive

---

1357 Vgl. *Kiel*, Internationales Kapitalanlegerschutzrecht, S. 82.

1358 Bei der Umsetzung in deutsches Recht wurden auch Geschäfte mit Wertpapieren erfaßt, die im Freiverkehr gehandelt werden, obgleich es sich nicht um einen von staatlicher Stelle anerkannten und geregelten Markt i. S. d. Richtlinie handelte; siehe *Assmann*, in: Assmann/Schneider (Hrsg.), Werpapierhandelsgesetz, Rn. 24 vor § 12.

1359 *Schödermeier/Wallach*, Die Insider-Richtlinie der Europäischen Gemeinschaft, EuZW 1990, S. 122 (126); *Siebold*, Das neue Insiderrecht, S. 178 f.

eigene Kontrollen im Interesse der anderen Mitgliedstaaten durchführen, z. B. indem im Rahmen ihrer eigenen Kontrollen Geschäfte mit Auslandsbezug besonders überwacht werden. Eine solche Verpflichtung würde aber wohl den Rahmen der Auslegung der Richtlinie[1360] sprengen. Eine präventive, vorauseilende Zusammenarbeit fordert daher auch die Richtlinie nicht.

Die Regelung zur Zusammenarbeit hat in den Mitgliedstaaten eine unterschiedliche Umsetzung erfahren, wie die folgenden Beispiele für Deutschland, Frankreich, Italien, Irland und Luxemburg zeigen:

aa. Deutschland

In Deutschland findet sich eine ausführliche Regelung der internationalen Zusammenarbeit bei der Überwachung der Verbote von Insidergeschäften in § 19 WpHG, wonach das neugeschaffene Bundesaufsichtsamt für den Wertpapierhandel zur Amtshilfe bei Anfragen entsprechender zuständiger Stellen aus den EG-Mitgliedstaaten verpflichtet ist[1361] und auch selbst Amtshilfe dieser Stellen erbitten kann. In § 19 Abs. 1 S. 2 WpHG ist zudem ausdrücklich geregelt, daß es von seinem in § 16 Abs. 5 WpHG normierten Recht, Auskünfte über die Geschäfte zu verlangen, auch im Rahmen von Anfragen ausländischer Stellen Gebrauch machen kann.

Notwendig ist eine solche Regelung nicht nur, um ausländische zuständige Stellen bei der Aufklärung von Verstößen gegen deren mitgliedstaatliches Recht zu unterstützen, sondern auch deshalb, weil das deutsche Insiderrecht selbst Geschäfte mit Auslandsbezug erfaßt. Dies ergibt sich zwar nicht unmittelbar aus dem Verbotstatbestand des § 14 WpHG aber aus der Erstreckung der Strafvorschriften in § 38 WpHG, mit denen das Insiderhandelsverbot strafrechtlich bewehrt ist. Gemäß § 38 Abs. 2 WpHG steht einem in § 38 Abs. 1 WpHG genannten Insiderhandelsverbot ein entsprechendes ausländisches Verbot gleich.[1362] Die Notwendigkeit einer solchen Erstreckungsvorschrift ergibt sich aus dem verwaltungsrechtlichen Charakter des Insiderhandelsverbots als Blankettvorschrift. Die materiellrechtlichen Regelungen des WpHG hinsichtlich des Verbots des Insiderhandels können nur für Sachverhalte innerhalb des Gebietes der Bundesrepublik Deutschland Wirkung entfalten. Bedenken wegen eines Verstoßes gegen den Gesetzesvorbehalt[1363]

1360 Zur Auslegung von Richtlinien siehe 3. Teil I. 2. e. dieser Arbeit.

1361 *Assmann*, in: Assmann/Schneider (Hrsg.), Wertpapierhandelsgesetz, Rn. 19 zu § 19.

1362 Vgl. zu dieser Regelungstechnik mit weiteren Beispielen, *Cramer*, in: Assmann/Schneider (Hrsg.), Wertpapierhandelsgesetz, Rn. 3 zu § 38.

1363 Zum Gesetzesvorbehalt siehe z. B. *Herzog*, in: Maunz/Dürig/Herzog/Scholz/u.a. (Hrsg.), Grundgesetz-Kommentar, Rn. 33 (55 ff.) zu Art. 20 GG.

oder gegen den Bestimmtheitsgrundsatz aus Art. 103 Abs. 2 GG[1364] sind unbegründet, denn durch die Verweisung hat der deutsche Gesetzgeber den Inhalt des ausländischen Gesetzes in seinen Willen aufgenommen.[1365] Die notwendige Bestimmtheit der Norm ist gegeben, da § 38 Abs. 2 die Strafbarkeit ausdrücklich nur auf „entsprechende ausländische Verbote" erstreckt, so daß der einzelne, der weiß, was nach deutschem Recht verboten ist, gleichzeitig auch die entsprechenden (nicht nur ähnlichen) ausländischen Verbote kennt.[1366]

Für die Zusammenarbeit mit Drittländern[1367], die für notwendig gehalten wird, um eine wirksame Bekämpfung des Insiderhandels zu gewährleisten,[1368] enthält § 19 Abs. 5 WpHG in folgerichtiger Umsetzung des Art. 11 der Insiderrichtlinie eine „Kann"-Bestimmung. Danach ist das Bundesaufsichtsamt für den Wertpapierhandel berechtigt, aber nicht verpflichtet, für die Überwachung der Verbote von Insidergeschäften mit den zuständigen Stellen von Drittländern zusammenzuarbeiten und diesen Stellen auch Informationen zu übermitteln. Allerdings gelten für die Übermittlung von Informationen nicht die Bestimmungen des § 19 Abs. 2 WpHG, der nur für die Übermittlung von Informationen im Rahmen der Zusammenarbeit mit den zuständigen Stellen der Mitgliedstaaten Anwendung findet, sondern es gelten die Datenschutzbestimmungen der generellen Regelung der Zusammenarbeit mit zuständigen Stellen anderer Staaten gemäß Art. 7 Abs. 2 WpHG. Das Bundesaufsichtsamt für den Wertpapierhandel kann gemäß § 19 Abs. 5 S. 2 i. V. m. Abs. 1 S. 2 WpHG auch im Rahmen dieser Zusammenarbeit von den Befugnissen nach § 16 Abs. 2-5 WpHG Gebrauch machen, soweit dies erforderlich ist. Auch hier stellt sich allerdings wiederum die Frage, wem die Beurteilung der Erforderlichkeit zusteht.

bb. Frankreich

Auch die Zuständigkeit der französischen Aufsichtsbehörde Commission des Opérations de Bourse (COB) erstreckt sich auf alle Insiderhandelsaktivitäten, die vom Inland aus auf ausländischen Märkten stattfinden.[1369] Gemäß Art. 693 des französischen Strafverfahrenskodex wird angenommen, daß ein Verstoß französischem Recht unterfällt, wenn ein

---

1364 Zum Bestimmtheitsgrundsatz siehe z. B. *Schmidt-Aßmann*, in: Maunz/Dürig/Herzog/Scholz/u.a. (Hrsg.), Grundgesetz-Kommentar, Rn. 163 ff. zu Art. 103 Abs. 2 GG.

1365 *Cramer*, in: Assmann/Schneider (Hrsg.), Wertpapierhandelsgesetz, Rn. 5 zu § 38.

1366 *Cramer*, in: Assmann/Schneider (Hrsg.), Wertpapierhandelsgesetz, Rn. 6f zu § 38, mit einem Beispiel zur Verdeutlichung.

1367 Vgl. zur Umsetzung des Art. 11 der Insiderrichtlinie durch § 19 Abs. 5 WpHG *Siebold*, Das neue Insiderrecht, S. 276.

1368 Vgl. Begründung des Regierungsentwurfs zum Zweiten Finanzmarktförderungsgesetz zu § 19 WpHG, BT-Drs. 12/6679 v. 27.1.1994, S. 51, im Wortlaut abgedruckt bei *Assmann*, in: Assmann/Schneider (Hrsg.), Wertpapierhandelsgesetz, Rn. 2-7.

1369 *Borde*, France, in: Wegen/Assmann (Hrsg.), Insider Trading in Western Europe, S. 59 (67).

„konstitutives Element“ auf französischem Territorium begangen wurde, z. B. wenn der Kaufauftrag für ein ausländisches Wertpapier in Frankreich erteilt wurde. Für die verwaltungsrechtlichen Ordnungsmaßnahmen, die die COB verhängen kann, wird jedoch davon ausgegangen, daß diese grundsätzlich nur Handlungen auf französischem Staatsgebiet erfassen. Es bestehen jedoch einige Abkommen zur gegenseitigen Zusammenarbeit mit ausländischen Aufsichtsbehörden, die den Zugang zu Informationen und Dokumenten regeln.[1370]

cc. Italien

In Italien enthält das zur Umsetzung der Insiderrichtlinie ergangene Gesetz Nr. 157 vom 17. Mai 1991 die Erstreckung der Jurisdiktion auf Insiderhandel, der in Wertpapieren begangen wird, die an regulierten Märkten der Mitgliedstaaten gehandelt werden (Art. 1, Art 2 Abs. 1). Zusätzlich wird gemäß Art. 2 Abs. 6 des Gesetzes Nr. 157 Insiderhandel erfaßt, der im Ausland in Wertpapieren begangen wird, die an einem italienischen regulierten Markt gehandelt werden. Da es hierdurch zu einer Überschneidung mit anderen Jurisdiktionen kommen kann, bestimmt Art. 9 Abs. 1 des Gesetzes Nr. 157, daß die zuständige Aufsichtsbehörde CONSOB mit den zuständigen ausländischen Aufsichtsbehörden der übrigen Mitgliedstaaten der Union zusammenarbeiten und Informationen austauschen soll. Diese Umsetzung entspricht damit nicht vollständig dem Art. 10 Abs. 2 der Insiderrichtlinie. Eine „Soll“-Bestimmung für die Zusammenarbeit mit den Aufsichtsbehörden der Mitgliedstaaten der Union enthält nicht die grundsätzlich erforderliche uneingeschränkte Verpflichtung zur Zusammenarbeit. Mit Nicht-Mitgliedstaaten wird in Italien die Zusammenarbeit über gegenseitige Abkommen gesucht.[1371]

dd. Irland

In Irland findet sich die Insidergesetzgebung in Part V des Companies Act von 1990, Sec. 107 bis 121, wobei die Zusammenarbeit mit den zuständigen Stellen anderer Mitgliedstaaten in Sec. 116 geregelt ist.[1372] Sec. 116 ordnet an, daß die zuständigen Stellen mit „ähnlichen“ Behörden in anderen Mitgliedstaaten der EG in allen Insiderfällen zusammenarbeiten, unabhängig davon, ob dieser Insiderhandel in Irland oder anderswo stattfindet.[1373] Die Irish Stock Exchange hat bei jeder Anfrage das zuständige Ministerium zu informieren, damit dieses darüber entscheiden kann, ob einer der Verweigerungsgründe

---

1370 *Borde*, France, in: Wegen/Assmann (Hrsg.), Insider Trading in Western Europe, S. 59 (67).

1371 *Solimena*, Italy, in: Wegen/Assmann (Hrsg.), Insider Trading in Western Europe, S.79 (89).

1372 Siehe die Darstellung bei *Dudley/Casey*, Ireland, in: Wegen/Assmann (Hrsg.), Insider Trading in Western Europe, S.145 (147, 162 f.); sowie *Mennicke*, Die gesetzlichen Vorschriften gegen Insiderhandel in Irland, RIW 1996, S. 101 ff.

vorliegt, die im irischen Company Act, den Verweigerungsgründen der Insiderrichtlinie entsprechen. Damit setzt das irische Insiderrecht die Vorgaben der Richtlinie zutreffend um und sieht insbesondere auch eine Verpflichtung zur Zusammenarbeit vor, die nur in eng begrenzten Ausnahmefällen nicht besteht.

ee. Luxemburg

Luxembourg hat die Börsenkommission, die dem Finanzminister unterstellt ist, mit der Aufsicht über den Insiderhandel betraut. Sie hat laut Gesetz vom 3. Mai 1991 sicherzustellen, daß alle im luxemburgischen Finanzsektor Tätigen die Insiderregeln beachten, unabhängig davon, ob ein Verstoß auf luxemburgischen Gebiet oder vom Ausland aus begangen wird.[1374] Es werden alle Märkte in jedem Mitgliedstaat der EG erfaßt, um Insiderhandelsaktivitäten generell bekämpfen zu können.[1375] Das luxemburgische Recht unterscheidet ebenfalls zwischen der internationalen Zusammenarbeit mit mitgliedstaatlichen zuständigen Behörden und solchen aus Drittländern.

Generell gilt, daß die Zusammenarbeit mit ausländischen Behörden auf schriftlichen Antrag hin erfolgt, in dem objektive Fakten und Informationen gegeben werden müssen, die auf einen Gesetzesverstoß hinweisen und den Bezug zu Luxemburg herstellen sowie die Suche nach Beweismaterial zum Inhalt haben. Ähnlich wie im deutschen Recht darf der Börsenkommissar nur in bestimmten gesetzlich geregelten Ausnahmefällen den anfragenden ausländischen Behörden die Identität von Privatpersonen offenbaren, wenn diese der anfragenden Behörde noch nicht bekannt ist. Die Börsenkommission darf ausländischen Behörden nur dann Informationen übermitteln, wenn sichergestellt ist, daß diese nicht für andere Zwecke als für die Verfolgung von Insiderfällen verwandt werden. Liegt ein Antrag auf Hilfe seitens der zuständigen Behörde eines anderen Mitgliedstaates vor, ist die Börsenkommission verpflichtet, Unterstützung zu leisten.

Das Luxemburger Gesetz sieht aber auch für Fälle, in denen ein Nicht-Mitgliedstaat um Hilfe bei der Insiderverfolgung bittet, ein Unterstützungsverfahren vor. Bei einem entsprechenden Antrag kann die Börsenkommission von Fall zu Fall entscheiden, ob sie die Hilfe gewähren will. Generell finden dann die gleichen Regeln Anwendung wie bei einem Hilfeantrag aus einem Mitgliedstaat. Voraussetzung ist jedoch stets, daß das untersuchte Verhalten sowohl nach den Gesetzen des anfragenden Staates als auch nach luxemburgischen Gesetzen einen verfolgbaren Insiderverstoß darstellen würde. Die Umsetzung der

---

1373 *Dudley/Casey*, Ireland, in: Wegen/Assmann (Hrsg.), Insider Trading in Western Europe, S.145 (162 f.).

1374 *Biver*, Luxembourg, in: Wegen/Assmann (Hrsg.), Insider Trading in Western Europe, S. 171, 175 f.

1375 *Biver*, Luxembourg, in: Wegen/Assmann (Hrsg.), Insider Trading in Western Europe, S. 175.

Insiderrichtlinie in Luxemburg entspricht damit hinsichtlich der Verpflichtung zur Zusammenarbeit den Vorgaben der Richtlinie.

g. Wertpapierdienstleistungsrichtlinie

Die detaillierteste Regelung der Zusammenarbeit zwischen den Mitgliedstaaten bzw. ihren zuständigen Behörden findet sich in der Wertpapierdienstleistungsrichtlinie[1376], die gerade in dieser Hinsicht erst 1995 durch die BCCI-Richtlinie[1377] geändert worden ist, um auch weitere mitgliedstaatliche Behörden in den Informationsaustausch einzubeziehen und die Bestimmungen über den Informationsaustausch zwischen den Behörden im gesamten Finanzsektor zu koordinieren.[1378]

Eine Beaufsichtigung der Auslandsgeschäfte von Wertpapierdienstleistungsunternehmen ist nur möglich, wenn Informationen über diese Geschäfte und die Beteiligten auch aus den anderen Mitgliedstaaten zur Verfügung gestellt werden. Zugleich sind diese darauf angewiesen, daß die Herkunftsmitgliedstaaten der Wertpapierfirmen die Informationen dafür nutzen, aufsichtsrechtliche Maßnahmen zu ergreifen, da ihnen selbst nur noch beschränkte aufsichtsrechtliche Befugnisse hinsichtlich dieser grenzüberschreitend tätigen Wertpapierfirmen zur Verfügung stehen.

Eine allgemeine Regelung über die Zusammenarbeit zwischen den zuständigen Behörden in den jeweils betroffenen Mitgliedstaaten findet sich in Art. 23 Abs. 3 S. 1 der Wertpa-

---

1376 Richtlinie 93/22/EWG des Rates vom 10. Mai 1993 über Wertpapierdienstleistungen, ABl. 1993 Nr. L 141/27 v. 11.6.1993 (Wertpapierdienstleistungsrichtlinie); ein Überblick über die Inhalte der Richtlinie findet sich z. B. bei *Lenz* (Hrsg.), EG-Handbuch Recht im Binnenmarkt, S. 316-320; sowie bei *Schäfer*, Materielle Aspekte der EG-Richtlinie über Wertpapierdienstleistungen, AG 1993, S. 389-394; *Gruner-Schenk*, Harmonisierung des Bankaufsichtsrechts, S. 244-265.

1377 Richtlinie des Europäischen Parlaments und des Rates vom 29. Juni 1995 zur Änderung der Richtlinien 77/780/ EWG und 89/646/EWG betreffend Kreditinstitute, der Richtlinien 73/239/EWG und 92/49/EWG betreffend Schadenversicherungen, der Richtlinien 79/267/EWG und 92/96/EWG betreffend Lebensversicherungen, der Richtlinie 93/22/EWG betreffend Wertpapierfirmen sowie der Richtlinie 85/611/EWG betreffend bestimmte Organismen für gemeinsame Anlagen in Wertpapieren (OAGW) zwecks verstärkter Beaufsichtigung dieser Finanzunternehmen, ABl. Nr. L 168/7 v. 18.7.1995.

1378 Vgl. 14. Erwägungsgrund der Präambel der BCCI-Richtlinie 95/26/EWG; sowie bereits *Europäische Kommission*, Vorschlag für eine Richtlinie des Rats zur Änderung der Richtlinien 77/780/EWG und 89/646/EWG betreffend Kreditinstitute, der Richtlinien 73/239/EWG und 92/49/EWG betreffend Schadensversicherungen, der Richtlinien 79/267/EWG und 92/96/EWG betreffend Lebensversicherungen sowie der Richtlinie 93/22/EWG betreffend Wertpapierfirmen zur verstärkten Beaufsichtigung dieser Finanzunternehmen, KOM (93) 363 endg. - SYN 468, ABl. Nr. C 229/10 v. 25.8.1993, die betont, daß die zusätzlich in den Informationsaustausch aufgenommenen Behörden eine Schlüsselrolle spielen können, wie der BCCI-Fall gezeigt habe; siehe auch die kritische Stellungnahme des Wirtschafts- und Sozialausschusses, der bemängelt, daß die Richtlinie nur begrenzte Anwendung finden dürfte, solange die Ahndung den nationalen Strafbehörden überlassen ist, und die zugleich die Rolle der Wirtschaftsprüfer als verlängerter Arm der Strafverfolgungsbehörden kritisch beurteilt. Siehe hierzu auch die Stellungnahme des Europäischen Parlaments ABl. Nr. C 91/61 v. 28.3.1994, sowie den Gemeinsamen Standpunkt des Europäischen Parlaments und des Rats v. 6.6.1994, ABl. Nr. C 213/29 v. 3.8.1994.

pierdienstleistungsrichtlinie, der die generelle Verpflichtung zur engen Zusammenarbeit bei einem grenzüberschreitenden Dienstleistungsverkehr oder bei Errichtung von Zweigniederlassungen einer Wertpapierfirma enthält. Eine spezielle Regelung für die Zusammenarbeit der Aufsichtsbehörden im Hinblick auf Wertpapierhandelssysteme enthält die Wertpapierdienstleistungsrichtlinie hingegen nicht, so daß auch für sie, soweit sie den Regelungen als Wertpapierfirmen unterfallen, die allgemeinen Zusammenarbeitsregelungen gelten.

aa. Verpflichtung zum Informationsaustausch

Von Bedeutung ist insbesondere die in Art. 23 Abs. 3 S. 2 der Wertpapierdienstleistungsrichtlinie getroffene Regelung, daß die zuständigen Behörden der Mitgliedstaaten sich auf Anfrage alle Informationen bezüglich der Verwaltung und der Eigentumsverhältnisse der Wertpapierfirmen, die deren Beaufsichtigung erleichtern könnten, liefern sowie sämtliche Informationen austauschen, die geeignet sind, die Kontrolle dieser Firmen zu erleichtern. Ausreichend ist damit bereits, daß die Informationen die Beaufsichtung „erleichtern könnten" oder „geeignet sind, die Kontrolle zu erleichtern", so daß nicht nur eine Übermittlung „notwendiger" Informationen zu erfolgen hat. Darüber hinausgehend reicht es, wenn diese Informationen lediglich hilfreich für die Tätigkeit der zuständigen Behörden sind. Der Wortlaut läßt dabei den Schluß zu, daß die Beurteilung, welche Informationen diese Qualität aufweisen, den anfragenden Behörden obliegen soll. Als Voraussetzung für den Informationsaustausch zwischen den zuständigen Stellen verschiedener Mitgliedstaaten ist grundsätzlich eine Anfrage vorgesehen. Den Mitgliedstaaten bleibt es aber selbstverständlich unbelassen, einen solchen Informationsaustausch als intensivere Form der Zusammenarbeit auch aus eigenem Antrieb der zuständigen Stellen zu ermöglichen, wenn sie über eine geeignete Information verfügen. Die Richtlinie setzt hier nur einen Mindeststandard.

bb. Information über bereits verhängte Sanktionen

Auszutauschen sind auch Informationen über von den Aufnahmemitgliedstaaten verhängte Sanktionen oder Beschränkungen der Tätigkeit der Wertpapierfirmen. Die zuständigen Behörden des Herkunftsmitgliedstaates werden gemäß Art. 23 Abs. 3 S. 4 der Wertpapierdienstleistungsrichtlinie „soweit für die Ausübung ihrer Aufsichtsbefugnisse erforderlich" von den zuständigen Behörden des Aufnahmemitgliedstaates über die von diesen nach Art. 19 Abs. 6 der Wertpapierdienstleistungsrichtlinie ergriffenen Maßnahmen unterrichtet. Diese Einschränkung wirft die Frage auf, welcher der zuständigen Stellen die Beurteilung obliegt, ob die Information für den genannten Aufsichtszweck „erforderlich" ist oder nicht, und von welcher Stelle die Initiative ausgeht. Der Wortlaut ist hier nicht eindeutig. Letztlich können allein die zuständigen Stellen des Herkunftsmitgliedstaates beurteilen, wofür sie die Informationen benötigen und Ziel der Richtlinie kann nicht eine gegenseitige Bevormundung der zuständigen Stellen der Mitgliedstaaten sein. Es ist daher davon auszugehen, daß die Informationen über die nach Art. 19 Abs. 6 der Wertpapierdienstleistungsrichtlinie ergriffenen Maßnahmen erst auf Ersuchen der zuständigen Stellen der Herkunftsmitgliedstaaten mitgeteilt werden müssen und allein sie zu beurteilen haben, ob die angeforderten Informationen „erforderlich" sind oder nicht. Dies setzt einerseits bei den zuständigen Stellen des Heimatmitgliedstaates profunde Kenntnisse über die im Aufnahmemitgliedstaat möglichen Sanktionen voraus, andererseits bedeutet es, daß die zuständigen Stellen des Aufnahmemitgliedstaates keine angeforderten Informationen über verhängte Sanktionen verweigern können, weil sie diese nicht für erforderlich halten. Dies wird allerdings dazu führen, daß pauschal Informationen über alle verhängten Sanktionen angefordert werden, um erst anschließend beurteilen zu können, ob sie „erforderlich" sind. Die Richtlinie läßt aber andererseits selbstverständlich auch die Möglichkeit offen, daß die zuständigen Behörden des Aufnahmemitgliedstaates aus eigener Initiative heraus den zuständigen Behörden des Heimatmitgliedstaates für erforderlich gehaltene Informationen über verhängte Sanktionen übermitteln, um eine entsprechende aufsichtsrechtliche Beurteilung bei diesen zu ermöglichen.

cc. Überprüfung der übermittelten Informationen durch die Behörden des Herkunftsmitgliedstaates

In Ergänzung des Art. 23 Abs. 3 der Wertpapierdienstleistungsrichtlinie trifft Art. 24 Abs. 1 der Wertpapierdienstleistungsrichtlinie eine bemerkenswerte Regelung, die im Falle des Bestehens einer Zweigniederlassung den zuständigen Behörden des Herkunftsmitgliedstaates die Überprüfung der in Art. 23 Abs. 3 der Wertpapierdienstleistungsrichtlinie genannten Informationen ermöglicht. Die Einräumung dieser Überprüfungsmöglichkeit ist ein wichtiger Aspekt der aufsichtsrechtlichen Struktur der Wertpapierrichtlinie. Sie gleicht der in Art. 13 Abs. 1 i. V. m. Art. 15 Abs. 1 der Zweiten Bankrechtskoordinierungsrichtlinie bereits enthaltenen Regelung für den Bankaufsichtsbereich.[1379] Auch kennt z. B. das europäische Lebensmittelrecht in Art. 11 Abs. 1 der Richtlinie über die amtliche Lebensmittelüberwachung[1380] eine vergleichbare Regelung, wonach die Mitgliedstaaten den mit der Überwachung beauftragten Personen (auch aus anderen Mitgliedstaaten) das Recht einräumen, ihre Tätigkeiten durchzuführen.Der Wortlaut „überprüfen" der in Art. 23 Abs. 3 der Wertpapierdienstleistungsrichtlinie genannten Informationen macht nicht ganz deutlich, ob es sich lediglich um eine Kontrolle der gemäß

1379 Siehe hierzu *Pühs*, Der Vollzug von Gemeinschaftsrecht, S. 321.

1380 Richtlinie des Rates (89/397/EWG) v. 14.7.1989 über die amtliche Lebensmittelüberwachung, ABl. Nr. L 186/23 v. 30.6.1989.

Art. 23 Abs. 3 der Wertpapierdienstleistungsrichtlinie seitens der zuständigen Behörden des Aufnahmemitgliedstaates an die zuständigen Behörden des Herkunftsmitgliedstaates übermittelten Informationen handelt, oder ob den zuständigen Behörden des Herkunftslandes sogar die Ermittlung solcher Informationen, die grundsätzlich Gegenstand des Informationsaustausches sein können, auch selbst gestattet wird. Auch Art. 24 Abs. 3 der Wertpapierdienstleistungsrichtlinie, wonach die Regelung in Art. 24 Abs. 1 und 2 der Richtlinie nicht das Recht der Aufnahmemitgliedstaaten berührt, weiterhin Prüfungen von in ihrem Hoheitsgebiet errichteten Zweigniederlassungen vorzunehmen, bietet letztlich keinen klärenden Hinweis.

Es handelt sich dennoch um eine erhebliche Fortentwicklung der Regelung der Zusammenarbeit der Mitgliedstaaten. Sie eröffnet erstmals ein grenzüberschreitendes Tätigwerden der Aufsichtsbehörden „vor Ort". Die Überprüfung „vor Ort" bezieht sich dem Kontext nach auf die Zweigniederlassung der Wertpapierfirma und eröffnet keine Möglichkeit zur Überprüfung etwa bei den Wertpapierhandelssystemen, an denen die Zweigstelle tätig ist, so daß die zuständigen Behörden des Heimatmitgliedstaates diesbezüglich weiterhin auf die Ermittlungen bzw. Übermittlung von Informationen seitens der zuständigen Behörden des Aufnahmemitgliedstaates angewiesen sind.

Voraussetzung für die Möglichkeit der zuständigen Behörden des Herkunftsmitgliedstaates der Wertpapierfirma, im Aufnahmemitgliedstaat der Zweigniederlassung selbst die Informationen zu überprüfen, ist selbstverständlich die vorherige Unterrichtung der zuständigen Behörden des Aufnahmemitgliedstaates. Eine gesonderte Erlaubnis seitens der letzteren sieht die Richtlinie aber nicht ausdrücklich vor. In der Praxis wird wohl eine Überprüfung ohne Zustimmung des Aufnahmemitgliedstaates bzw. seiner zuständigen Stellen nicht möglich, zumindest aber unüblich sein.

Dies gilt auch für die Möglichkeit, diese Überprüfung durch eine zu diesem Zweck benannte dritte Person durchführen zu lassen. Die Richtlinie macht nicht deutlich, wer diese Benennung trifft, dem Sinn der Vorschrift nach kann dies aber nur durch die zuständigen Behörden des Herkunftsmitgliedstaates geschehen. Als dritte Person kommen insbesondere die auch in Art. 24 Abs. 2 der Wertpapierdienstleistungsrichtlinie genannten Wirtschaftsprüfer oder sonstige Sachverständige in Betracht.

In Ergänzung zu Art. 24 Abs. 1 bietet Art. 24 Abs. 2 S. 1 der Wertpapierdienstleistungsrichtlinie den zuständigen Behörden des Herkunftsmitgliedstaates auch die Möglichkeit, die zuständigen Behörden des Aufnahmemitgliedstaates um die Überprüfung zu ersuchen. Nach S. 2 der Vorschrift müssen die ersuchten Behörden des Aufnahmemitgliedstaates diesem Ersuchen im Rahmen ihrer Befugnisse entsprechen, wobei sie die Überprüfung selbst vornehmen oder den zuständigen Behörden des Herkunftsmitgliedstaates, Wirtschaftsprüfern oder Sachverständigen gestatten können.

Spezielle Regelungen der Zusammenarbeit der Mitgliedstaaten enthält die Wertpapierdienstleistungsrichtlinie darüber hinaus für die Fälle des Entzugs der Zulassung. Art. 19 Abs. 9 der Wertpapierdienstleistungsrichtlinie sieht im anlegerschützenden Interesse für den Fall des Zulassungsentzugs eine Unterrichtungspflicht des Heimatmitgliedstaates an die zuständigen Behörden des Aufnahmemitgliedstaates vor, um sicherzustellen, daß die betreffende Wertpapierfirma dort nicht mehr tätig werden kann. Über diese Fälle hat die Kommission zusätzlich dem beratenden Wertpapierausschuß[1381] zu berichten.

h. Kapitaladäquanzrichtlinie

Die Kapitaladäquanzrichtlinie enthält in Art. 9 Abs. 4 die Verpflichtung der zuständigen Behörden der Mitgliedstaaten, bei der Erfüllung ihrer Aufgaben aus der Richtlinie eng zusammenzuarbeiten. Diese Regelung unterscheidet dabei nicht wie entsprechende Regelungen in anderen Richtlinien zwischen der Zusammenarbeit der zuständigen Behörden innerhalb eines Mitgliedstaates und der Zusammenarbeit mit zuständigen Behörden anderer Mitgliedstaaten. Sie regelt die Zusammenarbeitsverpflichtung umfassend für Sachverhalte sowohl bei Wertpapierdienstleistungen im grenzüberschreitenden (freien) Dienstleistungsverkehr als auch bei der Dienstleistungserbringung durch die Errichtung von Zweigniederlassungen.

Die internationale Zusammenarbeit der zuständigen Behörden besteht nach dem Konzept der Richtlinie auch hier insbesondere im Austausch geeigneter Informationen, wie Art. 9 Abs. 4 S. 2 der Kapitaladäquanzrichtlinie klarstellt. Sie gleicht damit der in Art. 23 Abs. 3 S. 2 der Wertpapierdienstleistungsrichtlinie enthaltenen Verpflichtung. Durch die Verknüpfung der Kapitaladäquanz- mit der Wertpapierdienstleistungsrichtlinie in Art. 8 Abs. 3 der Wertpapierdienstleistungsrichtlinie kommen insbesondere beim Zulassungsentzug auch die Regeln der Wertpapierdienstleistungsrichtlinie zur Anwendung.

2. Die Möglichkeit zur Verweigerung der Zusammenarbeit

Die Verpflichtung zur Zusammenarbeit der zuständigen Stellen der Mitgliedstaaten im Wege des Informationsaustausches unterliegt in einigen den Wertpapierhandel betreffenden Bereichen Begrenzungen sowohl auf der Seite der Informationsgewährung als auch auf der Seite der Informationsverwendung. Auf Seiten der Informationsgewährung handelt es sich um die Möglichkeiten der Verweigerung der Erhebung und/oder der Über-

---

[1381] Siehe hierzu ausführlich 4. Teil VI. 4. dieser Arbeit.

mittlung der Informationen sowie darüber hinaus der Verweigerung jeglicher Form der Zusammenarbeit aus bestimmten Gründen.

Explizite Regelungen finden sich hierzu ausschließlich in der Insiderrichtlinie. Gemäß Art. 10 Abs. 2 der Insiderrichtlinie können die zuständigen Stellen eines Mitgliedstaates die Übermittlung der von den zuständigen Stellen anderer Mitgliedstaaten angeforderten Informationen in den unter a) und b) enumerativ aufgezählten Fällen verweigern. Diese Vorbehaltsklausel[1382] war ursprünglich nicht in den Kommissionsentwürfen enthalten und ist erstmals in der endgültigen vom Rat verabschiedeten Fassung der Richtlinie aufgetaucht[1383]. Die Mitgliedstaaten haben damit an einer für die Effektivität der grenzüberschreitenden Aufsicht entscheidenden Stelle einen „ordre public"-Vorbehalt eingebaut, der nur dem Zweck dienen kann, notfalls das Interesse an einem integrierten Kapitalmarkt mit einer entsprechend effektiven Aufsicht den nationalen Eigeninteressen opfern zu können.

Es erscheint äußerst fraglich, ob gerade in diesem sensiblen und im Bewußtsein der Öffentlichkeit am stärksten präsenten Bereich der Regelungen des Wertpapierhandels eine solche Aufweichung der Zusammenarbeit zwischen den zuständigen Behörden der Mitgliedstaaten sinnvoll ist. Behinderungen der Verfolgung grenzüberschreitender Insiderfälle durch mangelhaften oder verweigerten Informationsaustausch bei extensiver Ausnutzung dieses Vorbehalts wären am ehesten geeignet, dem breiten Anlegerpublikum den (dann zutreffenden) Eindruck zu vermitteln, daß der europäische Kapitalmarkt nur unzureichenden aufsichtsrechtlichen Regelungen und einer unzureichend effektiven Aufsicht unterliegt.

Als konkreten Verweigerungsgrund nennt Art. 10 Abs. 2 a) der Insiderrichtlinie die mögliche Beeinträchtigung der Souveranität, der Sicherheit oder der öffentliche Ordnung des Staates, der die Informationen liefern soll, gerade durch die Weitergabe der Information. Berücksichtigt man, daß zur Ermittlung von Insiderfällen evtl. auch Interna von Unternehmen mitgeteilt werden müssen, an denen entweder der Mitgliedstaat selbst oder eine seiner Unterorganisationseinheiten beteiligt sind, oder diese Unternehmen sensible Güter produzieren oder Dienstleistungen erbringen, die für die Sicherheit des Staates von Bedeutung sind, ist zumindest nachvollziehbar, daß ein solcher „Ordre Public"-Vorbehalt in die Richtlinie aufgenommen wurde. Andererseits sind die Begriffe in der Ausnahmeklausel so weit gefaßt, daß hier ein erheblicher Spielraum für die zuständigen Stellen der Mitgliedstaaten geschaffen wird, Informationen zurückhalten zu können. Auch angesichts der

---

1382 *Hopt*, The European Insider Dealing Directive, in: Hopt/Wymeersch (Hrsg.), European Insider Dealing - Law and Practice, S. 129 (146), bezeichnet sie als die „`usual` sovereignity and public policy reservations".

hohen Bedeutung der Schutzgüter Souveranität, Sicherheit und öffentlicher Ordnung kann es sich aber dem Sinn und der Zielrichtung der Richtlinie entsprechend nur um Ausnahmefälle handeln, in denen in einer Abwägung mit den Interessen des nachfragenden Mitgliedstaates an einer Aufklärung oder Verfolgung eines Insiderhandels eine Verletzung der genannten Güter konkret droht und zu nicht ganz unerheblichen Folgen führen würde.[1384] So dürfte z. B. allein eine negative Presse über die Verwicklung leitender Persönlichkeiten des Mitgliedstaates in Insiderhandelsgeschäfte und eine damit verbundene öffentliche Kritik noch nicht ausreichen, um die Verweigerung der Informationen wegen Beeinträchtigung der öffentlichen Ordnung zu rechtfertigen. Zudem muß bei der konkreten Abwägung auch berücksichtigt werden, daß das Vertrauen der Anleger in die Ordnungsmäßigkeit des europäischen Kapitalmarkts ebenfalls ein sehr hohes Gut ist, da ein Vertrauensverlust erhebliche negative volkswirtschaftliche Folgen haben kann.

Auch die in Art. 10 Abs. 2 b) der Insiderrichtlinie genannte Möglichkeit, den Informationsaustausch zu verweigern, wenn von den Behörden des Staates, der die Informationen liefern soll, aufgrund derselben Tatbestände und gegen dieselben Personen bereits ein gerichtliches Verfahren eingeleitet ist oder wenn gegen diese Personen aufgrund derselben Tatbestände bereits eine endgültige Entscheidung der zuständigen Behörden dieses Staates ergangen ist, begegnet Bedenken. Zwar ist nach dem insoweit deutlichen Wortlaut die Weigerung nur zulässig, wenn zum Zeitpunkt der Informationsanforderung bereits von der zuständigen Behörde, bei der die Informationen nachgefragt werden, das gerichtliche Verfahren bereits „eingeleitet ist" und dies nicht erst angestrebt wird oder bevorsteht. Angesichts der nur beschränkten Nachprüfungsmöglichkeiten für die ausländischen zuständigen Stellen dürfte stets die Möglichkeit bestehen, notfalls noch kurzfristig ein solches Verfahren einzuleiten, um bestimmte Informationen nicht ins Ausland gelangen zu lassen. Immerhin muß es sich dabei um ein gerichtliches Verfahren handeln. Zudem ist unverständlich, warum die Möglichkeit bestehen soll, Informationen, die ein Mitgliedstaat für die Strafverfolgung von Insidern braucht, nicht herauszugeben, allein weil in einem anderen Mitgliedstaat wegen desselben Tatbestandes bereits ein gerichtliches Verfahren eingeleitet oder eine endgültige Entscheidung der zuständigen Behörde des Staates ergangen ist. Jeder Mitgliedstaat hat gerade aufgrund der in Art. 6 der Richtlinie geschaffenen Möglichkeit, strengere Insiderregelungen zu erlassen, das Recht, für eine Tat eigene Verfolgungsverfahren nach eigenen Regeln durchzuführen. Dann kann es aber nicht im Sinne der Ziele der Richtlinie sein, die Verfolgung im Rahmen dieser strengeren Verfahren durch die Verweigerung des Austausches von Informationen zu behindern; auch dann

---

1383 *Pingel*, The EC Directive of 1989, in: Gaillard (Hrsg.), Insider Trading, S. 5 (21).

1384 *Hopt*, The European Insider Dealing Directive, in: Hopt/Wymeersch (Hrsg.), European Insider Dealing - Law and Practice, S. 129 (146) weist auf den politischen Charakter dieser Klausel hin.

nicht, wenn die Informationen zu einer Verfolgung eigener Staatsbürger im Ausland führen. Ob tatsächlich ein Verfolgungshindernis wegen der Geltung des bei diesen Fallgestaltungen in Betracht kommenden Grundsatzes des „ne bis in idem" besteht, kann gerade nur auf der Grundlage der gelieferten Informationen und der Auslegung dieses Grundsatzes im jeweiligen Recht entschieden werden.

3. Die Beschränkungen der Informationsverwendung und das Berufsgeheimnis

Hinsichtlich der Beschränkung der Informationsverwendung enthalten die Richtlinien im Bereich des Wertpapierhandels zumeist nur eine generell gehaltene Aussage sowie eine Regelung des Berufsgeheimnisses für die bei den zuständigen Stellen tätigen Personen.

Bereits Art. 19 Abs. 1 der Zulassungsrichtlinie verpflichtet die Mitgliedstaaten, bei der Umsetzung der Richtlinie in nationales Recht allen Personen, die bei den zuständigen Stellen tätig sind oder waren, einem Berufsgeheimnis zu unterwerfen.

Art 19 Abs. 1 der Zulassungsrichtlinie bezieht sich dabei jedoch ausschließlich auf den Informationsaustausch zwischen mehreren zuständigen Stellen innerhalb eines Mitgliedstaates. Erst Art. 19 Abs. 2 S. 1 der Zulassungsrichtlinie stellt klar, daß die Mitteilung von Informationen zwischen den zuständigen Stellen verschiedener Mitgliedstaaten der Regelung in Art. 19 Abs. 1 der Zulassungsrichtlinie nicht entgegensteht, die ausgetauschten Informationen jedoch jeweils unter das Berufsgeheimnis fallen.

Ziel der Regelung ist der Datenschutz sowie insbesondere die Sicherung des Vertrauens und der Aufrechterhaltung des Informationsflusses zwischen den zuständigen Stellen, weil keine der an der Zusammenarbeit beteiligten Stellen befürchten müssen soll, daß die möglicherweise sensiblen und vertraulichen Informationen über die Emittenten, ihre Wertpapiere oder das Zulassungsverfahren nach der Herausgabe aus dem eigenen Bereich von den Mitarbeitern der übrigen zuständigen Stellen an die Öffentlichkeit gelangen.[1385] Unsicherheitsfaktoren bestehen jedoch hinsichtlich der von den Mitgliedstaaten frei ausgestaltbaren Regelung des Berufsgeheimnisses, denen die Mitarbeiter der jeweiligen zuständigen Stellen unterliegen, denn Art. 19 Abs. 1 S. 1 und Abs. 2 S. 2 der Zulassungsrichtlinie geben für den Schutzkreis der Berufsgeheimnisse keine inhaltlichen Vorgaben. Den zuständigen Stellen steht es aber frei, im Rahmen ihrer Bewertung der Erforderlichkeit der Zusammenarbeit diese Aspekte bei der Herausgabe von vertraulichen Informationen mitzuberücksichtigen. Notfalls können sie sich eine über den in dem jeweiligen Mitgliedstaat bestehenden Informationsschutz hinausgehende Zusicherung im Einzelfall geben lassen.

1385 Vgl. zur Zusammenarbeit bei der Zulassung von Wertpapieren zum amtlichen Handel auch *Schwark*, Börsengesetz, Rn. 2 f. zu § 40.

Mit Art. 19 der Zulassungsrichtlinie identische Regelungen finden sich auch in Art. 25 Abs. 1 und Abs. 2 der Zulassungsprospektänderungsrichtlinie 87/345/EWG sowie in Art. 23 Abs. 1 und 2 der Richtlinie über öffentliche Angebote und Art. 14 der Transparenzrichtlinie, während die Zwischenberichtsrichtlinie keinerlei Aussage zur Informationsverwendung oder zum Berufsgeheimnis enthält.

Die Zulassungsprospektänderungsrichtlinie 87/345/EWG ergänzt die Art. 19 der Zulassungsrichtlinie entsprechende Regelung jedoch um einen dritten Absatz, der die Verwendung ausgetauschter Informationen erstmals einschränkt. Danach dürfen die ausgetauschten Informationen ausschließlich für die Tätigkeit der zuständigen Stellen des anderen Mitgliedstaates sowie im Rahmen von Einsprüchen oder Gerichtsverfahren, die sich auf die Aufsichtstätigkeit beziehen, verwendet werden. Ausgenommen von dieser Beschränkung ist jedoch die Verwendung der Informationen für Fälle, die unter das Strafrecht fallen. Ergeben sich aus den nach Art. 24c der Richtlinie übermittelten Informationen mithin bloße Verstöße gegen das Ordnungswidrigkeitsrecht, ist eine Übermittlung der Informationen für eine entsprechende Verfolgung des Emittenten nicht zulässig. Eine Weitergabe der Informationen an außenstehende Dritte, z. B. andere Kapitalmarktteilnehmer, andere Behörden oder Steuerbehörden ist dagegen grundsätzlich ausgeschlossen.

Auffällig ist, daß die Transparenzrichtlinie 88/627/EWG in Art. 14 Abs. 3 nur eine Beschränkung auf die Verwendung der Informationen zur Wahrnehmung der Aufgaben der zuständigen Stellen enthält, nicht jedoch die bereits in der früheren Zulassungsprospektänderungsrichtlinie enthaltene Regelung, wonach die zuständige Stelle die Informationen auch bei Einsprüchen oder Gerichtsverfahren, die sich auf ihre Tätigkeit beziehen, verwenden dürfen. Allerdings wird man den Begriff der Aufgaben der zuständigen Stellen sachgerecht auch dahingehend ausdehnen können, daß zu ihren Aufgaben eben auch die Tätigkeit im Rahmen von Einsprüchen oder Gerichtsverfahren gehört.

Die Regelung der Insiderrichtlinie über das Berufsgeheimnis findet sich in Art. 10 Abs. 1 S. 3. Sie wird ergänzt durch die Regelung über die mögliche Verwendung der erhaltenen Informationen in Art. 10 Abs. 3 der Insiderrichtlinie. Diese entspricht in ihrem S. 1 dem auch in den anderen Richtlinien enthaltenem Muster.[1386] In S. 2 der Vorschrift findet sich jedoch erstmals eine Erweiterung der Verwendungsbefugnis, die grundsätzlich auch bei den bereits erläuterten Regelungsbereichen Sinn machen würde. Danach darf die zuständige Stelle, die die Information erhalten hat, diese zu anderen als in S. 1 genannten Zwekken verwenden oder den zuständigen Stellen dritter Mitgliedstaaten übermitteln, wenn die

---

1386 Vgl. hierzu z. B. Art. 23 Abs. 3 der Prospektrichtlinie im Falle öffentlicher Angebote von Wertpapieren 89/298/EWG oder Art. 25 Abs. 3 der Zulassungsprospektänderungsrichtlinie 87/345/EWG.

zuständige Stelle, die diese Information übermittelt hat, hierzu ihre Zustimmung gibt. Fraglich ist, ob es sich hier um eine vorherige Zustimmung handeln muß oder auch um eine nachträgliche Zustimmung handeln kann. Verwendet man die Begrifflichkeiten des deutschen BGB in §§ 182-184, umfaßt der Begriff der Zustimmung (§ 182 BGB) sowohl die vorherige Zustimmung (§ 183, Einwilligung) als auch die nachträgliche Zustimmung (§ 184, Genehmigung). Aus der Satzfolge in Art. 10 Abs. 3 S. 2 der Insiderrichtlinie ergibt sich meines Erachtens aber, daß hier nur die vorherige Einwilligung gemeint sein kann. Dies entspricht auch dem Sinn der Vorschrift, die Weitergabe oder anderweitige Verwendung von übermittelten Informationen an die Zustimmung der Stelle zu binden, die sie herausgegeben hat. Die Kenntnis einer einmal ohne vorherige Zustimmung übermittelten Information läßt sich im Falle einer Verweigerung einer nachträglichen Zustimmung nicht mehr rückgängig machen. Die Verwendung zu anderen Zwecken wäre damit aber kaum zu verhindern. Aus dem Zustimmungserfordernis ist zu schließen, daß die zuständige Stelle, die die Information anderweitig verwenden will, bei der zuständigen Stelle, die die Information erteilt hat, um die Zustimmung nachsuchen muß. Da der Wortlaut insofern nicht eindeutig ist, muß davon ausgegangen werden, daß die Zustimmung sowohl für eine generelle Weiterverwendung als auch für eine nur auf den konkreten Einzelfall beschränkte Weiterverwendung erteilt werden kann.

Die Kapitaladäquanzrichtlinie verweist für die Regelung des Berufsgeheimnisses sowie die Verwendung der Informationen, die im Rahmen der Zusammenarbeit der zuständigen Mitgliedstaaten ausgetauscht werden, in Art. 9 Abs. 3 S. 3 hinsichtlich der Wertpapierfirmen auf die entsprechenden Regelungen der Wertpapierdienstleistungsrichtlinie und hinsichtlich der Kreditinstitute auf die entsprechenden Regelungen der 1. Bankrechtskoordinierungsrichtlinie in der Fassung der 2. Bankrechtskoordinierungsrichtlinie.

Die das Berufsgeheimnis betreffenden Regelungen in Art. 25 der Wertpapierdienstleistungsrichtlinie unterscheiden sich in ihrem wesentlichen Gehalt nicht von den bereits in anderen Richtlinien erörterten. Die Wirtschaftsprüfer oder sonstigen Sachverständigen, die seitens der zuständigen Behörden eingeschaltet werden können, haben jedoch ebenfalls einem Berufsgeheimnis zu unterliegen. Gemäß dem durch die BCCI-Richtlinie eingefügten neuen Art. 25a trifft die Wertpapierdienstleistungsrichtlinie nunmehr jedoch auch die Verpflichtung, den zuständigen Behörden Tatsachen oder Entscheidungen zu melden, von denen sie bei ihrer Tätigkeit erfahren, wenn es sich um Verstöße der Finanzunternehmen gegen Zulassungsbedingungen oder weitere enumerativ aufgezählte schwerwiegende Sachverhalte handelt.

Eine Besonderheit enthält Art. 25 Abs. 1 S. 2 der Wertpapierdienstleistungsrichtlinie, wenn die Weitergabe der vertraulichen Informationen ausnahmsweise in zusammengefaßter oder allgemeiner Form geschehen darf, so daß die Wertpapierfirmen nicht zu erkennen sind. Letzterer Zusatz wird als stets zu beachtende Grenze insbesondere dann wichtig, wenn Informationen zwar in zusammengefaßter oder allgemeiner Form ohne Namensnennung verfaßt werden können, sich aber für andere Behörden oder Kapitalmarktteilnehmer auch dann noch aus ihrer Marktkenntnis ohne weiteres eine Individualisierung der Wertpapierfirma ableiten läßt.

Auch Art. 25 Abs. 1 S. 3 der Wertpapierdienstleistungsrichtlinie enthält eine Ausnahmeregelung vom Berufsgeheimnis für die Verwendung von Informationen in Zivilrechtsprozessen. Jedoch ist die Ausnahme von der Ausnahme, die eine Wahrung des Berufsgeheimnisses verlangt, die eigentlich interessante Regelung. Hiernach können nach Eröffnung des Konkursverfahrens oder der Einleitung der Zwangsabwicklung vertrauliche Informationen, die sich auf Dritte beziehen, welche an Versuchen beteiligt sind, die Firma zu retten, nicht weitergegeben werden. Dies scheint sinnvoll und notwendig zu sein, um die Rettungsversuche für eine in wirtschaftliche Not geratene Wertpapierfirma nicht durch eine Weitergabe von Informationen über die an der Rettung beteiligten Dritten zu gefährden.

Von dem grundsätzlichen Verbot der Weitergabe vertraulicher Informationen in Art. 25 Abs. 1 S. 2 der Wertpapierdienstleistungsrichtlinie enthält die Richtlinie in Art. 25 Abs. 2-9 zahlreiche Ausnahmen. Sie sollen die dort genannten Stellen, an die die Informationen weitergegeben werden dürfen, in die Lage versetzen, ihren Aufsichts- und Kontrollaufgaben nachzukommen. Dabei soll jedoch zugleich der Kreis der Adressaten begrenzt und die datenschutzrechtlichen Belange bei der Weitergabe personenbezogener Informationen gewahrt werden. Die in Art. 25 Abs. 4 der Wertpapierdienstleistungsrichtlinie genannten Verwendungsbeschränkungen bringen lediglich insofern eine Neuerung, als ausdrücklich klargestellt wird, daß die zuständigen Behörden die Informationen im Rahmen ihrer Aufgaben auch zur Verhängung von Sanktionen verwenden dürfen. Einen wesentlichen Fortschritt in der Regelung der Zusammenarbeit der Mitgliedstaaten stellen dagegen die Informationsverwendungsregeln in Art. 25 Abs. 5-9 der Wertpapierdienstleistungsrichtlinie dar. Sie ermöglichen den Informationsaustausch mit Aufsichtsbehörden über Kreditinstitute und Versicherungsunternehmen, den mit der Überwachung der Finanzmärkte zuständigen Stellen sowie Konkurs- und Vergleichsverwaltern, Finanzbehörden, Wirtschaftsprüfern und mit den Stellen, die mit der Führung von Entschädigungssystemen betraut sind. Der durch die BCCI-Richtlinie neu eingefügte Art. 25 Abs. 5a der Wertpapierdienstleistungsrichtlinie ergänzt den Kreis der Stellen, mit denen ein Informationsaustausch ermöglicht wird, um die Aufsichtsbehörden über Konkurs- oder Liquidationsorgane sowie die Aufsichtsbehörden über Wirtschaftsprüfer von Versicherungsunternehmen, Kreditinstituten, Wertpapierfirmen und anderen Finanzinstituten, um tatsächlich eine umfassende Zusammenarbeit der zuständigen Stellen mit allen relevanten Aufsichtsbehörden zu ermöglichen. In die gleiche Richtung zielt auch der neu eingefügte Art. 25 Abs. 5b der Wertpapierdienstleistungsrichtlinie, der insbesondere auch die Kartellbehörden mit einbezieht. Ermöglicht wird nunmehr auch der gegenseitige Austausch von Informationen mit den Zentralbanken der Mitgliedstaaten (Art. 25 Abs. 6 der Wertpapierdienstleistungsrichtlinie).

Der Informationsaustausch zwischen den zuständigen Stellen eines Mitgliedstaates und zwischen verschiedenen Mitgliedstaaten wird gleich behandelt, so daß hier einer umfassenden internationalen Zusammenarbeit grundsätzlich nichts mehr im Wege steht. Der Begriff des Informationsaustauschs umfaßt dabei nicht nur eine Informationsübermittlung an die genannten sonstigen Kapitalmarktaufsichtsbehörden, sondern auch einen gegenläufigen Informationsstrom an die gemäß Art. 22 der Wertpapierdienstleistungsrichtlinie benannten zuständigen Stellen.

Die Formulierung in Art. 25 Abs. 5 1. HS[1387] der Wertpapierdienstleistungsrichtlinie sieht einen solchen Informationsaustausch aber nicht verpflichtend vor, sondern ermöglicht ihn lediglich, so daß es den einzelnen Mitgliedstaaten überlassen bleibt, ob sie ihn bei der Umsetzung der Richtlinie in nationales Recht für die angesprochenen Kapitalmarktaufsichtsbehörden zulassen. Dies wäre zu wünschen, da nicht ersichtlich ist, wie eine effektive Aufsichtsführung ohne den Austausch von Informationen zwischen den zuständigen Stellen gelingen kann. Die Richtlinie enthält bezüglich dieser genannten Informationsübermittlungen keinerlei weitere Einschränkungen, fordert aber, daß die Informationen dem Berufsgeheimnis unterfallen, so daß eine Weitergabe durch diese Stellen nur unter den in Art. 25 Abs. 1 der Wertpapierdienstleistungsrichtlinie genannten Bedingungen möglich ist. Eine Beschränkung auf einen „erforderlichen" oder „notwendigen" Informationsaustausch findet nicht statt.

Anders verhält es sich mit nach Art. 25 Abs. 7 der Wertpapierdienstleistungsrichtlinie übermittelbaren Informationen an die Clearingstellen oder ähnliche gesetzlich anerkannte Stellen. Ziel ist hier die Sicherstellung der Abwicklungsleistungen auf einem der Märkte ihres Mitgliedstaates. Grundsätzlich können auch Informationen an die Clearingstellen anderer Mitgliedstaaten gegeben werden, solange diese zur Sicherung der Abwicklung von Geschäften auf Märkten des eigenen Mitgliedstaates der zuständigen Stelle dienen. Die Übermittlung der Information setzt jedoch zusätzlich voraus, daß sie nach Auffassung der zuständigen Stellen erforderlich sind, um das ordnungsgemäße Funktionieren im Fall von tatsächlichen oder möglichen Verstößen sicherzustellen. Eine Weiterübermittlung seitens der Clearingstellen darf zudem nur erfolgen, wenn die übermittelnden Behörden ihre ausdrückliche Zustimmung hierzu geben. Zu denken ist hier insbesondere an Informationen über die wirtschaftliche Lage der Wertpapierfirmen und die Zuverlässigkeit ihrer Geschäftsführer und der übrigen handelnden Personen, um nach dem Abschluß der Geschäfte auch deren tatsächliche Erfüllung sicherstellen zu können. Störungen in diesem Bereich sind in höchstem Maße gefährlich für das Funktionieren der Märkte, insbesondere der elektronischen Märkte, bei denen die Zuverlässigkeit und wirtschaftliche Potenz des Geschäftspartners den Teilnehmern der Märkte wegen der Anonymität der Geschäftsschlüsse oftmals nicht bekannt ist. Soweit Clearingstellen auf beiden Seiten des Geschäfts Kontraktpartner sind, besteht die Gefahr, daß erhebliche finanzielle Ausfälle eines Clearingmitglieds die Clearingstelle selbst und damit den ganzen Markt in Gefahr bringen können.

Ein besonderes Problem stellt die Weitergabe der von den zuständigen Stellen übermittelten Informationen an andere Stellen der Informationsempfänger oder gar an Dritte dar. Neben den speziellen Weitergaberegelungen, wie z. B. in Art. 25 Abs. 5a UA. 2, Abs. 5b UA. 2-4, Abs. 7 a. E. der Wertpapierdienstleistungsrichtlinie enthält Art. 25 Abs. 8 der Wertpapierdienstleistungsrichtlinie hierfür eine generelle Regelung, die den Mitgliedstaaten praktisch einen Freibrief für die gesetzliche Normierung der Weitergabe von „bestimmten Informationen" erteilt, ohne daß dieser Begriff näher definiert wird. Dem Kontext nach handelt es sich um die Erlaubnis der Weitergabe *einzelner* Informationen auch an andere Dienstellen der Zentralbehörden für die Überwachung der Kreditinstitute, Finanzinstitute, Wertpapierfirmen und Versicherungen mit Ausnahme der Informationen, die nach Art. 25 Abs. 2 und 5 der Wertpapierdienstleistungsrichtlinie übermittelt oder durch eine Prüfung nach Art. 24 der Wertpapierdienstleistungsrichtlinie vor Ort erlangt wurden. Letztere dürfen nur mit ausdrücklichem Einverständnis der zuständigen Behörden, die die Informationen erteilt haben, oder der zuständigen Behörden, bei denen die Vor-Ort-Überprüfung durchgeführt worden ist, weitergegeben werden. Damit soll sichergestellt werden, daß die übermittelten Informationen nicht für andere behördliche Verfahren oder gar für private Zwecke Dritter verwendet werden können und auf diese Weise Informationen über die Wertpapierfirmen, die nur aufgrund gesetzlicher Eingriffsnormen für bestimmte Zwecke erhoben werden konnten, nunmehr zu anderen Zwecken, die der Wertpapierfirma Schaden zufügen können, gebraucht werden. Jegliche Weitergaberegelung hat dabei gemäß Art. 25 Abs. 8 S. 2 der Wertpapierdienstleistungsrichtlinie zu beachten, daß die Informationen nur geliefert werden können, wenn sich dies aus aufsichtsrechtlichen Gründen als erforderlich erweist, wobei auch hier wieder ein erheblicher Entscheidungsspielraum eröffnet wird.

1387 Dort heißt es: „... stehen einem Informationsaustausch... nicht entgegen...".

4. Der Kontaktausschuß und der Wertpapierausschuß als Ergänzung der Zusammenarbeit der Mitgliedstaaten

Die wesentlichen Richtlinien, die den Wertpapierhandel auf europäischer Ebene regeln, belassen es nicht allein bei der Zusammenarbeitsverpflichtung der Mitgliedstaaten bzw. ihrer für die jeweiligen Funktionen zuständigen Stellen. Mit dem nach Art. 20 Abs. 1 der Zulassungsrichtlinie einzusetzenden Kontaktausschuß und den Aufgabenzuweisungen an ihn sehen sie sogar eine auf europäischer Ebene zentralisierte Form der Zusammenarbeit vor. Damit wird zugleich die Notwendigkeit einer über die bilaterale Zusammenarbeit im Bereich der Aufsicht hinausgehenden Kooperation unter Einbeziehung der Organe der EG anerkannt.

Dem Kontaktausschuß, dessen Funktionsweise und wesentlichen Aufgaben in Art. 20 und 21 der Zulassungsrichtlinie geregelt sind, werden durch Ergänzungen in den späteren im Bereich des Wertpapierhandels ergangenen Richtlinien weitere Aufgaben zugewiesen, so daß eine direkte aufsichtsrechtliche Verbindung zwischen den Richtlinien besteht, die sich ebenso wie das Konzept der bilateralen Zusammenarbeit der Mitgliedstaaten wie ein roter Faden durch alle Bereiche des europäischen Aufsichtsrechts zieht. Die Zuständigkeit des Kontaktausschusses ist in allen Richtlinien, die ihm Aufgaben zuweisen, beschränkt auf übergeordnete Fragen der Zusammenarbeit, die nicht das Tagesgeschäft der für die Aufsicht in Einzelfällen zuständigen Stellen betreffen.

a. Zusammensetzung des Kontaktausschusses

Gemäß Art. 20 Abs. 2 der Zulassungsrichtlinie setzt sich der Kontaktausschuß aus von den Mitgliedstaaten bezeichneten Personen sowie Vertretern der Kommission zusammen, wobei ein Vertreter der Kommission den Vorsitz wahrnimmt. Dem Zweck des Kontaktausschusses entsprechend, die Harmonisierung im Anwendungsbereich der Richtlinie auf einer über den zuständigen Stellen angesiedelten Ebene zu begleiten, verzichtet diese Regelung der Zusammensetzung des Kontaktausschusses darauf, die Mitgliedstaaten dazu zu verpflichten, als Vertreter für den Kontaktausschuß die bei den zuständigen Stellen tätigen Personen in den Ausschuß zu senden. Stattdessen bleibt es den Mitgliedstaaten überlassen, die zu entsendende Person zu bestimmen, so daß insbesondere Ministerialbeamte für die Entsendung in den Ausschuß prädestiniert sind.

b. Aufgaben des Kontakausschusses

Dem Kontaktausschuß als Bindeglied im europäischen wertpapieraufsichtsrechtlichen Gefüge werden durch mehrere Richtlinien Aufgaben zugewiesen.

aa. Aufgabenzuweisung in der Zulassungsrichtlinie

Die Zulassungsrichtlinie weist dem Kontaktausschuß in Art. 20 Abs. 1 a)-c), Abs. 2 und Art. 21 detailliert Aufgaben zu. Er dient gemäß Art. 20 Abs. 1 a) der Richtlinie insbesondere zur „Erleichterung einer harmonisierten Anwendung der Richtlinie durch eine regelmäßige Abstimmung über konkrete Probleme, die sich aus der Anwendung der Richtlinie ergeben und über die ein Gedankenaustausch als nützlich erachtet wird".

Jedoch bestimmt Art. 20 Abs. 2 der Zulassungsrichtlinie andererseits, daß der Kontaktausschuß nicht die Aufgabe hat, die Begründetheit der von den zuständigen Stellen in Einzelfällen gefaßten Beschlüsse zu beurteilen. Damit kommt ihm nicht die Aufgabe einer übergeordneten Instanz für die Prüfung der Zulassungen zur amtlichen Notierung auf europäischer Ebene zu. Die Abstimmung über die genannten konkreten Probleme bei der Anwendung der Richtlinie beschränkt sich darauf, daß aufgetretene Probleme allgemeiner Art, quasi als Präzendenzfälle, erörtert werden können. Die Regelung über den Kontaktauschuß in Art. 20 der Richtlinie enthält zudem keinerlei Hinweis darauf, ob und welche Befugnisse der Kontaktauschuß hat, um aufgetretene Probleme für die Zukunft zu lösen oder Verhaltensweisen der zuständigen Stellen zu unterbinden oder zu gebieten. Der Gebrauch des Begriffs „Abstimmung" über Probleme deutet vielmehr schon normativ darauf hin, daß hier ausschließlich eine Verständigung über vorhandene Probleme stattfindet, ohne daß dem Kontaktausschuß selbst eine Entscheidungsbefugnis zukäme. Zumindest bezüglich der in Art. 20 Abs. 1 a) der Zulassungsrichtlinie genannten Aufgabe muß er daher lediglich als eine Art Forum für den Meinungsaustausch verstanden werden.

In dieser Funktion hat er gemäß Art. 20 Abs. 1 c) der Richtlinie die Aufgabe, die Kommission, falls erforderlich, bei an der Richtlinie vorzunehmenden Ergänzungen oder Änderungen oder bezüglich der Anpassungen an die geänderte Wirtschaftslage gemäß Art. 21 der Richtlinie zu beraten. Die Übergänge zwischen der Abstimmung über konkrete Probleme im Kontaktausschuß, der Erarbeitung von Lösungsvorschlägen für diese konkreten Probleme aus der Anwendung der Richtlinie und der Beratung der Kommission bezüglich genereller Änderungen und Ergänzungen der Richtlinie dürften dabei fließend sein.

Neben diesen Beratungsleistungen steht die Aufgabe, die Kommission bei der in Art. 21 der Zulassungsrichtlinie[1388] detailliert geregelten Anpassung des in Schema A unter Ziffer

1388 Die Zulassungsrichtlinie enthält in Art. 21 bereits eine sehr detaillierte Regelung über das Verfahren der vorzunehmenden Anpassung des in Schema A unter Ziffer I 2 Absatz 1 für den voraussichtlichen Börsenwert festgesetzten Mindestbetrages, die die Beratungsverpflichtung des Kontaktausschusses mitregelt. Inhaltlich geht es um die Festlegung der Mindestgröße der Emission oder, falls diese nicht geschätzt werden kann, die Größe der Gesellschaft als Bedingung für die Zulassung ihrer Aktien zur amtlichen Notierung.

I 2 Absatz 1 für den voraussichtlichen Börsenwert festgesetzten Mindestbetrages zu beraten, wobei die Kommission ganz deutlich „Herrin des Verfahrens" bleibt, auch wenn der Kontaktausschuß eigene Vorschläge entwickeln kann.

bb. Aufgabenzuweisung in der Prospektrichtlinien

Die Verbindung zwischen der Zulassungsrichtlinie und der Zulassungsprospektrichtlinie wird bei der Regelung über den Kontaktausschuß in Art. 26 der Zulassungsprospektrichtlinie deutlich, wo dem durch Art. 20 der Zulassungsrichtlinie eingesetzten Kontaktausschuß weitere Aufgaben für die effektive Umsetzung der Zulassungsprospektrichtlinie zugewiesen werden. Gleiches gilt für die entsprechende Regelung in Art. 11 der Richtlinie über öffentliche Angebote, die wörtlich mit Art. 26 der Zulassungsprospektrichtlinie übereinstimmt.

Lediglich in Details, die sich aus in den Richtlinien geregelten Kompetenzen der zuständigen Stellen erklären, weichen die Aufgaben des Kontaktausschusses ab. So hat in Art. 26 Abs. 1 a) der Zulassungsprospektrichtlinie bzw. in Art. 11 Abs. 1 a) der Richtlinie über öffentliche Angebote durch eine kleine Änderung des Wortlautes gegenüber Art. 20 Abs. 1 a) der Zulassungsrichtlinie eine Verbesserung stattgefunden. Während es dort heißt, daß eine Abstimmung über konkrete Probleme, die sich aus der Anwendung der Richtlinie „ergeben", stattfindet, enthalten Art. 26 Abs. 1 a) der Prospektrichtlinie bzw. Art. 11 Abs. 1 a) der Richtlinie über öffentliche Angebote die Formulierung, daß eine Abstimmung über konkrete Probleme, die sich aus der Anwendung der Richtlinie „ergeben könnten", stattfindet. Während in der Zulassungsrichtlinie damit die regelmäßige Abstimmung zumindest nur über tatsächlich bereits entstandene konkrete Probleme angeordnet wird, weist die Formulierung der Prospektrichtlinie auf regelmäßige Abstimmungen auch über solche Probleme hin, die sich erst zukünftig aus der Anwendung ergeben können, also noch hypothetisch, aber aus der Erfahrung der im Kontaktausschuß versammelten Personen absehbar sind. Die Regelung in der Prospektrichtlinie ergänzt damit die vormals zu enge Formulierung der Zulassungsrichtlinie.

cc. Aufgabenzuweisung in der Zwischenberichtsrichtlinie

Auch die Zwischenberichtsrichtlinie[1389] überträgt in Art. 11 dem durch Art. 20 der Zulassungsrichtlinie eingesetzten Kontaktausschuß bei der Kommission Aufgaben im Hinblick auf die harmonisierte Anwendung und Fortentwicklung der Richtlinie.

1389 Richtlinie des Rates v. 15.2.1982 über regelmäßige Informationen, die von Gesellschaften zu veröffentlichen sind, deren Aktien zur amtlichen Notierung an einer Wertpapierbörse zugelassen sind (82/121/EWG), ABl. 1982 Nr. L 48/26 v. 20.2.1982.

dd. Aufgabenzuweisung in der Transparenzrichtlinie

Die Aufgabenzuweisung in Art. 16 der Transparenzrichtlinie entspricht für den Bereich dieser Richtlinie im wesentlichen derjenigen in der Zwischenberichtsrichtlinie.

ee. Aufgabenzuweisung in der Insiderrichtlinie

Auch Art. 12 der Insiderrichtlinie überträgt dem durch die Zulassungsrichtlinie eingesetzten Kontaktausschuß weitere Aufgaben, wobei jedoch auffällt, daß ihm nicht übertragen wird, eine Erleichterung eines abgestimmten Vorgehens hinsichtlich strengerer oder zusätzlicher Pflichten, die gemäß Art. 6 der Insiderrichtlinie seitens der Mitgliedstaaten getroffen werden können, herbeizuführen. Da ein solcher Passus zum Standardrepertoire der Richtlinien im Bereich des Wertpapierhandels gehört, kann nicht davon ausgegangen werden, daß es sich um ein Redaktionsversehen handelte. Diese Aufgabe läßt sich jedoch auch aus der unter Art. 12 Buchstabe a) der Insiderrichtlinie zugewiesenen Aufgabe herauslesen. Erforderlich ist dann jedoch zunächst das Vorliegen konkreter Probleme, die aus den in den Mitgliedstaaten getroffenen unterschiedlich strengen Regelungen herrühren.

c. Wertpapierausschuß der Wertpapierdienstleistungs- und Kapitaladäquanzrichtlinie

Weder die Wertpapierdienstleistungs- noch die Kapitaladäquanzrichtlinie enthalten jedoch Regelungen einer Aufgabenzuweisung an den Kontaktausschuß. Die Wertpapierdienstleistungsrichtlinie sieht stattdessen die Einrichtung eines neuen, den Kontaktausschuß ablösenden, beratenden „Ausschusses für Wertpapiere" vor, in dem die mitgliedstaatlichen Behörden und die Kommission zusammenarbeiten sollen. In Anlehnung an den im Bereich der Bankenaufsicht bestehenden beratenden Bankenausschuß[1390] sollen die mitgliedstaatlichen Behörden in allen Fragen der Koordinierung des europäischen Börsen- und Wertpapierrechts zusammenarbeiten und sich insbesondere mit Änderungen einzelner Regelungen der Wertpapierdienstleistungsrichtlinie, die auf Grund neuerer technischer Entwicklungen notwendig werden, befassen.[1391] Die Einsetzung des Ausschusses soll jedoch nicht andere Formen der Zusammenarbeit zwischen den Aufsichtsbehörden in diesem Bereich ausschließen.[1392]

In den Artikeln der Wertpapierdienstleistungsrichtlinie selbst finden sich bislang nur wenige Regelungen, die Bezug auf den Wertpapierausschuß nehmen. Dazu gehört Art. 7

1390 Siehe zur Ausschußbildung auf europäischer Ebene *Streinz*, Europarecht, Rn. 455 ff. (458).

1391 Abs. 44 der Präambel der Wertpapierdienstleistungsrichtlinie, 93/22/EWG, ABl. Nr. L 141/27 (30) v. 11.6.1993; *Bundesaufsichtsamt für den Wertpapierhandel*, Jahresbericht 1995, S. 38.

1392 Abs. 44 der Präambel der Wertpapierdienstleistungsrichtlinie, 93/22/EWG, ABl. Nr. L 141/27 (30) v. 11.6.1993.

Abs. 1 S. 2 der Wertpapierdienstleistungsrichtlinie, wonach der Ausschuß auf Vorschlag der Kommission vom Rat eingesetzt wird. Die Kommission hat nach der Einsetzung des Ausschusses Meldungen seitens der mitgliedstaatlichen zuständigen Behörden über Zulassungen von Tochterunternehmen oder den Erwerb von Beteiligungen an Gemeinschaftswertpapierfirmen durch Mutterunternehmen aus Drittländern anstatt an den Rat an den Ausschuß zu übermitteln. Eine weitere Erwähnung des Ausschusses findet sich lediglich in Art. 19 Abs. 10 der Wertpapierdienstleistungsrichtlinie. Danach hat die Kommission dem Ausschuß alle zwei Jahre einen Bericht über Fälle zu unterbreiten, in denen Wertpapierfirmen die in Art. 17 Abs. 3 S. 1 der Wertpapierdienstleistungsrichtlinie vorgesehene Übermittlung von Informationen an die zuständigen Behörden des Aufnahmemitgliedstaates verweigert haben oder in denen Maßnahmen der Aufnahmemitgliedstaaten gegen Wertpapierfirmen ergriffen wurden, weil die Maßnahmen der Herkunftsmitgliedstaaten unzureichend waren. Zwar erfolgt in Art. 19 Abs. 10 der Wertpapierdienstleistungsrichtlinie der Hinweis darauf, daß der Ausschuß zu einem späteren Zeitpunkt eingesetzt wird, eine genauere Zeitangabe zur Einsetzung des Ausschusses enthält die Richtlinie aber weder an dieser noch an einer anderen Stelle, so daß dies dem Rat und letztlich der vorschlagenden Kommission überlassen bleibt.[1393]

Die Kapitaladäquanzrichtlinie enthält keinerlei ausdrücklichen Hinweis auf den Kontaktausschuß oder den einzusetzenden Wertpapierausschuß.

Die Aufgabe der Vorbereitung der Änderung der Wertpapierdienstleistungs- oder anderer Richtlinien im Bereich des Wertpapierhandels geht über die dem bisherigen Kontaktausschuß zugewiesenen Aufgaben hinaus, so daß dieser Ausschuß einen bedeutenderen Einfluß haben wird als der Kontaktausschuß.[1394]

Hintergrund dieser Regelung ist, daß die Kommission in ihren Vorschlägen für die Kapitaladäquanz- und die Wertpapierdienstleistungsrichtlinie vorgesehen hatte, daß die notwendigen Durchführungsbefugnisse, insbesondere für die Aktualisierung der Texte und ihre Anpassung an den technischen Fortschritt der Kommission übertragen werden sollten. Diese sollte bei der Ausübung der Durchführungsbefugnisse durch einen Wertpapierausschuß aus Vertretern der Mitgliedstaaten unterstützt werden. Der Rat beschloß jedoch zunächst, sich die Durchführungsbefugnisse selbst vorzubehalten und sie nicht an die

---

1393 Auch der Vorschlag der Europäischen Kommission für eine Richtlinie des Europäischen Parlaments und des Rats zur Änderung der Richtlinie 93/6/EWG des Rats vom 15. März 1993 über die angemessene Eigenkapitalausstattung von Wertpapierfirmen und Kreditinstituten sowie der Richtlinie 93/22/EWG des Rats vom 10. Mai 1993 über Wertpapierdienstleistungen, KOM (95) 360 endg. v. 17.7.1995, mit der die Einsetzung des Wertpapierausschusses vorgeschlagen wird, enthält noch keinen Hinweis auf den Zeitpunkt.

1394 *Scott-Quinn*, EC Securities Markets Regulations, in: Steil (Hrsg.), International financial market regulation, S. 121 (153), spricht von einem „higher level committee".

Kommission zu übertragen und trennte die Regelungen über die Einsetzung des zu diesem Zeitpunkt damit noch nicht notwendigen Wertpapierausschusses aus der Kapitaladäquanz- und der Wertpapierdienstleistungsrichtlinie heraus und verwies lediglich auf dessen spätere Einsetzung durch eine Änderungsrichtlinie. Mit dem im Juli 1995 vorgelegten Richtlinienvorschlag der Kommission zur Änderung der Kapitaladäquanz- und Wertpapierdienstleistungsrichtlinie fordert diese nunmehr die Übertragung der Durchführungsbefugnisse vom Rat auf die Kommission und die Einrichtung des Wertpapierausschusses. Sie verweist dazu auf den von vorneherein befristeten Charakter der Übertragung der Durchführungsbefugnisse auf den Rat sowie einen im Dezember 1994 im Rahmen einer interinstitutionellen Vereinbarung gefundenen „modus vivendi", wonach nunmehr auch der Rat der Auffassung sei, daß der Zeitpunkt zur Einsetzung des Wertpapierausschusses gekommen sei. Das nach dem Inkrafttreten des Mitentscheidungsverfahrens in die Entscheidung über die Richtlinie involvierte Europäische Parlament habe sich bereits in seiner zweiten Lesung der Vorschläge für die Kapitaladäquanz- und Wertpapierdienstleistungsrichtlinie hierfür ausgesprochen.

Nach dem Kommissionsvorschlag soll der Wertpapierausschuß durch eine neu in die Kapitaladäquanzrichtlinie eingefügte Regelung Art. 10a Abs. 1 eingesetzt werden, da diese Richtlinie der Wertpapierdienstleistungsrichtlinie vorausgehe. Im neu eingefügten Art. 29 a Abs. 1 der Wertpapierdienstleistungsrichtlinie soll entsprechend darauf hingewiesen werden, daß der Wertpapierausschuß bereits durch Art. 10a Abs. 1 der Kapitaladäquanzrichtlinie eingesetzt wurde.

Während der Kontaktausschuß sich aus Vertretern der Mitgliedstaaten und der Kommission zusammensetzte, soll sich der Wertpapierauschuß ebenfalls aus Vertretern der Mitgliedstaaten und aus nur einem Vertreter der Kommission zusammensetzen. Letzter soll jedoch zugleich den Vorsitz führen. Nach der neuen Regelung der Aufgaben und des Verfahrens der Hinzuziehung des Wertpapierausschusses kommt dem Wertpapierausschuß aber nicht nur eine lediglich beratende Funktion zu, sondern ihm sollen auf einer Ebene unterhalb des Rats auch Entscheidungsbefugnisse der Mitgliedstaaten verschafft werden. Allerdings verbleibt es grundsätzlich dabei, daß die Durchführung der Maßnahmen allein der Kommission obliegt. Die zusätzliche beratende Funktion für die Kommission sowie die Funktion als Diskussionsforum sollen in einer zusätzlichen ausdrücklichen Regelung in Art. 10b der Kapitaladäquanzrichtlinie sowie dem entsprechenden Art. 29b der Wertpapierdienstleistungsrichtlinie normiert werden.

Das Verfahren der Einbeziehung des Wertpapierausschusses in die Durchführung von Maßnahmen im Bereich der europäischen Wertpapierhandelsregelungen in Art. 10a Abs. 2 der Kapitaladäquanzrichtlinie sowie dem identischen Art. 29a Abs. 2 der Wertpapierdienstleistungsrichtlinie folgt dem Komitologie-Verfahren III Variante a) des Komitologie-Beschlusses von 1987.[1395] Es sieht vor, daß die Kommission dem Wertpapierausschuß einen Vorschlag für Maßnahmen unterbreitet, zu dem dieser in einer vom Vorsitzenden des Wertpapierausschusses (dem Vertreter der Kommission) festgelegten Frist Stellung nehmen kann.[1396] Da bei Vorliegen einer positiven Stellungnahme die Kommission die Maßnahmen sofort ohne Beteiligung des Rats erlassen können soll, kommt der Stellungnahme des Wertpapierausschusses die Rolle eines unterhalb des Rats angesiedelten Kontroll- und Entscheidungsorgans der Mitgliedstaaten zu. Entsprechend muß die Stellungnahme auch unter Beachtung der Stimmrechtsverteilung nach Art. 205 [ex-Art. 148] Abs. 2 EGV, wie sie für Beschlüsse des Rats vorgesehen ist, mit der dort vorgeschriebenen Mehrheit abgegeben werden. Im Falle einer negativen Stellungnahme oder falls es zu keiner Stellungnahme kommt, hat die Kommission die geplanten Maßnahmen jedoch dem Rat vorzuschlagen, der hierüber mit qualifizierter Mehrheit entscheidet. Von besonderer Bedeutung für die Balance des Machtverhältnisses zwischen dem Rat und der Kommission ist die vorgeschlagene Regelung in Art. 10a Abs. 2 UA. 4 der Kapitaladäquanzrichtlinie bzw. Art. 29a Abs. 2 UA. 4 der Wertpapierdienstleistungsrichtlinie, wonach die Kommission die geplanten und dem Rat vorgeschlagenen Maßnahmen erlassen kann, wenn der Rat nicht innerhalb von drei Monaten hierüber einen Beschluß gefaßt hat.[1397] Dies setzt den Rat unter Entscheidungszwang, zumal die Frist von drei Monaten sehr kurz gewählt ist, sichert aber andererseits auch die zügige Durchführung der Maßnahmen.

Die in den vorgeschlagenen Art. 10b der Kapitaladäquanzrichtlinie bzw. Art. 29b der Wertpapierdienstleistungsrichtlinie geregelte Funktion des Wertpapierausschusses als Diskussionsforum ist zwar inhaltlich grundsätzlich nicht beschränkt. Ausdrücklich soll jedoch die Befassung mit spezifischen Problemen von Einzelfällen ebenso wie bei dem Kontaktausschuß nicht zu Aufgaben des Wertpapierausschusses gehören, so daß zugleich klargestellt wird, daß dem Wertpapierauschuß keinerlei Aufsichtsaufgaben im konkreten Fall zukommen, sondern es sich lediglich um die Beteiligung im Rechtssetzungsprozeß handelt.

1395 Art. 2 des Beschlusses des Rats vom 13. Juli 1987, 87/373/EWG, ABl. Nr. L 197 v. 18.7.1987, S. 33 (34); vgl. ausführlich zum Komitologiebeschluß, den einzelnen Ausschußverfahrensgestaltungen und der Problematik der Ausschaltung des Europäischen Parlaments *Streinz*, Europarecht, Rn. 455-462 m. w. Nw. Vorliegend handelt es sich um einen Ausschuß in Form des „Allgemeinen Regelungsausschusses".

1396 Zur Rechtmäßigkeit der Ausschußverfahren vgl. *Streinz*, Europarecht, Rn. 455 f. m. w. Nw.

1397 Vgl. *Streinz*, Europarecht, Rn. 460, der darauf verweist, daß der Europäischen Kommission diese Auffangkompetenz als Ausgleich für den Verlust der Entscheidungskompetenz zugestanden wird.

5. Teil: Zentralisierte Aufsicht über den Wertpapierhandel mittels grenzüberschreitender Wertpapierhandelssysteme auf der Ebene der Europäischen Gemeinschaft?

Auf europäischer Ebene findet Rechtsetzung für ausgewählte Aspekte des Wertpapierhandels bislang ausschließlich im Rahmen von Richtlinien statt. Auch der geplante Wertpapierausschuß vermag als ausschließlich die Kommission beratendes Gremium nicht selbst europäisches Recht unterhalb der Richtlinienebene zu setzen. Weder auf der Ebene der Kommission noch auf einer ihr untergeordneten Ebene werden zudem in konkreten Einzelfällen Aufsichtsaufgaben im Bereich des Wertpapierhandels von europäischen Behörden wahrgenommen. Die Ausübung der Aufsicht über die Kapitalmarktteilnehmer, über den Handel mit Wertpapieren sowie über die Wertpapierhandelssysteme obliegt nach dem Konzept des europäischen Sekundärrechts vielmehr ausschließlich den Mitgliedstaaten.

Obgleich der Wirkungskreis der als geregelte Märkte anerkannten Wertpapierhandelssysteme durch die Gewährung des „Europapasses“ in der Wertpapierdienstleistungsrichtlinie auf den gesamten Raum der Mitgliedstaaten der EG erweitert wurde, verbleibt die Regulierung und Aufsicht ausschließlich bei den Heimatmitgliedstaaten. Die grenzüberschreitend tätigen privaten Wertpapierhandelssysteme, die nicht als „geregelte Märkte“ anerkannt sind, werden zwar von der Wertpapierdienstleistungs- und der Kapitaladäquanzrichtlinie als Wertpapierfirmen erfaßt, diese Regelungen sind jedoch nicht speziell auf Wertpapierhandelssysteme zugeschnitten und bieten daher keinen adäquaten europarechtlichen Rahmen. Auch für die Regulierung und Beaufsichtigung der Teilnehmer an den grenzüberschreitend tätigen Wertpapierhandelssystemen sind keine speziellen europäischen Regelungen vorgesehen. Folge ist, daß an einem Wertpapierhandelssystem Teilnehmer tätig werden, die wegen der bei der Umsetzung und Anwendung europäischen Rechts den Mitgliedstaaten und ihren zuständigen Behörden verbleibenden Spielräume unterschiedlichen Rahmenbedingungen unterliegen. Von einem wünschenswerten „level playing“-field der Wertpapierhandelssysteme und ihrer Teilnehmer sind die europäischen Regelungen damit noch weit entfernt.

Im Hinblick auf die durch die grenzüberschreitenden Wertpapierhandelssysteme entstandene Situation ist fraglich, ob nicht sowohl auf europäischer als auch auf globaler Ebene neue Formen der Zusammenarbeit und Organisation der Beaufsichtigung des internationalen Wertpapierhandels gefunden werden müssen[1398], die sicherstellen, daß die Wertpa-

---

[1398] Vgl. z. B. *Klenke*, Internet-Handel erfordert globales Regelwerk, Handelsblatt v. 13.6.1996.

pierhandelssysteme den Mindestanforderungen genügen, die an solche Systeme gestellt werden sollten, daß der Wettbewerb zwischen diesen Systemen nicht unnötig beschränkt wird und daß sowohl der Handel in diesen Systemen als auch deren Teilnehmer ausreichend und auf einem zumindest vergleichbaren Niveau beaufsichtigt werden. Letztlich muß daher darüber nachgedacht werden, ob nicht nur die Kompetenzen für die wesentlichen Regelungen, sondern auch die Kompetenzen für Detailregelungen und die Aufsichtskompetenzen auf der europäischen Ebene angesiedelt werden können und sollten und nicht ausschließlich auf der Ebene der Mitgliedstaaten. Damit steht aber sowohl die ausschließliche Zuständigkeit der Mitgliedstaaten für die Regelung der Wertpapierhandelssysteme als auch das Konzept der gegenseitigen Anerkennung und das damit verbundene Prinzip der Heimatlandkontrolle für die Aufsicht über die Wertpapierhandelssysteme und ihre Teilnehmer auf dem Prüfstand.

Regulierungs- und Aufsichtsfelder, für die eine einheitliche Wahrnehmung der Kompetenzen durch eine zentrale europäische Wertpapieraufsicht in Betracht käme, sind die Zulassung der Wertpapierhandelssysteme, die laufende Einhaltung der Mindestanforderungen an diese Systeme, die Zulassungsvoraussetzungen für die Teilnehmer sowie deren laufende Beaufsichtigung, die Überwachung des Handels in diesen Systemen, soweit dies zur Verfolgung von Insiderhandel notwendig ist, sowie die Einhaltung der Melde- und Publizitätspflichten der Emittenten, deren Wertpapiere auf diese Weise europaweit gehandelt werden.

I. Die Einrichtung des Kontaktausschusses und des Wertpapierausschusses zur Vermeidung einer zentralen europäischen Wertpapieraufsicht?

Nach der zum Vorschlag der Insiderrichtlinie geäußerten Auffassung des Wirtschafts- und Sozialausschusses sollte bereits die Zuweisung der Aufgabe eines Meinungsaustausches mit der Europäischen Kommission und deren Beratung bei Ergänzungen und Änderungen der Insiderrichtlinie an den Kontaktausschuß die Einrichtung einer europäischen Gemeinschaftsaufsichtsbehörde überflüssig machen.[1399] Die gleichen Erwägungen lagen auch den entsprechenden Regelungen der Zulassungsrichtlinie sowie den nachfolgenden Aufgabenzuweisungen an den Kontaktausschuß zu Grunde. Pingel[1400] weist zudem daraufhin, daß diese Regelung Ergebnis des Drucks ist, den die Mitgliedstaaten ausgeübt haben, um keinerlei Beschränkungen ihrer Souveranität durch eine europäische Gemeinschaftsaufsichtsbehörde hinnehmen zu müssen.

1399 Wirtschafts- und Sozialausschuß, Stellungnahme zum Vorschlag der Insiderrichtlinie vom 16. Oktober 1987, Nr. C 35/22 vom 8. Februar 1989.

1400 *Pingel*, The EC Directive of 1989, in: Gaillard (Hrsg.), Insider Trading, S. 5 (17).

Aber weder der Kontaktausschuß noch der ihn ablösende beratende Wertpapierausschuß können mit ihrem beschränkten Aufgabenbereich wirkungsvoll die europäische Komponente der Aufsicht erfüllen und damit die Aufgaben einer europäischen Wertpapieraufsichtsbehörde wahrnehmen. Aufsichtsaufgaben in konkreten Einzelfällen, denen eigene Maßnahmen der Ausschüsse bzw. der Gemeinschaft und nicht nur Maßnahmen eines einzelnen Mitgliedstaates folgen könnten, kommen dem Kontaktausschuß nicht zu. Sowohl der Kontaktausschuß als auch der Wertpapierausschuß stellen bereits von ihrer rechtlichen Konstruktion her lediglich Beratungsgremien der Kommission dar.[1401] Sie haben ausschließlich Aufgaben im europäischen Rechtsetzungsprozeß wahrzunehmen und nicht die Einhaltung des gesetzten europäischen Rechts zu kontrollieren, obgleich anzuerkennen ist, daß der institutionalisierten Informationsbeschaffung der Kommission über den Stand der Aufsicht in den Mitgliedstaaten durch die im Kontaktausschuß oder im Wertpapierausschuß vereinten Mitgliedstaaten erhebliche Bedeutung zukommt.

Den Ausschüssen kommt nach geltendem Recht jedoch weder die Aufgabe einer neben den mitgliedstaatlichen zuständigen Behörden noch einer über ihnen stehenden Aufsichtsinstanz, die die Umsetzung und Anwendung des europäischen Rechts durch sie kontrolliert, zu. Damit ist das Aufgabenfeld des Kontaktausschusses nicht deckungsgleich mit dem einer Gemeinschaftsaufsichtsbehörde, die nur dann eine solche Bezeichnung verdient, wenn sie im konkreten Einzelfall Aufsichtsaufgaben ausüben und auch aus eigenem Recht Maßnahmen gegenüber Kapitalmarktteilnehmern oder mitgliedstaatlichen Behörden durchsetzen kann.[1402] Der Kontaktausschuß und der Wertpapierausschuß erfüllen damit heute hinsichtlich der Umsetzung des gesetzten Rechts nur eine ähnliche Funktion wie sie dem im Fünften Umweltaktionsprogramm angesprochenen „Netz aus Vertretern der nationalen Behörden und der Kommission für den Bereich der praktischen Umsetzung der gemeinschaftlichen Maßnahmen“ zukommen soll.[1403]

Bevor jedoch der Frage nachgegangen wird, ob neben den erforderlichen europäischen Regelungen für grenzüberschreitende Wertpapierhandelssysteme zusätzlich auch neue Aufsichtsstrukturen durch Installierung einer europäischen Wertpapieraufsichtsbehörde möglich und sinnvoll sind, ist kurz zu untersuchen, welche bestehenden Möglichkeiten zur Kontrolle und Durchsetzung des Europarechts im Bereich des Wertpapierhandels be-

---

1401 *Scott-Quinn*, EC Securities Markets Regulations, in: Steil (Hrsg.), International financial market regulation, S. 121 (153).

1402 Dabei ist vornehmlich an verwaltungsrechtliche und nicht an strafrechtliche Sanktionen zu denken, wobei allerdings auch zivil- oder strafverfahrensrechtliche Antragsrechte einer europäischen Wertpapieraufsichtsbehörde eine effektive Rechtsverfolgung sichern könnten.

1403 Vgl. *Jarass*, Grundfragen der innerstaatlichen Bedeutung des EG-Rechts, S. 109.

reits heute gegeben sind.[1404] Zu unterscheiden ist dabei zwischen Durchsetzungsmöglichkeiten gegenüber den Mitgliedstaaten sowie unmittelbar gegenüber den Unionsbürgern und Angehörigen von Drittstaaten, die als Marktteilnehmer agieren.

II. Die Kontrolle und Durchsetzung des europäischen Rechts durch die EG

Die wirtschaftliche Integration der Mitgliedstaaten der Europäischen Union wird nicht nur von den eingeräumten Freiheiten des zwischenstaatlichen Wertpapierhandels, sondern auch von der Aufsicht hierüber geprägt. Die konsequente und effiziente Überwachung sowie gegebenenfalls auch eine Sanktionierung von Verstößen gegen die gesetzlichen Regeln zur lauteren Abwicklung des Wertpapierhandels sind essentieller Bestandteil des gesamten Kapitalverkehrs zwischen den Mitgliedstaaten und damit gleichzeitig Garant für das Funktionieren des gemeinsamen Binnenmarktes.[1405] Die Europäische Kommission wird sich nach dem in absehbarer Zeit vollendeten großen Legislativprogramm im Nachgang der Einheitlichen Europäischen Akte nunmehr verstärkt der Implementierung und Kontrolle der Einhaltung bereits bestehender europäischer Regelungen widmen.[1406] Angesichts der bislang nur sehr begrenzten Möglichkeiten der EG zur einheitlichen Durchsetzung des europäischen Rechts scheint dies auch dringend geboten.

Das Europarecht bietet den europäischen Institutionen, insbesondere der Kommission als „Hüterin der Verträge"[1407] nur sehr begrenzte Möglichkeiten zur selbständigen Durchsetzung des europäischen Rechts gegenüber den Mitgliedstaaten sowie gegenüber den Bürgern der Europäischen Union. Es fehlt bislang weitgehend an effektiven Sanktionsmöglichkeiten, die als „ultima ratio" auch eine zwangsweise Durchsetzung des Europarechts erlauben. Ohne sie ist aber die Befolgung des Rechts allein auf die „Einsicht in die Notwendigkeit der Befolgung" angewiesen.[1408] Fraglich ist daher, ob einer europäischen Institution nach geltendem Europarecht überhaupt entsprechende Sanktionsbefugnisse übertragen werden können, wie sie zur Einrichtung einer effektiven europäischen Wertpapieraufsichtsbehörde notwendig erscheinen.

1404 Siehe grundlegend zu den Möglichkeiten zur Steigerung der Effektivität des Gemeinschaftsrechtsvollzugs *Pühs*, Der Vollzug von Gemeinschaftsrecht, S. 206 ff.

1405 Vgl. *Europäische Kommission*, Schaffung eines europäischen Finanzraums, Europäische Wirtschaft, Nr. 36, Mai 1988, S. 2 u. 5 ff., wo darauf hingewiesen wird, daß neben der Schaffung gleicher Wettbewerbsbedingungen auch ein ausreichender Schutz der Sparer und Anleger gewährleistet sein müsse; auch *Kiemel*, in: von der Groeben/Thiesing/Ehlermann (Hrsg.), Kommentar zum EWG-Vertrag, Rn. 34 zu Art. 69 m. w. Nw.

1406 *Scott-Quinn*, EC Securities Markets Regulations, in: Steil (Hrsg.), International financial market regulation, S. 121 (154).

1407 *Oppermann*, Europarecht, Rn. 365.

1408 *Streinz*, Europarecht, Rn. 126; *Oppermann*, Europarecht, Rn. 691.

Die Entscheidung über die Möglichkeit einer Zuweisung von Sanktionsbefugnissen an eine europäische Institution hängt dabei auch mit dem Grundverständnis der Rechtsnatur der EG zusammen. Mit dem Vertrag über die Europäische Union von Maastricht steht der Gemeinschaft mit Art. 171 Abs. 2 UA. 2 u. 3 EGV inzwischen zumindest ein wirksames Sanktionsmittel zur Verfügung, das bereits erst Erfolge gezeigt hat. Die Verurteilung zur Zahlung eines Pauschalbetrags oder eines Zwangsgelds durch den EuGH wird als spürbare Sanktion bewertet.[1409]

1. Die Umsetzungspflicht

Die Mitgliedstaaten trifft die Pflicht, die Richtlinien der Gemeinschaft in geeigneter Form in nationales Recht umzusetzen[1410] sowie für den mittelbaren mitgliedstaatlichen Vollzug des Europarechts zu sorgen.[1411] Sofern sich diese Verpflichtung nicht bereits aus der Richtlinie selbst ergibt, wird sie allgemein auf Art. 10 [ex-Art. 5] Abs. 1 EGV[1412] sowie das Effizienz- und das Diskriminierungsverbot zurückgeführt.[1413] Hieraus werden Anforderungen insbesondere an das mitgliedstaatliche Verwaltungsrecht gestellt, das - auch im Bereich der Verwaltungssanktionen - ausreichend wirksam sein muß und die Durchsetzung des EG-Rechts in der Praxis nicht verhindern darf.[1414] Ziel muß es sein, die Anwendung[1415] der Richtlinie in vollem Umfang in rechtlicher und tatsächlicher Sicht zu sichern,[1416] wobei den Mitgliedstaaten jedoch hinsichtlich der Form und der Mittel der Um-

---

1409 Siehe ausführlich *Pühs*, Der Vollzug von Gemeinschaftsrecht, S. 284 ff.

1410 Die „Umsetzung" als spezielle Form des Vollzugs des EG-Rechts durch die Organe der Mitgliedstaaten ist abzugrenzen von der „Anwendung" des EG-Rechts im Einzelfall, vgl. zu den Begriffen auch *Zuleeg*, Das Recht der Europäischen Gemeinschaften im innerstaatlichen Bereich, S. 47 f.; *Jarass*, Grundfragen der innerstaatlichen Bedeutung des EG-Rechts, S. 51.

1411 Vgl. allgemein zur Umsetzung von Richtlinien *Streinz*, in: Isensee/Kirchhof (Hrsg.), Handbuch des Staatsrechts, Bd. 7, § 182 Rn. 2; *Jarass*, Grundfragen der innerstaatlichen Bedeutung des EG-Rechts, S. 52 ff. Auch die Mitgliedstaaten haben die Notwendigkeit zur Kontrolle der Anwendung des EG-Rechts in den Mitgliedstaaten erkannt und sich deshalb in einer Erklärung der Konferenz von Maastricht v. 7.2.1992 (SArt. II Nr. 152c, Erkl. 19) zur Gemeinschaftstreue ermahnt und die Europäische Kommission zur Kontrolle ihrer Einhaltung aufgefordert. Vgl. zum Grundsatz der Gemeinschaftstreue, dessen Existenz noch umstritten ist, ausführlich *Bleckmann*, in: ders., Europarecht, Rn. 697 ff.; sowie *Streinz*, Europarecht, S. 143 ff.

1412 *EuGH*, Rs. 147/77, „Kommission/Italien", Rspr. 1978, 1307 (1311); *Grabitz*, in: ders. (Hrsg.), Kommentar zum EWG-Vertrag, Rn. 9 zu Art. 5; *Jarass*, Grundfragen der innerstaatlichen Bedeutung des EG-Rechts, S. 52 m. w. Nw., S. 98.

1413 *Streinz*, in: Isensee/Kirchhof (Hrsg.), Handbuch des Staatsrechts, Bd. 7, § 182, Rn. 25 f.

1414 *Streinz*, Europarecht, Rn. 483; *Gornig/Trüe*, Die Rechtsprechung des EuGH zum europäischen allgemeinen Verwaltungsrecht, JZ 1993, S. 938; *EuGH*, Rs. 68/88, „Kommission/Griechenland", Rspr. 1989, 2965 (2984 f.).

1415 Vgl. zum Begriff der Anwendung, wie er hier gebraucht wird, auch *Jarass*, Grundfragen der innerstaatlichen Bedeutung des EG-Rechts, S. 51 m. w. Nw.

1416 *Grabitz*, in: Grabitz/Hilf (Hrsg.), Kommentar zur Europäischen Union, Rn. 59 zu Art. 189; *Jarass*, Grundfragen der innerstaatlichen Bedeutung des EG-Rechts, S. 52; vgl. *Streinz*, Europarecht, Rn. 391.

setzung ein sehr weiter Ermessensspielraum zusteht[1417], auch wenn der EuGH klargestellt hat, daß nur eine echte Rechtsvorschrift (Gesetzesform) und nicht eine reine Verwaltungsvorschrift zur Umsetzung ausreicht.[1418] Eine Berufung auf etwaige „besondere Schwierigkeiten oder Umstände der Rechtsordnung" der Mitgliedstaaten, um der Umsetzungsverpflichtung nicht in vollem Umfang nachzukommen, wird nicht zugelassen.[1419] Von besonderer Bedeutung sind für die Umsetzungsverpflichtung zudem die inhaltlichen Anforderungen, die zunehmend nicht mehr nur eine sinngemäße Transformation der europarechtlichen Regelung in nationales Recht verlangen. Das mitgliedstaatliche nationale Recht darf in seiner Detailliertheit und seinem Bestimmtheitsgrad nicht hinter das europäische Recht zurückfallen.[1420]

2. Die Umsetzungskontrolle

Als „Hüterin der Verträge" hat die Kommission nach Art. 211 [ex-Art. 155] 1. Spiegelstrich EGV für die Anwendung des Vertrags und der von den Organen auf Grund dieses Vertrages getroffenen Bestimmungen Sorge zu tragen.[1421] Damit obliegt grundsätzlich ihr die Kontrolle über die Umsetzung des EG-Rechts und dessen Anwendung durch die Mitgliedstaaten. Diese für den Bestand der Europäischen Union wichtige Pflicht[1422] ist in der Praxis jedoch trotz der Unterrichtungsrechte der Kommission nur schwer zu erfüllen.[1423] Der wesentliche Grund hierfür ist das Fehlen staatlicher Hoheitsgewalt der Gemeinschaft und die im EGV nur unzureichend ausgeprägten Durchsetzungsverfahren, obgleich der Kommission z. B. im Beihilfenrecht gemäß Art. 93 EGV durchaus primärrechtlich zugewiesene repressive Mittel auch gegenüber den Mitgliedstaaten zur Verfügung stehen.[1424]

a. Unterrichtungsrechte

Die Überwachung der Anwendung des EG-Rechts in den Mitgliedstaaten in einem Ausmaß, das nicht nur Stichproben erlaubt, ist für die Kommission ein bei den bisherigen

---

1417 *Jarass*, Grundfragen der innerstaatlichen Bedeutung des EG-Rechts, S. 52.

1418 *EuGH*, Rs. 131/88 - Kommission/Bundesrepublik Deutschland - Rspr. 1991, I-825 (867), Tz. 7 u. 8; ausführlich *Jarass*, Grundfragen der innerstaatlichen Bedeutung des EG-Rechts, S. 53 m. w. Nw.; *Streinz*, Europarecht, Rn. 391.

1419 *EuGH*, Rs. 301/81 - Kommission/Belgien - Rspr. 1983, 467 (477).

1420 *Gellermann*, Beeinflussung des bundesdeutschen Rechts durch Richtlinien der EG, S. 29, 85 f.; vgl. auch *EuGH*, Rs. 131/88 - Kommission/Bundesrepublik Deutschland - Rspr. 1991, I-825 (867) Tz. 8, sowie I-825 (878) Tz. 61, wo der EuGH verlangt, daß die Richtlinienanforderungen „genau und eindeutig" in nationales Recht umgesetzt werden.

1421 Dieselbe Funktion weisen der Europäischen Kommission auch Art. 124 EAGV und Art. 8 EGKSV zu.

1422 *Oppermann*, Europarecht, Rn. 365.

1423 *Jarass*, Grundfragen der innerstaatlichen Bedeutung des EG-Rechts, S. 57; *Oppermann*, Europarecht, Rn. 365.

1424 Siehe hierzu ausführlich *Streinz*, Europarecht, Rn. 857-862a m. w. Nw.

Strukturen der EG nicht zu bewältigendes Problem[1425], obgleich ihr zahlreiche Unterrichtungsrechte über das Verhalten der Mitgliedstaaten zustehen. Solche Unterrichtungsrechte sind auch in den angesprochenen Richtlinien im Bereich des Wertpapierhandels gesichert durch die Mitteilungspflichten der Mitgliedstaaten hinsichtlich der Einrichtung der zuständigen Aufsichtsbehörden und die Verteilung der notwendigen Aufsichtskompetenzen zwischen den Behörden.[1426] Insbesondere aber ist der Kontaktausschuß bzw. der beratende Wertpapierauschuß unter dem Vorsitz der Kommission ein geeignetes Instrument, um sich über den Stand der Umsetzung der Richtlinien in den Mitgliedstaaten und die dabei entstehenden Probleme zu informieren. Selbst wenn eine Richtlinie eine solche Unterrichtungspflicht der Mitgliedstaaten gegenüber der Kommission nicht vorsieht, kann die Kommission den Mitgliedstaat zur Unterrichtung auffordern. Die Verpflichtung zur Notifizierung über die Umsetzung der Richtlinie ergibt sich dabei aus Art. 10 [ex-Art. 5] EGV.[1427] Sie darf jedoch nicht mit der in einigen Richtlinien[1428] angeordneten Pflicht verwechselt werden, über die Anwendung der Regelungen im Einzelfall zu berichten.[1429] Die Kommission ist jedoch bereits personell kaum in der Lage, für alle Rechtsgebiete ausreichend Kontrollkapazität aufzubauen. Die sehr unterschiedliche Verwaltungspraxis in den Mitgliedstaaten kommt erschwerend hinzu.[1430]

b. Fehlen staatlicher Hoheitsgewalt der Gemeinschaft

Der Europäischen Gemeinschaft fehlt die Macht, das EG-Recht selbst zu erzwingen.[1431] Sie verfügt weder über eine umfassende eigene Gebietshoheit noch über eine umfassende Personalhoheit. Damit fehlen ihr nach fast ganz einhelliger Ansicht wesentliche Staatsmerkmale der klassischen Staatstheorie.[1432]

Es handelt sich bei der „Gemeinschaft" vielmehr um eine neuartige Form zwischenstaatlicher Verbindung[1433], die sich auszeichnet durch den Vorrang des Gemeinschaftsrechts vor dem mitgliedstaatlichen Recht (Supranationalität)[1434], der fortschreitenden Entwicklung der Gemeinschaft und nicht zuletzt durch die Tatsache, daß der Europäischen Union

---

1425 Ähnlich *Jarass*, Grundfragen der innerstaatlichen Bedeutung des EG-Rechts, S. 106.

1426 Siehe z. B. Art. 22 der Wertpapierdienstleistungsrichtlinie 93/22/EWG, Art. 8 Abs. 1 der Insiderrichtlinie 89/592/EWG.

1427 *EuGH* Rs. 33/90 - Kommission/Italien - Rspr. 1991, I-5987 (6006 f.); *Jarass*, Grundfragen der innerstaatlichen Bedeutung des EG-Rechts, S. 62.

1428 Siehe z. B. Art. 16, 19 Abs. 10 der Wertpapierdienstleistungsrichtlinie 93/22/EWG.

1429 *Jarass*, Grundfragen der innerstaatlichen Bedeutung des EG-Rechts, S. 63.

1430 *Macrory*, The Enforcement of Community Enviromental Laws, CMLR 1992, S.355 ff.

1431 *Oppermann*, Europarecht, Rn. 689.

1432 Ausführlich *Streinz*, Europarecht, Rn. 107 ff. mit einer Diskussion der staatsrechtlichen Einordnung der EG.

1433 *Oppermann*, Europarecht, Rn. 887 ff..

nur bestimmte Hoheitsrechte der Mitgliedstaaten übertragen wurden und ihre Befugnisse nur begrenzt sind[1435] (Prinzip der Einzelzuständigkeit im Gegensatz zum Prinzip der Allgewalt der klassischen Staatengewalt)[1436]. Es ist ihr nicht möglich, sich selbst neue Hoheitsrechts zu schaffen.[1437] Statt dessen ist sie auf die Übertragung weiterer Hoheitsrechte angewiesen.[1438] Diese Rechtsqualität und die Angewiesenheit auf die Übertragung von Hoheitsrechten wegen der Geltung des „Prinzips der begrenzten Ermächtigung" schließen es jedoch nicht aus, der Gemeinschaft neue Sanktionskompetenzen durch Entscheidung der Mitgliedstaaten zu geben. In diesem Rahmen kann selbstverständlich auch die Einrichtung einer neuen europäischen Behörde auf Gemeinschaftsebene mit eigenständigen Entscheidungs- und Sanktionsbefugnissen geregelt werden, um den gemeinschaftsunmittelbaren Vollzug des Gemeinschaftsrechts im Bereich des Wertpapierhandels herzustellen.

Nach Art. 292 [Art. 219] EGV verpflichten sich die Mitgliedstaaten, Streitigkeiten über die Auslegung oder Anwendung des EGV nicht anders als darin vorgesehen zu regeln. Durch diese Regelung sind nach ganz überwiegender Ansicht[1439] sämtliche Repressalien des Völkerrechts gegenüber den Mitgliedstaaten ebenso ausgeschlossen wie ein „Bundeszwang", auch wenn die Mitgliedstaaten ähnlich wie in einem Bundestaat einer Loyalitätspflicht gegenüber der Gemeinschaft unterliegen, wie [Art. 10 [ex-Art. 5] EGV zeigt. Danach haben die Mitgliedstaaten alle geeigneten Maßnahmen zur Erfüllung ihrer Verpflichtungen zu treffen und alle Maßnahmen, welche die Verwirklichung der Ziele des EGV gefährden könnten, zu unterlassen. Die Mitgliedstaaten bleiben jedoch grundsätzlich die „Herren der Verträge", auch wenn sie gleichzeitig deren „Diener" geworden sind.[1440] Als rechtliche Verankerung einer solchen neuen Behörde kommen damit grundsätzlich die Errichtung durch die Europäische Kommission kraft ihrer Organisationsgewalt, das Verfahren nach Art. 235 EGV oder eine Vertragsänderung nach Art. N Abs. 1 EUV in Betracht, wobei dies von der konkreten Ausgestaltung der neuen Behörde mit Aufgaben und Befugnissen abhängt.

1434 Zur Supranationalität *Streinz*, Europarecht, Rn. 115-120 m. w. Nw.

1435 Ausführlich *Oppermann*, Europarecht, Rn. 902 ff..

1436 *Oppermann*, Europarecht, Rn. 905.

1437 Insbesondere das Fehlen der Kompetenz-Kompetenz unterscheidet die Europäischen Gemeinschaften von einem staatlichen Gebilde, siehe *Streinz*, Europarecht, Rn. 121 u. 436.

1438 *Oppermann*, Europarecht, Rn. 905.

1439 Vgl. ausführlich *Pühs*, Der Vollzug von Gemeinschaftsrecht, S. 263 ff. (264) m. w. Nw. auf den Streitstand.

1440 *Oppermann*, Europarecht, Rn. 905 m. w. Nw.

c. Vertragsverletzungsverfahren

Im übrigen aber bleibt der Gemeinschaft, d. h. der Kommission nur die Möglichkeit, gegen die Mitgliedstaaten, die ihrer Umsetzungs- oder Durchsetzungspflicht nicht nachkommen, ein Vertragsverletzungsverfahren gemäß Art. 226 [Art. 169] EGV[1441] vor dem EuGH einzuleiten. Selbst wenn der EuGH aber abschließend einen Verstoß des Mitgliedstaates gegen dessen vertragliche Pflichten festgestellt hat, obliegt es gemäß Art. 228 [ex-Art. 171] Abs. 1 EGV nicht der Kommission, dem Rat oder einer sonstigen Institution der EG, sondern dem betreffenden Mitgliedstaat selbst, die Maßnahmen zur Durchsetzung dieses Urteils zu ergreifen. Oppermann[1442] bezeichnet deshalb zu Recht die „Einsicht der Mitgliedstaaten" in die Richtigkeit des Urteils sowie die Gefahren der Nichtbeachtung des Urteils als eigentliche „Sanktion" der Gemeinschaft im Verhältnis zu ihren Mitgliedstaaten. Die Gefahren der Nichtbeachtung sind allerdings erheblich, da eine Kettenreaktion zu befürchten ist, wenn ein Mitgliedstaat sich nicht mehr an die Urteile des EuGH gebunden fühlte und andere Mitgliedstaaten dies ebenfalls für sich in Anspruch nähmen.

Mit Einführung des Art. 228 [ex-Art. 171] Abs. 2 EGV hat sich die Möglichkeit der Gemeinschaft, Sanktionen[1443] gegen Mitgliedstaaten, die ihren vertraglichen Verpflichtungen nicht nachkommen, durchzusetzen, allerdings verbessert.[1444] Der neue Art. 228 [ex-Art. 171] Abs. 2 EGV ermöglicht dem EuGH nunmehr, in seinem zweiten Urteil zusätzlich die Zahlung eines Pauschalbetrages oder Zwangsgeldes gegen den Mitgliedstaat zu verhängen.[1445] Voraussetzung ist allerdings, daß die Kommission diese Entscheidung im Verfahren nach Art. 228 [ex-Art. 171] Abs. 2 UA. 1 und 2 EGV erwirkt hat. Dabei kommt der Kommission ein weiter Spielraum bei der Beurteilung der Frage zu, ob der

---

1441 Ausführlich hierzu *Pühs*, Der Vollzug von Gemeinschaftsrecht, S. 220-238.

1442 *Oppermann*, Europarecht, Rn. 691.

1443 Der Begriff „Sanktion" wird hier gebraucht i. S. e. negativen Reaktion auf ein von der Norm abweichendes Verhalten, das einen Nachteil nach sich zieht.

1444 Der Rechtsbefolgungswille der Mitgliedstaaten war zumindest zu Beginn der 80er Jahren so gut ausgeprägt, daß nur wenige Urteile des EuGH unbeachtet gelassen wurden. In diesen wenigen Fällen hat die Europäische Kommission oftmals von der Möglichkeit Gebrauch gemacht, nach Art. 169 EGV ein zweites Vertragsverletzungsverfahren, das auch jeden Verstoß gegen sekundäres Europarecht erfaßt, vor dem EuGH einzuleiten und dieses auf die Verletzung der Verpflichtung aus Art. 171 EGV gestützt. Von Mitte der 80er und Anfang der 90er Jahre an nahm die Zahl dieser Zweit-Verfahren jedoch sprunghaft zu, was auf eine erhebliche Verschlechterung des Rechtsbefolgungswillens der Mitgliedstaaten schließen läßt. Der EuGH konnte in diesen Urteilen allerdings wiederum nur feststellen, daß der Mitgliedstaat seinen Pflichten aus dem ersten Urteil des Vertragsverletzungsverfahrens nicht nachgekommen ist. Vgl. hierzu *Jarass*, Grundfragen der innerstaatlichen Bedeutung des EG-Rechts, S. 111; *Geiger*, EG-Vertrag, Rn. 3 zu Art. 169; *Borchardt*, in: Lenz (Hrsg.), EG-Vertrag Kommentar, Rn. 7 f. zu Art. 228 [ex-Art. 171] mit dem Beispiel des Urteils *EuGH*, Rs. 281/83, „Kommision/Italien", Rspr. 1985, 3397; *Oppermann*, Europarecht, Rn. 693.

1445 Das neu eingeführte Verfahren nach Art. 171 Abs. 2 ist damit eine Reaktion auf die Zunahme der „Zweitverurteilungen", *Streinz*, Europarecht, Rn. 510; *Jarass*, Grundfragen der innerstaatlichen Bedeutung des EG-Rechts, S. 111.

Mitgliedstaat die betreffenden Maßnahmen zur Umsetzung des ersten Urteils ergriffen hat. Dies ist jedoch nicht immer eindeutig, insbesondere wenn es sich um die Umsetzung von Rechtsnormen oder die effektive Durchführung von Kontrollen oder die Aufsicht über Marktteilnehmer handelt. Offen ist zudem noch, ob die Verurteilung eine schuldhafte Nichtbefolgung des ersten Feststellungsurteils voraussetzt und nach welchen Maßstäben der Pauschalbetrag oder das Zwangsgeld vom EuGH festgesetzt werden.[1446] Die gemäß Art. 171 Abs. 2 UA. 2 S. 2 EGV von der Kommission zu benennende Höhe des zu zahlenden Pauschalbetrags oder Zwangsgelds, die sie den Umständen nach für angemessen hält, kann für den EuGH nur ein Anhaltspunkt sein. Hinsichtlich des Pauschalbetrages oder des Zwangsgeldes ist das Urteil gemäß Art. 244 [ex-Art. 187] EGV i. V. m. Art. 256 [ex-192] EGV nach den Regeln für die Vollstreckung der Entscheidungen des Rates und der Kommission vollstreckbar.[1447] Zu beachten ist, daß die in Art. 244 [ex-Art. 187] EGV enthaltene Verweisung auf Art. 256 [ex-Art. 192] EGV sich nur auf Art. 256 [ex-Art. 192] Abs. 2-4 EGV bezieht und nicht auch auf den in Art. 256 [ex-Art. 192] Abs. 1 EGV angesprochenen Inhalt des Vollstreckungstitels.[1448] Die Beschränkung in Art. 256 [ex-Art. 192] Abs. 1 EGV gilt daher nicht für die Urteile des EuGH.[1449] Die Zwangsvollstreckung ist auch gegen einen Mitgliedstaat zulässig, allerdings nur im Rahmen der Möglichkeiten, die die nationalen Zivilprozeßordnungen eröffnen, so daß auch insoweit nicht die Beschränkung in Art. 256 [ex-Art. 192] Abs. 1 EGV gilt.[1450] Die Zwangsvollstreckung erfolgt damit nach den Vorschriften des Mitgliedstaates, gegen den vollstreckt werden soll.[1451]

Da bereits die Ankündigung der Kommission, eine Verurteilung zu einem Zwangsgeld zu beantragen, Wirkung gezeigt hat, kann sich dieses Instrument (ohne es überzubewerten) durchaus als effektiv erweisen. Eine zu häufige Anwendung hätte hingegen aber sowohl

---

1446 *Pühs*, Der Vollzug von Gemeinschaftsrecht, S. 285 m. w. Nw.

1447 Nach Art. 192 Abs. 1 EGV sind die Entscheidungen des Europäischen Rates oder der Europäischen Kommission, die eine Zahlung auferlegen, vollstreckbare Titel, mit Ausnahme von Entscheidungen gegenüber (Mitglied-)Staaten. Vgl. *Borchardt*, in: Lenz (Hrsg.), EG-Vertrag Kommentar, Rn. 14 zu Art. 228 [ex-Art. 171].

1448 Dies ist beinahe einhellige Meinung, vgl. *Krück*, in: von der Groeben/Thiesing/Ehlermann (Hrsg.), Kommentar zum EWGV, Rn. 2 f. zu Art. 187 m. w. Nw.; *Streinz*, Europarecht, Rn. 336; *Borchardt*, in: Lenz (Hrsg.), EG-Vertrag Kommentar, Rn. 2 zu Art. 244 [ex-Art. 187]; *Geiger*, EG-Vertrag Kommentar, Rn. 3 zu Art. 187.

1449 *Grabitz*, in: ders. (Hrsg.), EWG-Kommentar, Rn. 2 zu Art. 187; *Borchardt*, in: Lenz (Hrsg.), EG-Vertrag Kommentar, Rn. 2 zu Art. 244 [ex-Art. 187].

1450 *Borchardt*, in: Lenz (Hrsg.), EG-Vertrag Kommentar, Rn. 8 zu Art. 244 [ex-Art. 187].

1451 Zum Zwangsvollstreckungsverfahren *Hetmeier*, in: Lenz (Hrsg.), EG-Vertrag Kommentar, Rn. 4 ff. zu Art. 256 [ex-Art. 192]; *Geiger*, EG-Vertrag Kommentar, Rn. 2-6 zu Art. 187.

für die Gemeinschaft als auch für die betroffenen Mitgliedstaaten negative Imagewirkung, so daß nicht mit einem allzu häufigen Einsatz gerechnet werden kann.[1452]

3. Der Sanktionscharakter der unmittelbaren Wirkung von Europäischem Primärrecht und Richtlinien

Wirksamer als das vorstehend beschriebenen Sanktionsverfahren hat sich jedoch die Anerkennung einer unmittelbaren Wirkung des Primärrechts sowie von Richtlinien erwiesen, wenn die Mitgliedstaaten letztere nicht, nicht rechtzeitig oder nicht ausreichend umgesetzt haben.[1453]

Auch wenn das europäische Primärrecht grundsätzlich nur die Mitgliedstaaten rechtlich bindet, kann es unmittelbar Rechte und Pflichten für die Gemeinschaftsbürger begründen, wenn die Normen abschließend, vollständig und vollkommen einen Sachverhalt regeln, so daß kein zwischengeschalteter Vollzugsakt notwendig ist.[1454]

Als rechtliche Grundlage für die Annahme der unmittelbaren Wirkung von nicht, nicht rechtzeitig oder nicht ausreichend umgesetzten Richtlinien sieht der EuGH die Verpflichtung der Mitgliedstaaten zur Umsetzung sowie ebenfalls den Art. 10 [ex-Art. 5] EGV an. Genannt wird auch ganz allgemein der Gedanke des Wirksamkeitsgebotes[1455], das Verbot widersprüchlichen Verhaltens[1456] und das Gebot effektiven Rechtsschutzes[1457]. Eine unmittelbare Wirkung von Richtlinien kommt insbesondere auch in Betracht, wenn die Richtlinie nur unzulänglich in nationales Recht umgesetzt wurde und die Marktteilnehmer ein Interesse an der Einhaltung der rechtlichen Vorgaben der Gemeinschaft haben.[1458] Voraussetzung für diese Feststellung ist aber, daß die betreffende Richtlinienbestimmung[1459] inhaltlich unbedingt und hinreichend bestimmt ist.[1460] Die Einräu-

---

1452 *Pühs*, Der Vollzug von Gemeinschaftsrecht, S. 284 m. w. Nw.

1453 Vgl. hierzu ausführlich *Jarass*, Grundfragen der innerstaatlichen Bedeutung des EG-Rechts, S. 71.

1454 Siehe hierzu ausführlich *Streinz*, Europarecht, Rn. 349 ff. m. w. Nw.; *Oppermann*, Europarecht, Rn. 629 m. w. Nw.; *Pühs*, Der Vollzug von Gemeinschaftsrecht, S. 375 ff. m. w. Nw.

1455 *Langenfeld*, Zur Direktwirkung von EG-Richtlinien, DÖV 1992, S. 958; *Pühs*, Der Vollzug von Gemeinschaftsrecht, S. 379 m. w. Nw.; zum Wirksamkeitsgebot („effet utile") ausführlich *ders.*, Der Vollzug von Gemeinschaftsrecht, S. 79 ff., 97 ff.

1456 *EuGH*, Rs. 190/87 - Oberkreisdirektor Borken/Handelssonderneming Moermann BV - Rspr. 1988, 4689 (4722); *Jarass*, Grundfragen der innerstaatlichen Bedeutung des EG-Rechts, S. 71 m. w. Nw.; *Pühs*, Der Vollzug von Gemeinschaftsrecht, S. 379 f.

1457 *Everling*, Zur direkten innerstaatlichen Wirkung der EG-Richtlinien, FS für Carstens, Bd. 1, S. 108; *Götz*, Europäische Gesetzgebung durch Richtlinien, NJW 1992, S. 1855.

1458 *Pühs*, Der Vollzug von Gemeinschaftsrecht, S. 378 m. w. Nw.

1459 Vgl. *Jarass*, Voraussetzungen der innerstaatlichen Wirkung des EG-Rechts, NJW 1990, S. 2423.

mung von Beurteilungs-, Ermessens- oder Gestaltungsspielräumen bei der Anwendung hindert die unmittelbare Wirkung der Richtlinie allerdings nicht.[1461] Gleiches gilt für unbestimmte Rechtsbegriffe, die durch die nationalen Gerichte oder den EuGH auszulegen sind.[1462] Die Richtlinie muß dann jedoch „rechtlich vollkommen", d. h. ohne weitere Konkretisierungsmaßnahmen angewandt werden können, mithin mehr als ein bloßes vages Programm darstellen.[1463] Streitig ist die unmittelbare Wirkung von Richtlinien, die die Marktteilnehmer belastende Regelungen enthalten oder zwar einen Marktteilnehmer begünstigen, aber gleichzeitig einen anderen Marktteilnehmer belasten (Richtlinie mit Doppelwirkung).[1464]

Der Problemschwerpunkt der Beaufsichtigung des grenzüberschreitenden Wertpapierhandels liegt hingegen nicht so sehr in der nicht fristgerechten Umsetzung der einschlägigen Richtlinien, obwohl z. B. auch die Wertpapierdienstleistungsrichtlinie von mehreren Mitgliedstaaten nicht fristgerecht umgesetzt worden ist, sondern die eigentliche Problematik ergibt sich aus den weiten Freiräumen, die die Richtlinien den Mitgliedstaaten für die Umsetzung lassen und die die Schaffung eines level-playing-field für alle am Markt teilnehmenden Wettbewerber erschweren.

In diesem Zusammenhang spielt zudem der unbestrittene „Vorrang des Gemeinschaftsrechts" vor dem mitgliedstaatlichen Recht bei Kollisionsfällen mit gleichlautendem mitgliedstaatlichen Recht eine Rolle, der sowohl gegenüber einfachem mitgliedstaatlichen Recht als auch gegenüber mitgliedstaatlichem Verfassungsrecht wirkt. Der auf mitgliedstaatlicher verfassungsrechtlicher Ermächtigung bestehende Vorrang des Gemeinschaftsrechts hat seine rechtliche Grundlage auf primärrechtlicher Ebene in Art. 5 EGV und wird für das Sekundärrecht aus Art. 189 EGV hergeleitet.

1460 *Jarass*, Grundfragen der innerstaatlichen Bedeutung des EG-Rechts, S. 72. Sofern die Richtlinie nur einen Mitgliedstaat bzw. eine mitgliedstaatliche Stelle zu einem bestimmten Verhalten verpflichtet, ohne Rechte einzelner Marktteilnehmer zu begründen, wird von „objektiver unmittelbarer Wirkung" gesprochen, vgl. *Pühs*, Der Vollzug von Gemeinschaftsrecht, S. 378 f. m. w. Nw.

1461 *EuGH*, Rs. 71/85 - Niederlande/Federation Nederlandse Vakbeweging - Rspr. 1986, 3855 (3876); *Jarass*, Voraussetzungen der innerstaatlichen Wirkung des EG-Rechts, NJW 1990, S. 2423 f.

1462 *Jarass*, Grundfragen der innerstaatlichen Bedeutung des EG-Rechts, S. 76 f. m. w. Nw.; vgl. ausführlich zur richtlinienkonformen Auslegung als einzigem Weg, von nicht unmittelbar wirksamen Richtlinienrecht zur innerstaatlichen Beachtlichkeit zu kommen, *Pühs*, Der Vollzug von Gemeinschaftsrecht, S. 390 ff.

1463 *Jarass*, Grundfragen der innerstaatlichen Bedeutung des EG-Rechts, S. 76 f. m. w. Nw.

1464 Siehe hierzu ausführlich *Streinz*, Europarecht, Rn. 400 f., 405 f.; *Pühs*, Der Vollzug von Gemeinschaftsrecht, S. 381-390 m. w. Nw.

4. Staatshaftung der Mitgliedstaaten für Verstöße gegen das Gemeinschaftsrecht

Neben der unmittelbaren Wirkung von Gemeinschaftsrecht kommt dem Staatshaftungsrecht der Gemeinschaft insbesondere in seiner Ausprägung als durch das Gemeinschaftsrecht veranlaßte Staatshaftung der Mitgliedstaaten gegenüber den Marktteilnehmern eine besondere Bedeutung für die effektive Umsetzung des Gemeinschaftsrechts und der das Gemeinschaftsrecht betreffenden Rechtsakte der Mitgliedstaaten zu. Die Staatshaftung der Gemeinschaft für ihre eigenen Organe, die auf primärrechtlicher Ebene insbesondere in Art. 215 Abs. 2 EGV verankert ist, kann im Wege der Schadensersatzklage nach Art. 178 EGV von privaten Marktteilnehmern durchgesetzt werden, unterliegt aber hohen Voraussetzungen.

Als effektiver erweist sich für die Umsetzungskontrolle und Durchsetzung des Europarechts hingegen vor dem Hintergrund der jüngeren Rechtsprechung des EuGH in den Fällen „Francovich"[1465] und „Brasserie du Pecheur"[1466] die „unmittelbar im Gemeinschaftsrecht" begründete Staatshaftung der Mitgliedstaaten für Verstöße gegen das Gemeinschaftsrecht, die privaten Marktteilnehmern einen Schaden zufügen. Dabei begründet der EuGH diese Staatshaftung im wesentlichen damit, daß nicht nur die Mitgliedstaaten Rechtssubjekte der Gemeinschaft sind, sondern auch die einzelnen Marktteilnehmer, denen auch im Gemeinschaftsrecht begründete Rechte wie Pflichten zustehen. Diese Rechte und Pflichten ergeben sich nicht nur unmittelbar, sondern auch mittelbar durch Vertragsauslegung aus dem Sinn und Zweck des Vertrages. Die Möglichkeit, für aus Verletzungen dieser Rechte entstandene Schäden einen Schadensersatz zu erlangen, sichere daher die Ziele des Vertrags, insbesondere da die Berufung auf die unmittelbare Wirksamkeit von Gemeinschaftsrecht allein nicht die uneingeschränkte Anwendung des Vertrags gewährleisten könne und nur eine „Mindestgarantie" darstelle. Die Staatshaftung sei daher eine Ergänzung der unmittelbaren Wirkung des Gemeinschaftsrechts, wobei jedoch auch der Geschädigte vorher alle ihm zur Verfügung stehenden Rechtsschutzmöglichkeiten in Anspruch nehmen müsse. Das so zu entwickelnde Staatshaftungsrecht erweist sich als ein Element dezentraler, weil auf den einzelnen Marktteilnehmer und die Gerichte verlagerte Kontrolle der Umsetzung des Gemeinschaftsrechts. Es hat wegen seines Sanktionscharakters abschreckende Wirkung auf die Mitgliedstaaten und dadurch erheblichen Einfluß auf deren Umsetzungspolitik, zumal der EuGH in der „Francovich"-Entscheidung einen allgemeinen Grundsatz des Gemeinschaftsrechts geprägt hat, wonach

---

[1465] *EuGH*, verb. Rs. C-6/90 und C-9/90 - Francovich u. a../Italien - Rspr. 1991 I, 5357.

[1466] *EuGH*, verb. Rs. C-46/93 und C-48/93 - Brasserie du Pecheur S.A./Bundesrepublik Deutschland bzw. The Queen/Secretary of State for Transport und Factortame Ltd. u. a. - EuZW 1996, S. 205 ff.

private Marktteilnehmer grundsätzlich Anspruch auf Schadensersatz haben, wenn dieser Schaden durch gemeinschaftsrechtswidriges Handeln der Mitgliedstaaten entstanden ist.

Dabei begründete die vom EuGH in der „Francovich"-Entscheidung eingenommene Position nach zutreffender Auffassung keinen gemeinschaftsrechtlichen Staatshaftungsanspruch, sondern sie ist als eine an die Mitgliedstaaten gerichtete Verpflichtung zu interpretieren, auf der Ebene der Mitgliedstaaten ein Staatshaftungsrecht nach Maßgabe gemeinschaftsrechtlicher Vorgaben zu schaffen.[1467] Die Klagemöglichkeit privater Marktteilnehmer gegen die Mitgliedstaaten ist nach der „Francovich"-Entscheidung in Fällen fehlender Umsetzung einer Richtlinie eröffnet, wenn es Ziel der Richtlinie ist, dem einzelnen Marktteilnehmer subjektive Rechte unmittelbar oder durch Vermittlung des zu schaffenden mitgliedstaatlichen Rechts zu gewähren, diese subjektiven Rechte hinreichend konkret aus der Richtlinie bestimmbar sind und ein Kausalzusammenhang zwischen der Umsetzungsverpflichtung des Mitgliedstaats und dem Schaden des Marktteilnehmers besteht. Inzwischen hat der EuGH diese Rechtsprechung auch auf die fehlerhafte Umsetzung von Richtlinien erstreckt.

In der „Brasserie du Pecheur"-Entscheidung wurde diese Rechtsprechung fortgeführt, indem der EuGH feststellte, daß die Mitgliedstaaten auch dann haften, wenn sie eine unmittelbar anwendbare Norm des Primärrechts verletzen und dem einzelnen Marktteilnehmer hierdurch ein Schaden enststeht. Auch hier ist Voraussetzung, daß die primärrechtliche Norm ein subjektives Recht des Einzelnen begründet und ein unmittelbarer Zusammenhang zwischen der gemeinschaftsrechtlichen Verpflichtung des Mitgliedstaats und dem beim Marktteilnehmer entstandenen Schaden besteht. Darüber hinaus wird ein „hinreichend qualifizierter Verstoß" verlangt, der bei einem offenkundigen und erheblichen Überschreiten des Ermessens des Mitgliedstaats bzw. seiner Organe angenommen wird. Hierbei spielen letztlich die Schuldfrage, der Ermessensraum und die Deutlichkeit der primärrechtlichen Norm eine Rolle. In allen Fällen soll jedoch die Ausgestaltung des Schadensersatzanspruchs und -verfahrens dem mitgliedstaatlichen Recht vorbehalten bleiben.

Auch das Abstellen auf die Amtshaftung wegen einer unzureichenden Umsetzung von Richtlinien[1468] - vom EuGH als „gemeinschaftsrechtlich gebotene Staatshaftung" bezeichnet"[1469] - ist jedoch kaum geeignet, eine effektive zentrale europäische Kontrolle

---

[1467] *Streinz*, EuZW 1993, 599; vgl. auch *ders.*, Europarecht, Rn. 410 ff.; *Pühs*, Der Vollzug von Gemeinschaftsrecht, S. 438 f.

[1468] Vgl. zum Sanktions-Charakter der Amtshaftung wegen Nichtumsetzung einer Richtlinie gegenüber den Mitgliedstaaten ausführlich *Jarass*, Grundfragen der innerstaatlichen Bedeutung des EG-Rechts, S. 113 ff.

[1469] Vgl. *Jarass*, Grundfragen der innerstaatlichen Bedeutung des EG-Rechts, S. 113 m. w. Nw.

und Aufsicht zu gewährleisten, denn auch hierbei stellt sich die Problematik weiter Auslegungsspielräume der Mitgliedstaaten und zusätzlich das Problem langwieriger gerichtlicher Verfahren, die kaum geeignet sind, die für den Wertpapierhandel besonders wichtige zeitnahe Kontrolle des Marktes und seiner Teilnehmer zu sichern.

5. Die Sanktionsmöglichkeiten der EG gegenüber Bürgern der Mitgliedstaaten

Die Funktion der Kommission als „Hüterin der Verträge" umfaßt nicht nur das Verhältnis der Gemeinschaft zu den Mitgliedstaaten, sondern auch das direkte Verhältnis der Gemeinschaft zu den Bürgern der Mitgliedstaaten. In diesem Verhältnis verfügt sie grundsätzlich über mehr Möglichkeiten zur Durchsetzung des Gemeinschaftsrechts als gegenüber den Mitgliedstaaten der Gemeinschaft. Insbesondere Art. 229 [ex-Art. 172] EGV, wonach die vom Rat aufgrund des EWGV/EGV erlassenen Verordnungen hinsichtlich der darin vorgesehenen Zwangsmaßnahmen eine Nachprüfungs- und Änderungskompetenz des EuGH vorsehen können, zeigt, daß auch gemeinschaftsrechtliche Zwangsmaßnahmen gegenüber den Individuen möglich sind.[1470] Ausdrückliche Bußgeldkompetenzen finden sich zudem in Art. 87 Abs. 2a) EGV im Wettbewerbsrecht und insbesondere in vielen Sekundärrechtsakten[1471], wobei ein Schwerpunkt die Durchsetzung des Agrarrechts bildet. Dabei kann mit Pühs[1472] ein Dreistufenbau des Sanktionssystems der Gemeinschaft gegenüber privaten Marktteilnehmern der Gemeinschaft angenommen werden. Die erste Stufe ist dadurch gekennzeichnet, daß allein die Mitgliedstaaten die Sanktion für Verstöße gegen das Gemeinschaftsrecht festsetzen und auch für den Vollzug der Sanktion sorgen. Auf der zweiten Stufe gibt die Gemeinschaft den Mitgliedstaaten vor, daß eine Sanktion zu verhängen ist, den Mitgliedstaaten obliegt aber weiterhin deren Auswahl und Vollziehung. Auf der dritten Stufe legt die Gemeinschaft bzw. ihre Organe selbst die Sanktion fest und vollzieht diese auch selbst. Hierunter fallen insbesondere die nach Art. 87 Abs. 2a) EGV i. V. m. Verordnung Nr. 17 des Rates vom 6.2.1992[1473] verhängbaren Sanktionen sowie die Sanktionen, die durch das Gemeinschaftsrecht so konkret festgelegt sind, daß den Mitgliedstaaten bei ihrem Vollzug faktisch kein Spielraum mehr verbleibt. Solche Verordnungen existieren im Bereich des Wertpapierhandels je-

---

1470 Eine Sonderstellung nimmt hier das Wettbewerbsrecht ein. Gemäß Art. 89 EGV kommt der Europäischen Kommission in diesem Bereich eine Entscheidungskompetenz zu, um die Verwirklichung der Regelungen in Art. 85 und 86 EGV sicherzustellen. Es handelt sich dabei um eine Konkretisierung der Aufgabe aus Art. 155 EGV, die in VO Nr. 17 näher konkretisiert wird. Auch hier ist die Europäische Kommission auf die Amtshilfe der zuständigen Behörden der Mitgliedstaaten zur Durchsetzung dieser Entscheidungen angewiesen. Vgl. *Oppermann*, Europarecht, Rn. 1062; *Streinz*, Europarecht, Rn. 298 sowie Rn. 830 i.V.m. 824.

1471 Siehe *Pühs*, Der Vollzug von Gemeinschaftsrecht, S. 268 f. mit Beispielen und m. w. Nw.

1472 *Pühs*, Der Vollzug von Gemeinschaftsrecht, S. 270 f..

1473 Abl. 1962, 204; Sartorius II Nr. 165.

doch noch nicht, so daß letztlich auch hier keine effektive Aufsicht und Kontrolle nach gesetztem Recht erfolgen kann.

III. Die Kompensation europäischer Kontroll- und Durchsetzungsdefizite durch Harmonisierung mitgliedstaatlicher Sanktionsstandards

Das weitgehende Fehlen eigener Sanktionsmöglichkeiten der EG sowohl gegenüber den Mitgliedstaaten als auch gegenüber den Gemeinschaftsbürgern und im Gebiet der Gemeinschaft ansässigen juristischen Personen wird aber im Bereich des Wertpapierhandels bereits heute zum Teil durch die Bestrebungen der EG kompensiert, die Sanktionsstandards der Mitgliedstaaten auf einem Mindestniveau zu harmonisieren und damit zumindest indirekt Einfluß auf die effektive Durchsetzung des Europarechts zu nehmen. Die Richtlinien im Bereich des Wertpapierhandels zeigen, daß die Europäische Gemeinschaft den Mitgliedstaaten nicht nur mit materiellrechtlichen und aufsichtsorganisatorischen Regelungen die zu erreichenden Ziele vorgibt, sondern das Europarecht auch Aussagen zu Sanktionen für Verstöße gegen diese Regelungen enthält. Hier ist nicht nur an strafrechtliche Sanktionen, sondern vielmehr auch an verwaltungsrechtliche Sanktionen seitens der zuständigen Behörden zu denken.

Der Vereinheitlichung der außerstrafrechtlichen (Verwaltungs-)sanktionen sollte jedoch auch eine Harmonisierung der strafrechtlichen Sanktionen folgen, um zu einer einheitlichen Behandlung gleichgelagerter Fälle in allen Mitgliedstaaten, die notwendige Voraussetzung für den Gemeinsamen Markt ist, zu gelangen.[1474]

1. Die Zulässigkeit europäischer Sanktionsharmonisierung

Nach zutreffender Ansicht kann der Europäische Rat die Mitgliedstaaten durch Richtlinienerlaß auch zur Einführung strafrechtlicher Sanktionen verpflichten.[1475] Als Verankerung dieser Kompetenz wird auf eine Annexkompetenz zu den Harmonisierungskompetenzen des Rates[1476] oder direkt auf Art. 94 [ex-Art. 100] EGV[1477] verwiesen. Grundlage des Einflusses des Gemeinschaftsrechts auf das nationale Recht im Bereich der Sanktionen ist zum einen das Vorrangprinzip[1478], wonach das Gemeinschaftsrecht in der Nor-

---

1474 *Pagliaro*, Grenzen der Strafrechtsvereinheitlichung in Europa, in: Schünemann/González (Hrsg.), Bausteine des europäischen Wirtschaftsrechts, S. 379 (383 f.).

1475 Vgl. *Bridge*, The European Communities and the Criminal Law, Crim. L. R. 1976, S. 88; *Dannecker*, Strafrecht der Europäischen Gemeinschaft, in: Eser/Huber (Hrsg.), Strafrechtsentwicklung in Europa, S. 59 m. w. Nw.

1476 Vgl. *Nicolaysen*, Europäisches Gemeinschaftsrecht, § 32.

1477 *Dieblich*, Der strafrechtliche Rechtsschutz der Rechtsgüter der Europäischen Gemeinschaften, S. 270; *Johannes*, Das Strafrecht im Bereich der Europäischen Gemeinschaften, EuR 1968, S. 67.

1478 Vgl. *Streinz*, Europarecht, Rn. 179 ff. u. 349.

menhierachie im Rang über dem nationalen Recht steht, sowie das Prinzip der unmittelbaren Wirkung[1479], wonach das Gemeinschaftsrecht im Falle fehlender, unzureichender oder falscher Umsetzung in nationales Recht unmittelbare Rechtswirkungen entfaltet.[1480] Zudem bedeutet allein das Fehlen einer ausdrücklichen Kompetenz der EG zur Schaffung supranationaler Strafsanktionen nicht zwangläufig, daß keine Anweisungen zur Schaffung nationalen Strafrechts in Form von Richtlinien erteilt werden können.[1481] Darüber hinaus weist Cuerda[1482] zutreffend darauf hin, daß eine Beeinflussung des nationalen Rechts im Bereich der Sanktionen nicht nur dadurch erfolgt, daß positiv bestimmte weitere Sanktionen gefordert werden, sondern auch dadurch, daß durch die europäische Rechtsetzung durch Richtlinien nunmehr bestimmte Verhaltensweisen erlaubt sein können, die vorher in einzelnen Mitgliedstaaten unter einer Sanktionsdrohung standen. Cuerda bezeichnet diese Funktion der europäischen Rechtsetzung treffend als „negative Rechtsetzung der Gemeinschaft auf der Ebene der Mitgliedstaaten".[1483] Da diese Sanktionvorschriften nicht direkt durch die Gemeinschaft, sondern durch die Mitgliedstaaten nach den dort vorgeschriebenen Gesetzgebungs- oder Verwaltungsverfahren erlassen werden, kann auch nicht von einem fehlenden Demokratiedefizit gesprochen werden, denn der jeweilige nationale Gesetzgeber besitzt in allen Mitgliedstaaten der Gemeinschaft die erforderliche demokratische Legitimation.[1484]

Pühs[1485] sieht allerdings wegen der Möglichkeit, daß mit Sanktionen der Gemeinschaft Eingriffe in die Menschenrechte der Gemeinschaftsbürger erfolgen können, die Notwendigkeit zu einer konsequenten und einheitlichen Einbindung des Europäischen Parlaments in das Verfahren zur Setzung der Sanktionsnormen im Rahmen des Mitentscheidungsverfahrens nach Art. 189b EGV, insbesondere durch Erweiterung des Anwendungsbereichs dieses Verfahrens nach dem Verfahren des Art. N Abs. 2 EUV. Dies mag zwar zu einer größeren Akzeptanz der gemeinschaftsrechtlichen Sanktionsnormen führen, rechtlich zwingend geboten ist eine solche Ausdehnung des Mitentscheidungsverfahrens aber wohl dennoch nicht.

1479 Ausführlich *Bleckmann*, in: ders., Europarecht, Rn. 1070 ff,1152 ff..

1480 Vgl. *Cuerda*, Besitzt die Europäische Gemeinschaft ein ius puniendi?, in: Schünemann/González (Hrsg.), Bausteine des europäischen Wirtschaftsrechts, S. 367 (371).

1481 *Dannecker*, Strafrecht der Europäischen Gemeinschaft, in: Eser/Huber (Hrsg.), Strafrechtsentwicklung in Europa, S. 59.

1482 *Cuerda*, Besitzt die Europäische Gemeinschaft ein ius puniendi?, in: Schünemann/González (Hrsg.), Bausteine des europäischen Wirtschaftsrechts, S. 367 (371).

1483 *Cuerda*, Besitzt die Europäische Gemeinschaft ein ius puniendi?, in: Schünemann/González (Hrsg.), Bausteine des europäischen Wirtschaftsrechts, S. 367 (371), das ius non puniendi der Gemeinschaft begründe einen obligation non puniendi der Mitgliedstaaten.

1484 *Sieber*, Entwicklungsstand und Perspektiven des europäischen Wirtschaftsrechts, in: Schünemann/González (Hrsg.), Bausteine des europäischen Wirtschaftsrechts, S. 349 (360).

1485 *Pühs*, Der Vollzug von Gemeinschaftsrecht, S. 274.

Sieber nennt insbesondere auch das Computerstrafrecht als einen Bereich, in dem eine Harmonisierung des Strafrechts auf europäischer Ebene kommen wird.[1486] Die Mobilität von Informationen in internationalen Datennetzen werde die Vereinheitlichung zu einem „Europastrafrecht" erzwingen.[1487] Ein Paradefall der Mobilität von Informationen in internationalen Datennetzen ist jedoch gerade der grenzüberschreitende Wertpapierhandel in elektronischen Wertpapierhandelssystemen. Im Hinblick auf strafrechtliche Sanktionen ist hier insbesondere an die Ausnutzung von Insiderwissen durch Plazierung von Aufträgen unter Nutzung grenzüberschreitender elektronischer Wertpapierhandelssysteme zu denken. Die Verfolgung der Wege der Aufträge und die Ermittlung der Identität der Auftraggeber dürfte bereits dann ein ernsthaftes Problem darstellen, wenn der Auftraggeber seinen Auftrag auf elektronischem Wege in ein ausländisches Handelssystem eingibt. Hierbei sind durch die zunehmende elektronische Vernetzung auch von Privatpersonen z. B. im Internet mehrfache elektronische Weiterleitungen des Auftrags leicht und in sehr kurzer Zeit durchführbar. Dabei stellt sich zunehmend die Frage, ob die strafrechtlichen Regeln der Mitgliedstaaten, die den Anwendungsbereich der nationalen Strafrechte festlegen und die Regeln für die Ermittlungsverfahren diesen Fallgestaltungen noch gerecht werden, oder ob hier vereinheitlichte europäische Regeln, insbesondere auch die zentrale Kontrolle der Wertpapierhandelssysteme, erforderlich sind.

2. Die Grenzen der Sanktionsharmonisierung im Bereich strafrechtlicher Sanktionen

Haupthindernis einer auch im Bereich der Aufsicht über den Wertpapierhandel sehr weitgehenden Harmonisierung im Bereich strafrechtlicher Sanktionen ist die Auffassung der meisten Mitgliedstaaten, das Strafrecht sei wichtigster Ausdruck ihrer Souveranität. Eine Abgabe von Souveranitätsrechten in diesem Bereich scheint wesentlich schwerer zu wiegen als ein Souveranitätsverzicht im Bereich von Verwaltungs- oder anderen außerstrafrechtlichen Sanktionen[1488]. Eine weitere Grenze ergibt sich hinsichtlich der Strafsanktionen, die sich unmittelbar aus Richtlinien ergeben können. Durch die Rechtsprechung des EuGH in den Entscheidungen „Pretore di Salo"[1489] und „Kolpinghuis"[1490] wurde inzwi-

---

[1486] *Sieber*, Entwicklungsstand und Perspektiven des europäischen Wirtschaftsrechts, in: Schünemann/González (Hrsg.), Bausteine des europäischen Wirtschaftsrechts, S. 349 (S. 353 f.).

[1487] *Sieber*, Entwicklungsstand und Perspektiven des europäischen Wirtschaftsrechts, in: Schünemann/González (Hrsg.), Bausteine des europäischen Wirtschaftsrechts, S. 349 (S. 353 f.).

[1488] Vgl. *Pagliaro*, Grenzen der Strafrechtsvereinheitlichung in Europa, in: Schünemann/González (Hrsg.), Bausteine des europäischen Wirtschaftsrechts, S. 379 (383 f.).

[1489] *EuGH*, Rs. 14/86, „Pretore di Salo/Unbekannt" Rspr. 1987, S. 2545 (2570).

schen die Frage geklärt, ob immer detailliertere Richtlinien auf Grund der ihnen möglicherweise zukommenden unmittelbaren Wirkung die Bürger in den Mitgliedstaaten auch direkt mit Strafsanktionen belasten könnten.[1491] Der EuGH betonte in der Entscheidung „Pretore di Salo" das Prinzip, daß eine (nicht in nationales Rechts umgesetzte) Richtlinie niemals zum Nachteil einer Person führen könne, und bestätigte in der „Kolpinghuis"-Entscheidung, daß eine (nicht umgesetzte) Richtlinie nicht geeignet sei, unmittelbar strafbegründende oder auch nur strafschärfende Wirkung zu entfalten.[1492]

3. Die sekundärrechtlichen Sanktionsregelungen im Bereich des grenzüberschreitenden Wertpapierhandels

Einige sekundärrechtliche Sanktionsregelungen bestehen dennoch bereits auch im Bereich der Normierung des grenzüberschreitenden Wertpapierhandels.

a. Sanktionsregelungen der Zulassungsrichtlinie

Die zuständigen Aufsichtsbehörden sind gemäß Art. 14 Abs. 1 der Zulassungsrichtlinie befugt, die Kursnotiz eines Wertpapiers auszusetzen, wenn dies der ordnungsmäßige Ablauf des Marktes oder der Anlegerschutz erfordert. Gemäß Art. 14 Abs. 2 der Zulassungsrichtlinie kann sogar aufgrund besonderer Umstände die Einstellung der amtlichen Notierung des Wertpapiers beschlossen werden. Darüber hinaus ermöglicht die Zulassungsrichtlinie als „Sanktion" die Veröffentlichung der Tatsache, daß der Emittent den ihm aus der Zulassung zur amtlichen Notierung erwachsenden Pflichten nicht nachkommt (Art. 12). Da der Börsenhandel mit Wertpapieren des Emittenten in besonderem Maße vom öffentlichen Vertrauen in die Erfüllung der ihm obliegenden Pflichten abhängt, kann auch eine durch eine solche Veröffentlichung induzierte negative Berichterstattung in der Presse dem Ansehen des Emittenten schaden und seine Möglichkeiten der öffentlichen Kapitalaufnahme über die Emission neuer Wertpapiere einschränken. Zugleich enthält Art. 12 der Zulassungsrichtlinie den Hinweis, daß die Veröffentlichungsmöglichkeit „unbeschadet der sonstigen Maßnahmen und Sanktionen" der Mitgliedstaaten für diesen Fall besteht. Er geht somit davon aus, daß die Mitgliedstaaten bereits vor der Umsetzung der Richtlinie oder spätestens mit ihrer Umsetzung über weitere (i. d. R. börsenrechtliche) Sanktionsmöglichkeiten verfügen.

1490 *EuGH*, Rs. 80/86, „Kolpinghuis Nijmegen BV" Rspr. 1987, S. 3969; siehe dazu auch *Hugger*, Zur strafbarkeitserweiternden richtlinienkonformen Auslegung deutscher Strafvorschriften, NStZ 1993, S. 421 (422); sowie *Dannecker*, Strafrecht der Europäischen Gemeinschaft, in: Eser/Huber (Hrsg.), Strafrechtsentwicklung in Europa, S. 61 f., der eine Kurzschilderung des Falles und der rechtlichen Bedeutung gibt.

1491 Zur Ablehnung einer unmittelbaren Wirkung *Streinz*, Europarecht, Rn. 400 u. 405.

b. Sanktionsregelungen der Transparenzrichtlinie

Die Transparenzrichtlinie enthält zwar keine detaillierten Sanktionsregeln, spricht aber in Art. 15 an, daß die Mitgliedstaaten angemessene Sanktionen für den Fall vorsehen, daß die Richtlinienadressaten ihren Bestimmungen nicht nachkommen. Die Aufforderung an die Mitgliedstaaten ist zwar sehr unbestimmt, aber zum ersten Mal enthielt eine Richtlinie im Wertpapierbereich damit den Hinweis, daß zur effektiven Durchsetzung ihrer Regelungen nicht nur die Umsetzung des materiellen Gehalts der Normen in nationales Recht ausreichen dürfte, sondern hierzu auch den aufsichtsführenden Behörden ein entsprechendes Sanktionsinstrumentarium an die Hand gegeben werden muß.

c. Sanktionsregelungen der Insiderrichtlinie

Einen Schritt weiter geht Art. 13 der Insiderrichtlinie, wonach Sanktionen wegen Verstößen gegen die aufgrund dieser Richtlinie erlassenen Vorschriften so weit gehen müssen, daß sie einen hinreichenden Anreiz zur Einhaltung dieser Vorschriften darstellen. Damit soll erreicht werden, daß die Mitgliedstaaten nicht nur unzureichende Sanktionen gegen Verstöße in ihrem nationalen Recht vorsehen, sondern eine effektive, vergleichbare Bewehrung der Regelungen auf der Ebene aller Mitgliedstaaten erreicht und damit gleichzeitig das Problem eines möglichen Sanktionsgefälles mit seinen wettbewerblichen Folgen von vorneherein ausgeschlossen wird.[1493] Andererseits verdeutlicht gerade diese Regelung, daß sich die EG bis zu diesem Zeitpunkt weitgehend zurückgehalten hat, den Mitgliedstaaten bestimmte Sanktionen inhaltlich vorzuschreiben. Ursprünglich sah der

---

1492 *EuGH*, Rs. 14/86, „Pretore di Salo/Unbekannt" Rspr. 1987, S. 2545 (2570); *EuGH*, Rs. 80/86, „Kolpinghuis Nijmegen BV" Rspr. 1987, S. 3969; *Dannecker*, Strafrecht der Europäischen Gemeinschaft, in: Eser/Huber (Hrsg.), Strafrechtsentwicklung in Europa, S. 61 f.

1493 Vgl. zu den Sanktionen der Mitgliedstaaten im Bereich des Insiderhandels für Belgien *Hanotiau/Feron*, in: Gaillard (Hrsg.), Insider Trading, S. 43; für Dänemark *Blyt/Clausen*, in: Gaillard (Hrsg.), Insider Trading, S. 55 f.; *Christensen*, in: Wegen/Assmann (Hrsg.), Insider Trading in Western Europe, S. 142 f.; für Deutschland *Assmann*, in: Wegen/Assmann (Hrsg.), Insider Trading in Western Europe, S. 27-29; für Frankreich *Gaillard*, in ders. (Hrsg.), Insider Trading, S. 73 f.; *Borde*, in: Wegen/Assmann (Hrsg.), Insider Trading in Western Europe, S. 70-73; für Griechenland *Lambadarios*, in: Gaillard (Hrsg.), Insider Trading, S. 97f; für Irland *O'Connor*, in: Gaillard (Hrsg.), Insider Trading, S. 107; *Dudley/Casey*, in: Wegen/Assmann (Hrsg.), Insider Trading in Western Europe, S. 153-156; für Italien *Casella*, in: Gaillard (Hrsg.), Insider Trading, S. 120; *Solimena*, in: Wegen/Assmann (Hrsg.), Insider Trading in Western Europe, S. 87; für Luxemburg *Kieffer*, in: Gaillard (Hrsg.), Insider Trading, S. 129; *Biver*, in: Wegen/Assmann (Hrsg.), Insider Trading in Western Europe, S. 177; für die Niederlande *van Lanschot*, in: Gaillard (Hrsg.), Insider Trading, S. 144; *de Serière*, in: Wegen/Assmann (Hrsg.), Insider Trading in Western Europe, S. 129-133; für Portugal *Barreiros Moreira Rato*, in: Gaillard (Hrsg.), Insider Trading, S. 154; für Spanien *Bautista/Trigueros*, in: Gaillard (Hrsg.), Insider Trading, S. 165ff; *Prol*, in: Wegen/Assmann (Hrsg.), Insider Trading in Western Europe, S. 185-187; für Großbritannien *Crystal/Atherton*, in: Gaillard (Hrsg.), Insider Trading, S. 196 ff.; *Herrington/Glover*, in: Wegen/Assmann (Hrsg.), Insider Trading in Western Europe, S. 56 f.; für Österreich *Kutscher/Hoenig*, in: Gaillard (Hrsg.), Insider Trading, S. 231ff; für Finland *Astola*, in: Gaillard (Hrsg.), Insider Trading, S. 246; für Schweden *Nilsson*, in: Gaillard (Hrsg.), Insider Trading, S. 267.

Entwurf der Insiderrichtlinie vor, daß die Mitgliedstaaten ausdrücklich zur Androhung einer Kriminalstrafe verpflichtet werden sollten.[1494] Der Europäische Rat hat jedoch von einer solchen spezifischen Sanktionsvorgabe abgesehen[1495], nicht zuletzt, da die Mitgliedstaaten das Strafrecht zum Kern der Hoheitsgewalt der Mitgliedstaaten zählen. Ergänzend enthält Art. 8 der Insiderrichtlinie die Verpflichtung der Mitgliedstaaten, bei der Umsetzung der Richtlinie dafür zu sorgen, daß die zuständigen Stellen, „gegebenenfalls zusammen mit anderen Stellen über die für die Erfüllung ihrer Aufgabe notwendigen Kompetenzen, sowie Kontroll- und Ermittlungsbefugnisse verfügen.“ Die gesonderte Erwähnung der notwendigen Kontroll- und Ermittlungsbefugnisse war notwendig, um eine effektive Aufsichtsregelung in allen Mitgliedstaaten zu schaffen. Ohne diese Befugnisse wäre die Forderung nach ausreichenden Sanktionsregelungen wirkungslos, zumindest aber in der Wirkung geschwächt.

d. Sanktionsregelungen der Wertpapierdienstleistungsrichtlinie

Die Wertpapierdienstleistungsrichtlinie enthält eine sehr detaillierte Regelung des Verfahrens zur Verhängung der Sanktionen im grenzüberschreitenden Wertpapierhandel, gibt den Mitgliedstaaten aber gleichfalls nur wenige konkrete Vorschriften für die Ausgestaltung der Sanktionen, so daß auch hier die Harmonisierung der Sanktionsverfahren, nicht jedoch die Harmonisierung der Sanktionen im Vordergrund steht. Diese erscheint aber ebenfalls erforderlich, um die Kapitalmarktteilnehmer im gemeinsamen europäischen Kapitalmarkt unter vergleichbaren Rahmenbedingungen agieren zu lassen. Die Sanktionsverfahrensregelung ist notwendig, um das Konzept der Heimatlandkontrolle auch bei Regelverstößen, die durch Zweigniederlassungen oder bei der Erbringung von Dienstleistungen im grenzüberschreitenden Verkehr im Aufnahmemitgliedstaat begangen werden, durchzusetzen. Insbesondere die weiterhin bei den Aufnahmemitgliedstaaten verbleibende Aufsicht über die Einhaltung der Wohlverhaltensregeln macht eine intensive Zusammenarbeit der zuständigen Behörden gerade im Hinblick auf die Sanktionsverhängung zwingend erforderlich.

Schwerpunkt der Sanktionsregelung ist Art. 27 der Wertpapierdienstleistungsrichtlinie, der die Mitgliedstaaten verpflichtet, dafür zu sorgen, daß ihre zuständigen Behörden bei Verstößen von Wertpapierfirmen gegen Rechts- oder Verwaltungsvorschriften gegen die-

---

1494 Vgl. *Dannecker*, Strafrecht der Europäischen Gemeinschaft, in: Eser/Huber (Hrsg.), Strafrechtsentwicklung in Europa, S. 60; *Sieber*, Europäische Einigung und Europäisches Strafrecht, ZStW 103 (1991), S. 965; *Sieber*, Entwicklungsstand und Perspektiven des europäischen Wirtschaftsrechts, in: Schünemann/González (Hrsg.), Bausteine des europäischen Wirtschaftsrechts, S. 349 (353).

1495 Vgl. *Dannecker*, Strafrecht der Europäischen Gemeinschaft, in: Eser/Huber (Hrsg.), Strafrechtsentwicklung in Europa, S. 60.

se Wertpapierfirmen oder diejenigen Personen, die die Tätigkeit dieser Firmen tatsächlich kontrollieren, Sanktionen oder sonstige Maßnahmen ergreifen können, um die Verstöße oder ihre Ursachen zu beseitigen. Welches Instrumentarium den zuständigen Behörden der einzelnen Mitgliedstaaten dabei konkret zur Verfügung steht, bleibt den Regelungen der Mitgliedstaaten weitgehend überlassen. Gleiches gilt für die Voraussetzungen des Einsatzes der Vollzugs- oder Sanktionsinstrumente, die in den Mitgliedstaaten erheblich voneinander divergieren können.

Eine Sanktionsregelung, die tatsächlich zu einer Harmonisierung des materiellen Sanktionsrechts beiträgt, stellt die Konkretisierung der Voraussetzungen für den Entzug der Zulassung der Wertpapierfirmen in Art. 3 Abs. 7 der Wertpapierdienstleistungsrichtlinie dar. Auch die Möglichkeit der Verzögerung oder im Falle einer gerichtlichen Klärung die gänzliche Verhinderung des Erwerbs einer qualifizierten Beteiligung auf Grund eines Einspruchs der zuständigen Aufsichtsbehörden nach Art. 9 Abs. 1 UA. 2 der Wertpapierdienstleistungsrichtlinie hat Sanktionscharakter. Für Fälle, in denen sich der Erwerb einer qualifizierten Beteiligung zum Schaden der Wertpapierfirma auswirkt, gibt die Wertpapierdienstleistungsrichtlinie detaillierte Vorschläge für die Form der Sanktionen mit dem Hinweis auf einstweilige Verfügungen, Sanktionen für die Mitglieder der Geschäftsleitung oder die Suspendierung des Stimmrechts für Aktien und Anteile. Wurden trotz des Einspruchs der zuständigen Behörden der Mitgliedstaaten qualifizierte Beteiligungen erworben, sind die Mitgliedstaaten gemäß Art. 9 Abs. 5 UA. 2 der Wertpapierdienstleistungsrichtlinie verpflichtet, unbeschadet sonstiger Sanktionen dafür zu sorgen, daß die entsprechenden Stimmrechte ausgesetzt werden oder die Stimmrechtsausübung ungültig ist oder für nichtig erklärt wird, was ebenfalls einen deutlichen Sanktionscharakter aufweist. Der Sanktionsbegriff erschöpft sich nicht nur in den Formen des Strafrechts als Geldstrafe, Geldbuße, Freiheitsstrafe oder sonstige Nebenstrafe. Abzustellen ist auch auf etwaige wirtschaftliche Auswirkungen der Maßnahmen. Diese können härter treffen als reine Kriminalstrafen. Die Aussetzung des Stimmrechts oder die Nichtigerklärung der Stimmrechtsausübung stellen harte wirtschaftliche Konsequenzen dar, da die Person, die trotz des Einspruchs der Behörden den qualifizierten Anteil an einer Wertpapierfirma erworben hat, damit ihres Einflusses auf die Wertpapierfirma verliert und sich das wirtschaftliche Ziel des Erwerbs nicht mehr vollständig erfüllen kann.

aa. Aufsichts- und Sanktionsverfahren bei Verletzung von Rechtsvorschriften des Aufnahmemitgliedstaates

Für die Verletzung von Rechts- und Verwaltungsvorschriften, die der Aufnahmemitgliedstaat aufgrund einer ihm insbesondere in Art. 11 Abs. 2 der Wertpapierdienstleistungsrichtlinie gewährten Kompetenz erlassen hat, regelt Art. 19 Abs. 3-9 dieser Richtlinie das Sanktionsverfahren.

Obgleich die zuständigen Behörden des Aufnahmemitgliedstaates gemäß Art. 19 Abs. 6 der Wertpapierdienstleistungsrichtlinie die Befugnis haben, auch präventive Maßnahmen zur Verhinderung von Rechtsverstößen zu treffen, müssen sie gemäß Art. 19 Abs. 4 der Richtlinie bei Vorliegen von Verstößen nach einer erfolglos gebliebenen Aufforderung an die Wertpapierfirma zur Beendigung der vorschriftswidrigen Situation[1496] die zuständigen Behörden des Herkunftsmitgliedstaates von den Verstößen in Kenntnis setzen, ohne zunächst selbst konkrete aufsichtsrechtliche Maßnahmen zur Ahndung androhen oder gar erlassen zu können. Vielmehr bleibt es den zuständigen Behörden des Herkunftsmitgliedstaates überlassen, unverzüglich die geeigneten Maßnahmen zur Beendigung der Situation zu treffen und anschließend die zuständigen Behörden des Aufnahmemitgliedstaates über die Art dieser Maßnahmen zu unterrichten.

Zusätzlich sieht die Wertpapierdienstleistungsrichtlinie jedoch eine subsidiäre Sanktionsmöglichkeit für die Behörden des Aufnahmemitgliedstaates in Art. 19 Abs. 5 der Wertpapierdienstleistungsrichtlinie vor, wenn die Maßnahmen der zuständigen Behörden des Herkunftsmitgliedstaates unzureichend waren oder dieser überhaupt keine Maßnahmen getroffen hat. Die zuständigen Behörden des Herkunftsmitgliedstaates haben weder ein Mitsprache- noch ein Vetorecht gegen die bevorstehenden Maßnahmen. Zugleich gesteht die Richtlinie den zuständigen Behörden des Aufnahmemitgliedstaates einen erheblichen Spielraum bei der Beurteilung der Wirksamkeit und der Rechtzeitigkeit des Handelns der zuständigen Behörden des Herkunftsmitgliedstaates zu. Handelt es sich nicht um eilbedürftige Maßnahmen, so ist im Sinne der von der Richtlinie geforderten engen Zusammenarbeit im Rahmen der erforderlichen Unterrichtung der zuständigen Behörden des Herkunftsmitgliedstaates hier auch eine vorherige in der Richtlinie nicht vorgesehene Abstimmung über die Maßnahmen sinnvoll und zu fordern. In eilbedürftigen Fällen können die zuständigen Behörden des Aufnahmemitgliedstaates jedoch vor der Einleitung des oben beschriebenen Verfahrens notwendige „Sicherungsmaßnahmen" zum Schutz der Interessen der Anleger oder sonstiger Personen ergreifen[1497], wobei nur Maßnahmen mit vorläufigem Charakter, die die Hauptsacheentscheidung nicht vorwegnehmen, in Betracht kommen. Hierfür spricht auch Art. 19 Abs. 8 S. 3 der Richtlinie, wonach die Kommission nach Anhörung der zuständigen Behörden der betroffenen Mitgliedstaaten beschließen kann, daß der Aufnahmemitgliedstaat die Maßnahmen zu ändern oder aufzuheben hat.

1496 Gemäß Art. 19 Abs. 3 der Wertpapierdienstleistungsrichtlinie.

1497 Für diesen Fall sieht aber auch die Richtlinie die umgehende Unterrichtung der Europäischen Kommission und der zuständigen Behörden der anderen betroffenen Mitgliedstaaten vor (Art. 19 Abs. 8 der Richtlinie).

Der Kommission kommt hier also nicht nur eine vermittelnde Funktion im Rahmen des Kontaktausschusses zu, sondern ihr werden als eine den Mitgliedstaaten übergeordnete Instanz eigene aufsichtsrechtliche Entscheidungsbefugnisse übertragen. Die Richtlinie geht dabei ausdrücklich nicht den Weg, diese Weisungskompetenz etwa dem Kontaktausschuß oder dem zu schaffenden Wertpapierausschuß zuzuweisen. Grund hierfür ist wohl, daß ihm keine Einzelfallentscheidungen obliegen und er nicht ad hoc zusammentreten kann.

Ein besonderes Gewicht hat die sowohl in Art. 19 Abs. 5 als auch in Art. 19 Abs. 6 der Wertpapierdienstleistungsrichtlinie verankerte Möglichkeit der zuständigen Behörden des Aufnahmemitgliedstaates, „soweit erforderlich (...) dieser Wertpapierfirma auch neue Geschäfte in seinem Hoheitsgebiet zu untersagen“. Die Folge einer solchen Anordnung ist die (partielle) Aufhebung der freien Niederlassung und des freien Dienstleistungsverkehrs für die Wertpapierfirma, die nur als „ultima ratio“ gerechtfertigt werden kann. Hier erweist sich, daß der Richtliniengeber bereits selbst die praktischen Grenzen des Prinzips der Heimatlandkontrolle erkannt hat. Nicht in jedem Fall (und nicht in jeder Mitgliedstaatenkonstellation) dürften die von den zuständigen Behörden des Herkunftsmitgliedstaates getroffenen Maßnahmen tatsächlich ausreichen, die vorschriftswidrige Situation in dem anderen Mitgliedstaat zu beenden. Die Befugnis, für Mißstände, die bei der Sanktionierung in einem anderen Mitgliedstaat auftauchen, geeignete Maßnahmen zum Schutz der eigenen Anleger und Märkte treffen zu können, ist dabei nicht gleichbedeutend mit der Möglichkeit, in dem fremden Staatsgebiet hoheitlich tätig werden zu dürfen.

Von Bedeutung ist auch Art. 7 Abs. 5 UA. 2 der Wertpapierdienstleistungsrichtlinie, wonach bei der Feststellung einer Ungleichbehandlung europäischer Wertpapierfirmen in Drittstaaten gleichzeitig mit der Entscheidung über die Aufnahme von Verhandlungen mit diesem Drittstaat beschlossen werden kann, daß die zuständigen Behörden der Mitgliedstaaten ihre Entscheidungen über bereits eingereichte oder künftige Anträge auf Zulassung und über den Erwerb von Beteiligungen direkter oder indirekter, dem Recht des Drittlandes unterliegender Mutterunternehmen beschränken oder aussetzen müssen. Die Sanktionierung der Drittlands-Wertpapierfirmen erfolgt in diesem Falle zwar formal durch ein Handeln der Mitgliedstaaten, nämlich die Beschränkung oder Aussetzung von Anträgen auf Zulassung oder Beteiligungserwerb, materiell jedoch handelt es sich um eine Sanktion der Europäischen Gemeinschaft, die lediglich durch die angewiesenen Mitgliedstaaten ausgeführt wird.

bb. Rechtsweggarantie

Daß sämtliche Sanktionsmaßnahmen zu begründen und den betroffenen Wertpapierfirmen mitzuteilen sind sowie hiergegen der Weg zu den jeweiligen nationalen Gerichten offensteht, sollte eigentlich selbstverständlich sein, wird in Art. 19 Abs. 7 für die Maßnahmen nach Art. 19 Abs. 4-6 der Wertpapierdienstleistungrichtlinie und generell durch Art. 26 dieser Richtlinie jedoch nochmals klargestellt. Letzterer verpflichtet die Mitgliedstaaten dazu, die Einlegung von Rechtsmitteln gegen Entscheidungen, die aufgrund von Rechts- oder Verwaltungsvorschriften erlassen werden, zu ermöglichen. Als Rechtsmittel sind ausschließlich die Verfahren zur nochmaligen Überprüfung gerichtlicher Entscheidungen angesprochen, während in Art. 19 Abs. 7 der Wertpapierdienstleistungsrichtlinie die Rechtsbehelfe genannt werden. Durch die Kombination beider Vorschriften wird sichergestellt, daß die betroffenen Wertpapierfirmen, gegen die aufsichtsrechtliche Maßnahmen erlassen werden, ausreichenden gerichtlichen Schutz in allen Mitgliedstaaten erlangen können.

4. Die Expansion der Sanktionsharmonisierung

Die Analyse der im Bereich des Wertpapierhandels ergangenen Richtlinien bestätigt, daß die EG nur ausnahmsweise Verpflichtungen zum Erlaß konkreter strafrechtlicher oder verwaltungsrechtlicher Sanktionen vorgesehen hat.[1498] Die Entscheidung über die rechtliche Art und Verankerung der Sanktion sowie deren Ausmaß bleibt damit in diesem Bereich grundsätzlich den Mitgliedstaaten vorbehalten.[1499] Die vorgestellten Sanktionsnormen der Richtlinien im Bereich des Wertpapierhandels zeigen, daß Festlegungen der Richtlinien für von den Mitgliedstaaten zu ergreifenden Sanktionen „expandieren".[1500] Statt den Mitgliedstaaten nur noch vorzuschreiben, „die notwendigen (oder erforderlichen) Maßnahmen zu ergreifen", werden die Sanktionen, insbesondere aber die Verfahren zur Verhängung der Sanktionen im europäischen Kapitalmarktrecht nunmehr zunehmend detailliert vorgeschrieben.[1501] Diese detailliertere Ausgestaltung der Richtlinien im Hinblick auf die effektive Sanktionierung möglichen Fehlverhaltens der am Wertpapierhandel beteiligten Personen oder Firmen deutet darauf hin, daß die EG den Mangel der eigenen Sanktionsgewalt durch ein Hineinwirken in das nationale Strafrecht zu kompensieren sucht. Diese Entwicklung zu einer „mittelbaren" Strafrechtskompetenz (Anordnungs- oder Anweisungskompetenz) läßt sich generell auch in vielen anderen Bereichen beobachten.[1502]

1498 *Dannecker*, Strafrecht der Europäischen Gemeinschaft, in: Eser/Huber (Hrsg.), Strafrechtsentwicklung in Europa, S. 59 f., trifft diese Feststellung sogar generell für alle Bereiche des Richtlinienerlasses.

1499 Vgl. *Sevenster*, Criminal law and EC law, CLMR 1992, S. 33.

1500 *Sieber*, Entwicklungsstand und Perspektiven des europäischen Wirtschaftsrechts, in: Schünemann/González (Hrsg.), Bausteine des europäischen Wirtschaftsrechts, S. 349 (S. 353).

1501 *Sieber*, Entwicklungsstand und Perspektiven des europäischen Wirtschaftsrechts, in: Schünemann/González (Hrsg.), Bausteine des europäischen Wirtschaftsrechts, S. 349 (S. 353).

1502 *Pühs*, Der Vollzug von Gemeinschaftsrecht, S. 278 m. w. Nw.

Der EuGH stellt hierzu fest:„Dabei müssen die Mitgliedstaaten, denen allerdings die Wahl der Sanktion vorbehalten bleibt, namentlich darauf achten, daß Verstöße gegen das Gemeinschaftsrecht nach ähnlichen sachlichen und verfahrensrechtlichen Regelungen geahndet werden, die nach Art und Schwere gleichartige Verstöße gegen nationales Recht darstellen, wobei die Sanktion jedenfalls wirksam, verhältnismäßig und abschreckend sein muß."[1503] Dieser Gedanke ist inzwischen Bestandteil auch der neuen primärrechtlichen Regelungen in Art. 280 [ex-Art. 209a] EGV sowie in Art. 87i EGKSV und Art. 183a EAGV geworden, wenn dort gefordert wird, daß die Mitgliedstaaten bei Betrügereien gegen die finanziellen Interessen der Gemeinschaft die gleichen Maßnahmen zu treffen haben, die sie auch zur Bekämpfung von Betrügerein ergreifen, die sich gegen ihre eigenen finanziellen Interessen richten.[1504] Diese Verweisungstechnik[1505] auf die Behandlung europäischer Strafinteressen nach nationalen Sanktionsstandards führt dazu, daß die Gemeinschaftsinteressen in den Schutz der nationalen mitgliedstaatlichen Strafrechte gestellt werden.[1506] Die Problematik dieser Verweisungstechnik liegt auf der Hand, denn sie beinhaltet, daß die europäischen Interessen in den jeweiligen Mitgliedstaaten durch ungleiche – weil mitgliedstaatliche und nicht europäische – Normen geschützt werden, was sich sowohl auf der Tatbestandsseite als auch auf der Rechtsfolgeseite der Sanktionsnormen zeigen kann.[1507]

5. Notwendigkeit einer eigenen „europäischen" Sanktionsgewalt?

Hinsichtlich einer möglichen Strafgewalt der Europäischen Gemeinschaft ist zu unterscheiden zwischen der Kompetenz, eigene „europäische" Strafvorschriften als supranationales Recht zu erlassen und durchzusetzen, sowie der Kompetenz, die Strafrechtspolitik der Mitgliedstaaten durch eine Harmonisierung zu beeinflussen.

1503 *EuGH*, Rs. 68/88, „Griechischer Maisskandal", Rspr. 1989, 2965 (2984 f.); siehe auch *Tiedemann*, Anmerkungen zum Urteil *EuGH*, Rs. 68/88 „Kommission/Griechenland", EuZW 1990, S. 99 f.; sowie *ders.*, Der Strafschutz der Finanzinteressen der Europäischen Gemeinschaft, NJW 1990, S. 2226 ff.; vgl. auch *Cuerda*, Besitzt die Europäische Gemeinschaft ein ius puniendi?, in: Schünemann/González (Hrsg.), Bausteine des europäischen Wirtschaftsrechts, S. 367 (372) m. w. Nw. auf die einschlägige Rechtsprechung.

1504 *Sieber*, Entwicklungsstand und Perspektiven des europäischen Wirtschaftsrechts, in: Schünemann/González (Hrsg.), Bausteine des europäischen Wirtschaftsrechts, S. 349 (360).

1505 Sie wird auch als Assimilierung bezeichnet.

1506 *Cuerda*, Besitzt die Europäische Gemeinschaft ein ius puniendi?, in: Schünemann/González (Hrsg.), Bausteine des europäischen Wirtschaftsrechts, S. 367 (373), der auch die nichtweiterführende Diskussion erwähnt, ob dadurch die nationale Norm nur erweitert oder eine neue, abgeleitete Norm entstehe.

1507 *Cuerda*, Besitzt die Europäische Gemeinschaft ein ius puniendi?, in: Schünemann/González (Hrsg.), Bausteine des europäischen Wirtschaftsrechts, S. 367 (374); ähnlich *Pühs*, Der Vollzug von Gemeinschaftsrecht, S. 281.

„Die Europäische Gemeinschaft besitzt keine eigene Kriminalstrafgewalt, denn die Mitgliedstaaten haben beim Abschluß der „Römischen Verträge" (zumindest insoweit, Anmerkung des Verfassers) nicht auf ihre nationale Souveranität verzichtet."[1508]

Dies hindert sie jedoch nicht, eine Harmonisierung auch auf dem Gebiet des Strafrechts herbeizuführen.[1509] Auch wenn es wegen des heftigen Widerstands der Mitgliedstaaten[1510] gegen eine Harmonisierung des materiellen und prozessualen Strafrechts z. B. nicht zu einer Aufnahme von Vorhaben im Bereich des Strafrechts in das „Weißbuch der EG-Kommission zur Vollendung des Binnenmarktes gekommen ist"[1511], sind mit dem Schengener Rahmenabkommen[1512] dennoch auch auf dem Gebiet des Strafrechts Harmonisierungserfolge zu verzeichnen.

Auf Grund der „Europäisierung der Kriminalität"[1513], die durch die neuen Möglichkeiten des Binnenmarktes entstanden ist, wird in der Literatur gefordert, als Konsequenz der wirtschaftlichen und politischen Verflechtung das Strafrecht so weit wie möglich zu vereinheitlichen[1514], auch wenn die noch überwiegende Auffassung diesem Ansatz skeptisch gegenübersteht.[1515]

Die für die Schaffung von „europäischem Strafrecht" notwendigen Kompetenzen der Europäischen Gemeinschaft sind allerdings nach geltendem Europarecht nicht vorhanden.[1516] Im Rahmen der systematischen und historischen Auslegung wird unbestritten an-

---

1508 *Dannecker*, Strafrecht der Europäischen Gemeinschaft, in: Eser/Huber (Hrsg.), Strafrechtsentwicklung in Europa, S. 26 m. w. Nw.; vgl. ferner *Oehler*, Fragen zum Strafrecht der Europäischen Gemeinschaft, in: Vogler u. a. (Hrsg.), Festschrift für Hans-Heinrich Jeschek zum 70. Geburtstag, 2. Hlbd., S. 1399 (1403 f.); *Sieber*, Europäische Einigung und Europäisches Strafrecht, ZStW 103 (1991), S. 968 ff.; *Tiedemann*, Reform des Sanktionswesens auf dem Gebiete des Agrarmarktes der Europäischen Wirtschaftsgemeinschaft, in: v. Gamm/Raisch/Tiedemann (Hrsg.), Strafrecht, Unternehmensrecht, Anwaltsrecht, Festschrift für Gerd Pfeiffer, S. 101 (113); *Pühs*, Der Vollzug von Gemeinschaftsrecht, S. 276 m. w. Nw.

1509 *Dannecker*, Strafrecht der Europäischen Gemeinschaft, in: Eser/Huber (Hrsg.), Strafrechtsentwicklung in Europa, S. 26 ff. m. w. Nw. und einem kurzen Überblick über die Bestrebungen der Europäischen Gemeinschaft; eine weitere Vereinheitlichung des materiellen und prozessualen Strafrechs erwartet *Bleckmann*, Die Überlagerung des nationalen Strafrechts durch das Europäische Gemeinschaftsrecht, in: Festschrift für Stree und Wessels, S. 112 ff.

1510 *Zuleeg*, Der Beitrag des Strafrechts zur europäischen Integration, JZ 1992, S. 761 (767 f.).

1511 *Dannecker*, Strafrecht der Europäischen Gemeinschaft, in: Eser/Huber (Hrsg.), Strafrechtsentwicklung in Europa, S. 27 f.

1512 Schengener Rahmenabkommen über den schrittweisen Abbau der Kontrollen an den gemeinsamen Grenzen v. 14.6.1985.

1513 *Sieber*, in: ders. (Hrsg.), Europäische Einigung und Europäisches Strafrecht, S.11 f.

1514 Vgl. *Sieber*, Europäische Einigung und Europäisches Strafrecht, ZStW 103 (1991); *Dannecker*, Strafrecht der Europäischen Gemeinschaft, in: Eser/Huber (Hrsg.), Strafrechtsentwicklung in Europa, S. 29.

1515 *Vogler*, Begrüßungsansprache, in: Dannecker (Hrsg.), Die Bekämpfung des Subventionsbetrugs im EG-Bereich, S. 12; *Dannecker*, Strafrecht der Europäischen Gemeinschaft, in: Eser und Huber, Strafrechtsentwicklung in Europa, S. 30 m. w. Nw.

1516 Vgl. auch *Pühs*, Der Vollzug von Gemeinschaftsrecht, S. 276 m. w. Nw.

erkannt, daß die Europäische Gemeinschaft heute keine Kompetenz zur Schaffung eines supranationalen Strafrechts habe.[1517] Auch der „Maastrichter Unionsvertrag" änderte hieran nichts, denn die Regelungen über die Zusammenarbeit in Strafsachen sind der Zusammenarbeit zwischen den Mitgliedstaaten und nicht der Rechtssetzungspolitik der Union zugeordnet.[1518] Als entscheidender Gesichtspunkt wird zudem erkannt, daß auf der verfassungsrechtlichen Ebene eine weitere Ausdehnung der Kompetenzen der EG über eine Harmonisierung der mitgliedstaatlichen Strafrechte hinaus durch eine Auslegung des bestehenden Vertrages, die einer Vertragserweiterung gleichkommt, zumindest für die Bundesrepublik keine Bindungswirkung entfalten kann.[1519]

Da bereits die ausreichende demokratische Legitimation der bestehenden und ausgeübten Hoheitsgewalt der Gemeinschaft bestritten ist[1520], ist hinsichtlich der möglichen Verankerung neuer Sanktionsbefugnisse der Gemeinschaft auf primärrechtlicher Ebene zu beachten, daß der Gemeinschaft ohne eine direkte, unmittelbare Legitimation des europäischen Normgebers durch die Bürger der Europäischen Union[1521] und ohne eine vollständig unabhängige Judikative zudem keine eigene Strafgewalt anvertraut werden kann[1522] Daß die Rechtsakte und das Verwaltungshandeln der Gemeinschaft bzw. ihrer Organe durch eine ununterbrochene Legitimationskette auf eine demokratische Entscheidung der Völker der Mitgliedstaaten zurückgeführt werden können muß, ist für die Gemeinschaft zu fordern, da ein so verstandenes Demokratieprinzip sich in allen mitgliedstaatlichen Verfassungstraditionen[1523] und sowohl im europäischen Primärrecht als auch in den vom EuGH entwickelten Rechtsgrundsätzen findet[1524], wie insbesondere das durch den Maastrichter Vertrag eingeführte Mitentscheidungsverfahren nach Art. 189b EGV zeigt. Eingriffe in die Rechte der sich am Wertpapierhandel beteiligenden Gemeinschaftsbürger durch eine

---

1517 *Sieber*, Entwicklungsstand und Perspektiven des europäischen Wirtschaftsrechts, in: Schünemann/González (Hrsg.), Bausteine des europäischen Wirtschaftsrechts, S. 349 (S. 356).

1518 Titel VI, Art. K des Unionsvertrages von Maastricht; *Sieber*, Entwicklungsstand und Perspektiven des europäischen Wirtschaftsrechts, in: Schünemann/González (Hrsg.), Bausteine des europäischen Wirtschaftsrechts, S. 349 (S. 356) mit Hinweis auch auf das Protokoll der Sitzung des Rates der Innen- und Justizminister vom 29. und 30. November 1993.

1519 Vgl. Das Maastricht-Urteil des BVerfG, NJW 1993, S. 3047 (3057); *Sieber*, Entwicklungsstand und Perspektiven des europäischen Wirtschaftsrechts, in: Schünemann/González (Hrsg.), Bausteine des europäischen Wirtschaftsrechts, S. 349 (S. 356), der den Einfluß der nationalen Verfassungsprinzipien auf die ansonsten allein durch den Europäischen Gerichtshof vorzunehmende Auslegung des EGV aufzeigt.

1520 Ausführlich zum „demokratischen Defizit" als Problem der Legitimation der Hoheitsgewalt der Europäischen Gemeinschaft und zum Streitstand *Pühs*, Der Vollzug von Gemeinschaftsrecht, S. 145-183 m. w. Nw.

1521 Vgl. *Sieber*, Entwicklungsstand und Perspektiven des europäischen Wirtschaftsrechts, in: Schünemann/González (Hrsg.), Bausteine des europäischen Wirtschaftsrechts, S. 349 (S. 358).

1522 So zutreffend *Oppermann*, Europarecht, Rn. 698.

1523 Vgl. *Pühs*, Der Vollzug von Gemeinschaftsrecht, S. 147 m. w. Nw.

1524 *Pühs*, Der Vollzug von Gemeinschaftsrecht, S. 148 f.

eigene Sanktionsgewalt der Gemeinschaft können nur durch einen demokratischen Normgeber legitimiert sein.[1525] Die mit zunehmender Integration der Gemeinschaft fortschreitende Verlagerung von Hoheitsgewalt auf die Gemeinschaft führt wegen der beherrschenden Stellung des Rates der Gemeinschaft, in dem die Regierungen der Mitgliedstaaten versammelt sind, im Rechtsetzungsprozeß zu einer Entparlamentarisierung des politischen Prozesses in den Mitgliedstaaten.

Die mittelbare parlamentarische Legitimation der wesentlich durch den Rat gesetzten Gemeinschaftsrechtsakte schwindet mit dem geringer werdenden Kontrolleinfluß der nationalen Parlamente, dem kein entsprechender Ausbau unmittelbaren demokratischen Einflusses auf Gemeinschaftsebene, z. B. durch eine starke Stellung des Europäischen Parlamentes entgegensteht. Das in Art. 189b EGV verankerte Mitentscheidungsverfahren des Europäischen Parlamentes, in dem dieses im Rahmen eines Vetorechts zumindest einen starken „negativen" Einfluß auf die Rechtsetzung nehmen kann, hat hier aber bereits Verbesserungen gebracht. Die Anforderungen an die demokratische Legitimation der Rechtsakte der Gemeinschaft, insbesondere an deren Sanktionsbefugnisse, unterscheiden sich jedoch aufgrund der rechtlichen Qualität der Gemeinschaft als bloße neuartige zwischenstaatliche Verbindung im Rahmen eines völkerrechtlichen Vertrags deutlich von denen eines Bundesstaats. Die mittelbare demokratische Legitimation der im Rat versammelten Regierungen muß daher grundsätzlich als ausreichend anerkannt werden. Demokratische Defizite bestehen eher auf mitgliedstaatlicher Ebene in der parlamentarischen Kontrolle der nationalen Regierungen und in den Ratifzierungsprozessen der Gemeinschaftsrechtsakte auf mitgliedstaatlicher Ebene.[1526] Mit der Ratifizierung der Gemeinschaftsverträge und Gemeinschaftsrechtsakte durch die mitgliedstaatlichen Parlamente haben diese einer teilweisen Übertragung von Souveranität zugestimmt, die sie sich nunmehr entgegenhalten lassen müssen. Die Mitgliedstaaten bleiben jedoch „Herren der Verträge" und können der Gemeinschaft und ihren Organen in gleicher Weise durch ausdrückliche primärrechtliche Regelung im EGV selbst weitgehende Sanktionsbefugnisse übertragen. Die demokratische Legitimation auch solcher Regelungen wird nicht zuletzt durch die Mitwirkung des Europäischen Parlaments bei der Rechtsetzung vermittelt. Einer noch weitergehenderen Verlagerung der Rechtsetzungsbefugnisse auf das Parlament bedarf es daher auch für die Schaffung von Sanktionsregelungen nicht zwingend. Eine solche Verlagerung würde zu wenig beachten, daß die Kalibrierung der Machtbalance zwischen den Organen der Gemeinschaft sich am Charakter der Gemeinschaft als Staatenbündnis und nicht als Bun-

---

1525 Vgl. *Klein*, Europarecht 1987, S. 97 (99).

1526 Vgl. auch *Pühs*, Der Vollzug von Gemeinschaftsrecht, S. 180 m. w. Nw.

desstaat mit Gewaltenteilungskonzept zu orientieren hat.[1527] Auch wenn damit in europarechtlicher Hinsicht der Weg für eine weitere Übertragung von Sanktionsbefugnissen auf die Gemeinschaft und ihre Organe frei wäre, darf natürlich nicht verkannt werden, daß ein entsprechender politischer Wille zur Zeit in keiner Weise geäußert wird.

Für „europäische" außerstrafrechtliche Sanktionen der Gemeinschaft, die üblicherweise unter den Begriffen Verwaltungssanktionen, Ordnungswidrigkeiten und Bußgeldtatbestände laufen, wird ebenfalls keine hinreichend konkret bestimmte Rechtsgrundlage gesehen. Es fehlt an präziseren Ermächtigungsgrundlagen.[1528] Auch wenn eine geringere Eingriffsintensität eine Lockerung des Bestimmheitssatzes, der sich aus dem Grundsatz des „nullum crimen sine lege" ergibt, ermöglicht, reicht die sehr pauschale Ermöglichung „aller erforderlichen Maßnahmen" im EGV nicht aus.[1529] Die Versuche der Kommission, ihre Bußgeldvorschriften auch über den primärrechtlich speziell geregelten Bereich des 83 [ex-Art. 87] EGV hinaus auszudehnen, sind deshalb rechtlich nicht gedeckt.[1530] Stattdessen gilt noch immer, daß die Europäische Union zwangsläufig auf die Strafgewalt ihrer Mitgliedstaaten zurückgreifen muß. Oppermann spricht von einer „Leihe" des Strafrechts im Sinne der Gemeinschaftstreue.[1531]

Eine Verlagerung der Befugnisse für die Beaufsichtigung in konkreten Fällen von den Mitgliedstaaten auf eine europäische Instanz würde die Einschränkung von Hoheitsrechten der Mitgliedstaaten zugunsten der Gemeinschaft verlangen und wäre politisch, wenn überhaupt, nur sehr schwer durchsetzbar.

6. Die wirtschaftlichen Funktionen der Harmonisierung der Sanktionsstandards

Die Harmonisierung der Sanktionsstandards hat auch unmittelbare Auswirkungen auf die Wettbewerbsposition der Marktteilnehmer durch ihre Risikoposition. Zudem wird auch die Position jedes einzelnen Finanzplatzes im Wettbewerb der Finanzplätze untereinander durch die Sanktionsstandards mitbestimmt.

1527 Vgl. auch *Pühs*, Der Vollzug von Gemeinschaftsrecht, S. 182 f.

1528 *Sieber*, Entwicklungsstand und Perspektiven des europäischen Wirtschaftsrechts, in: Schünemann/González (Hrsg.), Bausteine des europäischen Wirtschaftsrechts, S. 349 (S. 358 f.).

1529 *Sieber*, Entwicklungsstand und Perspektiven des europäischen Wirtschaftsrechts, in: Schünemann/González (Hrsg.), Bausteine des europäischen Wirtschaftsrechts, S. 349 (S. 359).

1530 So *Sieber*, Entwicklungsstand und Perspektiven des europäischen Wirtschaftsrechts, in: Schünemann/González (Hrsg.), Bausteine des europäischen Wirtschaftsrechts, S. 349 (S. 359).

1531 *Oppermann*, Europarecht, Rn. 698.

a. Wirkungen der Harmonisierung der Sanktionsstandards auf den Wettbewerb der Kapitalmarktteilnehmer

Auch wenn in einem grundsätzlich marktwirtschaftlich verfaßten Wirtschaftssystem, wie es der integrierte europäische Kapitalmarkt darstellt, theoretisch allein die Leistung eines Wettbewerbers über seine Wettbewerbsposition entscheiden sollte, wird sie in einem grenzüberschreitenden Markt für Wertpapiere faktisch auch durch die rechtlichen Rahmenbedingungen bestimmt.[1532] Dies betrifft nicht nur die aufsichtsorganisatorischen Rahmenbedingungen und deren effektive Handhabung, sondern auch die in den Mitgliedstaaten noch bestehenden sehr unterschiedlichen Sanktionsmöglichkeiten der Aufsichtsbehörden.[1533]

Letztlich bestimmend für die Wirkungen des Rechts auf die Wettbewerbsposition ist der Grad des Rechtsbefolgungswillens des Markteilnehmers. Dieser hängt jedoch unmittelbar von der Aufsichtsintensität und dem damit verknüpften Risiko, das sich mit einer Nichtbefolgung für den einzelnen Marktteilnehmer verbindet, ab. Wird die Befolgung der Vorschriften zwar effektiv überwacht, aber nicht ausreichend geahndet, minimiert sich das Risiko für den rechtsuntreuen Marktteilnehmer. Damit wächst die Gefahr eines Verstoßes gegen die Vorschriften und die Gefahr, daß sich der Marktteilnehmer eine vorteilhafte, aber unrechtmäßige Wettbewerbsposition verschafft, die ihm nicht zusteht. Eine einheitliche effektive Ahndung von Verstößen sorgt andererseits dafür, daß die Wettbewerbsposition für alle Marktteilnehmer in allen Mitgliedstaaten wenigstens nicht durch ein erhebliches Sanktionsgefälle zwischen den Mitgliedstaaten betroffen wird.[1534]

b. Wirkungen der Harmonisierung der Sanktionsstandards auf das Finanzplatz-Standing

Genauso wie die Organisation und die effektive Durchführung der Aufsicht seitens der Mitgliedstaaten einen Faktor im Wettbewerb der Mitgliedstaaten um die Ansiedlung von Wertpapierfirmen zur Stärkung des eigenen Finanzplatzes darstellen kann, ist auch ein Sanktionsregime geeignet, Einfluß auf die Wettbewerbsposition eines mitgliedstaatlichen Finanzplatzes zu nehmen. Auch hier gilt, daß sich in diesem Wettbewerb mittel- und

---

1532 Dies liegt trotz einiger Erfolge bei der Harmonisierung der aufsichtsrechtlichen Regelungen im Konzept der gegenseitigen Anerkennung bestehender aufsichtsrechtlicher Regelungen der Mitgliedstaaten begründet. Kritisch zur Eignung des Konzeptes der gegenseitigen Anerkennung im Bereich des Kapitalmarktrechts auch *Schäfer*, Materielle Aspekte der EG-Richtlinie über Wertpapierdienstleistungen, AG 1993, S. 389 m. w. Nw.

1533 Siehe hierzu die ausführliche Darstellung der Sanktionsmöglichkeiten der einzelnen Mitgliedstaaten im Bereich der Insiderverfolgung bei *Hopt/Wymeersch*, European Insider Dealing, passim.

1534 Darauf, daß diese Wettbewerbsposition auch anderen Einflußfaktoren unterliegt, wurde bereits hingewiesen.

langfristig die Finanzplätze durchsetzen werden, die einen hohen Qualitätsstandard der Aufsicht als Standing-Merkmal bieten können. Wie sehr ein Finanzplatz an Vertrauen verlieren oder gewinnen kann, wenn er über Sanktionsstandards verfügt, die internationalen Gepflogenheiten entsprechen, läßt sich am Beispiel der Diskussion um die Einführung einer Strafbewehrung des Insiderhandels in Deutschland ablesen.[1535]

IV. Ansätze zur Schaffung einer zentralen Aufsicht über den Wertpapierhandel auf Ebene der Europäischen Gemeinschaft

Allein die Harmonisierung der rechtlichen Rahmenbedingungen, die Schaffung ausreichender Sanktionsmöglichkeiten auf mitgliedstaatlicher Ebene oder auch auf der Ebene der Europäischen Gemeinschaft sowie die bestehende oder rechtlich zumindest mögliche Zusammenarbeit der Mitgliedstaaten und ihrer zuständigen Behörden zur Beaufsichtigung des grenzüberschreitenden Wertpapierhandels wird sich möglicherweise als nicht ausreichend erweisen. Als Lösung für eine im gesamten Raum der Europäischen Gemeinschaft homogene und effektive Aufsicht steht dabei die Schaffung einer zentralen Aufsicht über den Wertpapierhandel auf der Ebene der Europäischen Gemeinschaft im Vordergrund. Dabei herrscht Unklarheit darüber, wie eine solche zentrale Aufsicht auf Ebene der Gemeinschaft rechtlich verankert und ausgestaltet werden kann. Die in Betracht kommenden Möglichkeiten hierzu sind unterschiedlich intensiv im Hinblick auf die Eingriffe in die Souveranitätsrechte der Mitgliedstaaten der Gemeinschaft und der Befugnisse ihrer Aufsichtsbehörden. In Betracht kommen insbesondere eine bei der Europäischen Kommission angesiedelte Fachaufsicht, die Fortentwicklung des beratenden Wertpapierausschuß als Nukleus einer zentralen europäischen Wertpapieraufsichtsbehörde, der Einsatz eines Korps von Gemeinschaftsinspektoren für den Wertpapierhandel sowie leztlich die Errichtung einer „Euro-SEC“ als unabhängige gemeinschaftsrechtliche Aufsichtsbehörde auf der Ebene der Europäischen Gemeinschaft. Inwieweit das Europarecht hierzu Möglichkeiten bietet und welche dieser Lösungen auch eine effektive über den bisherigen Stand der Aufsicht über den grenzüberschreitenden Wertpapierhandel hinausreichende Aufsicht garantieren kann, wird im folgenden erläutert.

1. Bei der Europäischen Kommission angesiedelte Fachaufsicht?

Ein erster Schritt in Richtung Schaffung einer zentralen Aufsicht über den Wertpapierhandel auf Ebene der Gemeinschaft könnte die Schaffung einer bei der Kommission angesiedelten Fachaufsicht mit Weisungsrechten gegenüber den mitgliedstaatlichen Behör-

---

1535 Vgl. *Assmann*, in Assmann/Schneider (Hrsg.), Wertpapierhandelsgesetz, Rn. 7-11 vor § 12 m. w. Nw.

den sein.[1536] Sie würde dazu beitragen, den einheitlichen Vollzug des Gemeinschaftsrechts im Bereich des Wertpapierhandels in allen Mitgliedstaaten zu sichern, sei es durch spezielle Einzelweisungen für konkrete Fälle oder allgemeine Weisungen für eine Vielzahl von Fällen.[1537] Der EGV sieht solche Weisungsrechte nicht vor. Der Kommission ist vielmehr in Art. 189 EGV nur ein beschränkter Handlungsspielraum mit genau umrissenen Instrumenten gegeben. Soweit ihr dennoch bislang ausnahmsweise solche Weisungsrechte zugestanden wurden, geschah dies auf der Grundlage des Art. 100a EGV, um der Kommission mit dem Entstehen des Binnenmarktes die Möglichkeiten zur effektiveren Vorbeugung von Gefährdungen der Gemeinschaftsbürger zu geben. Letztlich könnte die Gemeinschaft aber auch diese Einzelweisungen wiederum gegenüber den mitgliedstaatlichen Behörden nur im Wege des Vertragsverletzungsverfahrens nach Art. 169 EGV durchsetzen.

2. Der beratende Wertpapierausschuß als Nukleus einer zentralen europäischen Wertpapieraufsichtsbehörde?

Als bereits institutionalisierte Form gemeinschaftlicher zentraler Zusammenarbeit der Mitgliedstaaten im Bereich des europäischen Wertpapierhandels könnte der beratende Wertpapierausschuß bei entsprechender ergänzender Aufgabenzuweisung und Ausstattung mit Befugnissen als Nukleus für eine europäische Wertpapieraufsichtsbehörde der Gemeinschaft dienen.[1538] Eine solche nach dem Vorbild der US-amerikanischen Securities and Exchange Commission (SEC)[1539] geschaffene „europäische SEC"[1540] könnte den heutigen mitgliedstaatlichen zuständigen Behörden weiterhin die Umsetzung des europäischen Rechts in nationales Recht sowie die Anwendung des europäischen Rechts überlassen. Sie könnte jedoch durch Entwicklung detaillierterer europäischer Regelungen in den Bereichen, in denen eine europäische Aufsicht erforderlich erscheint, sowie durch eine

1536 Vgl. zu solchen Fachaufsichtsbehörden auf Gemeinschaftsebene *Pühs*, Der Vollzug von Gemeinschaftsrecht, S. 293 ff., S. 119, Fn. 55.

1537 Vgl. *Pühs*, Der Vollzug von Gemeinschaftsrecht, S. 293.

1538 Vgl. auch *Scott-Quinn*, EC Securities Markets Regulations, in: Steil (Hrsg.), International financial market regulation, S. 121 (154).

1539 Siehe zu den Aufgaben und den oft überschätzten Befugnisssen der SEC den kurzen Überblick in *United States Securities and Exchange Commission*, The Work of the SEC; zu einem aktuellen Überblick über die Arbeit der SEC *dies.*, Annual Report 1995. Auch die SEC kann nur in bundesstaatsübergreifenden Wertpapierhandelsangelegenheiten tätig werden und kann zwar zivilrechtliche und verwaltungsrechtliche Schritte, aber z. B. nicht selbst strafrechtliche Schritte einleiten. Auch in den USA wird die konkrete Aufsicht und detaillierte Regelung der Märkte größtenteils über Selbstaufsichtsorganisationen durchgeführt. Die SEC übernimmt damit im wesentlichen auch nur die Rolle des Setzens von Regelungen. Vgl. *Scott-Quinn*, EC Securities Markets Regulations, in: Steil (Hrsg.), International financial market regulation, S. 121 (152).

1540 Vgl. *Scott-Quinn*, EC Securities Markets Regulations, in: Steil (Hrsg.), International financial market regulation, S. 121 (150) m. w. Nw.; *Lee*, Supervising EC capital markets: do we need a European SEC?, Oxford Finance Group Discussion Paper No. 1, Juni 1993.

zentrale Kontrolle der Umsetzung und Anwendung dieser Regelungen einheitlichere Rahmenbedingungen für den europäischen grenzüberschreitenden Wertpapierhandel schaffen. Je nach Intensität der Übertragung von Rechtsetzungs-, Kontroll- und Sanktionskompetenzen auf eine institutionalisierte Stelle auf Gemeinschaftsebene wären damit unterschiedlich schwerwiegende Eingriffe in die Souveranität der Mitgliedstaaten und auch in das bestehende institutionelle Gefüge der Gemeinschaft verbunden.

Erste Vorschläge für die Ausgestaltung der Aufgaben- und Kompetenzverteilung einer auf europäischer Ebene angesiedelten zentralen Wertpapieraufsichtsbehörde wurden bereits unterbreitet. Lee[1541] sieht hierfür eine Unterscheidung in „legislation" und „regulation" vor. „Legislation" umfasse die Vorgabe der groben politischen Zielvorstellungen, die heute auf der Ebene der Kommission und des Rats durch Entwurf und Verabschiedung von Richtlinien geschieht, und „regulation" die Entwicklung detaillierter rechtlicher Vorgaben. Für die unterhalb der Kommissionsebene anzusiedelnde „regulation" sei eine neue europäische Institution für den europäischen Wertpapierhandel erforderlich.

Es ist jedoch fraglich, ob allein mit einer untergeordneten spezialisierten Rechtssetzungsbehörde tatsächlich eine wesentliche Verbesserung der Aufsicht über den grenzüberschreitenden Wertpapierhandel über den mit dem beratenden Wertpapierausschuß bereits erreichten Stand realisiert werden kann. Allein die Verlagerung der detaillierten Rechtsetzung auf eine Ebene unterhalb der Kommission dürfte hierfür nicht ausreichen. Allein die Rechtsetzungsbefugnis verschafft auch der amerikanischen SEC nicht ihre Durchsetzungskraft. Hierzu bedarf es vielmehr zusätzlich der zentralisierten Aufsichtsführung und einer Kontrolle der Implementierung und Anwendung der gemeinschaftsrechtlichen Vorgaben in den Mitgliedstaaten.[1542]

In diese Richtung weist der Vorschlag von Steil[1543], der zusätzlich zur Schaffung einer europäischen Wertpapieraufsichtsbehörde unterhalb der Ebene der Kommission geringere Voraussetzungen für die Annahme der auf dieser Ebene ausgearbeiteten Detailregelungen seitens der Mitgliedstaaten sowie erweiterte Änderungsmöglichkeiten dieser Regelungen zur flexiblen Reaktion auf Marktentwicklungen fordert. Die neue Aufsichtsinstitution

---

1541 *Lee*, Supervising EC capital markets: do we need a European SEC?, Oxford Finance Group Discussion Paper No. 1, Juni 1993; siehe auch *Scott-Quinn*, EC Securities Markets Regulations, in: Steil (Hrsg.), International financial market regulation, S. 121 (150).

1542 Siehe zu den Durchsetzungsmöglicheiten der SEC am Beispiel von Fällen des Insiderhandels die Darstellung bei *Rauscher*, Das Bundesaufsichtsamt für den Wertpapierhandel und seiner Kompetenzen bei der Verfolgung von Insidergeschäften, S. 21 ff.

1543 *Steil*, Competition, Integration and Regulation in EC Capital Markets, zitiert nach *Scott-Quinn*, EC Securities Markets Regulations, in: Steil (Hrsg.), International financial market regulation, S. 121 (152).

solle sich aus Kapitalmarktexperten[1544] zusammensetzen und die Kommission über Fortschritte und Probleme bei der Implementierung der Regelungen informieren. Steil schränkt seinen Vorschlag aber zugleich dahingehend ein, daß die neue Aufsichtsinstitution zunächst noch nicht über Zwangsmittel oder die Möglichkeit zur Verhängung von Sanktionen verfügen, sondern ausschließlich kontrollierende und beratende Funktion haben soll.

Ausgangspunkt beider Vorschläge ist damit die Einrichtung einer dem Rat und der Kommission untergeordneten Behörde für die detaillierte Rechtsetzung im Bereich des Wertpapierhandels unterhalb von Richtlinien, während die Kommission weiterhin Richtlinienvorschläge für den Rat erarbeiten soll. Diese dienen jedoch lediglich noch der Festlegung der Ziele auf einer höheren Abstraktionsebene, was zweifellos den Vorteil hätte, daß sich die Mitgliedstaaten auf solche abstrakteren Ziele auch schneller einigen können.[1545] Dem Vorteil der schnelleren Einigung stünde jedoch die Abgabe von Mitentscheidungsmöglichkeiten gegenüber, zumal wenn die Kapitalmarktexperten nicht an Weisungen ihrer Entsendemitgliedstaaten gebunden wären oder die Entscheidung anderen Mehrheitsvoraussetzungen unterliegt.

Die vorgestellten Vorschläge führen die Ansätze, die mit der Einrichtung des beratenden Wertpapierausschusses vorliegen, fort. Während der Wertpapierausschuß allerdings ausschließlich auf eine beratende Funktion beschränkt ist, soll die als eigenständige Behörde arbeitende neue europäische Institution zur selbständigen Rechtsetzung befugt sein. Steil sieht für sie zwar auch eine Kontrollfunktion vor, die neue Institution wäre aber darauf angewiesen, aufgedeckte Mißstände bei der Umsetzung oder Anwendung des europäischen Rechts der Kommission anzuzeigen, die dann aus eigenem Recht auf deren Beseitigung hinzuwirken hätte. Die Einschränkung, daß dieser Zustand fehlender eigener Sanktionsmöglichkeiten „zunächst" nur von begrenzter Dauer wäre, deutet zwar darauf hin, daß auch Steil selbst die Notwendigkeit eigener Aufsichtsbefugnisse der neuen Institution sieht, die Forderung danach wird aber offensichtlich aus politischen Erwägungen nicht erhoben.

Auch eine neue europäische Institution in dieser Form kann allerdings noch keineswegs als „europäische SEC" gelten. Es handelt sich inhaltlich vielmehr um Vorschläge, die auf der Institutionalisierung der Koordination der europäischen Interessen im Bereich des Wertpapierhandels im Wertpapierausschuß basieren, und zwar eine Erweiterung seiner

---

[1544] Unerläßlich wäre auch hier die Teilnahme wenigstens eines Vertreters jedes Mitgliedstaates, um die jeweils spezifische rechtliche Situation in den Mitgliedstaaten berücksichtigen zu können.

[1545] *Steil*, Competition, Integration and Regulation in EC Capital Markets, zitiert nach *Scott-Quinn*, EC Securities Markets Regulations, in: Steil (Hrsg.), International financial market regulation, S. 121 (152).

Befugnisse vorsehen, aber nicht den entscheidenden Schritt zu einem Kontroll- und Aufsichtsorgan vollziehen, sondern der Struktur des beratenden Wertpapierausschusses verhaftet bleiben. Ohne eine effektive Kontrolle und Aufsicht über die Implementierung und Anwendung des europäischen Rechts würde kein deutlicher Gewinn an europäischer Aufsicht über den Wertpapierhandel erreicht werden.

3. Einsatz eines Korps von Gemeinschaftsinspektoren für den Wertpapierhandel?

Etwa auf gleicher Intensitätsstufe der Zentralisierung der Aufsicht über den grenzüberschreitenden Wertpapierhandel würde die Einrichtung eines Korps von Gemeinschaftsinspektoren stehen.[1546] Entsprechende Einrichtungen zur Kontrolle des Vollzugs des Gemeinschaftsrechts finden sich bereits z. B. in den Bereichen der Veterinärkontrolle, des Wein- und Tabaksektors und insbeosndere im Bereich des Kartellrechts.[1547] Die Inspektoren der Kommission haben dabei je nach Sachgebiet unterschiedliche Kontroll- und Prüfungsbefugnisse, die sie zur vollständigen Ermittlung von Vollzugsdefiziten befähigen sollen. Das Konzept der Gemeinschafsinspektoren stößt jedoch rasch dort an seine Grenzen, wo die Inspektoren auf Widerstand treffen und ein zwangsweiser Vollzug des Gemeinschaftsrechts in Frage steht. Im Bereich des europäischen Wertpapierhandels, der heute mit dem Wertpapierhandel mit Drittländern technisch durch die elektronischen Wertpapierhandelssysteme unmittelbar verbunden ist, ist die Sinnhaftigkeit der Einrichtung eines Korps von Gemeinschaftsinspektoren ohnehin fraglich.

Die „Vor-Ort" -Kontrolle würde nur dann Sinn machen, wenn die Inspektoren der Kommission auch über eine tatsächliche Aufsichtsgewalt verfügten, so daß das Gemeinschaftsrecht besser kontrolliert werden könnte als durch die Organe der Mitgliedstaaten. Es ist aber weder davon auszugehen, daß Inspektoren ein „Mehr" an Information erlangen könnten als die Aufsichtsbehörden der Mitgliedstaaten, noch ist deutlich, wie durch eine solche Kontrolle etwa Insidergeschäfte oder Verstöße gegen die gemeinschaftsrechtlichen Vorschriften im Bereich des Wertpapierhandels wirksamer verhindert werden können. Bei einem zunehmend „entmaterialisierten" Wertpapierhandel zählt allein die Information und die Schnelligkeit ihrer Beschaffung. Diese kann aber auch und gerade von den mitgliedstaatlichen Behörden über die bereits eingerichteten Verfahren der Zusammenarbeit an die Kommission geleitet werden.

1546 Siehe zu diesem Vorschlag unter dem Aspekt einer möglichen Steigerung der Effizienz des Gemeinschaftsrechtsvollzugs im Bereich des Lebensmittelrechts ausführlich *Pühs*, Der Vollzug von Gemeinschaftsrecht, S. 315 ff. m. w. Nw.

1547 Ausführlich *Pühs*, Der Vollzug von Gemeinschaftsrecht, S. 316-321 m. w. Nw.

Solange die Gemeinschaftsinspektoren nicht über besondere Rechte gegenüber Betreibern von und Teilnehmern an Wertpapierhandelssystemen verfügen, über die nicht bereits die mitgliedstaatlichen Aufsichtsbehörden verfügen, wäre ihre Aufgabe und Tätigkeit lediglich Ausdruck des Mißtrauens gegen den Vollzugswillen der Mitgliedstaaten. Da der Kommission, die seitens der Gemeinschaftsinspektoren über evtl. Vollzugsdefizite unterrichtet werden könnte, jedoch ihrerseits nur die Einleitung eines Vertragsverletzungsverfahrens nach Art. 169 EGV offensteht, handelt es sich bei der Einsetzung von Gemeinschaftsinspektoren nicht um ein geeignetes Mittel zur Aufsicht im konkreten Fall mit der Möglichkeit der notwendigen raschen Durchsetzung des Gemeinschaftsrechts. Der Einsatz von Gemeinschaftsinspektoren könnte aber Druck auf die Mitgliedstaaten und ihre Aufsichtsbehörden erzeugen, insbesondere wenn die Inspektoren zusammen mit Beamten der mitgliedstaatlichen Aufsichtsbehörden tätig werden. Hierbei wie auch bei der Berichterstattung an die Kommission handelt es sich aber nur um mittelbare Wirkungen, die zwar positiv sind, aber doch die Frage nach wirksameren Alternativen aufwerfen.

4. „Euro-SEC als unabhängige gemeinschaftsrechtliche Aufsichtsbehörde?

Die Notwendigkeit einer gemeinschaftlichen Organisation zur Beaufsichtigung des internationalen Wertpapierhandels in der EU wird inzwischen auch von den nationalen Stellen für die Beaufsichtigung des Börsenhandels erkannt. Die Pläne zur Vernetzung mehrerer Börsen haben zu der Einsicht geführt, daß für ein solches System nicht mehr alle beteiligten nationalen Aufsichtsbehörden gemeinsam zuständig sein können, sondern eine supranationale Aufsicht installiert werden sollte.[1548] Ob bei Einrichtung einer solchen europäischen Aufsicht die Wahrnehmung der Aufsicht vor Ort in Deutschland unmittelbar durch die europäische Behörde, weiterhin durch die vorhandenen Länderaufsichtsbehörden oder eine neugeschaffene zentrale Bundesbörsenaufsichtsbehörde wahrgenommen werden sollte, ist eine Detailfrage, die unter Berücksichtigung der verfassungsrechtlichen Vorgaben des Grundgesetzes sowie der Länderverfassungen gelöst werden muß.[1549]

a. Die Vorteile einer „Euro-SEC"

Als Vorteile einer zentralen Aufsichtsbehörde könnten sich nicht unerhebliche Synergieeffekte in der Informationsbeschaffung und -verarbeitung ergeben, wenn die für die Beaufsichtigung notwendigen Informationen zentral erfaßt und ausgewertet würden. Dies betrifft insbesondere die erforderlichen Informationen für die Zulassung oder den Entzug der Zulassung von Wertpapierhandelssystemen, Wertpapieren und Markteilnehmern so-

---

1548 Vgl. *Reimer*, „Eine Dame ohne Unterleib" – Interview mit August Schäfer, Chef der Handelsüberwachung der Frankfurter Börse, Wirtschaftswoche v. 6.1.2000, S. 138.

1549 Vgl. hierzu z.B. *Kurth*, EURO-Kapitalmarkt und regionale Börsenaufsicht- ein Widerspruch?, WM 1998, S. 1715 f.

wie Informationen über die Einhaltung der laufenden Pflichten der Emittenten und Marktteilnehmer.

Hinsichtlich der Informationsbeschaffung zur Überwachung des Insiderhandelsverbots müßte allerdings eine sog. „Stock watch" zur Identifizierung außergewöhnlicher Kursbewegungen, die Hinweise auf die Ausnutzung nicht öffentlich bekannter Informationen geben, als ständige Überwachung der in Wertpapierhandelssystemen geschlossenen Geschäfte technisch ohnehin getrennt für jedes Wertpapierhandelssystem erfolgen. Diese konkrete Handelsüberwachung kann zunächst ohne Verlust an Überwachungsmöglichkeiten oder Informationsgewinn auch in unmittelbarer Nähe zum Ort, an dem das Wertpapierhandelssystem tätig ist bzw. es seinen Hauptsitz hat, erfolgen. Eine Verlagerung auf eine zentrale Überwachungsstelle für alle europäischen Wertpapierhandelsmärkte kann hier nur Vorteile bringen, wenn durch die Zusammenführung von Marktinformationen ein gleichzeitig über mehrere Wertpapierhandelssysteme verteilter außergewöhnlicher Handel in einem Wertpapier aufgespürt werden kann. Für potentielle Insider besteht die Möglichkeit, die Insidergeschäfte über mehrere Wertpapierhandelssysteme zu streuen und so in jedem einzelnen Wertpapierhandelssystem nur Geschäfte zu tätigen, die kaum wegen ihres Volumens oder ihrer Auswirkungen auf den Preis als außergewöhnliche Geschäfte auffallen. Eine Zusammenschau aller Geschäfte durch eine zentrales Stock Watch-System könnte diese Insidergeschäfte zeitnah aufspüren helfen.

Hinsichtlich der übrigen genannten Aufsichtsfelder könnte die Einrichtung einer zentralen europäischen Wertpapieraufsichtsbehörde die Einheitlichkeit der Interpretation der aufsichtsrechtlichen Regelungen sowie die gleichmäßige Anwendung der aufsichtsrechtlichen Befugnisse europaweit sichern. Die neutrale Wahrnehmung der aufsichtsrechtlichen Befugnisse ohne nationale Rücksichtnahmen und idealerweise ohne das Bestreben, speziellen Finanzplätzen und Kapitalmarktteilnehmern innerhalb der Gemeinschaft besondere Wettbewerbsvorteile durch aufsichtsrechtliche Gestaltung zukommen zu lassen, könnte die Gefahr der Aufsichtsarbitrage senken.

Das notwendige Vertrauen der Anleger in die Ordnungsmäßigkeit des Wertpapierhandels und die effektive Aufsicht über die Kapitalmarktteilnehmer könnte für den Bereich grenzüberschreitender Kapitalanlage gestärkt werden. Vorbehalte gegenüber den Aufsichtsregimen anderer Mitgliedstaaten, die sicherlich heute z. T. auch aus Unkenntnis bestehen, könnten entfallen und damit die grenzüberschreitende Anlage mit entsprechenden Wertpapierhandelsaktivitäten fördern. Dies gilt ganz besonders für die Wertpapierhandelssysteme, die sich direkt an Privatanleger wenden.

b. Die Nachteile einer „Euro-SEC“

Zu befürchten wäre andererseits jedoch auch das Entstehen einer „Superbehörde“ mit entsprechend schwerfälligen Strukturen. Zur Erfassung und Verarbeitung der enormen Informationsmenge und zur Überwachung des grenzüberschreitenden Wertpapierhandels wäre eine Behörde von erheblichem Ausmaß erforderlich. Die amerikanische SEC und die bereits bestehenden Behörden der Gemeinschaften vor Augen, müßte befürchtet werden, daß eine solche Mammutbehörde die Vorteile der Effizienzsteigerung der Aufsicht wiederum stark einschränken würde. Allerdings wäre auch eine Beschränkung der Aufsichtsaufgaben auf die Wertpapierhandelssysteme sowie die wesentlichen Kapitalmarktteilnehmer, die zugleich auch den größten Teil der grenzüberschreitenden Geschäfte tätigen, denkbar, um diesem Effekt entgegenzuwirken.

Die Verlagerung der Verantwortlichkeit auf eine zentrale Behörde könnte zudem den Effekt haben, daß weiterhin vor Ort bestehende zuständige Stellen der Mitgliedstaaten gerade auch wegen der Beschneidung ihrer Kompetenzen weniger mit, als vielmehr gegen die zentrale Aufsichtsbehörde arbeiten und hierdurch Reibungsverluste entstehen.

V. Die gemeinschaftsrechtliche Rechtsgrundlage für eine zentrale „Euro-SEC“

Die Einrichtung einer „Euro-SEC“ bedürfte einer europarechtlichen Grundlage, da eine mit den beschriebenen erforderlichen Bedürfnissen ausgestattete Gemeinschaftsbehörde wegen ihrer Eingriffe in die Souveranitätsrechte der Mitgliedstaaten und die potentiellen Eingriffe in die Menschenrechte der Gemeinschaftsbürger und Marktteilnehmer aus Drittstaaten nicht ohne Verankerung im Gemeinschaftsrecht möglich wäre.

Anders als z. B. im gemeinschaftlichen Kartellrecht, das eine Regelung in Art. 85-89 EGV erfahren hat, und das auf der Basis der im EGV in Art. 2, 3 und 3a zugrunde gelegten marktwirtschaftlichen Ordnung[1550] den unverfälschten Wettbewerb und damit zugleich den bisher erreichten Stand der Öffnung der Märkte sichern soll, enthält der EGV für den Vollzug des Gemeinschaftsrechts im Bereich des Wertpapierhandels keine Art. 89 EGV entsprechenden Aufgaben und Kompentenzzuweisung an die als „Europäische Kartellbehörde“ tätige Kommission. Im Bereich des Kartellrechts ist damit zwischen der Kommission als Gemeinschaftsorgan und den Marktteilnehmern schon auf primärrechtlicher

Ebene ein unmittelbarer Kontakt angelegt[1551], der im Bereich des Wertpapierhandels

---

1550 Siehe hierzu oben unter 2. Teil dieser Arbeit; vgl. auch *Pühs*, Der Vollzug von Gemeinschaftsrecht, S. 336 m. w. Nw.; *Wieberneit*, Europarechtlicher Ordnungsrahmen für Umweltsubventionen, S. 189.

1551 *Pühs*, Der Vollzug von Gemeinschaftsrecht, S. 346.

fehlt. Das Primärrecht enthält im Kartellrecht auch die grundsätzliche Ausstattung der Kommission mit Vollzugsbefugnissen, auch wenn das Verfahren nur im Sekundärrecht, insbesondere in der Verordnung des Rates Nr. 17 detailliert ausgestaltet ist. Die Kommission ist dabei selbst zuständig z. B. für Anmeldeverfahren, Freistellungserklärungen und die Verhängung von Geldbußen bzw. die notwendigen Schritte, um Zuwiderhandlungen abzustellen, und zwar sowohl für Handlungen von Personen bzw. Personenvereinigungen, die in der Gemeinschaft ansässig sind, als auch von solchen aus Drittstaaten, deren Handlungen Wirkungen auf den Wettbewerb in der Gemeinschaft haben. Mit ihrer begrenzten personellen und sachlichen Ausstattung ist die Kommission aber für den Vollzug ihrer Entscheidungen in jedem Fall auf die Hilfe der Mitgliedstaaten bzw. bei Drittlandsangehörigen auf die der jeweiligen Heimatstaaten angewiesen.[1552]

Eine entsprechende unmittelbare Aufsicht der Kommission über den Wertpapierhandel würde eine Art. 89 EGV vergleichbare primärrechtliche Regelung erfordern. Eine effektive Aufsicht über den europäischen Wertpapierhandel könnte aber wegen der aufgezeigten begrenzten Kapazität der Kommission kaum auf diesem Wege erfolgen.

Mit der Problematik der Einrichtung einer „Euro-SEC" ist daher die Diskussion über die Einrichtung eines Europäischen Kartellamts, als einer von der Kommission organisatorisch und personell unabhängigen Gemeinschaftsaufsichtsbehörde, eher vergleichbar. Auch hier stellt sich allerdings dieselbe Frage nach der rechtlichen Verankerung einer solchen Behörde im Gemeinschaftsrecht. Die Gemeinschaft kann grundsätzlich nur im Rahmen der ihr im EGV eingeräumten Ermächtigungen und vom EuGH bestätigten Grundprinzipien des europäischen Gemeinschaftsrechts tätig werden und hat damit dem „Prinzip der begrenzten Ermächtigung" folgend heute keine primär- oder sekundärrechtliche Grundlage zur Einrichtung eines Europäischen Kartellamts oder einer damit vergleichbaren „Euro-SEC". Dementsprechend wird für die Errichtung eines Europäischen Kartellamts die Einfügung einer Rechtsgrundlage in den EGV verlangt, da ein gemeinschaftsunmittelbarer Vollzug nicht nur die Schaffung entsprechender Stellen auf Gemeinschaftsebene, sondern auch eine Zuweisung der Vollzugsaufgabe im Gemeinschaftsrecht voraussetzt.[1553] Allerdings verfügt die Kommission über eine eigene beschränkte Organisationsgewalt, die es ihr bei Vorliegen bestimmter Voraussetzungen erlaubt, abhängige und unabhängige Personen des Gemeinschaftsrechts zur Verwaltung bestimmter Bereiche zu schaffen und damit die ihr nach Art. 189 EGV zukommenden Aufgaben teilweise zu delegieren.

1552 *Pühs*, Der Vollzug von Gemeinschaftsrecht, S. 348-356 zur Unterstützung der Kommission durch die Mitgliedstaaten beim Vollzug des Gemeinschaftskartellrechts.

1553 *Pühs*, Der Vollzug von Gemeinschaftsrecht, S. 361 f. m. w. Nw.

Als weitere gemeinschaftsrechtliche Grundlage kommt nach dem Beispiel der ursprünglich als Europäisches Markenamt geplanten und nunmehr als Harmonisierungsamt für den Binnenmarkt agierenden und mit Vollzugkompetenz ausgestatteten Gemeinschaftsbehörde ein Beschluß des Europäischen Rates nach Art. 235 EGV in Betracht.[1554] Dieser kann einstimmig auf Vorschlag der Kommission und nach Anhörung des Europäischen Parlamentes die geeigneten Vorschriften erlassen, wenn ein Tätigwerden der Gemeinschaft, das hier in der Schaffung einer Gemeinschaftsaufsichtsbehörde für den Wertpapierhandel läge, erforderlich ist, um im Rahmen des Gemeinsamen Marktes eines der Gemeinschaftsziele zu verwirklichen und die dafür erforderlichen Befugnisse nicht im EGV vorgesehen sind. Die Einrichtung einer „Euro-SEC" würde grundsätzlich den Zielen der Gemeinschaft dienen, wie es Art. 235 EGV fordert. Insbesondere würde die Aufsicht über den Wertpapierhandel und der effektive Vollzug des Gemeinschaftsrechts in diesem Bereich dem Ziel des freien Kapitalverkehrs, dem freien Wettbewerb, dem Schutz der am Wertpapierhandel beteiligten Marktteilnehmer und dem Schutz der Kapitalanleger dienen. Da die Staats- und Regierungschefs der Mitgliedstaaten auf dem Pariser Gipfel von 1972 ausdrücklich eine angemessene großzügige Handhabung des Art. 235 EGV im Sinne einer Vertragsabrundungskompetenz empfohlen haben[1555], sind an das Vorliegen dieser Voraussetzungen des Art. 235 EGV zudem keine allzu strengen Anforderungen zu stellen. Auch die Ausstattung einer solchen „Euro-SEC" mit den notwendigen Kontroll- und Sanktionskompetenzen wäre auf dieser Grundlage möglich, da Art. 235 EGV alle „geeigneten Maßnahmen", zumindest aber die in Art. 189 EGV genannten Rechtsakte, erlaubt. Zu beachten ist aber die Subsidiarität der Anwendung von Art. 235 EGV gegenüber anderen im EGV enthaltenen Ermächtigungen zum Handeln der Gemeinschaft. Da im Bereich des Wertpapierhandels gerade nicht wie z. B. im Kartellrecht in Art. 87 Abs. 1 UA. 1 EGV bereits eine entsprechende Ermächtigung des Rates vorhanden ist, wäre die Subsidiarität von Art. 235 EGV in diesem Falle kein Problem.

Allerdings ist in Übereinstimmung mit der Ablehnung einer auf Art. 235 EGV gestützten Ermächtigung des Rates zur Errichtung eines Europäischen Kartellamts[1556] auch die Zulässigkeit einer auf Art. 235 EGV gestützten Ermächtigung zur Schaffung einer „Euro-SEC" durchaus kritisch zu sehen.[1557] Anders als beim Harmonisierungsamt für den Binnenmarkt, das weder Rechtsetzungsbefugnisse noch weitgehende Ermessensspielräume hat, und dessen Errichtung deshalb wohl richtigerweise auf Art. 235 EGV gestützt werden

---

1554 Vgl. auch *Hoppmann*, Europäische Börsenaufsicht, EWS 1999, S. 204 (210).

1555 *Röttinger*, in: Lenz (Hrsg.), EG-Vertrag Kommentar, Rn. 1, 4 u. 6 zu Art. 308 [ex-Art. 235] m. w. Nw.; *Oppermann*, Europarecht, Rn. 523.

1556 *Pühs*, Der Vollzug von Gemeinschaftsrecht, S. 364 m. w. Nw.

1557 So auch *Hoppmann*, Europäische Börsenaufsicht, EWS 1999, S. 204 (210).

konnte, wäre eine „Euro-SEC" nur dann sinnvoll, wenn sie auch über entsprechend weitreichende Aufsichts- und Sanktionsbefugnisse verfügen würde. Die Einrichtung einer solchermaßen mit Vollzugsbefugnissen ausgestatteten Gemeinschaftsbehörde greift aber grundlegend in das bestehende institutionelle Gefüge der Gemeinschaft ein. Auch die langfristige und hohe Eingriffsintensität einer „Euro-SEC" in die Souveranität der Mitgliedstaaten legt daher eher die Erforderlichkeit einer Vertragsänderung im Sinne der Aufnahme einer ausdrücklichen Emächtigung zur Einrichtung einer „Euro-SEC" nahe. Das vormals in Art. 236 EGV geregelte Verfahren der Vertragsänderung findet sich nunmehr in Art N des EUV und setzt eine Konferenz von Vertretern der Regierungen der Mitgliedstaaten voraus, um die Vertragsänderung zu vereinbaren. Diese Änderungen sind anschließend von alle Mitgliedstaaten zu ratifizieren.

Die rechtlichen Möglichkeiten zur Einrichtung eine „Euro-SEC" sind damit bereits im Gemeinschaftsrecht angelegt. Welches dieser Instrumente letztlich für eine rechtmäßige Einrichtung der „Euro-SEC" notwendig wäre, hängt entscheidend von deren konkreten Ausgestaltung und damit von der Art ihrer Aufgaben und notwendigen Hoheitsbefugnisse ab. Eine „Euro-SEC" würde nur dann gegenüber den bestehenden Verfahren der Zusammenarbeit Sinn machen, wenn sie erhebliche Vorteile für den Vollzug des Gemeinschaftsrechts und die Aufsicht über den europäischen Wertpapierhandel brächte, was nur bei einer sehr weitgehenden Ausstattung mit Hoheitsbefugnissen der Fall wäre, so daß dann auch das Verfahren nach Art. N des EUV vorzuziehen wäre.

VI. Das Abweichen vom Konzept der gegenseitigen Anerkennung sowie der Harmonisierung auf einem Mindestniveau

Eine mit effektiven Kontroll- und Sanktionsbefugnissen ausgestattete „Euro-SEC" widerspräche jedoch grundsätzlich dem primärrechtlich verankerten Konzept der gegenseitigen Anerkennung und dem Prinzip der Heimatlandkontrolle. Die zentrale Wahrnehmung der Kontroll- und Aufsichtsaufgaben negiert geradezu die gegenseitige Anerkennung der von den jeweiligen Mitgliedstaaten bzw. ihren zuständigen Stellen nach dem Prinzip der Heimatlandkontrolle durchgeführten Aufsicht.

Eine zusätzliche Rechtsetzung unterhalb der Ebene der Richtlinie würde zudem einen Wechsel zurück zu einer sehr weitgehenden Harmonisierung und damit zugleich eine Abkehr von dem in jüngerer Zeit verfolgten Prinzip einer Mindestharmonisierung bedeuten. Selbst wenn die Europäischen Richtlinien dann auf einem abstrakteren Niveau beschlossen würden, wäre es, zumindest wenn den Ansätzen von Lee und Steil gefolgt würde, erklärtes Ziel einer solchen Institution, detailliertere europarechtliche Vorgaben zu erlassen.

VII. Die „Euro-SEC" und das Subsidiaritätsprinzip

In diesem Zusammenhang stellt sich die Frage, inwieweit die Einführung einer „Euro-SEC" von dem nunmehr in Art. 5 [ex-Art. 3b] Abs. 2 EGV primärrechtlich verankerten Subsidiaritätsprinzip als Leitlinie für das Tätigwerden der Gemeinschaft gedeckt wäre.[1558] Die Aufsicht über die Wertpapiermärkte und auch über einen integrierten europäischen Wertpapiermarkt fällt in den Bereich der konkurrierenden Gesetzgebung zwischen der Gemeinschaft und den Mitgliedstaaten, so daß das Subsidiaritätsprinzip des Art. 5 [ex-Art. 3b] Abs. 2 EGV grundsätzlich Geltung beansprucht.[1559] Voraussetzung für ein Tätigwerden der Gemeinschaft wäre demnach, daß die Ziele, die mit der Aufsicht über den Wertpapierhandel erreicht werden sollen, auf der Ebene der Mitgliedstaaten nicht ausreichend realisiert und wegen ihres Umfangs oder ihrer Wirkung besser auf der Gemeinschaftsebene erreicht werden können. Der Tätigkeitsbereich der Gemeinschaft ist damit nur dann eröffnet, wenn die Mitgliedstaaten wegen ihrer auf ihr Hoheitsgebiet begrenzten Kompetenzen die Gemeinschaftsziele nicht verwirklichen können und die Gemeinschaftstätigkeit „deutliche Vorteile" vor der mitgliedstaatlichen Tätigkeit bringt.[1560]

An diesen Voraussetzungen gemessen wäre eine „Euro-SEC" allerdings europarechtlich zulässig, wenn sich zeigt, daß die mitgliedstaatlich zuständigen Stellen trotz einer durch die Richtlinien vorgeschriebenen Zusammenarbeit, bei dem Tätigwerden mehrerer Wertpapierhandelssysteme in Europa zukünftig nicht in der Lage sein sollten, den Wertpapierhandel in grenzüberschreitenden Wertpapierhandelssystemen sowie die beteiligten Kapitalmarktteilnehmer ausreichend und effektiv zu überwachen. Die erreichbaren Vorteile wären dann durchaus als „deutlich" einzustufen. Insbesondere die Stärkung des Vertrauens in eine von mitgliedstaatlichen Interessen unabhängige, neutrale europäische Aufsichtsinstitution könnte zu einer erheblichen Intensivierung der grenzüberschreitenden Kapitalanlage und damit der Verflechtungen des europäischen Kapitalmarktes führen.

VIII. Das Forum of European Securities Commissions (FESCO) als Zwischenschritt zu einer europäischen Börsenaufsichtsbehörde?

In der Erkenntnis, daß ausschließlich nationale Aufsichtsssysteme der Entwicklung des europäischen Kapitalmarktes alleine nicht mehr gerecht werden können, haben im Dezember 1997 siebzehn Wertpapieraufsichtsbehörden, zu denen die Behörden der fünfzehn Mitgliedstaaten der Europäischen Union sowie die Behörden von Island und Norwegen

---

1558 Vgl. auch *Hoppmann*, Europäische Börsenaufsicht, S. 204 (211).

1559 Siehe zum Subsidiaritätsprinzip oben; sowie *Kahl*, Möglichkeiten und Grenzen des Subsidiaritätsprinzips nach Art. 3b EG-Vertrag, AöR 1993, S. 414-446.

1560 Zweifelnd, ob solche Vorteile erreicht werden können, *Hoppmann*, Europäische Börsenaufsicht, EWS 1999, S. 204 (211 f.).

als Vertragsstaaten des Abkommens über den Europäischen Wirtschaftsraum gehören, das Forum of European Securities Commissions (FESCO) mit dem Ziel einer Verbesserung des Anlegerschutzes sowie der Sicherstellung der Integrität und Transparenz der Kapitalmärkte durch eine enge Zusammenarbeit zwischen den Behörden und der Entwicklung gemeinsamer Aufsichtsstandards gegründet.[1561] Die Europäische Kommission unterstützt die FESCO als Beobachter bei den Treffen der Organisation sowie deren Fachausschüsse.[1562] Die FESCO unterhält zudem enge Beziehungen zu den entsprechenden Wertpapieraufsichtsbehörde der Länder, die als Beitrittskandidaten zur Europäischen Union gelten sowie zu weiteren außereuropäischen Ländern sowie zur IOSCO.[1563]

Die FESCO ist keine Organisation oder Behörde der Europäischen Union, sie bietet als Zusammenschluß der europäischen Wertpapier- bzw. Kapitalmarktaufsichtsbehörden jedoch einerseits eine Organisation, die sich der Regulierung des europäischen Kapitalmarktes widmet, und andererseits eine Verbindung der Behörden, die die Aufsichts auch jeweils tatsächlich umsetzen. Damit entspricht dieses Konzept hinsichtlich der Regulierungs- aber auch hinsichtlich der Vollzugsebene vollumfänglich dem Subsidiaritätsprinzip, das der Einführung einer „Euro-SEC" in der Form einer eigenen Gemeinschaftsbehörde zur Zeit noch entgegensteht. Da es für die rechtliche Zulässigkeit einer „Euro-SEC" gerade darauf ankommt, ob es den Mitgliedstaaten gelingt, auch ohne solch eine „Superbehörde" die Probleme der Aufsicht über den europäischen Kapitalmarkt zu lösen[1564], kann die Gründung der FESCO und deren erfolgreiche Arbeit dazu beitragen, die Gründung einer „Euro-SEC" nicht nur faktisch zu erübrigen, sondern – bei Fehlen einer expliziten primärrechtlichen oder sekundärrechtlichen Regelung - sogar rechtlich unzulässig werden zu lassen. Voraussetzung hierfür ist allerdings, daß es tatsächlich gelingt, durch die gemeinsamen Regulierungsanstrengungen unterhalb der Ebene des primären und sekundären Gemeinschaftsrecht und den Vollzug dieser Regelungen in der Praxis durch eine sehr enge Zusammenarbeit der zuständigen nationalen Behörden die Aufsicht über den europäischen Kapitalmarkt und insbesondere auch die Frage der Aufsicht über grenzüberschreitende Wertpapierhandelssysteme zufriedenstellend zu lösen.

1561 Vgl. zusammenfassend *Wittich*, Zusammenwachsende europäische Märkte – eine Herausforderung für die Wertpapieraufsicht in Europa, Wertpapiermitteilungen 1999, 1613; siehe auch die Charter of the Forum of European Securities Commissions (FESCO) vom 8.12.1997, *FESCO*, Internetseite www.europefesco.org.

1562 *FESCO*, FESCO´s Organisation, Internet-Seite www.europefesco.org.

1563 *Wittich*, Zusammenwachsende europäische Märkte – eine Herausforderung für die Wertpapieraufsicht in Europa, Wertpapiermitteilungen 1999, 1613

1564 Siehe vorstehend unter 5. Teil VII. dieser Arbeit.

Als erster konkreter Schritt wurde im Rahmen der FESCO am 26.1.1999 ein mulitlaterales Memorandum of Understanding[1565] unterzeichnet, das den Informationsaustausch zwischen den beteiligten Behörden näher regelt und auf eine verläßliche Basis stellt.

1. Multilaterales Memorandum of Understanding on the Exchange of Informations and Surveillance of Securities Activities

In dem Memorandum of Understanding (MoU) verpflichten sich die beteiligten Aufsichtsbehörden nicht nur zu der engsten möglichen Zusammenarbeit hinsichtlich der Durchführung von Untersuchungen und der Durchsetzung von Regeln des Kapitalmarktrechts hinsichtlich des Insiderrechts, von Marktmanipulationen sowie anderer fraudulöser Handlungen, sondern auch hinsichtlich der Aufsicht über die Finanzmärkte, einschließlich der Abwicklung von Wertpapiergeschäften sowie von Over-the-Counter (OTC)-Geschäften in Wertpapieren, die an geregelten Märkten i.S.d. Wertpapierdienstleistungsrichtlinie notiert sind. Auch das MoU enthält selbstverständlich Vorbehalte, die einer Verweigerung der Zusammenarbeit der Aufsichtsbehörden beinhalten, soweit Souveranitätsinteressen betroffen sind oder bereits strafgerichtliche Verfahren anhängig oder abgeschlossen sind oder verwaltungsrechtliche Sanktionen wegen der gleichen Sache bereits verhängt wurden. Für die Praxis der Zusammenarbeit entscheidend dürfte die Spezifizierung der Anforderungen an die Anfragen für eine Zusammenarbeit in Art. 4 des MoU sein, da entsprechende Standards die schnelle Entscheidung über die Anfrage auf Zusammenarbeit befördern dürften. Insbesondere Art. 5 Nr. 2 des MoU geht zudem – vorbehaltlich der EU-Rechtsetzung – einen entscheidenden Schritt weiter, indem auch die gemeinschaftliche Durchführung von Untersuchungen angesprochen wird, worüber jeweils im Einzelfall Beratungen stattfinden sollen und auch eine Arbeitsteilung und das Teilen von Verantwortung geklärt werden soll. Mit solchen gemeinschaftlichen Untersuchungen kann die Zusammenarbeit der Aufsichtsbehörden bereits eine Qualität bekommen, die eine einheitliche „Euro-SEC", die -wie bereits erwähnt – notwendigerweise ebenfalls auf die Zusammenarbeit mit den nationalen Behörden angewiesen wäre, überflüssig machen kann.Die in Art. 8 des MoU enthaltene Verpflichtung zu regelmäßigen Treffen der hochrangigen Vertreter der Mitgliedsbehörden der FESCO, um die Zusammenarbeit zu besprechen und fortzuentwickeln, bezweckt, daß die Erfahrungen mit der Zusammenarbeit auch umgesetzt werden und entsprechende Änderungen am Verfahren der Zusammenarbeit entsprechend vorgenommen werden können. Dieser Ausschuß wird

---

1565 *FESCO*, Multilateral Memorandum of Understanding on the Exchange of Information and Surveillance of Securities Activities, vom 26.1.1999, Internetseite www.europefesco.org.

auch als FESCOPOL bezeichnet.[1566] Letztlich gilt auch hier wie bei den anderen bereits vorgestellten Verfahren, daß die Zusammenarbeit der Aufsichtsbehörden letztlich von der Bereitschaft zur und Einsicht in die Notwendigkeit der Zusammenarbeit jeder einzelnen Behörde abhängt. Das MoU stellt jedoch einen wichtigen Schritt dar, um den auf sekundärrechtlicher Ebene des Kapitalmarktrechts bestehenden Rahmen weiter auszufüllen und in die Praxis umsetzen zu

2. Standards for regulated markets under the ISD

Die im July 1999 angekündigten[1567] und im Dezember 1999 vorgestellten „Standards for regulated markets under die ISD"[1568] (im Folgenden Standards) sollen die Regelungen des europäischen Sekundärrechts, insbesondere der Wertpapierdienstleistungsrichtlinie, hinsichtlich der Anforderungen an die Gründung und das Betreiben von regulierten Märkten i.S.d. Art. 16 der Wertpapierdienstleistungsrichtlinie näher ausgestalten bzw. ergänzen[1569]. Ausdrückliches Ziel ist die Sicherung bzw. Stärkung des Vertrauens der europäischen Anleger und der Öffentlichkeit in die geregelten Märkte, die den „Europapaß", den die Wertpapierdienstleistungsrichtlinie ihnen gewährt nutzen können und inzwischen aufgrund der elektronischen Wertpapierhandelsmöglichkeiten sowie durch den Zusammenschluß mehrerer nationaler Börsen europaweit tätig werden. Dabei wird betont, daß es aufgrund der enormen Geschwindigkeit, mit der sich diese regulierten Märkte technisch entwickeln, keine auf Dauer festen Standards geben kann, sondern diese periodischer Überprüfung unterliegen müssen, um dem technischen Stand folgend jeweils angepaßte Regelungen aufzuweisen (vgl. Abs. 8 der Standards). Zugleich handelt es sich ausweislich der Selbsteinschätzung der FESCO in Abs. 15 der Standards um einen Regulierungsansatz, der den nationalen Regulierungsbehörden einige Flexibilität bei der Umsetzung läßt.

Die Konzentration auf die regulierten Märkte in den Standards läßt die privaten Wertpapierhandelssysteme, die nicht als geregelte Märkte i.S.v. Art. 16 der Wertpapierdienstleistungsrichtlinie erfaßt sind, außen vor. Die FESCO hat jedoch bereits Ende 1999 gemeldet, eine zusätzliche Arbeitsgruppe eingerichtet zu haben, die sich den Alternative Tra-

1566 *Wittich*, Zusammenwachsende europäische Märkte – eine Herausforderung für die Wertpapieraufsicht in Europa, Wertpapiermitteilungen 1999, 1613 (1614); FESCO, Press Release, Signature of an European Memorandum of Understanding on the surveillance of Securities activities and creation of „FESCOPOL", vom 1.2.1999,

1567 Vgl. *FESCO*, Press Release, Consultation Paper on standards for regulated markets, vom 7.7.1999.

1568 *FESCO*, Standards for regulated markets under the ISD, December 1999, Internetseite www.europefesco.org.

1569 *FESCO*, Standards for regulated markets under the ISD, December 1999, Internetseite www.europefesco.org., S. 2.

ding Systems (ATSs) widmen wird, so daß auch für die besonderen rechtlichen Probleme, die mit diesen Wertpapierhandelssystemen verknüpft sind, auf europäischer Ebene Lösungen gefunden werden können. Die Konzentration der FESCO auf die regulierten Märkte in der Anfangsphase der FESCO birgt allerdings das Risiko, daß für diese Märkte, die bereits über die Wertpapierdienstleistungsrichtlinie eine europäische Grundregulierung erfahren haben, eine detaillierte weitere Regulierung angestrebt wird, während für die nicht-regulierten Märkte, die heute noch weitgehend außerhalb jeglicher Regulierung stehen oder sich einer solchen entziehen und eigentlich dringender einer europäischen Grundregulierung bedürften die Regulierungsbestrebungen zunächst hintenan stehen. Andererseits ist anzuerkennen, daß auf der Basis der vorhandenen europäischen sekundärrechtlichen Regelungen der regulierten Märkte es zunächst erfolgversprechender ist, die Probleme, die mit der Internationalisierung dieser Märkte in aufsichtsrechtlicher Hinsicht entstanden sind, in Zusammenarbeit mit den übrigen Aufsichtsbehörden zu lösen, als die Grundregulierung für private/alternative Wertpapierhandelssysteme völlig neu zu entwikkeln. Nicht zuletzt werden auch die Regulierungsbemühungen für die privaten/alternativen Wertpapierhandelssysteme sicher von den Erfahrungen und Ansätzen der fortgeführten Regulierung der regulierten Märkte profitieren können.

Die von der FESCO gesetzten neunzehn Standards sollen an dieser Stelle nicht einzeln aufgelistet werden. Es handelt sich jeweils um Anforderungen, die, soweit sie die Organisation und das Management des Trägers der Märkte betreffen, sicher auch für die meisten der privaten/alternativen Wertpapierhandelssysteme beinahe unverändert gelten müssen. Dies betrifft insbesondere Eignung des Managements, das Risikomanagement des Trägers sowie die Ausstattung und Ausgestaltung mit Technologie und finanziellen Mitteln. Aber auch die Standards für die Organisation des Handels und die Durchführung der Transaktionen können für private/alternative Wertpapierhandelssysteme eigentlich nicht unterschiedlich ausfallen. Die Standards für das Vorhandensein von effektiven Mitteln der Selbstaufsicht und der Behandlung von Beschwerden und Sanktionierung von Verstößen unterliegen bei privaten/alternativen Wertpapierhandelssystemen jedoch anderen Anforderungen, da bei ihnen der hoheitliche Charakter der Aufsichtsführung nicht gegeben ist. Gleiches gilt für den Zugang zum Markt, der bei regulierten Märkten ebenfalls anders ausgestaltet werden muß als bei privaten Wertpapierhandelssystemen. Jedoch sind auch in diesem Bereich die Standards für den technischen Zugang zu den Märkten sowie die Sicherstellung des Vorhandenseins entsprechender technischer Sicherheitsmechanismen bei den Teilnehmern zum Schutz des Gesamtsystems wiederum so allgemein gehalten, daß sie auch auf private/alternative Wertpapierhandelssysteme Anwendung finden könnten. Spezifisch für die regulierten Märkte hingegen sind die Regelungen für die Zulassung von Wertpapieren zum Handel. Da private Wertpapierhandelssysteme in diesen Bereichen häufig keinerlei eigene Zulassungsverfahren vorweisen, sind die diesbezüglichen Standards weitgehend obsolet für die privaten Wertpapierhandelssysteme.

Für die regulierten Märkte, die sich auf europäischer Ebene zusammenschließen bzw. europaweit grenzüberschreitend tätig werden, stellen die Standards jedoch einen ersten Schritt in die richtige Richtung dar. Ob die Arbeit der FESCO auf Dauer eine „Euro-SEC“ überflüssig erscheinen läßt, wird sich im Laufe der nächsten Jahre herausstellen, wenn Erfahrungen mit der angestrebten engeren Zusammenarbeit der Aufsichtsbehörden gesammelt wurde. Eine periodische Prüfung, ob der damit eingeschlagene Weg den notwendigen Erfolg zeigt, erscheint in jedem Fall unverzichtbar.

Fazit

Die Entwicklung elektronischer grenzüberschreitend tätiger Wertpapierhandelssysteme stellt sowohl auf nationaler als auch auf internationaler, insbesondere aber auf europäischer Ebene neue Anforderungen an die rechtlichen Rahmenbedingungen für Wertpapierhandelssysteme und den grenzüberschreitenden Wertpapierhandel. Neben der Erfüllung der funktionen- und individualschützenden Aufgaben aufsichtsrechtlicher Regelungen von Wertpapierhandelssystemen steht die Öffnung des Wettbewerbs der Wertpapierhandelssysteme in Form eines „Marktes der Märkte" als Regelungsziel im Vordergrund. Als Fazit der Analyse der Wirkungen dieser neuen Erscheinungsform des Wertpapierhandels auf das nationale und das europäische Recht ergibt sich:

- **Funktionsgleichheit von börslichen und außerbörslichen elektronischen Wertpapierhandelssystemen**

Elektronische Wertpapierhandelssysteme ermöglichen einen Geschäftsschluß durch unmittelbare Zusammenführung der elektronisch übermittelten Wertpapierkauf- und -verkaufsaufträge. Hierdurch unterscheiden sie sich von den Wertpapierinformationssystemen, bei denen der Geschäftsschluß noch außerhalb des elektronischen Systems vollzogen werden muß und von den Präsenzbörsen, die sich durch physische Präsenz der Teilnehmer am Wertpapierhandel an einem Ort auszeichnen. Elektronische Wertpapierhandelssysteme werden heute rechtlich zum Teil als Börsen erfaßt. Daneben existieren aber auch elektronische Wertpapierhandelssysteme im außerbörslichen Bereich. Sie sind in ihren wesentlichen Funktionen mit den als Börsen geregelten Wertpapierhandelssystemen identisch, unterliegen jedoch hinsichtlich der Genehmigung und der Aufsicht über die Betreiber, die Teilnehmer und des in ihnen stattfindenden Wertpapierhandels unterschiedlichen Regelungen. Zumeist werden sie als Intermediäre erfaßt, so daß für sie keine speziellen aufsichtsrechtlichen Rahmenbedingungen bestehen. Diese rechtliche Ungleichbehandlung läßt sich sachlich nicht mehr rechtfertigen. Sie knüpft an einen überholten Börsenbegriff an.

- **Globale Teilnahmemöglichkeit für professionelle und private Teilnehmer an elektronischen Wertpapierhandelssystemen**

Elektronische Wertpapierhandelssysteme sind auf Grund der technischen Möglichkeit, die Handelsbildschirme von jedem Punkt der Erde aus mit dem Zentralcomputer zu verbinden, standortunabhängig. Sie ermöglichen damit eine unmittelbare grenzüberschreitende Teilnahme an einem einzigen Wertpapierhandelssystem für Wertpapierintermediären sowie institutionelle und private Anleger aus verschiedenen Staaten. Der heute noch vorwiegend im außerbörslichen Telefonhandel stattfindende grenzüberschreitende Wertpapierhandel wird zukünftig in erheblichem Ausmaß über elektronische Wertpapierhandelssysteme vollzogen werden, wie sie für den professionellen Wertpapierhandel bereits seit einigen Jahren bestehen, nunmehr aber auch in Form von Internet-Wertpapierhandelssystemen für die Teilnahme von Privatanlegern entstehen.

- **Verschärfung des Wettbewerbs zwischen Wertpapierhandelssystemen erfordert „level playing field" der Rahmenbedingungen**

Die Entwicklung grenzüberschreitend tätiger börslicher und privater Wertpapierhandelssysteme verschärft den Wettbewerb um die Abwicklung von Wertpapieraufträgen. Dies gilt sowohl für den Wettbewerb zwischen den Börsen, den Wettbewerb zwischen den börslichen und den außerbörslichen Wertpapierhandelssystemen sowie den Wettbewerb zwischen den außerbörslichen Wertpapierhandelssystemen. Bei Zugrundelegung eines marktwirtschaftlichen Konzeptes müssen die nationalen und internationalen rechtlichen Rahmenbedingungen diesen Wettbewerb ermöglichen und nicht beschränken. Der Einfluß staatlicher lenkender Wirtschaftspolitik zugunsten nationaler Wertpapierhandelssysteme muß zugunsten eines „level playing fields" zumindest innerhalb Europas vermindert werden. Die Stellung der Wertpapierhandelssysteme im Wettbewerb muß durch ihre Leistungen und nicht durch die rechtlichen Rahmenbedingungen bestimmt werden. Dazu sind nicht zwingend vollidentische Regelungen in allen Staaten erforderlich, sondern lediglich vergleichbare Mindestanforderungen sowie die Verhinderung von Aufsichtsarbitrage, die wegen der elektronischen Verknüpfung der Teilnehmer mit dem Wertpapierhandelssystem besonders leicht möglich ist.

- **Mindestanforderungen an elektronische Wertpapierhandelssysteme unter Berücksichtigung des Professionalisierungsgrads der Auftraggeber**

Die rechtlichen Rahmenbedingungen für die elektronischen Wertpapierhandelssysteme müssen den volkswirtschaftlichen Funktionen der Effizienzsteigerung und des Ausgleichs von Ineffizienzen, insbesondere aber auch den individualschützenden Funktionen gerecht werden, um die Basis für einen funktionierenden Kapitalmarkt, das Vertrauen der Anleger in die Ordnungsmäßigkeit des Handels, zu sichern. Hier empfiehlt sich eine auf die Teilnehmer- und Auftragsstruktur der Wertpapierhandelssysteme abgestimmte Regelung, basierend auf einem einheitlichen Mindestniveau im Bereich der Genehmigung, der Aufsicht über die Betreiber, der Selbstverwaltungsstrukturen und der Abwicklung der Geschäfte für alle Wertpapierhandelssysteme. Entsprechende Mindestanforderungen für alle Wertpapierhandelssysteme, die es umzusetzen gilt, wurden bereits auf internationaler Ebene im Rahmen IOSCO und der FIBV entwickelt.

Ansatzpunkt sollte sein, ob in dem Wertpapierhandelssystem Aufträge von besonders schützenswerten Privatanlegern zu einem Geschäftsschluß gebracht werden oder ob es sich um Aufträge von institutionellen und professionellen Teilnehmern handelt, denen aufgrund ihrer erhöhten Einflußmöglichkeiten auf die Wertpapierhandelssystembetreiber und ihrer professionellen Kenntnisse zugemutet werden kann, sich selbst weitestgehend um die Ausgestaltung der Regelungen der Wertpapierhandelssysteme und deren Einhaltung zu kümmern. Während auf Wertpapierhandelssysteme, in denen Aufträge privater Anleger unmittelbar oder mittelbar durch teilnehmende Intermediäre ausgeführt werden, ein entsprechend abgestimmtes Börsenrecht Anwendung finden sollte, bedarf es für Wertpapierhandelssysteme, an denen der Eigenhandel professioneller Anleger stattfindet, entweder einer speziellen Regelung außerhalb des Börsenrechts, die lediglich die Erfüllung von Grundanforderungen sicherstellt, oder einer nur partiellen Anwendung des Börsenrechts, in jedem Fall aber einer für alle Wertpapierhandelssysteme geltenden Basisregelung.

- **Europäisches Primärrecht eröffnet Tätigkeitsbereich für elektronische Wertpapierhandelssysteme mit vielfältigen Beschränkungsmöglichkeiten**

Der Wirkungskreis der elektronischen grenzüberschreitenden Wertpapierhandelssysteme beschränkt sich nicht auf die Mitgliedstaaten der Europäischen Union, so daß hinsichtlich des festgestellten Regelungsbedarfs die Suche nach globalen Lösungen fortgesetzt werden muß. Für die Mitgliedstaaten der Europäischen Union sieht jedoch das Europarecht bereits eine Vielzahl von primär- und sekundärrechtlichen Regelungen für den grenzüberschreitenden Wertpapierhandel vor, die in ihrer Detailliertheit weit über bisherige internationale Regelungen hinausreichen und den Mitgliedstaaten und ihren Bürgern gegenüber bereits heute unmittelbare rechtliche Wirkung entfalten. Diese europarechtlichen Regelungen erfassen die Tätigkeit der elektronischen Wertpapierhandelssysteme, die Aufsicht über sie und den Wettbewerb zwischen ihnen jedoch nicht zufriedenstellend.

Das europäische Primärrecht stellt zwar grundsätzlich die notwendigen Freiheiten für ein grenzüberschreitendes Tätigwerden der elektronischen Wertpapierhandelssysteme her, weist jedoch auch vielfältige Beschränkungsmöglichkeiten auf, die sich insbesondere in den sekundärrechtlichen Beschränkungen der Tätigkeit privater Wertpapierhandelssysteme zeigen.

Grenzüberschreitende Wertpapiergeschäfte werden grundsätzlich durch die Kapitalverkehrsfreiheit ermöglicht. Dabei sind die Geschäftsschlüsse und die Abwicklung der in den elektronischen Wertpapierhandelssystemen geschlossenen Geschäfte als Einheit zu betrachten. Während die in den Wertpapierhandelssystemen ausschließlich geschlossenen Verpflichtungsgeschäfte für sich allein noch nicht als grenzüberschreitender Kapitalverkehr zu erfassen sind, stellt die Abwicklung dieser Geschäfte, die Verfügungscharakter hat, die eigentliche Wertübertragung dar, die als Kernmerkmal des Kapitalverkehrs gesehen wird. Da diese Elemente des Wertpapiergeschäfts untrennbar miteinander verbunden sind und die Abwicklung lediglich den Annex zu den Geschäftsschlüssen bildet, unterfallen die Geschäfte in den Wertpapierhandelssystemen dem Kapitalverkehrsbegriff. Das Verständnis des Kapitalverkehrs als einseitige Wertübertragung ist zu korrigieren. Bei der heutigen rein fiktiven Existenz elektronisch verwalteter Wertpapiere handelt es sich letztlich um Rechtskäufe, auch wenn fiktiv noch an die sachenrechtlichen Übertragungsgrundsätze angeknüpft wird.

Die ebenfalls in Art. 56 ff. [ex-Art. 73 a ff.] EGV geregelte Zahlungsverkehrsfreiheit ist die zweite europarechtliche Säule der Tätigkeit der elektronischen Wertpapierhandelssysteme, da sie einen Teil der Abwicklung der Wertpapiergeschäfte bei denen es sich privatrechtlich um zweiseitige Geschäfte handelt, ermöglicht.

Die dritte und für die aufsichtsrechtlichen Rahmenbedingungen sowie die wettbewerblichen Wirkungen wichtigste primärrechtliche Säule der Tätigkeit der elektronischen Wertpapierhandelssysteme ist die Gewährleistung der Dienstleistungsfreiheit. Die Leistung der Wertpapierhandelssysteme besteht darin, den Teilnehmern in den Mitgliedstaaten der EU und in Drittländern die technische Möglichkeit zum direkten Wertpapierhandel zu bieten und die geschlossenen Geschäfte zur Ausführung zu bringen.

- **Europäisches Sekundärrecht beschränkt Wettbewerb zugunsten börslicher elektronischer Wertpapierhandelssysteme**

Das unterschiedlichen Phasen der Rechtsangleichung entstammende europäische Sekundärrecht im Bereich des Wertpapierhandels ist auf den börslichen Wertpapierhandel fokussiert. Bis zur Verabschiedung der Wertpapierdienstleistungsrichtlinie enthielt es keine Regelung der Struktur der nationalen Wertpapiermärkte, so daß nicht nur Präsenzbörsen, deren Wirkungskreis auf den nationalen Raum beschränkt ist, sondern auch elektronische Wertpapierhandelssysteme, die im gesamten europäischen Raum tätig sind, keiner speziellen aufsichtsrechtlichen europäischen Regelung unterlagen. Die Wertpapierdienstleistungsrichtlinie erfaßt erstmals ausdrücklich auch elektronische Wertpapierhandelssysteme und gewährt ihnen, allerdings ausschließlich beschränkt auf mitgliedstaatliche „geregelte Märkte", bei denen es sich i. d. R. nach nationalem Recht um Börsen handelt, den „Europapaß" für ein grenzüberschreitendes Aufstellen ihrer Handelsbildschirme. Den außerbörslichen, nicht als „geregelte Märkte" erfaßten privaten elektronischen Wertpapierhandelssystemen bleibt die sekundärrechtliche Gewährleistung eines grenzüberschreitenden Tätigwerdens ebenso versagt wie den Wertpapierhandelssystemen aus Drittstaaten, die im europäischen Raum tätig werden wollen. Dies gilt insbesondere auch für die Internet-Wertpapierhandelssysteme, die den Wettbewerb der Wertpapierhandelssysteme in Zukunft entscheidend mitprägen werden. Für sie gelten weiterhin allein die jeweiligen nationalen Genehmigungs- und Aufsichtsregelungen mit entsprechenden Beschränkungsmöglichkeiten der Mitgliedstaaten. Rechtlicher Grund hierfür ist, daß eine gegenseitige Anerkennung der Genehmigung und Aufsicht über die Wertpapierhandelssysteme eine effektive Heimatlandaufsicht erfordert, die bei als „geregelte Märkte" erfaßten (börslichen) Wertpapierhandelssystemen als vorhanden unterstellt wird.

Für die nicht als „geregelte Märkte" erfaßten mitgliedstaatlichen privaten Wertpapierhandelssysteme, denen der „Europapaß" der Wertpapierdienstleistungsrichtlinie nicht gewährt wird, besteht zwar grundsätzlich die Möglichkeit, sich unmittelbar auf die primärrechtliche Dienstleistungs- und Kapitalverkehrsfreiheit zu berufen. Die Einschränkungen der Wertpapierdienstleistungsrichtlinie hinsichtlich des Kreises der Wertpapierhandelssysteme, die den „Europapaß" in Anspruch nehmen können, müssen jedoch als zulässiger sekundärrechtlicher Ausdruck der vorhandenen primärrechtlichen Beschränkungsmöglichkeiten aufgefaßt werden.

- **Europäische Mindestregelungen für grenzüberschreitende Wertpapierhandelssysteme erforderlich**

Um den europäischen Markt auch für private Wertpapierhandelssysteme zu öffnen, ist die Aufnahme der privaten Wertpapierhandelssysteme in die Liste der „geregelten Märkte" erforderlich. Voraussetzung hierfür ist jedoch die Einführung einer europäischen Mindestregelung und speziellen Beaufsichtigung für Wertpapierhandelssysteme aller Art. Die Definition der „geregelten Märkte" ist entsprechend zu erweitern. Hiermit kann zugleich der Widerspruch der heutigen Regelung beseitigt werden, daß für die nach den mitgliedstaatlichen Börsenrechten als „geregelte Märkte" anerkannten Wertpapierhandelssysteme heute genausowenig einheitliche Mindestanforderungen bestehen wie für die private Wertpapierhandelssysteme.

Auch wenn private elektronische Wertpapierhandelssysteme, die heute nicht den börsenrechtlichen Regelungen der Mitgliedstaaten unterliegen, nach geltendem Europarecht als Wertpapierfirmen i. S. d. Wertpapierdienstleistungsrichtlinie qualifiziert werden können und damit sowohl einem Genehmigungsverfahren als auch der Aufsicht über die Betreiber unterliegen, sind diese Regelungen jedoch nicht wie z. B. die nationalen Börsenrechte spezifisch auf Wertpapierhandelsssysteme zugeschnitten. Während eine spezielle Mindestregelung für Wertpapierhandelssysteme zu Zeiten ausschließlicher Existenz von Präsenzbörsen nicht notwendig war, ist sie angesichts der europaweiten Ausdehnung ihres Tätigkeitsbereichs heute erforderlich. Als Basis für die durch die mitgliedstaatlichen Behörden ausgesprochene Anerkennung der Wertpapierhandelssysteme als „geregelte Märkte" kann eine Mindestregelung allen Wertpapierhandelssystemen, die die Anforderungen erfüllen, den „Europapaß" unter Geltung des Grundsatzes der gegenseitigen Anerkennung bieten und damit auch dem Rechtsangleichungskonzept folgen, das dem primärrechtlichen Subsidiaritätsprinzip am besten entspricht. Inhaltlich sollte sie sich an den Mindestanforderungen der IOSCO und der FIBV orientieren. Die Einführung solcher Marktstrukturregelungen in das europäische Sekundärrecht erscheint als vorzugswürdige Alternative zum heutigen Rechtszustand, der protektionistische Züge trägt und den Wettbewerb der Wertpapierhandelssysteme beschränkt.

- **Ambivalenter europarechtlicher Untersagungsvorbehalt für „neue Märkte"**

Der in der Wertpapierdienstleistungrichtlinie enthaltene Untersagungsvorbehalt der Mitgliedstaaten für „neue Märkte" in ihrem Hoheitsgebiet ist ambivalent zu beurteilen. Er kann dazu dienen, die Anleger der Mitgliedstaaten vor privaten Wertpapierhandelssystemen, die nur einer unzureichenden Aufsicht unterliegen, zu schützen. Dies gewinnt insbesondere im Hinblick auf die entstehenden Internet-Wertpapierhandelssysteme an Bedeutung, solange weder europäische noch globale Mindestanforderungen an diese Systeme existieren, die auch in diesem Bereich dem Grundsatz der gegenseitigen Anerkennung zum Durchbruch verhelfen. Der Untersagungsvorbehalt ermöglicht aber auch protektionistisches Verhalten der Mitgliedstaaten und darf daher nicht dazu genutzt werden, die heimischen Wertpapierhandelssysteme vor neuen Wettbewerbern zu schützen. Solange keine nach dem Grad der Professionalität der Teilnehmer und der Herkunft der Aufträge differenzierenden allgemein anerkannten Maßstäbe für Mindestanforderungen an elektronische Wertpapierhandelssysteme existieren, entzieht sich die Ausübung des Untersagungsvorbehalts weitgehend der Justitiabilität.

- **Spezielle europäische Regelung für Aufsicht über elektronische Wertpapierhandelssysteme erforderlich**

Die internationale Verbreitung der Wertpapierhandelssysteme erfordert eine ebenso internationale effektive Aufsicht über die Betreiber der Wertpapierhandelssysteme und den darin stattfindenden Wertpapierhandel. Das europäische Sekundärrecht sieht hierfür keine zentrale auf europäischer Ebene angesiedelte zuständige Stelle vor, sondern vertraut auf ein System des Informationsaustauschs und der engen Zusammenarbeit zwischen den zuständigen Aufsichtsbehörden der Mitgliedstaaten. Die aus verschiedenen Rechtsangleichungsperioden stammenden europarechtlichen Regelungen enthalten jedoch in ihrer Intensität sehr unterschiedlich geregelte Rechte und Pflichten zur Zusammenarbeit der zuständigen Behörden, so daß sich keine einheitliche Struktur der Zusammenarbeit der Mitgliedstaaten im Bereich des grenzüberschreitenden Wertpapierhandels entwickelt hat.

Für die Beaufsichtigung von elektronischen Wertpapierhandelssystemen existieren keine speziellen europarechtlichen Aufsichtsregelungen, obgleich insbesondere hinsichtlich der Genehmigung der Systeme und der Aufsicht über deren Betreiber besondere Anforderungen zu stellen sind. Private elektronische Wertpapierhandelssysteme werden von der Wertpapierdienstleistungsrichtlinie als Wertpapierdienstleistungsunternehmen erfaßt, so daß auch für sie das Prinzip der Heimatlandaufsicht und die Regelungen der internationalen Zusammenarbeit der Wertpapierdienstleistungsrichtlinie gelten. Jedoch ist diese Aufsicht nicht spezifisch auf die Wertpapierhandelssysteme ausgerichtet. Sowohl die Genehmigung als auch die Aufsicht über börsliche Wertpapierhandelssysteme sowie Wertpapierhandelssysteme aus Drittländern unterliegen bislang ausschließlich der Aufsicht jedes einzelnen Mitgliedstaates, in dem sie tätig werden, ohne daß eine europarechtliche Regelung der Zusammenarbeit existiert.

- **Europäischer Wertpapierausschuß noch keine zentrale europäische Aufsichtsbehörde für den Wertpapierhandel**

Die vor der Wertpapierdienstleistungsrichtlinie erlassenen Richtlinien sahen einen Kontaktausschuß vor, dem jedoch ausschließlich die Aufgabe oblag, die Kommission bei der Fortentwicklung der Richtlinien zu beraten und dem keinerlei Beschäftigung mit konkreten Einzelfällen oder konkrete Aufsichtsaufsichtsaufgaben zukamen. Dem bereits in der Wertpapierdienstleistungsrichtlinie angesprochenenen und nunmehr durch einen Richtlinienvorschlag der Kommission geplanten Wertpapierausschuß kommen hingegen erstmals auch Entscheidungsbefugnisse zu, da er über Regelungsvorschläge der Kommission im Bereich des grenzüberschreitenden Wertpapierhandels als Ebene unterhalb des Rats die geplanten Maßnahmen der Kommission billigen kann. Hierin liegt aber noch kein Ansatz zu einer zentralen europäischen Aufsichtsbehörde über den Wertpapierhandel, solange weder die Kommission noch der Wertpapierausschuß aus eigenem Recht effektive Aufsichtsmaßnahmen in Einzelfällen gegenüber Wertpapierhandelssystemen und ihren Teilnehmern ergreifen können.

- **„Euro-SEC" widerspricht Prinzip der gegenseitigen Anerkennung und dem Subsidiaritätsprinzip**

Die Vorteilhaftigkeit einer zentralen europäischen Aufsichtsbehörde über den Wertpapierhandel läge in der gleichmäßigen Durchsetzung und Anwendung der europarechtlichen Vorgaben für den Wertpapierhandel, in möglichen Synergieeffekten bei der Informationsbeschaffung und -verwertung über Mißstände im Wertpapierhandel, in der Vermeidung von protektionistischem Verhalten der Mitgliedstaaten zum Schutze ihrer Wertpapierhandelssysteme sowie in der Verhinderung der Nutzung von Aufsichtsarbitrage durch die Wertpapierhandelssysteme. Insbesondere hinsichtlich der Genehmigung europaweit tätiger Wertpapierhandelssysteme aus den Mitgliedstaaten und Drittländern könnte damit der Wettbewerb der Wertpapierhandelssysteme geöffnet und die Einhaltung der Mindestanforderungen gesichert werden.

Die Errichtung einer zentralen europäischen Aufsichtsbehörde über den Wertpapierhandel oder auch nur über Wertpapierhandelssysteme ließe aber die Entstehung einer in den Mitgliedstaaten handlungsunfähigen und damit nur wenig effektiven Mammutbehörde befürchten. Die erforderliche Ausstattung einer solchen Behörde mit den notwendigen Sanktionsbefugnissen wäre nach dem erreichten Integrationsstand noch nicht möglich, da der Gemeinschaft keine eigenen Staatsqualität mit Hoheitsbefugnissen in den Mitgliedstaaten zukommt. Sie widerspräche zudem sowohl dem Grundsatz der gegenseitigen Anerkennung, der als Modell für eine globale Regelung der Aufsicht über Wertpapierhandelssysteme zu empfehlen ist, dem damit verknüpften Prinzip der Heimatlandkontrolle und insbesondere dem primärrechtlich verankerten Subsidiaritätsprinzip, das ein Handeln der Gemeinschaft erst dann zuläßt, wenn die Aufsichtsregelungen und -maßnahmen auf der Ebene der Mitgliedstaaten nicht effektiv wirken oder durchgesetzt werden können.

Solange die Regelung der internationalen Zusammenarbeit für die Aufsicht in konkreten Fällen und die Einsetzung des Wertpapierausschusses für die Angleichung der Regelungen in den Mitgliedstaaten auch auf der Ebene unterhalb der Richtlinie ausreicht und es nicht zu schwerwiegenden Mißständen kommt, weil Wertpapierhandelssysteme und ihre Betreiber zum Nachteil der Teilnehmer agieren, und das ordnungsgemäße Zustandekommen und die Abwicklung der Geschäfte gesichert werden kann, besteht daher weder ein Bedarf noch die rechtliche Möglichkeit für eine „Euro-SEC".

Die im Rahmen des Forum of European Securities Commissions (FESCO) ergriffene Initiative zur Erarbeitung von Regulierungsvorschlägen zur Ausfüllung der vorhandenen primär- und sekundärrechtlichen Regeln sowie die Intensivierung der Zusammenarbeit zwischen den Aufsichtsbehörden ist ein vielversprechender Ansatz, um in der Praxis zu einer tragfähigen Beaufsichtigung von grenzüberschreitend tätigen Wertpapierhandelssystemen zu kommen. Er kann – entsprechenden Erfolg vorausgesetzt – dazu führen, daß eine „Euro-SEC" nicht mehr benötigt wird und auch rechtlich nicht mehr möglich ist, weil vor dem Hintergrund des europarechtlichen Subsidiaritätsprinzips keine Verlagerung der Wahrnehmung der Wertpapieraufsicht auf die Gemeinschaftsebene mehr erforderlich ist.

LITERATURVERZEICHNIS

Anhold, Hein — Das neue Börsenlexikon,
Frankfurt am Main 1987

Anslow, Maurice — The New Face of Deutsche Börse - Deutsche Börse has positioned itself skilfully for the post - EMU era as the equity culture finally takes a grip in Germany
European Securities Trading, 25.2.1997

Arbeitsgemeinschaft der Deutschen Wertpapierbörsen — Jahresbericht 1990,
Frankfurt am Main 1991

Jahresbericht 1991,
Frankfurt am Main 1992

Achleitner, Paul — Elektronik erzwingt Kooperation,
Handelsblatt, 3.12.1998

Arnoldt, Ralf-Christoph — EU-Richtlinie zum grenzüberschreitenden Zahlungsverkehr verabschiedet,
Bank-Information u. Genossenschaftsforum, 2/1997, S. 58

Assmann, Heinz-Dieter — The Federal Republic of Gemany II,
The Proposed Legislation,
in: Wegen/Assmann (Hrsg.),
Insider Trading in Western Europe - Current Status, S. 15,
London, Norwell 1994

Die Regelung der Primärmärkte für Kapitalanlagen mittels Publizität im Recht der Europäischen Gemeinschaft,
Die Aktiengesellschaft, 1993, S. 549

Verhaltensregeln für freiwillige öffentliche Übernahmeangebote,
Die Aktiengesellschaft, 1995, S. 563

in: Assmann/Schneider (Hrsg.),
Wertpapierhandelsgesetz,
Kommentar,
Köln 1995

Assmann, Heinz-Dieter
Hirsch, Alain
Der Entwurf eines schweizerischen Bundesgesetzes über die Börsen und den Effektenhandel,
Die Aktiengesellschaft, 1993, S. 410

Assmann, Heinz-Dieter
Schütz, Rolf A. (Hrsg.)
Handbuch des Kapitalanlagerechts,
München 1990

Astola,Tiina
Finland,
in: Gaillard (Hrsg.), Insider Trading,
The Laws of Europe, the United States and Japan,
S. 237,
Deventer, Boston 1992

Bähre, Inge Lore
Schneider, Manfred
KWG-Kommentar,
Kreditwesengesetz mit den wichtigsten Ausführungsvorschriften,
München 1986

Bäumer, Helmut
Das Englische Börsenrecht,
Frankfurt am Main, Bern, New York, Paris 1989

Balo
Nouveau Marché seeks to expand its presence in Europe,
International Securities Regulation Report, 13.2.1997

Barents, René
New developments in measures having equivalent effects, Common Market Law Review, 1981, S. 271

Barreiros Moreira Rato, Graça
Portugal,
in: Gaillard (Hrsg.), Insider Trading,
The Laws of Europe, the United States and Japan,
S. 149,
Deventer, Boston 1992

Baumbach, Adolf
Hopt, Klaus J.
Handelsgesetzbuch mit GmbH & Co.,
Handelsklauseln, Bank- und Börsenrecht,
Transportrecht (ohne Seerecht),
Kommentar,
29. Aufl., München 1995

Baumann, Michael
Oben auf der Liste – Neue elektronische Handelssysteme setzen die traditionellen Börsen immer mehr unter Druck,
Wirtschaftswoche, 5.8.1999, S. 44/45

Bautista, Fernando
Trigueros, Ernesto

Spain,
in: Gaillard (Hrsg.), Insider Trading,
The Laws of Europe, the United States and Japan,
S. 157,
Deventer, Boston 1992

Beck, Heiko

Die erwerbswirtschaftliche Betätigung Beliehener am Beispiel des Trägers einer Wertpapierbörse, Wertpapiermitteilungen, 1996, S. 2313

Becker, Joachim

Das neue Wertpapierhandelsgesetz,
Berlin 1995

Beer, Simone

Die wichtigsten Börsen Europas,
Stuttgart 1992

Behrens, Peter

Stellungnahme zu Streinz, Mindestharmonisierung im Binnenmarkt, in: Zentrum für Europäisches Wirtschaftsrecht, Sammelband Nr. 68, S. 59, Referate im Rahmen des vom Zentrum für Europäisches Wirtschaftsrecht und vom Zentrum für Europäische Integrationsforschung veranstalteten 7. Bonner Europa-Symposions „Mindestharmonisierung im Binnenmarkt", Bonn, den 27. April 1996

Beike, Rolf
Schlütz, Johannes

Finanznachrichten lesen - verstehen - nutzen,
Stuttgart 1996

Birkelbach, Jörg

Cyber Finance,
Finanzgeschäfte im Internet,
Wiesbaden 1997

Biver, Janine

Luxembourg,
in: Wegen/Assmann (Hrsg.),
Insider Trading in Western Europe -
Current Status, S. 171,
London, Norwell 1994

Bleckmann, Albert
Die Überlagerung des nationalen Strafrechts durch das Europäische Gemeinschaftsrecht,
in: Küper, Deucker, Welp (Hrsg.),
Beiträge zur Rechtswissenschaft,
Festschrift für Walter Stree und Johannes Wessels zum 70. Geburtstag, S. 107,
Heidelberg 1993

Zu den Auslegungsmethoden des Europäischen Gerichtshofs,
Neue Juristische Wochenschrift, 1982, S. 1177

Bleckmann, Albert (Hrsg.)
Europarecht,
Das Recht der Europäischen Gemeinschaft,
5. Aufl., Köln, Berlin, Bonn, München 1990

Blitz, Jürgen
Computerhandel nun auch im Kassamarkt,
Die Bank, 1991, S. 258

IBIS jetzt auch im Rentenhandel,
Die Bank, 1989, S. 412

Blyt, Jeanne
Clausen, Nils Jul
Denmark,
in: Gaillard (Hrsg.), Insider Trading,
The Laws of Europe, the United States and Japan,
S. 49,
Deventer, Boston 1992

Bomans, Luc
Reducing settlement risk and cost,
in: Euroclear/IFR (Hrsg.), Handbook of World Stock & Commodity Exchanges 1995, S. 3,
London 1995

Boos, Karl-Heinz
Entwurf einer sechsten KWG-Novelle,
Die Bank, 1997, S. 119

Boos, Karl-Heinz
Höfer, Birgit
Die Kapitaladäquanzrichtlinie (I),
Die Bank, 1995, S. 285

Die Kapitaladäquanzrichtlinie (II),
Die Bank, 1995, S. 359

Borchardt, Klaus-Dieter
Kommentierung zu Art. 220, 226-228, 244 EGV
in: Lenz, (Hrsg.),
EG-Vertrag - Kommentar zu dem Vertrag zur Gründung der Europäischen Gemeinschaften in der durch den Amsterdamer Vertrag geänderten Fassung,
2. Auflage
Köln, u.a.1999

Borde, Dominique
France,
in: Wegen/Assmann (Hrsg.),
Insider Trading in Western Europe - Current Status, S. 59,
London, Norwell 1994

Böttger, Günter
Der Vorschlag für eine Richtlinie des Rates über Wertpapierdienstleistungen,
in: Büschgen/Schneider (Hrsg.)
Der europäische Binnenmarkt 1992 - Auswirkungen für die deutsche Finanzwirtschaft, S. 263
Frankfurt am Main 1990

Brahms, Johannes
Die Kapitalmarktentwicklung in der Bundesrepublik Deutschland und ihr Einfluß auf die Finanzierung der Unternehmung,
Münster 1969

Braue, Carsten
Hille, Lars
Xetra - Elektronisches Handelssystem am Finanzplatz Deutschland,
Die Bank, 1997, S. 140

Bray, Nicolas
Cyber Trading,
Wall Street Journal Europe, 29.9.95

Breier, Siegfried
Kommentierung zu Art. 211 EGV
in: Lenz (Hrsg.),
EG-Vertrag - Kommentar zu dem Vertrag zur Gründung der Europäischen Gemeinschaften in der durch den Amsterdamer Vertrag geänderten Fassung,
2. Auflage
Köln, u.a.1999

Bremer, Heinz
Grundzüge des deutschen und ausländischen Börsenrechts,
Berlin, Heidelberg, New York 1969

Breuer, Rolf-E.
Das Effektengeschäft,
in: Kloten/von Stein (Hrsg.),
Obst/Hintner,
Geld-, Bank- und Börsenwesen, S. 525,
39. Aufl., Stuttgart 1993

Händler im Netz,
Manager Magazin, Jan. 1996, S. 122

Neue Strukturen für den außerbörslichen Handel,
Die Bank, 1989, S. 412

Bridge, J.W.
The European Communities and the Criminal Law,
Criminal Law Review, 1976, S. 88

Bröker, Günther
Stichwort „Kapitalmarkt“,
in: Achterberg, Lanz (Hrsg.), Enzyklopädisches Lexikon für das Geld-, Bank- und Börsenwesen,
zugleich Handwörterbuch des Bankwesens,
begr. von M. Palyi und P. Quittner,
Band II, S. 939,
Frankfurt am Main 1967

Buddenbrock, Andreas von
Börsenachse Frankfurt – London – Modell für die Europäische Börse,
Wertpapiermitteilungen, 1999, S. 723

Bundesaufsichtsamt für den Wertpapierhandel
Bekanntmachung zum Wertpapierverkaufsprospektgesetz (VerkProspG) vom 13. Dezember 1990 (BGBl. I S. 2749) in der Fassung vom 26. Juli 1994 (BGBl. I S. 1749) vom 15. April 1996, I § 1 VerkProspG Nr. 2,
Frankfurt am Main 1996

Jahresbericht 1995,
Frankfurt am Main 1996

Bunting, J. Pearce Cross-Border Trading - Trading may be increasingly global, but regulation is still national, in: The Global Hypermarket, Sonderbeilage „Global Trading Forum", Institutional Investor, Jan. 1991, S. 4

Bühner, Rolf Der Shareholder Value Report, Erfahrung, Ergebnisse, Entwicklungen, Landsberg am Lech 1994

Büschgen, Hans Egon Das kleine Börsenlexikon, 20. Aufl., Düsseldorf 1994

Der Kapitalmarkt, Das Wirtschaftsstudium, 1972, S. 508

Rahmenbedingungen eines funktionsfähigen Kapitalmarktes in der Bundesrepublik Deutschland, Neue Betriebswirtschaft, 1971, Heft 2, S. 1

Büschgen, Hans Egon (Hrsg.) Handwörterbuch der Finanzwirtschaft, Stuttgart 1976

Busse von Colbe, Walther
Reinhard, Herbert Zwischenberichterstattung nach neuem Recht für börsennotierte Unternehmen, Empfehlungen des Arbeitskreises „Externe Unternehmensrechnung" der Schmalenbach-Gesellschaft, Deutsche Gesellschaft für Betriebswirtschaftslehre e.V., Stuttgart 1989

Butler, Rick Battle of the baby bourses, Institutional Investor, 25.2.1997

Casella, Paolo Italy, in: Gaillard (Hrsg.), Insider Trading, The Laws of Europe, the United States and Japan, S. 109, Deventer, Boston 1992

Christensen, Jan Schans
Denmark,
in: Wegen/Assmann (Hrsg.),
Insider Trading in Western Europe -
Current Status, S. 135,
London, Norwell 1994

Claussen, Carsten Peter
Bank- und Börsenrecht,
Handbuch für Lehre und Praxis,
München 1996

Claussen, Carsten Peter
Hoffmann, Michael
Neues zur Rechtsform deutscher Wertpapierbörsen,
Zeitschrift für Bankrecht und Bankwirtschaft,
1995, S. 68

Cohen, Norma
Watchdog investigates Stock Exchange,
Financial Times, 16.9.95

Cole, Tim
Börsenspiel per Internet,
Computer & Co, 1995, S. 30

Committe on the Financial Aspects of Corporate Governance
Report 1, December 1992,
London 1992

The Code of Best Practice 1, December 1992,
London 1992

Communauté Economique Européenne, Commission
Le Development d'un Marché Européen des Capitaux,
Rapport d'un Group d'Experts constitué par la
Commission de la CEE,
Bruxelles 1966

Conseil d'Administration des Sociétés Cotées
Rapport du groupe de travail,
Association Française des Entreprises Privées -
Conseil National du Patronat Français,
Paris 1995

Constantinesco, Vlad
„Subsidiarität“: Magisches Wort oder
Handlungsprinzip der Europäischen Union?,
Europäische Zeitschrift für Wirtschaftsrecht, 1991,
S. 561

Coopers & Lybrand (Hrsg.)
Understanding IAS,
Analysis and Interpretation,
Bath 1996

Copenhagen Stock Exchange
Denmark,
in: Euroclear/IFR (Hrsg.), Handbook of World Stock & Commodity Exchanges 1995, S. 227,
London 1995

Cramb, Gordon
Electronic Trading for Dutch Securities,
Financial Times, 2.9.1999

Cramer, Peter
in: Assmann/Schneider (Hrsg.),
Wertpapierhandelsgesetz,
Kommentar
Köln 1995

Crystal, Michael
Atherton, Stephen
United Kingdom,
in: Gaillard (Hrsg.), Insider Trading,
The Laws of Europe, the United States and Japan,
S. 171,
Deventer, Boston 1992

Cuerda, Antonio
Besitzt die Europäische Gemeinschaft ein ius puniendi ?,
in: Schünemann/González (Hrsg.), Bausteine des europäischen Wirtschaftsrechts, S. 367,
Köln, Berlin, Bonn, München 1994

Dannecker, Gerhard
Strafrecht der Europäischen Gemeinschaft,
in: Eser/Huber (Hrsg.),
Strafrechtsentwicklung in Europa, S. 26,
Freiburg im Breisgau 1995

Dannemann, Werner
Struktur und Funktionsweise des Kapitalmarktes in der Bundesrepublik Deutschland,
Tübingen 1959

Denning, Ulrike
Internationale Geld- und Kreditmärkte
in: Kloten/von Stein (Hrsg.),
Obst/Hintner, Geld-, Bank- und Börsenwesen,
S. 1071,
Stuttgart 1993

Denton, Nicholas US Broker offers free Trading in Equities on the Internet, Financial Times, 8.1.1997

Deregulierungskommission Marktöffnung und Wettbewerb, Stuttgart 1991

Dermine, Jean EC Banking Regulation, in: Steil (Hrsg.) International financial market regulation, S. 95 West Sussex 1994

Deutsche Börse AG Integriertes Börsenhandels- und Informations-System IBIS, Frankfurt am Main

Jahresbericht der Deutschen Börsen 1994, Frankfurt am Main 1995

DTB - Die Deutsche Terminbörse - Kurzportrait, Frankfurt am Main

Fact Book 1995, Frankfurt am Main 1996

Geschäftsbericht 1995, Frankfurt am Main 1996

Special-Mitteilung, 6.3.1996, Frankfurt am Main

Special-Mitteilung, 25.9.1996, Frankfurt am Main

Neuer Markt - Neue Anlagechancen, Frankfurt am Main 1996

Neuer Markt, Ideen suchen Kapital - Kapital sucht Ideen, Frankfurt am Main 1997

Eurex - Teilnehmerliste, Stand 20.08.1998, Frankfurt am Main

Presseerklärung Deutsche Börse und London Stock Exchange schließen sich zusammen, Internetseite www.exchange.de.

Deutsche Börse AG/ London Stock Exchange
Präsentation iX auf der Pressekonferenz vom 3. Mai 2000, Internetseite www.exchange.de

Deutsche Bundesbank
Die Aktie als Finanzierungs- und Anlageinstrument, Monatsbericht Januar 1997, S. 27, Frankfurt am Main

Deutsche Terminbörse
Die Deutsche Terminbörse, Frankfurt am Main

Geschäftsbericht 1993, Frankfurt am Main

DTB-Reporter März 1996

Dieblich, Franz
Der strafrechtliche Schutz der Rechtsgüter der Europäischen Gemeinschaften, Köln 1985

Dörner, Dieter
Wollmert, Peter
IASC-Rechnungslegung, Beiträge zu aktuellen Problemen, Düsseldorf 1995

Domowitz, Ian
A taxonomy of automated trade execution systems, Journal of international money and finance, 1993, S. 607

Automating the Price Discovery Process: Some International Comparisons and Regulatory Implications, Journal of Financial Services Research, 1992, S. 316

The Mechanics of automated Trade Execution Systems, Journal of Financial Intermediation 1, 1990, S. 167

Dreesbach, Stefan

Terminhandel,
Die Welt der Futures und Options,
Wiesbaden 1994

Dries, Folker

Wie weit geht der Reformwille der Marktmacher?,
Börsen-Zeitung, 9.1.1996

DTB Deutsche Terminbörse, MATIF S.A.

TRADEUS - Trading across Europe,
Frankfurt am Main

Dudley, James N.
Casey, Ken

Ireland,
in: Wegen/Assmann (Hrsg.),
Insider Trading in Western Europe -
Current Status, S. 145,
London, Norwell 1994

Dunzendorfer, Martin

Xetra-Kurse im Dreivierteltakt,
Börsen-Zeitung, 3.11.1999

Duwendag, Dieter

„Europa-Banking" - Ein Überblick,
in: Duwendag (Hrsg.), Europa-Banking, Bankpolitik im Europäischen Finanzraum und währungspolitische Integration, S. 13
Baden-Baden 1988

Eckhardt

Die Angst der Broker vor der billigen Konkurrenz im Internet,
Handelsblatt, 6.12.1996

Eckhoff, Rolf

in: Bleckmann (Hrsg.)
Europarecht,
Das Recht der Europäischen Gemeinschaft
5. Aufl., Köln, Berlin, Bonn, München 1990

Ehren, Harald

Risiko-Werte,
Manager-Magazin, 27.2.1997

Eiden, Hanns Christoph

in: Bleckmann (Hrsg.),
Europarecht,
Das Recht der Europäischen Gemeinschaft,
5. Aufl., Köln, Berlin, Bonn, München 1990

Engler, G.W.	Vor Aktien wird gewarnt, Bern, München 1967
Eurex AG	X-pand into the future, August 1997, Zürich
	X-pand, Eurex Newsletter Nr. 1, September 1997, Frankfurt am Main, Zürich
	X-pand, Eurex Newsletter Nr. 1, Juli 1998, Zürich, Frankfurt am Main
Erhard, Rita	in: Lenz (Hrsg.), EG-Vertrag Kommentar, Köln 1994
Europäische Kommission	Der Aufbau eines Europäischen Kapitalmarktes, Bericht einer von der EWG-Kommission eingesetzten Sachverständigenkommission, Brüssel 1966
	Schaffung eines europäischen Finanzraums, Europäische Wirtschaft, Nr. 36, Mai 1988, S. 2
Europäischer Rat in Edingburgh	Schlußfolgerungen des Vorsitzes, in: Presse- und Informationsamt der Bundesregierung (Hrsg.), Bulletin, 1992, S. 1277
Everling, Ulrich	Zur direkten innerstaatlichen Wirkung der EG- Richtlinien, in: Börner/Jahrreiß/Stern (Hrsg.), Einigkeit und Recht und Freiheit, Festschrift für Karl Carstens zum 70. Geburtstag am 14. Dezember 1984, Bd.1, Europarecht, Völkerrecht, S. 95, Köln, Berlin, Bonn, München 1984
Falkenhagen, Klaus	Aktuelle Fragen zu den neuen Mitteilungs- und Veröffentlichungspflichten nach Abschnitt 4 und 7 des Wertpapierhandelsgesetzes, Wertpapiermitteilungen, 1995, S. 1005
Fama, Eugene .F.	Efficient Capital Markets: A Review of Theory and Empirical Work, Journal of Finance, 1970, S. 383

Fédération des Bourses des Valeurs (FIBV)
Jahresbericht 1994,
Brüssel 1995

Féligonde, Vincent de
The failure of the double listing platform in Paris and Frankfurt,
Les Echos Special, 5.2.1997

Finsterwalder, Ottokarl
Internationale Kapitalmärkte,
in: Kloten/von Stein (Hrsg.),
Obst/Hintner,
Geld-, Bank- und Börsenwesen,
S. 1101,
39. Aufl., Stuttgart 1993

Fisher, Andrew
A new german market is aimed at smaller, rapid growth companies,
Financial Times, 7.3.1997

New era dawns in Germany,
Financial Times, 28.2.1997

Francioni, Reto
Der Betreuer im Neuen Markt,
Die Bank, 1997, S. 68

Eine schnelle und zuverlässige Handelsplattform,
Handelsblatt, 3.12.1998

Franke, Jörg
Do Exchanges have an option for the future?,
in: Euroclear/IFR (Hrsg.), Handbook of World Stock & Commodity Exchanges 1995, S. 1,
London 1995

Euro-Handelsplattform ist längst keine Utopie mehr,
Handelsblatt, 21.9.95

Die Börsen sind in Bewegung,
Handelsblatt, 24.9.1999

Forum of European Securities Commissions (FESCO)

Standards for regulated markets under the ISD, December 1999, Internetseite www.europefesco.org.

Multilateral Memorandum of Understanding on the Exchange of Information and Surveillance of Securities Activities, vom 26.1.1999, Internetseite www.europefesco.org

Press Release, Consultation Paper on standards for regulated markets, vom 7.7.1999

Press Release, Signature of an European Memorandum of Understanding on the surveillance of Securities activities and creation of „FESCOPOL", vom 1.2.1999

Gabler

Gabler Wirtschafts-Lexikon, 12. Aufl., Wiesbaden 1988

Gaillard, Emmanuel

France, in: Gaillard (Hrsg.), Insider Trading, The Laws of Europe, the United States and Japan, S. 59, Deventer, Boston 1992

Gamerdinger, Dieter

Der Kapitalmarkt in der Bundesrepublik Deutschland und die Voraussetzungen seiner Funktionsfähigkeit, Tübingen 1959

Geiger, Rudolf

Kommentar zu dem Vertrag zur Gründung der Europäischen Gemeinschaft, 2. Aufl., München 1995

Gellermann, Martin

Beeinflussung des bundesdeutschen Rechts durch Richtlinien der EG, Dargestellt am Beispiel des europäischen Umweltrechts, Köln 1994

Gericke, Horst

Handbuch für die Börsenzulassung von Wertpapieren, Frankfurt am Main 1992

Gerke, Wolfgang
Rasch, Sebastian

Europas Wertpapierbörsen im Umbruch -
Eine Übersicht über den Strukturwandel im europäischen Börsenwesen,
ZEW Wirtschaftsanalysen Jahrgang 1 - Nr.3,
Quartalshefte des Zentrums für Eurpäische Wirtschaftsforschung, S. 306,
Mannheim 1993

Gerke, Wolfgang
Rapp, Heinz-Werner

Strukturveränderungen im internationalen Börsenwesen,
Die Betriebswirtschaft, 1/1994, S. 5

Gleske, Leonhard

Geld- und Währungspolitik bei vollständiger Integration der EG-Finanzmärkte,
in: Duwendag (Hrsg.), Europa-Banking, Bankpolitik im Europäischen Finanzraum und währungspolitische Integration, S. 43,
Baden-Baden 1988

Liberalisierung des Kapitalverkehrs und Integration der Finanzmärkte,
in: Mestmäcker/Möller/Schwarze (Hrsg.),
Eine Ordnungspolitik für Europa,
Festschrift von der Groeben zu seinem 80. Geburtstag,
Baden-Baden 1987

Göppert, Heinrich

Recht der Börsen,
Berlin 1932

Göppl, Hermann
Bühler, Wolfgang
Rosen, Rüdiger von

Optionen und Futures,
Frankfurt am Main 1990

Götz, Volkmar

Europäische Gesetzgebung durch Richtlinien -
Zusammenwirken von Gemeinschaft und Staat,
Neue Juristische Wochenschrift, 1992, S.1849

Gornig, Gilbert
Trüe, Christiane

Die Rechtsprechung des EuGH zum europäischen allgemeinen Verwaltungsrecht,
Juristenzeitung, 1993, S. 938

Grabitz, Eberhard
Hilf, Meinhard (Hrsg.)

Kommentar zur Europäischen Union,
Loseblatt,
München, Stand Mai 1995

Graf, Michael Der Begriff „Maßnahmen gleicher Wirkung wie mengenmäßige Einfuhrbeschränkungen" in dem EWGV,
Köln 1972

Grill, Hannelore
Perczynski, Hans Wirtschaftslehre des Kreditwesens,
29. Aufl., Bad Homburg v. d. Höhe 1995

Gritzman, Harvey Last exit from Broadgate or trade it again Sam?,
in: Euroclear/IFR (Hrsg.), Handbook of World Stock & Commodity Exchanges 1995, S. 15,
London 1995

Groeben, Hans von der Die Politik der Europäischen Kommission auf dem Gebiet der Rechtsangleichung,
Neue Juristische Wochenschrift, 1970, S. 359

in: von der Groeben/Thiesing/Ehlermann (Hrsg.),
Kommentar zum EWG-Vertrag,
4. Aufl., Baden-Baden 1991

Grundmann, Wolfgang Neuregelung des Insiderhandelsverbots in Deutschland,
Zeitschrift für das gesamte Kreditwesen, 1992, S. 12

Grunewald, Barbara Neue Regeln zum Insiderhandel,
Zeitschrift für Bankrecht und Bankwirtschaft, 1990, S. 128

Gruner-Schenk, Petra Harmonisierung des Bankaufsichtsrechts,
Berlin 1995

Gstöhl, Harry Liechtenstein,
in: Gaillard (Hrsg.), Insider Trading,
The Laws of Europe, the United States and Japan,
S. 249,
Deventer, Boston 1992

Guillaume, Philippe
Le Masson, Thomas Le Nouveau Marché de la Bourse de Paris comble son déficit d'image,
Les Echos, 26.2.1997

Hadding, Walther **Schneider, Uwe H.**	Die einheitliche Regelung des internationalen Überweisungsverkehrs durch das UNCITRAL-Modellgesetz, Wertpapiermitteilungen, 1993, S. 629
Häuser, Karl	Kapitalmarkt, in: Büschgen (Hrsg.), Handwörterbuch der Finanzwirtschaft, Stuttgart 1976
Hahn, Hugo J. **Follak, Klaus Peter**	Kapital- und Zahlungsverkehr, Kapitel F.II. in: Dauses (Hrsg.), Handbuch des EG-Wirtschaftsrechts, München 1993
Hakenberg, Waltraud	Kommentierung zu Art. 49/50, 51 EGV in: Lenz (Hrsg.), EG-Vertrag - Kommentar zu dem Vertrag zur Gründung der Europäischen Gemeinschaften in der durch den Amsterdamer Vertrag geänderten Fassung, 2. Auflage, Köln, u.a. 1999
Hall, Michael **Duncan, Malcolm G.**	Bericht für die Kommission der Europäischen Gemeinschaften und den Börsenausschuß der EG: Vorschlag für einen europäischen Markt mit Dividendenwerten durch einen Verbund der Börsen der Gemeinschaft, Brüssel 1984, freigegeben 1985
Hallstein, Walter	Die Europäische Gemeinschaft, 1. Auflage, Düsseldorf 1973
Hammerl, Christoph	Inländerdiskriminierung, Berlin 1996
Hankel, Wilhelm	in: Büschgen (Hrsg.), Enzyklopädie der Betriebswirtschaftslehre Bd. VI., Handwörterbuch der Finanzwirtschaft, Stichwort Staatliche Kapitalmarktpolitik, 1. Aufl., Stuttgart 1976

Hanotiau, Bernard
Feron, Benoit

Belgium,
in: Gaillard (Hrsg.), Insider Trading,
The Laws of Europe, the United States and Japan,
S. 37,
Deventer, Boston 1992

Harter, Winfried
Franke, Jörg
Hofgrefe, Jürgen
Seger, Rolf

Wertpapiere in Theorie und Praxis,
4. Aufl., Stuttgart 1993

Hansen, Rolf A.

Aktienkursverlauf und Börsenzwang,
Eine empirische Untersuchung zur Kursstabilität im
Rahmen der Börsenreform,
Berlin 1976

Happ, Wilhelm

Zum Regierungsentwurf eines
Wertpapierhandelsgesetzes,
Juristenzeitung, 1994, S. 240

Hawawini, Gabriel
Rajendra, Eric

The Transformation of the European Financial Services
Industry: From Fragmentation to Integration,
Leonard S. Stern School of Business,
Salomon Brothers Center for the Study of Financial
Institutions, New York University,
New York 1990

Henes, Frank

Börsenrechtliche Zwischenberichtspublizität,
Stuttgart 1995

Herrington, Tim
Glover, Jason

The United Kingdom,
in: Wegen/Assmann (Hrsg.),
Insider Trading in Western Europe -
Current Status, S. 33,
London, Norwell 1994

Herdt, Hans K.

Die börsennotierte Börse,
Börsen-Zeitung, 29.1.2000.

Herzog, Roman

in: Maunz/Dürig/Herzog/Scholz/
Lerche/Papier/Randelzhofer/Schmidt-Aßmann,
Grundgesetz-Kommentar,
Loseblatt,
7. Aufl. 1994, 32. Ergänzungs-Lfg. Okt.1996

Hetmeier, Heinz

Kommentierung zu Art. 249, 256 EGV
in: Lenz (Hrsg.),
EG-Vertrag - Kommentar zu dem Vertrag zur Gründung der Europäischen Gemeinschaften in der durch den Amsterdamer Vertrag geänderten Fassung,
2. Auflage
Köln, u.a. 1999

Heusinger, Robert von

Heusinger, Aus der Not das Richtige geboren,
Börsen-Zeitung v. 24.9.1999

Clearing entscheidet die Schlacht,
Börsen-Zeitung, 25.11.1999

Wie die neuen Märkte sprießen,
Börsen- Zeitung, 27.2.1997

Hielscher, Udo

Börsen und Börsengeschäfte
in: Kloten/von Stein (Hrsg.),
Obst/Hintner,
Geld-, Bank- und Börsenwesen, S. 1128,
39. Aufl., Stuttgart 1993

Hiller, Christian von

Wettlauf um den wagnisbereiten Anleger,
Die Welt, 15.2.1997

Hoffmann, Diether

Banken- und Börsenrecht der EWG,
Baden-Baden 1990

Hoppmann, Carsten

Europäische Börsenaufsicht,
Europäisches Wirtschafts- und Steuerrecht, 1999,
S. 204 ff

Hopt, Klaus J.

Der Kapitalanlegerschutz im Recht der Banken,
Gesellschafts-, bank- und börsenrechtliche Anforderungen an das Beratungs- und Verwaltungsverhalten der Kreditinstitute,
München 1975

Inwieweit empfiehlt sich eine allgemeine gesetzliche Regelung des Anlegerschutzes?,
in: Verhandlungen des einundfünzigsten Deutschen Juristentages, Bd.I, (Gutachten) Teil G, Ständige Deputation des Deutschen Juristentages (Hrsg.),
München 1976

	The European Insider Dealing Directive, in: Hopt/Wymeersch (Hrsg.), European Insider Dealing - Law and Practice, S. 129, London u.a. 1991
Hopt, Klaus J. **Baum, Harald** **Rudolph, Bernd**	Börsenreform - Eine ökonomische, rechtsvergleichende und rechtspolitische Untersuchung, Gutachten im Auftrag des Bundesministeriums der Finanzen, Bd. 2, Teil III Länderberichte, Hamburg 1996
Hopt, Klaus J. **Baum, Harald**	Börsenrechtsreform: Überlegungen aus vergleichender Perspektive, WM-Sonderbeilage Nr. 4/1997, S. 20
Howell, Michael	A new european stock exchange?, Investors Chronicle, 4.1.1991
Hugger, Heiner	Zur strafbarkeitserweiternden richtlinienkonformen Auslegung deutscher Strafvorschriften, Neue Zeitschrift für Strafrecht, 1993, S. 421
Hutter, Hans	Breuer zeigt Frankfurt Weg zur Spitze, VWD - Finanz- und Wirtschaftsspiegel, 24.2.1997
	Exchange Electronic Trading mit und ohne Börsenparkett, VWD - Finanz- und Wirtschaftsspiegel, 14.2.1997
Instinet GmbH	Instinet - A Reuter Company, Instinet GmbH Deutschland, Frankfurt
Institut der Wirtschaftsprüfer (Hrsg.)	Rechnungslegung nach International Accounting Standards, Praktischer Leitfaden für die Aufstellung IAS-konformer Jahres- und Konzernabschlüsse in Deutschland, Düsseldorf 1995

International Organization of Securities Commissions (IOSCO) Annual Report 1991
Montreal 1992

IOSCO-Working Party 2 on Regulation of Secondary Markets of the Technical Committe,
Report on Issues in the regulation of Cross-Border Proprietary Screen-Based Trading Systems,
Montreal 1994

IOSCO-Working Party 4 of the Technical Committee,
Principles for Memoranda of Understanding,
Washington 1991

IOSCO-Working Party 7 of the Technical Committee,
Principles for the oversight of screen-based trading systems for derivative products,
Montreal 1990

International Securities Market Association (ISMA) Setting new Standards,
Zürich 1996

International Society of Securities Administrators (ISSA) ISSA Handbook 1994,
5. Aufl., Zürich 1994

Jack, Andrew Paris - Dreaming of an alliance,
Financial Times, 28.2.1997

Jakobs, Georg Nicht zu beneiden - Aufsichtsbehörden unter Druck,
Handelsblatt, 16.7.1995

Jarass, Hans D. Grundfragen der innerstaatlichen Bedeutung des EG-Rechts,
Köln, Berlin, Bonn, München 1994

Voraussetzungen der innerstaatlichen Wirkung des EG-Rechts,
Neue Juristische Wochenschrift, 1990, S. 2420

Jentsch, Werner Die EG-Wertpapierdienstleistungsrichtlinie,
Wertpapiermitteilungen 1993, S. 2189

Johannes, Hartmut Das Strafrecht im Bereich der Europäischen Gemeinschaften,
Europarecht, 1968, S. 63

Juchem, Norbert
Positionierung der EASDAQ im Euroland,
Wertpapier-Mitteilungen, 1999, S. 585

Jütten, Herbert
Anlegerschutz im Wertpapiergeschäft
Die Bank 1995, S. 155

Kahl, Wolfgang
Das Subsidiaritätsprinzip nach Art. 3b EG-Vertrag,
Archiv des öffentlichen Rechts, 1993, S. 414

Kallmeyer, Harald
Der Übernahmekodex der
Börsensachverständigenkommission,
Die Aktiengesellschaft, 1996, S. 169

Kalls, Susanne
Österreichisches Börsen- und Kapitalmarktrecht
in: Hopt/Rudolph (Hrsg.), Börsenreform, Eine
ökonomische, rechtsvergleichende und rechtspolitische
Untersuchung, Gutachten im Auftrag des
Bundesministeriums der Finanzen,
Teil III, Länderberichte, ÖS 1-84,
Hamburg, 1996

Keidel, Stefan
Börsenstart in den „Neuen Markt",
Handelsblatt, 11.3.1997

Mit Clearing-Fusion hohe Kosten sparen,
Handelsblatt, 17.5.1999

Auf dem langen Weg zur Europa-Börse,
Handelsblatt, 24./25.9.1999

Keßler, Jörg-Ronald
Wertpapiertechnik,
Geschäftsabwicklung und Wertpapierverwaltung,
Deutsche Wertpapierdaten-Zentrale (Hrsg.),
Hamburg 1993

Kieffer, Charles
Luxemburg,
in: Gaillard (Hrsg.), Insider Trading,
The Laws of Europe, the United States and Japan,
S. 125,
Deventer, Boston 1992

Kiehling, Hartmut
Finanzplatz Europa,
Gemeinsamer Markt für Kapitalanlagen,
Nationale Eigenarten,
München 1992

Kiemel, Wolfgang
in: von der Groeben/Thiesing/Ehlermann (Hrsg.), Kommentar zum EWG-Vertrag, 4. Aufl., Baden-Baden 1991

Kiel, Peter
Internationales Kapitalanlegerschutzrecht Zum Anwendungsbereich kapitalanlegerschützender Normen im deutschen, europäischen und US-amerikanischen Recht, Berlin, New York 1994

Kindermann, Elmar
Rechtliche Strukturen der Deutschen Terminbörse Wertpapiermitteilungen 1989, Sonderbeilage Nr. 10

Klages, Joachim
Die Richtlinie der EG über den Börsenzulassungsprospekt, Ein Vergleich mit den heutigen nationalen Regelungen, Baden-Baden 1981

Klein, Eckhard
Entwicklungsperspektiven für das Europäische Parlament, Europarecht, 1987, S. 97

Klenke, Hilmar
Börsendienstleistungen im Europäischen Binnenmarkt Berlin, 1998

Wertpapierhandel auf der Datenautobahn?, Handelsblatt, 12.6.1996

Internet-Handel erfordert globales Regelwerk, Handelsblatt, 13.6.1996

Koch, Hans-Dieter, Schmidt, Reinhard H.
Ziele und Instrumente des Anlegerschutzes, Betriebwirtschaftliche Forschung und Praxis, 1981, S. 231

Köndgen, Johannes
Mindestharmonisierung im europäischen Bankrecht – konzeptionelle Grundlagen -, in: Zentrum für Europäisches Wirtschaftsrecht, Sammelband 70, Referate im Rahmen des vom Zentrum für Europäisches Wirtschaftsrecht und vom Zentrum für Europäische Integrationsforschung veranstalteten 7. Bonner Europa-Symposions „Mindestharmonisierung im Binnenmarkt", Bonn, den 27. April 1996, Bonn 1996

Köndgen, Johannes
Mues, Jochen
Zwangslizenz für XETRA?,
Wertpapier-Mitteilungen, 1998, S. 53 ff

Köster, Harald
Grundsätze ordnungsgemäßer
Zwischenberichterstattung börsennotierter
Aktiengesellschaften,
Düsseldorf 1992

Koller, Ingo
in: Assmann/Schneider (Hrsg.)
Wertpapierhandelsgesetz,
Kommentar,
Köln 1995

KPMG
Financial Instruments,
Einsatzmöglichkeiten, Risikomanagement und
Risikocontrolling, Rechnungslegung, Besteuerung,
Frankfurt am Main 1995

Krause, Hartmut
Das obligatorische Übernahmeangebot,
Eine juristische und ökonomische Analyse,
Baden-Baden 1996

Krück, Hans
in: von der Groeben/Thiesing/Ehlermann (Hrsg.),
Kommentar zum EWG-Vertrag,
4. Aufl., Baden-Baden 1991

Kümpel, Siegfried
Bank- und Kapitalmarktrecht,
1. Auflage,
Köln 1995
(zitiert als Bank- und Kapitalmarktrecht (1. Aufl.))

Bank- und Kapitalmarktrecht,
2. Auflage,
Köln 2000
(zitiert als Bank- und Kapitalmarktrecht)

	Börsengesetznovelle 1989, Wertpapiermitteilungen, 1989, S. 1313
	Die allgemeinen Verhaltensregeln des Wertpapierhandelsgesetzes, Wertpapiermitteilungen, 1993, S. 2025
	Die IBIS-Integration in die Regionalbörsen aus börsenrechtlicher Sicht, Wertpapiermitteilungen, 1992, S. 249
	Inter-Bank-Informations-System (IBIS), Rechtliche und betriebliche Aspekte, Wertpapiermitteilungen, 1990, S. 45
	Wertpapierhandelsgesetz, Eine systematische Darstellung, Berlin 1996
	Zur Aufnahme des elektronischen Handels an der FWB, Wertpapiermitteilungen, 1991, Sonderbeilage 4, S. 19
Kullmann, Walburga **Müller-Deku, Tobias**	Die Bekanntmachung zum Wertpapier- Verkaufsprospektgesetz, Wertpapiermitteilungen, 1996, S. 1989
Kurth, Ekkehard	Überregionalität des deutschen Börsenhandels und die Kompetenzen der Aufsichtsbehörden der Länder, Zeitschrift für das gesamte Kreditwesen, 1998, S. 553 ff.
Kutschera, Michael **Hoenig, Christian**	Austria, in: Gaillard (Hrsg.), Insider Trading, The Laws of Europe, the United States and Japan, S. 215, Deventer, Boston 1992
Kutzer, Hermann	Die Deutsche Börse macht sich selbst fit für die Börse, Handelsblatt, 4.1.1999

Lahmann, Kai
Insiderhandel,
Ökonomische Analyse eines ordnungspolitischen Dilemmas,
Berlin 1994

Lambadarios, Dimitri
Greece,
in: Gaillard (Hrsg.), Insider Trading,
The Laws of Europe, the United States and Japan,
S. 93,
Deventer, Boston 1992

Lambers, Hans-Jürgen
Subsidiarität in Europa - Heilmittel oder juristische Leerformel,
Europarecht, 1993, S. 229

Landgraf, Robert
Keidel, Stefan
Deutsche Börse Clearing AG und Cedel planen Fusion,
Handelsblatt, 14./15.5.1999

Langeheine, Bernd
in: Grabitz/Hilf (Hrsg.),
Kommentar zur Europäischen Union,
Loseblatt,
München, Stand Mai 1995

Langguth, Gerd
Kommentierung zu Art. 5 EGV
in: Lenz (Hrsg.),
EG-Vertrag - Kommentar zu dem Vertrag zur Gründung der Europäischen Gemeinschaften in der durch den Amsterdamer Vertrag geänderten Fassung,
2. Auflage
Köln, u.a. 1999

Langenfeld, Christine
Zur Direktwirkung von EG-Richtlinien,
Die öffentliche Verwaltung, 1992, S. 955

Lanschot, J.J.J. van
The Netherlands,
in: Gaillard (Hrsg.), Insider Trading,
The Laws of Europe, the United States and Japan,
S. 133,
Deventer, Boston 1992

Larenz, Karl
Methodenlehre der Rechtswissenschaft,
5. Aufl., München 1983

Lee, Ruben

Supervising EC capital markets: do we need a European SEC?,
Oxford Finance Group Discussion Paper No. 1,
Oxford 1993

What is an exchange? A Discussion Paper,
in: Capital Markets Forum Section on Business Law,
International Bar Association (Hrsg.),
London 1994

Lenz, Carl Otto (Hrsg.)

EG-Handbuch,
Recht im Binnenmarkt,
2. Aufl., Herne, Berlin 1994

Kommentierung zu Art. 6 EGV
EG-Vertrag - Kommentar zu dem Vertrag zur Gründung der Europäischen Gemeinschaften,
1. Auflage
Köln, u.a. 1994

Kommentierung zu Art. 4, 10, 12 EGV
EG-Vertrag - Kommentar zu dem Vertrag zur Gründung der Europäischen Gemeinschaften in der durch den Amsterdamer Vertrag geänderten Fassung,
2. Auflage
Köln, u.a. 1999

Loistl, Otto

Kapitalmarkttheorie,
München, Wien, Oldenburg 1991

Lückmann, Reinhard

Schlüssel für die weltweiten Kapitalmärkte,
Handelsblatt, 2.12.1996

Lutter, Marcus

Die Auslegung angeglichenen Rechts,
Juristenzeitung, 1992, S. 593

Lux, Michael

in: Lenz (Hrsg.),
EG-Vertrag Kommentar,
Köln 1994

Macrory, Richard

The Enforcement of Community Enviromental Laws: some critical use,
Common Market Law Review, 1992, S. 347

Merten, Detlef — Subsidiarität als Verfassungsprinzip, in: ders. (Hrsg.) Die Subsidiarität Europas, Berlin 1993, S. 77

Miller, G. — International competitiveness of the U.S. futures exchanges, Journal of Applied Corporate Finance, 3/1991, S. 6

Mögele, Rudolf — Deutsches und Europäisches Verwaltungsrecht - wechselseitige Einwirkungen, Bayerische Verwaltungsblätter, 1993, S. 552

Moritz, Gundolf — Tradeus ist vorerst nicht gescheitert, Börsen-Zeitung, 12.9.1995

Möschel, Wernhard — Zum Subsidiaritätsprinzip im Vertrag von Maastricht, Neue Juristische Wochenschrift, 1993, S. 3026

Mülhaupt, Ludwig — Einführung in die Betriebswirtschaftslehre der Banken, Wiesbaden 1977

Müller, Jürgen
Vogelsang, Ingo — Staatliche Regulierung: regulated industries in den USA und Gemeinwohlbindung in wettbewerblichen Ausnahmebereichen in der Bundesrepublik Deutschland, in: Mestmäcker (Hrsg.), Wirtschaftsrecht und Wirtschaftspolitik, Bd. 56, Baden-Baden 1979

Müller, Mario — Teurer Tiefflug, Wirtschaftswoche, 5.4.1991, S. 96

Müller-Ibold, Till — Kommentierung zu Art. 133 EGV in: Lenz (Hrsg.), EG-Vertrag - Kommentar zu dem Vertrag zur Gründung der Europäischen Gemeinschaften in der durch den Amsterdamer Vertrag geänderten Fassung, 2. Auflage Köln, u.a. 1999,

Münstermann, Ute — Märkte für Risikokapital im Spannungsfeld von Organisationsfreiheit und Staatsaufsicht, Sternenfels, Berlin 1996

Müssig, Karlheinz Gabler Bank-Lexikon, Handwörterbuch für das Geld-, Bank- und Börsenwesen, 10. Aufl., Wiesbaden 1988

Nabben, Stefan
Rudolph, Bernd Die Börse als Marktplatz und Dienstleister, Institut für Kapitalmarktforschung an der J. W. Goethe-Universität Frankfurt am Main, Beiträge zur Theorie der Finanzmärkte Nr. 6, Frankfurt am Main 1994

NASDAQ-Stock Market A practical guide to listing on the Nasdaq Stock Market, Washington 1994

Pressemitteilung: Nasdaq Europe Ltd. announces a joint venture with the combined London Stock Exchange and Deutsche Börse to provide a globally linked, pan-european trading platform for new economy companies, Internetseite www.nasdaq.com

Nicolaysen, Gert Europäisches Gemeinschaftsrecht, Stuttgart, Berlin, Köln, Mainz 1979

Nilsson, Bengt-Åke Sweden, in: Gaillard (Hrsg.), Insider Trading, The Laws of Europe, the United States and Japan, S.261, Deventer, Boston 1992

Nußbaum, Artur Kommentar zum Börsengesetz, München 1910

o. V. A texan thinks big - plans first U. S. electronic futures exchange, Commodities Corner, 14.2.1997

o. V. Aktienhandel im Internet nun erlaubt, Süddeutsche Zeitung, 28.3.1996

o.V. Aktienhandel rund um die Uhr mit System Island, Handelsblatt, 23.9.1999

o.V. Allianz von Eurex und finnischer Terminbörse, Süddeutsche Zeitung v. 27.8.1999, o.V. Aufsichtsrat billigt Börsengang der Börse Ab 2. Juni Aktienhandel bis 20 Uhr, Börsen-Zeitung, 29.2.2000

o. V. Banken und Börsen an der Datenautobahn, Die Welt, 28.12.1996

o. V. Bankenrecht - Strenge Aufsicht Vorteil für Finanzplatz, Handelsblatt, 23.12.1996

o. V. Berichtspflicht im Neuen Markt härter, Börsen-Zeitung, 14.1.1997

o.V. Bildschirme von Sets und Xetra kostenlos an Main und Themse, Börsen-Zeitung, 5.11.1998,

o.V. Börse Paris gibt den Widerstand auf, Börsen-Zeitung, 20.11.1998

o.V. Börse und Aufsichts optimieren Xetra, Börsen-Zeitung, 15.1.1999

o.V. Börse zündet zweite Stufe, Finanz und Wirtschaft, 14.10.1999

o.V. Börsen erleichtert Rentenhandel auf Xetra, Börsen-Zeitung, 8.7.1999

o.V. Börsen Hamburg und Hannover fusionieren ihre Trägergesellschaften, Börsen-Zeitung, 20.5.1999

o.V. Börsen in Frankfurt und London starten gemeinsamen Aktienhandel, Süddeutsche Zeitung, 8.7.1998

o.V. Börsen-HV stimmt Fusion Cedel/DBC zu, Börsen-Zeitung, 11.11.1999

o.V. Bremer Börse schließt ihr Parkett, Börsenzeitung v. 4.11.1999, S. 3

o.V. Breuer stellt öffentliche Börsen in Frage, Handelsblatt, 1.11.1999

o.V. Breuer stellt öffentliche Börsen in Frage, Handelsblatt, 1.11.1999

o.V. Breuer: Eigentümerstruktur der Börse verändern – Bereit, Anteile abzugeben, Börsen-Zeitung, 30.10.1999

o.V. Breuer: Eigentümerstruktur der Börse verändern – Bereit, Anteile abzugeben, Börsen-Zeitung, 30.10.1999

o. V. Breuers Vision für Frankfurt - Die Stadt habe Chancen, führender Finanzplatz zu werden, Süddeutsche Zeitung, 21.2.1997

o.V. Britisch-deutsche Börsenallianz macht Druck, Finanz und Wirtschaft, 30.12.1998

o.V. Cedel-Aktionäre in Hochzeitslaune, Neue Zürcher Zeitung, 16.7.1999

o. V. CME und NYMEX übernehmen NSC - SBF und Matif erhalten das Clearing System „Clearing 21", Börsen-Zeitung, 21.2.1997

o. V. Das Telefon-Depot, Capital, März 1997, S. 50

o. V. Der Aktienkauf via Internet findet in Amerika Gefallen, Frankfurter Allgemeine Zeitung, 25.6.1996

o. V. Der Neue Markt in Frankfurt startet im März, Frankfurter Allgemeine Zeitung, 14.1.1997

o. V. Der Pariser Nouveau Marché ist ein Jahr alt - wenig brilliante Bilanz zum ersten Geburtstag, Neue Zürcher Zeitung, 7.3.1997 o.V. Der Weg für das Europäische Clearinghaus ist frei, Handelsblatt, 11.11.1999

o.V. Deutsch-britische Börsenachse hat jetzt Priorität, Börsen-Zeitung, 8.7.1998

o.V. Deutsche Börse und Eurex müssen Strukturen überdenken – Deutsche Börse Vorstandsmitglied Jörg Franke auf Handelsblatt-Tagung, Handelsblatt, 11.10.1999

o.V. Deutsche Börse und Eurex müssen Strukturen überdenken, Handelsblatt, 11.10.1999

o.V. Die Acht votieren für ordergetriebenes System, Börsen-Zeitung, 24.9.1999

o.V. Die Einigung auf einen europäischen Aktienmarkt bringt den Anlegern viele Vorteile, Frankfurter Allgemeine Zeitung, 24.9.1999

o.V. Die Eurex arbeitet an neuem Marktmodell, Frankfurter Allgemeine Zeitung, 11.12.1999

o.V. Die gemeinsame Handelsplattform für Euro-NM ist noch weit, Frankfurter Allgemeine Zeitung, 17.8.1999

o. V. Die Internet-Börse rückt näher, Optionsschein-Magazin, 24.6.1996

o. V. Die Konzernbilanz muß internationalen Standards genügen - Deutsche Bilanzen sind als Informationsquelle für Investoren kaum geeignet, Blick durch die Wirtschaft, 2.12.1996

o.V. Die Regionalbörsen wollen keinen Krach, aber ein eigenes Handelssystem, Süddeutsche Zeitung, 8.4.1999

o. V. Die staatliche Aufsicht über den Kapitalmarkt wird verschärft, Frankfurter Allgemeine Zeitung, 19.12.1996 o.V. Die Vision einer elektronischen Börse in Europa – FAZ-Gespräch mit Reto Francioni, Frankfurter Allgemeine Zeitung, 12.10.1998

o. V. Die Wertpapierbörse in Australien plant den Börsengang, Frankfurter Allgemeine Zeitung, 26.11.1996

o.V. Drei europäische Börsen erleichtern Mitgliedschaft, Frankfurter Allgemeine Zeitung, 15.9.1998

o. V. Durch Xetra ein neues Börsenzeitalter, Börsen-Zeitung, 14.2.1997

o.V. ECNs sind der nächste Schritt in der Börsen-Evolution, Frankfurter Allgemeine Zeitung, 14.9.1999

o.V. ECNs sind der nächste Schritt in der Börsen-Evolution, Frankfurter Allgemeine Zeitung, 14.9.1999

o. V. Ein Modell für die gesamte Börse, Börsen-Zeitung, 20.12.1996

o.V. Eine paneuropäische Börsenallianz ensteht, Frankfurter Allgemeine Zeitung, 20.11.1998

o. V. Eine strenge Aufsicht ist kein Nachteil für den Finanzplatz Deutschland, Handelsblatt, 18.12.1996

o. V. Erleichterung für Konzernabschlüsse, Handelsblatt, 12.12.1996

o. V. Euro-Börse vor der Gründung - Start im nächsten Jahr geplant, Handelsblatt, 21.3.95

o.V. Euroclear pocht auf eigene Stärken, Börsen-Zeitung, 22.5.1999

o. V. Eurolist gestartet, Handelsblatt, 9.10.1995

o. V. Eurolist-Kooperation der europäischen Börsen, Neue Zürcher Zeitung, 9.12.1994 o.V. EURO-MTS baut nationale Plattformen – Verhandlungen auch mit Deutscher Börse, Börsen-Zeitung, 24.7.1999

o.V. EURO-MTS übertrifft die Erwartungen, Börsen-Zeitung, 15.4.1999

o.V. EURO-MTS-Handelssystem startet, Börsen-Zeitung, 10.4.1999

o. V. Europa-Börse für kleine Werte soll 1996 starten, Börsen-Zeitung, 17.11.1994

o.V. Euronext setzt auf eine Plattform, Theodore führt größte kontinentaleuropäische Börse, Börsen-Zeitung v. 21.3.2000

o. V. Europäische Börse „nicht notwendig“, Börsen-Zeitung, 15.9.1995

o. V. Europäische Börse für junge Unternehmen, Süddeutsche Zeitung, 17.11.1994

o.V. Europäische Börsen in einem raschen Wandel, Frankfurter Allgemeine Zeitung, 5..9.1999

o.V. Europäische Börsen in einem raschen Wandel, Frankfurter Allgemeine Zeitung, 5..9.1999

o.V Europäische Börsen wollen sich zusammenschließen, Handelsblatt, 24./25.9.1999

o. V. Europäischer Freihandel Easdaq soll schon in diesem Jahr starten, Computerwoche, 1/96

o.V. Europas Börsen können fast elf Milliarden Euro sparen, Handelsblatt, 22.6.1999

o. V. Finanzdienstleister vor einem großen Wandel, Frankfurter Allgemeine Zeitung, 24.12.1996

o. V. Finanzmärkte vernetzen, aber nicht zentralisieren, Handelsblatt, 13.9.1995

o. V. Finanzplatz Deutschland / Richtlinien-Umsetzung - Banken wollen Nachbesserungen, Bundesregierung will Anleger besser vor unseriösen Anbietern schützen, Handelsblatt, 19.12.96

o.V. Francioni sieht private Börsen in Europa nur als Außenseiter, Handelsblatt, 22./23.10.1999

o.V. Francioni sieht private Börsen in Europa nur als Außenseiter, Handelsblatt, 22./23.10.1999

o.V. Frankfurter Börse und LSE am Scheideweg, Frankfurter Allgemeine Zeitung, 30.7.1999

o. V. Für die Tolerierung ausländischer Abschlüsse, Börsen-Zeitung, 2.12.1996

o.V. Handel mit den meisten Xetra-Werten unterliegt neuen Regeln, Süddeutsche Zeitung, 15.1.1999

o.V. Handels bis 20 Uhr ab April 2000, Frankfurter Allgemeine Zeitung, 22.10.1999

o. V. How electronic markets empower institutional investors, Global Investment Technology, 13.12.1996

o. V. Im „Cyberspace“ erblüht eine Börsen-Subkultur, Handelsblatt, 22.5.1996

o. V. Instinet-Handel im Visier kanadischer Broker, Neue Zürcher Zeitung, 13.10.1995

o.V. Interview mit Douglas M. Atkin, CEO von Instinet, Der Parkett-Handel stirbt aus, Finanz und Wirtschaft, 5.6.1999, S. 41

o.V. Interview mit Douglas M. Atkin, CEO von Instinet, Der Parkett-Handel stirbt aus, Finanz und Wirtschaft, 5.6.1999

o.V. Interview mit Reto Francioni, Die Vision einer elektronischen Börse für Europa, Frankfurter Allgemeine Zeitung, 12.10.1998

o.V. Island ECH denkt an noch längere Handelszeiten, Börsen-Zeitung, 23.9.1999

o.V. Kassa- und Terminmärkte wachsen zusammen, Frankfurter Allgemeine Zeitung, 25.9.1999

o.V. Kassa- und Terminmärkte wachsen zusammen, Frankfurter Allgemeine Zeitung, 25.9.1999

o.V. Keimzelle für europäisches Abwicklungshaus, Frankfurter Rundschau, 15.5.1999

o.V. Kein Handlungsdruck, Frankfurter Allgemeine Zeitung, 29.7.1999

o.V. Konkurrenz zu PowerPoint-Präsentationen, Frankfurter Allgemeine Zeitung, 26.7.1999

o.V. Konzentriertes Back Office, Börsen-Zeitung, 15.5.1999

o. V. KWG - Nicht unter 500 Millionen Handelsblatt, 3.2.1997

o. V. KWG-Novelle - „Alle Finanzdienstleister unter Bundesaufsicht - Kritik aus dem Bundesrat am Bonner Gesetzentwurf, Handelsblatt, 21.2.1997

o. V. Londoner Börse mit Konkurrenz im Internet, Die Welt, 29.9.95

o.V. Mehr Liquidität soll der Wiener Börse aus dem Kurstal helfen, Handelsblatt, 4.11.1999

o.V. Mehr Liquidität soll der Wiener Börse aus dem Kurstal helfen,
Handelsblatt, 4.11.1999

o.V. Mit Totenkopf – Die Börse muß ihr Handelssystem XETRA nachbessern. Es funktioniert nicht bei Nebenwerten,
Wirtschaftswoche, 21.1.1999, S. 114

o.V. MTS Amsterdam startet im September,
Börsenzeitung, 26.8.1999

o.V. MTS in Amsterdam gestartet,
Börsenzeitung, 2.9.1999

o.V. MTS plant den Schritt nach Japan,
Börsen-Zeitung, 17.12.1999

o. V. Neue „Europabörse" vor dem Start,
Börsenberater, Nr. 1, Januar 1995

o. V. Neue Allianzen für DTB keineswegs gravierend,
Börsen-Zeitung, 3.12.1996.

o.V. Neue elektronische Handelssysteme fordern die Börsen heraus,
Frankfurter Allgemeine Zeitung, 10.9.1999

o.V. Neue elektronische Handelssysteme fordern die Börsen heraus,
Frankfurter Allgemeine Zeitung, 10.9.1999

o. V. Neuer Markt, Skepsis vor Beginn,
Blick durch die Wirtschaft, 10.3.1997

o.V. Norddeutsche Börsen rücken zusammen,
Handelsblatt, 20.5.1999

o.V. Parkettbörse steht vor dem Aus,
Handelsblatt, 6.4.1999

o.V. Parkettbörse steht vor dem Aus,
Handelsblatt, 6.4.1999

o.V. Regionalbörsen gehen eigenen Weg, Handelsblatt, 7.4.1999

o. V. Schmerzhafte Fehlregulierungen, Börsen-Zeitung, 2.1.1997

o.V. Schranken für Xetra-Handel in wenig liquiden Aktien, Frankfurter Allgemeine Zeitung, 15.1.1999

o.V. Schub für elektronischen Handel, Frankfurter Rundschau, 12.10.1998

o.V. Sechs Börsen bauen Routing-System, Börsenzeitung, 8.4.1999

o.V. Seifert: Auf Kooperationen folgt eine darwinistische Phase, Süddeutsche Zeitung, 22.6.1999

o. V. Small-company stockmarkets: Europe growth industry, The Economist, 14.3.1997

o.V. Start der dritten Stufe am Xetra-Markt, Neue Zürcher Zeitung, 13.10.1999

o.V. Startschuß für die Europa-Börse, Handelsblatt, 20.21./11.1998

o. V. Strenge Aufsicht Vorteil für Finanzplatz - Artopoeus: Das KWG ist viel zu kompliziert, Handelsblatt, 23.12.1996

o.V. Stuttgarter Börse will nicht aufgeben, Börsen-Zeitung, 11.2.1997

o. V. System der Citibank keine Börse, Handelsblatt, 7.10.1996

o.V. Trigon bietet Privatkunden elektronischen Börsenhandel an, Frankfurter Allgemeine Zeitung, 8.4.1999

o.V. Vom heimischen Computer aus Aktien in Echtzeit kaufen,
Frankfurter Allgemeine Zeitung, 15.12.1998

o.V. Welteke: Intervention gegen den Trend nutzlos,
Börsen-Zeitung, 22.6.1999

o. V. Wertpapieraufsicht auch für Internet-Geschäfte,
Frankfurter Allgemeine Zeitung, 12.12.1996

o. V. Wittich (BAWe):"International absolut gleichwertig",
VWD - Finanz- und Wirtschaftsspiegel, 24.2.1997

o. V. Wittich: WWU verschärft Wettbewerbsverhältnisse,
VWD - Finanz- und Wirtschaftsspiegel, 12.12.1996

o.V. Xetra hat Systemmängel,
Börsen-Zeitung, 4.12.1998

o.V. Xetra ohne britische Aktien – Priorität für Achse mit London,
Börsen-Zeitung, 13.10.1999

o.V. Xetra-Handel wird beschnitten,
Handelsblatt, 15./16.1.1999

o. V. Zulassungsregeln am AIM-Markt strenger,
Börsen-Zeitung, 9.12.1996

O'Connell Pioneers of on-line trading aim to expand transactions on Web,
Wall Street Journal Europe, 26.6.1996

O'Connor, Brian J. Ireland,
in: Gaillard (Hrsg.), Insider Trading,
The Laws of Europe, the United States and Japan,
S. 103,
Deventer, Boston 1992

Oehler, Dietrich
Fragen zum Strafrecht der Europäischen Gemeinschaft,
in: Vogler u.a.(Hrsg.),
Festschrift für Hans-Heinrich Jeschek zum 70. Geburtstag, Zweiter Halbbd., S. 1399,
Berlin 1985

Oesterhelweg, Olaf
Schiereck, Dirk
Meßkonzepte zur Liquidität von Finanzmärkten
Die Bank 1993, S. 390

Ohler, Christoph
Die Kapitalverkehrsfreiheit und ihre Schranken,
Wertpapiermitteilungen, 1996, S. 1801

Olenhusen, Peter Götz von
Börsen und Kartellrecht,
Zur wettbewerbsrechtlichen Problematik von Börsenleistungen,
Baden-Baden 1983

Oppermann, Georg
Degner, Harald
Flöge, Rainer
Börsen- und Wertpapiergeschäfte,
3. Aufl., Frankfurt am Main 1975

Oppermann, Thomas
Europarecht,
München 1991

Organisation for Economic Cooperation and Development (OECD)
Committee for Invisible Transactions,
Capital Markets Study, General Report,
Paris 1967

Financial Market Trends,
February 1993,
Paris 1993

Securities Markets in OECD Countries - Organisation and Regulation,
Paris 1995

Paefgen, Thomas Christian
Insiderhandel im Spannungsfeld zwischen gemeinschaftsrechtlicher Integration und nationalstaatlicher Regulation - e pluribus unum,
Die Aktiengesellschaft, 1991, S. 380

Pagano, Marco
Steil, Benn

Equity Trading I: The Evolution of European Trading Systems,
in: Steil (Hrsg.), The European Equity Markets, The state of the union and an agenda for the millennium, S. 1,
European Capital Markets Institute,
Trowbridge 1996

Pagliaro, Antonio

Grenzen der Strafrechtsvereinheitlichung in Europa,
in: Schünemann/González (Hrsg.),
Bausteine des europäischen Wirtschaftsrechts,
S. 379
Köln, Berlin, Bonn, München 1994

Peiseler, Eva

Börsencomputersysteme,
Eine ökonomische und rechtliche Analyse,
Köln 1990

Pense, Andreas
Puttfarken, Hans-Jürgen

Französisches Börsen- und Kapitalmarktrecht
in: Hopt/Rudolph (Hrsg.), Börsenreform, Eine ökonomische, rechtsvergleichende und rechtspolitische Untersuchung, Gutachten im Auftrag des Bundesministeriums der Finanzen,
Teil III, Länderberichte, F 1-92,
Hamburg 1996

Peters, Rolf-Herbert
Hohmeyer, Jürgen

Kriege um Augäpfel,
Wirtschaftswoche, 27.2.1997, S. 70

Pfisterer, H.

Sparkassenvereinigung der Europäischen Wirtschaftsgemeinschaft,
Dokumentation Nr. 5, Kapitalmarktausschuß - Börsenverbund, 21.1.1986
Brüssel 1986

Picard, Jean-Jacques

Cedel profitiert vom florierenden Wertpapierhandel,
Finanz und Wirtschaft, 18.10.1995, S. 37

Picot, Arnold
Bortenlänger, Christine
Röhrl, Heiner

Börsen im Wandel,
Der Einfluß von Informationstechnologie und Wettbewerb auf die Organisation von Wertpapiermärkten,
Frankfurt am Main 1996

Pieper, Stefan Ulrich
Subsidiaritätsprinzip – Strukturprinzip der Europäischen Union,
Deutsches Verwaltungsblatt, 1993, S. 705

Pingel, Isabelle
The EC Directive of 1989,
in: Gaillard (Hrsg.), Insider Trading,
The Laws of Europe, the United States and Japan, S. 5,
Deventer, Boston 1992

Pipkorn, Jörn
Das Subsidiaritätsprinzip im Vertrag über die Europäische Union - rechtliche Bedeutung und gerichtliche Überprüfbarkeit,
Europäische Zeitschrift für Wirtschaftsrecht,
1992, S. 697

Preuß, Michael
Theyssen, Günter
Internationaler Zahlungsverkehr,
in: Kloten/von Stein (Hrsg.),
Obst/Hintner,
Geld, Bank- und Börsenwesen,
Stuttgart 1993

Price, Christopher
Frankfurt and Brussels Easdaq challenger,
Financial Times, 24.2.1997

Prol, Francisco G.
Spain,
in: Wegen/Assmann (Hrsg.),
Insider Trading in Western Europe - Current Status, S. 179,
London, Norwell 1994

Raiser, Thomas
Recht der Kapitalgesellschaften,
2. Aufl., München 1992

Rappaport, Alfred
Shareholder Value,
Wertsteigerung als Maßstab für die Unternehmensführung,
Stuttgart 1995

Rat der Europäischen Gemeinschaft (Hrsg.)
Einheitliche Europäische Akte und Schlußakte,
Brüssel 1987

Rauscher, Regina — Das Bundesaufsichtsamt für den Wertpapierhandel und seine Kompetenzen bei der Verfolgung von Insidergeschäften
Frankfurt am Main, u.a., 1999

Remien, Oliver — Niederländisches Börsenrecht und die internationale Stellung der Amsterdamer Börse
in: Hopt/Rudolph (Hrsg.), Börsenreform, Eine ökonomische, rechtsvergleichende und rechtspolitische Untersuchung, Gutachten im Auftrag des Bundesministeriums der Finanzen,
Teil III, Länderberichte, NL 1-62,
Hamburg 1996

Röttinger, Moritz — Kommentierung zu Art. 100b EGV
in: Lenz (Hrsg.),
EG-Vertrag Kommentar,
Köln 1994

Kommentierung zu Art. 94, 95, 308 EGV
in: Lenz (Hrsg.),
EG-Vertrag - Kommentar zu dem Vertrag zur Gründung der Europäischen Gemeinschaften in der durch den Amsterdamer Vertrag geänderten Fassung,
2. Auflage,
Köln, u.a. 1999

Rohde, Christian — Europarecht schnell erfaßt,
Berlin, Heidelberg, New York, Tokyo 1995

Rosen, Rüdiger von — Aktienförderung in der Europäischen Union,
Zeitschrift für das gesamte Kreditwesen,
1996, S. 20

Börsen,
in: Kloten/von Stein (Hrsg.),
Obst/Hintner,
Geld-, Bank- und Börsenwesen, S. 1239,
39. Aufl., Stuttgart 1993

Chancengemeinschaft,
Deutschland braucht die Aktie,
München 1997

Der Finanzplatz Deutschland in einem integrierten europäischen Finanzraum,
in: Duwendag (Hrsg.), Europa-Banking, Bankpolitik im Europäischen Finanzraum und währungspolitische Integration, S. 131,
Baden-Baden 1988

Der Zentrale Kapitalmarktausschuß - Ein Modell freiwilliger Selbstkontrolle der Kreditinstitute,
Frankfurt am Main 1973

Europapass für Finanztitel und Börsenmitglieder
in: Gebauer/Rudolph (Hrsg.) Aktienmärkte im Finanzsystem,
Schriftenreihe des Instituts für Kapitalmarktforschung an der J.W. Goethe-Universität Frankfurt am Main, Bd. 37, S. 9,
Frankfurt am Main 1994

Investmentbanking und Aktienkultur,
in: International Bankers Forum e. V. (Hrsg.),
Die Banken auf dem Weg ins 21. Jahrhundert - Strategien und Konzepte, S. 70,
Wiesbaden 1996

Mehr Betreuung nach dem Börsengang,
Welt am Sonntag, 28.7.1996

Private Handelssysteme - eine Herausforderung für die Börsen,
Zeitschrift für das gesamte Kreditwesen, 1994,
S. 1213

Shareholder Value langfristig,
Börsen-Zeitung, 15.5.1996

Unternehmen nach Emission künftig besser betreuen,
Handelsblatt, 19.8.1996

Was machen die anderen besser?,
Börsen-Zeitung, 23.2.1996

Zweites Finanzmarktförderungsgesetz und Privatanleger,
Die Bank, 1995, S. 13

	Konkurrenz belebt das Geschäft, Frankfurter Allgemeine Zeitung, 7.7.1999
	Die elektronische Revolution an der Börse, Frankfurter Rundschau, 13.11.1999
Rosen, Rüdiger von **Helm, Leonhard**	Der Erwerb eigener Aktien durch die Gesellschaft, Plädoyer für ein neues Instrument der Unternehmensfinanzierung in Deutschland und einen wichtigen Impuls für den deutschen Kapitalmarkt, Die Aktiengesellschaft, 1996, S. 434
Rosen, Rüdiger von **Prechtel, Andreas**	Zugang deutscher Unternehmen zum US-Kapitalmarkt (II), Die Bank, 1996, S. 478
Rudolph, Bernd	Betriebswirtschaftliche Beurteilung des Insiderhandelsverbots, Betriebswirtschaftliche Forschung und Praxis, 2/1994, S. 114
	Effekten- und Wertpapierbörsen, Finanztermin- und Devisenbörsen seit 1945, in: Pohl (Hrsg.), Deutsche Börsengeschichte, Frankfurt am Main 1992
	Europäische Eigenkapitalanforderungen im Wertpapierbereich im Lichte des Wachstums der derivativen Märkte, ifo Studien - Zeitschrift für empirische Wirtschaftsforschung, 1/1995, S. 89, München 1995
Rüttgers, Jürgen	Das Internet ist kein rechtsfreier Raum, STUDjur, 3/1996, S. 10
Salchow, Burkhart	Beschwingt und unschuldig Makler verdrängen, Frankfurter Neue Presse, 17.2.1997
Schacht, Guido	Die deutsche Kapitalmarktaufsicht im internationalen Vergleich, München 1980
Schäfer, Frank A.	Materielle Aspekte der EG-Richtlinie über Wertpapierdienstleistungen, Die Aktiengesellschaft, 1993, S. 389

Schilling, Wolf Ulrich Shareholder Value und Aktiengesetz, Betriebs-Berater 1997, S. 373

Schmidhuber, Peter M. Hitzler, Gerhard Die Verankerung des Subsidiaritätsprinzips im EWG-Vertrag - ein wichtiger Schritt auf dem Weg zu einer föderalen Verfassung der Europäischen Gemeinschaft, Neue Zeitschrift für Verwaltungsrecht, 1992, S. 720

Binnenmarkt und Subsidiaritätsprinzip, Europäische Zeitschrift für Wirtschaftsrecht, 1993, S. 8

Schmidt, Harmut Wertpapierbörsen, München 1988

Börsenorganisation zum Schutze der Anleger, Tübingen 1970

Schmidt-Aßmann, Eberhard in: Maunz/Dürig/Herzog/Scholz/Lerche/Papier/Randelzhofer/Schmidt-Aßmann, Grundgesetz-Kommentar, Loseblatt, 7. Aufl. 1994, 32. Ergänzungs-Lfg. 1996

Schmitt von Sydow, Helmut in: von der Groeben/Thiesing/Ehlermann (Hrsg.) Kommentar zum EWG-Vertrag, 4. Aufl., Baden-Baden 1991

Schneider, Uwe H. Europäische und internationale Rechtsangleichung und ihre Bedeutung für die Kreditwirtschaft, in: Hadding (Hrsg.), Rechtsfragen bei Bankdienstleistungen im Europäischen Binnenmarkt, S. 9, Köln 1994

Zur Kollision der Motive, Europäische Zeitschrift für Wirtschaftsrecht, 1995, S. 653

Schneiders, Günter Anlegerschutz im Recht der Effektenkommission, Berlin 1977

Scholze, Herbert Das Konsortialgeschäft der deutschen Banken, 1. Halbband, Berlin 1973

Schödermeier, Martin Die Insider-Richtlinie der Europäischen Gemeinschaft

Wallach, Edgar Europäische Zeitschrift für Wirtschaftsrecht, 1990, S. 122

Schörner, Peter Gesetzliches Insiderhandelsverbot, Eine ordnungspolitische Analyse, Wiesbaden 1991

Schröer, Thomas Die Kompentenzverteilung zwischen der Europäischen Wirtschaftsgemeinschaft und ihren Mitgliedstaaten auf dem Gebiet des Umweltschutzes, Berlin 1992

Schulz, Wolfgang Hundert Jahre modernes Börsenrecht, Die Aktiengesellschaft, 1996, S. 260

Schuster, Helmut-Ernst Die EWG-Richtlinie - Ihre Funktion für die europäische Integration, Verbesserung der Kontrollmöglichkeiten der Kommission bei ihrer Umsetzung in nationales Recht, Frankfurt am Main, Bern 1977

Schuster, Stephan Neue Regeln für Übernahmen, Die Bank, 1995, S. 609

Schwark, Eberhard Anlegerschutz durch Wirtschaftsrecht, München 1979

Börsengesetz Kommentar, 2. Aufl., München 1994

Börsen und Wertpapierhandelsmärkte in der EG, Wertpapiermitteilungen, 1997, S. 293

Schwartz, Ivo E. Subsidiarität und EG-Kompetenzen, Der neue Titel „Kultur", Medienvielfalt und Binnenmarkt, Archiv für Presserecht, 1993, S. 409

Schwartz, Robert A. Equity Trading II: Integration, Fragmentation and the Quality of Markets, in: Steil (Hrsg.), The European Equity Markets, The state of the union and an agenda for the millennium, S. 59, European Capital Markets Institute, Trowbridge 1996

Schwartz, Robert A. Equity Trading III: Institutional Investor Trading

Steil, Benn Practices and Preferences,
in: Steil (Hrsg.), The European Equity Markets,
The state of the union and an agenda for the
millennium, S. 81,
European Capital Markets Institute,
London 1996

Scott-Quinn, Brian EC Securities Markets Regulations
in: Steil (Hrsg.), International financial market
regulation, S. 121
Chichester 1994

Securities and Exchange Commission (Hrsg.) Market 2000 - An Examination of Current Equity
Market Developments,
Washington 1994

Sedemund, Jochim Cassis de Dijon und das neue Harmonisierungskonzept
der Kommission zur Vollendung des Binnenmarktes,
in: Schwarze (Hrsg.),
Der Gemeinsame Markt, S. 37,
Baden-Baden 1987

Seidel, Martin Rechtliche Grundlagen eines einheitlichen
Kapitalmarktes der Europäischen Gemeinschaft,
in: Leßmann/Großfeld/Vollmer (Hrsg.),
Festschrift für Rudolf Lukes zum 65. Geburtstag,
S. 575,
Köln, Berlin, Bonn, München 1989

Stellungnahme zu Streinz, Mindestharmonisierung im
Binnenmarkt, in: Zentrum für Europäisches
Wirtschaftsrecht, Sammelband Nr. 68, S. 67,
Referate im Rahmen des vom Zentrum für
Europäisches Wirtschaftsrecht und vom Zentrum für
Europäische Integrationsforschung veranstalteten 7.
Bonner Europa-Symposions „Mindestharmonisierung
im Binnenmarkt", Bonn, den 27. April 1996

Ziele und Ausmaß der Rechtsangleichung in der EWG
- Zur britischen Auffassung,
Europarecht, 1979, S. 175

Der EWG-rechtliche Begriff der Maßnahme gleicher
Wirkung wie eine mengenmäßige Beschränkung,
Neue Juristische Wochenschrift, 1967, S. 2081

Seifert, Werner G. Technologie und Euro treiben Umbau der
Börsenlandschaft in Europa an,

Handelsblatt, 7.9.1998

Seidenzahl, Weissenfeld (Hrsg.)
Bank- und Börsenlexikon,
Freiburg 1973

Segna, Ulrich
Die Rechtsform deutscher Wertpapierbörsen,
Zeitschrift für Bank- und Börsenrecht, 1999, S. 144 (152)

Serière, Victor de
The Netherlands,
in: Wegen/Assmann (Hrsg.),
Insider Trading in Western Europe -
Current Status, S. 109
London, Norwell 1994

Sevenster, Hanna G.
Criminal law and EC law,
CMLR, Vol. 29, 1992, S. 33

Sieber, Ulrich
Entwicklungsstand und Perspektiven des europäischen Wirtschaftsrechts,
in: Schünemann/González (Hrsg.),
Bausteine des europäischen Wirtschaftsrechts, Madrid-Symposium für Klaus Tiedemann, S. 349,
Köln, Berlin, Bonn, München, 1994

Europäische Einigung und Europäisches Strafrecht,
Zeitschrift für die gesamte Strafrechtswissenschaft,
1991, S. 957

Entwicklung und Ziele der Vereinigung für Europäisches Strafrecht e.V.,
in: Sieber (Hrsg.), Europäische Einigung und Europäisches Strafrecht, S. 11,
Köln, Berlin, Bonn, München 1993

Siebold, Hanns Christoph
Das neue Insiderrecht,
Von der freiwilligen Selbstkontrolle zum internationalen Standard,
Berlin 1994

Solimena, Luigi
Italy,
in: Wegen/Assmann (Hrsg.),
Insider Trading in Western Europe -
Current Status, S. 79,
London, Norwell 1994

Soltwedel, Rüdiger
Deregulierungspotentiale in der Bundesrepublik,

Tübingen 1986

Steil, Benn

Introduction: Effective public policy in a world of footloose finance,
in: Steil (Hrsg.), International financial market regulation, S. 1,
Chichester 1994

Equity Trading IV: The ISD and the Regulation of European Market Structure,
in: Steil (Hrsg.), The European Equity Markets, The state of the union and an agenda for the millennium, S. 113,
European Capital Markets Institute,
Trowbridge 1996

Stein, Torsten

Subsidiarität als Rechtsprinzip?,
in: Merten (Hrsg.), Die Subsidiarität Europas, S. 23,
Berlin 1993

Stenzel, Stefan

Außerbörslicher Aktienhandel,
Teilband I: Umfang und Ursachen,
Berlin 1995

Stindt, Jörg
Schwalbe, Jan

Börsen in den Fängen der Computernetze,
Finanz und Wirtschaft, 7.8.1999

Stockholm Stock Exchange

Annual Report 1989,
Stockholm

Storck, Ekkehard

Euromarkt - Finanzdrehscheibe der Welt,
Stuttgart 1995

Strauss, Susanne Nicolette

Eine Börse für die kleinen Feinen,
Neue Zürcher Zeitung, 11.3.1997

Streinz, Rudolf

Der Vollzug des europäischen Gemeinschaftsrechts durch deutsche Staatsorgane,
in: Isensee/Kirchhof (Hrsg.),
Handbuch des Staatsrechts, Bd.VII, S. 817,
Heidelberg 1992

Deutsches und europäisches Lebensmittelrecht - Der Einfluß des Rechts der Europäischen Gemeinschaft auf das deutsche Lebensmittelrecht,
Der Binnenmarkt für Lebensmittel,
Wirtschaft und Wettbewerb, 1993, S. 31

Mindestharmonisierung im Binnenmarkt,
in: Zentrum für Europäisches Wirtschaftsrecht, Vorträge und Berichte, Sammelband Nr. 68, S. 7, Referate im Rahmen des vom Zentrum für Europäisches Wirtschaftsrecht und vom Zentrum für Europäische Integrationsforschung veranstalteten 7. Bonner Europa-Symposions „Mindestharmonisierung im Binnenmarkt", Bonn, den 27. April 1996,
Bonn 1996

Europarecht,
3. Aufl., Heidelberg 1996

Sutherland, Peter
Der Binnenmarkt nach 1992, Die Herausforderung aufnehmen,
Bericht der hochrangigen „Beratergruppe Binnenmarkt" an die Kommission der Europäischen Gemeinschaften vom 21. März 1992

Syre, Rita
Börsenlandschaft in Bewegung, ,
Frankfurter Allgemeine Zeitung, 12.3.1999

Tavernier, Edmond
Switzerland,
in: Wegen, Assmann (Hrsg.)
Insider Trading in Western Europe - Current Status, S. 91,
London, Norwell 1994

Thoma, Georg F.
Berck, Jonathan S.
Germany,
in: Gaillard (Hrsg.), Insider Trading,
The Laws of Europe, the United States and Japan, S. 79,
Deventer, Boston 1992

Thomas, Karl
Treutler, Hans-Jürgen
Kapitalmarkt,
in: Kloten/von Stein (Hrsg.),
Obst/Hintner,
Geld-, Bank- und Börsenwesen, S. 1206,
39. Aufl., Stuttgart 1993

Tiedemann, Klaus
Anmerkungen zum Urteil EuGH v. 21.9.1989, Rs 68/88, „Kommission/Griechenland",
Europäische Zeitschrift für Wirtschaftsrecht, 1990, S. 99

Der Strafschutz der Finanzinteressen der Europäischen Gemeinschaft,

	Neue Juristische Wochenschrift, 1990, S. 2226
	Reform des Sanktionswesens auf dem Gebiete des Agrarmarktes der Europäischen Wirtschaftsgemeinschaft, in: v. Gamm/Raisch/Tiedemann (Hrsg.), Strafrecht, Unternehmensrecht, Anwaltsrecht, Festschrift für Gerd Pfeiffer zum Abschied aus dem Amt des Präsidenten des Bundesgerichtshofs, S. 101 Köln, Berlin, Bonn, München 1988
Tipke, Klaus Lang, Joachim	Steuerrecht, 15. Aufl., Köln 1996
Tippach, Stefan U.	Das Insider-Handelsverbot und die besonderen Rechtspflichten der Banken, Köln 1995
Tolksdorf, Michael	Ruinöser Wettbewerb, Ein Beitrag zur Phänomenologie und wettbewerbspolitischen Behandlung einer marktwirtschaftlichen Fehlentwicklung, Berlin 1971
Troberg, Peter	in: von der Groeben/Thiesing/Ehlermann (Hrsg.) Kommentar zum EWG-Vertrag, 4. Aufl., Baden-Baden 1991
Tuchtfeld, Egon	Handwörterbuch der Wirtschaftswissenschaft, Band IV, S. 433, Stuttgart u. a. 1978
Tween, David	Easdaq challenges Bourses for pan-european trading, Wall Street Journal Europe, 3.12.1996
United States Securities and Exchange Commission	The Work of the SEC, Washington 1995
	Annual Report 1995, Washington 1996
Vaupel, Christoph	Die aufsichtsrechtliche Behandlung automatisierter Handelssysteme in den USA, Recht der internationalen Wirtschaft, 1995, S. 568
Veelken, Winfried	Maßnahmen gleicher Wirkung wie mengenmäßige

Beschränkungen,
Europarecht, 1977, S. 311

Verband öffentlicher Banken (Hrsg.) Kreditwirtschaftlich wichtige Vorhaben der EU, Stand August 1994, Bonn 1994

Vogler, Theo Begrüßungsansprache, in: Dannecker (Hrsg.), Die Bekämpfung des Subventionsbetrugs im EG-Bereich, S.12, Köln 1993

Vollmer, Lothar Deregulierung durch Marktsegmentierung - Das Beispiel des Börsenmarktes, in: Leßmann, Großfeld, Vollmer (Hrsg.), Festschrift für Rudolf Lukes zum 65. Geburtstag, S. 611, Köln, Berlin, Bonn, München 1989

Vortmann, Jürgen Aufklärungs- und Beratungspflichten bei grenzüberschreitenden Bankdienstleistungen, Wertpapiermitteilungen, 1993, S. 581

Walgenbach, Bernd Die Institution Aktienbörse als Regulierungsobjekt, Hamburger Jahrbuch für Wirtschafts- und Gesellschaftspolitik, 1990, S. 257

Wastl, Ulrich Die juristische Organisationsstruktur deutscher Börsen- bzw. Finanzplätze und deren Optimierung, Wertpapier Mitteilungen, 1999, S. 620 ff.

Weber, Martin Deutsches Kapitalmarktrecht im Umbruch, Neue Juristische Wochenschrift, 1994, S. 2849

Weber, Rolf H.
Wirtschaftsregulierung in wettbewerbspolitischen Ausnahmebereichen: Studien zur staatlichen Wirtschaftsregulierung und zum Einsatz der Regulierungsinstrumente in den Transport-, Kommunikations- und Energiemärkten in der Schweiz und in den Vereinigten Staaten von Amerika, in: Mestmäcker (Hrsg.), Wirtschaftsrecht und Wirtschaftspolitik, Bd. 86, Baden-Baden 1986

in: Lenz (Hrsg.), EG-Vertrag Kommentar, Köln 1994

Weber, Stefan
Kapitalverkehr und Kapitalmärkte im Vertrag über die Europäische Union, Europäische Zeitschrift für Wirtschaftsrecht, 1992, S. 561

Weizsäcker, Carl Christian von
Deregulierung und Privatisierung als Ziel und Instrument der Ordnungspolitik, in: Vogel (Hrsg.), Deregulierung und Privatisierung, Köln 1988

Wessel, Karl-Heinz
Das 2. Finanzmarktförderungsgesetz, Wertpapiermitteilungen, 1994, S. 1418

Wieberneit, Bernd
Europarechtlicher Ordnungsrahmen für Umweltsubventionen, Berlin 1997

Winninghoff, Ellie
Off-Exchange Electronic Trading is hot, Global Finance, Mai 1993, S. 56

Wittich, Georg
Zusammenwachsende europäische Märkte – eine Herausforderung für die Wertpapieraufsicht in Europa, Wertpapier-Mitteilungen, 1999, 1613

Wolffgang, Hans-Michael
Kommentierung zu Art. 90-93, 93 EGV
in: Lenz (Hrsg.),
EG-Vertrag - Kommentar zu dem Vertrag zur Gründung der Europäischen Gemeinschaften in der durch den Amsterdamer Vertrag geänderten Fassung,
2. Auflage
Köln, u.a. 1999

Wollmert, Peter
IASC-Rechnungslegung,
Synopse zu den handelsrechtlichen Vorschriften,
Stuttgart 1995

Wuermeling, Ulrich
Datenschutz für die Europäische Informationsgesellschaft,
Neue Juristische Wochenschrift - Computerreport, 1995, S. 111

Wymeersch, Eddy
in: Kommission der Europäischen Gemeinschaften (Hrsg.), Die Effektenmarktaufsicht in der Europäischen Gemeinschaft,
Brüssel 1977

Wyss
Britischer Zweitmarkt erweitert den Horizont,
Finanz und Wirtschaft, 8.5.1996

Zahn, Hans E.
Handlexikon zu Futures, Optionen und innovativen Finanzinstrumenten,
Frankfurt am Main 1991

Zeise, Lucas
Das Paradox der langsamen Börsen,
Börsen-Zzeitung, 31.12.1998

Zuleeg, Manfred
Das Recht der Europäischen Gemeinschaften im innerstaatlichen Bereich,
Köln 1969

Der Beitrag des Strafrechts zur europäischen Integration,
Juristenzeitung, 1992, S. 761

Zweigert, Konrad

Grundsatzfragen der europäischen Rechtsangleichung, ihrer Schöpfung und Sicherung, in: von Caemmerer, Nikisch, Zweigert (Hrsg.) Internationales Recht, Kollisionsrecht und Internationales Zivilprozeßrecht - Europäisches Recht, Festschrift für Hans Dölle, Band II, S. 401, Tübingen 1963

Peter Lang · Europäischer Verlag der Wissenschaften

Regina Rauscher

Das Bundesaufsichtsamt für den Wertpapierhandel und seine Kompetenzen bei der Verfolgung von Insidergeschäften

Frankfurt/M., Berlin, Bern, New York, Paris, Wien, 1999. 187 S., zahlr. Graf.
Europäische Hochschulschriften: Reihe 2, Rechtswissenschaft. Bd. 2620
ISBN 3-631-34765-0 · br. DM 69.–*

Mit Erlaß des Wertpapierhandelsgesetzes Mitte 1994 wurde Insiderhandel in Deutschland erstmals gesetzlich verboten und die Aufsicht über den Wertpapierhandel neu strukturiert. Die Durchsetzung des Insiderhandelsverbotes wurde im wesentlichen dem – neu errichteten – Bundesaufsichtsamt für den Wertpapierhandel übertragen. Die neue Aufsichtsstruktur ist als mißglückt abzulehnen. Die dem Bundesaufsichtsamt zur Verfügung stehenden Eingriffsbefugnisse sind mit dem Grundgesetz teilweise nur in verfassungskonform einschränkender Auslegung vereinbar. Die Ermittlungsmöglichkeiten des Bundesaufsichtsamts gewährleisten die Aufklärung von Insiderhandel.

Aus dem Inhalt: Die Insiderproblematik · Rechtliche Erfassung vor Erlaß des Wertpapierhandelsgesetzes · Europarechtliche Aspekte · Die neue Aufsichtsstruktur · Aufgaben und Kompetenzen des Bundesaufsichtsamts unter rechtlichen Gesichtspunkten · Die Ermittlung von Insiderverdachtsfällen in der Praxis

Frankfurt/M · Berlin · Bern · Bruxelles · New York · Oxford · Wien
Auslieferung: Verlag Peter Lang AG
Jupiterstr. 15, CH-3000 Bern 15
Telefax (004131) 9402131
*inklusive Mehrwertsteuer
Preisänderungen vorbehalten